Florence Bergeaud-Blackler

Kalifat nach Plan

Florence Bergeaud-Blackler

Kalifat nach Plan
Frérismus und seine Netzwerke in Europa

INÂRAH
Schriften zur Islamgeschichte und zum Koran
Herausgegeben von
Markus Groß und Robert M. Kerr

SCHILER & MÜCKE

Bibliografische Information der Deutschen Nationalbibliothek
Die Deutsche Nationalbibliothek verzeichnet diese Publikation in der Deutschen Nationalbibliografie; detaillierte bibliografische Daten sind im Internet über http://dnb.dnb.de abrufbar.

Titel der französischen Originalausgabe:
Le frérisme et ses réseaux, l'enquête
© ODILE JACOB, 2023

Alle Rechte vorbehalten
Kein Teil dieses Buches darf in irgendeiner Form (Druck, Fotokopie oder einem anderen Verfahren) ohne schriftliche Genehmigung des Verlags reproduziert oder unter Verwendung elektronischer Systeme verarbeitet werden.

All rights reserved
No part of this publication may be reproduced, stored in a retrieval system, transmitted or utilized in any form or by any means, electronic, mechanical, photocopying, recording or otherwise, without permission in writing from the Publishers.

Copyright © 2025 für die deutsche Ausgabe:
Hans Schiler & Tim Mücke GbR
Hechinger Str. 3
72072 Tübingen
info@schiler.de
www.muecke-schiler.de

Deutsche Erstausgabe
1. Auflage 2025
Druck: Standart Impressa, Vilnius
Printed in Lithuania

ISBN: 978-3-89930-465-7

Inhalt

Atmosphärischer Frérismus 9

Vorbemerkung 19

Einleitung 25

Kapitel I – Die Bruderschaft der Muslimbrüder 33

    Die Bruderschaft – erste »dekoloniale« Bewegung 34
        Der traumatische Schock, den die Abschaffung des osmanischen
        Kalifats im Jahr 1924 verursachte (36) – Renaissance versus
        Revivalismus: Von der Selbstkritik zum Dekolonialismus (37)

    Der VIP-Frérismus des Islamismus: Vision, Identität, Plan 41
        Ein Weltbild (41) – Identität ohne Alterität: die Umma (51)
        Ein Plan (die rechte Anleitung) (54)

    Die Muslimbruderschaft am Werk 59
        Eine Struktur im Dienst der Mission: das Modell des ägyptischen
        Mutterhauses (59) – Berichte von europäischen Brüdern (64)

    Der Wendepunkt in den 1980er Jahren: Die Internationalisierung
    des Frérismus 72

Kapitel II – Entstehung des Frérismus: Die Transnationalisierung
             des Islamismus 77

    Frérismus: Definition und Merkmale 77

    Frérismus: Entstehung und Entwicklung außerhalb des
    Hoheitsgebiets des Islams (Dar al-Islam) 79
        Eine Synthese der Erneuerungsbewegungen (79) – Islamistische
        Studenten im Exil, 1970-1980 (80) – Unterschiedliche Handlungs-
        weisen: offensiver Dschihad gegen islamische Lebensart (82)

    Die Institutionalisierung der Muslimbrüder in Europa 93
        Frankreich: Die ersten fréristischen Vereine (94)
        Europa: Die islamischen Zentren der Brüder, finanziert vom
        saudi-arabischen Wahhabismus (96)

    Die planmäßige Ansiedlung der ›Union der Islamischen
    Organisationen‹ in Frankreich 100

Kapitel III – Yusuf al-Qaradawi – der Theoretiker des Frérismus ... 107

Nichts aufgeben, alles umfassen: der totale Islam 109

Der Plan und die Prioritäten der »islamischen Bewegung« 111

Die Aktionsbereiche (114) – Die Rechtslehre der Ausgewogenheit und die Kunst der List (115) – Mobilisierung nach Bevölkerungssegmenten (118) – Die Strategie der goldenen Mitte: Vom Zentrum aus erobern (125)

Das Reich der »goldenen Mitte« 131

Europa als »Vertragsgebiet« 132

Kapitel IV – Der Euro-Islam der Muslimbrüder: Strukturen 135

Der Euro-Islam 135

Einige der wichtigsten fréristischen Institutionen in Europa 137

Die Föderation des islamischen Organisationen in Europa (137)
Das Europäische Institut für Geisteswissenschaften (140)
Der Europäische Rat für Fatwa und Forschung (141)
Kurzlebige Geschöpfe (142) – FEMYSO: Der junge Zweig zur Bildung der muslimischen Elite von morgen (146)
Die Gelder: Europe Trust (155) Das Europäische Forum muslimischer Frauen (156) – Islamic Relief: Der humanitäre Arm (157)

Kapitel V – »Islamisierung des Wissens« 161

Islamization of Knowledge (IoK) 161

Die »westliche Wissenschaft« neu interpretieren..................... 164

Maududi, ein Vorläufer der IoK (165) – Al-Faruqi, der Theoretiker des Tauhids als zivilisatorische Essenz des Islams (167)
Berghout und die prozedurale Islamisierung in Unternehmen (171)

Tariq Ramadan, ein Nebenprodukt der Islamisierung des Wissens 175

Kapitel VI – Die heutige Gewalt als historische Notwehr bezeichnen: Soft Law und Soft Power 181

Soft Law: Die OIZ und die »Erklärung der Menschenrechte im Islam« 182

Die Organisation für Islamische Zusammenarbeit (182)
Die Allgemeine Erklärung der Menschenrechte im Islam (184)
Die Strategie der ICESCO (186)

Soft Power: Der Kampf gegen die »Islamophobie« 190

Islamophobie: Ein kurzer Abriss der Endlosschleife vom Opfer und des neuen Delikts der Gotteslästerung (190) – Der Bericht des

Runnymede Trust über Islamophobie (191) – Die Beobachtungsstelle für Islamophobie der OIZ (196) – Die europäische Finanzierung der Bekämpfung von Islamophobie auf Kosten der Forschung über den Islam (198) – Soros' Open Society und der Kampf gegen die Islamophobie (200) – Inklusive Soziologie (203) – Der Europarat (204) Der Fall des *European Network Against Racism* (213)

Kapitel VII – Linke und rechte Frèristen 219

   Nach links, Tariq Ramadan und seine Gefolgschaft 226

      Die Infiltration der Antiglobalisierungsbewegung (228) – Von der Antiglobalisierungsbewegung zum dekolonialen Indigenismus (230) Der islamische Feminismus (237) – L.E.S. Musulmans: Eine islamistische und universitäre Koproduktion (241)

   Frèristen und Salafismus 245

      Vom Rap zur Predigt (253) – Cyberprediger und Lebensberater (259) Fatwa-Banken (267)

Kapitel VIII – Der Frérismus und seine Verbündeten 273

   Frérismus und die dekoloniale Bewegung 273

   Der Frérismus und die Linke 275

      Politische Bündnisse: Islamisten und rote wie grüne Linke (276) Der Frérismus, die Ökologie und die ›Rasse‹ (278)

   Der Frérismus und seine Verbündeten in den Sozialwissenschaften 284

      Der Weggefährte (285) – »Islamismus scheitert«, »Säkularismus ohne Kompromisse« und »Post-Islamismus«: Thesen zur Leugnung des Islamismus (288)

   Der Frérismus und die Anthropologie Talal Asads 298

      Die klassischen Anthropologen Geertz und Gellner (299) Die Asad'sche Wende: Warum Anthropologen den Salafismus bevorzugen (309)

Kapitel IX – Muslimschwestern 313

   Diskussionsgruppen, um über »Halal« zu sprechen 319

      Die Frommen und die »einfachen Gläubigen« (321) Kleider machen Leute (323)

   Kollektive Verantwortung 324

   Ermahnung beziehungsweise »Warnung« beziehungsweise das Erlernen der Da'wah 327

   Das Verhältnis zur religiösen Norm 330

Die Unterstellung der guten Absicht: Wer schweigt, stimmt zu .. 330
Die Ökonomie der persönlichen und kollektiven Erlösung:
Das eigene Leben und das der anderen zu einer
frommen Handlung machen 332
    Das Paradies liegt unter den Füßen der Mütter (333)
Das tägliche Handeln fügt sich in die Religionsausübung ein
und nicht umgekehrt 333
Leben im Halal 334
Die Themen der Indoktrination 336
    Einheit der Umma (Tauhid) / Bekämpfung der Uneinigkeit unter
    Muslimen (Fitna) (336) – Gegen die Abspaltung kämpfen: Muslime
    in Gefahr, ihren Islam zu verlieren (337) – Läuterung der Muslime:
    Rückkehr zum authentischen Islam (340)
    Die Schrecken der Hölle und die Furcht vor dem Jüngsten Gericht (341)
    Viktimisierung der Muslime (Islamophobie) (344)

Kapitel X – Die kleinen Muslime.. 349
    Lesen können.. 352
    Umerziehung der Eltern: Hüten Sie sich vor den Ungläubigen!... 354
    Das Auslöschen der Gesichter.. 357
    Die automatisierte Benutzerführung... 358
    Das Jüngste Gericht als Ziel im Alltag... 359

Kapitel XI – Schlussfolgerung... 361
    Ursachen des Frérismus.. 363
    Frérismus erkennen... 365
    Dem Einfluss des Frérismus etwas entgegensetzen...................... 369

Anmerkungen 373
Glossar 413
Personenregister 420
Organisationen 424
Bibliographie 429

VORWORT

Atmosphärischer Frérismus

Zum Zeitpunkt der Erstveröffentlichung dieses Buches von Florence Bergeaud-Blackler liefen in dem riesigen Sondersaal des Pariser Justizpalastes die Prozesse über den dschihadistischen Terror ab, der Frankreich zwischen 2015 und 2020 erschüttert hatte. Dort wurde geduldig aufgeklärt, wie die nebulöse Organisation Daesch funktionierte, wie sie Tausende junger Menschen mit Migrationshintergrund oder frisch zum Islam konvertierte Jugendliche rekrutierte, um sie nach Syrien und in den Irak zu schicken und sie unter dem Vorwand einer wörtlichen Auslegung der Heiligen Schrift davon zu überzeugen, ihre ›ungläubigen‹ oder ›abtrünnigen‹ Mitmenschen im *Schām* [die Levante] wie auch in Frankreich zu töten.

Eine neue Welle des Terrorismus ist jedoch aus den Tiefen unserer Gesellschaft selbst entstanden, ohne dass es eine Verbindung zu irgendeiner strukturierten ›Organisation‹ gibt. Die Anschläge, die im Herbst 2020 und im Frühjahr 2021 in Paris, Conflans, Nizza und Rambouillet in Frankreich verübt wurden, erfolgten nicht auf ausdrückliche Anweisung eines Auftraggebers aus irgendeiner Hierarchie und wurden von solcher auch nicht minutiös vorbereitet. Die Mörder wurden in erster Linie von dem motiviert, was sie an der Schnittstelle zwischen der virtuellen Welt und ihrer persönlichen Sozialisation erreichte. Dieses Gemenge bildet die »Atmosphäre«, in der sich der Dschihadismus der jüngsten Generation verbreitet, und zwar auf virale Weise.

Sowohl die Analyse als auch die Prävention dieses Phänomens stellen nie dagewesene Probleme dar: Die Ansteckung betrifft in erster Linie diejenigen, die online oder in ihrem Umfeld indoktriniert wurden, was es ihnen leichter macht, zur Tat zu schreiten. Diese islamistische Propaganda an sich ist jedoch nicht unbedingt kriminell und fällt nicht in den Zuständigkeitsbereich der polizeilichen und justiziellen Terrorismusbekämpfung, die am »oberen Ende des Spektrums« tätig sind. Sie fördert in verschiedenen Formen das, was in der Rede von Staatspräsident Emmanuel Macron in Les Mureaux [nordwestlich von Paris] am 2. Oktober 2020 (zwei Wochen vor der Enthauptung von Samuel Paty durch Abdullah Anzorov) als »islamistischer Separatismus« charakterisiert wurde. Dieser Ausdruck führte zu einem Aufschrei unter den Sprechern und Aktivisten des politischen Islams, im Ausland von Herrn Erdoğan über islamistische Parteien von Pakistan bis zum Maghreb, in Frankreich und Europa in einem diffusen Nebel, der von den Muslimbrüdern bis zu den Salafisten reicht, und dem sich die ›Dekolonialen‹, ›Inter-Sektionellen‹, *Wokes* sowie ein Teil der radikalen Linken angeschlossen haben. Alle haben Macrons Worte als »islamfeindlich« (islamophob) verurteilt.

Das Buch von Florence Bergeaud-Blackler kommt da passgenau, um neues Material zu liefern, anhand dessen man verstehen kann, wie von einer Bewegung, die sie als ›Frérismus‹ bezeichnet – ein Begriff, der vom arabischen Wort *Ichwan* abgeleitet ist – mit Ausdauer eine ›Atmosphäre‹ des Kulturbruchs geschaffen wurde. Dieser Frérismus umfasst über die Organisation der Muslimbruderschaft im engeren Sinne hinaus – die 1928 von Hassan al-Banna (1906-1949) in Ägypten gegründet wurde und heute in Europa stark vertreten ist – alle möglichen Kreise, Netzwerke, Vereinigungen, Prediger und Thinktanks, die mittlerweile ganz oder teilweise von deren Ideologie geprägt sind. Sie stellen diese als den Ausdruck *par excellence* des Glaubens aller Muslime und dessen legitime, unbestreitbare Umsetzung im öffentlichen Raum dar, um ihre rigorose Auffassung der Scharia, des aus der Heiligen Schrift abgeleiteten Gesetzes, das allmählich das positive Recht ersetzen soll, zu verbreiten. Diese Doktrin zielt darauf ab, die Bildung von territorialen und mentalen, symbolischen und digitalen Enklaven zu unterstützen, in denen ›Muslime‹ oder die als solche gelten vor den Gesetzen der europäischen Staaten geschützt werden. Deren Vorschriften sind ihrer Auffassung nach in ihrer Grundlage illegitim, da sie auf menschlichem – und damit fehlbarem – Denken beruhen und nicht auf göttlicher Inspiration, die *per definitionem* unfehlbar ist.

Diese Enklaven sollen sich im Zuge der demografischen Expansion der betreffenden Bevölkerungsgruppen ausdehnen und sich zugleich der fréristischen Autorität und ihren Verhaltens- und Denkstrukturen, welche sehr aktiv verbreitet werden, unterwerfen.

Um die Analyse und das Anliegen dieses Buches richtig einzuordnen, ist es gut, sich den Kontext vor Augen zu führen, in dem die Muslimbrüder vor hundert Jahren entstanden sind; ebenso ihre Fähigkeit, diese Umstände an die Herausforderungen der Migration und – später – der

Atmosphärischer Frérismus   11

massiven Sesshaftwerdung muslimischer Bevölkerungsgruppen in Europa ab dem letzten Viertel des 20. Jahrhunderts anzupassen.

Die Bruderschaft wurde am Suezkanal gegründet, als der globale Islam in eine existenzielle Krise geriet, nämlich nach dem Ende des osmanischen Kalifats, das 1924 von Atatürk im Namen des säkularen Staates der neuen türkischen Republik abgeschafft wurde. Der Kalif war die maßgebliche spirituelle Autorität für alle sunnitischen Gläubigen (circa 80 Prozent aller Muslime gegenüber 15 Prozent Schiiten) auf der ganzen Welt. Aber der Kalif hatte auch die Autorität, den ›Dschihad‹ oder ›Heiligen Krieg auf dem Weg Allahs‹ auszurufen. Als Angehöriger des Dreibunds *(triple alliance)* mit den Kaisern von Deutschland und Österreich-Ungarn tat er dies beim Ausbruch des Ersten Weltkriegs, indem er die von den Mitgliedstaaten der Triple Entente – nämlich Großbritannien, Frankreich und Russland – kolonisierten Muslime dazu aufrief, sich militärisch gegen die ›Ungläubigen‹ *(Kuffar),* die ihre Gebiete erobert hatten, zu erheben.

Dieser Aufruf zum Dschihad zeitigte keine Konsequenzen auf militärischer Ebene, aber er untermauerte, dass die Muslime zu Beginn des 20. Jahrhunderts berechtigt waren, im Namen des Dschihads zu kämpfen, um sich von der politischen Herrschaft der Kuffar zu befreien. So erhielt der anti-koloniale Kampf für die Unabhängigkeit ab den 1920er Jahren eine wiederkehrende islamische Dimension, die parallel zu marxistischen oder nationalistischen Strömungen verlief und diese schließlich dominierte. Die Gründung der Muslimbruderschaft ist in diese Abstammungslinie eingeschrieben.

Als politisch-religiöse Organisation übernahm sie die Fackel des Kalifen, indem sie sich für eine Unabhängigkeit einsetzte, die einen unabhängigen islamischen Staat auf den Trümmern der Kolonialisierung ermöglichen würde. 1952 unterstützte die ägyptische Bruderschaft die ›Freien Offiziere‹ beim Sturz der mit den Briten verbundenen Monarchie, wurde aber von Nasser, der in der Bruderschaft einen gefürchteten Konkurrenten sah, brutal unterdrückt.

Einige von ihnen, darunter al-Bannas Schwiegersohn Saïd Ramadan, der spätere Vater von Hani und Tariq Ramadan, ließen sich in Europa nieder, um der Repression in jenem Jahrzehnt zu entgehen. Die einwandernden Gastarbeiter, die größtenteils aus der muslimischen Welt und den ehemaligen Kolonien stammten, wurden 20 Jahre später auf dem alten Kontinent sesshaft, als der dramatische Anstieg der Ölpreise die Wirtschaftskrise der 1970er Jahre auslöste. Der Preisanstieg verschaffte den konservativen arabischen Petro-Monarchien exponentielle Finanzmittel. Diese finanzierten querbeet alle islamischen Organisationen, um den Sozialismus zu bekämpfen. Die Muslimbrüder nutzten dies, um ihre Glaubensbrüder politisch und religiös zu betreuen und vor allem, um unter ihren Nachkommen zu missionieren, die in europäischen Staaten geboren wurden, deren Staatsbürgerschaft sie nach und nach annahmen.

Das entscheidende Jahr für diese Strategie war 1989. In der Vorstellung der Anhänger des politischen Islams wurde Europa zum »Gebiet des Islams« (*Dar al-Islam* auf Arabisch). Mit anderen Worten: Die Gemeinschaft der *Muhadschirun* – der ›Emigranten‹ – tritt nun in die ›Phase der Stärke‹ (*marhalat at-tamkin*) ein, in der sie zunächst die Anwendung der Scharia für den persönlichen Status ihrer Mitglieder einfordern kann. Anschließend sollte sie im Rahmen der allgemeinen Islamisierung des alten Kontinents ausgeweitet werden, welche sich aus dem erwarteten demografischen Wandel ergeben würde, da die muslimische Bevölkerung aufgrund der hohen Fertilität der ersten Generation von Migrantinnen und der Zunahme der legalen und illegalen Migrationsströme rasch anwachsen würde. Diese Bestrebungen gründen auf dem Vorbild des Propheten, der während des Exils der ersten Generationen von Muhadschirun-Muslimen von Mekka nach Medina von der ›Phase der Schwäche‹ *(istidʾaf)*, in der sie die Gastfreundschaft derjenigen respektierten, die sie aufgenommen hatten, zur ›Phase der Stärke‹ überging, in der sie die Eroberung der Macht in Medina betrieben.

Der ägyptische Scheich Yusuf al-Qaradawi, die einflussreichste Medienfigur der Brüder und bedeutendster Fernseh-Korangelehrter des katarischen Senders *Al Jazeera* – des weltweit wichtigsten audio-visuellen Kanals für die Propaganda der Frèristen –, der im September 2022 im Alter von 96 Jahren starb, theoretisierte den unausweichlichen Prozess der Islamisierung Europas aus einer Perspektive der historischen Dialektik, die den teleologischen Bezug auf das Modell des Propheten ergänzte. Qaradawi sagte voraus, dass der Islam nach zweimaliger Vertreibung (1492 mit dem Fall des andalusischen Granada und 1683 mit dem Scheitern der osmanischen Belagerung von Wien) als Eroberer nach Europa zurückkehren würde: Dieser endgültige Triumph würde nicht mehr durch das Schwert, sondern durch Predigt und Ideologie herbeigeführt werden.

1989 wurde der Alte Kontinent in die heilige Weltkarte des Islamismus durch zwei ›Rechtsangelegenheiten‹ mit immensen Auswirkungen einbezogen: Die Fatwa vom 14. Februar, die den Autor der *Satanischen Verse*, Salman Rushdie, zum Tode verurteilte, weil er in diesem Roman den Propheten ›gelästert‹ habe, und der Rechtsstreit um das ›islamische Kopftuch‹ am Collège von Creil im September. Das geschah genau in dem Jahr, als Frankreich den 200. Jahrestag der Revolution feierte und die Berliner Mauer fiel, welche die kommunistische Utopie, die das Jahrhundert geprägt hatte, mit in den Abgrund riss und Platz für neue Messianismen schuf, unter denen sich der politische Islamismus als der dynamischste erweisen wird.

Die Fatwa des Ayatollah Khomeini ist trotz seines Todes am 3. Juni 1989 immer noch hochaktuell, wie der Angriff auf Salman Rushdie am 12. August 2022 in den USA zeigte – 33 Jahre danach verübt, von einem erst 24-jährigen schiitischen Amerikaner libanesischer Abstammung.

Als die Fatwa erlassen wurde, war sie Teil der Rivalität um die Vorherrschaft im politischen Islam zwischen der schiitischen Islamischen Republik Iran und den sunnitischen Petro-Monarchien der Golfregion. Am Tag nach der Fatwa, nämlich am 15. Februar, verließ die Rote Armee Kabul, besiegt von den sunnitischen Mudschahedin, die von der *Central Intelligence Agency* (CIA) ausgerüstet und von Saudi-Arabien und seinen Verbündeten gesponsert wurden. Am 9. November fiel dann die Berliner Mauer. Für Khomeini war diese Erklärung, die die Welt schockierte, in erster Linie als Medienerfolg angelegt. Durch ihre skandalöse Wirkung überschattete sie die unter amerikanisch-sunnitischem Militärdruck erfolgte sowjetische Niederlage am darauf folgenden Tag – eine große Niederlage, die aber in dem Moment aufgrund dieser Tatsache fast unbemerkt blieb.

Dies hatte jedoch auch einen entscheidenden Einfluss auf den Prozess der Islamisierung des Westens. Bis dahin war eine Fatwa – eine verbindliche rechtliche Entscheidung, die von einem Mufti im Namen der heiligen Schriften des Islams erlassen wurde – nur auf dem islamischen Territorium, in dem der Kleriker ansässig war, rechtskräftig. In diesem Fall hätte sie nur innerhalb der Grenzen der Islamischen Republik Iran ausgeführt werden dürfen. Khomeinis politisches Genie bestand jedoch darin, dass er der Fatwa zunächst eine panislamische Dimension verlieh (gegenüber den Saudis, die beschuldigt wurden, die Anti-Rushdie-Kampagne nicht ausreichend unterstützt zu haben) und dann eine universelle Dimension, *urbi et orbi* in der Manier päpstlicher Bullen früherer Zeiten. Indem die

Fatwa einen britischen Staatsbürger auf britischem Boden zum Tode verurteilte, wurde dieser *ipso facto* integriert ins Dar al-Islam – das »Gebiet des Islams« –, in dem das heilige Gesetz, die Scharia, gilt.

Die in Europa ansässigen Muslimbrüder stießen schnell in die Bresche, die der Ayatollah geschlagen hatte, und verpassten ihr eine sunnitische Übersetzung. Bereits in den folgenden Monaten nahm die *Union des organisations islamiques en/de France* (UOIF) – ihr inoffizieller französischer Zweig – zunächst eine Änderung der Bedeutung ihrer Abkürzung vor. In »Union der islamischen Organisationen in Frankreich« erinnerte die Präposition ›in‹ daran, dass dieses Land der Gottlosigkeit (*dar al kufr*) eine islamische Organisation nur als Fremdkörper in sich tragen kann. Indem sie zu ›von Frankreich‹ wurde, drückte man ihrer Vorstellung nach nun aus, dass dieses Land – in dem durch ein besonders dynamisches Bevölkerungs- und Migrationswachstum immer mehr Muslime mit französischer Staatsangehörigkeit und Sprache lebten – die Schwelle überschritten hatte, um zum Dar al-Islam (»Haus des Islams«) zu werden.

Die unmittelbare Folge war die erste Offensive zu Beginn des Schuljahres 1989-1990, in der gefordert wurde, dass das Tragen des *Hidschab* in öffentlichen Schulen erlaubt werden sollte, als drei Schülerinnen aus Creil mit der islamischen Kopfbedeckung zum Unterricht erschienen. Nach Ansicht der Fréristen sollten sie als Französinnen und Musliminnen die Anweisungen ihrer Religion befolgen können, die in der strengsten Auslegung der von ihnen vertretenen Scharia den Hidschab vorschreibt. Dies wäre auch ein Identitätsmarker für ihre Anhängerschaft, um sie als solche sichtbar zu machen, wahrzunehmen und sie als Unterstützungsgruppe aufzubauen. Ein Drittel Jahrhundert später war diese Strategie der Muslimbrüder erfolgreich. Den Jüngern von Hassan al-Banna gelang sogar eine semantische Umkehrung, indem sie die Vorstellung in die Mediendebatte einbrachten, dass das Tragen des Hidschab eine grundlegende Freiheit darstelle – während sie es ihren Glaubensschwestern, die nicht trugen, als dogmatischen Imperativ darstellten.

Die Sichtbarkeit des islamischen Markers Hidschab, der nun im öffentlichen Raum Frankreichs allgegenwärtig ist, hat das Machtgefühl der Brüder gestärkt. Ihnen wird in ihrer Gemeinschaft der politische Erfolg zugeschrieben, den Hidschab als gesellschaftliches Thema, das sie durch unzählige Verfahren vor Verwaltungsgerichten und dem Staatsrat aufgegriffen und vorangetrieben hatten, durchgesetzt zu haben. Das Gesetz vom März 2004, welches das »Tragen auffälliger religiöser Symbole« – im Namen des Säkularismus des Staates – in öffentlich finanzierten Schulen verbietet, ermöglichte es, eine Situation vorübergehend zu beenden, die für Schulleiter, die ihre Zeit nur mehr in den Gerichtssälen vergeudeten, unhaltbar geworden war. Aber es ermöglichte denselben fréristischen Strömungen anschließend, sich zu Herolden des Kampfes gegen die dem Staat angelastete ›Islamophobie‹ zu machen. Diese Position der Viktimisierung spielte eine sehr effektive Rolle: Die UOIF änderte 2017 erneut ihren Namen in »Muslime Frankreichs« (*Musulmans de France* – MF) – ein ähnlicher onomastischer Schachzug, um diese einzelne islamistische Bewegung als den unbestreitbaren (und ausschließlichen) Vertreter der gesamten französischen Bevölkerung gleich welcher Art muslimischen Bezugs darzustellen.

Die Allgegenwärtigkeit des Hidschab, der in einigen Arbeitervierteln überwiegt, und die damit einhergehende Ausweitung des Halal-Bereichs, wie Florence Bergeaud-Blackler in ihrem vorherigen Buch nachgewiesen hat, unterstreichen das politische Gewicht einer Bevölkerung, die sich im öffentlichen Raum durch konfessionelle Begriffe identifiziert. Das ermöglicht den politisch-religiösen Akteuren der Fréristen, die Kandidaten für die Wahlen in diesen Gebieten zu beeindrucken und eine islamistische Lobbystrategie aufzubauen, indem sie um Stimmen feilschen gegen Zugeständnisse zugunsten der Konsolidierung von Enklaven, die sich in einer separatistischen Perspektive auf die Scharia berufen. Sie bauten zu diesem Zweck verschiedene Arten von Wählernetzwerken auf.

Auf nationaler Ebene schloss sich im November 2019 in Paris der Führer der Partei *La France insoumise* (LFI), Jean-Luc Mélenchon der von dem überaus fréristischen »Kollektiv gegen Islamophobie in Frankreich« (*Collectif contre l'islamophobie en France* – CCIF) organisierten Demonstration an; er marschierte mit, als die Menge den Slogan »*Allahu akbar*« skandierte. Bei den Präsidentschaftswahlen 2022 stimmten 69 Prozent der Wähler, die sich als ›Muslime‹ bezeichneten, im ersten Wahlgang für ihn. Als der Imam Hassan Iquioussen im Sommer 2022 wegen antisemitischer und sexistischer Äußerungen in seinen über soziale Netzwerke verbreiteten Predigten ausgewiesen wurde, erhielt er Unterstützung vom LFI-Abgeordneten seines Wahlkreises, was die Durchlässigkeit zwischen der systemkritischen Linken und einer fréristischen Bewegung, die von einigen Beobachtern als ›separatistisch‹ bezeichnet wird, verdeutlicht.

Zu Beginn des Schuljahres 2022-2023 wurde eine neue Offensive gestartet – durch Konferenzen von Predigern vor Ort oder online koordiniert –, um das Gesetz von 2004 gegen ›auffällige religiöse Symbole‹ zu ›testen‹. Die Schüler wurden dazu aufgefordert, im Namen der Pluralität und Freiheit der Kleidungswahl im *Dschilbab* (langes, bedeckendes und weites Kleid der Mädchen) und *Qamis* (in der Moschee getragene Tunika der Jungen) zum Unterricht zu erscheinen. Sie argumentierten angesichts der Ratlosigkeit der Schulleiter mit ›Mode‹ oder ›persönlicher Vorliebe‹, entsprechend den bauchfreien Trägertops, Miniröcken oder *Gothic-Outfits* anderer Schüler …

In der Hauptstadtregion von Paris wurde von der *Union des associations musulmanes de Seine-Saint-Denis* (UAM93) seit den 2010er-Jahren eine andere klientelistische Wahlstrategie erfolgreich verfolgt: Während des Ramadan drängten sich zu deren Fastenbrechen Politiker aller Couleur, die in einer Art Halal-Wettstreit um Stimmen buhlten. Die Vereinigung, die sich selbst als ›islamische Lobby‹ eines Departements mit ›muslimischer Mehrheit‹ bezeichnet, hat es geschafft, viele Kommunalwahlen für sich zu entscheiden, indem sie Kandidaten favorisierte, die sich verpflichteten, ihre spezifischen Gemeinschaftsforderungen zu erfüllen – mittels eines geschickten Kuhhandels mit einem Spektrum, das von der Kommunistischen Partei bis zur Regierungsrechten reichte. Im Herbst 2020 machte die Bewegung jedoch auch Schlagzeilen, als sie sich von einem ›Wahlkampfakteur‹ zu einem ›Akteur des Zorns‹ wandelte. Dieser von Professor Bernard Rougier geprägte Begriff charakterisiert Aktivisten des politischen Islamismus, welche Personen – in sozialen Netzwerken, Predigten und so weiter – als ›islamfeindlich‹ oder ›islamophob‹ bezeichnen, die daraufhin von Internetaktivisten und Gläubigen angegriffen werden.

Im vorliegenden Fall hatte die Moschee von Pantin, die damals vom Leiter der UAM93 kontrolliert wurde, in ihren sozialen Netzwerken, die hunderttausende Abonnenten von Frankreich bis Nordafrika erreichten, die Online-Schikanen eines islamistischen Vaters gegen den Lehrer einer seiner Töchter, Samuel Paty, weiterverbreitet. Diesem wurde vorgeworfen, seinen Schülern den Vorschlag gemacht zu haben, im Unterricht über Meinungsfreiheit zu diskutieren, und zwar anhand der Karikaturen des Propheten, die *Charlie Hebdo* im Oktober 2020 veröffentlicht hatte. Diese Nachricht ging viral und trug dazu bei, die richtige ›Atmosphäre‹ für den Übergang zur Gewalt zu schaffen. Einige Tage später und zwei

Atmosphärischer Frérismus

Wochen nach der Rede von Präsident Macron in Les Mureaux am 2. Oktober 2020, in der er »islamistischen Separatismus« anprangerte, enthauptete der Tschetschene Abdullah Anzorov den Lehrer vor seiner Schule in Conflans im Département Yvelines.

Dies sind, perspektivisch kurz zusammengefasst, einige der Wendepunkte, an denen der Frérismus seine Einfluss nehmenden Netzwerke in der französischen Gesellschaft – parallel zu anderen europäischen Gesellschaften – ausbaute. Das Buch von Florence Bergeaud-Blackler hat das große Verdienst, diesen Prozess minutiös dokumentiert, in seinen vielfältigen nationalen und internationalen Dimensionen untersucht und die erste umfassende Analyse des Phänomens vorgelegt zu haben. Sie identifiziert und hebt drei grundlegende Dimensionen des Frérismus in Europa hervor: die Vision, die Identität und den Plan sowie den Aufbau eines *System-Islams*, den man von al-Maududi und al-Qaradawi geerbt hatte. Sie veranschaulicht dies auf bemerkenswerte Weise anhand der Strategien, mit denen die Fréristen in die europäischen Institutionen eindringen, aber auch in den akademischen Bereich, durch eine Islamisierung des Wissens, und durch die Indoktrinierung von Frauen und Kindern. Dies ist das erste Buch, das sich mit der Ideengeschichte des Islamismus in Europa befasst. Es dürfte Stoff für eine der großen Debatten unserer Gesellschaft liefern, in einem Moment, da die islamistische Frage in den Mittelpunkt der Spaltung unserer politischen Vertreter gerückt ist, die zwischen dem Hammer von *La France insoumise* (Mélanchon) und dem Amboss des *Rassemblement national* (Le Pen) gefangen sind.

Gilles Kepel

Vorbemerkung

»Die Botschaft dieser Terroristen ist klar. Sie sagen uns: ›Eure Worte, eure Empörung nützen nichts. Wir werden euch weiterhin töten. Eure Richter, eure Prozesse sind [uns] gleichgültig. Eure Gesetze sind Witze, wir werden nur auf die Gesetze des Himmels reagieren.‹ Sie sagen uns, dass wir die Freiheit aufgeben sollen, weil ein Messer und ein Hackbeil stärker seien als 67 Millionen Franzosen, eine Armee und eine Polizei. Das ist die Waffe der Angst, die uns dazu bringen soll, eine über Jahrhunderte aufgebaute Lebensweise aufzugeben. Und natürlich wird es nicht bei Karikaturen oder gar der Meinungsfreiheit bleiben. Sie hassen unsere Freiheiten. Sie werden nicht aufhören, weil wir eines der wenigen Völker der Welt sind, das einen Universalismus vertritt, der ihrem Universalismus entgegensteht. [...]
Wie konnte es soweit kommen? Was ist dieser neue Krieg, in dem Zeichner mit ihren Stiften, Lehrer an ihrer Tafel und Fanatiker mit Kalaschnikows oder Schlachtutensilien gegeneinander antreten? Wie konnte es dazu kommen, dass zum ersten Mal seit Kriegsende in der westlichen Welt eine Zeitung zerstört wurde, sich dann in einem Bunker mit geheimer Adresse verschanzen musste? Wer fütterte das Krokodil in der Hoffnung, als Letzter gefressen zu werden?«[1]

Während die historischen Gerichtsverfahren zu den [islamistischen] Anschlägen vom Januar 2015 zu Ende gingen, schrieb ich über die Muslimbruderschaft. Das Plädoyer von Richard Malka hat mich davon überzeugt, ein Buch darüber zu schreiben.[2] Wer ist also dieser »Er«, den der Anwalt von *Charlie Hebdo* erwähnt, dessen Journalisten und Mitarbeiter im Namen des Islams »zur Rache« an seinem Propheten abgeschlachtet wurden? Wer ist diese Schreckensgestalt des Terrors, dieses »Krokodil«, dieses kaltblütige Tier, das sich wochen-, monat- oder jahrelang reglos zurückziehen kann, bevor es seine Augen und dann seine Kiefer öffnet?

Der Glaube und die Wiederholung, dass »Er« nur das Produkt der stigmatisierenden Auswirkungen der Diskriminierung ist, die wir Franzosen, Europäer, Westler an Opferpopulationen angeblich verursacht haben, und dass »Er« im Grunde die Ausgeburt unserer Hypermoderne sei, dieser verfluchte Teil von uns selbst, bedeutet, die Illusion aufrechtzuerhalten, dass wir durch eigene Reformen die Angriffe eines monströsen Doppelgängers verhindern können.

Die Beschleunigung der Geschichte in den letzten Jahren mit all ihren Plagen – Mord, Rückkehr der Zensur, Entwicklung religiöser Identitätsideologien, Epidemien, Hilflosigkeit angesichts der unausweichlichen globalen Erwärmung und so weiter –, vermittelt den Eindruck, dass ein Zeitalter zu Ende geht und ein neues beginnt. Steht die Ankunft einer neuen Weltordnung unmittelbar bevor? Ein Schelm, der Böses dabei denkt, wenn er sagt, wie sie aussehen wird. Eines ist sicher: In dieser Ordnung wird man mit mindestens zwei konkurrierenden Modellen rechnen müssen, einem demokratischen (Volksherrschaft) und einem theokratischen (Gottesherrschaft). Machen wir uns nichts vor: Die Entität ›Volk‹ hat nicht mehr zum Ausdruck zu bringen als die Entität ›Gott‹. Der grundlegende Unterschied zwischen diesen beiden Modellen liegt im expliziten politischen Ziel, das im ersten Fall irdisch und im zweiten Fall überirdisch ist. Die Demokratie strebt das Gute auf Erden an, die Theokratie schaut darüber hinaus.

Aber wer kann denn im 21. Jahrhundert eine Theokratie wollen?

In Frankreich nahm die Öffentlichkeit vom Islamismus in den 1970er Jahren Kenntnis. Zunächst als politische Tatsache ausländischer Schauplätze. Dann, nach und nach, als ein inneres Problem einer ausländischen Faktion. Dann als ein teilweise inländisches Problem, angesichts einer jungen Generation von Muslimen – hier geboren oder konvertiert –, die durch ihr Verhalten und ihre Worte bekräftigen, die Scharia der Republik vorzuziehen. Seine religiösen Überzeugungen zu verteidigen ist eine Sache, zu behaupten, dass die Gesetze Gottes über dem Gesetz der Menschen stehen, ist etwas ganz anderes. In Frankreich ist eine Mehrheit der jungen Muslime unter 25 Jahren (57 Prozent) der Meinung, dass die Scharia wichtiger sei als die Gesetze der Republik;[3] und fast drei Viertel der ihnen folgenden Altersgruppe, die 25- bis 34-Jährigen im Elternalter, glauben, dass der Islam »die einzig wahre Religion« ist.[4]

Die Auswirkungen des zunehmenden muslimischen Fundamentalismus sind nicht nur auf die muslimische Bevölkerung beschränkt, sondern haben auch unser Verhalten und unsere Denkweise verändert und unsere Ausdrucksweise beeinflusst. Stets forderten wir unsere Meinungsfreiheit ein, aber wir müssen feststellen, dass es Sätze gibt, die wir aus

Vorbemerkung

Angst vor Schmerzen oder dem Tod nicht mehr auszusprechen wagen. Das ist uns seit Jahrhunderten nicht mehr passiert. Die Beleidigung des Propheten des Islams hat zu Blutvergießen geführt. Es begann mit der Anklage wegen Blasphemie von Salman Rushdie, gefolgt von einer iranischen Fatwa, die zu seiner Tötung aufrief, blutigen Demonstrationen in mehreren muslimischen Ländern; dies setzte sich 2004 mit dem Vergeltungsschlag gegen die dänische Tageszeitung *Jyllands Posten* fort, gefolgt von den Massakern 2015 an der Redaktion von *Charlie Hebdo* und in Diskothek Bataclan in Paris und 2020 der Enthauptung von Samuel Paty. Zwischen 1979 und Mai 2021 wurden weltweit mindestens 48.035 islamistische Anschläge verübt, bei denen mindestens 210.138 Menschen ums Leben kamen.[5]

Der Terror hat gut funktioniert. Zensur und Selbstzensur haben sich uns aufgedrängt. Einige unserer Mitbürger gaben nicht den Dschihadisten die Schuld, sondern denjenigen, die sie getötet hatten. Wenn diese Jugendlichen töten, müssen sie einen Grund dafür haben, denken sie. Eine solche Entschlossenheit, den Spieß umzudrehen, ist ein Zeichen für eine tiefgreifende Destabilisierung unserer Werte. Theater- und Ausstellungsräume schließen ihre Türen für Ereignisse, die unsere Henker schockieren könnten. Der Terror wirft uns um und macht uns durchlässiger für eine Orwellsche Post-Wahrheit. Genau das ist das Ziel der Angreifer. Der Fanatismus will nicht nur zerstören, er will zerstückeln, enthaupten, aufschlitzen, von Türmen werfen ... methodisch und ruhig, aus Liebe zu Gott und unter seinen Augen. Dieser langsame und unendliche Todestrieb, der im Motto der Muslimbrüder verankert ist (»Der Tod für Allah ist unser ultimatives Ziel«, *siehe weiter unten*), diese unerträgliche Zeitlupe lässt uns die Beherrschung und unser Urteilsvermögen verlieren.

Sich ein geistiges Universum vorzustellen, das so weit von unserer Vorstellung von Menschlichkeit entfernt ist, fällt schwer. Doch die Existenz eines solchen Universums zu akzeptieren und, was noch besser ist, es zu verstehen, wird uns intellektuell aufrüsten. Dann werden wir nicht gegen die eigene Pflicht verstoßen, uns selbst, unsere Kinder und unsere Menschlichkeit zu beschützen. Andernfalls machen wir uns für das, was uns bedroht, mitverantwortlich. Gabriel Martinez-Gros schreibt:

> »So abscheulich die Taten der Dschihadisten auch sind, und gerade weil sie einen brutalen Bruch mit der allgemeinen Moral darstellen, verdienen sie es, dass man sich die Gründe anhört, die die Täter dafür angeben.«[6]

Mit dem Unterschied, dass es eher *wir* sind, die es verdienen, also was davon haben.

Wir Franzosen haben die unangenehme Tendenz, dass wir, wenn wir angegriffen werden, unser »säkulares republikanisches Modell« zur Rechenschaft ziehen, seine Beziehung zu »der Religion« hinterfragen (als ob es nur eine Modalität davon gäbe), uns fragen, ob dieses Modell geschlossen oder zu offen ist, wie es reformiert werden kann und so weiter. Selbstkritik ist zwar notwendig, aber wir sollten uns nicht in einer Endlosschleife der Schuldzuweisung nur auf unsere Probleme und unsere Unzulänglichkeiten beschränken. Dieses »Schluchzen des weißen Mannes«[7] ist der Nährboden für Opferideologien, die uns im wörtlichen und übertragenen Sinne in die Knie zwingen. Wenn man die Wurzeln des Islamismus untersucht, entdeckt man, dass hinter diesen Angriffen, die im Namen des Islams erfolgen, ein programmierter Wille zur Zerstörung steht. Wer von einem Programm oder einem Plan spricht, setzt sich der Gefahr aus, als Verschwörungstheoretiker abgestempelt zu werden. Es sei jedoch an die Definition von Verschwörungstheorie erinnert: ein *unbewiesener* Glaube daran, dass die konzertierte und verdeckte Aktion einer Gruppe den Lauf der Ereignisse bestimmt. Mein Diskurs wird ganz anders sein: Ich stelle auf einer sachlichen Grundlage Verbindungen zwischen Wirkursachen und Wirkungen her, ich beschreibe eine intelligente, diskrete und geheime Bewegung in ihrem historischen Kontext, analysiere ihr Programm, ihre Vision, die Identität, die sie sich selbst zuschreibt, ihre Allianzen und die Gelegenheiten, die sie nutzt, um zu existieren und sich seit über einem Jahrhundert zu halten.

Die historische und detaillierte Analyse der Prinzipien und Handlungen einer ideologischen Bewegung, die sich in einen historischen Verlauf einfügt und ein vorprogrammiertes Ende der Geschichte anstrebt, ist das genaue Gegenteil eines verschwörungstheoretischen Ansatzes.

In diesem Buch beschreibe ich die ideologischen Ursprünge des Frérismus, wobei ich mich auf die ägyptische Muslimbruderschaft konzentriere, ihre historische Entwicklung bis zu ihrem Zusammentreffen mit anderen islamistischen Strömungen – insbesondere aus Pakistan –, ihre Internationalisierung ab den 1960er Jahren und ihre Anpassung an den europäischen Kontext. Ich werde einige der wichtigsten in Europa tätigen fréristischen Institutionen beschreiben, ohne jedoch ein systematisches Verzeichnis erstellen zu wollen,[8] und zeigen, wie bemerkenswert gut sie sich an den europäischen Kontext angepasst haben.

Vorbemerkung

In den letzten 25 Jahren, in denen ich einige der Texte des Gründers der Muslimbruderschaft und derjenigen, die von der Bruderschaft inspiriert wurden, gelesen habe, in denen ich letztere mehrere Jahre lang aufgesucht habe, bildete sich eine Vorstellung vom Frérismus heraus: und zwar nicht als theologische oder juristische Schule, sondern als ein *Handlungssystem*, das alle islamischen Strömungen in einer großen *islamischen Bewegung vereinen* soll, um das Kalifat auf Erden – modern ausgedrückt: die islamische Gesellschaft, die einzig lebenswerte – zu errichten und damit das Ende der Geschichte zu erreichen.

Die Ursprünge des Frérismus liegen in der Zeit der großen totalitären Systeme, die zu Beginn des 20. Jahrhunderts entstanden sind, wie der Kommunismus und der Faschismus. Er etabliert das Volk als Träger einer kollektiven Identifikation und als Subjekt der Geschichte (die ›Umma‹ oder islamische Nation) unter der Führung eines charismatischen Führers (des Propheten) und definiert sich gegen einen äußeren Feind. Doch hier endet bereits der Vergleich, denn weder der Kommunismus noch der Faschismus beanspruchen eine Projektion ins Jenseits und beide verwalten auch keine Heilsgüter.

Dieses Sachbuch ist das Ergebnis von Überlegungen, die sich während mehrerer Jahre der Beobachtung und Untersuchung islamischer Normen in säkularen Kontexten herausgebildet haben. Während dieser Zeit habe ich in Moscheen, bei Familien, Geschäftsleuten, Verbänden und staatlichen Institutionen, vor allem in Frankreich und Belgien, aber auch in anderen westeuropäischen Ländern, nachgeforscht.

Meine Begegnung mit dem Frérismus begann vor fast dreißig Jahren in Bordeaux in einer Moschee, die von der Muslimbruderschaft betrieben wurde; und obwohl ich damals keine formelle Kenntnis von dieser Abstammung hatte, war diese Begegnung für mich eine der einschneidendsten. Ich spürte dort, weil ich es direkt an mir selbst erlebte, den tiefen Einfluss, den diese Neuankömmlinge auf Geist, Seele und Körper ausübten: durch ihre Psychologie, ihre Art, die Welt und die Lebewesen zu begreifen, ihren Willen, die sozialen Strukturen und Beziehungen neu zu organisieren, ohne irgend etwas außerhalb des Urteils eines allgegenwärtigen Gottes zu lassen.

***

Ich möchte meinem Arbeitgeber, dem *Centre national de la recherche scientifique* (CNRS), danken, der es mir ermöglicht hat, mir die Zeit zu nehmen, um in völliger Unabhängigkeit eine Synthese der fréristischen Ideologie in Europa zu erstellen und Einsichten zugänglich zu machen, die bislang nur Spezialisten vorbehalten waren. Zeit zum Nachdenken ist wesentlich bei einer solchen Übung; sie erfordert, nicht auf die Stürme der Aktualität zu reagieren, trotz der Stärke der Gegenwinde des politischen Spiels fest verankert zu bleiben, um ein Wissen zu produzieren, von dem ich hoffe, dass es nützlich und nachhaltig ist.

Meine Überlegungen wurden durch die Schriften und Aussagen zahlreicher Personen genährt, die ich hier nicht alle nennen kann, denen ich aber für ihre Anregungen und ihre Kritik danke. Für sie, die mich oft befragt und manchmal herausgefordert haben, werde ich versuchen, Antworten auf solche Fragen zu geben: Wie haben sich die Muslimbrüder in Europa niedergelassen? Wie gediehen sie in säkularisierten Demokratien? Welchen Einfluss hatten sie auf Muslime und andere? Wo ist die Bruderschaft im islamischen Feld angesiedelt? Ist es eine Theologie, eine Doktrin, eine Bewegung? Warum verkünden die Sozialwissenschaften seit dreißig Jahren, aller Evidenz zum Trotz, das Scheitern des politischen Islams? Gibt es einen Islamismus, der nur in Europa existiert? Welche Rolle spielen die Frauen im Frérismus? Hat er eine Zukunft? Und noch viele weitere Fragestellungen.

Einleitung

Ich definiere den Frérismus als ein intellektuelles, politisch-religiöses Projekt, das auf die Errichtung einer weltweiten islamischen Gesellschaft abzielt. Der *Halal Way of Life* – eine Formel, die durch den internationalen Halal-Markt[9] populär geworden ist – könnte sein Slogan sein.

Die prophetische und programmatische Dimension dieser Art von Islamismus, den der Frérismus darstellt, wurde weitgehend ignoriert oder gar verleugnet. Sie ist jedoch von zentraler Bedeutung für das Verständnis seiner tieferen Beweggründe.

Warum ist uns diese entscheidende Dimension eines bestehenden Plans entgangen? Dafür gibt es mindestens zwei Gründe. Erstens, weil unsere Weltsicht durch den mächtigen Filter der Säkularisierung gegangen ist. Wir Europäer, Erben einer säkularisierten jüdisch-christlichen Zivilisation, haben die Erinnerung an unser eigenes jahrhundertelanges theokratisches Regime verloren. Unser Verständnis von Religion trennt diese zwangsläufig von der Politik. Die Frage nach der Erlösung und dem Jenseits erscheint uns verschwommen metaphysisch, eine Reminiszenz an abergläubische Überzeugungen, die es nicht wert sind, aus der intimen Sphäre des Privatbereichs herausgeholt zu werden.[10] Mit dem Begriff ›Religion‹ wird eine ganze Reihe von Anschauungen bezeichnet, aber nicht mehr eine soziale und politische Ordnung.

Zweitens entgeht uns die prophetische Dimension des Islams, weil wir fälschlicherweise davon ausgehen, dass der Islam »das Christentum der Araber« ist, wie Rémi Brague es formuliert. Wie der Philosoph jedoch betont, behauptet sich der Islam als eine Religion des Gesetzes und der Rechtsprechung, die die Pflicht der *Daʿwa* (des Zeugnisses und der Bekehrung) in den Mittelpunkt der Predigt stellt, sich als die Vollkommenheit und Überwindung der beiden anderen Monotheismen darstellt und sich als deren Endpunkt versteht. Wie das Christentum, aber im Unterschied zum Judentum, ist der Islam eine missionierende Religion. Wie das Judentum, aber im Gegensatz zum Christentum, verfügt der Islam über ein relativ flexibles Gesetz, die Scharia, die aus der unaufhörlichen Arbeit von Rechtsgelehrten, Improvisationskünstlern oder Spezialisten hervorgegangen ist, die aus den Offenbarungsquellen und der Tradition Regeln ableiten, die auf die Probleme des täglichen Lebens anwendbar sind.[11] Der Islam – zumindest in der Form, wie er sich bis heute entwickelt hat und somit ohne Vorurteil bezüglich seiner Fähigkeiten, sich in Zukunft zu verändern, – definiert sich selbst als »angeborene Religion« (*dīn al-fitra*). Es ist genauso einfach, dem Islam beizutreten, wie es schwierig ist, ihn zu verlassen. Um einzutreten, hat der Islam kein Sakrament eingeführt, sondern ein einfaches Zeugnis: die *Schahada*. Und ein Austrittsritual ist nicht vorgesehen: Der Gläubige muss abschwören, die Schahada widerrufen. Man kann nur durch Verleugnung austreten, und in diesem Fall ist die Strafe für den Apostaten der soziale oder physische Tod.

Weil man die Einzigartigkeit der islamischen Kombination aus religiösem Gesetz (wie im Judentum) und Missionierung (wie im Christentum) nicht erkennt und nicht berücksichtigt, dass der Islam sich als Vollendung der beiden vorangegangenen Monotheismen versteht, unterschätzt man den Führungsanspruch, den der Islam nähren kann, und dies umso mehr, als er heute in Europa als die Religion der Beherrschten angesehen wird. Die Umma wird im Koran als »die beste aller Gemeinschaften«[12] dargestellt, die von Gott selbst regiert wird. Im Rahmen einer gesetzlich verankerten, missionarischen Religion der Vorherrschaft sehen sich die Fréristen als Auserwählte, deren Aufgabe es ist, die Prophezeiung des Kalifats zu erfüllen. Sie wollen die muslimische Welt *dekolonialisieren* und jegliche Hybridisierung und Annäherung an säkulare Tendenzen, die sie als tödliche Bedrohung betrachten verhindern (im Besonderen den französischen Säkularismus). Für sie ist das irdische Leben ein Weg mit einem klaren Kurs, den es beizubehalten gilt: die Muslime zu begleiten und zu dem Ziel zu führen, das von dem Allerhöchsten vorgesehenen ist, zu jenem Kalifat, das bis ins kleinste Detail vorbestimmt ist. Den Glaubensbrüdern steht nur frei zu wählen, ob und wann sie sich diesem Ziel widmen, nicht aber die Modalitäten, die bereits vollständig im Buch (der Koran) und in der Überlieferung (die echte Sunna) ausformuliert sind. Um dem, was Gott vorgesehen hat, näher zu kommen, erstellt der Frérismus einen Plan und erlässt Anweisungen. Unermüdlich befiehlt er das Gute und verfolgt das Schlechte, erzwingt das Erlaubte und verbietet das Unerlaubte. Die gesamte Energie wird über Generationen hinweg dieser Aufgabe gewidmet, daher rührt seine außergewöhnliche Stärke, Widerstandsfähigkeit und Belastbarkeit. Der Frérismus ist keine theologische Strömung, sondern ein *Handlungssystem*.

Einleitung

Eine Moschee betrat ich zum ersten Mal als Anthropologiestudentin, in den frühen 1990er Jahren. Diese Moschee lag nicht weit vom Bahnhof Saint-Jean entfernt in einem beliebten Viertel im Zentrum von Bordeaux. Sie nannte sich selbst prestigeträchtig »Islamisches Zentrum El Houda (die Rechtleitung, der Weg)«, was zu einer Zeit, in der man bescheiden von Gebetsräumen und Kellermoscheen sprach, eine Seltenheit war.

Diese Bezeichnung war das Markenzeichen der Muslimbrüder, dieser stolzen Missionare mit den vorsichtigen Worten, den fein rasierten Bärten und den Anzügen. Ich erinnere mich, dass ich die Frage »Gehören Sie zu den Muslimbrüdern?« ziemlich direkt stellte und als Antwort ein verkrampftes Lächeln von einem meiner Gesprächspartner, einem der Leiter des El-Houda-Zentrums, erhielt, gefolgt von einer ironischen Bemerkung, die meine Taktlosigkeit unterstrich: »Sie glauben, wir sind Fundamentalisten, oder?« (Damals sprach man eher von Fundamentalismus als von Islamismus). Ich würde diese Frage nie wieder stellen. Dennoch waren sie bei mir als Studentin recht wenig vorsichtig. Selbst im Angesicht des Offensichtlichen genügte es ihnen, zu leugnen oder einfach nur anzudeuten, dass die Fragestellerin ›wie die Polizei‹ aus ›Rassismus‹, ›Islamophobie‹ oder Nähe zur extremen Rechten handele, um sie zum Schweigen zu bringen. Dreißig Jahre später ist dieser Vorwurf immer noch genauso mächtig, genauso effektiv, um Zeugen ihrer Doppelzüngigkeit zum Schweigen zu bringen.[13]

Im islamischen Zentrum El Houda, das sie in Besitz genommen hatten, bedeckte ich als Forscherin vorsichtshalber mein Haar, wenn ich den Gebetsraum betrat. Ich trug ein Kopftuch »nach christlicher Art«, wie sie es nannten, das heißt ein relativ lockeres, vorne gebundenes Tuch, das das Haar und den Hals erkennen ließ, im Gegensatz zu dem vorgeschriebenen Hidschab, der nur das Oval des Gesichts zeigt. Nach mehreren Umfragen in Frauenzirkeln beschloss ich, keines mehr zu tragen, da ich den Gebetsraum nicht mehr betrat. Meine Gesprächspartnerinnen konnten ihre Enttäuschung kaum verbergen. Eine von ihnen sagte: »Ach, du hast dein Kopftuch heute nicht getragen?«; eine andere meinte ironisch: »Sie will keine Muslimin sein!« Das hatte ich in der Tat nicht vor und ich hatte den universitären Forschungsgrund für meine Besuche auch nicht verheimlicht. Ich antwortete in meinem schönsten arabischen Akzent, den ich 1994 während eines Aufenthalts in Damaskus, im Syrien von Hafez al-Assad, gelernt hatte: »Inschallah!« Das löste zwei strahlende Lächeln aus. *Inschallah* ist eine Formel, die in der Alltagssprache verwendet wird, um »wir werden sehen« oder »hoffe ich« zu sagen. Ein ausdrückliches Inschallah, das auf klassischem Arabisch ausgesprochen wird, erhält jedoch eine wörtliche Bedeutung: Wenn Gott es will. War es diese Bedeutung oder mein Gestammel in klassischem Arabisch, das meine Gesprächspartnerinnen berührt hatte? War es der starke Bezug auf Gott? Sicherlich beides. Für sie hatte ich einen Schritt in Richtung Konversion getan.

Dass ich in den Islam eintrete, war das, was sie sich am Sehnlichsten wünschten – und das war wohl ausschlaggebend für ihre offensichtliche Geduld bei der Beantwortung meiner mehr als zahlreichen Fragen. Jemanden in den Islam einzuführen gilt als wertvolle und hoch belohnte Tat: Sie entspricht einer unermesslichen Anzahl von *hassanat*, den »guten Taten«, die dazu beitragen, das Tor zum Paradies zu öffnen. Das Erlernen der arabischen Sprache hatte mich in ihren Augen auf den Weg zur Konversion gebracht, und wenn es jetzt nicht klappen sollte, so dachten sie, dann würde es eines Tages passieren, *inschallah*, so Gott will.[14]

Timing ist die Kunst der Brüder. Der Weg ist vorgezeichnet, die Zeit wird kommen, in der alle zum Islam finden. Trägt dieses junge Mädchen keinen Hidschab? Das liegt daran, dass sie noch nicht bereit ist.

Wie oft habe ich von einer Muslima gehört: »Sie trägt ihn nicht, das macht nichts, denn eines Tages wird sie ihn tragen, *inschallah*.« Da es im Glaubensbekenntnis (Schahada) keinen Gott außer Gott und keinen Gesandten außer dem Propheten Muhammad gibt, gibt es bei den Brüdern keinen anderen Plan als den, den Gott für jeden einzelnen und für alle Muslime vorgesehen hat. Wenn nicht jetzt, was immer es auch sein mag, wird es später geschehen.

Ausgangspunkt ist das Geschöpf Gottes; und der Zielpunkt ist die faktisch muslimische Welt. Es gibt also nichts anderes zu tun, als den Weg zu optimieren, Meilenstein für Meilenstein, Zug um Zug, Plan auf Plan. Einige Beobachter haben den Islamismus als theologische Schule, als eine Art rigorosen Reformismus betrachtet, andere sahen in ihm vor allem eine Identitätsbewegung, wieder andere eine Rache an der Moderne, eine Antithese zum kapitalistischen Imperialismus, für den er eine glaubwürdigere Alternative als der Marxismus, Leninismus, Maoismus oder der Faschismus und so weiter wäre.

Der Frérismus ist weder eine politische Partei noch eine theologische Schule, sondern die Ideologie einer religiösen Bewegung, nämlich die des *Wasat*-Islams, des Islams der »goldenen Mitte«.

Einige unterscheiden zwischen Frérismus und Salafismus anhand ihrer Vorgehensweisen. Ersterer würde mit Gewalt agieren und sei von Saudi-Arabien gesteuert; der zweite arbeite politisch und von Katar beeinflusst. In Wirklichkeit sind die Grenzen zwischen den verschiedenen fundamentalistischen Bewegungen des Salafitentums fließend, und deshalb kann der Frérismus den Traum hegen, sie alle zu vereinen und ihre jeweiligen Besonderheiten zu nutzen, um die Regierung Gottes auf Erden zu verwirklichen. Er ist die Ideologie einer globalisierten Missionsbewegung, die den Zweck erfüllen soll, egal mit welchen Mitteln. Ob mehr oder weniger Gewalt nötig ist, ist sie nur eine Frage der Aufwands, je nach Kontext, Ort und Zeit. Der Frérismus nutzt alle Energien – befreundete für seine Mission und feindliche als Hebelpunkt –, um die Utopie eines Kalifats zu verwirklichen, das einzige irdische Schicksal. Er bewegt sich entlang eines Wegs, dessen Ursprung und Ziel offenbart wurden, und er tut dies nach einem binären Prinzip, indem er bejagt, was verboten, und erzwingt, was erlaubt ist.

So befreit er sich vom Zweifel. Was heute seine Stärke und Gewalttätigkeit ausmacht, könnte morgen seine Schwäche und seinen Rückzug bedeuten, sofern wir ihn verstehen und uns ihm entgegenstellen.

Frérismus ist ein »Handlungssystem«, begründet mit einer *Vision*, gestützt auf eine *Identität* und einem *Plan* folgend (V-I-P).

Das ist die Bedeutung der Worte von Hassan al-Banna, dem ägyptischen Gründer der Muslimbruderschaft:

»Allah ist unser Zweck.
Der Prophet Mohammed ist unser Führer.
Der Koran ist unsere Verfassung.
Der Dschihad ist unser Weg
und der Tod für Allah ist unser ultimatives Ziel.«

In einem ersten Kapitel werde ich den ideologischen und historischen Kontext untersuchen, in dem die Muslimbruderschaft entstand, diese geheime Bruderschaft, die 1928 gegründet wurde, um eine Avantgarde zusammenzuführen, welche die muslimische Welt erwecken und befreien sollte. Die Ichwān (die »Brüder«) sind zweifellos die erste Miliz der radikalen Dekolonialisten. Ich werde die maßgeblichen Dimensionen dieser Ideologie, die der muslimischen Welt eine *Vision*, eine *Identität* und einen *Plan* anbietet und einen Missionsapparat entwirft, um sie zu ihrer ultimativen Verwirklichung zu führen, im Kontext betrachten: »eine neue Ordnung, die von Allah, dem Allwissenden, dem Allweisen, verordnet wurde«, basierend auf dem Koran, der »die Prinzipien einer umfassenden sozialen Reform enthält.«[15]

In einem zweiten Kapitel werden wir sehen, wie das Zusammentreffen der aus der *Jamaat-e-Islami* hervorgegangenen Studenten Abu l-Ala Maududis [im Folgenden: al-Maududi oder Maududi] vom indischen Subkontinent mit den arabischen Muslimbrüdern, die außerhalb des Dar al-Islam im Exil lebten, den internationalistischen Frérismus hervorbringt, der von der (nationalistischen) islamistischen Partei insofern zu unterscheiden ist, als sein Ziel nicht die Machtübernahme eines Staates ist, sondern die Ingangsetzung einer weltweiten transnationalen Bewegung.

In einem dritten Kapitel werden wir sehen, wie Yusuf al-Qaradawi, der Anführer der fréristischen Strömung, ab den 1980er Jahren theoretisiert, was er als »islamische Bewegung« bezeichnet. Wie er ihr einen Plan für die nächsten dreißig Jahre zuweist (der weitgehend verwirklicht wurde) und sich dabei auf die Doktrin des »Mittelwegs« (*wasatiyya*) stützt. Sie soll im Namen des *Tauhid* (die Einheit Gottes) alle islamischen Tendenzen, vom offensten modernistischen Reformismus bis hin zum stumpfsinnigsten und konservativsten Literalismus, vereinen und zur Errichtung der globalen islamischen Gesellschaft führen.

Die Muslimbrüder suchten sich Europa als Wahlheimat aus, um ihre Aktivitäten zu entwickeln und den Frérismus zu konzipieren und auszuprobieren. In allen Ländern gründeten sie Vereinigungen, ohne ihre Identität oder ihren Plan – von Tariq Ramadan ›Euro-Islam‹ genannt – zu enthüllen, um sich dort wie im vierten Kapitel ausgeführt zu engagieren und zu entfalten. Um ans Ziel zu kommen, begleitet der Frérismus den kriegerischen Dschihad, der schikaniert und terrorisiert, mit einem intellektuellen Projekt, das der Welt zumindest eine neue Epistemologie aufzwingen soll, die den Namen »Islamisierung des Wissens« trägt, wie das fünfte Kapitel zeigen wird.

Im sechsten Kapitel wird beschrieben, wie sich dieses Projekt durch eine Relativierung des Völkerrechts und der Allgemeinen Erklärung der Menschenrechte durchsetzen konnte. Der Frérismus stützt sich auf seine

Verbündeten, um seine Opferdoktrin und das Verbrechen der Blasphemie festzuschreiben. Er nutzt die antirassistische Bewegung gegen die liberale Gesellschaft, die sie eingeführt hat. Der fréristische Führungsanspruch infiltriert Institutionen, Verbände und Unternehmen und verbreitet sich als urbane Opferkultur und Subkultur in »westlichen« Gesellschaften. Diese werden aufgefordert, für ihre historischen Fehler zu büßen, was sie mithilfe von EU-Politiken zur »Hassbekämpfung« tun, die von den Vereinten Nationen (UN), dem Europarat und der Europäischen Union unterstützt und subventioniert werden.

Im siebten Kapitel werde ich darauf eingehen, wie der Frérismus an die in Europa geborenen Generationen weitergegeben wird und wie es ihm gelingt, insbesondere in Frankreich die verschiedenen Tendenzen des Islams zu kontrollieren, indem er links von sich den Indigenismus und rechts den Frérismus-Salafismus hervorbringt. Im achten Kapitel werden die Allianzen zwischen dem Frérismus und seinen Stützpunkten in Politik, Universität und Wissenschaft analysiert.

Im politischen Bereich glaubt die Linke, im Frérismus ein Modell für antikapitalistische Emanzipation zu erkennen, während der Islamismus im Ökologismus die Möglichkeit sieht, seine Metaphysik, seine Vision der Beziehungen zwischen Gott, der Natur und der sozialen Organisation durchzusetzen. Im akademischen Bereich verkünden Wissenschaftler, die sich gerne links verorten, immer wieder das Scheitern des Islamismus, den sie als politische Bewegung sehen. Sie ignorieren trotz deren Ankündigung den Plan der Fréristen. Damit lenken sie vom eigentlichen Problem ab und sind mehr oder weniger freiwillige, mehr oder weniger bewusste Vehikel für die Islamisierung des Wissens.

Zwei weitere Kapitel zeigen schließlich anhand von Auszügen aus Feldforschungsnotizen, wie die Strategie der Muslimbrüder aufgeht und sich in die Köpfe der Menschen einschleicht, insbesondere der Frauen, denen es obliegt, für die künftigen Generationen der »islamischen Bewegung« die Aufrechterhaltung eines neuen, Körper und Seele berührenden fréristischen Habitus zu gewährleisten.

Nach der Analyse des fréristischen »Systems«, nachdem wir seinen Plan, seine Ideologie und seine Methoden dargelegt haben, wird es schlussfolgernd möglich sein, einige Wege zu skizzieren, um sich seiner Ausbreitung zu widersetzen und aus dem mentalen Raum auszubrechen, den es errichtet hat und der uns mehr betrifft als wir glauben.[16]

KAPITEL I

Die Bruderschaft der Muslimbrüder

Um den Frérismus zu verstehen, muss man auf seine Matrix zurückschauen: die Muslimbruderschaft, eine sunnitische Bewegung, welche im ersten Drittel des 20. Jahrhunderts entstand. Die Bruderschaft ist Teil des ascharitischen *Kalām*, der einzigen muslimischen Theologie, die nach dem Aussterben der *Muʿtazila* im vierzehnten Jahrhundert übrig geblieben ist. In aller Kürze: Der Kalām hat im Lauf seiner Geschichte zwei Richtungen durchlaufen, von denen nur eine überlebt hat: einerseits die so genannte »ascharitische«, fideistische Richtung, für die die Hauptquelle der Theologie die koranische Offenbarung ist. Auf der anderen Seite die so genannte »muʿtazilitische« Richtung, die von der griechischen Philosophie beeinflusst wurde. Die erste, die ascharitische Ausrichtung ist der Ansicht, dass die Vernunft innerhalb der Offenbarung ausgeübt wird, dass die Offenbarung das Wortes Gottes durch die Vermittlung der menschlichen Vernunft darstellt. Die zweite Richtung, die muʿtazilitische, hält den Koran nur für eine Schöpfung Gottes, die nicht gleichzeitig Gott und ein Buch sein kann.

Die muʿtazilitische Auffassung von der Offenbarung erlosch im neunten Jahrhundert und ließ das ascharitische Dogma von der Unerschaffenheit des Korans unhinterfragt. Das bedeutet, dass der Koran von Gott selbst, ohne Vermittlung, erschaffen wurde. Der Koran als Richtlinie, Quelle des Wissens und der Moral für alle Ewigkeit gilt als unfehlbar und frei von jedwedem Makel. Für die Aschariten bedarf es mehr als menschlicher Vernunft, um den Koran zu verstehen; es bedarf zuerst des Willens Gottes. Die Prinzipien von Gut und Böse können nur durch die Offenbarung erkannt werden. Daher kann der Muslim nicht allein mit dem Verstand zwischen guten und schlechten Taten unterscheiden. Er muss sich auf die Texte berufen, meist basierend auf Interpretationen der Rechtsgelehrten, wie sie von Muftis, Predigern oder Imamen überliefert werden.

Niemand besitzt die höchste Autorität, um die beiden wichtigsten Textquellen zu interpretieren, nämlich den Koran (das offenbarte Wort Gottes) und die Sunna (die Überlieferung, die alle Hadithe sowie die vorbildhaften Taten und Aussagen des Propheten tradiert). Die »Rechtsgelehrten« (*fuqaha*) präzisieren die Bedeutungen der Schriften und zeigen auf, wie sie interpretiert werden können. Je nach der angewandten Methodik reihen sich diese Rechtsgelehrten in eine der verschiedenen »Rechtsschulen« des Sunnitentums ein. Die Rechtsprechungssammlungen werden von den Kadis (Richtern) verwendet, um Streitfälle zu lösen, und von den Muftis (die von den *mustafti* einberufen werden), um ihre Meinung zu einem bestimmten Problem zu äußern (die sogenannte ›Fatwa‹).

Da der Koran den Gläubigen in allen Bereichen des menschlichen Handelns leiten soll, hat die ascharitische Auffassung Konsequenzen für die *Theorie* des menschlichen Handelns. Diese ist sowohl dem Menschen und seiner freien Entscheidung zuzuschreiben; sie ist aber auch gleichzeitig eine Schöpfung Gottes. Um diesen scheinbaren Widerspruch zu entwirren, definieren einige Islamwissenschaftler das Problem in Bezug auf den *Erwerb*: Der Mensch *erwirbt* seine eigenen Handlungen, nachdem diese von Gott konzipiert worden sind. Der menschliche Wille richtet sich auf eine Handlung aus, aber seine Fähigkeit, diese auszuführen, wird erst durch Gottes Willen aktiviert. Auf diese Weise »behält Gott die Macht, im Menschen den Willen, die Kraft und die Handlung hervorzubringen (*ibda*) beziehungsweise aufleben zu lassen (*ihtira*), die letzterer ins Auge gefasst hat.«[17] In dem Maße, wie diese Theorie des menschlichen Handelns mit der Vorstellung eines vorgezeichneten göttlichen Plans kombiniert wird – ein Plan, der als Gesetz im unerschaffenen Koran eingeschrieben ist –, reduziert sich der freie Wille auf eine binäre Wahl: tun oder nicht tun, (muslimisch) sein oder nicht sein, das Gute gebieten oder das Böse verfolgen, was zum zentralen Gegensatz von *halal*, erlaubt, gegenüber *haram*, unerlaubt, verboten, führt.

Die Bruderschaft – erste »dekoloniale« Bewegung

Die Muslimbruderschaft ist sunnitisch, ascharitisch und folgt keiner bestimmten Rechtsschule. Die Bruderschaft entstand im Jahr 1928 in Ägypten unter britischer Herrschaft und stellt sich selbst als Orientierungshilfe dar, welche die Muslime dazu bringen soll, sich wieder in der ursprünglichen Umma zu vereinen. In diesem Sinne kann man sie als ursprünglich erste »dekoloniale« Bewegung betrachten, die nicht auf einer ethnischen oder sozialen, sondern einer religiösen Grundlage beruht.

Die »Société des Frères« (Gesellschaft der Brüder) war zunächst als eine ägyptische Wohltätigkeitsorganisation gegründet worden, die sich danach unter der Führung ihres Stifters Hassan al-Banna als ein Unternehmen für religiöse, moralische und soziale Richtigstellung entpuppte. Jeder muslimische Mann konnte sich an dieser »Miliz der Tugend« beteiligen, unabhängig von seinem sozialen oder kulturellen Hintergrund, solange er ihre Lehren befolgte. Die Rolle des *frère* (Bruders) bestand darin, die islamische Heimat, die Umma, von jeglicher fremder Autorität zu befreien, um einen islamischen Staat zu errichten, »seine sozialen Regeln anzuwenden, seine festen Prinzipien zu verteidigen und seine Botschaft unter der gesamten Menschheit zu verbreiten.«[18]

Aus doktrinärer Sicht besteht die Inspiration der Bruderschaft von Hassan al-Banna in einer relativ unklaren theologisch-politischen Mischung, die Anleihen bei Strömungen macht, die normalerweise als gegensätzlich eingestuft werden, wie dem Sufismus und dem literalistischen Fundamentalismus, der *Salafiyya*. Daran ist die Ausbildung ihres Anführers nicht ganz unschuldig. Hassan al-Banna wurde 1906 in El Mahmoudia, Ägypten, geboren als Sohn eines Uhrmachers und gleichzeitigen Chefredakteurs der Zeitschrift *Musnad d'Ibn Hanbal*,[19] die dem hanbalitischen Ritus anhing. Der entstammte einer religiösen Familie von Kleinhändlern aus Kairo. Der junge Hassan, der von einem besonders strengen Hanbalismus geprägt war, besuchte ab seinem 14. Lebensjahr auch den Unterricht einer sufistischen ›Tariqa‹ (Gemeinschaft). Später, als seine Ausbildung eigentlich auf ein klassisches Studium an der al-Azhar-Universität hätte hinauslaufen sollen, entschied er sich für das *Dar al-ulum*, ein modernes ägyptisches, islamisches Institut. Dort wurde er durch Ideen der Erneuerungsbewegungen jener Zeit beeinflusst, die die Muslime dazu aufforderten, sich zusammenzuschließen, um der »westlichen Hegemonie« durch Rückkehr zu den frommen und regenerierenden Quellen des Islams entgegenzuwirken.[20]

Obwohl im Islam alles dran gesetzt wird, einen Personenkult zu unterbinden, hat sich die Bruderschaft um einen charismatischen Führer geschart, der bis heute noch vielfach bewundert wird. Sein Einfluss insbesondere auf die europäischen Muslimbrüder ist nach wie vor beträchtlich. »Die Persönlichkeit von Hassan al-Banna erweckt Respekt und sein Werk bleibt der wichtigste und unbestrittene Beitrag der Bewegung.

Seine Aura scheint nicht gealtert zu sein. Oder kaum jedenfalls. Er wird von jungen Leuten und Anhängern als Referenz und Vorbild, an dem es sich zu orientieren gilt, herangezogen. Verschiedene Beziehungen werden ihm gegenüber aufrechterhalten«, schreibt die Autorin einer Monografie über die Bruderschaft in Europa (Maréchal, 2009). Von Hassan al-Bannas Schriften werden in Europa zwei besonders hervorgehoben: das *Sendschreiben der Lehren*, das die Pädagogik der Missionare betont und *Zwischen gestern und heute*, wo das Schicksal der Bewegung nachvollzogen wird. Ich werde mich hauptsächlich auf diese beiden schriftlichen Quellen stützen, wenn es im Folgenden um den Gründer der Bruderschaft geht.

Der traumatische Schock, den die Abschaffung des osmanischen Kalifats im Jahr 1924 verursachte

Die Abschaffung des osmanischen Kalifats im Jahr 1924, die der Kolonialherrschaft zugeschrieben wird, wurde als tiefe Demütigung erlebt. Mustafa Kemal Atatürk, der Gründer und erste Präsident der säkularen türkischen Republik, löste damals die türkische Nation aus dem islamischen Band mit Worten, die von den Gläubigen als Affront empfunden wurden:

»Die Türkei kann nicht zur Verfügung des Kalifen gehalten werden, damit dieser seine angebliche Mission erfüllt, einen Staat zu gründen, der den gesamten Islam umspannt. Die Nation kann dem nicht zustimmen. Das türkische Volk ist nicht in der Lage, eine so große Verantwortung, eine so unvernünftige Mission zu übernehmen. Unsere Nation ist jahrhundertelang unter dem Einfluss dieser falschen Vorstellung geführt worden. Doch was ist daraus geworden? Überall, wo sie auftauchte, wurden Millionen von Menschen zurückgelassen« (Monnier, 2015).

Die Reaktion ließ nicht lange auf sich warten: Nacheinander wurden mehrere panislamische Kongresse veranstaltet, im Mai 1926 in Kairo, im Juni 1926 in Mekka[21] und im Dezember 1931 in Jerusalem.[22]

Zwar stellte das Kalifat nur noch eine symbolische Einheit dar, nachdem es eine politische Kraft gewesen war, die über Jahrhunderte hinweg vom Osmanischen Reich geschmiedet worden war.[23] Aber sein Verschwinden setzte den verdrängten Traum vom Kalifat frei, der in den göttlichen Schicksalsplan eingeschrieben ist.

»Auch wenn das Kalifat sich im Laufe der Jahrhunderte veränderte, ist das eine ganze Welt – ihre Geografie, ihr politisches, verwaltungstechnisches und religiöses System, ihre Moral, ihre Kultur und ihre Gesetze –, die plötzlich verschwindet [...] dieser Zusammenbruch wird als Kataklysmus empfunden: die Auflösung einer jahrhundertealten Identität in der westlichen Moderne« (Prazan, 2020).

Das Territorium des Kalifats wurde zerfetzt, zermürbt und dann von der Karte gestrichen. Der Traum vom Kalifat kann in den Seelen und Herzen der Muslime, die durch den Verlust der Umma (der symbolischen Mutter) solidarisch geworden sind, wiederauferstehen. Nun erheben sich die Söhne, diejenigen, die sich der Herausforderung stellen müssen. Die Wiederherstellung des Kalifats wird zur Obsession in den arabischen Ländern des Maghrebs und des Nahen Ostens bis hin zu den Kolonien im Fernen Osten, in Indonesien oder Malaysia, nicht zu vergessen die Khilafatbewegung bei den Indern im Britischen Empire. Während die selbstkritische intellektuelle Welle der ›Nahda‹ (wörtlich: Aufstehen; der Begriff steht für eine *arabische Renaissance*) gerade erst aufkam, brach sich darüber eine andere Welle Bahn, die des rachsüchtigen *Revivalismus* (Wiederbelebung im Sinn einer Erneuerung, Instandsetzung eines Urzustands) und überdeckte den Ablauf der ersten.

Renaissance versus Revivalismus:
Von der Selbstkritik zum Dekolonialismus

Was gemeinhin als Nahda bezeichnet wird, entwickelte sich seit dem 18. Jahrhundert in der muslimischen Welt, vom Maghreb bis zum indischen Subkontinent, unter dem Druck mehrerer antagonistischer Kräfte: den imperialen Eroberungen europäischer Mächte, des Wahhabismus und der Sufi-Bruderschaften.[24] Europa hatte einen Prozess der Kolonialisierung und der Durchsetzung seiner Strukturen und seiner Kultur in den muslimischen Gebieten begonnen. Dieser führte zu einem politischen, kulturellen und religiösen Umbruch, der sich auf vielfältige Weise und an vielen Orten manifestierte.

Neben der Zerschlagung des Osmanischen Reiches führte das zum Aufstand im Nadschd, im Herzen Arabiens, und zur Entstehung eines hanbalitisch inspirierten Wahhabismus, der sich zum Ziel setzte, die islamische Frömmigkeit und Moral durch eine Rückkehr zur Bastion der ›frommen Alten‹ (*al-salaf al-salih*, daher der Begriff ›Salafiyya‹) in ihrer ursprünglichen Reinheit wiederherzustellen. Andere, sufistisch inspirierte Kräfte, lehnten sich gegen die Organisation der Rechtsschulen auf und propagierten eine Rückkehr zum prophetischen Vorbild.[25] Dieser heilige Aufruhr brachte die sogenannte ›Islāh‹ (Reform[26]) hervor, eine Bewegung städtischer Intellektueller, die von ihrer religiösen Erziehung geprägt, aber der europäischen Moderne gegenüber aufgeschlossen waren und von Historikern in Anlehnung an das europäische Modell der Renaissance als Nahda bezeichnet wurde.

Beeinflusst von der positiven Kritik, die in Europa verbreitet ist, beginnen die muslimischen Eliten aus Syrien, Ägypten, dem Iran oder Tunesien, die Europa besuchen, darüber nachzudenken, ob die muslimische Rückständigkeit für die westliche Kolonialisierung (mit-)verantwortlich ist. Die ägyptische Dynastie von Muhammad Ali, die osmanischen Sultane, Nasreddin Schah von Persien sowie auch der Tunesier Hussein Bey schlagen Reformen vor, um den sozialen und technologischen Rückstand der muslimischen Gesellschaften gegenüber dem Westen aufzuholen.[27]

Diese elitäre Strömung wird bald von einer anderen, radikaleren überholt, die der Ansicht ist, dass das europäische Modell einen zersetzenden und für die muslimischen Länder gefährlichen Säkularismus vermittelt.[28] Modern zu sein bedeute nicht, dass man den Westen in allem nachahmen muss. Die großen Anführer der Reform Dschamal ad-Din al-Afghani,[29] Muhammad Abduh und Raschid Rida propagieren den ›Idschtihad‹ – die Anstrengung des Nachdenkens – gegenüber dem ›Taqlid‹, der bloßen Nachahmung der frommen Alten (von den Traditionalisten gefordert) oder der Europäer (von den Modernisten unterstützt). So setzen sie eine methodologische Revolution in der religiösen Auslegung und Lehre durch und stellen eine Hierarchie der Quellen des Gesetzes und der Inspiration auf: zuerst der Koran, dann die prophetische Überlieferung, gefolgt vom Konsens der Religionsgelehrten, dem Analogieschluss und schließlich dem ›aufgeklärten‹ persönlichen Urteil.

Europa wird zum Modell und gleichzeitig zum Gegenmodell. Vorbild, weil die Muslime ähnlich wie Europa eine tiefgreifende Reform durchführen müssen, um Zugang zu intellektuellem Reichtum und technologischer Macht zu erhalten; Gegenmodell, weil diese Reform nicht durch eine Ablehnung der Religion wie im europäischen Säkularismus, sondern im Gegenteil durch eine Rückbesinnung auf die Grundlagen der heiligen

Texte und der Tradition erfolgen muss. Durch den Islam können sich die Muslime den Wissenschaften, der Technologie und der Moderne öffnen. Der Islam muss ein Wegweiser für die Gegenwart sein, damit die muslimische Welt eine moderne Gesellschaft mit ihrer eigenen Vernunft gründen kann. Zu diesem Zweck muss die Exegese der Scharia erneuert werden, die nicht mehr von den Traditionalisten beschlagnahmt werden darf, und die zivilen Gesetze müssen neben den Geboten der Scharia bestehen, von denen sie inspiriert sein müssen.

Anfangs entstand mit Abd al-Rahman al-Kawakibi eine liberale Strömung, die eine Trennung von Religion und Politik forderte und gleichzeitig den Vorrang des islamischen Erbes beanspruchte.[30] Diese Strömung erreichte jedoch im Gegensatz zum radikalen Zweig keine echte Wirkung. Der radikale Flügel fordert das Erwachen der muslimischen Zivilisation durch die Ablehnung von allem, was nicht zu ihrer Tradition gehört, sowie westlicher Sitten, die mit den islamischen Vorschriften unvereinbar sind (insbesondere in Bezug auf die physische Präsenz von Frauen im öffentlichen Raum und das Gebot der Verschleierung). Während die Reformisten die Muslime lediglich dazu ermutigen, dem Beispiel der europäischen intellektuellen und technologischen Entwicklung zu folgen, sind die radikalen Revivalisten der Ansicht, dass diese Beiträge schädlich sind, weil sie Gott aus den öffentlichen Angelegenheiten ausgeschlossen haben. Muhammad Abduhs einflussreiche ägyptische Reformzeitschrift *Al-Manār* (Der Leuchtturm), die erste globalisierte islamische Zeitschrift des frühen 20. Jahrhunderts, radikalisierte sich unter seinem Nachfolger Raschid Rida, dem Vater des islamistischen Flügels.

Der Westen ist bereits nicht mehr der alleinige Schuldige; sondern die Verwestlichten, die Säkularisierten, die für die Niederlage verantwortlich sind, müssen bekämpft werden. Der Historiker Maher Charif schreibt:

»El Manār wird einen Feldzug führen gegen die ›Europäisierten‹, die *mutafarnijīn*, die Verfechter europäischer Werte im Osmanischen Reich, eine innere Armee, die weitaus gefährlicher ist als die ›äußere Armee der Agenten des Christentums.‹ Ist es nicht ihr Ziel, die Religion zu zerstören und die Grundlagen der Scharia zu verändern? Denn sie rufen dazu auf, die Richterschaft zu vereinheitlichen, bürgerliche Gesetze zu erlassen, Religion und Staat zu trennen, und sie verleiten die Frauen unter dem Vorwand der Emanzipation zur ›Unzucht‹. Der Manār greift die ›Atheisten‹ an, vor allem in der Türkei und in Ägypten.«[31]

Während der Reformismus versuchte, das rationalistische Erbe der arabisch-islamischen Philosophie mit der europäischen Aufklärung in einer Synthese zu vereinen, geht es dem Revivalismus darum, das Kalifatsprojekt wiederzubeleben und den Islam und die muslimische Geisteswelt von jeglichem ausländischen Einfluss zu säubern. Der revivalistische Panislamismus stellt weit mehr als eine politische Bündnisstrategie gegen den Imperialismus dar, er ist – ohne Anachronismus – ein Nachholen der langen Geschichte der Umma, eine Rückbesinnung auf das Schicksal der ›muslimischen Nation‹. Es ist der erste große Kulturkampf der Entkolonialisierung.

Die von Hassan al-Banna in Ägypten gegründete Bruderschaft wird diesen Kulturkampf anführen, indem sie eine epische Erzählung der muslimischen Geschichte formuliert. Diese besagt, dass die Muslime immer dann kulturell und politisch geschwächt wurden, wenn sie sich von ihrer Bestimmung entfernten. Dann wurden sie jeweils besiegt und beherrscht. Was 1924 geschah, war vorhersehbar, denn der Fall des Kalifats war im Grunde nur eine Wiederholung des Untergangs des abbasidischen Kalifats, das mit dem Fall von Bagdad abrupt endete,[32] bereits geschwächt und dann 1258 von den Mongolen überfallen.

Hassan al-Banna will die Weltanschauung des Islams wiederherstellen und die Umma wieder ihrer außergewöhnlichen Bestimmung zuführen. In seiner Sendschrift *Zwischen gestern und heute* (al-Banna, 1939) beschreibt der Gründer der Bruderschaft das goldene Zeitalter der Abbasiden, das es wiederzufinden gilt. Auf der Grundlage einer tugendhaften »koranischen Ordnung«, so schreibt er, entstand der erste islamische Staat mit einem unerschütterlichen Glauben, wandte diesen akribisch an und verbreitete ihn in der ganzen Welt. Damals, so fährt er fort, »entstand die soziale Einheit aus der Verallgemeinerung der koranischen Ordnung und ihrer Sprache, während die politische Einheit im Schatten des Amir al-Mu'minin und unter dem Banner des Kalifats vollzogen wurde [...] Die Dezentralisierung der Streitkräfte, der Staatskasse und der Provinzgouverneure war keineswegs ein Hindernis, da alle nach einem einzigen Credo und einer einheitlichen, globalen Kontrolle handelten.«[33]

Anders als der Reformismus betreibt der Revivalismus in erster Linie die Konstruktion einer vom Goldenen Zeitalter inspirierten Utopie. Man hält die Revivalisten für konservativer als die modernistischen Reformisten. Dies ist ein Fehler. Der Revivalismus, dessen reinster und emblematischster Ausdruck die Muslimbruderschaft ist, will nicht rückwärts schreiten. Er ist eine moderne Bewegung, die aus der ursprünglichen Quelle schöpfen will, was ein großer Unterschied ist.

Reformismus und Revivalismus sind beide fundamentalistische Bewegungen in dem Sinne, dass sie für eine Rückkehr zu den Fundamenten des Islams eintreten. Doch während der Reformismus auf den Eintritt in die Moderne abzielt, eine Art Aufholen der verlorenen Zeit, will der revivalistische Fundamentalismus die muslimische Welt *dekolonialisieren* und die muslimische Nation, die Umma, vereinigen.[34] Er will den Fremden nicht nur zurückdrängen, sondern die Besatzer in sich selbst verbannen. Das ist insbesondere das Vorgehen des Frérismus; der will die muslimischen Ländereien und Gemüter von allen kulturellen Spuren säubern, die der Westen hinterlassen hat, um sich vielmehr das zu entleihen, was der Westen an Interessantem hervorgebracht hat, wie etwa die Technologie, und das wegzulassen, was der Islam verbietet, wie etwa den Säkularismus. Der Westen in den Köpfen der Muslime muss also ausgemerzt werden, damit der Boden gesäubert wird für die islamische Umerziehung, die jedem muslimischen Geist die Vision, die Identität und den Plan einpflanzen soll.

Der VIP-Frérismus des Islamismus: Vision, Identität, Plan

Aus der Lektüre der ersten Sendschreiben al-Bannas lassen sich die drei Achsen des Handlungssystems des Frérismus ableiten, die bis heute im Einsatz sind: eine *Vision*, eine *Identität* und einen *Plan* anbieten, um die *islamische Bewegung* in Gang zu setzen, welche die kalifatische Prophezeiung erfüllen soll. Das bedeutet die Errichtung der einzig möglichen menschlichen Gesellschaft, der islamischen Gesellschaft.

Ein Weltbild

Der Frérismus bietet den Muslimen ein *Abbild* und eine *Anschauungsweise* (Vision) der Welt und ihrer Geschichte, ein *Weltbild* (eine Vorstellung von der Welt), wie es der deutsche Soziologe Max Weber formulierte. Bei den Muslimbrüdern projiziert die Vision die glorreiche Vergangenheit Medinas nicht in ihrer archaischen Form in die Zukunft, sondern in einer Form, die noch im Werden ist. Vers 55 der Sure des

Lichts lautet: »Allah hat denjenigen von euch, die glauben und rechtschaffene Werke tun, versprochen, dass Er sie ganz gewiss als Statthalter (Nachfolger) auf der Erde einsetzen wird, so wie Er diejenigen, die vor ihnen waren, als Statthalter einsetzte ...«[35] Gott wird den Heutigen geben, *wie* er den Alten gegeben hat, und nicht dasjenige, *was* er den Alten gegeben hat.

Max Weber bezeichnet diese Sicht der Welt, die das Vorstellungsvermögen und die sozialen Beziehungen strukturiert, als *Weltanschauung*. Die Vision umfasst einen kohärenten Satz von Werten in einem geordneten ›System‹ von Bedeutungen: Das Leben und die Welt, die gesellschaftlichen Geschehnisse und die kosmischen Vorkommnisse haben einen systematisch festgelegten einheitlichen ›Sinn‹, und das menschliche Verhalten muss nach diesem Sinn ausgerichtet sein (Kalberg, 2007). Was in der Geschichte geschehen ist, kann und wird sich wiederholen, denn das ist die natürliche Richtung der Gesellschaft und des Verhaltens jedes Gläubigen. Die Geschichte ist keine Ansammlung vergangener Tatsachen, sondern wird zu einer inspirierenden Dynamik, einer Vorhersage.

Hassan al-Banna fordert die Muslime auf, sich nicht nur von den Werten und Praktiken der Religion, sondern auch von der glorreichen politischen Geschichte des Islams inspirieren zu lassen:

»Die Grundsätze des Korans haben den auf der arabischen Halbinsel und in Persien vorherrschenden abergläubischen Götzendienst ausgerottet und zu Grabe getragen. Sie verbannten das hinterlistige Judentum und beschränkten es auf eine kleine Provinz, indem sie seiner religiösen und politischen Autorität ein Ende setzten. Sie bekämpften das Christentum, so dass dessen Einfluss auf dem asiatischen und afrikanischen Kontinent stark zurückging, auf Europa beschränkt und unter dem Schutz des byzantinischen Reiches in Konstantinopel blieb. So wurde der islamische Staat zum Zentrum der geistigen und politischen Vorherrschaft auf den beiden größten Kontinenten. Dieser Staat setzte seine Angriffe auf den dritten Kontinent fort, indem er Konstantinopel von Osten her angriff und belagerte, bis die Belagerung zermürbend wurde. Dann griff man von Westen her an, stürzte sich auf Spanien, erreichte mit seinen siegreichen Soldaten das Herz Frankreichs und drang bis nach Nord- und Süditalien vor. Sie errichteten einen beeindruckenden Staat in Westeuropa, der vor Wissenschaft und Wissen nur so strotzte. Danach brachte man die Eroberung Konstantinopels zu Ende und das Christentums wurde auf das begrenzte Gebiet Mitteleuropas eingedämmt. Islamische Flotten stießen in die Tiefen des Mittelmeers und des Roten Meeres vor, die beide zu islamischen Gewässern wurden. Und so übernahmen die Streitkräfte des islamischen Staates die Vorherrschaft über die Meere im Osten und Westen und genossen absolute Herrschaft über Land und See.«[36]

Die Vision wurde wiederbelebt als militante Dschihadisten in Raqqa unter dem Namen *Islamischer Staat* ein Kalifat errichteten, dessen Bilder sie in der ganzen Welt verbreiteten, wobei sie den Vers zitierten: »... als dein Herr zu den Engeln sagte: ›Ich bin dabei, auf der Erde einen Statthalter einzusetzen ...‹«[37] Die Aussage allein schafft keinen Staat, aber sie sendet ein Signal aus an alle Muslime weltweit, mit dem man ihnen mitteilt: Hiermit beginnt die angekündigte Nachfolge, die Prophezeiung kann erfüllt werden. Wenn eine Gemeinschaft daran glaubt, wenn sie ihre eigene Vision und ihre eigene Geschichte pflegt, spielt es keine Rolle, ob ihre Projektion Wirklichkeit wird. Was zählt, sind die konkreten Auswirkungen dieses Glaubens auf das Kollektiv, die Fähigkeit, dessen Handlungen zu koordinieren und alle in eine gemeinsame Richtung zu führen. Eine bestimmte Vorstellung der Geschichte zu kultivieren und sie durchsetzen können ist deshalb ein signifikanter politischer Akt.

> **Den Frérismus kennzeichnet die Loyalität zur historischen Vision des Islams, die sein künftiges Schicksal vorgibt**
>
> Lassen Sie uns die Version des pakistanischen Ökonomen, Philosophen und islamistischen Aktivisten Khurshid Ahmad (geboren 1932) lesen, eines Schülers von al-Maududi, des Gründers der Jamaat-e-Islami, der pakistanischen Kusine der Muslimbruderschaft. Diese Sichtweise offenbart einen systemisch totalisierenden Entwurf der islamischen Herrschaft als allem überlegen – verstanden als eine vor allem spirituelle, intellektuelle, ideologische und zivilisatorische, aber weniger als kriegerische Bewegung.
> Bis zu seinem Zusammenbruch zur Zeit des Ersten Weltkriegs herrschte der Islam in Gebieten, die über den ganzen Planeten verteilt waren: Der Schlag war so stark, die Streitkräfte so schwach, dass es zu einem Aufstand kam: der Revolution zur Wiederbelebung der Bekräftigung, genannt *ahya* und *tajdeed* (Modernität und Erneuerung).

Hier die Vision der modernen islamischen Geschichte bei Khurshid Ahmad, laut einer 2011 veröffentlichten Äußerung:
»Wir müssen das gegenwärtige Wiederaufleben des Islams im Kontext der muslimischen Gesamtsituation in den letzten Jahrhunderten verstehen. Der Islam war von dem Moment an, als er als Gesellschaft, als soziale Ordnung, als Staat in Medina gegründet wurde, eine globale Kraft; und innerhalb des ersten Jahrhunderts erreichte der Islam nicht nur alle drei damals bekannten Kontinente, sondern wurde auch auf allen drei Kontinenten eine Weltmacht. Diese Situation, mit vielen Höhen und Tiefen, hielt etwa elfhundert Jahre lang an. [...]
Ich möchte betonen, dass die Expansionswelle des Islams nicht immer durch den bewaffneten Kampf vorangeschritten ist. Dieser war Teil des Prozesses, wie es in der Geschichte der Zivilisationen der Fall war, aber das Wichtigste ist, dass es sich um eine spirituelle Bewegung, eine intellektuelle Bewegung, eine ideologische Bewegung, eine Mission und eine Botschaft handelte. Es gibt weitläufige Gebiete, in denen Muslime nie geherrscht haben, in denen der Islam aber zur dominierenden Kraft geworden ist, zum Beispiel ganz Indonesien, Malaysia, [...] viele Teile Afrikas, sowie riesige Gebiete, in denen Muslime trotz langer Perioden muslimischer Herrschaft zwar an der Macht waren, aber nicht die Mehrheit bildeten, weil sie die Macht nicht zur Bekehrung nutzten. In Indien zum Beispiel herrschten die Muslime etwa tausend Jahre lang, blieben aber in der Minderheit; in Spanien herrschten die Muslime etwa 600 Jahre lang, stellten aber bevölkerungsmäßig nicht in die Mehrheit, und so weiter. Was ich damit sagen will, ist, dass es sich um eine geistige, intellektuelle, ideologische und zivilisatorische Bewegung handelt.
Beim Aufstieg Europas zur Weltmacht ab dem 14. Jahrhundert durch die Renaissance und die Reformation war der muslimische Einfluss ein sehr wichtiger Faktor. [...]
Der Wendepunkt kam jedoch mit der Belagerung von Wien 1683 oder 1681 [...] Die Niederlage vor Wien führte zu einem weiteren Schrumpfen, zum Zerfall und zum Zusammenbruch der Osmanen. Dasselbe Schicksal ereilte die Mogulen in Indien. Ebenso erging es der muslimischen Herrschaft in anderen Teilen der Welt. Das ging so weit, dass der Islam und die islamische Welt am Ende des Ersten Weltkriegs vollständig unter kolonialer Herrschaft standen. Es war das erste Mal, dass die Muslime ihren Einfluss auf die Weltherrschaft verloren hatten. [...]
Nun war das 19. Jahrhundert Höhepunkt der europäischen Vormacht. Doch nach dem Ersten Weltkrieg erlebte die westliche Hegemonie ihren ersten großen Schock. Grund dafür war interne Kriegführung. Es waren Deutschland und Großbritannien, es waren verschiedene nichtmuslimi-

sche Kräfte, die sich gegenseitig bekämpften; dennoch begann der Niedergang des westlichen Imperialismus. Die Befreiung Japans vom Kolonialismus durch die Meiji-Restauration, die Auseinandersetzung Chinas mit Russland im Jahr 1905 und der chinesische Sieg zeigten symbolisch, dass sich die globale Situation jetzt ändert und dass die Geschichte einen neuen Schritt in Richtung der Wiederherstellung und Bestärkung derjenigen machen wird, die vom europäischen Kolonialismus besiegt oder unterjocht worden waren. [...]

In dieser Situation entstand ein neues Denken. Dieses Denken hat seine Wurzeln im Koran und in der Sunna, dann auch im Denken von drei großen muslimischen Denkern: Ibn Taimiya, Muhammad bin Abdul Wahab und Schah Waliullah. Alle, die auf ihre Weise und im Kontext ihrer eigenen Situation vor ähnlichen politischen, intellektuellen, zivilisatorischen und militärischen Herausforderungen standen, haben eine Strategie entwickelt: nicht die des Rückzugs, der Reform, der Modernisierung oder der Subversion, sondern die der Wiederbehauptung und des Wiederauflebens, die wir als *ahya* und *tajdeed* bezeichnen.

Tajaddud bedeutet Modernisierung, *tajaddud* bedeutet, den Islam zu verändern, um ihn an die modernen Zeiten anzupassen; und *tajdeed* bedeutet, die Herausforderung der Moderne aufgrund unserer eigenen Wertebasis anzunehmen.

Es handelt sich um eine positive, dynamische und kreative Bewegung, deren Idee lautete: »Analysieren wir, was bei uns schief gelaufen ist. Warum sind wir zurückgefallen? Was war der Faktor, der zum Aufstieg Europas führte, und wie können wir diese Herausforderung annehmen?«

Bei ihrer Analyse kamen sie zu dem Schluss, dass es in der Botschaft des Korans und der Sunna nichts gibt, was man ablehnen soll. Es handelt sich um von Gott offenbarte Ratschläge, die nicht der Begrenzung von Zeit und Raum unterliegen. Sie sind universell. Sie sind auch ewig und umfassend in dem Sinne, dass sie alle Aspekte des menschlichen Lebens abdecken. [...] Sie sagten also, dass wir zum Koran und zur Sunna zurückkehren müssen; wir müssen die Ursachen für unsere Schwächen in unserem Verhalten, in unserer Beziehung zum Koran und zur Sunna, in unserer Beziehung zu unserer Geschichte und in unserer Beziehung zu dem dynamischen Veränderungsprozess, den der Islam eingeleitet hat, dort finden, wo er in die falsche Richtung gegangen ist. So ist der erste Punkt, den sie betonten, dass der Koran und die Sunna die Quelle sein müssen, und dass die Rückkehr zum Koran und zur Sunna der Weg ist, um zu widerstehen und wieder aufzuleben.«[38]

Schumuliya, Rechtleitung und System-Islam

Im Frérismus ist der wahrhaftige Islam vollkommen, allumfassend, er bildet ein selbstreferentielles, sich selbst regulierendes und integratives System. Das ist die von al-Banna entwickelte Vorstellung einer Lehre vom Islam als umfassendes System (*šumūlīya*), eine globalisierende Vision des Islams. Der Islam überwindet Zeit und Raum, er ist weltumspannend, ewiglich und mit allen Zeitaltern und Völkern vereinbar. Er ist universell und nachhaltig, passt sich jeder Gesellschaft an und überdauert alle Umstände. Dies sagt Hassan al-Banna dazu in seinem *Sendschreiben der Lehren (Risālat at-taʿālīm)*:

»Der Islam ist eine Gesamtorganisation, die alle Aspekte des Lebens einbezieht.

Er ist sowohl ein Staat als auch eine Heimat, beziehungsweise Nation und Regierung.

Er ist auch eine Moral und eine Macht, beziehungsweise Vergebung und Gerechtigkeit.

Er ist auch eine Kultur und ein Gesetzeswerk, beziehungsweise Wissenschaft und Justiz.

Er ist auch eine Materie, beziehungsweise ein Rohstoff, ein Gewinn und ein Reichtum.

Er ist auch ein Kampf auf dem Wege Gottes und ein Aufruf, beziehungsweise eine Armee und ein Gedanke.

Und schließlich ist er wahrer Glaube und wahrhaftige Frömmigkeit.«

Der Islam regiert und bestimmt. Er ist Gesetz und hat Präzedenzcharakter:

»Der Islam hat alle für das menschliche Leben angemessenen Regeln und Gesetze festgelegt; für Männer und Frauen, für die Familie und die Völker.«[39]

Demnach gibt es keine andere Lösung als den Islam.

»Wir glauben, dass der Islam ein umfassendes System ist; er ist ein Glaube und ein Gottesdienst, ein Staat, eine Nationalität und eine Religion, ein Verstand und eine Handlung, ein heiliger Text und ein Schwert. [...] Der glorreiche Koran betrachtet diese Dinge als das Herz des Islams.«[40]

Im fréristischen Revivalismus zeigt sich der Islam als dieses selbstreferentielle und unabhängige System. Wenn er nur in sich selbst und durch sich selbst bestehen kann, muss er alles, was ihn am Sein hindern könnte, bekämpfen und beseitigen. Im Gegensatz zum Reformismus eines Muhammad Abduh, der sich zu seiner Bewunderung für bestimmte europäische Errungenschaften bekannte, kann der Frérismus keine Anleihen jenseits des Islams in Betracht ziehen. Nicht nur, dass alles im Islam gut ist, sondern, es gibt auch nichts Gutes außerhalb des Islams, denn wenn etwas gut ist, ist es bereits im Islam.

Wenn etwas Fremdes gültig ist, wird man seinen Ursprung im Islam finden. Wenn dieses Etwas nicht von Muslimen hervorgebracht wurde, dann deshalb, weil man sie dran hinderte. Für Islamisten sind »alle wissenschaftlichen Kenntnisse, einschließlich der neuesten Entdeckungen, im Korantext enthalten«, fasst Faouzia Charfi[41] zusammen.

Es mangelt nicht an Predigten, in denen Muslimen die wissenschaftlichen Wunder des Korans angepriesen werden.[42] Wenn es nicht muslimische Gesellschaften waren, die dieses offenbarte Wissen in moderne Technologien umgewandelt haben, liegt dies einfach daran, dass sie im Lauf ihrer Geschichte irgendwann auf Abwege geraten sind. Also braucht die Welt die koranische Offenbarung, um sie zu führen. Wie Hassan al-Banna verkündete:

»Wir befürworten das mächtigste *System* – die islamische Ideologie; und [...] wir bieten der Menschheit das gerechteste Gesetz an – das Heilige Gesetz des Korans [...] die ganze Welt braucht diese Botschaft.«[43]

In dieser allem überlegenen, alles umfassenden und selbstreferentiellen Konzeption äußert sich, sowohl bei al-Banna als auch bei dem Muslimbruder Sayyid Qutb und vor allem bei dem pakistanischen Führer al-Maududi. eine systemische Auslegung des Islam. Qutb schreibt:

»Wenn der Mensch in jeder Hinsicht die Vertretung Gottes auf Erden herstellt, indem er sich dem Dienst an Gott widmet und sich von der Knechtschaft gegenüber anderen befreit, indem er das von Gott vorgeschriebene Lebenssystem einführt und alle anderen Systeme ablehnt, indem er sein Leben nach der Scharia Gottes organisiert und alle anderen Gesetze aufgibt, indem er die Werte und Normen der Moral annimmt, die Gott gefallen, und alle anderen Normen ablehnt [...].«[44]

Die klarste und weitreichendste Erklärung dessen, was ich als ›System-Islam‹ bezeichne, ist jedoch Maududi zu verdanken. Seine zahlreichen Bücher sind darauf hin ausgerichtet, den selbstreferentiellen und selbstgenügsamen Charakter des Islams aufzuzeigen. »Die Scharia, die auf dem Koran und der Sunna beruht, enthält Richtlinien, die notwendig und ausreichend sind«, um »die Bedürfnisse der menschlichen Gesellschaft aller

Epochen und Länder zu erfüllen«; und in allen denkbaren Bereichen: religiös, persönlich, moralisch, familiär, gesellschaftlich, wirtschaftlich, juristisch, international ..., fasst der Gründer der Jamaat-e-Islami[45] zusammen, welche bis heute bei Muslimen in Indien und Pakistan und in der indisch-pakistanischen Diaspora enorme Popularität genießt.

Selbst die Säkularisierung ist im Islam enthalten, wie Khurshid Ahmad, der Biograf und Übersetzer von Maududis Werken ins Englische, behauptet.[46]

»Wenn die Leute fragen: ›Was haben Sie gegen die Säkularisierung einzuwenden?‹, antworte ich immer, dass der Islam eine säkulare Religion in dem Sinne ist, dass er sich mit dem gesamten säkularen Bereich befasst. Der Säkularismus in Europa kam auf, weil sich das Christentum aus der Welt zurückgezogen hatte und die Religion auf das Spirituelle, die Moral und die persönliche Frömmigkeit beschränkt hatte. Im Islam sind öffentliche Moral, gute Regierungsführung und soziale Gerechtigkeit ein integraler Bestandteil. Der Säkularismus ist also ein Teil von uns, mit dem Unterschied, dass wir alle säkularen Probleme von einem moralischen Standpunkt aus angehen. Wir trennen sie nicht von der göttlichen Führung.

Darin liegt das Scheitern des Säkularismus; nicht bloß daran, dass der Säkularismus an der Abkapselung des Lebens interessiert wäre. Der Aufstieg des Islams ist auf die Anwendung moralischer Prinzipien auf den säkularen Bereich zurückzuführen. So sind Bildung, Technologie, Wissenschaft, Soziologie und politische Macht, Entwicklung, menschliche Entwicklung, institutionelle und steuerliche Entwicklung Teil des islamischen Schemas [...].«

Und weiter betont er den ewigen Charakter der islamischen Rechtleitung, die auf die ultimative Mission ausgerichtet ist:

»Erstens stellen der Koran und die Sunna die göttliche Führung dar und nicht das menschliche Bemühen, sie sind ewig, sie sind vollständig und sie bieten eine Anleitung für jede Periode und jedes Volk, das Fundament, auf dem das Individuum, die Familie, die Gesellschaft und der Staat aufgebaut werden können. Dies ist ein völlig neues Paradigma im Vergleich zur traditionellen religiösen Sichtweise, die sich mit dem *ibadat*, dem persönlichen Leben, zufrieden gibt und die Welt als Ganzes vernachlässigt. Im vorherrschenden okzidentalen zivilisatorischen Paradigma – wo man, wenn man religiös sein will, religiös sein kann, aber als Privatperson – spielen die Religion und die göttliche Führung bezüglich der Gesellschaft, des Staates und der Geschichte keine Rolle. Es handelt sich also um ein ganz anderes Paradigma. Zweitens ist klar, dass sich der Islam an alle Gesellschaftsschichten richtet und dass wir, sofern wir die Etablierung des Din – Iqamat-e-Din [die Religion Gottes in den Alltag einbeziehen] – nicht zu unserem Ziel machen, auch nicht in der Lage sein werden, die Mission zu erfüllen, die Allah seinem Propheten Muhammad (Friede sei mit ihm) und all seinen Propheten übermittelt hat; und als muslimische Umma sind wir die Treuhänder dieser Mission« (Mehboob, 2011).

Eine Denkweise ist systemisch, wenn die Infragestellung eines ihrer Segmente das gesamte System destabilisiert oder sogar für ungültig erklärt. Wer ein solches Denken vertritt, kann die Infragestellung eines seiner Bestandteile also nicht ertragen. Jede Enthüllung einer Inkohärenz stellt eine derartige Gefahr dar, wäre eine derartige Katastrophe, dass man lieber die Kritik disqualifiziert oder versucht, die Kritiker gleich ganz loszuwerden. Alles ist vorausgeplant, alles ist vollkommen, alles ist schon vorhanden und alles Andere – wenn so etwas überhaupt existiert – ist falsch.

Eine weitere Folge dieser Argumentation und des damit verbundenen Risikos ist die Pervertierung der Ideen. Zu sagen, dass die Säkularisierung oder der Säkularismus im Islam enthalten ist, bedeutet, dass man jedem entlehnten Begriff eine Scharia kompatible Definition gibt. Beispielsweise wird der inklusive Laizismus des Islam, der mit dem islamischen Recht vereinbar ist, den Laizismus in seiner ursprünglichen europäischen, revolutionären und zum Teil von der christlichen Lehre inspirierten Bedeutung überschreiben, verdecken oder mit ihm konkurrieren.

ustādhiyyat al-ʿālam: Der Überlegenheitsanspruch

Das *Weltbild* [sic] der Muslimbrüder ist mit anderen Weltanschauungen nicht in Einklang zu bringen, da seine Aufgabe darin besteht, seine Absolutheit durchzusetzen. Vers 55 aus der Sure *Das Licht* des Korans, gemäß der Gott ihrer Religion »ganz gewiss eine feste Stellung verleihen wird, und dass Er ihnen nach ihrer Angst (in der sie gelebt haben) statt dessen ganz gewiss Sicherheit gewähren wird«, bedeutet den Muslimen, dass ihre Religion die beste ist; ebenso wie der sehr explizite Vers 110 aus der Sure Al-Imran: »Ihr seid die beste Gemeinschaft, die für die Menschen hervorgebracht worden ist. Ihr gebietet das Rechte und verbietet das Verwerfliche und glaubt an Gott. Und wenn die Leute der Schrift glauben würden, wäre es wahrlich besser für sie. Unter ihnen gibt es Gläubige, aber die meisten von ihnen sind Frevler.«[47]

Die Muslimbrüder verstehen die Stellung der dritten Buchreligion als die der Vervollkommnung und endgültige Vollendung. Für sie ist die mohammedanische Offenbarung gekommen, um die beiden vorherigen zu berichtigen und zu perfektionieren. Hassan al-Banna nennt diese übergeordnete Position *ustādhiyyat al-ʿālam*: Der Islam ist »Vorrangstellung, Herrschaft, Autorität, Anleitung und so weiter.«[48]

»Wenn ihr die Lehren des Islams untersucht, werdet ihr feststellen, dass er die gesündesten Prinzipien, die angemessensten Regelungen und die genauesten Gesetze für das Leben des Einzelnen, ob Mann oder Frau, für das Leben der Familie [...] und für das Leben der Völker verkündet [...] und Vorstellungen sanktioniert, vor denen selbst die Reformer und Machthaber der Nationen zögerlich blieben.

[...] Allah [Gott] hat euch geehrt, indem Er Sich euch zu erkennen gab, euch zum Glauben an Ihn brachte und euch gemäß Seiner Religion erhob. Darüber hinaus hat Allah für euch eine Ebene der Überlegenheit und Würde in dieser Welt verordnet. Er hat euch nicht nur dazu auserwählt, die Menschheit auf Seinen Weg zu führen, sondern auch dazu, die Lehrer der Welt zu werden.«[49]

Aber der Überlegenheitsanspruch hat es in sich. Wie kann man den Ansprüchen eines Gottes gerecht werden und bleiben, der angeblich jede Handlung und jeden Gedanken des irdischen Lebens ahnden, bestrafen oder belohnen soll? Es ist sowohl der Gehorsam als auch der unstillbare Wunsch, Gott zu gefallen, der die Glaubenskämpfer bis zum Exzess der Gewalt, der Folter oder des Todes treibt. »Wir suchen nichts anderes als das Angesicht Allahs und das Wohlergehen der Menschen. Wir arbeiten nur, um sein Wohlgefallen zu erstreben«, schreibt Hassan al-Banna.[50]

Das Bedürfnis, seinen Rang als Günstling Gottes aufrecht zu halten, führt zu all den Exzessen, denn es verleiht eine gewaltige Energie, bis hin zur Dreingabe des eigenen Lebens. Diese gewalttätige Energie ist kein Relikt aus der Vergangenheit, keine anomische Abdrift von der Ultramoderne, auch kein verrücktes oder verzweifeltes Verhalten, sie ist eine Handlungsweise, ein Fanatismus.

Wie wir in diesem Buch sehen werden, sind das Überlegenheitsgefühl und der damit verbundene Überlegenheitskomplex das Ergebnis einer langen Indoktrinationsarbeit, die nicht nur verlangt, auf Sündhaftigkeit zu verzichten, sondern auch die Aufforderung an die Mitgläubigen »zur Befehlsübernahme durch das Gute und zur Jagd auf das Böse« beinhaltet.

Noch bevor sie sprechen können, wird muslimischen Kindern mittels auf sie abgestimmter Videos und Bücher beigebracht, dass nur das Leben nach dem Tod zählt, dass Gott ihre Handlungen und Absichten in jedem Moment ihres Lebens überprüft und dass sie für ihre Taten und die ihrer Angehörigen Gott gegenüber verantwortlich und ihm rechenschaftspflichtig sind. Und wenn ihnen dieses Schicksal beschieden ist, dann deshalb, weil sie und keine anderen dazu auserwählt wurden, die ›beste‹ aller Religionen zu verbreiten.

Für Mohamed Ourya (2008) erklärt sich durch den Überlegenheitsanspruch warum die Verschwörungsbesessenheit in der Vorstellungswelt der Muslimbrüder so ausgeprägt ist:

»Die Religion hält dafür her, zu erklären, dass das Böse nur von außen kommen kann, somit kann man sich jeder Verantwortung entziehen. Mit dieser Vorstellungswelt hält man daran fest, dass die Umma die beste Gemeinschaft auf Erden ist [...] und zieht kritische und selbstkritische Analysen ihres religiösen und historischen Korpus' (der sogar in den Rang des Heiligen oder Tabus erhoben wurde) nicht in Betracht. [...] Die Ablehnung des Prinzips der Kritik und Selbstkritik sowie die übertriebene Liebe zu einem Anführer (*al mustabidu al adil* [der gerechte Despot]), der sich nicht irrt, sorgen dafür, dass die Idee einer Verschwörung in der arabisch-islamischen Vorstellungswelt – die es dazu ablehnt, von einer zur Ikone gewordenen Macht Rechenschaft zu verlangen – akzeptabel wird. Das Ich irrt sich nicht; verantwortlich ist der Andere.«

Identität ohne Alterität: die Umma

Der Frérismus wartet mit einer Identität auf, die keine wirkliche Andersartigkeit zulässt. Der Nicht-Muslim ist im besten Fall *noch kein* Muslim. Im schlimmsten Fall muss er, wenn er ungläubig bleibt (oder wird), bekämpft und auf die eine oder andere Weise eliminiert werden.

Für Hassan al-Banna hat die muslimische Nation, die Umma, ihre einzige Grenze im Glauben an den Islam. Sie anerkennt weder geografische Grenzen noch Unterscheidungen nach Herkunft oder Abstammung. Muslimisches Land ist »jeder Zentimeter des Lands, auf dem sich ein Muslim befindet, der an Allah und seinen Propheten glaubt.«[51]

Die Welt ist zweigeteilt, es gibt die Umma und den Rest; und dieser Rest wird letztendlich unterworfen oder vernichtet werden müssen. Gott »betrachtet alle Muslime als eine einzige Nation (*umma wāḥida*) und das islamische Vaterland (*al-waṭan al-islāmī*) als eine einzige Heimat«, schreibt Hassan al-Banna.[52] Diese islamische Nation ist der *Dschahiliya*, der Zeit der Unwissenheit, die der Legende nach auf der Erde herrschte, ehe die Offenbarung anbrach, gegenübergestellt. In den Schriften von Sayyid Qutb (1906-1966) ist die Dschahiliya noch nicht besiegt, sondern bleibt in Form der nicht-muslimischen Gesellschaften und jener ›heuchlerischen‹ Gesellschaften bestehen, die vorgeben, Muslime zu sein, aber ›Götzen‹ wie die Moderne, den Säkularismus, die Demokratie oder den Nationalismus anbeten.[53]

In diesem selbstgenügsamen System-Islam ist die kollektive Identität wie von innen heraus festgelegt, auf autoritäre Weise, ohne Basis. Das Ziel steht fest, die Mittel sind bereits vorhanden (alles steht im Koran und in der Sunna), es muss – wo immer möglich – die Umma hervorgebracht werden, das ist alles. Die Brüder haben nur eine Mission, die Gemeinde zu versammeln und in Marsch zu setzen; sie fürchten weniger den äußeren Feind als die *fitna*, die Auflösung des Zusammenhalts in der Gemeinschaft.

Hassan al-Banna (1939) erinnert an das endgültige Ziel: die Wiederherstellung der koranischen Ordnung, die den islamischen Staat in den muslimischen Ländern begründet. Zuerst muss die islamische Heimat von jedweder fremden Autorität befreit werden, dann muss der islamische Staat errichtet werden, der es ermöglicht, nach den Geboten des Islams zu handeln, seine sozialen Regelungen anzuwenden und seine Prinzipien zu verteidigen. Sobald die koranische Ordnung in den islamischen Ländern errichtet ist, muss ihre Mission auf die gesamte Menschheit ausgeweitet werden.[54]

Daʿwa bedeutet mehr als Mission oder Predigt, es ist im weiteren Sinne der Ruf, genauer gesagt der innere Aufruf, die Anstrengung, die der Muslim unternimmt, sich selbst zu verändern, um ›Muslim zu werden‹; und durch sein Beispiel andere dazu anzuregen, Muslime zu werden. Hier zeigt sich die sufistische Inspiration der Bruderschaft. Daʿwa ist die Pädagogik des Beispiels.

»Muslim zu *sein* bedeutet, sich ständig darum zu bemühen, Muslim zu *werden;* das bedeutet Daʿwa machen. Meiner bescheidenen Meinung nach gibt es keinen anderen Weg, zum Muslim zu werden«, schrieb der Pakistani Khurram Murad (1932-1996), ein Führer der Jamaat-e-Islami-Bewegung.[55] Daʿwa ist Bekehrung und lebenslanges Lernen, es bildet sowohl den Rufenden als auch den Berufenen aus. Für al-Banna kommt die Reform durch eine geduldige Umwandlung der Generationen zustande: »Die Bruderschaft glaubt nicht an die Revolution, und verlässt sich zum Erreichen ihrer Ziele nicht auf sie; sofern sie überhaupt stattfindet, werden wir uns ihr nicht anschließen ... Unsere Aufgabe ist es, eine neue Generation von Gläubigen zu schaffen, die die islamische Umma in all ihren Lebensaspekten neu formulieren kann.«[56]

Im Frérismus werden die Beziehungen zwischen den Menschen auf der Grundlage ihrer Religionszugehörigkeit geregelt. Der unerschaffene Koran, das Wort Gottes, ohne Fehl, unterscheidet die ›Leute des Buches‹ (Juden, Christen und ein ursprünglich jüdisch-christliches Volk namens ›Sabäer‹) von anderen, Heiden und Ungläubigen. Erstere [Juden und Christen] haben Anspruch auf einen Schutzstatus *(dhimmi),* der ihre Rechte einschränkt und sie einer besonderen Steuer unterwirft. Als Gegenleistung für den ›Schutz‹, der ihnen gewährt wird – dass sie nicht wie die anderen vernichtet oder zwangskonvertiert werden – müssen die Dhimmis [Schutzbefohlenen] die *Dschizya* zahlen. Hassan al-Banna schreibt:

»Den Koran im Herzen [...] und das Schwert in der Hand [...] die Menschen zur Wahl einer der drei Optionen herausfordern: Islam, Dschizya oder der Kampf; wer zum Islam übertritt, ist ihr Bruder mit allen Rechten und hat alle Pflichten; wer die Dschizya zahlt, ist ihr Schutzbefohlener, sie beschützen ihn und halten dieses Versprechen [...]; wer sich weigert, den bekämpfen sie, bis Allah ihnen hilft, ihn zu besiegen.«[57]

Das Konzept der Schutzbefohlenheit *(dhimma)* hat sich an die aktuellen Bedingungen des modernen Staates angepasst. Für Yusuf al-Qaradawi, den wichtigsten Stichwortgeber der internationalen fréristischen Bewegung, sollte der moderne Staat ein »islamisches Emirat [...] sein, das nach islamischem Recht regiert wird.« Jedoch müssen die Dhimmis nicht mehr als solche etikettiert werden: »Es steht ihnen frei, zusammen mit den Muslimen an diesem islamischen Staat teilzunehmen und islamische

Anliegen zu vertreten, nicht aber, die höchsten Ämter, für die religiöse Kompetenzen benötigt werden, zu bekleiden; schließlich ist es ein islamischer Staat. Was ihn zu einem islamischen Staat macht, ist die Aufrechterhaltung des islamischen Rechts in seiner Gesamtheit, sogar wenn dieses durch einen rechtskonformen und aufgeklärten Idschtihad zufriedenstellend reformiert wurde.«[58]

Gemäß dem Wasat-Islam (Islam der »goldenen Mitte«), wie er vom Vordenker des zeitgenössischen internationalen Frérismus gepredigt wurde, wird es »im islamischen Staat keinen Kampf zwischen Rassen, Religionen, Klassen oder Konfessionen geben, da den Dhimmis abverlangt wird, ihre religiösen Symbole nicht zur Schau zu stellen, keine neuen Kirchen zu bauen, damit bei den Muslimen keine zweideutigen Gefühle aufkommen, die sie zu Unfrieden und Unordnung führen könnten.«[59]

Ein Plan (die rechte Anleitung)

Der Frérismus ist im Wesentlichen eine Anleitung, zusammengefasst in dem Aufruf, das Gute (das Erlaubte) anzuordnen und das Schlechte (das Unerlaubte) zu ahnden. Die Bruderschaft ist eine missionsorientierte Organisation; die Brüder sind Missionare, die dem Aufruf folgen.

»Wir sind der Aufruf des Korans«, verkündete al-Banna.[60] Die Zeit spielt keine Rolle, da der Weg vorgezeichnet ist. Die soziale Ordnung ist eine *Bestimmung*. Sie muss nicht erdacht, sondern anhand der Offenbarungsquelle und der wahrhaftigen Zeugnisse, die die Taten und Aussagen des Propheten (Hadithe) überliefert haben, entdeckt (aufgedeckt, enthüllt) werden.

Die gewissenhafte Anwendung der islamischen Vorschriften garantiert, dass die Gesellschaft sich von selbst ordnen wird.

Die Bemühungen sollten sich daher ausschließlich auf die Art der Durchsetzung, die Disziplin, das Pflichtbewusstsein und die Opferbereitschaft ausrichten.

Hassan al-Banna schlägt eine genaue Liste mit Anweisungen der Rechtleitung vor. Da sind zum einen die Anweisungen kultischer Art wie das Gebet, Bitt- und Bußgebete, das Fasten, die Keuschheit, Almosen, Pilgerfahrt etc. zur Vorbereitung des Geistes, und andererseits das, was die Gesellschaft ordnet: die Anweisungen sozialer Art wie die Aufforderung zur Arbeit und das Verbot des Bettelns, der Kampf (*dschihad*) und die Versorgung der Familien der Kämpfer, das Gebot des Guten und die Verfolgung des Bösen, die Erziehung für jeden muslimischen Mann und jede muslimische Frau gemäß den Aufgaben, die ihnen am besten liegen, Manieren, gesunde Verhaltensweisen und moralische Werte; das Streben nach körperlicher Gesundheit, die Kontrolle der Sinne und so weiter.

Einem vorbildlichen Muslimbruder laut Ordnung der Bruderschaft obliegt es, unnachlässig jede dieser Pflichten zu erfüllen *und erfüllen zu lassen*, sie in die Praxis umzusetzen *und sie in die Praxis umsetzen zu lassen*.[61] Wenn jeder sich selbst und seine Angehörigen in diesen wenigen Bereichen in die Pflicht nimmt, dann wird die islamische Gesellschaft auf natürliche Weise entstehen. Der ägyptische Gründer der Bruderschaft will die Gesellschaft in sieben Schritten vom Nächsten bis zum Entferntesten reformieren. Der Wandel soll zunächst durch die Neuformulierung der Identität des Muslims, die seiner familiären Beziehungen erfolgen, danach der gesellschaftlichen Normen und Werte bis hin zur Regierungsreform, woran sich der Übergang zum Nationalstaat als Zwischenschritt zum Endstadium, dem islamischen Staat, anschließen:

1. Das muslimische *Individuum* erziehen und ausbilden.
2. Das muslimische Individuum mit der muslimischen *Familie* vereinigen.
3. Die muslimische Familie in die muslimische *Gesellschaft* überführen.
4. Die muslimischen Gesellschaft unter muslimischer *Regierung* formieren.
5. Einen islamischen Staat mittels der muslimischen Regierung errichten, welche gemäß den islamischen Lehren regiert.
6. Wiedervereinigung der muslimischen Nationen durch das Entstehen eines *islamischem Staates*
7. Die *Vorherrschaft* des Islams durch diese neue *islamische Einheit* aufrechterhalten.[62]

Diese einfache Darstellung soll sich jedem einzelnen Mitglied einprägen – es soll das auswendig lernen. Laut dem Autor einer Monografie über die zeitgenössische ägyptische Muslimbruderschaft (Al-Anani, 2016) fördert diese schrittweise Darstellung ein Gefühl der Verbindlichkeit, lässt zeitliche Verzögerungen zu und vermeidet Übereifer, der zu Gewalttätigkeiten führt. So wird jedem Mitglied, trotz der langfristig angelegten Ziele der Bewegung, das Gefühl vermittelt, voranzukommen.

Aufgabe der Bruderschaft ist es, einen neuen Geist zu entfachen, der seinen Weg in die Köpfe und Körper findet und so nach und nach die islamische Gesellschaft belebt, wie ein Hauch auf eine leblose Marionette. Es geht darum, jeden daran zu erinnern, dass jeder Schritt und jede Handlung immer solidarisch miteinander verbunden sind.

Das fréristische Indoktrinieren versucht nicht, den Einzelnen aus seinem Umfeld zu lösen, ihn von seinen Angehörigen zu trennen und ihn ihrem Einfluss zu entziehen, wie es in einer Sekte der Fall ist, ganz im Gegenteil. Der Einzelne soll durch einen ›neuen Geist‹ *in seinem Umfeld selbst* so verändert werden, dass er nach und nach, und ohne dass sie sich dessen bewusst werden, seine Familie und seine Angehörigen in die Dynamik seiner eigenen Veränderung einbezieht. Hassan al-Banna spricht von diesem neuen Geist, der immer wieder zusammenführen und *fitna* (Spaltung) verhindern soll:

»Liebe Brüder, ihr seid keine Wohlfahrtsorganisation, keine politische Partei oder ein lokaler Verein mit streng begrenzten Zielen. Ihr seid vielmehr ein neuer Geist, der sich seinen Weg in das Herz dieser Nation bahnt – indem er sie mit dem Koran wiederbelebt; ein neues Licht, das aufgeht und die Finsternis des Materialismus durch die Erkenntnis Allahs vertreibt; eine schallende Stimme, die sich hoch erhebt – indem sie die Botschaft des Apostels (Friede und Segen seien auf ihm) widerhallen lässt.

In Wahrheit und ohne zu übertreiben: Ihr müsst euch als Träger einer Last fühlen, die der Rest der Menschheit ignoriert hat.

Wenn euch jemand fragt: ›Wozu ruft ihr auf?‹

Dann sagt: ›Wir rufen euch zum Islam auf, der von Mohammed (Friede sei mit ihm) überbracht wurde: Die Regierung ist ein Teil davon, die Freiheit ist eine religiöse Verpflichtung.‹

Wenn jemand zu Euch sagt: ›Das ist Politik!‹ Dann sagt: ›Das ist der Islam, und wir erkennen solche Spaltungen nicht an.‹«

Die individuelle Umwandlung ist die Anfangsstufe der Rechtleitung.

In seinem *Sendschreiben der Lehren* an seine Gefährten schlägt Hassan al-Banna vor, sich die sogenannten »Säulen der Treue« einzuprägen und sie anzuwenden, um die individuelle Transformation im Geist, im Körper und im Herzen des Kämpfers auf dem Weg Gottes zu vollziehen. Der zum Mitstreiter ausgewählte Bruder,[63] muss die grundlegenden intellektuellen, moralischen und spirituellen Eigenschaften kultivieren, wie sie der Meister, der sich direkt an seinen Schüler wendet, festlegt: Verständnis, Aufrichtigkeit, Tatkraft, Anstrengung, Opferbereitschaft, Gehorsam, Beharrlichkeit, Losgelöstheit, Brüderlichkeit, Vertrauen in seinen Führer.

Die zehn Säulen der Treue

Al-Fahm (Verständnis in der Einheit):
Ich möchte, dass du davon überzeugt bist, dass der Islam eine umfassende Organisation ist, die alle Aspekte des Lebens einschließt, und dass der Koran und die reine Sunna seine Referenzen sind. Die Ansichten der Gelehrten zählen, sie können sich aufgrund der Umstände, Sitten und Gewohnheiten ändern. Eines jeden Ansicht kann Annahme oder Ablehnung erfahren, mit Ausnahme des Unfehlbaren (Gott). Unterschiedliche Ansichten über die Verästelungen der Rechtsprechung dürfen kein Grund für eine Spaltung sein. Jede unbegründete Neuerung, die die Menschen aus Leidenschaft gutheißen, sei es als Hinzufügung oder Wegnahme von Bestandteilen, ist ein Irrweg. Der Glaube ist die Grundlage des Handelns, und die Tat des Herzens ist bedeutender als die Tat der Gliedmaßen. Der Islam setzt die Vernunft frei: Jedes Anliegen kann mittels gesetzlicher (religiöser) und rationaler (wissenschaftlicher) Feststellungen behandelt werden.

Al-Ikhlaṣ (Aufrichtigkeit bis zur Aufopferung):
Damit meine ich, dass ein Muslimbruder seine Worte, seine Arbeit und seinen Dschihad (Kampf, Bemühen) der Liebe Allahs, dem Erlangen Seines Wohlgefallens, (Seiner) guten Belohnung widmen soll, ohne nach Anerkennung, Gewinn, Ehre, Titel oder Fortkommen in dieser Welt zu streben.

Al-'Amal (Die Handlung):
1. *Sich selbst verbessern*, um einen starken Körper, eine solide Moral, einen gebildeten Geist zu erlangen sowie die Fähigkeit, seinen Lebensunterhalt zu verdienen.
2. *Ein islamisches Zuhause schaffen*, so dass seine Familie sein Denken respektiert und die islamische Ethik in allen Aspekten des häuslichen Lebens befolgt. [Der Bruder] muss bei der Wahl der richtigen Ehefrau weise sein und sie über ihre Rechte und Pflichten aufklären. Er muss seinen Kindern eine gute Erziehung nach den Prinzipien des Islams angedeihen lassen. Und dies ist für jeden Bruder eine Pflicht.
3. *Die Gesellschaft führen, indem er sie zu guten Taten aufruft*. Laster und verabscheuungswürdige Dinge bekämpfen, Tugendhaftigkeit fördern und das Richtige anordnen. Das Vertrauen der Bevölkerung gewinnen und sie

davon überzeugen, sich dem islamischen Gedankengut, das in jedem Fall alle Aspekte des öffentlichen Lebens durchdringen muss, anzuschließen.
4. *Das Land befreien und von jeder fremden (adschnabi), nicht-islamischen Autorität unabhängig machen*, sei sie politisch, wirtschaftlich oder religiös.
5. *Die Regierung reformieren*, damit sie eine echte islamische Regierung werden kann.
6. *Die internationale Einheit der islamischen Nation wieder herstellen* durch die Befreiung ihrer Länder, durch Wiederbelebung ihres Ruhmes, durch Annäherung ihrer Kulturen (in jeder Region) und durch Vereinheitlichung ihrer Sprache, bis all dies zur Wiederherstellung des verlorenen Kalifats und der ersehnten Einheit führt.
7. *Die Welt durch die Verbreitung des Aufrufs zum Islam leiten*.

Al-Dschihad (Kampf):
Der *Dschihad* ist unser Weg. Seine niedrigste Stufe ist die Abneigung des Herzens gegen das, was falsch ist. Der höchste Grad ist der Kampf auf Allahs Pfad. Ein Hadith besagt: »Wer stirbt, ohne für Allahs Sache zu kämpfen oder ohne dies zu wünschen, stirbt einen vorislamischen Tod ›Dschahiliya‹«.

At-Tadhiyah (Opfer):
Sich selbst opfern, von seinem Reichtum, von seiner Zeit geben, sein Leben sowie alles andere auf dem Pfad, der zu unseren Zielen führt.

Aṭ-Ṭa'ah (Gehorsam):
Das Befolgen von Befehlen und deren Umsetzung in die Praxis, sei es unter schwierigen oder einfachen Umständen, im Glück oder im Unglück.

Ath-Thabat (Beharrlichkeit):
Dass der Bruder beständig auf diesem Weg arbeitet, egal wie lange, Jahr für Jahr, bis Allah ihm eine der beiden Auszeichnungen gewährt, nämlich den Sieg oder den Märtyrertod.

At-Tadscharrud (Loslösung):
Die Menschen gehören sechs Kategorien an: kämpfende Muslime, passive Muslime, Muslime, die sündigen; durch einen Pakt gebundene Dhimmis, friedliche Nicht-Muslime und kriegerische Nicht-Muslime.
Jede dieser Kategorien wird im Hinblick auf den Islam beurteilt. Innerhalb der Grenzen dieser Kategorien werden Individuen und Institutionen gemessen, und es wird »Bündnis oder Lossagung« (*al-walā' wal-barā'*) angeboten.

Al-Ukhuwah (die Brüderlichkeit):
Die Vereinigung der Herzen und des Geistes durch das Band des Glaubens. Die erste aller Stärken ist die der Einheit, die ohne Liebe nicht existieren kann; und das Minimum der Liebe ist ein reines Herz, ihr Höhepunkt ist die Selbstlosigkeit.

Ath-Thiqah (Vertrauen in seinen Führer):
Das Gefühl des Vertrauens, das der Soldat zutiefst gegenüber den Fähigkeiten und der Aufrichtigkeit seines Führers empfindet. Daraus ergeben sich Liebe, Wertschätzung, Respekt und Gehorsam.

Die Muslimbruderschaft am Werk

Der Frérismus will in seinem Gefolge eine große weltweite religiöse Bewegung auslösen. Wie agiert er? Welche Strukturen und *modi operandi* hat er? Um diese Fragen zu beantworten, müssen wir auf die Organisation der ägyptischen Bruderschaft zurückkommen.

Die Struktur und das Programm, wie sie von dem Anführer al-Banna aufgestellt wurden, sind darauf ausgelegt, zwei Fliegen mit einer Klappe zu schlagen: Sympathisanten anwerben und sie gleichzeitig *in situ* (vor Ort) in ihrem Umfeld ›aktivieren‹, um dieses mit ihrer Ideologie durchdringen zu können.

Mit anderen Worten: Anwerber anwerben. Die Brüder indoktrinieren und bekehren Einzelpersonen in deren Umfeld, die dann ihrerseits das Milieu, in dem sie leben, sei es die Familie, ein Unternehmen, ein Verein oder eine politische Partei, beeinflussen und verändern.

Eine Struktur im Dienst der Mission: das Modell des ägyptischen Mutterhauses

In ihrem Geburtsland Ägypten ist die Bruderschaft heute am besten erforscht. Sie hält sich dort zurück, aber nicht im Verborgenen, wie sie es in Europa tun kann;[64] sie bleibt eine Quelle der Inspiration für Muslimbrüder auf allen Kontinenten.

Ihre Führungsstruktur ist pyramidenförmig aufgebaut. Sie ist darauf ausgelegt, Anwerber für Missionare hervorzubringen. Diese Klasse von

Auserwählten erhält eine anspruchsvolle Erziehung (*tarbiya*[65]), die sie zur Führung des Menschengeschlechts befähigen soll.[66] Der ägyptische Islamwissenschaftler Al-Anani[67] (der den Fréristen nahesteht) beschreibt in einem unlängst erschienenen Buch die derzeitige Führungsstruktur der Bruderschaft. Sie bildet eine Pyramide mit sieben Ebenen:

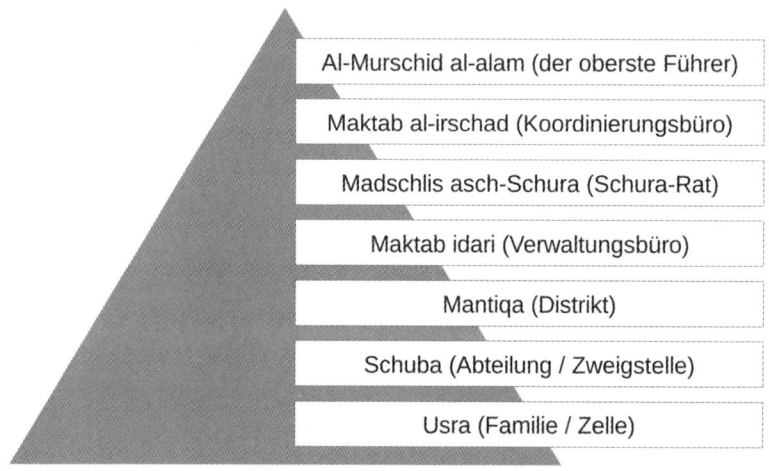

Struktur der Muslimbruderschaft
(das ursprüngliche ägyptische Modell, nach Al-Anani, 2016)

Al-Murschid al-alam *(al-muršid al-ʿālam,* der Oberste Führer) ist das Oberhaupt der Bruderschaft und steht ihren Exekutiv- und Legislativorganen vor.

Das Maktab al-irschad (*maktab al-iršād,* Koordinierungsbüro) ist das höchste Exekutivorgan der Bruderschaft. Seine sechzehn Mitglieder werden vom Schura-Rat in direkter und geheimer Wahl gewählt.

Der Madschlis as-Schura (*maǧlis aš-šūrā,* Schura-Rat) ist das legislative Organ der Bruderschaft und besteht aus neunzig Mitgliedern, die von den Schura-Räten der *Gouvernorate* (Provinzen, Bezirke) gewählt werden. Seine Aufgabe ist es, die großen Pläne, die Politik, die Strategien und den Haushalt der Bruderschaft zu diskutieren, festzulegen und zu genehmigen. Er wählt das Amt für Rechtleitung und den obersten Führer, den höchsten Amtsträger der Bruderschaft.

Das Maktab idari (*maktab idārī,* Verwaltungsbüro) ist die Verwaltungsbehörde des Gouvernorats. Der Schura-Rat jedes Gouvernorats hält zwei Sitzungen pro Monat ab, um die sozialen und politischen Aktivitäten der Bruderschaft in einem bestimmten geografischen Gebiet zu diskutieren und zu beaufsichtigen. Er setzt sich aus Distrikten zusammen.

Die Mantiqa *(manṭiqa)* oder der ›Distrikt‹, ist ein Zusammenschluss von drei bis vier Abteilungen (Schuba), die sich regelmäßig treffen, um die Pläne des Verwaltungsbüros zu besprechen und diese umzusetzen. Die Mitglieder des Distrikts können entweder ›aktiv‹ (ʿāmil) oder ›assoziiert‹ *(muntaṣib)* sein.

Die Schuba *(šuʿba)* oder ›Abteilung‹, besteht aus fünf bis sechs *usar* (Plural von *usra*), sie hat insgesamt 30 bis 40 Mitglieder. Nur als Mitglied kann man ihr beitreten, entweder als ›Aktiver‹ (ʿāmil), ›Unterstützer‹ *(muʾayyid)* oder ›Assoziierter‹ *(muntaṣib)*.

Die *usra* oder ›Familie‹ ist die Grundeinheit. Sie besteht aus fünf bis sieben Personen, die sich jede Woche treffen, um unterschiedliche religiöse und politische Themen zu besprechen.

Rekrutierung durch Erziehung, Erziehung durch Rekrutierung
Der Plan der Fréristen sieht die Ausrichtung der muslimischen Länder durch Weitergabe der bedingungslosen Liebe zum Islam, durch Bindung an seine Normen und seine Verteidigung vor.[68] Motivation für den Kampf ist nicht der Hass auf den Ungläubigen, sondern die Liebe zu Gott – der Hass liegt im anderen, dem Ungläubigen unreinen Herzens.

Hassan al-Banna räumte einer vom Sufismus geprägten Erziehung einen zentralen Platz ein. Es nützt nichts, die Gesellschaft reformieren zu wollen, wenn man nicht zuerst in sich selbst das umsetzt, was man ihr angedeihen will. Und es nützt nichts, sich in einer feindseligen Gesellschaft ändern zu wollen. Es ist notwendig, dass beides sich gleichzeitig schrittweise wandelt.

Tarbiya (Bildung)
Hassan al-Banna prägte das Konzept der *Tarbiya* – was Steigerung, Wachstum und Verfeinerung bedeutet –, zur Bestimmung der Ausbildung sowohl auf intellektueller, moralischer, spiritueller, praktischer als auch körperlicher Ebene. Die Bruderschaft belehrt nicht ausdrücklich nur den Einzelnen, sondern sie vermittelt und verbreitet ihre Lehren mittels Durchdringung seines Umfelds, des sozialen Gefüges, lässt sie dort einsickern.

Sie entzieht den Einzelnen nicht seinem Lebensumfeld, wie es die meisten Sekten tun. Sie verändert das Individuum und sein Umfeld zeitgleich, indem sie das Individuum und sein Beziehungsverhalten reformiert und ihm abverlangt, dass er zum Vorbild wird für seine Familie, seine Nachbarschaft, seine Freunde, seine gesamte Umgebung. Sie macht aus jedem Angeworbenen einen Anwerber, oft ohne dass dieser es merkt.

Sie bindet ihre Mitglieder, indem die sich auf einem vorbestimmten Weg, auf dem Pfad Gottes und um Seiner Liebe willen, weiterentwickeln, mit klaren Wegmarken und Schritt um Schritt.

Die ägyptische Bruderschaft sieht dementsprechend fünf Stufen im System der Mitgliedschaft vor: *muḥīb* (Sympathisant), *muʾayyid* (Unterstützer), *muntaṣib* (Partner). Sobald eine Person ihre Treue geschworen hat, wird sie *muntaẓim* (ordentliches Mitglied) und dann *ʿāmil* (aktives oder operatives Mitglied).

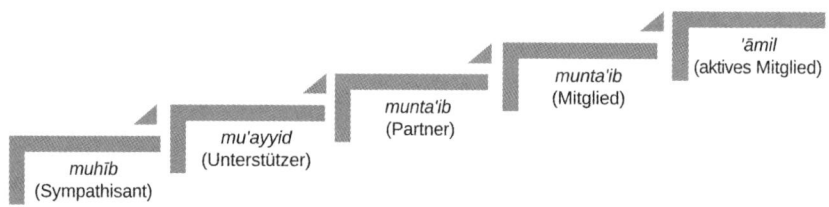

Das ägyptische Rekrutierungsverfahren[69] wurde lange Zeit geheim gehalten und erst in jüngerer Zeit von Mustafa Mashhur (1921-2002), der der fünfte oberste Führer war, ausführlich dargelegt.[70]

Sobald die Zielperson identifiziert ist, baut der ›Rekrutierer‹ (*dāʿiya*) eine persönliche Beziehung zu ihr auf. Dabei setzt er verschiedene Lockmittel ein, wie Geschenke, Hausbesuche und regelmäßige Telefonanrufe. Sobald sie sich als potenzielles Mitglied entpuppt, tritt der Anwerber verstärkt in der Privatsphäre der Person auf und umgibt sie mit islamischen Symbolen. Der erste Schritt besteht darin, die Ideen und die Ideologie der Bruderschaft zu verbreiten, indem man zunächst die ›negativen Stereotypen‹ über sie widerlegt. Hierzu kann man sich auf zahlreiche apologetische Schriften und eine Maschinerie, sich als Opfer darzustellen, stützen, um den Eindruck zu erwecken, dass der wahre Islam nicht akzeptiert wird.

Ist diese erste Verunsicherung erfolgt, wird in einem zweiten Schritt der Schwerpunkt auf den islamischen Glauben gelegt, die Zielperson wird durch die Bereitstellung von Lehrmaterial in Form von Büchern,

Die Bruderschaft der Muslimbrüder

Videos und Zugang zu sozialen Netzwerken zur Erfüllung ihrer religiösen Pflichten wie Gebet, Koranrezitation und Almosengeben geführt.

Der dritte Schritt besteht darin, dem potenziellen Mitglied die Idee der ›islamischen Ganzheitlichkeit‹ zu vermitteln (was ich als System-Islam bezeichnet habe), wie sie in der zeitgenössischen Literatur der Bruderschaft beschrieben ist.[71] Die Phase endet, wenn die Zielperson von der Verinnerlichung der islamischen Praktiken und Prinzipien zu deren Umsetzung im Alltag übergegangen ist.

Ein vierter Schritt konzentriert sich auf die Aktivierung der politischen Identität des potenziellen Mitglieds, indem es für die »Lage der Muslime in der Welt« sensibilisiert wird, um ein Gefühl für den Panislamismus zu wecken. »Die Zielperson muss Mitgefühl für die Muslime auf der ganzen Welt entwickeln, in Palästina, Tschetschenien, Kaschmir usw., und sehnsüchtig ihnen helfen und sie unterstützen wollen.«[72] Bis sie dann zur Tat schreitet, zum Beispiel durch einen konkretes Engagement in Form einer Hilfeleistung, von Spenden oder Predigten folgen (im Internet zum Beispiel).

In der fünften Phase werden die künftigen Rekruten zu Veranstaltungen der Bruderschaft eingeladen, die sich damit der Zielperson zu erkennen gibt.

Wenn die Zielperson dieses Stadium erreicht hat, wird sie in der sechsten und letzten Phase darauf vorbereitet, angeschlossenes Mitglied der Bruderschaft zu werden. Der ›Treueschwur‹ (*bay'a*), der vor dem Obersten Führer oder einem lokalen Führer (der ihn dann an den Obersten Führer weiterleitet) abgelegt wird, macht die Zielperson zu einem vollwertigen Mitglied der Muslimbruderschaft, eine regelrechte Weihe. Der Eid beruht auf den zehn Säulen der Treue, die Hassan al-Banna im *Risālat at-taʿālīm* (*Sendschreiben der Lehren, siehe oben*) definiert hat. Der Schwur verpflichtet den Eidleistenden, die Ideologie der Bruderschaft ins tägliche Leben voll und ganz zu übernehmen und zwischen einem und sieben Prozent seiner Einkünfte an die Bruderschaft abzutreten.

»Ich verpflichte mich vor Gott, die Regeln des Islams und des Dschihads aus Liebe zu Allah zu befolgen, die Bedingungen und Pflichten der Muslimbrüder zu erfüllen und mich zu ihnen zu bekennen sowie auf ihre Führer zu hören und ihnen zu gehorchen, ob freiwillig oder gezwungen (*fil-munšaʾāt wal-makra*), solange sie Allah gehorchen.

Darauf schwöre ich bei Gott und er ist der Zeuge meiner Verpflichtung.«

Der Rekrut wird damit zum vereidigten Mitglied, *muntaẓim*. Mitglieder, die sich der Führung widersetzen, können die Bewegung jederzeit verlassen, ohne die *bayʿa* zu brechen.

Der Eid ist also mehr als nur der Eintritt in eine Gruppe: Er ist eine Weihe, eine lebenslange Markierung, ein Ritual eben. In Ägypten verfügt die Bruderschaft über eine Verwaltung, die mit der Planung und Organisierung der ›islamischen Erziehung‹ betraut ist. Man will schon frühzeitig rekrutieren, auch Grundschulkinder für den Koranunterricht, und dann in Jugendvereinen, Sport-, Kultur-, Reise-, Pfadfinder- und anderen Einrichtungen. Die Bruderschaft sucht dort nach Personen, die vorbestimmt sind, vereidigte Mitglieder zu werden.[73]

Berichte von europäischen Brüdern

Die Anwerbung der Brüder in Europa folgt den ägyptischen Prinzipien und Methoden, wendet aber ein vereinfachtes Verfahren an, das mit zwei spezifischen Zwängen zu tun hat: der Notwendigkeit geheim zu bleiben und mit der hybriden Doppelkultur der in Europa geborenen Muslime. Das Rekrutierungsverfahren ist bei diesen Jugendlichen, die von den Brüdern für besonders unfolgsam gehalten werden, schwieriger und führt nicht unbedingt zum Eid.

Um dieses Anwerbeverfahren zu veranschaulichen, greife ich hier einige Aussagen von Muslimbrüdern auf, die ihren Austritt aus der Bruderschaft forderten, wie sie von Lorenzo Vidino (2020) und Al-Anani (2016) berichtet wurden, sowie solche, die ich bei meinen eigenen Untersuchungen erfasst habe.[74] Sie alle wurden von einem Mentor gezielt und nach einem festgelegten Verfahren angepeilt.

Indoktriniert aus »eigenem freien Willen«

Ahmed, ein junger Deutscher libanesischer Herkunft, erlebte seine Begegnung mit der Muslimbruderschaft als eine ›freie und selbstgewählte‹ Indoktrination: »Man diskutiert demokratisch, es geht dabei viel mehr um Religion als um Politik, man konzentriert sich auf die Idee, seinen Lebensstil zu ändern und ihn auf das auszurichten, was man lernt, den Islam.«[75] Obwohl er das intime Gefühl hat, bewertet zu werden (und obwohl ihm nie gesagt wurde, dass er bewertet wird, wie er klarstellt), spornt ihn diese Bewertung an. Er will seinen Mentor beeindrucken: »Es war aufregend, ich mag Wettbewerb, ich wollte seine Prüfungen bestehen, ich will Abdul Karim beeindrucken.« Er macht Fortschritte. Von offenen Kreisen dringt er in stärker ausgewählte, ›geschlossene‹ Kreise vor. Dort lernt er eine Literatur kennen, die sich mehr auf die herausragenden Autoren der Bruderschaft konzentriert.

Abdul Karim beginnt ihm zu raten, den Anderen nicht von seinen Aktivitäten zu erzählen, »um die Einheit zu wahren«, was ihn, wie Ahmed erklärt, »noch mehr anmacht«: »Ich begann zu verstehen, dass es eine Gefahr in dem gab, was wir taten, und fand es extrem aufregend.« Der junge Rekrut »verspürt die Ehre dabei zu sein, das Gefühl der Exklusivität«, wie in einem Rotary-Club. Ein anderer Rekrut der Bruderschaft, Omero Marongiu-Perria, berichtet von ähnlichen Gefühlen. Er erklärt mir: »Für mich war das mit 22 Jahren das Beste, was mir passieren konnte. Ich kann Mitglied der Muslimbruderschaft werden? Ich konnte es nicht glauben. Es war eine Ehre, und im Sinne einer Intrige, der Entdeckung von etwas Geheimem, war es spannend.«

Anwerbung im Geheimen

Ein weiteres charakteristisches Merkmal aus den Erfahrungsberichten ist die Tatsache, dass man nicht weiß, dass man es mit der Muslimbruderschaft zu tun hat, es sich aber aufgrund ihres Prestiges heimlich wünscht. So zum Beispiel in der Husby-Moschee in Schweden, wo Pierre eine Organisation namens »Junge schwedische Muslime« kennenlernte, zu deren Verwalter er bald werden sollte. Er berichtet, dass er keine Kenntnis davon hatte, dass der Ort, den er frequentierte, eine Schule der Bruderschaft war: »Ich wusste irgendwie, dass das Umfeld damit zusammenhing, aber mir fehlte das Vokabular, um das einzuordnen.« Formell erfährt er von der Verbindung zur Bruderschaft erst, als er zur Vervollständigung seines Studiums nach Frankreich an das IESH (*Institut européen des sciences humaines*, – europäisches Institut der Humanwissenschaften – ein verharmlosender Name, der eine Ausbildungsstätte der Brüder bezeichnet, *siehe unten*) geschickt wird. Er hört davon reden, dass die Institution der Bruderschaft gehört, dass die Leitung und die meisten Lehrkräfte Brüder sind, beziehungsweise von vielversprechenden Studenten, die von der Leitung handverlesen werden.

Lorenzo Vidino berichtet in seinem Buch (2010) über Pernillas Erfahrungen. Sie war mit einem Muslim verheiratet, der in einem salafistischen Netzwerk ›radikalisiert‹ worden war, und engagierte sich nun stärker in der aktiven muslimischen Szene Schwedens in einem Netzwerk von Brüdern, von denen sie nicht wusste, dass sie zur Bruderschaft gehörten. Ihr Ziel ist es, ihren Mann zu einer gemäßigten Sichtweise zu bewegen: »Wenn mein Mann, der ein Extremist war, sie nicht mochte, dann [sagte ich mir], sind sie Gemäßigte.«

»Wir wollten über den Sufismus schreiben, wir wollten über viele Dinge reden, wir wollten einen blau-gelben [schwedische Nationalfarben] Islam schaffen«, erinnert sich Pernilla. So wurde sie Chefredakteurin der schwedischen fréristischen Zeitschrift *Salaam*. Wie die meisten anderen Konvertitinnen, die im Umfeld dieser Zeitschrift arbeiten, hat sie keine Ahnung, dass *Salaam* von der Bruderschaft geführt wird. »Wenn uns das jemand gesagt hätte, hätten wir rundweg abgelehnt und gemeint, dass es ein Versuch ist, den Islam zu beschmutzen. Wir waren sehr naiv.« Im Nachhinein stellt sie fest, dass »die Brüder nur wollten, dass wir [die Schriften des Bruderführers Sayyid] Qutb übersetzen und den Mund halten sollten.« Wie so oft sind es die unpolitischen Wahhabismus-Salafisten, die die Duftmarke der Bruderschaft am besten entschlüsseln: In ihrem Fall war die einzige Person, die Pernilla vor *Salaams* Verbindung zur Bruderschaft warnte, ihr salafistischer Ehemann.

Der Weg eines »Kämpfers«

Nachdem Omero einige Zeit mit der *Tablighi Jamaat* (einer pietistisch-fundamentalistischen Organisation) in Roubaix, Saint-Denis und Lyon auf Tournee gewesen war, wurde er von den Muslimbrüdern entdeckt. Nach einer Ausbildungszeit legte er bei einer informellen Zeremonie in der Moschee der Bruderschaft in Lille den Eid ab. »Ich verpflichte mich gegenüber Gott, mich an den Islam zu binden und eifrig seine grundlegenden Gebote zu befolgen, der verantwortlichen Person [der Muslimbruderschaft] zu gehorchen, was sie mir zu tun befiehlt, und was mit dem übereinstimmt, was Gott und sein Prophet vereinbart haben, in guten wie in schlechten Zeiten.« Er wurde *muntaẓim*, was seiner Auffassung nach die erste Stufe der Brüder in Europa war. »Ich hatte zwei Hauptpflichten: der *usra* beizuwohnen und 2,5 Prozent meines Gehalts abzugeben.« Er sagt, dass es in der Bruderschaft in Europa heute nur zwei Stufen gäbe: den *muntaẓim* und den *ʿāmil*, den vollwertigen Bruder, der fünf Prozent seines Gehalts an die Organisation zahlen muss.

Omero suchte sich innerhalb der Fréristenszene eine Braut und baute sein Netzwerk von Freunden und Geschäftspartnern auf. Bis er im Jahr 1993 den Rang eines *muntaẓim* erreichte, durchlief er – dank seines Mentors, des fünf Jahre älteren Predigers Hassan Iquioussen, ein vereidigter Bruder, geboren in einem Vorort von Valenciennes als Sohn marokkanischer Einwanderer – einen relativ kurzen, aber intensiven Ausbildungsweg. Iquioussen wird Omero fünfzehn Jahre lang begleiten und ihm verschiedene Aspekte der islamischen Theologie, der Rhetorik und der öffentlichen Rede beibringen. Jeden Mittwoch unterrichtete er ihn in Religion, aber in jener Zeit, so erinnert sich Omero, sprach er nie mit ihm über Politik. »Ich hatte die Ehre, eine Privatstunde für mich allein zu haben, und ich schrieb jedes Wort, das aus seinem Mund kam, mit. Wenn mein Mentor nicht da sein konnte, bereitete er eine Audiokassette vor, anhand derer ich Wort für Wort transkribierte.« Wie Pierre tritt auch Omero durch die pietistische Pforte ein. Anschließend, nachdem er die Praxis beherrschte, führt ihn sein Mentor in die politischen Autoren der Bruderschaft ein (wie Said Hawwa, Fathi Yakin, Yusuf al-Qaradawi, Faysal Mawlawi), in die Geschichte der Bewegung, ihre Politik und ihre Vision. Als guter Schüler erkennt Omero, dass er eine Schlüsselrolle als Organisator der ›Infrastruktur‹ spielt, und versteht sich als ›kleiner Hassan‹, eine Identifizierung, die – wie er später nicht ohne Bitterkeit einsieht – auch eine Anonymisierung seiner selbst ist. Die Bruderschaft gaukelt dem Auserwählten das Glück vor, verspricht ihm eine radikale innere Veränderung und äußerlich eine Verbesserung seiner Lebensumstände, alles als Folge eines Bekehrungsprozesses zum ›wahren Islam‹.

Die Ex-Brüder sehen die Faszination, die auf sie ausgeübt wurde, ein: das Gefühl der Ekstase, der Rausch, die Gewöhnung und schließlich die Angst, das Erreichte wieder zu verlieren, sobald sie Fragen stellen. Und Fragen stellen sich recht schnell bei Jugendlichen, die in Europa sozialisiert wurden. Das sind nicht exakt die »europäischen Brüder«, wie sie die Bruderschaft formen wollte (*siehe Kapitel VI*).

Das Umfeld durchdringen

»Ich bin der Bruderschaft nicht beigetreten, ich wurde auserwählt«, schreibt ein von Al-Anani zitiertes ehemaliges Mitglied der Bruderschaft. Der Franko-Marokkaner Mohamed Louizi bestätigt das: Man sucht sich die Bruderschaft nicht aus, man wird von ihr ausgewählt.[76] Die Muslimbruderschaft wählt ihre Mitglieder unter denjenigen aus, die bestimmte Charakterzüge und Verhaltensweisen mitbringen, Fähigkeiten, die es ihnen ermöglichen, ihre Ideologie, ihre Normen und ihren Wertekodex schnell zu verinnerlichen. Bei ihren Vollmitgliedern ist die Bruderschaft wählerisch, aber nicht elitär in einem sozio-ökonomischen Sinn. Sie rekrutiert aus allen sozialen und Bildungsschichten, wodurch sie ihre Einflussnehmer in allen Milieus platzieren kann. Sie sensibilisiert für ihre Sache: bereits die Jüngsten, indem sie Aktivitäten für Kinder organisiert; indem sie sich in Gymnasien und Universitäten ausbreitet; Flugblätter und Flyer verteilt; Studenten finanziell unterstützt; oder bei den Sozialwahlen der Gewerkschaften kandidiert.

Indoktrination erfolgt durch Prägung, sie betrifft das Individuum und erstreckt sich auf sein familiäres und soziales Umfeld. Es geht wie bereits gesagt nicht darum, den Auserwählten aus seinem Umfeld zu entfernen, sondern im Gegenteil darum, ihn innerhalb seines Milieus umzuprogrammieren.

»Der Bruder, *al-aḫ*, lebt, lernt, schließt Freundschaften, findet Arbeit und heiratet, alles dank des Ichwān-Netzwerks«, fasst ein ehemaliger Bruder zusammen, der von Al-Anani zitiert wird. Mit der Zeit wird der Frérismus zur Grundlage der Identität des Bruders in seinem Herkunftsmilieu.

Der Prozess der Prägung läuft so langsam ab, dass sich die Zielperson ihrer Transformation oder ihrer faktischen Loyalität möglicherweise gar nicht bewusst ist. Sie ›fühlt‹, dass sie zum ›wahren Muslim‹ wird.[77]

Die Hierarchie der Bruderschaft behält den Status eines vereidigten Kaders denjenigen vor, die sich auf einem Initiationsweg bewährt haben.

Frisch Konvertierte scheinen aufgrund des Eifers, der sie antreibt, schneller an Ansehen zu gewinnen. Die Bruderschaft ist besonders an Konvertiten mit einem Profil interessiert, das ihnen Türen zu Machtpositionen öffnet, in denen Immigranten kaum vertreten sind; und an solchen, die ihnen dabei helfen, zu verstehen wie die Institutionen funktionieren, und sich wie diese auszudrücken. Letztere können von ihrem Aufstieg überrascht sein (wie im Fall des belgischen Konvertiten Michaël Privot) und werden zu operativen Mitgliedern (*ʿāmil*), was ihnen die Möglichkeit bietet, Positionen in der Entscheidungsstruktur zu besetzen. Natürlich sind diese Personen hinsichtlich ihrer neuen Situation zur absoluten Geheimhaltung verpflichtet.

Nicht im Rang aufzusteigen ist jedoch kein Hindernis für die Erfüllung von Erziehungsaufgaben. Die Brüder haben eine ›Erziehungskette‹ durch Kompetenzübertragung entwickelt: Erwachsene managen die Erziehung der Heranwachsenden, die ihrerseits die Aufgabe haben, Jugendliche und Kinder für die Sache zu begeistern und anzulernen.[78] Man kann Vollmitglied sein und Meinungsverschiedenheiten mit der Führungsebene haben; man kann andererseits nie Mitglied der Bruderschaft gewesen sein, aber dennoch in ihrem Sinne handeln, selbst wenn man es nicht merkt.

Für arabischsprachige Personen, eine militärische Ausbildung
Ist die Zielperson arabischsprachig und in einem muslimischen Land geboren, scheint sie schneller als in Europa geborene Jugendliche von der Bruderschaft ins Bild gesetzt sowie militärischer betreut zu werden. Der ehemalige Muslimbruder Mohamed Louizi, der von der UOIF auf der Grundlage der zehn Säulen der Treue (*siehe oben*) angeworben wurde, erklärt, dass es in Wahrheit keine ›Muslimbrüder‹ sind, die man seit einiger Zeit rekrutiert, sondern ›Mudschahedin-Brüder‹:

»Der Qutbsche Prediger [Anhänger von Sayyid Qutb], der mich 1999/2000 als Student auf dem Universitätscampus von Lille 1 entdeckt und in einen Gebetsraum getrieben hatte, sah in mir in Wirklichkeit einen ›Soldaten‹, der gehorsam, gefügig und geeignet war, die Qutbsche Ideologie zu verteidigen. Er erklärte uns die zehn Säulen der Loyalität. Genau dieselben Säulen, die in den 1940er Jahren jedem jungen Paramilitär erklärt wurden, wenn er bei der Treuezeremonie vor einen gänzlich maskierten Waffenmeister trat, wobei der Anwärter eine Hand auf den Koran und die andere auf eine Pistole legte. Er sagte uns, dass der ›Muslimbruder‹, sobald er seine Treue geschworen habe, sich verpflichten müsse, diese zehn Säulen zu beachten [...] Er erklärte uns die achtunddreißig Pflichten, die jeder ›Bruder‹ im Namen seiner Treue zur UOIF im Alltag zu erfüllen habe. Es sind dieselben achtunddreißig Pflichten, die Hassan al-Banna von den Mitgliedern seines bewaffneten Arms verlangte, und die in diesem berühmten *Sendschreiben der Lehren* explizit dargelegt werden.«[79]

Die Infiltration

Die europäischen Brüder verfahren genauso wie in Ägypten und anderen muslimischen Ländern; sie legen tugendhafte Kleidung an, kämpfen gegen Diskriminierung und setzen sich für die Verteidigung von Rechten und Freiheiten ein. Sie organisieren Sozialhilfe, Hausaufgabenhilfe und Sportunterricht, helfen Unternehmern zum Erfolg und so weiter. Sie schlüpfen in die Lücken einer Wohlfahrtsorganisation, einer politischen Partei, eines Großunternehmens, schleichen sich ein bei Eröffnung eines Fitnessstudios oder eines Krankenhauses.

Sie operieren auf zwei Arten: Entweder infiltrieren sie ein zu veränderndes Umfeld, indem sie Mitglieder der Bruderschaft dort platzieren (sofern sie Anknüpfungspunkte in diesem Umfeld haben, was bei Konvertiten und in Europa geborenen Muslimen der Fall ist), oder sie setzen ihre Propaganda mittels einer dort bereits vorhandenen Zielperson frei, die sich nicht unbedingt bewusst sein muss, wofür sie ausgenutzt wird.

In beiden Fällen wird bei dieser »Kernsetzung« einer Person, einer Familie, einer Institution oder einem Unternehmen ein Same eingepflanzt, damit die fréristischen Ideen wachsen können, wobei sie sich der Struktur anpassen und das Milieu einfärben.

In muslimischen Ländern geht man in der Regel davon aus, dass sie aktiv sind, selbst wenn sie sich unauffällig verhalten, und Brüder werden von der muslimischen Bevölkerung als solche erkannt.[80]

Die Brüder agieren so weit wie möglich im Rahmen des Gesetzes. Sie haben verstanden, dass in einem Rechtsstaat die Einhaltung der Gesetze, absolute Geheimhaltung, Verbergen und Verleugnen sehr effektiv sind, da der Rechtsstaat nicht darauf ausgelegt ist, diffuse und informelle Einrichtungen zu kontrollieren, deren Ausdrucksweise am Rand der Legalität agiert. Die Gewissens- und Meinungsfreiheit wird allen garantiert und schützt sie.

Die Brüder treiben die Heuchelei so weit, dass sie die Begriffe für ihre Aktivitäten banalisieren: Frauen treffen sich im ›Schönheitssalon‹, andere zu ›Sportveranstaltungen‹, oder sie entlehnen sie anderen Traditionen (zum Beispiel ›muslimische Pfadfinder‹). Der flexible, geradezu flüssige Charakter der Bewegung ermöglicht es ihr, eher zu *durchdringen* als zu *besetzen*, eher zu *um*gehen als auf Konfrontation, eher schrittweise umzugestalten als abrupt zu verändern.

Wie verhalten sie sich angesichts von Widerstand?

Ist ein Weg versperrt, wird ein anderer eingeschlagen. Brown veranschaulicht dies mit dem Bild einer Zahnpastatube: »Die islamistischen Bewegungen der Muslimbruderschaft wirken wie eine versiegelte Zahnpastatube: Wenn man die Bewegung an einer Stelle drückt, lenkt man sie einfach an eine andere Stelle. Das Verbot einer politischen Partei führt zu einer Umlenkung der Energie auf die noch offen politischen Räume in den Berufsgenossenschaften oder auf dem Campus; die dort auferlegten Beschränkungen führen dazu, dass der Schwerpunkt auf die Sozialarbeit gelegt wird« (Brown, 2012).

Diese Strategie macht es schwierig zu bestimmen, wo eine frèristische Bewegung beginnt und wo sie endet; das bringt natürlich viele Vorteile in Bezug auf die Anpassungsfähigkeit mit sich.

Wenn, wie in Ägypten der Fall, die Bewegung anerkannt und zugelassen ist, kann sie rasch einen Sitz und eine öffentliche Verwaltung einrichten. Breitet sich die Bewegung dagegen an einem Ort aus, an dem sie kaum geduldet ist (vor allem in Europa), werden Bündnisse ohne formelle Beziehung zur Bewegung geschlossen; sie infiltriert dann Wohltätigkeitsorganisationen, Gesundheitszentren (prophetische Medizin, *aṭ-ṭibb an-nabawī*), Schulen, Geschäfte, Unternehmen, Gewerkschaften, Lehrstellen angemeldeter oder nicht gemeldeter Einrichtungen.

Diese Strategie des *Eindringens* (insbesondere in politische Parteien), des *Einsickerns* (fließend, in zivilgesellschaftliche Vereinigungen) oder der *Unterwanderung* (gezielt einen »Kern« in die Verwaltung von Konzernen oder Organisationen setzen) – in mehreren Betätigungsfeldern gleichzeitig, um eine allzu offensichtliche Ausbreitung in einem einzigen Sektor zu vermeiden – ermöglicht eine Vermehrung der Netzwerke und Einflussbereiche, schafft einen breiten Überblick über die Lage oder lässt eine Umstrukturierung zu, sollte es in einem Sektor zu Problemen kommen. Clark (2004) betont, dass die Effizienz der frèristischen Institutionen »weder in den Dienstleistungen liegt, die sie tatsächlich erbringen – viele NGOs leisten das Gleiche – noch in irgendeiner Form von islamischem ›Rahmen‹, innerhalb dessen sie diese Dienstleistungen anbieten, denn im Großen und Ganzen gibt es keinen solchen Rahmen. Sie liegt vielmehr in der immateriellen Anhäufung von Sozialkapital – Vertrauen, Solidarität –, das sich bei Anbietern karitativer Dienste bildet.«[81]

Diese Strategie der Einflussnahme wird dank Verbindungen – vor allem zur Linken – in mehreren Sektoren angewandt. So entsteht eine

»unterstützende Subkultur«, in der die Muslimbruderschaft operieren kann.

Der Wendepunkt in den 1980er Jahren: Die Internationalisierung des Frérismus

Die Muslimbrüder steuern ihre Aktionen durch Aussendung entsprechender Pläne und Programme, wie folgendes Beispiel zeigt: Im Jahr 2001 entdeckten Schweizer Carabinieri in der Gegend von Lugano ein geheimes Strategiepapier, das als Grundlage für eine »globale Strategie« zur Islamisierung gedacht war.

Wenige Tage nach den Anschlägen vom 11. September 2001[82] startete US-Präsident George W. Bush eine internationale Offensive gegen die Bruderschaft, die verdächtigt wurde, mit der Al-Qaida-Bewegung in Verbindung zu stehen.

In Lugano in der Schweiz, nahe der italienischen Grenze, dringen Carabinieri in die Villa des Ägypters Youssef Nada und des Syrers Ali Ghaleb Himmat ein, die man verdächtigt, über die Schweizer Finanzgesellschaft *Al-Taqwa*, mit der die gleichnamige Bank mit Sitz auf den Bahamas verbunden ist, den Terrorismus zu finanzieren.[83] Gewarnt worden waren sie von den Amerikanern im Rahmen der Verfolgung der Drahtzieher der Anschläge von New York und Washington. Das Finanznetzwerk solle mit dem Al-Qaida-Chef Osama bin Laden, aber auch mit dem Muslimbruderführer Yusuf al-Qaradawi, mit der Hamas, der algerischen GIA und der tunesischen islamistischen Bewegung Ennahdha in Verbindung stehen. Die Carabinieri fanden ein vierzehnseitiges Heft, das auf den 1. Dezember 1982 datiert war und den eindeutigen Titel *Auf dem Weg zu einer weltweiten Strategie für die islamische Politik* trug.

Das Dokument ist auf Arabisch verfasst und besteht aus zwölf Punkten. Es beginnt so:[84]

»Dieser Bericht stellt eine umfassende Vision einer internationalen Strategie für die islamische Politik dar. Gemäß seiner Leitlinien und im Einklang mit ihnen wird in den verschiedenen Regionen eine lokale islamische Politik entwickelt. Zunächst werden die Ausgangspunkte für diese Politik definiert, dann werden die Komponenten jedes Ausgangspunkts sowie die wichtigsten Verfahren, die mit jedem Ausgangspunkt verbunden sind, dargelegt. Schließlich schlagen wir einige

Die Bruderschaft der Muslimbrüder　　　　　　　　　　　　　　　　　　　73

Missionen vor, die nur als Beispiel dienen sollen; möge Allah uns beschützen.«

Woher stammt das Dokument? Die Ermittler sind nicht eindeutig. Aber zwei Notizen der Schweizer Bundespolizei vom Januar 1980, die von dem Beamten verfasst wurden, der mit der Überwachung von Saïd Ramadan (dem Vater von Hani und Tariq), dem ägyptischen Direktor des Islamischen Zentrums in Genf, beauftragt war, geben Hinweise. In der einen wird erwähnt, dass 1979 in London (wahrscheinlich beim *Islamic Council of Europe*) ein Treffen der Führer der Muslimbruderschaft stattgefunden hat. In der anderen Notiz heißt es: »Es könnte sein, dass R [Saïd Ramadan] an dem Treffen der Führer der Muslimbruderschaft teilnimmt, das im Januar 1982 in Lugano (oder einer anderen Schweizer Stadt) stattfindet.« Das Treffen fand tatsächlich in Youssef Nadas Haus an der Schweizer Grenze auf der italienischen Seite statt und war der Umsetzung dessen gewidmet, was die Brüder eine »islamische Politik« nennen, welche an die nicht-muslimische Welt angepasst ist. Der ägyptische Bankier Soliman Biheiri, der 2003 in den USA verhaftet wurde, behauptet, das Dokument stamme von der Islamischen Konferenz in Lugano (Schweiz) im Jahr 1979, einem Treffen, das sich mit den »Problemen der Umma« befasste, das angeblich im Haus von Youssef Nada stattfand, um ein Programm für die islamische Bewegung auszuarbeiten.

Das Dokument ist für die Führungskräfte der Muslimbruderschaft bestimmt und scheint – für den Fall, dass es in falsche Hände geraten sollte – zurückhaltend ausformuliert zu sein. Es handelt sich um eine Art Fahrplan, der dazu dienen soll, die ursprünglichen Anweisungen unverfälscht weiterzugeben. Zu den verschiedenen Punkten gehören die Notwendigkeit, eine ›Methodik‹ zur Umsetzung des Plans kennenzulernen und zu übernehmen, die flexible, an den Kontext angepasste pyramidale hierarchische Struktur und die Strategie der Einflussnahme auf lokale und globale Machtzentren im Dienste des Islams. Die Verbindung zu den Ungläubigen (insbesondere den linken Parteien) muss, wenn sie sich ergibt, provisorisch bleiben und auf Misstrauen beruhen. Der Eindruck Opfer zu sein und der Groll (gegenüber den Juden, den Feinden) müssen aufrechterhalten, Meinungsverschiedenheiten unter Muslimen geächtet und ein Frontalkonflikt mit den Gegnern vermieden werden: »Vermeiden, dass die Bewegung auf größere Konfrontationen stößt, die ihre Gegner ermutigen könnten, ihr einen tödlichen Schlag zu versetzen.« Und zu guter Letzt die Vorbereitung einer weltweit koordinierten Sicherheitstruppe: »Aufbau einer autonomen Sicherheitstruppe, um die Daʿwa und ihre Anhänger lokal und global zu schützen.«

Ich fasse die einzelnen Punkte hier zusammen:

Kennen und überwachen: Kenntnis des Terrains und Anwendung wissenschaftlicher Methoden bei der Planung und Umsetzung durch die Einrichtung von Studienzentren, Observatorien, Karten der Weltlehren und Karten der Lehren der islamischen Bewegungen. Wir müssen uns auf verschiedene Überwachungssysteme an verschiedenen Orten stützen, um Informationen zu sammeln und eine sachkundige und effektive Kommunikation zu betreiben, die der weltweiten islamischen Bewegung dient.

Sparsam sein: Haushalten mit dem Arbeitsaufwand, Kontrolle behalten über Zeit und Geld, Investitionen. Erfahrungen weitergeben.

Die internationalen Richtlinien einhalten: Die Bewegung muss die Anordnungen der globalen Führungsspitze einhalten, ohne auf die Basis unangemessen zu wirken. Die Strategie fordert die Brüder daher auf, die allgemeinen Perspektiven, die in den Leitlinien festgelegt sind, zu achten und sie gleichzeitig an die lokale Ebene anzupassen.

Die Vision pflegen: Der Islamische Staat ist das Ziel der schrittweisen Bemühungen, lokale Machtzentren durch institutionelle Arbeit unter Kontrolle zu bringen. Dazu müssen Sichtweisen erstellt und aufrechterhalten werden: das Denken, die Bildung und das Schaffen müssen auf ein einheitliches Ziel hin kanalisiert werden, nämlich »eine islamische Macht auf Erden errichten.«

Einfluss nehmen: lokale Mächte studieren, um auf sie Einfluss nehmen zu können; die einflussreichsten Männer ins Visier nehmen.

Kooperieren: Loyal mit anderen islamischen Gruppen zusammenarbeiten, »in Punkten der Übereinstimmung kooperieren und Punkte mit Unstimmigkeiten beiseite lassen«, Meinungsverschiedenheiten abbauen, Konflikte mithilfe der Scharia lösen.

Die Besonderheiten jedes Einzelnen koordinieren: Jeder arbeitet nach seinen Fähigkeiten in dem Bereich, den er auswählt und beherrscht, wobei Loyalität und Koordination der Bemühungen das Wichtigste sind.

Im richtigen Moment mit Nicht-Muslimen zusammenarbeiten: Das Prinzip einer vorübergehenden Zusammenarbeit zwischen islamischen und nationalen Bewegungen in allgemeinen Bereichen und bei gemeinsamen Anliegen wie dem Kampf gegen die Kolonisation, gegen den jüdischen Staat akzeptieren, ohne jedoch Allianzen bilden zu müssen. Dies erfordert von Fall zu Fall begrenzte Kontakte zwischen bestimmten Führungskräften, solange diese Kontakte nicht gegen das Gesetz verstoßen. »Dennoch sollte man ihnen nicht die Treue schwören oder ihnen vertrauen, im Wissen, dass die islamische Bewegung die Initiative ergreifen und die Richtung vorgeben muss.«

Zusammenarbeit auf der Eliteebene: Alle Anstrengungen gegen die obersten Kräfte des Bösen vereinen, gemäß dem Grundsatz, dass »ein Übel mit einem geringeren Übel bekämpft werden muss.« Man sollte mit anderen Bewegungen auf höchster hierarchischer Ebene zusammenarbeiten, nach Bereichen suchen, in denen eine Zusammenarbeit sinnvoll ist, und sie auf diese Bereiche beschränken.

Keine Konfrontation suchen: Man soll das Richtige gebieten und das Falsche verbieten, aber keine Konfrontation mit Gegnern auf lokaler oder globaler Ebene suchen, die zu Angriffen auf die Daʿwa führen könnte.

Die Dschihad-Einstellung in der Umma wachhalten: verstanden als die Kraft der Daʿwa; durch Unterstützung von Dschihads in der muslimischen Welt. Verbindungen zwischen einer dem *Dschihad* verpflichteten Bewegung – wo auch immer auf der Welt sie sich befindet – und den muslimischen Minderheiten herstellen. Muslime vor Verschwörungen gegen den Islam warnen. Die palästinensische Sache ist der Grundpfeiler der islamischen Wiedergeburt. »Den Kern des Dschihad in Palästina legen, so bescheiden er auch sein mag, und ihn nähren, um diese Flamme aufrechtzuerhalten, die den einzigen und einzigartigen Weg zur Befreiung Palästinas beleuchten wird, und damit die palästinensische Sache bis zum Moment der Befreiung lebendig bleibt.«

Das Dokument schlägt abschließend vor, *die Juden, Feinde der Muslime, zu studieren und die Feindseligkeit ihnen gegenüber zu fördern*, indem man »die Unterdrückung beobachtet, die diese Feinde unseren Brüdern im besetzten Palästina zufügen«, indem man sich bemüht, »das Gefühl des Grolls gegenüber den Juden zu nähren« und »jede Koexistenz verweigert.«[85]

Ein weiterer, neuerer Plan wurde im Dezember 2009 im Rahmen einer polizeilichen Untersuchung in Deutschland entdeckt (die den Fortschritt des Programms bestätigte).[86] Es handelt sich um einen »Vierjahresplan« (2008–2011) der Brüder, der auf Arabisch verfasst ist. Der Schwerpunkt liegt auf der Zusammenarbeit mit den politischen Institutionen, Entscheidungsträgern und Interessengruppen, um Einfluss zu gewinnen und sich im öffentlichen Leben zu etablieren. Der Plan sollte mit einer möglichst positiven Medienberichterstattung über die Organisation einhergehen, offene Konflikte vermeiden und sich pragmatisch an die sozialen und politischen Gegebenheiten des jeweiligen Landes anpassen. Er enthält ebenfalls politische und soziale Ziele, die auf die Errichtung einer auf der *Scharia* basierenden Gesellschaftsordnung abzielen. Er beinhaltet »die Idee eines Islams, der sich in der Mitte bewegt, so wie die Bruderschaft es sich zu eigen gemacht hat« (vgl. Qaradawis *Wasatiyya*-Islam, *weiter unten*). Zu den in diesem Plan abgesteckten Zielen gehören der Abzug der westlichen Truppen aus muslimischen Ländern und die Änderung bestehender Gesetze, damit sie Scharia konform werden. In nichtmuslimischen Ländern soll der Islam zumindest zu einem »relevanten Element der Gesellschaft« werden.

Kapitel II

Entstehung des Frérismus:
Die Transnationalisierung des Islamismus

In diesem Kapitel werde ich die Eigenschaften des Frérismus definieren, dieser transnationalen Bewegung, die sich von der Muslimbruderschaft und ihren Verbündeten ausgehend in Länder ausgebreitet hat, in denen Muslime nicht die Mehrheit stellen, und die man nicht per se auf die »Bruderschaft« der Muslimbrüder reduzieren kann.

Frérismus: Definition und Merkmale

Wenn »die Messe gefeiert« ist, wenn das Ziel (das Kalifat) und die Mittel (der Islam) bereits feststehen, dann kann die ganze Energie, die man normalerweise ins Denken, Zweifeln und Hinterfragen investiert, für die Tat umgewidmet werden. Der Frérismus braucht sich nur noch auf die Berechnung und die Optimierung des Plans zu konzentrieren.

Frérismus kann somit als ein *Handlungssystem* definiert werden, das untrennbar mit einer *Weltanschauung*, einer *kollektiven Identität* und einem *Plan* verbunden ist. Fehlt die *Weltanschauung*, verliert die Bewegung ihre Merkmale von Universalität, Totalität und Herrschaft. Sie wird zu einer einfachen pietistischen Bewegung vom Typus Wahhabismus oder Salafismus. Wenn die *kollektive Identität* fehlt, verliert die Bewegung ihren Zusammenhalt, ihre innere Solidarität und ihre Anpassungsfähigkeit. Sie wird zu einer einfachen islamistischen Partei, die an eine bestimmte politische Agenda angedockt ist. Wenn der *Plan* fehlt, gewinnt die Vision die Oberhand, die Bewegung rast ihrem Ende entgegen, dann entsteht gewalttätiger Fanatismus wie von Daesch (IS) oder Al-Qaida.[87]

Der Islam lässt sich nicht auf den Islamismus reduzieren.
Der Islamismus ist nicht auf den Frérismus reduzierbar.
Der Frérismus ist nicht auf die Muslimbruderschaft reduzierbar.
Der Frérismus lässt sich nicht auf eine politische Partei reduzieren:
Er ist eine politisch-sozial-religiöse Bewegung.[88]

Um seine Ziele zu erreichen, schöpft der Frérismus aus der reichen Orthopraxie des Korans und der Sunna. Alles, was in der Offenbarung und in den Überlieferungen angeboten wird, muss in dem einen Sinne gelesen und interpretiert werden, um das letztendliche Ziel zu erreichen: das Kalifat.

Der Frérismus versucht, die Prophezeiung des Kalifats zu erfüllen, indem er jeden Muslim in einen Missionar umwandelt. Diese Transformation findet in den Köpfen und Körpern mittels einer Orthopraxie statt, welche die ständige Suche nach dem Erlaubten (*halal*) und die Verfolgung des Unerlaubten (*haram*) erfordert. Der Koran und vor allem die Sunna (Überlieferung) sind reich an spirituellen und körperbezogenen Ritualvorschriften, die von den Juristen als ›*ibadat*‹ bezeichnet werden. Die Fréristen weisen jedem Ritual einen moralischen Charakter (gut oder schlecht) im Hinblick auf das Ziel zu: Gott durch die Errichtung der islamischen Gesellschaft zu dienen und gleichzeitig durch die Anhäufung guter Taten (*hassanat*) die Erlösung im Jenseits zu garantieren. Der Schleier soll demnach die *fitna* (Unruhe) verhindern, die die Sichtbarkeit des weiblichen Körpers im öffentlichen Raum hervorrufen kann. Die fünf täglichen Gebete und die jederzeit möglichen Bittgebete dienen dazu, Gott stets zu verehren und sowohl kollektiven (Segen der Umma) als auch individuellen (Erlösung im Jenseits) Nutzen daraus zu ziehen. Das Fasten stärkt die Geduld des Kämpfers, der Mondkalender und der Sonnenrhythmus der Gebete unterstützen die Koordination der Aktionen, das Verbot von Alkohol und Drogen kräftigt die Disziplin oder die Zuverlässigkeit der Missionare.

Der Frérismus unterscheidet sich daher von einem Fundamentalismus wie dem Wahhabismus oder Salafismus, bei denen der göttliche Befehl zur Durchführung des Rituals ausreicht. Die Fréristen hingegen haben einen Plan, der von einer Vernunft geleitet wird, nämlich das Ziel des Kalifats (kollektive Erlösung) und das Paradies (individuelle Erlösung) zu erreichen. Unter Berücksichtigung von Max Webers Unterscheidung zwischen traditionalem, affektuellem, wertrationalem und zweckrationalem Handeln[89] reduziert die fréristische Handlungstheorie alle Arten des Handelns auf zweckrationales Handeln (das Individuum entwirft ein Ziel und sucht dann nach den Mitteln, um dieses Ziel zu erreichen). Man erreicht dies, indem man die Vorstellung durchsetzt, dass, solange das Ziel angestrebt wird, eine Übereinstimmung zwischen der Handlung des Einzelnen und den Werten, denen er ohnehin anhängen muss, besteht.

Frérismus: Entstehung und Entwicklung außerhalb des Hoheitsgebiets des Islams (Dar al-Islam)

Eine Synthese der Erneuerungsbewegungen

Der Frérismus hat sich ab den 1960er Jahren aus Ländern ohne muslimische Tradition in Europa, den USA und Australasien, in denen sich Migranten aus den ehemaligen Kolonien des französischen und britischen Kolonialreichs niederließen, heraus entwickelt, bevor er sich auf alle Kontinente ausbreitete. Er stellt eine Synthese der verschiedenen revivalistischen Zweige in der sunnitisch-muslimischen Welt dar. Der Revivalismus der Muslimbruderschaft des Hassan al-Banna war in erster Linie nationalistisch und beinhaltete die Rückeroberung Ägyptens und der arabischen Länder. Der Revivalismus des Urdu-Zweigs von al-Maududi hingegen war von Anfang an panislamisch oder »ummatistisch«[90] und nicht arabisch zentriert. Dieser Zweig, der aus der Khilafatbewegung hervorging, entstand 1919 unter den muslimischen Minderheiten in Indien – um den osmanischen Kalifen zu retten, die »letzte Hoffnung des Islams« und das Symbol der Einheit aller Muslime–, die damals unter britischer Herrschaft standen.[91]

Maududi engagierte sich ab 1921 bis zum Fall des Kalifats 1924 in der Khilafatbewegung. Von da an dachte er über die Gründung einer Missionspartei nach, die siebzehn Jahre später 1941 als Jamaat-e-Islami ins Leben gerufen wurde. Maududis ›ummatistische‹ Ideologie brachte ihm die Bewunderung von Muslimen von Ägypten bis Malaysia ein und machte ihn zu einem der wenigen nicht-arabischen muslimischen Prediger, die von Arabern und in der ganzen Welt gelesen wurden. Khurshid Ahmad, einer seiner Anhänger, fasst die transnationale Umma-Bruderschaft wie folgt zusammen: »Ihr Stil mag anders sein, ihre Sprache mag eine andere sein, ihre Prioritäten mögen andere sein, aber das zentrale Thema und die Idee sind die gleichen: der Islam ist die göttliche Führung; der Islam umfasst alle Teile unseres Lebens; der Islam ist die ewige Führung; der Islam muss die Grundlage für einen neuen intellektuellen sowie sozialen, politischen, wirtschaftlichen und kulturellen Wandel der Zivilisation werden.«[92]

Diese Synthese der beiden sunnitischen Zweige des Revivalismus wurde im Westen, von Campus amerikanischer und europäischer Universitäten ausgehend, vollzogen. Die Entstehung der schiitischen Islamischen Republik Iran sollte dem sunnitischen Frérismus einen entscheidenden Impuls verleihen.

Islamistische Studenten im Exil, 1970-1980

Auf den Campus europäischer und amerikanischer Universitäten begannen die arabischen Muslimbrüder und ihre Vettern aus der internationalistischen Khilafatbewegung eine intensive Diskussion über die Mittel, die zur Erfüllung der kalifalen Mission mobilisiert werden sollten. Die Ummatisten gewannen die Oberhand über die Nationalisten und wurden Geburtshelfer des Frérismus.

Während in den 1950er Jahren die Entwicklungsstrategie der Bruderschaft vor allem auf die Rückeroberung der Herkunftsländer ausgerichtet war, wurde es ab den 1970er Jahren immer gefährlicher, in die Heimat zurückzukehren. Auf dem Campus begann in den kleinen Gemeinschaften der exilierten muslimischen Studenten und Intellektuellen eine Debatte darüber, ob man die Rückkehr in die Heimat bevorzugen oder in der Emigration bleiben sollte, um dort den Islam zu etablieren. Die Debatte fand hauptsächlich jenseits der muslimischen Länder statt, zum Beispiel in Frankreich im »Verein der islamischen Studenten« (*Association des étudiants islamiques en France*, AEIF; aus der später die GIF, *Groupement islamique de France* und dann die UOIF, *Union des organisations islamiques en France* hervorgingen), aber vor allem auf britischen und amerikanischen Universitätsgeländen, wo Araber, die in ihren Ländern die Mehrheit bildeten, auf Muslime trafen, die auf dem indischen Subkontinent in der Minderheit waren. Solche Diskussionen wurden in der *Muslim Student Association* (MSA), einer 1962 entstandenen Struktur, die Mitglieder der Muslimbruderschaft und der Jamaat-e-Islami zusammenbrachte, sehr lebhaft geführt.[93] Hat der Prophet den Muslimen nicht geraten, nicht unter den Ungläubigen zu leben, fragen sich die Brüder? Wie kann man Muslim bleiben in einem Land, das das Verhalten und die Praktiken eines Muslims gefährdet?

Zwei Lager bilden sich heraus: die Befürworter der Rückkehr und die Befürworter der Ansiedlung und Anpassung. Für erstere soll sich die Gemeinschaft im Exil darauf vorbereiten, dorthin zurückzukehren, woher sie gekommen ist, um das unterdrückerische System im Herkunftsland zu bekämpfen, so wie es der Prophet tat, als er nach Mekka zurückkehrte. Das Exil ist ein Zufluchtsort, ein Moment der Selbstermächtigung, der

Organisation und der Planung, die man auf die Notwendigkeit der Rückkehr konzentriert. Diese Position nimmt Bezug auf al-Maududi und Qutb, die selbst in ihre Heimatländer zurückgekehrt sind und dort politische Karrieren anstrebten. Maududi mit der Ansicht, dass Muslime als Minderheit jenseits muslimischer Länder nur Diskriminierung und Intoleranz erfahren, so dass ihre Freiheit und Sicherheit zwangsläufig die Rückkehr in die Herkunftsländer erfordern. Qutb war der Ansicht, dass Muslime versuchen sollten, ihr islamisches Bewusstsein zu schärfen, um nach Hause zurückzukehren und die gottlosen Mächte und ihre Institutionen zu bekämpfen.

Für die Befürworter der *Anpassung* ist das Modell der *Muhadschirun*, der Auswanderer, die dem Propheten Muhammad von Mekka nach Medina gefolgt sind (Hidschra), das Vorbild, dem man folgen sollte. Sie sagen, man müsse sich dauerhaft niederlassen, die unaufhörliche Anstrengung (des Idschtihads) leisten, um dort zum Islam aufzurufen, wo es keine muslimische Tradition gibt, wie es der Prophet getan hat. Sie sind der Ansicht, dass sich der Islam in christlichen Ländern entwickeln kann, und berufen sich auf die christlich-islamische Bruderschaft, die von der äthiopischen Episode der ersten Hidschra inspiriert wurde.

Aus verschiedenen Gründen (die Muslimbrüder haben keine klare Aussicht auf eine Rückkehr, einige haben sich an die Annehmlichkeiten des Campuslebens fernab der familiären Kontrolle gewöhnt, andere können nicht zurückkehren, ohne zu riskieren, ins Gefängnis geworfen zu werden) überwiegt die zweite Version, die der Anpassung. Die Brüder sind davon überzeugt, dass die Rückkehr keine Pflicht mehr ist, und arbeiten daran, eine theologische Rechtfertigung dafür zu finden. Materiell werden sie von den Golfstaaten unterstützt, die mit dem Vermögen aus Bergbau- und Erdölressourcen daran arbeiten, die Predigt ihres salafistischen mit dem Wahhabismus kompatiblen Islam auf der ganzen Welt zu verbreiten.

Fréristen profitieren somit in hohem Maße von den Ressourcen, die von der Islamischen Weltliga (IWL)[94] eingebracht werden. Auf einer Konferenz im Jahr 2006 erklärte der Vorsitzende der MSA an der Universität von Kalifornien (UCLA), Ahmed Shama, dass das ultimative Ziel der Da'wa die Errichtung einer islamischen Regierung sei:

»Die einzige Rechtfertigung – die wirklich einzige Rechtfertigung –, dass die Muslime in diesem Land leben müssen, ist die Da'wa. Ich sage es noch einmal. [...] und wenn wir nicht etwas tun, um die Menschen zum Islam einzuladen, Muslime und Nicht-Muslime, dann verpassen wir es zu verstehen, was die islamische Bewegung ist ... Das Endziel von allem, worüber ich gesprochen habe, ist die Etablierung, die Wiederherstellung einer islamischen Regierungsform.«[95]

Unterschiedliche Handlungsweisen: offensiver Dschihad gegen islamische Lebensart

Während sich alle Fréristen über das Ziel (die islamische Gesellschaft) einig sind, können sie über die Art und Weise, wie der Plan umgesetzt werden soll, unterschiedlicher Meinung sein.

Zwei Figuren der Bewegung veranschaulichen die wichtigsten operativen Dynamiken des Plans: die Anhänger des Dschihad auf der einen Seite und die Anhänger einer langsamen und unmerklichen Umformung der Gesellschaft auf der anderen Seite.

Qutb ist der Theoretiker des Dschihad, des »heiligen Krieges«, und Maududi, der Indo-Pakistaner, ist der Ingenieur der methodischen und systematischen Reform der Gesellschaft.[96] Qutb und Maududi sind zwei Architekten einer systemischen Fassung des Islams (des System-Islams), aber sie haben nicht denselben Zeithorizont. Qutb interessiert sich vor allem für die Kontur, während Maududi sich mit der inneren Ausgestaltung der normativen Struktur befasst. Die Kontur betrifft im Wesentlichen die Beziehungen nach außen, die Andersartigkeit und die Mittel der Eroberung: Das ist die Geostrategie des politischen Islam. Die innere Ausgestaltung betrifft die Regierungsführung, die Politik und die Wirtschaft der »islamischen Gesellschaft« – das ist das islamische Ökosystem.

Sayyid Qutb (1906-1966): Der Theoretiker des Dschihad

Sayyid Qutb, Journalist, Dichter und Romanautor, verfasste Dutzende von Büchern und mehrere hundert Artikel.[97] Er wurde im selben Jahr wie sein Vordenker Hassan al-Banna als Sohn einer ägyptischen Landbesitzerfamilie geboren und kam erst spät zur fréristischen Sache. Qutb zufolge kann das Kalifatsprogramm erst dann eintreten, wenn die ausländischen Invasoren besiegt sind.[98] Deshalb müssen die Muslime einen heiligen Krieg gegen den Feind führen.

Die Unterscheidung zwischen kleinem kriegerischen und großem spirituellen Dschihad bei Raschid Rida und Hassan al-Banna gibt es bei Qutb nicht. Bei ihm ist der Dschihad keine Metapher, sondern ein Kampf mit dem Schwert, mit dem man sich aus der Umklammerung der *Dschahiliya*, dem »Zeitalter der Ignoranz« der vorislamischen heidnischen Zeit, befreien kann. Qutb betrachtet alles als *dschahili* (Adjektiv), was nicht durch den Islam aufgeklärt ist. Es ist die Herrschaft der Finsternis.[99] In seinem Denken bezieht sich Dschahiliya nicht auf eine bestimmte Zeit oder einen bestimmten geografischen Raum, sondern auf die soziale und spirituelle Kondition einer Gesellschaft, die noch nicht vom Islam erleuchtet wurde. Jede Gesellschaft oder Zivilisation, die nicht vollständig islamisch ist, ist Dschahiliya und von Natur aus feindselig. Nach Qutb muss sich die muslimische Nation, um sich selbst zu verwirklichen, von allen politischen und kulturellen Unterwerfungen befreien und alle anderen Bindungen als den Islam ablegen. Nur die Gesellschaft, die die Dschahiliya überwunden hat, wird zur Zivilisation gelangen:

»[...] Sobald der Mensch in jeder Hinsicht die Vorstellung Gottes auf Erden errichtet, indem er sich dem Dienst an Gott widmet und sich von der Knechtschaft durch andere befreit, indem er das von Gott vorgeschriebene Lebenssystem errichtet und alle anderen Systeme ablehnt, indem er sein Leben nach der Scharia Gottes organisiert und alle anderen Gesetze aufgibt, indem er die Werte und Normen der Moral annimmt, die Gott gefallen, und alle anderen Normen ablehnt [...] und wenn seine Einstellung zu den materiellen und moralischen Aspekten des Lebens von diesem Geist durchdrungen ist, dann erst wird der Mensch vollständig zivilisiert und die Gesellschaft auf dem Höhepunkt der Zivilisation sein.«[100]

Qutbs Projekt zielt nicht allein auf die Emanzipation von der Kolonialmacht ab, es handelt sich nicht um eine Art Befreiungstheologie. Radikalerweise schließt er jegliche Koexistenz aus, da Dschahiliya und Islam Systeme darstellen, die untereinander strikt unvereinbar sind.

»Das dschahilische System ist ein positives und dynamisches Gebilde, das die meisten formalen Merkmale einer Religion aufweist, wie grundlegende Vorstellungen vom Universum und vom Leben, ethische Werte und Institutionen, die ihnen zugrunde liegen.«

Die Säuberung muss also absolut sein.

»Entweder der Islam oder die Dschahiliya. Es gibt keinen anderen halb-islamischen und halb-dschahilischen Staat, den der Islam akzeptieren könnte. [...]

Wir müssen uns [...] aus den Klauen der dschahilischen Gesellschaft, der dschahilischen Konzepte, der dschahilischen Traditionen und der dschahilischen Führung befreien. Es ist nicht unsere Aufgabe, Kompromisse mit den Praktiken der dschahilischen Gesellschaft einzugehen, und wir können ihr auch nicht treu bleiben. Die dschahilische Gesellschaft ist aufgrund ihrer dschahilischen Ausprägungen nicht kompromisswürdig. Unser Ziel ist es, zuerst uns selbst zu ändern, um dann die Gesellschaft ändern zu können [...] Unser Ziel ist es, das dschahilische System an der Wurzel anzupacken, eben dieses System, das dem Islam grundlegend widerspricht und das uns mit Hilfe von Gewalt und Unterdrückung daran hindert, das von unserem Schöpfer angeordnete Leben zu leben.«

Die Dschahiliya-Gesellschaften, so Qutb, durchleben Rassen- und Klassenkonflikte und sind vom Materialismus durchdrungen.[101] Seiner Ansicht nach kann eine islamische Minderheitsgesellschaft keinen Bestand haben, denn sobald Muslime unter der Dschahiliya leben, werden sie von ihr kompromittiert: »Sie werden gezwungen sein, zu deren Überleben beizutragen, so wie die einzelnen Zellen zum Überleben eines Körpers beitragen.«

Abu l-Ala Maududi (1903-1979):
Das Ökosystem des ›islamic way of life‹

Abu l-Ala Maududi (auch ›Maulana‹ – unser Meister — Maududi genannt) ist einer der einflussreichsten Ideologen der islamistischen Bewegungen weltweit. Bekannt ist er für seinen Stil und seine einfache, direkte und allumfassende Pädagogik.[102] Zu weltweiter Berühmtheit verhalf ihm *The Islamic Foundation* von Leicester, unter anderem durch die Veröffentlichung von *The Islamic Movement*.[103] Maududi ist ein Dekolonialist der ersten Stunde. Er vertrat stets die Ansicht, dass der Islam keine Religion im westlichen Sinne des Begriffes sei. Er war der erste, der von einer »islamischen Bewegung« sprach, ein Ausdruck, der von Yusuf al-Qaradawi (*siehe unten*) übernommen wurde und den Khurram Murad, einer seiner Schüler und Übersetzer, im Vorwort zu *The Islamic Movement* wie folgt zusammenfasst:

»Das Ziel der islamischen Bewegung in dieser Welt ist eine Revolution auf allen Ebenen der Führung und in allen Bereichen des Lebens.

Um dies zu erreichen, reicht es nicht aus, Predigten zu deklamieren oder sich selbst als ›gute‹ Menschen darzustellen. Wir müssen eine Kampfinitiative ergreifen – einen Dschihad –, um das Land Gottes unter die Herrschaft Gottes zu bringen.«[104]

Qutb ist der Krieger, der die *Dschahiliya* bekämpft, Maududi ist der Ingenieur, der das System umsetzt. In Pakistan und in der Diaspora des ehemaligen Britischen Empire bleibt Maududi auch heute noch einer der meistgelesenen Autoren. Sein in Urdu verfasstes und ins Englische und mehrere andere Sprachen übersetztes Werk ist in den französischsprachigen Ländern, wo es nur wenige indisch-pakistanische Einwanderer gibt, kaum bekannt. Dennoch war der Einfluss des Maududismus bei der Globalisierung islamischer Normen mittels Kultur und Wirtschaft im globalen Halal-Markt beträchtlich.[105]

Obwohl sowohl Hassan al-Banna als auch Sayyid Qutb den Islam als System sehen, ist es Maududi, dem wir die ausgefeilteste soziale Architektur dieser systemischen Vision verdanken. Für Maududi ist der Islam »eine umfassende Gesellschaftsordnung, in der nichts überflüssig ist und nichts fehlt.«[106] Das islamische Recht, das auf dem Koran und der Sunna beruht, enthält die *notwendigen* und *ausreichend* Richtlinien, um den Bedürfnissen der menschlichen Gesellschaft in jedem Lebensalter und in allen Ländern gerecht zu werden, und das in allen möglichen Bereichen: religiös, persönlich, moralisch, familiär, sozial, wirtschaftlich, rechtlich, international usw.[107]

Maududi hat sein Leben damit verbracht, sein System zu verfeinern und andere davon zu überzeugen, dass die Ablehnung eines Elements des Systems die Ablehnung des gesamten Systems bedeute, dass alles gut ist und nichts ausgeschlossen werden darf. Er gehört zu jener Generation, die die Rettung der Menschheit in totalitären Ideologien und Meta-Narrativen wie dem Kommunismus und dem Nationalsozialismus gesehen hat.

Maududi wandte sich immer wieder gegen die moderne liberale Philosophie und ihre Sicht des Religiösen. Er stellte ihr Konzept und ihre Werte in Frage ... doch gleichzeitig bediente er sich ausgiebig ihrer Konzepte und ihres Vokabulars. Er und seine Anhänger versuchten, die Kategorien des westlichen Denkens neu zu definieren und ihnen eine andere Bedeutung zu geben. So definierten sie beispielsweise das, was sie als *Hukumat-i ilahiyah* (Regierung von/durch Gott) bezeichneten, als eine idealisierte Form der Demokratie: eine Theokratie, die vorsichtig als »Theo-Demokratie«[108] bezeichnet wurde.

Hinter dieser Strategie steckte ein offensichtliches pädagogisches Anliegen. Aber nicht nur das: Mimikry und Rückübersetzung sind auch eine Übernahme und Unterwanderung der ursprünglichen Bedeutung. Maududi ist die Strategie der Nachahmung zu verdanken, die oft von Islamisierungsbewegungen verwendet wird: die Rhetorik der Menschenrechte im Islam, die Idee der Nationalstaat-Umma. Er ist der Vorläufer jener fréristischen Gruppen, die, obwohl sie ständig den »Kampf der Kulturen« heraufbeschwören, ihren Aktivismus mit Anleihen bei den politischen Konzepten, Ideen und Technologien des verhassten Westens weiterführen.

Während Qutb in Lehre und Praxis viel über die Konturen der Bewegung und den Dschihad nachgedacht hat, ist Maududi der Architekt der islamischen Gesellschaft. Sein Dschihad ist die schrittweise Beseitigung der nicht-islamischen Herrschaft, was sich von der von Qutb propagierten Konfrontation mit einem nicht-islamischen Staat unterscheidet.

Maududi betont, dass das Gesetz des Islams ewig und für alle gilt und dass die Partei des Islams die islamische Revolution nicht auf einen Staat beschränken kann. Sie muss notwendigerweise universell sein:

»Es muss euch klar sein [...], dass das Ziel des Dschihad darin besteht, die nicht-islamische Regierung zu beseitigen und stattdessen ein islamisches Regierungssystem zu errichten. Der Islam hat nicht die Absicht, diese Revolution auf einen einzigen Staat oder einige wenige Länder zu beschränken. Das Ziel des Islams ist es, eine universelle Revolution herbeizuführen.

Obwohl es in den ersten Schritten den Mitgliedern der Partei des Islams obliegt, eine Revolution im Staatssystem der Länder durchzuführen, denen sie angehören, ist ihr ultimatives Ziel nichts anderes als die Durchführung der Weltrevolution. [...] Keinem Teil der Menschheit darf die Wahrheit vorenthalten werden [...].

Daher ist es für die muslimische Partei sowohl aus Gründen des allgemeinen Wohlergehens der Menschheit als auch aus Gründen der Selbstverteidigung zwingend notwendig, das islamische Regierungssystem nicht nur in einem einzigen Gebiet zu etablieren, sondern die Macht des islamischen Systems rundum im Rahmen ihrer Mittel auszudehnen. Die muslimische Partei wird die Bürger anderer Länder einladen, den Glauben anzunehmen, der das Versprechen der wahren Erlösung und des wahren Wohlergehens für sie enthält. [...] Dies ist die gleiche Politik, die vom Heiligen Propheten (Allahs Frieden und

Segen auf ihm) und den Nachfolgern der berühmten Kalifen (Allahs Wohlgefallen auf ihnen) ausgeführt wurde.«[109]

Für Maududi ergibt sich aus der universellen Bestimmung des Islams, dass die Ausdrücke ›offensiver‹ und ›defensiver‹ Dschihad irrelevant sind. Muslime müssen einen äußeren Feind bekämpfen (offensiv), aber sie müssen auch zu dessen Geheimnissen vordringen (sich also gegen diese zur Wehr setzen), um sie zu unterwandern. In dieser Hinsicht ist Maududi sicherlich der expliziteste Theoretiker der islamischen Unterwanderung und des islamischen Entrismus.

»Der Dschihad ist sowohl offensiv als auch defensiv. Er ist offensiv, weil die muslimische Partei die Regel einer gegnerischen Ideologie angreift, er ist defensiv, weil die muslimische Partei gezwungen ist, die Staatsmacht zu ergreifen, um die Prinzipien des Islams in die Kräfte von Raum und Zeit zu integrieren [...] Diese Partei greift nicht das Zentrum einer gegnerischen Partei an, sondern startet einen Angriff auf ihre Prinzipien.

Das Ziel dieses Angriffs ist übrigens nicht, den Gegner zu zwingen, seine Prinzipien aufzugeben, sondern diejenige Regierung abzuschaffen, die seine Prinzipien unterstützt.«

Für Maududi ist der Islam wie gesagt keine Religion im westlichen Sinne, er ist nicht auf eine Ansammlung von Überzeugungen, Ritualen und Gefühlen beschränkt, er ist *din* – ein unübersetzbares Wort – das Macht, Autorität, Gerechtigkeit und Lebensweise einschließt.[110]

»Alle anderen Religionen und Denkschulen mögen unter *nihlah* (die Summe mehrerer Überzeugungen, Rituale und Gefühle) fallen; der Islam ist viel mehr als das, er ist das *din*.«[111]

Und er definiert *din* wie folgt:

»1. Die Macht, die Autorität, die Regel, die Forderung nach Gehorsam und der Gebrauch der Souveränität ...

2. Gehorsam, Dienst und Unterwürfigkeit gegenüber einem einzigen Herrn ...

3. Das Gesetz, der Status, die Verhaltensweisen ...

4. Gerechtigkeit, Belohnung und Bestrafung ...«[112]

Der Islam hat kein Territorium, seine Gesetze, Regeln und Verhaltensweisen gelten für alle, überall. Das maududische System schafft die Idee der Kultur ab. Es kann nur eine Kultur geben, die universell ist, und die ist islamisch.

»Der islamische ›Dschihad‹ gesteht ihnen nicht das Recht zu, die Staatsangelegenheiten nach einem System zu verwalten, das dem Islam nach schlecht ist [...]. Sobald die Umma die Staatsmacht übernimmt, wird sie alle Formen von Unternehmen verbieten, die auf der Grundlage von Wucher oder Zinsen betrieben werden; sie wird Glücksspiele nicht zulassen. Sie wird alle Formen von Handels- und Finanztransaktionen bremsen, die nach islamischem Recht verboten sind. Sie wird alle Schlupfwinkel der Prostitution und anderer Laster schließen. Sie wird es für nichtmuslimische Frauen zur Pflicht machen, die vom islamischen Gesetz geforderten Mindeststandards für bescheidene Kleidung einzuhalten, und sie wird ihnen verbieten, ihre Schönheit wie in der Zeit der Unwissenheit (*dschahiliya*) zur Schau zu stellen. Die Partei wird eine Filmzensur einführen. Um das allgemeine Wohlergehen der Öffentlichkeit zu gewährleisten und aus Gründen der Selbstverteidigung wird sie keine kulturellen Aktivitäten zulassen, die Nicht-Muslimen erlaubt sein mögen, die aber aus islamischer Sicht die moralische Ader verderben und tödlich sind. [...]. Der Islam hat für Menschen anderer Glaubensrichtungen vorgesehen, dass sie sich unter den Bedingungen von Frieden und Ruhe voll entfalten können.«

Wie Hassan al-Banna ist auch Maududi der Ansicht, dass die islamische Entkulturalisierung das Hauptproblem für die Schwächung der Muslime und der Menschheit war. Es sei die universelle islamische Kultur, die die Welt verändern wird, indem sie sich durch Gesetze, Regeln, Verhaltensweisen und durch die Bildung eines muslimischen Staates ausbreitet.

So wahr ist das für ihn, dass sich der Führer der Jamaat-e-Islami gegen die Teilung Indiens wandte, die auf die Schaffung eines muslimischen Staates (der später Pakistan werden sollte) abzielte. Wie später Kettani (*siehe unten*) zog Maududi der politischen Trennung einen Zustand der Minderheit und des Widerstands vor, der bei den Muslimen ein Identitäts- und Kulturgefühl fördern würde.

In der Not bewahre die Gemeinschaft ihr Selbstbewusstsein, wohingegen er glaubt, dass, sofern der neue Staat auf der Grundlage eines durch den Säkularismus verwässerten Islam errichtet wird, diese eingeschränkte Anhängerschaft eine große Gefahr für das islamische Projekt darstelle. Die Muslime müssen im Bewusstsein ihrer normativen und verhaltensbezogenen Einzigartigkeit gehalten werden, bis sie stark genug sind, um die Welt zu erobern.

Auch die Wirtschaft ist laut Maududi ein vorrangiger Bereich für die Re-Islamisierung. Im Gegensatz zur Kultur, die seiner Meinung nach vor allem in den Herzen der Menschen wirkt, ist die Wirtschaft ein Bereich der öffentlichen Verwaltung. Die Wirtschaftstätigkeit muss islamischen Vertragsverfahren folgen, was zu einem islamischen Konsumverhalten führen wird. Der Islam wird dann in jedem Haushalt an Bedeutung gewinnen und es neuen Generationen ermöglichen, in einem Umfeld aufzuwachsen, in dem der Islam die täglichen Entscheidungen bestimmt. Die Normen des Halal-Marktes leiten sich von den maududischen Interpretationen des Islams ab, die sind die Quelle der Halal-Zertifizierungen und -garantien auf dem internationalen Markt.

Dennoch sollte man Maududi nicht als eine Art Ghandi des Islams betrachten. Auch wenn er formal gesehen nicht kriegerisch auftritt, ist er sicherlich weder friedfertig noch pazifistisch, und er bleibt ein Bezugspunkt für Dschihadisten.[113]

Die Brüder werden sich nach und nach mit ihrem Leben im Westen arrangieren. Die revolutionäre, internationalistische Perspektive der Maududianer bestärkt sie in ihrer neuen Mission. Für Yusuf al-Qaradawi selbst entspricht Qutbs Radikalität nicht den Lehren von Hassan al-Banna, wie wir sehen werden. Er wirft ihm seine Exzesse vor, obwohl er diese mit den Leiden in den Kerkern Nassers entschuldigt, der ihn schließlich erhängen ließ. In Wirklichkeit werden die Ideen von Hassan al-Banna nicht durch die kriegerischen Interpretationen von Qutb widerlegt.[114] Diese sind zu radikal und können nicht im Alleingang gegen finanziell und militärisch aufgerüstete Mächte mobilisiert werden.

Die Brüder gehen davon aus, dass die überwiegend christlich geprägten und in Bezug auf Werte vermeintlich schwachen europäischen Gesellschaften durch eine geschickte Mischung aus allem, der Eroberung der Herzen, der Köpfe und durch Krieg umzuwandeln seien: al-Banna, Maududi und Qutb.

Die diskrete Rolle des Marokkaners Ali Kettani

Ab Ende der 1970er Jahre beschließen die Brüder, sich in Europa niederzulassen. Um ihre Aktivitäten zu finanzieren, greifen sie auf saudisches Geld zurück, das großzügig an diese Exilanten aus Ägypten gespendet wird. Die Büros der Islamischen Weltliga werden gebeten, die lokalen Aktivitäten der »islamischen Minderheiten« auf der ganzen Welt zu finanzieren.[115] Im Jahr 2005 wurden schätzungsweise 90 Milliarden

US-Dollar für die Unterstützung von Islamisten ausgegeben.[116] Die säkularisierten Aufnahmeländer, die den Machenschaften des politischen Islam wenig Beachtung schenken, freuen sich im Namen der ›Integration‹ und des ›Miteinanders‹ über dieses ›kulturelle Integrationsprogramm‹, das ihnen von diesen großartigen ›Handelsvertretern‹, den eleganten und gebildeten islamistischen Studenten mit ihren fein rasierten Bärten, verkauft wird. Deren Manieren heben sich sehr von denen der Gastarbeiter ab, die man eher verachtet. Obwohl die Muslimbruderschaft ideologisch gegen den Wahhabismus der Petromonarchien eingestellt ist und diese für zu gefügig hält, profitierte sie so von den saudischen Geldern, die von Auckland bis Paris, von London bis Madrid und von Brüssel bis Rom verteilt wurden.

Diese Allianz ist Ali Kettani zu verdanken, der das Konzept der »islamischen Minderheit« formalisierte und die großen Geldgeber der Golfstaaten für seine Sache sensibilisierte (siehe Kasten).

Ali Kettani, Theoretiker der islamischen Minderheit

Nach einem Aufenthalt in Genf (1963), wo sich eines der ersten fréristischen Zentren in Europa befand, und in Pennsylvania (1966) erhielt einer dieser Studenten namens Ali Kettani (1941-2001)[117] – Sohn von Mountassir Kettani, Berater von König Faisal (und späterer Vater des marokkanischen islamistischen Predigers Hassan Kettani) – von der Islamischen Weltliga eine Finanzierung für Erkundungsmissionen über den Zustand der »muslimischen Minderheiten« in der Welt, um jene Missionsaktivitäten zu ermitteln, die die Liga zu unterstützen gedachte. Der unermüdlich reisende Elektronikingenieur besuchte alle Kontinente und verfasste mehrere Berichte, die vom *Institute of Muslim Minority Affairs*, einem von den Saudis finanzierten fréristischen Studienzentrum, veröffentlicht wurden.[118]

Ali Kettani schlägt vor, ein System kultureller Enklaven zu finanzieren, um die Kontrolle über die Bildung muslimischer Kinder zu behalten, sie vom Druck der Umwelt, sich in die Gesellschaft zu integrieren, abzuschirmen und gleichzeitig die Verbindung zur Umma aufrechtzuerhalten. Diejenigen Muslime, die über die ganze Welt verstreut leben, könnten die Missionare, die Vorhut des Islams in der Welt sein. Daher rät er dazu, muslimische Kinder in diesen neuen Ländern anzusiedeln, aber ihre Assimilation zu verhindern und sich ihr sogar aktiv zu widersetzen:

»Es kommt oft vor, dass Muslime, wenn sie von einem Land in ein anderes auswandern, eine seltsame Erinnerung an ihr Herkunftsland behalten. Diese Erinnerung ist im Grunde gut und kann eine Quelle der Stärke für die muslimische Minderheit sein, wenn sie den Kontakt mit dem Rest der muslimischen Umma aufrechterhält. Wenn die Zuwanderer jedoch weiterhin ständig daran denken, in ihr Herkunftsland zurückzukehren, und sich weigern, zum Aufbau der muslimischen Gemeinschaft, in der sie leben, beizutragen, indem sie sich auf den vorübergehenden Charakter ihres Aufenthalts berufen, werden sie bald feststellen, dass sie ihr Herkunftsland ebenso verloren haben wie die Möglichkeit eines erfüllten islamischen Lebens in ihrer Wahlheimat. Schlimmer noch, sie würden ihre eigenen Kinder verlieren, denen sie nicht genügend Zeit gewidmet haben, um sie gegen die Kräfte der Assimilation zu erziehen.«

Kettani schlägt auch vor, auf der Grundlage der Brüderlichkeit des Islams islamische Gemeinschaftsenklaven einzurichten, die jeglichen Elitismus, jegliches Parteisektierertum, alle rassischen, kulturellen und beruflichen Trennungen ablehnen und keine *Madhhab* (Rechtsschule) differenzieren würden. Sie würden, so fährt er fort, ohne ausdrücklich das Bruderschaftsmodell zu nennen, dem er anzuhängen scheint, kleine *Dschamaat* [Vereinigungen, Gemeinschaften] bilden, die auf regionaler Ebene in *Räten* organisiert sind, die wiederum in einer nationalen *Föderation* zusammengeschlossen sind. Die Muslime hätten die freie Wahl ihrer Vertreter in diesen Gremien, ihrer Politik und ihrer durch Konsens erzielten Verfassungen innerhalb der durch den Koran und die Sunna festgelegten Grenzen des Halal. Allenfalls aus praktischen Gründen könnten sich die Muslime in jedem Dschamaat nach einem die Sprache betreffenden Kriterium zusammenschließen. Das soziale, wirtschaftliche, politische und kulturelle Leben der Muslime würde um die Moschee und die Koranschule herum organisiert werden, damit die Gemeinschaft vor den Gefahren der Assimilation und des antiislamischen Drucks der Gesellschaft geschützt ist. Die Gemeinschaft würde durch die Erhebung von *Zakat* und Investitionen in Gemeindeaktivitäten, den Bau von Moscheen und Schulen sowie die Unterstützung der Mudschahedin finanziert. Zu diesem Zweck sollten die Führer unermüdlich daran arbeiten, das Bewusstsein der Muslime für die Bedürfnisse der Gemeinschaft zu schärfen, wobei sie das Bewusstsein für ihre Identität betonen sollten.

Zum selben Zweck fordert Kettani die reicheren muslimischen Länder verschmitzt auf, einen finanziellen Beitrag ohne Gegenleistung (zumindest keine irdische) zu erbringen:

> »Die muslimischen Länder sollten beherzigen, dass die muslimischen Minderheiten Unterstützung benötigen, um die Auswirkungen des anderen Umgangs auszugleichen, dem diese Muslime in [diesen] Ländern gewöhnlich ausgesetzt sind. [...] Das in der Organisation eingesetzte Personal muss freilich bezahlt werden, aber seine Funktion sollte ausschließlich exekutiver Natur sein und darin bestehen, die Anweisungen der gewählten Amtsträger umzusetzen. Auf diese Art und Weise würde der Wettbewerb um Posten auf dem Wunsch und der Fähigkeit beruhen, der Gemeinschaft am besten zu dienen, und nicht auf der Verlockung irgendeines finanziellen Gewinns.«

Die »muslimische Minderheit« definiert sich laut Kettani sowohl durch ihre Beziehung zum Islam als auch durch die Behandlung, die sie erfährt, und die bei ihr ein solidarisches Gefühl der Zugehörigkeit hervorruft. Minderheit ergibt sich nicht aus der Anzahl, sondern aus der Handlungsfähigkeit der Gruppe, die, sobald sie sich ihrer selbst als anders und einzigartig bewusst wird, eine »Gruppensolidarität hervorbringt, deren Ziel es ist, diese Andersartigkeit aufrechtzuerhalten.«

Von den reichen Golfstaaten fordert Kettani bedingungslose Unterstützung für diese Minderheiten in Bezug auf die Erziehung im Geiste des Islams und Korans, auf die Erziehung in weltlichen Angelegenheiten und auf das, was zur Erlösung im Jenseits führt. Diese Hilfe, so betont er, sollte nicht über diplomatische Kanäle oder durch von den Staaten entsandte Geistliche erfolgen. Die Länder sollten aufhören, ihre Botschafter zu entsenden, denn selbst wenn diese gute Absichten hätten – so seine vorsichtige Begründung –, würden diese Interventionen der Herkunftsländer die vor Ort Lebenden nur in ihrem Gefühl bestärken, Fremde zu sein:

> »Am schlimmsten ist es, wenn die muslimischen Entsandten eines bestimmten Landes sich als ›Islamischer Rat‹ etablieren, der vorgibt, die muslimische Minderheit zu vertreten; der in ihrem Namen entscheidet, was sie vermeintlich will, wobei bloß jeder die Politik seines eigenen Landes verfolgt. Ein solches Vorgehen untergräbt die Minderheit an der Wurzel und zerstört ihr Potenzial, Wachstum zu organisieren.«

Und er führt Beispiele an, die er während seiner Reisen gesammelt hat. Kettani ist der Ansicht, dass die Hilfe der muslimischen Länder sowohl anständig als auch wirtschaftlich sein und direkt lokalen Organisationen zuteil werden sollte. Eine weitere Gefahr besteht seiner Meinung nach darin, dass das Geld an islamwissenschaftliche Institute westlicher Uni-

> versitäten verteilt wird, die sich hinter der »akademischen Freiheit« verstecken, um »anti-islamische Aktivitäten« zu fördern, oder, was noch schlimmer sei, dass es für humanitäre Zwecke an Wohltätigkeitsorganisationen ausgeteilt wird, hinter denen sich in Wirklichkeit christliche Missionen verbergen. Schließlich fordert er die muslimischen Länder auf, ihre Zusammenarbeit und ihren Handel mit fremden Ländern davon abhängig zu machen, wie diese ihre Minderheiten behandeln. Diese Problematik findet sich auch heute wieder: Die Brüder stehen der Kontrolle der Diaspora durch die Herkunftsstaaten der Migranten sehr ablehnend gegenüber, was den Eindruck erweckt, dass sie für Assimilation eintreten.

Die Institutionalisierung der Muslimbrüder in Europa

Der Übergang vom Exil zur Minderheit führte ab den 1960er Jahren zu einer systematischen Ansiedlung islamischer Organisationen in Westeuropa, den USA, Australien und Neuseeland. Die Brüder der Bruderschaft von Hassan al-Banna und der Jamaat-e-Islami von Maududi etablierten sich zunächst auf den Universitäts-Campus, in der Studentenschaft, und breiteten sich dann in ähnlicher Weise in den Gesellschaften der nichtmuslimischen Länder aus, indem sie Vereine gründeten.

In Frankreich beispielsweise entsteht aus der *Association des étudiants islamiques en France* (AEIF) die *Union des organisations islamiques en France* (UOIF), die sich ausweitet, um die europäischen Organisationen unter dem Titel *Fédération des organisations islamiques en Europe* (FOIE, dt. FIOE) zu vereinen, angegliedert an ein theologisches Organ, den *Conseil européen pour la fatwa et la recherche* (CEFR). In den USA findet man mehr oder weniger das gleiche Muster. Aus der Muslimischen Studentenvereinigung (*Muslim Student Association*) entstand 1980 die *Islamic Society of North America* (ISNA), die mit einem theologischen Organ, dem *Fiqh Council of North America* (FCNA),[119] verbunden ist. Bei der Implementierung überließ man nichts dem Zufall, sondern folgte bewusst und koordiniert einem präzisen Plan, der vergleichsweise flexibel war, um sich jedem nationalen Kontext anzupassen.

Frankreich: Die ersten fréristischen Vereine
(von der AEIF zur UOIF)

Während die Brüder in den angelsächsischen Ländern aus arabischen und asiatischen Ländern (Mittlerer bis Ferner Osten) kommen, stammen sie in Kontinentalwesteuropa überwiegend aus dem Maghreb und der Türkei. In Frankreich jedoch war einer der ersten Prediger der Fréristen ein Inder namens Muhammad Hamidullah. Dieser Indo-Pakistani hat den Status, einer Minderheit anzugehören, selbst erfahren. Neben seiner Muttersprache Urdu beherrscht er nicht nur Französisch, Englisch und Arabisch, sondern auch Persisch und Türkisch. Wie die indischen Muslime seiner Generation wurde er vom »globalen Bewusstsein des ökumenischen Islam« des Reformers Muhammad Iqbal (1877-1937)[120] und von Maududi beeinflusst, insbesondere von dessen Werk *Das Kalifat und das Königreich* (*al-ḥilāfa wal-mulk*).[121]

Einer seiner Schüler lobt diese unabhängige Persönlichkeit, die dem [französischen] Innenministerium die Stirn bot und »nicht die kolonialen Makel jener arabischen oder schwarzen Dienstboten teilte, die von ihren Meistern dazu eingesetzt wurden, ihre eingeborene Kultur zu kritisieren und die Sprache der Herrschenden zu feiern.« Dank seiner Englisch- und Deutschkenntnisse hatte er keine Komplexe angesichts der leitenden Verwalter des Islams in Frankreich.

Muhammad Hamidullah wurde 1908 in Hyderabad in Südindien geboren. Er studierte Islamwissenschaften an der Jami'a Nidhamiyya, dem indischen Pendant zur al-Azhar-Universität in Kairo. Anschließend studierte er in Deutschland an der Universität Bonn, wo er 1933[122] in Philosophie promovierte und sich an die von Issam al-Attar geleitete Muslimbruderschaft in Aachen anband.[123] Dann zog er nach Paris, wo er an der Sorbonne in Literaturwissenschaft promovierte und von 1954 bis 1978 beim CNRS angestellt war. Der Islamwissenschaftler, der den Koran in drei Sprachen (Französisch, Englisch, Deutsch) übersetzte, gründete 1952 das erste islamische Kulturzentrum in Paris. Gemeinsam mit Saïd Ramadan gründete er 1961 auch das Islamische Zentrum in Genf (CIG), ein bedeutendes Zentrum der Einflussnahme des Frérismus. Er trug zur theologischen Ausbildung islamistischer Persönlichkeiten bei, von denen einige in ihren jeweiligen Ländern eine herausragende politisch-religiöse Rolle spielten, wie Ekmeleddin Ihsanoglu, der Generalsekretär der Organisation für Islamische Zusammenarbeit wurde, der Tunesier Rached

Entstehung des Frérismus

Ghannouchi, Führer der Ennahdha, Hassan al-Turabi, der später zum Präsidenten des sudanesischen Parlaments gewählt wurde, oder der Iraner Bani Sadr.[124]

Hamidullah gründete die islamische Studentenvereinigung AEIF, die Vertretung der Bruderschaft in Frankreich. Interne Differenzen zwischen den syrischen und ägyptischen Muslimbrüdern führten schließlich dazu, dass die tunesischen Studenten sich von der AEIF absonderten und die *Islamische Gruppe* in Frankreich bildeten. Die ägyptisch-fréristische Gruppe erweiterte sich um eine marokkanische Komponente, die aus Bordeaux kam, und gründete die UOIF.[125] Diese machte es sich zur Aufgabe, die Muslime in Frankreich (die mehrheitlich aus zwei bis drei Millionen Einwanderern maghrebinischer Herkunft bestanden) anzuführen.

Im Jahr 1975 waren die Statuten der AEIF bereits deutlich als Elemente des Programms der Muslimbruderschaft erkennbar.

»Dieser Verein hat zum Ziel :
- seinen Mitgliedern zu ermöglichen, einander kennenzulernen, sich gegenseitig zu helfen und einander in Gott zu lieben;
- ihnen die Möglichkeiten zu geben, ein wahrhaft islamisches Leben zu führen;
- sich einzusetzen für die Erfüllung der Pflichten des Menschen gegenüber Gott und den Idealen und Ideen des Islam, wie sie im Koran und vom Propheten beschrieben werden;
- Reisen, Studien und Forschungen aus einer islamische Perspektive zu fördern und Interesse zu zeigen an allen kulturellen Fragen;
- regelmäßig Konferenzen, Studienzyklen und Kolloquien zu verschiedenen Themen zu organisieren, die den Islam und die Muslime betreffen, um zu einem besseren und tieferen Verständnis des Islams und der Muslime in einer von unbegründeten Vorurteilen freien Atmosphäre beizutragen;
- alle nützlichen Maßnahmen zu ergreifen, um geeignete Texte zu sammeln und zu veröffentlichen (Bücher, Zeitschriften, Broschüren usw.);
- Dokumente, die sich mit speziellen Themen des Islams befassen, von einer Sprache in eine andere übersetzen zu lassen;
- Sektionen der *Associations et cercles culturels islamiques* (ACCI) außerhalb von Paris nach Maßgabe der Möglichkeiten der AEIF[126] zu begründen.«

Es werden mehrere lokale ACCI-Vereine gegründet, die in der AEIF zusammengefasst sind, wie etwa jener in Bordeaux, der die politische Ausrichtung des Frérismus hervorbringt. Aber es werden auch dschihadistische Gruppen in die Welt gesetzt. In Toulouse nahm die AEIF 1973 einen syrischen islamistischen Prediger namens Abdulilah al-Dandachi (geb. 1946) auf, der nach seiner Einbürgerung den Namen Olivier Corel, genannt der »weiße Scheich«, trug. Dieser leitete die Toulouser Sektion der AEIF, um später in seiner Hochburg Artigat[127] eine Generation junger französischer Dschihadisten auszubilden, zu denen Mohammed Merah, Sabri Essid, Thomas Barnouin, Fabien und Jean-Michel Clain sowie Imad Djebali gehören.

Europa: Die islamischen Zentren der Brüder, finanziert vom saudi-arabischen Wahhabismus

Die Satzung der AEIF wurde nicht von der Hand einiger bigotter, heimwehgeplagter Studenten geschrieben (wie damals vermutet wurde), sondern im Rahmen einer geplanten Ansiedlung und Ausbreitung in ganz Europa, ausgehend von einigen Ankerpunkten in der Schweiz, Deutschland, Frankreich und dem Vereinigten Königreich.[128]

Die wenigen Informationen, die wir heute über die Ausbreitung der geheimen Bruderschaft in Europa besitzen, stammen hauptsächlich aus der Arbeit von Gilles Kepel und den Recherchen von Journalisten, die teilweise jahrelang auf der Grundlage von Aufzeichnungen der amerikanischen und europäischen Geheimdienste recherchiert haben. Die Ermittlungsarbeit gestaltet sich aus zwei Gründen sehr schwierig: die Heimlichtuerei der Muslimbruderschaft und die bereits damals bestehende Sorge der vorherrschenden Linken an den Universitäten, dass es rassistisch sei, wenn man sich mit problematischen Aspekten der Religion von Migranten befasst.

Die Entwicklung begann in den 1950er Jahren, als der Konflikt zwischen dem ägyptischen Ministerpräsidenten und späteren Staatspräsidenten Gamal Abdel Nasser und der Muslimbruderschaft ausbrach; verschärft wurde das Ganze durch den Mordversuch der Muslimbruderschaft an Nasser 1954 in Alexandria. Die Brüder waren daraufhin starken Repressionen ausgesetzt und viele von ihnen gingen gezwungenermaßen ins Exil.

Saïd Ramadan, ein ägyptischer Aktivist und Schwiegersohn von Hassan al-Banna (und Vater von Hani und Tariq Ramadan), flüchtete in den frühen 1950er Jahren in die Schweiz.[129] Er wurde von schweizerischen und amerikanischen Geheimdiensten beobachtet, die ihn 1953 als politischen Agitator beschrieben: »eine Art Falangist oder Faschist [...]; Ramadan versucht, Allianzen zu schmieden, um sich die Macht zu sichern. Er hat nicht viele Ideen geäußert, die über die von der Muslimbruderschaft vertretenen hinausgehen. Sein Doktorvater, der deutsche Professor Gerhard Kegel, beschreibt ihn als ›intelligente, wenn auch fanatische Person‹.«[130]

Saïd Ramadan unterhielt gute Beziehungen zu Prinz Faisal von Saudi-Arabien, der ihn regelmäßig und großzügig finanziell unterstützte. Die Beziehungen zwischen den Muslimbrüdern, die von Nasser aus Ägypten vertrieben worden waren, und Saudi-Arabien, einem ultrakonservativen Land, das sich über den Aufstieg des säkularen Sozialismus in seinem Nachbarland sehr besorgt zeigte, waren damals ausgezeichnet. Sie wurden sogar an den Universitäten des saudischen Königreichs als Lehrkräfte willkommen geheißen.[131] So bietet die Universität von Medina, die 1961 gegründet worden war, um dem Einfluss der al-Azhar-Universität in Kairo entgegenzuwirken, Lehrstühle und Stipendien für Professoren und Studenten an, die von den Muslimbrüdern angeworben werden. Diese liefern das ideologische Material für die wahhabitische Missionsstrategie in der Welt.

Der indisch-pakistanische Maududi, Saïd Ramadan und andere haben die Satzung der Islamischen Weltliga (IWL / LIM *Ligue islamique mondiale*)[132] inspiriert, eine fundamentalistische Missionsorganisation, die 1962 auf Initiative von König Faisal (1904-1975) gegründet wurde, um den Vormarsch von Nassers panarabischer sozialistischer Ideologie einzudämmen.[133] Die Satzung der IWL erinnert an das Vorhaben der Muslimbrüder: Die Vereinigung der Muslime auf der ganzen Welt durch den Einsatz geistiger, materieller und moralischer Mittel anzustreben, indem sie alle Hindernisse gegen die Schaffung dieser Vereinigung ›beseitigen‹, insbesondere durch die Ablehnung aller traditionellen und zeitgenössischen Formen der Dschahiliya[134] (insbesondere der Sufi-Bruderschaften, der Modernisten und der Kommunisten). Die IWL ruft alle Muslime in allen Ländern der Welt, ob in der Mehrheit oder der Minderheit, dazu auf, die Regeln der Scharia zu befolgen. Sie verspricht ihre Unterstützung für alles, was die Koordination militanter Aktivitäten fördern kann: Bau von Gotteshäusern, Verbesserung der Methoden zur Verbreitung des Islams;

Verbesserung der Produktivität der Muslime in den Bereichen Medien, Bildung, Predigt und Kultur; Förderung der arabischen Sprache.

1962, im Jahr der Gründung der IWL, gründete Saïd Ramadan, ebenfalls mit saudischem Geld (und unter undurchsichtigen Umständen), zusammen mit Hamidullah das Islamische Zentrum in Genf (CIG / *Centre islamique de Genève*). Dieses will mehr als nur eine Moschee sein: ein Modell für ein islamisches Bildungszentrum mit Büros, Gebetsräumen, einem Lesesaal und einer Bibliothek.[135] Das CIG ist auch der Ort, an dem die internationale Zeitschrift der Muslimbruderschaft, *Al-muslimun*, in arabischer Sprache mit einer monatlichen Auflage von 6.000 bis 7.000 Exemplaren veröffentlicht wird, um die Propaganda der Bruderschaft in Ländern des Nahen Ostens wie Ägypten und Syrien zu verbreiten, in denen ihre Aktivitäten verboten sind.[136]

Ab den 1970er Jahren verlor Saïd Ramadan einen Großteil der Unterstützung aus Saudi-Arabien. Aus nicht ganz geklärten Gründen stellte das Königreich die Finanzierung ein und die Zeitung erschien nicht mehr.[137] In dieser Zeit taucht eine andere Figur auf, Youssef Nada, ein Geschäftsmann, der als gebildet, methodisch und polyglott beschrieben wird und diskreter als Ramadan ist (dem ein Lebensstil nachgesagt wird, der nicht mit der erklärten Ethik der Bewegung vereinbar sei).

Youssef Nada wurde 1931 in Alexandria geboren. Er durchlief den bewaffneten Arm der Muslimbruderschaft und lernte 1954 die Kerker Nassers kennen. Als reicher Geschäftsmann ging er in den 1960er Jahren ins europäische Exil, wobei er seine Funktionen als Finanzier und Delegierter für internationale Beziehungen der Muslimbruderschaft beibehielt. Unter seiner Führung und der eines anderen hochrangigen Bruderschaftsmitglieds namens Ghaleb Himmat verlagerte sich das Gravitationszentrum des fréristischen Islams in Kontinentaleuropa von der Schweiz nach Frankreich, Deutschland und Großbritannien.

Die Münchner Moschee nahm die oberen Zehntausend des fréristischen Islams syrischer Ausprägung auf. Der im deutschen Exil lebende Führer der syrischen Muslimbruderschaft, Issam al-Attar, traf hier auf die Führer verwandter Zweige wie die Führer von Maududis Partei Jamaat-e-Islami oder Abdullah Azzam, den palästinensischen Muslimbruder, der in den 1980er Jahren zum Mentor von Osama Bin Laden an der Spitze von Al-Qaida wurde.

Ein weiteres Zentrum entstand 1973 in London, ebenfalls mit Hilfe des saudischen Königs, unter dem Namen *Islamic Council of Europe*

Entstehung des Frérismus

(ICE) unter der Leitung eines Muslimbruders aus einer reichen ägyptischen Familie, Salem Azzam, der ebenfalls Flüchtling war, bevor er von den Saudis als Botschafter und bevollmächtigter Gesandter an der saudischen Botschaft in London angeworben wurde. Dies war das erste Mal, dass der Begriff Europa in der Bezeichnung einer fréristischen Organisation auftauchte. Zu diesem Zeitpunkt war das Vereinigte Königreich gerade erst der EWG beigetreten, am 1. Januar 1973.

Dank Azzams enger Verbindungen zu den Königsfamilien und Eliten der arabischen Welt finanzierte der ICE eine Reihe von islamischen Zentren und baute Beziehungen zu den Institutionen der Europäischen Gemeinschaft (später Europäische Union) auf. Für den Politikwissenschaftler Lorenzo Vidino stellt der ICE den »islamischen Jetset« dar: endogamisch bewegt man sich von Konferenz zu Konferenz und zielt auf Staatsoberhäupter und Machthaber ab.[138] Der ICE, von der IWL finanziell unterstützt, ist eine Körperschaft, die mit der hierarchischen Struktur der ägyptischen Muslimbrüder verbunden, aber unabhängig ist. In ihrem Rat finden sich Muslimbrüder wie Saïd Ramadan und Aktivisten der pakistanischen Schwesterorganisation Jamaat-e-Islami wie Khurshid Ahmad. Im *Islamic Council of Europe* wurde eine Replik der Menschenrechtserklärung der Vereinten Nationen vorbereitet. Die Brüder verfassten eine Allgemeine Islamische Erklärung der Menschenrechte (1981) und ein Modell für eine islamische Verfassung (1983).[139] Salem Azzam verkündete am 19. September 1981 in den Räumlichkeiten der UNESCO in Paris die Allgemeine Islamische Erklärung der Menschenrechte, die sich auf den Koran und die Sunna stützt.[140] Diese erste Initiative inspirierte weitere, darunter die Kairoer Erklärung von 1990, die von der Organisation für Islamische Zusammenarbeit (OIZ) getragen wurde.

Die *Leicester Islamic Foundation*, die überwiegend aus Studenten besteht, wurde ebenfalls 1973 gegründet. Sie widmete sich hauptsächlich der Übersetzung und Verbreitung der Werke von Maududi und Qutb. Diese Stiftung spielte eine beträchtliche Rolle bei der Verbreitung der Schriften der arabischen Muslimbruderschaft und der Jamaat-e-Islami des indischen Kontinents[141] sowie deren Synthese in englischer Sprache, die somit der ganzen Welt zugänglich war.

Das Europa der Muslimbrüder entstand so zwischen den Polen Frankreich, Schweiz, Deutschland und Großbritannien. Sie treffen sich alle zwei Jahre gemäß dem vom Vater der Bruderschaft Hassan al-Banna gewünschten Programm und Zeitrahmen und gemäß einer Funktionsweise, die denjenigen mafiöser Gruppen recht ähnlich ist – wo das Bruderschaftsgeheimnis sowohl das politische und öffentliche Leben als auch das Familien- und Privatleben einschließt:

»Die Beziehung zwischen dem Generalbüro einerseits und seinen Zweigen und verschiedenen Organen andererseits war keineswegs eine Beziehung des Befehls oder der bloßen Verwaltung oder der bloßen doktrinären Kontrolle, es war eine viel höhere Beziehung: eine spirituelle Beziehung vor allem, eine Beziehung von Mitgliedern derselben Familie [...] die Predigerbrüder besuchten die anderen Brüder, mischten sich unter sie und erfuhren von den wichtigsten Dingen ihres privaten und öffentlichen Lebens.«[142]

Die planmäßige Ansiedlung der ›Union der Islamischen Organisationen‹ in Frankreich

Es ist bemerkenswert, dass keine der von den Muslimbrüdern unternommenen Aktionen der Strategie von 1982 oder den anderen Plänen, die hier und da in Europa gefunden wurden, widerspricht. Gelegenheiten werden genutzt, nichts wird vernachlässigt: Geldbeschaffung, Ökonomie der Mittel, Verhandlungen und Vermeidung interner Konflikte, Auswahl der Eliten, Geduld, Geheimhaltung, Vermeidung von Konfrontationen mit der Macht, Einnahme von Machtzentren, Einflussnahme.

Die große Mehrheit der Beobachter unterschätzt dennoch die programmatische Dimension der Bewegung. Sie analysieren die Entwicklung der von den Muslimbrüdern geschaffenen Strukturen anhand von Kategorien und Theorien, die die Akteure als Individuen oder Gruppen betrachten, die ständig auf der Suche nach kurz- oder mittelfristigen Ressourcen sind (Identität, Prestige, Geld, Macht). Sie betonen die Identitätsdimension und minimieren den religiösen Treibstoff der Bewegung: ihre Vision und ihren Plan.

Die ›Union der islamischen Organisationen von Frankreich‹ (UOIF) wurde 1983 von zwei Ausländern, Abdallah Ben Mansour, einem tunesischen Studenten, und Zuhair Mahmoud, einem irakischen Ingenieur, in Nancy als Verein auf der Grundlage des Gesetzes über die Vereinigungen von 1901 gegründet. Die Brüder wären gerne im Geheimen geblieben, was ihnen einen beträchtlichen Handlungsspielraum verschafft hätte, aber die extensive Strategie der territorialen Entwicklung erfordert es, in einer offiziellen Form aufzutreten. Sie eröffnen überall in Frankreich islamische Vereine und Zentren und rufen die Muslime dazu auf, nationale und ethnische Trennungen zu überwinden. Ihre Vereine tragen nicht den Zusatz ›tunesisch‹, ›algerisch‹ oder ›marokkanisch‹, sondern lokale Bezeichnungen wie ›von der Gironde‹, ›von Angers‹ oder ›von Lille‹.

Die gebildeten Studenten, die schlicht, wie Laienpriester gekleidet sind und fein gestutzte Bärte tragen, erscheinen den Lokalpolitikern als frequentierbare Persönlichkeiten, zumal sie sich entschlossen zeigen, in Frankreich einen Islam aufzubauen, der unabhängig von ausländischen konsularischen Einflüssen ist. Sie sprechen gutes Französisch, zeigen Verständnis für Maßnahmen zur Einschränkung von Straßengebeten oder des heimlichen Schächtens von Schafen während der Eid-Feiertage (des Islamisches Opferfests) und befürworten muslimische Grabstätten im ganzen Land.

Im Jahr 1996 nahm die *Union islamique des étudiants de France* (UISEF), deren Leitung sich auf dem Campus Talence in Bordeaux befand, den Namen *Étudiants musulmans de France* (EMF) an und gewann in ganz Frankreich gewählte Delegierte im *Centre régional des œuvres universitaires et scolaires* (Crous).

Samir Amghar fasst zusammen:

»Die UOIF hat Frankreich in acht Regionen aufgeteilt, die jeweils von einem Vertreter der Föderation geleitet werden. Sie verfügt über fast 30 religiöse Zentren und kontrolliert zwei große Moscheen: die Moschee in Lille Süd mit einem Fassungsvermögen von 2.000 Plätzen und die Moschee in Bordeaux, die mehr als 800 Gläubige aufnehmen kann. Obwohl sie in der Pariser Region nur schwach vertreten ist (eine einzige Moschee in La Courneuve), hat sie ein landesweites Netz aus fast 250 Vereinen geknüpft, von denen einige vor Ort sehr präsent sind. Sie hat ihre Aktivitäten sektorisiert und versucht, die »islamische Gesellschaft« Frankreichs zu durchdringen: die Jugend durch die *Jeunes musulmans de France*, die Studenten durch die *Étudiants musulmans de France*, die Frauen durch die *Ligue française de la femme musulmane* als Speerspitze; die humanitäre Arbeit durch den *Secours islamique*; die palästinensische Sache mit dem *Comité de bienfaisance et de soutien à la Palestine*, die Imame mit der *Association des imams de France* und die Mediziner mit der *Association Avicenne*. Dieses Organisationsmodell orientiert sich am islamischen Korporatismus, der von den Muslimbrüdern in Ägypten praktiziert wird.«[143]

Der größte Erfolg der UOIF bleibt jedoch ihr jährlicher Kongress in Le Bourget, der jedes Jahr mehrere zehntausend Menschen versammelt. Indem sie dank dieser populären Veranstaltung, die Muslime aus allen Teilen Frankreichs zusammenbringt, setzt sie sich in der islamischen Landschaft Frankreichs gegen die traditionelle, unter algerischem Einfluss stehende Große Moschee von Paris und die unter marokkanischem Einfluss stehende Nationale Föderation der Muslime Frankreichs (FNMF, *Fédération nationale des musulmans de France*) durch. Das jährliche Treffen aller Vereine ermöglicht einen Abgleich der territorialen Vernetzung und der Sektorisierung der Aktivitäten nach Kategorien – Männer, Frauen, Studenten, Jugendliche — sowie nach Tätigkeitsbereichen: Kultur, Sport, Soziales, Gewerkschaften, Medizin.

Die religiösen Führungskräfte haben sich ihrerseits in einer Vereinigung der Imame Frankreichs (*Association des imams de France*) organisiert und werden am Europäischen Institut für Humanwissenschaften (IESH, *Institut européen des sciences humaines*) in Saint-Léger-de-Fougeret, das von den Muslimbrüdern gegründet wurde, ausgebildet. Das Institut überlebt dank des Geldes großer islamischer Banken, insbesondere durch die Vermittlung von al-Qaradawi, und die Union verfügt über eine Kartei mit 10.000 Spendern,[144] unter denen laut Antoine Sfeir Namen von Kuwaitern, Saudis und Iranern zu finden sind.[145]

Der Kongress von Le Bourget stellt auch heute noch die wichtigste islamische Veranstaltung von Frankreich, Belgien und der französischsprachigen Schweiz dar; er reicht weit über die von der Muslimbruderschaft kontrollierten Gebiete hinaus. In den Gängen des Messegeländes in Le Bourget tummelt sich alles, was in Frankreich an islamischen Tendenzen vertreten ist. Die Besucher werden schon bei ihrer Ankunft von Salafisten empfangen, die in der Menge um Almosen werben (*fisabili'ilah*) für eine geplante Moschee oder Koranschule. Auf dem Weg von der Peripherie ins Zentrum trifft der Besucher auf die Muslimbrüder, die stolz darauf sind, missionarisch tätig zu sein, wenn auch immer ein wenig misstrauisch (das ist der Preis für die doppelte Haltung), und die einen Großteil ihrer Zeit damit verbringen, mit den Journalisten im Pressezentrum zu diskutieren oder sie zu beruhigen. »Sind wir nicht offene und kooperative Menschen? Sehen Sie: Hier wird Ihnen kein Leid zugefügt.«

Der Konferenzhangar, der ursprünglich im Mittelpunkt der Veranstaltung stand, wurde bald von anderen Hallen bedrängt, die der großen islamischen Messe gewidmet sind, ein großer Basar, auf dem man alles mögliche findet: Kleidung, Bücher, Lebensmittel, Dienstleistungen, Lehrbücher; wo islamische Wahrsagungen unter fröhlichem Geschrei und dem Geruch von Räucherstäbchen und Lamm-Merguez angeboten werden.

Im Laufe der Zeit wurde der Konferenzbereich der Muslimbrüder von der großen Messe aufgefressen, auf der sich nun die hemmungsloseste Art des Bekehrungseifers ausbreitete. Alle Strömungen können ihre Aktivitäten präsentieren, solange sie Muslime sind und ihr Standgeld bezahlen. Die organisierenden Brüder filtern die Eingaben nicht, sondern lassen alle Schäfchen herein. Ihre Berufung ist es, das Ganze gemäß der phagozytischen Doktrin des *Wasat*-Islam (Islam der goldenen Mitte) von al-Qaradawi zu ›leiten‹ (*siehe unten*).

Diese Dynamik der Muslimbruderschaft ist den Beobachtern natürlich nicht entgangen, wird aber falsch interpretiert. Die belgische Soziologin Brigitte Maréchal (2006, 2009), eine der führenden Expertinnen für die Muslimbruderschaft in Europa, weist auf die Ähnlichkeit zwischen der Strukturierung der Fréristen in Europa und der Strukturierung des ägyptischen Mutterhauses hin, insbesondere auf die hierarchische Organisation in Familien, Sektionen und schließlich Divisionen. Die Expertin betont, dass der Erfolg der Brüder auf einer hervorragenden Organisation und qualifiziertem Personal beruht:

»Die Mitglieder verfügen in der Regel über einen gewissen intellektuellen und motivierenden Hintergrund, den sie zu nutzen wissen, und sei es nur durch ihr Verständnis des kulturellen und politischen Kontextes des Landes, in dem sie leben. So sind sie manchmal trotz ihrer geringen Zahl [...] in den Moscheen und Gemeinden, in denen sie verkehren, verhältnismäßig einflussreich.«[146]

Darüber hinaus stellt sie fest, dass die Brüder sowohl bei religiösen Aktivitäten als auch bei Vereins-, Kultur- und Sportaktivitäten außerordentlich dynamisch sind.

Dennoch relativiert die Soziologin die Wirksamkeit und Reichweite der Organisation, da die Bewegung nicht immer die Initiatoren der Aktivitäten seien und diese nicht unbedingt konzipieren oder steuern. Sie scheint blind für die Entrismusstrategie der Muslimbrüder zu sein und spielt ihre Aktionen herunter.

»Die Muslimbruderschaft steht also im Zentrum dieser intensiven organisatorischen Aktivitäten. Die Bedeutung der Bewegung muss hier jedoch insofern relativiert werden, als dass Personen, die mit der Bewegung in Verbindung gebracht werden, zwar häufig Initiatoren und/

oder Beteiligte dieser Initiativen sind, aber nicht auf den ersten Blick im Auftrag der Bewegung als solcher handeln oder irgendeinen Befehl von Vorgesetzten befolgen. Ihre Handlungen beruhen vielmehr auf der Wahrnehmung von Bedürfnissen, verbunden mit dem Willen, etwas zu bewegen, und scheinen häufig das Ergebnis von kollegialen Entscheidungen zu sein, die ad hoc getroffen werden. Es ist auch zu beobachten, dass es sich häufig um Kooperationen zwischen Personen, die der Muslimbruderschaft angehören, und anderen Muslimen, die ihr nicht angehören, handelt. Manchmal sind einige dieser Initiativen in Bezug auf die Zielgruppe relativ konkurrierend oder sogar mehr oder weniger antagonistisch in ihrer Weltanschauung oder Methodik. Schließlich sollten die Menschen, die diese Organisationen besuchen, auch nicht als Mitglieder der Muslimbruderschaft angesehen werden. Häufig ist die große Mehrheit nicht Mitglied der Bewegung und es ist erstaunlich, wie viel diese Organisationen manchmal mit wenigen aktiven Mitgliedern erreichen.«

Brigitte Maréchal glaubt aus diesen Gründen, dass die Muslimbrüder ihr Kalifatsprojekt aufgegeben haben:

»Die Muslimbruderschaft arbeitet zwar immer noch daran, eine Minderheit von aufrichtigen und militanten Muslimen zu konstituieren, aber ihre Prioritäten bei der Arbeit sind andere. Sie konzentrieren sich zwar immer noch unter anderem auf die Bildung, aber ihre Ambitionen, eine islamische Gesellschaft und einen islamischen Staat zu schaffen, insbesondere durch die Islamisierung des Rechts, scheinen nun in weite Ferne gerückt zu sein.«

Die Bedeutung und Wirksamkeit der Bewegung zu relativieren, wie es die belgische Expertin tut, weil sie die Aktivitäten, an denen sie teilnimmt, nicht initiiert hat, ist eine Fehleinschätzung, die auf ein Missverständnis der Aktionsweise der Muslimbruderschaft zurückzuführen ist. Die fréristische Bewegung leitet die Aktionen an, ist aber nie vollständig darin involviert, sondern arbeitet ökonomisch. Ihre Arbeitsweise steht im Einklang mit ihren Plänen, insbesondere dem von 1982: Vorübergehende Zusammenarbeit mit Nicht-Muslimen, aber mit Vorsicht, Einflussnahme, Arbeitsteilung entsprechend den Fähigkeiten jedes Einzelnen, Vermeidung von Konfrontation sind Elemente der fréristischen Methode. Wir werden sehen, dass diese Taktik mit der von Yusuf al-Qaradawi propagierten *Wasatiyya* (Weg der Mitte) in Verbindung steht.

Wie die Methoden der Indoktrinierung des ägyptischen Mutterhauses zeigen, muss man kein Mitglied sein, um im Auftrag der Muslimbrüder zu handeln, man muss sich dessen nicht einmal bewusst sein. Die Brüder indoktrinieren Einzelpersonen, um deren Umfeld zu durchdringen; und diese Indoktrination führt nur selten zu einem Eid (die *Bay'a* wird nur von einigen Auserwählten geleistet), denn es kommt nicht auf die Zahl der Rekruten an, sondern auf die Tragweite des sozialen Wandels. Man sollte nie vergessen, dass bei Fréristen die Mittel dem Zweck untergeordnet sind.

Indem sie sich nur auf die *Identität* beschränken und die beiden anderen Dimensionen (*Vision* und *Plan*) ausblenden, bleiben die meisten Soziologen blind für die Eigenart der Muslimbrüder, mehr zu sein als bloß eine politische Bewegung.

Solche Fehlanalysen haben politische Konsequenzen. Als Nicolas Sarkozy 2003 – als für die Religionen zuständiger Innenminister – Fréristen ermächtigte, in einem repräsentativen Rat (dem CFCM) Gesprächspartner des Staates zu werden, glaubte er, sie zu korrumpieren, sie in die Bequemlichkeiten der Notabilität zu ziehen und damit gefügiger zu machen.[147]

Für diese »Selbstmordattentäter in Zeitlupe«, die größtenteils anonym bleiben, ist die Opferkultur fest verankert und wird am Tag des Jüngsten Gerichts entsprechend belohnt. Als Innenminister Sarkozy, der in Le Bourget zu Gast war, auf der UOIF-Tribüne wegen seiner Äußerungen über das Kopftuch ausgepfiffen wurde, gaben die Kader natürlich keinen offiziellen Kommentar ab. Auf den Videos der Veranstaltung ist jedoch das schelmische Lächeln der Offiziellen und des UOIF-Vorsitzenden Amar Lasfar zu sehen.

Kapitel III

Yusuf al-Qaradawi – der Theoretiker des Frérismus

»Die Eroberung durch die Daʿwa ist das, was wir uns erhoffen. Wir werden Europa erobern, wir werden Amerika erobern! Nicht durch das Schwert, sondern durch die Daʿwa, das heißt die Einladung, die Bekehrung, mittels des *fiqh*.«

QARADAWI, 1995[148]

Der Frérismus im gegenwärtigen Europa ist sowohl vom ägyptischen Erbe der Muslimbruderschaft inspiriert als auch von den Mechanismen des System-Islams, den der Indo-Pakistaner Maududi und seine Anhänger vorgeschlagen haben.

Yusuf al-Qaradawi kann als der Theoretiker dieser Synthese des transnationalistischen Frérismus angesehen werden. Der Mann, der dank seiner Medienpräsenz auf dem von Katar finanzierten Sender Al Jazeera zu einem berühmten Tele- oder ›Cybermufti‹ wurde, ist sowohl ein Anhänger Hassan al-Bannas als auch ein Bewunderer Maududis, dessen Totengebet er 2014 leitete.[149]

Als ich 1992 im Rahmen meines Bachelorstudiums der Ethnologie in Bordeaux meine ersten Umfragen in Familien durchführte, fielen mir drei Bücher auf: *Le Saint Coran* – ›Der Heilige Koran‹ in der Übersetzung von Muhammad Hamidullah, *Minhaj Al-Muslim* – ›Der Weg des Muslims‹ von Scheich Abu Bakr Jabir Al-Jazairi und *Le licite et l'illicite en islam* – ›Erlaubtes und Verbotenes im Islam‹ von Yusuf al-Qaradawi. Diese Bücher wurden von der El-Huda-Moschee in Bordeaux, wo sich marokkanische Studenten niedergelassen hatten, die von den Thesen der Muslimbruderschaft geprägt waren (die später zur Führungsriege der UOIF zählen werden), kostenlos oder gegen ein Almosen verteilt.

Qaradawi ist eine Persönlichkeit, die einen erheblichen Einfluss auf die Brüder und auf praktizierende Muslime im Allgemeinen ausgeübt hat, besonders durch die Veröffentlichung seines Bestsellers *Erlaubtes und Verbotenes im Islam* in Dutzenden von Sprachen. Er begründete eine Doktrin der ›goldenen Mitte‹ (*Wasatiyya*), die sich nach den stürmischen Jahrzehnten, die bei den arabischen Muslimbrüdern von den kriegerischen Schriften Sayyid Qutbs dominiert wurden, als gemäßigt präsentierte.

Qaradawi und seine Anhänger sind zu Recht der Ansicht, dass der Westen zum sichersten, geschütztesten und am besten ausgestatteten Ort geworden ist, von dem aus die Brüder die islamische Bewegung in der Welt entfalten können. Man darf das Reittier, das die Welteroberung unterstützen wird, nicht töten, man muss es zähmen und beherrschen.

Qaradawi wurde in der nichtmuslimischen Öffentlichkeit durch seine heftigen Äußerungen über Juden und Homosexuelle bekannt, doch dieser ›globale Mufti‹, der seit den 1990er Jahren von Muslimen aller Kontinente aufgrund seiner Gleichnisse und seiner Sendung auf Al Jazeera angehimmelt wird, ist der Vater einer ausgeklügelten Doktrin, die auf die Schaffung einer weltweiten islamischen Bewegung abzielt.

Qaradawi wurde 1926 in einem kleinen Dorf im Nildelta geboren. Sein Vater starb, als er erst zwei Jahre alt war, und er wurde von seinem Onkel väterlicherseits, einem einfachen Pachtbauern, in einer religiösen Atmosphäre aufgezogen, die dazu führte, dass er im Alter von neun Jahren den Koran auswendig lernte. Als junger Erwachsener entdeckte er Hassan al-Banna: »Es war Liebe beim ersten Wort«,[150] wie er später sagte. Als Mitglied der Bruderschaft wurde er mehrmals inhaftiert, bevor er 1973 an der al-Azhar-Universität in Kairo studierte und mit einer Arbeit über die Rolle der z*akat* bei der Lösung sozialer Probleme promovierte, was ihm eine gewisse Legitimität in der Entwicklung des islamischen Finanzwesens verlieh. Er wurde daraufhin zu einem der Hauptaktionäre der Bank der Muslimbrüder, *At-Taqwa*, mit Sitz in Lugano in der Schweiz. Sein Buch *Al-Halal wal-Haram fil-Islam* (Erlaubtes und Verbotenes im Islam), das er Anfang der 1960er Jahre schrieb, wurde weltweit verbreitet, ebenso wie 30 Jahre später *Fi Fiqh al-Aqalliyat al-Muslima* (Über das Recht der muslimischen Minderheiten). Er besitzt ein gewisses Charisma und seine Predigten wurden über das Netzwerk der Bruderschaft per Videokassette in die ganze Welt übertragen. Der katarische Sender Al Jazeera, der 1996 gegründet wurde, macht den ersten großen Cybermufti auf allen Kontinenten immens populär.[151] Er beeinflusste die Gründung des *Fiqh Council of North America* (FCNA[152]) 1986 und den *European Council for Fatwa and Research* (CEFR) 1997, zwei Organe, die Fatwas ausrufen, um die Muslime, die in einer Minderheitensituation leben, in ihrem täglichen Leben nach dem Plan der Brüder zu leiten. Beide Institutionen werden als Brutstätten für die Anpassung und

Verbreitung der als ›Minderheiten-fiqh‹ bekannten Qaradawi-Rechtsprechung gemäß einer Doktrin dienen, mit der sein Name nun verbunden ist: dem Wasat-Islam, dem ›Islam der goldenen Mitte‹.

Qaradawi war mehrere Jahrzehnte lang Mitglied der Muslimbruderschaft. Dann verließ er sie, weil er sich, wie er es ausdrückte, als »Eigentum aller Muslime und nicht nur der Muslimbruderschaft« betrachtete. Die Bruderschaft soll ihm 2002 den Posten des obersten Führers angeboten haben, den er jedoch ablehnte. Qaradawi versuchte sein Leben lang, durch die Lehre der goldenen Mitte die zu engen Grenzen des ›Bruderschaftswesens‹ (Konfrérismus) zu überwinden. Daraus entstand der ›Frérismus‹, der nichts und niemanden aufgeben, alle islamisieren und alle in einer einzigen Bewegung vereinen will: die Radikalsten sowie die Gemäßigten, die Schrifttreuen und die Reformistischen, die im Dar al-Islam und die außerhalb davon lebenden, *eine* islamische Bewegung.

Qaradawi entwickelte für im Ausland lebende Muslime also den ›*fiqh* für Minderheiten‹, eine Version des islamischen Rechts, die ziemlich begrenzt ist, so dass sie in einer säkularen Situation angewendet werden kann, in der der Islam noch minoritär ist, ohne jedoch das Ziel seiner mehrheitlichen Ausbreitung aus den Augen zu verlieren, da er die Welt erobern soll.

Während seine Gegner sich noch auf seine frauenfeindlichen und antisemitischen Äußerungen im Fernsehen konzentrierten oder auf die Frage, auf welche Weise man aktive und passive Homosexuelle töten solle, und ihn als ungebildete und grobschlächtige Person darstellten, kündigte Qaradawi in seinen überaus ausgefeilten Schriften den Übergang zur Aktion der islamischen Bewegung an. Man nahm ihn nicht ernst; schlimmer noch, man machte sich nicht die Mühe, ihn zu lesen, obwohl seine Werke in Hunderttausenden von Exemplaren in vielen Sprachen auf der ganzen Welt verbreitet waren.

Nichts aufgeben, alles umfassen: der totale Islam

Im Gegensatz zu denjenigen, die Muslimen verbieten, im *Dar al-harb* (Haus des Krieges) zu leben, war Qaradawi stets der Ansicht, dass Muslime im Westen bleiben und Neubekehrungen zum Islam fördern sollten.

Doch drei »Hauptbedrohungen« behindern seiner Meinung nach den natürlichen Fortschritt der Umma außerhalb ihrer Grenzen: der Zionismus, die Desintegration (der Säkularismus) und die Globalisierung. Alle Kräfte der Umma – das heißt Muslime, Sunniten und Schiiten, arabische Nationalisten und Islamisten, Reiche und Arme, Eigentümer, Herrscher und Untertanen – müssen sich zusammenschließen, um eine gemeinsame Front gegen diejenigen zu bilden, die er als ›Zionisten‹, ›Kreuzfahrer‹, ›Götzendiener‹ und ›Kommunisten‹ bezeichnet. Seine gesamte Doktrin basiert auf der Vorstellung einer feindlichen und mächtigen Umwelt und bevorzugt eine Vorgehensweise, die sich in einem Wort zusammenfassen lässt: die List. Eine direkte Konfrontation wäre fatal für die Einheit der Bewegung, von der er besessen ist. Er nutzt daher die Stärke seiner Feinde gegen diese selbst, hetzt einige seiner Gegner gegen andere auf und lehnt ein vorübergehendes Bündnis mit Feinden nicht ab, wenn die Chancen auf einen langfristigen Sieg größer sind als die Verluste.

So ist Qaradawi ein aktiver Befürworter des interreligiösen Dialogs, da dieser »eine vereinte Front gegen die Feinde des Glaubens, die Prediger des Atheismus und der Ausschweifungen, die Anhänger des Materialismus, die Befürworter des Nudismus, der sexuellen Promiskuität, der Abtreibung, der Homosexualität und der gleichgeschlechtlichen Ehen bilden kann.«[153]

Er lehnt nicht den Kommunismus ab, sondern, wie er sagt, dessen Atheismus. Der Islam ist für ihn ein von Gott geleiteter ›Kommunismus‹, und wenn Marx die Gelegenheit gehabt hätte, den Islam kennenzulernen, so behauptet er, hätte er dort das finden können, wonach er suchte. Während er dem Judentum als der dem Islam am nächsten stehenden Religion schmeichelt, verwendet er einen beträchtlichen Teil seiner Predigten darauf, den Zionismus und Israel zu dämonisieren, dieses unsägliche »usurpatorische zionistische Gebilde«, »den parasitären Eindringling.«

Qaradawi ist der Ansicht, dass Misserfolge auf einen »mangelhaften Islam« oder auf ein falsches Verständnis dessen zurückzuführen sind.

»Wir müssen mutig sein und anerkennen, dass unser Verhalten dazu beigetragen hat, diese Jugendlichen in das zu treiben, was wir als ›Extremismus‹ bezeichnen. Wir behaupten, Muslime zu sein, aber wir setzen den Islam nicht um. Wir lesen den Koran, wenden seine Regeln aber nicht an. Wir behaupten, den Propheten zu lieben, folgen aber nicht seinem Beispiel. Wir schreiben in unseren Verfassungen, dass die Staatsreligion der Islam ist, aber wir räumen ihm nicht den Platz ein, den er in der Regierung, der Gesetzgebung und Ausrichtung verdient. Wir sollten zunächst uns selbst und unsere Gesellschaft gemäß den Geboten Gottes reformieren, bevor wir von unseren Jugendlichen Gelassenheit, gesunden Menschenverstand, Ruhe und Zurückhaltung verlangen.«

Qaradawi findet Entschuldigungen für den islamischen Terrorismus und verharmlost die »von den Westlern aufgeblähte« Gewalt:

»Es gibt unter den Muslimen einige Individuen oder Gruppen, die wahllos Gewalt anwenden. Sie repräsentieren jedoch nicht alle Muslime, sondern sind kleine Gruppen, deren Bedeutung von den westlichen Medien aufgeblasen wurde – und die meisten von ihnen wurden durch die Ungerechtigkeiten, die Aggression und die Missetaten des Westens gegenüber den Muslimen und dessen anhaltende Unterstützung für Israel in den Extremismus getrieben.«

Qaradawi stellt sich selbst als gemäßigt und gewaltfrei dar, lehnt jedoch keine der in der Scharia vorgesehenen physischen Strafen ab: Amputation für Diebstahl, Steinigung für Ehebruch oder die Todesstrafe für Homosexuelle.

Er will vier Ausrichtungen zusammenführen, die er wie folgt unterscheidet: die ›Exkommunizierer‹ (*tayyar al-takfir*), die ›Unbeugsamen‹ (*tayyar al-jumud wal-tashaddud*), die ›Gewalttätigen‹ (*tayyar al-unf*) und die ›der goldenen Mitte‹ (*tayyar al-wasatiyya*, die Moderaten). Er zählt sich zu letzterer, wobei sein Ziel ist, alle Ausrichtungen mit ihren Fachgebieten unter dem Dach einer einzigen Bewegung zu vereinen.

Wir werden sehen, wie er bereits ab den 1980er Jahren die kommenden drei Jahrzehnte voraussieht, in denen eine große islamische Bewegung entstehen soll. Man wird feststellen, dass sich seine Prognosen als ziemlich zutreffend erwiesen.

Der Plan und die Prioritäten der »islamischen Bewegung«

In einem visionären und programmatischen Dokument von erheblicher Bedeutung mit dem Titel *Die Prioritäten der islamischen Bewegung in der kommenden Phase* (1990 geschrieben und 1992 veröffentlicht) entwirft Qaradawi seine Prioritäten für die nächsten dreißig Jahre (also bis 2020), um »den Kurs der islamischen Bewegung zu korrigieren« und »das islamische Erwachen (*awakening*) rational zu begründen.«[154]

Die islamischen Mobilisierungen auf der ganzen Welt müssen sich zu einer einzigen Bewegung zusammenschließen: der *islamischen Bewegung*, ein Begriff, den er von Maududi (*siehe oben*) übernommen hat und den er vom *Erwachen* unterscheidet:

»Der Unterschied zwischen einer Bewegung und einem (Wieder-)Erwachen besteht darin, dass eine Bewegung eine oder mehrere organisierte Gruppen mit spezifischen Zielen und einem bestimmten Weg darstellt, während ein Erwachen ein genereller, sich bewegender Strom ist, der Einzelpersonen und Gruppen, organisiert oder nicht, umfasst [...]. Jede Bewegung ist ein Weckruf, während nicht jeder Weckruf eine Bewegung ist [...] Mit ›islamischer Bewegung‹ meine ich die organisierte und kollektive Arbeit, die von den Menschen unternommen wird, um dem Islam wieder die Führungsposition in der Gesellschaft und die Herrschaft über das Leben in allen Bereichen zu verschaffen.«

Ist diese Bewegung die Muslimbruderschaft selbst? Nein. Qaradawi ist in diesem Punkt eindeutig, die Bewegung geht über die Bruderschaft hinaus, auch wenn diese ihr Bezugspunkt bleibt.[155] In seinem Programm für die Jahrzehnte von 1990 bis 2020 legt er die Prioritäten der Bewegung, die Aktionsbereiche, die anzuwendende Methodik und den Rahmen für Bündnisse mit ›ungläubigen‹ Gruppen fest. Sein Mantra ist der »Islam der goldenen Mitte«, der Wasat-Islam, eine Formel, die eine umfassende Bewegung inmitten der *Dschihadisten* und *Reformisten* schaffen soll, die sich gegenseitig aufheben, indem er die einen gegen die anderen ausspielt, so wie Paddel ein Boot vorantreiben.

Wir schreiben das Jahr 1990, als Qaradawi die islamische Bewegung auffordert, in den kommenden dreißig Jahren drei große Richtungen einzuschlagen:
- die Bildung einer islamischen Avantgarde;
- die Bildung einer muslimischen öffentlichen Meinung, die von den »Auswirkungen der Kampagnen, welche den Islam verunglimpfen«, geläutert worden ist;
- die Schaffung eines weltweiten und öffentlichen Klimas für die Akzeptanz der Existenz der Umma.

Man muss feststellen, dass das Programm fast wie geplant abgelaufen ist. Die Muslimbruderschaft bildet heute die Vorhut des globalisierten Islam. Es ist eine »muslimische Öffentlichkeit« entstanden, insbesondere in den Metropolen der westlichen Länder, wo Muslime zunehmend als soziopolitische Kraft zählen.

Infolge des »Halal-Markts« und der »weltweiten islamischen Wirtschaft« hat die Welt die Idee einer globalen islamischen Identitäts- und sogar Kulturvorstellung (Bergeaud-Blackler, 2017) akzeptiert und sehr weitgehend begleitet.

Laut Qaradawi muss die islamische Bewegung den Staat in allem übertreffen, denn der Nationalstaat ist das Hindernis; er ist keine gute geographische, politische oder soziale Ebene, um die Bewegung anzudocken.[156] Der Anführer hat die Schwächung der Nationalstaaten, den Neoliberalismus und seine gegen alle Grenzen gerichtete Ideologie, seine globalisierten Wirtschaftsregulierungssysteme, seine Zusammenschlüsse in Freihandelszonen und seine multikulturellen Ideologien, die von einem Teil der Linken getragen werden, korrekt vorausgesehen.

Die Aktionsbereiche

Qaradawi stellt eine Art Regierungsplan auf, der in Aktionsbereiche mit ihren Ministerien für Bildung, Politik, Soziales, Wirtschaft, Krieg, Kommunikation und Wissenschaft unterteilt ist.[157]

Bildung: Seinem Plan gemäß fordert er, dass der Bildung besondere Aufmerksamkeit gewidmet wird, um eine islamische Avantgarde heranzuziehen, die Trägerin einer in ihren Herzen wie auch in der Führung aller Aspekte des Lebens verwurzelten Doktrin der Anbetung Gottes ist. Heute beherrscht die fréristische Ideologie die Ausbildungsinstitute von der Koranschule bis zur Imam-Ausbildung in Frankreich, Großbritannien, Belgien, den Niederlanden und anderen Teilen Europas.

Politik: Bereits in den 1980er Jahren sah er die Notwendigkeit voraus, eine »muslimische Wählerschaft« aufzubauen, um Einfluss auf die politische Ausrichtung zu nehmen. In Frankreich zeichnen sich heute deutliche Konturen ab, wie jüngst bei der Präsidentschaftskandidatur von Jean-Luc Mélenchon (*La France insoumise*), die von fréristischen Vereinigungen und Persönlichkeiten und von 70 Prozent der Muslime unterstützt wurde, obwohl der Kandidat in der Gesamtbevölkerung nur 20 Prozent der Stimmen erhielt.[158]

Soziales: Der religiöse Führer fordert die Beseitigung von Armut, Unwissenheit, Krankheit und ›Lastern‹ sowie den Widerstand gegen verdächtige Institutionen, die soziale und philanthropische Arbeit leisten, um die Identität der Umma zu verändern und ihre Bindung an das Glaubensbekenntnis zu schwächen. Der soziale Sektor war tatsächlich der erste, der von den Muslimbrüdern besetzt wurde, die unterstützende Maßnahmen, Kontrollgänge und Entwicklungshilfe in den Ländern des Südens anboten.

Wirtschaft: Er ruft dazu auf – als Vorstufe zum Aufbau islamischer Wirtschaftsinstitutionen–, zur Entwicklung der Gemeinschaft beizutragen, damit sie aus der Nachrangigkeit befreit wird. Das aufschlussreichste Ergebnis ist der globale Halal-Markt mit der Entwicklung von Halal-Produkten, Halal-Prozessen und Halal-Räumen für und von Muslime(n).[159]

Kampf (*Dschihad):* Er fordert dazu auf, jene Kräfte zu bekämpfen, die sich dem Ruf des Islams und der muslimischen Nation entgegenstellen. In Europa werden Morde an Personen verübt, die beschuldigt werden, den Propheten des Islams zu verspotten. Seit 1992 bildet der Fall Salman

Rushdie den Ausgangspunkt für den Kampf gegen Blasphemie, bei dem seit 2015 Journalisten und Staatsbedienstete (Polizisten, Lehrer) getötet werden. Der Dschihad findet aber auch in Form eines Kampfes zur Änderung lokaler Gesetze, Praktiken und Traditionen statt, die nicht Schariakompatibel sind. Die Fréristen unterwandern Vereine für Hausaufgabenhilfe oder Familienplanung und greifen Entscheidungen an, die ihrer Meinung nach gegen das verstoßen, was sie ihre Ethik nennen. Ihnen verdanken wir den Rückgang von Abtreibungen, des Kampfs gegen die weibliche Genitalbeschneidung, die Pro-Kopftuch- und Pro-Burkini-Kampagnen in Schwimmbädern beziehungsweise die für Frauen reservierten Eintrittszeiten in Schwimmbädern.

Kommunikation: Er lädt dazu ein, islamisches Gedankengut über alle Arten von Medien zu verbreiten, von Publikationen bis hin zu Audio- und Videoangeboten. Satellitenkanäle und später das Internet haben die Verbreitung von Halal-Medien ermöglicht, die sich an alle Bevölkerungsgruppen, Kinder wie Erwachsene, richten und in mehrere Sprachen übersetzt werden.

Wissenschaft: Er verlangt nach einer Korrektur der Wahrnehmung des Islams in den Köpfen von Muslimen und Nicht-Muslimen, um ein reifes und inspiriertes Verständnis der islamischen Bewegung herbeizuführen. Heute untersuchen die Sozialwissenschaften nicht mehr den Islam, sondern die »Islamophobie«, eine waghalsige Theorie, die nie bewiesen und daher immer weiter erforscht wird.

Die Rechtslehre der Ausgewogenheit und die Kunst der List

Wie geht man in einer feindlichen Umgebung vor? Qaradawis Strategie erfolgt in Etappen, ist konsequent und gewieft. Sie stützt sich auf die ›Rechtslehre der Ausgewogenheit‹, ein Begriff, der bei ihm absolut zentral ist.

Was er als Rechtslehre (oder *fiqh*) der Ausgewogenheit bezeichnet, besteht in der Suche nach einem Gleichgewicht zwischen den Regeln des Islams und dem Kontext, zwischen dem Wortlaut und dem Geist der Scharia, ausgehend von einer »sorgfältigen Kenntnis der Wirklichkeit«, die sich auf »die Wissenschaft« stützt (jene der »Islamisierung des Wissens«, wie wir weiter unten sehen werden).

Dieser *fiqh* der Ausgewogenheit besteht darin, die Prioritäten zu bestimmen, wo nötig das kleinere Übel zu wählen und Schritt um Schritt Vor- und Nachteile gegeneinander abzuwägen:
1. *Interessen* in Bezug auf Umfang und Kapazität, Wert und langfristiger Wirkung gegeneinander *abwägen*, um zu bestimmen, welche davon Vorrang haben.
2. *Übel* gegeneinander *abwägen*, um zu bestimmen, welche Übel toleriert werden können und welche abgelehnt werden müssen.
3. *Interessen* und *Übel* gegeneinander *abwägen*, um zu bestimmen wann die Vermeidung des Bösen Vorrang haben sollte, um das Gute zu erreichen, oder umgekehrt, wann man das Böse tun (und vergeben) sollte, um das Gute zu erreichen.

Laut Qaradawi sollte man ein Übel nicht von vornherein ablehnen, da dies zu einem noch größeren Übel führen kann. Ein kleinerer Schaden sollte toleriert werden, wenn dadurch ein größerer Schaden vermieden werden kann. Ein vorübergehender Schaden ist zu verzeihen, wenn damit ein dauerhaftes oder beständiges Gut erreicht werden soll. Und weil das Übel mit dem Maßstab des »göttlichen Willens« betrachtet, gemessen und abgewogen wird, bedeutet dies im Grunde, dass es kein Übel an sich gibt, über das der Mensch entscheiden kann.

Der *fiqh* der Ausgewogenheit beruht auf der Kunst der List, der Möglichkeit, vorübergehend Kompromisse einzugehen, wenn die erwarteten Vorteile größer sind als die Sünden, die man begeht, um sie zu erreichen. Im Zusammenhang mit den Muslimbrüdern wird von *taqiya* gesprochen, wobei der Begriff mit ›Unwahrheit‹ übersetzt wird. In Wirklichkeit lügen die Brüder nicht nur, sie verdrehen, pervertieren, unterwandern und tricksen ganz allgemein, um die Welt an ihre Vision anzupassen, die für sie, wie sie behaupten, die Vision Gottes darstellt.[160]

Um seinen *fiqh* der Ausgewogenheit zu begründen, stützt sich Qaradawi auf die Schriften von Ibn Taymiyya (1263-1328), ein zentraler Bezugspunkt des Salafismus,[161] demzufolge beispielsweise ein Muslim bestimmte öffentliche Ämter in einem gottlosen Staat übernehmen darf, wenn sein Ziel darin besteht, zu versuchen, das Böse auszubremsen. Er nennt einige Beispiele für die moderne Anwendung des *fiqh* der Ausgewogenheit:[162] Muslime sollten ihre Arbeit in Banken und Versicherungsunternehmen nicht aufgeben, auch wenn dort die Regeln nicht islamisch sind. Sie können dort Erfahrungen sammeln, die sie später in den Dienst der islamischen Wirtschaft stellen können. Es ist besser, den Gegner auf seinem Terrain zu bekämpfen, indem man ihn genau studiert; man legt daher seine Absichten nicht offen. Ein Muslim sollte es akzeptieren, von Reportern von Zeitungen und Zeitschriften interviewt zu werden, deren Linie nicht diejenige der islamischen Bewegung ist. Das Aufgeben der Medien (eines der zu erobernden Gebiete) wird die Situation nur verschlimmern und den Säkularisten und ›Verrätern‹ – »die beabsichtigen, tiefer in diese Medien einzudringen – eine Chance geben, während es der islamistischen Bewegung unvergleichliche Möglichkeiten entzieht.« Für den Anführer ist es unangebracht, sich zurückzuziehen und die gottlose Umgebung abzulehnen, er soll stattdessen auf feindliches Terrain gehen:

»Wenn wir den *fiqh* der Ausgewogenheit nicht anwenden, werden wir viele Türen des Guten und Segens verschließen, die Philosophie der Ablehnung zu einer Art und Weise machen, mit allem umzugehen, und die Selbstisolierung als Vorwand nehmen, um Probleme zu vermeiden und einer Konfrontation mit dem Gegner auf seinem angestammten Terrain aus dem Weg zu gehen. [...] Wenn wir den *fiqh* der Ausgewogenheit anwenden, werden wir einen Weg finden, eine Situation mit einer anderen zu vergleichen und kurz- und langfristig sowie auf individueller und kollektiver Ebene Nutzen gegen Verluste abzuwägen, und dann werden wir das wählen, was wir für besser halten, um zur Erreichung des Nutzens und zur Vermeidung des Schadens auf bestmögliche Weise zu führen.«

Der *fiqh* der Ausgewogenheit beruht auch auf der Wahl der richtigen Prioritäten. Alles zu seiner Zeit. Man muss den richtigen Zeitpunkt wählen, um den Krieg zu erklären, selbst wenn man, um letztlich zu gewinnen, Leiden in Kauf nehmen muss.

»Während der mekkanischen Phase der Botschaft erlaubte der Prophet den Muslimen nicht, ihre Äxte zu nehmen und die Götzenbilder zu zerstören, die sie jeden Tag um die Kaaba herum sahen, oder ihre Schwerter zu schwingen, um sich zu verteidigen oder ihre Feinde und die Feinde Allahs zu bekämpfen, die sie folterten [...] Es gibt für alles einen geeigneten Zeitpunkt. Wenn etwas angestrebt wird, bevor der richtige Zeitpunkt gekommen ist, wird es höchstwahrscheinlich schaden und nicht nützlich sein.«

Ebenso, schreibt Qaradawi, verlangt »der *fiqh* der Prioritäten«, dass wir wissen, welche Frage am meisten Aufmerksamkeit verdient, damit wir ihr mehr Mühe und Zeit widmen können, als wir für die anderen aufbringen.

So empfiehlt er beispielsweise, bei den inneren Feinden zwischen friedliebenden Ungläubigen, Ungläubigen, die den Weg zu Allah blockieren, und Heuchlern zu unterscheiden, welche sowohl die »kleine Heuchelei« als auch die »große Heuchelei« umfassen, und die größte Mühe auf die Bekämpfung der letzteren zu verwenden.

Qaradawis Rechtslehre der Ausgewogenheit ist eine »machiavellistische« Kriegskunst.

»Der machiavellistische Stratege ist ein Meister der Wahrnehmung. Er ist in der Lage, seine wahren Absichten zu verbergen, indem er die Aufmerksamkeit des Feindes ablenkt und falsche Gefühle vortäuscht, um diesen vor einem Angriff zu schwächen. Die Kunst des Krieges beruht auf Verbergen und Simulation, welche die im gegnerischen Lager hervorgerufene Überraschung bedingen« (Holeindre, 2017).

Das sicherste Mittel, um einen geplanten Angriff vor dem Feind zu verbergen, besteht darin, »den Anschein zu erwecken, dass Sie sich mit etwas anderem beschäftigen als mit dem, was Sie betrifft. Der Gegner wird nicht denken, dass Sie ihn angreifen werden, er wird nicht auf der Hut sein und Sie können ohne Mühe Ihre Absichten verwirklichen«, schreibt Machiavelli in *Die Kunst des Kriegs* (VI, X).

»Der Stratege darf nicht auf eine List verzichten, die von der Moral oder dem Recht als ›perfide‹ eingestuft wird, nur weil sie gegen diese verstößt, sondern muss sich zuerst die Frage nach ihrer Effizienz stellen. Seine Handlungsfreiheit hat Vorrang vor moralischen und rechtlichen Rahmenbedingungen, und die politische Rechtfertigung des Krieges hat Vorrang vor der moralischen Prüfung.«[163]

Mobilisierung nach Bevölkerungssegmenten

Qaradawi zufolge muss die Bewegung versuchen, ihre Aktivitäten auf alle Teile der Gesellschaft auszudehnen, die Elite, die Massen, die Geschäftsleute, die Frauen, die Kinder.

Die Elite

Die gebildete Elite ist die erste Zielgruppe der Propaganda der Bewegung, um »die Vorstellung vom Islam«, die sich in der Welt verbreitet, zurechtzurücken. Zunächst müssen die akademischen Ketzer, die im »abwegigen Sufismus« ausgebildet wurden, bekämpft werden, diese gebildeten Menschen, die von Aberglauben und Synkretismen in Versuchung geführt werden:

»Das Schlimmste ist, dass einige von ihnen behaupten, Muslime zu sein, sich sogar damit brüsten; sie beten und unternehmen die Omrah [kleine Pilgerfahrt] oder die Pilgerfahrt [Haddsch], und gleichzeitig befürworten sie den Säkularismus, ziehen absolut nationalistische den islamischen Bindungen vor und nehmen eine rein westliche Denkweise an, ohne sorgfältig auszuwählen oder auch nur zu prüfen, was sie befolgen: Sie übernehmen Darwins Evolutionstheorie, Freuds Theorie der Psychoanalyse, Marx' Theorie der materialistischen Interpretation der Geschichte und Durkheims Theorie der Entwicklung der Religionen; aber sie sehen in all dem keine Rolle für den Islam.«

Qaradawi empfiehlt, bei diesen Akademikern den Trick der Nachahmung anzuwenden, indem man sich den akademischen Habitus aneignet. »Man sollte eine ruhige, sachliche und akademische Argumentation verwenden, keine Beleidigungen, keine Verhöhnung oder enthusiastische Eloquenz.« Vor allem aber müssen die Massen und die Jugend von jenen Akademikern ferngehalten werden, die »jene ideologischen Plagen verbreiten, die offen über unser Land hinwegfegen oder heimlich in es eindringen.« Qaradawi spricht diesen ›ketzerischen‹ Eliten jedweden Status als Muslim ab, was sie, obwohl er es nicht explizit sagt, zu Apostaten macht, denen die Todesstrafe droht.[164]

Für Qaradawi bilden Muslime überall auf der Welt eine so breite Basis der Bewegung, dass es für ihr gutes Wachstum eine Erneuerung der Eliten braucht. Er fordert daher die Heranbildung junger Talente, die in Programmen ausgebildet werden, welche Religion und Geisteswissenschaften miteinander verbinden. Der Name des Ausbildungsinstituts der Muslimbruderschaft, das er im französischen Château-Chinon mitbegründete, IESH (*Institut européen des sciences humaines*), verdeutlicht, dass diese Richtlinie umgesetzt wird.

»Wir wollen, dass das ›Denken‹ und der ›wissenschaftliche Geist‹ unser Leben auf jede erdenkliche Weise leiten, damit wir die Dinge, Probleme, Situationen und Menschen wissenschaftlich betrachten und unsere taktischen und strategischen Entscheidungen in Fragen der Wirtschaft, Politik, Bildung und anderen Bereichen aus einer wissenschaftlichen Geisteshaltung treffen können, die frei ist vom Einfluss der Emotionen, der Improvisation, der Egozentrik, des Herdeneffekts und der vielen verschiedenen Ausreden, die heutzutage für alles gegeben werden.«

Qaradawi fordert von dieser Elite:

»Die Fähigkeit zu haben, selbstkritisch zu sein, Fehler einzugestehen und daraus zu lernen, und vergangene Erfahrungen im richtigen Licht zu bewerten, das nicht von der Perspektive der ›Ruhmsucht‹ überschattet wird, die die Vergangenheit nur als ruhmvoll und siegreich betrachtet. Die neuesten und besten Techniken einzusetzen, um den Erfolg zu sichern, und aus den Erfahrungen anderer, sogar von Feinden, zu lernen. Die Weisheit ist der Steinbruch eines Gläubigen; wo immer er sie findet, ist er ihrer würdiger als jeder andere Mensch.

Alles außer *unumstößlichen religiösen und ideologischen Fakten* einer Prüfung zu unterziehen und das Ergebnis zu akzeptieren, egal ob es zu deinen Gunsten oder zu deinen Ungunsten ausfällt.«

Die Massen

Zu der Zeit, als Qaradawi *Die Prioritäten der islamischen Bewegung in der kommenden Phase* verfasste, hatte sich der islamistische Revivalismus in den gebildeten Schichten entwickelt. Qaradawi will ihn auf die Massen ausweiten:

»Der Islam bleibt eine starke Triebfeder und ein Ansporn für die Massen, vor allem wenn sie erkennen, dass der Islam die Religion ist, welche die Arbeit am besten anerkennt und den Arbeitern Gerechtigkeit widerfahren lässt. Die wirtschaftlichen, sozialen und rechtlichen Regeln des Islams schützen die Arbeitnehmer und ihre Rechte und unterstützen sie gegen diejenigen, die ihnen Schaden zufügen oder versuchen, sie auszubeuten oder zu manipulieren.«

Nach Ansicht des Predigers muss man dem Volk »die Wahrheit« sagen, der Nation »ihre Krankheiten« vorhalten, von den Gefahren sprechen, die ihr drohen, damit sie sich auf das »zukünftige Leid« vorbereiten kann und nicht in der Illusion lebt, die Zukunft sei »ein Bett aus Rosen ohne Dornen« oder »ein Paradies, in dem man alle guten Dinge erlange, ohne dafür arbeiten zu müssen.«

»Die einfachen Leute bilden sich ein, dass das bloße Skandieren von Slogans und, ihre Befürworter bei Wahlen zu unterstützen, um diese durch ein Mehrheitsvotum ins Parlament zu bringen, alle Probleme mit einem Zauberstab oder einem Wunder aus dem Himmel lösen würde! Die Muslime und ihre Intellektuellen müssen den Menschen

klar und direkt erklären, dass der Islam die Probleme der Menschen durch die Menschen selbst löst, und dass Allah seine Engel nicht auf die Erde schicken wird, um die Arbeit der Menschen für sie zu erledigen: das Land zu pflügen, die Tiere zu füttern, die Industrie und den Handel anzukurbeln, die Infrastruktur aufzubauen, das muslimische Potenzial für produktive Arbeit zu mobilisieren oder die Nation davor zu bewahren, in den Müßiggang zu verfallen und ihre Energien zu vergeuden.
Inspirierte Frömmigkeit besteht nicht aus Perlen, die von einem Derwisch geschüttelt werden, oder einem Turban, der um den Kopf eines autodidaktischen Scheichs gewickelt wird, oder aus einer Einsiedelei oder einem abgelegenen Winkel, den ein Anbeter zum Gebet auswählt: Es ist Wissen und Arbeit; Religion und Leben; Seele und Materie; Planung und Organisation; Entwicklung und Produktion; Vollkommenheit und Vortrefflichkeit.«

Die Kaufleute und die Bankiers

Der Eroberungszug der islamischen Bewegung kann nicht ohne den wesentlichen Beitrag der Geschäftsleute und der Bankiers erfolgen. Man dürfe sich nicht damit begnügen, Moscheen zu bauen, erklärt der Prediger, sondern müsse Geschäftszentren errichten und die Händler, Kaufleute und Bankiers – die einen Großteil des Reichtums der Nation besitzen, die Versorgung kontrollierten und die Preise festlegten – für die Sache der islamischen Bewegung gewinnen. Qaradawi ist nicht wie die Muslimbrüder seiner Zeit (die vom Marxismus beeinflusst waren) der Meinung, dass Kaufleute und Geschäftsleute ganz dem Materialismus verfallen sind und sich nur mit dem weltlichen Leben beschäftigen. Er ist davon überzeugt, dass sie von den Versprechungen und Warnungen Gottes berührt werden können und beeinflussbar sind durch die Worte der Weisheit und den geduldigen Ansatz der islamischen Bewegung.
»Die Finanziers des christlichen Westens versorgen die missionarischen Stiftungen in aller Welt mit den für ihre Arbeit notwendigen Mitteln und spenden zu diesem Zweck Milliarden von Dollar. Dasselbe gilt für jüdische Kapitalisten, die trotz des bekannten Geizes der Juden und ihres Geldkults vor und nach der Gründung Israels großzügig für die jüdische Sache gespendet haben. Muslimische Finanziers sollten nicht weniger tun, denn sie wissen, dass der Reichtum Allah gehört und dass sie von Allah bloß zu dessen Hütern auserkoren wur-

den; dass sie verpflichtet sind, mit ihrem Geld für die Sache Allahs zu kämpfen, und dass sie von Allah für alles belohnt werden, was sie für die Sache Allahs ausgeben.«

Anstatt einfach nur Gotteshäuser zu bauen, bedarf es erheblicher finanzieller Mittel, um Männer auszubilden, »die Zivilisationen aufbauen, die für Botschaften, die Hoffnung geben, den Sieg erringen«; um islamische Zentren zu errichten, Prediger auszubilden, die in theologischen und weltlichen Fragen geschult sind.

Der islamische Feminismus

Der islamistische Diskurs über die Frau gründet auf der Anwendung der Scharia, das heißt der Einhaltung der Polygamie, der Vormundschaft des Mannes über die Frau, dem Verbot, einen nichtmuslimischen Mann zu heiraten, dem Recht des Mannes auf einen doppelten Erbanteil und der Pflicht, den Hidschab zu tragen.[165] All diese Maßnahmen erfordern *de facto*, dass der öffentliche Raum, was die Geschlechter betrifft, nicht durchmischt ist. Für den Anführer der Fréristen sollte der Status der Frau die islamische Bewegung jedoch nicht behindern, ganz im Gegenteil. Er schreibt: »Die islamische Bewegung hat sich seit der Morgendämmerung des Aufrufs für die Frau interessiert«, und nennt als Beispiel die muslimische Schwester Zainab al Ghazali, die in Ägypten unter der Präsidentschaft von Nasser wegen ihrer Unterstützung der Muslimbruderschaft zu 25 Jahren Zwangsarbeit verurteilt wurde. Einer Elite von Frauen, die zu intelligent sind, um sich nur auf die Hausarbeit zu beschränken, muss ein Platz im öffentlichen Raum zugestanden werden.

Qaradawi spielte eine Rolle bei der Einführung dessen, was später von Tariq Ramadan als »islamischer Feminismus« bezeichnet wurde, ein Begriff, der anschließend von Neofeministinnen populär gemacht wurde.[166]

»Obwohl seit der Entstehung der Bewegung mehr als sechzig Jahre vergangen sind [er bezieht sich hier demnach auf die Muslimbruderschaft], ist keine weibliche Führungspersönlichkeit hervorgetreten, die allein und effektiv den laizistischen und marxistischen Tendenzen entgegentreten könnte. Diese Situation ist das Ergebnis der unaufhörlichen Versuche der Männer, die Frauenbewegung zu kontrollieren. Denn die Männer haben den Frauen nie eine echte Chance gegeben, sich zu äußern und ihre besonderen Talente und Führungsfähigkeiten unter Beweis zu stellen, die ihre Fähigkeit demonstrieren, die Kontrolle über ihre Arbeit ohne die Dominanz der Männer zu übernehmen.«

Der Prediger ist der Ansicht, dass Frauen in der Gesellschaft wirken können, wenn ihr Schamgefühl gewährleistet ist, was durch die Verhüllung erreicht wird. Er fordert die Ausbildung islamischer Führungsfrauen in den Bereichen Berufung (Daʿwa), des Denkens, der Wissenschaft, Literatur und Bildung. In Bezug auf ihre intellektuellen Fähigkeiten vertritt er im Gegensatz zu Hassan al-Banna die Ansicht, dass Frauen den Männern ebenbürtig sind: »Es gibt geniale Frauen, wie es geniale Männer gibt. Genialität ist kein Monopol der Männer.« Er geht auf Sure 27 über die Königin von Saba und auf seine eigenen Erfahrungen ein:

»Ich habe an der Universität von Katar beobachtet, dass Mädchen bessere Studenten abgeben als Jungen.

Allerdings habe ich in den 1980er Jahren an einigen Konferenzen in den USA und Europa teilgenommen und festgestellt, dass Frauen von einem Großteil der wichtigen Vorträge und Debatten ferngehalten wurden. Einige Frauen beschweren sich auch, dass sie der Konferenzen über die Rolle, Rechte, Pflichten und Stellung der Frau im Islam überdrüssig geworden waren und die Wiederholung dieser Konferenzen als eine Art Strafe betrachteten, die ihnen auferlegt werde. Ich habe dies bei mehreren Konferenzen angeprangert und den Teilnehmern gesagt, dass die Regel für Gottesdienst und religiöses Lernen die Teilnahme sei und dass es im Islam noch nie eine Moschee gegeben habe, die nur von Frauen allein betreten und nicht von Männern besucht werden dürfe.

Das Problem des islamischen Frauenwerks besteht darin, dass es von Männern und nicht von Frauen geleitet wird, und dass Männer alles dran setzen, um die Kontrolle über sie zu behalten, sodass sie das Entstehen weiblicher Leserschaften nicht zulassen würden. Männer drängen sich in die islamische Arbeit der Frauen, auch bei Frauentreffen, weil sie die Schüchternheit der zurückhaltenden Musliminnen ausnutzen und ihnen nie erlauben, ihre eigenen Angelegenheiten selbst in die Hand zu nehmen. Unsere muslimischen Schwestern sind jedoch nicht ganz frei von Schuld, da sie sich diesem traurigen Zustand hingegeben haben, indem sie sich mit einem Leben der Bequemlichkeit und Ruhe zufrieden gaben, in dem Männer für sie dachten und entschieden. Es ist höchste Zeit, dass die Frauen Initiative ergreifen, die Türen der Anstrengung und Arbeit für den Ruf weit öffnen und diese selbsternannten weiblichen Stimmen [Anm.: westlich beeinflusster Feministinnen] zum Schweigen bringen, die sich gegen die Doktrin, die Gesetze und die Werte dieser Nation durchgesetzt haben.«

Qaradawis Einwand gegen die Literalisten, die sich auf einen Vers im Koran stützen, um den Frauen zu befehlen, zu Hause zu bleiben,[167] ist, dass der Vers nur an die Ehefrauen des Propheten gerichtet war und nicht an andere Frauen.[168] Als Beispiel führt er die Ehefrau Aischa an, der es erlaubt wurde, in den Kampf zu ziehen (in der Kamelschlacht). Außerdem, so Qaradawi mit Verweis auf die gleiche Sure, sei es für Frauen legal erlaubt, auszugehen, wenn sie züchtig gekleidet sind, und er schlussfolgert, dass eine Frau bloß Abstand davon nehmen sollte, sich zur Schau zu stellen, wenn sie auf die Straße geht.[169] Im Grunde kann und sollte das Hinausgehen in den öffentlichen Raum der Sache dienen.

Die Erziehung

Im Bereich der Erziehung befürwortet Qaradawi eine Art Sufi-Inszenierung, da sie die Schöpfung Allahs in den Vordergrund stellt, das Jenseits vor dem irdischen Leben. Der Prediger betont bei jeder Gelegenheit, dass nicht der gesamte Sufismus schlecht sei und dass er nur den ›irrgeleiteten‹ Sufismus ablehnt:

>»Natürlich lehnen wir alle Fehler des philosophischen Sufismus (einschließlich Prinzipien wie *hulul*, ›göttliche Inkarnation‹, und *idschtihad*, ›mystisches Verschmelzen mit Gott‹), die ekstatischen Deklamationen der ketzerischen Sufisten und die Abweichungen des geldorientierten Sufismus ab. Wir suchen den sunnitischen Sufismus, der einer ausgewogenen Linie des Korans und der Sunna folgt; den Sufismus, der sich um die ›Frömmigkeit der Herzen‹ kümmert, bevor er sich mit den ›Handlungen der Körperorgane‹ beschäftigt. Wir suchen denjenigen Sufismus, der sich mit den Übeln des Herzens befasst, der die Öffnungen verstopft, durch die Satan in die Herzen eindringen kann, und der den Begierden der menschlichen Seele widersteht, damit sie eine Moral und eigene Tugenden haben und die Sünden aufgeben kann.«

Die Erziehung soll vier Dimensionen umfassen (die sich auch in den Medien für Kinder wiederfinden, *siehe unten*):
- »Eine reine Absicht: Die Arbeit muss zum Wohle Allahs verrichtet werden und nicht für irgendeinen anderen Gewinn wie Geld, Macht,

Gunst des Volkes oder andere Ambitionen. Islamische Arbeit ist Gottesdienst und Dschihad.«
- »Die Furcht vor Allah, die bei jeder Handlung vorhanden sein muss, damit diese Handlung ihren Anteil an der Vollkommenheit erlangen kann. Islamischen Arbeitern mangelt es nie an Aufsicht, und sie brauchen keine administrativen Inspektoren, denn sie werden von innen heraus beaufsichtigt, und sie sind selbst die ersten Inspektoren ihrer Bemühungen, so wie sie immer das Wort Allahs im Sinn haben.«
- »Die Verantwortung, die immer mehr Bemühungen hervorbringt, um Fehler zu berichtigen und Mängel zu beseitigen, wodurch man stets nach mehr Perfektion strebt und Selbstbewunderung, Eitelkeit sowie die Verachtung anderer vermeidet.«
- »Vertrauen auf Allah: Das Beste geben und das Ergebnis Allah überlassen, aus Vertrauen in Ihn, aus Überzeugung von Seinem Versprechen und aus Glauben an Seine Unterstützung.«

Das Kind muss also nicht für sich selbst, sondern vor allem für Gott arbeiten, denn es hat seinen Blick verinnerlicht und fürchtet ihn. Es soll kein Ergebnis seiner Arbeit erwarten, sondern es soll dieses von Gott erwarten, sobald es ihm vertraut und sich auf ihn verlässt.

Die Strategie der goldenen Mitte: Vom Zentrum aus erobern

> »Es ist die ausgewogene Ideologie, die wir anstreben.«
> YUSUF AL-QARADAWI

Die Doktrin der goldenen Mitte (*wasatiyya*) soll es den Brüdern ermöglichen, als Schiedsrichter in allen Konflikten aufzutreten, die Gemäßigten unter den Extremisten und gleichzeitig die Orthodoxen unter den Liberalen zu sein. Diese Haltung bietet den taktischen Vorteil, gemäßigt und tolerant zu erscheinen. In Wirklichkeit geht es um die Optimierung des Handlungssystems.

Die Bewegung muss dahin geführt werden, das richtige Gleichgewicht zwischen Vision und Vorgehen zu finden: *zwischen* einem fanatischen Eifer, der zur Selbstzerstörung führen, und einem quietistischen Literalismus, bei dem man den Plan aus den Augen verlieren würde.

Die Bruderschaft widmet den Großteil ihrer Überlegungen der Taktik und der Strategie, um die Erfüllung ihres Vorhabens zu erreichen. Sie muss keine Energie für irgend etwas anderes aufwenden, als ihr Handlungssystem gemäß ihrer Vision an den Kontext anzupassen, um ihren Plan zu vervollkommnen. Sie verliert sich nicht in Hermeneutik und Exegese, sondern ist nur dazu da, die Umma zusammenzuführen; Strömungen beherrschen, um sie wiederzuvereinigen, wie es der Hirte mit seinen Schafen tut.

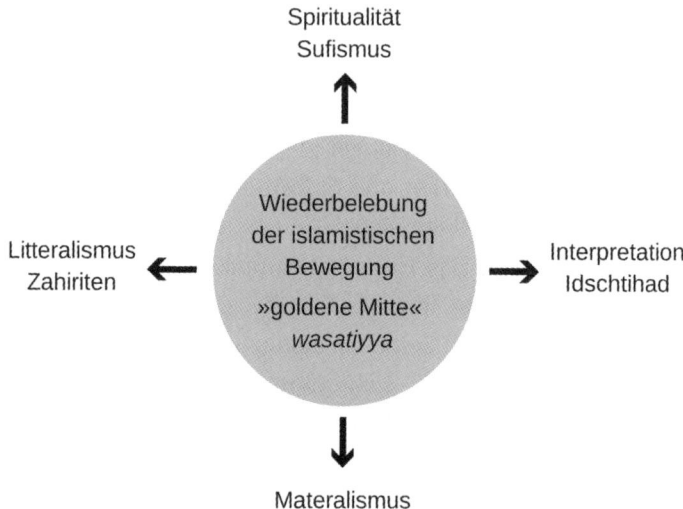

Dieses wirtschaftliche Vorgehen ist möglich, weil die Bewegung tatsächlich nicht hinterfragen muss, woher sie kommt, wohin es geht und wie man handeln soll. Es geht darum, jene Strukturen und Prinzipien, die die Werte der zu islamisierenden Gesellschaft stützen und schützen, abzubauen, indem man die externen und internen Kräfte unterstützt, die sie untergraben, die Zerstörer und Dekonstrukteure, die Salafisten und die Linksislamisten.

Die Position der ›goldenen Mitte‹ (mittlerer Kreis) kann auf folgende Weise veranschaulicht werden: ein Balanceakt zwischen Sufismus und ›wissenschaftlichem‹ Materialismus, zwischen strengem Literalismus und dem Bemühen um Interpretation (*idschtihad*).

Man muss im Hinblick auf die Ziele auch mit seinen Kräften haushalten können, behutsamer vorgehen, wenn der Zeitpunkt ungünstig ist, und es vorantreiben, wenn er stimmt. Man muss sich in Geduld üben ohne jemals aufzuhören, sich für den Kampf zu rüsten. Bei Qaradawi heißt es:

»Eine der Gegebenheiten, die wir in unseren Köpfen verankern müssen, ist, dass wir unsere Ambitionen mit unseren Fähigkeiten in Einklang bringen müssen und abwägen, was wir wollen und was wir tatsächlich erreichen können, damit wir uns nicht in Bereichen engagieren, auf die wir nicht vorbereitet sind oder für die wir nicht über die notwendigen Werkzeuge verfügen.«

Qaradawi versucht, den klassischen Gegensatz zwischen ›defensivem‹ und ›offensivem‹ Dschihad zu überwinden. Er anerkennt zwar die Relevanz der von Qutb und Maududi angestoßenen Debatte zu diesem Thema, wirft ihr aber vor, die Bewegung zu spalten. Seiner Meinung nach sind sowohl der defensive als auch der offensive Dschihad notwendig.

»Ich glaube, dass die islamische Bewegung nun die für Zeiten der Not oder der Krise typische Denkweise ablegen muss, um zu einer gemäßigten und ausgewogenen Ideologie überzugehen, die die ausgewogene muslimische Nation und den ausgewogenen islamischen Lebensstil ausdrückt, mit dem Allah die Leichtigkeit und nicht die Schwierigkeit meint«, schreibt er.

Einen offensiven Dschihad gegen jene westlichen Länder zu führen, die Waffen herstellen und an säkulare muslimische Regime verkaufen, führt am Ende des 20. Jahrhunderts in eine Sackgasse. Der gangbare Weg, der sowohl defensiv als auch offensiv ist, ist der der *Soft Power*, der Kontrolle von Worten und Symbolen, der Beherrschung des Bildes, das über die neuen Satellitenschüsseln in die ganze Welt, in alle Sprachen, verbreitet wird. Auch Gewalt kann nützlich sein.

So sucht Qaradawi einen Ausgleich zwischen drei extremen Tendenzen des Islams. Seiner Meinung nach sind das die Zahiriten, die dem reinen Literalismus anhängen, die abtrünnigen, gewalttätigen Charidschiten und die gehorsamen und passiven Nachahmer der Tradition.

»Die zahiritische Ideologie, die beim Wortlaut der [religiösen] Texte verharrt und nicht darüber hinausgeht, um sich mit den [tatsächlichen] Zielen der Scharia zu befassen, und daher die Interessen der Menschen nicht berücksichtigt [...]. Eine solche Ideologie mag in Bezug auf bestimmte Rituale oder Regeln, die für Einzelpersonen gelten, akzeptabel sein, aber sie kann niemals im Bereich der ›Scharia-Politik‹ akzeptabel sein, die auf Flexibilität und Toleranz basieren und den Wandel von Zeit, Ort und den Menschen selbst berücksichtigen sollte. Es gibt die charidschitische Ideologie, deren Vertreter sich durch Ehrlichkeit und Tapferkeit auszeichnen, aber in ihrer Einstellung zur Religion und zum Leben engstirnig und kurzsichtig sind, gewalttätig im Umgang mit anderen; und welche immer alle anderen ablehnen, beschuldigen und verdächtigen, sogar die Islamisten selbst, während sie ihre eigenen Ansichten bewundern, was in der Tat ein fataler Fehler ist.

Es gibt die nachahmende Ideologie, die eine Antwort auf jedes ideologische, politische oder rechtliche Problem in den Büchern der frühen Gelehrten ihrer Schule sucht, ohne jemals deren Grenzen zu überschreiten oder die Scharia in ihrem breiteren Konzept und mit ihren verschiedenen Schulen und Methoden zu untersuchen oder sich mit dieser Epoche und ihren zeitgenössischen Entwicklungen und Problemen auseinanderzusetzen. Mit dieser Haltung engt eine solche Ideologie das ein, was Allah verbreitet, und erschwert das, was der Islam erleichtert hat.«

Einerseits beruft sich Qaradawi auf Referenzfiguren der Salafisten wie Ibn Taymiyya und Ibn al-Qayyim.

Andererseits befürwortet er die Verwendung des Idschtihads (Interpretationsbemühungen) im Namen der Ablehnung des Taqlid (Nachahmung ohne Nachdenken) und fordert die Anpassung der Rechtsprechung, der Bildung, der Politik und aller anderen Bereiche.

»Meine schlimmste Befürchtung für die islamische Bewegung ist, dass sie die Tür zur Erneuerung und zum Idschtihad verschließt, indem sie sich auf eine einzige Art des Denkens ›beschränkt‹«, schreibt Qaradawi:

»Hassan al-Banna war nicht unflexibel. Hassan al-Banna selbst erneuerte und entwickelte die Mittel und Ansätze für die Strukturen, Institutionen und Systeme der Bewegung ständig weiter. Hassan al-Banna würde sich nicht im Grab umdrehen, wenn sich einige seiner Kinder und Anhänger in einer Frage, zu der er sich bereits in der Vergangenheit geäußert hat, wie z. B. das Mehrparteiensystem in einem islamischen Staat, gegen ihn wenden würden, was ich selbst im Rahmen meines Studiums getan habe. Hassan al-Banna würde es auch nicht tun, wenn jemand seinen Grundprinzipien weitere Grundprinzipien hinzufügen würde, was Scheich Al Ghazali in seiner Erklärung der zwanzig Grundprinzipien in seinem Buch *Die Verfassung der kulturellen Einheit für die Muslime* getan hat.«

Die *wasatiyya*-Doktrin ist weder neutral noch gemäßigt. Sie ist ein Balanceakt, der sich auf die verschiedenen Strömungen und die zahlreichen vorhandenen islamischen Kräfte stützt, sich von ihnen inspirieren lässt und sie mobilisiert:

»Sie ist ausgewogen zwischen den Anhängern des strengen Madhhab (Festhalten in Theologie, Rechtsprechung ..., an einer bestimmten Schule des islamischen Rechts, wie Malikiten, Hanafiten ...) und den Anhängern des Nicht-Madhhab (sich von der Einhaltung der Regeln irgendeiner muslimischen Rechtsschule befreien).
Sie ist ausgewogen zwischen denjenigen, die den Sufismus unterstützen, auch wenn er abwegig oder erfinderisch ist, und denjenigen, die den Sufismus ablehnen, auch wenn er korrekt und [Scharia-]respektvoll ist.
Sie ist ausgewogen zwischen denjenigen, die eine Politik der unkontrollierten Öffnung befürworten, und denjenigen, die eine Politik der ungerechtfertigten Abschottung befürworten.
Sie ist ausgewogen zwischen denen, die sich auf die Vernunft berufen, selbst wenn dies gegen einen schlüssigen Text spricht, und denen, die sich niemals auf die Vernunft berufen, selbst wenn sie den Text verstehen wollen.
Sie ist ausgewogen zwischen denen, die das Erbe als heilig betrachten, selbst wenn es menschliches Versagen zeigt, und denen, die das Erbe ignorieren, selbst wenn es Zeichen himmlischer Inspiration zeigt.
Sie ist ausgewogen zwischen denen, die sich auf Kosten der Bildung der Politik widmen, und denen, die die Politik unter dem Vorwand, sich der Bildung zu widmen, völlig vernachlässigen.
Sie ist ausgewogen zwischen denen, die sich beeilen, die Frucht zu pflücken, bevor sie reif ist, und denen, die diese nicht sehen, bevor sie in die Hände anderer fällt, wenn sie erst einmal reif ist.
Sie ist ausgewogen zwischen denen, die sich um die Gegenwart kümmern und die Zukunft ignorieren, und denen, die übertreiben, indem sie die Zukunft voraussehen, als würden sie ein Buch lesen.
Sie ist ausgewogen zwischen denen, die Organisationsstrukturen als Götzen betrachten, die es zu verehren gilt, und denen, die sich jeder organisierten Arbeit entziehen, als wären sie Perlen einer gerissenen Schnur.
Sie ist ausgewogen zwischen denen, die bis zum Äußersten gehen und einem Scheich oder Anführer gehorchen, als wären sie Tote, die in die Hände der Wäscherin übergeben werden, und denen, die sich zu frei verhalten, als wären sie keine Mitglieder einer Gruppe.
Sie ist ausgewogen zwischen den Befürwortern einer weltweiten Aktion ohne Rücksicht auf lokale Gegebenheiten und den Befürwortern

einer engen regionalen Aktion, die keine Verbindung zur weltweiten Bewegung hat.

Sie ist ausgewogen zwischen den zu optimistischen, die Hindernisse und Gefahren ignorieren, und den zu pessimistischen, die nur die Dunkelheit sehen und nie auf den Morgen hoffen.

Und sie ist ausgewogen zwischen denen, die ins Extreme gehen, indem sie alles verbieten, als gäbe es nichts, was *halal* ist in dieser Welt, und denen, die übertreiben, indem sie alles erlauben, als gäbe es nichts, was *haram* ist.«

»Wir wollen eine zukunftsweisende Ideologie für die islamische Bewegung, die immer nach vorne blickt und sich nicht auf die Gegenwart beschränkt«, schreibt der Prediger. Angesichts der Modernität, die immer mehr Frauen und die jüngere Generationen anzieht, glaubt er, dass die religiösen Führer mehr Flexibilität brauchen, und spricht sich für die *Erleichterung* aus, ein großes Thema im Koran:

»Die Menschen brauchen mehr denn je Erleichterungen, aus Mitleid mit ihnen, denn ihr Wille ist ausgehöhlt und sie sind zögerlich geworden, die Wege des Guten und der Wohltätigkeit zu verfolgen, denn ihre Motivation für philanthropische Handlungen hat abgenommen, während ihre Motivation, Böses zu tun, zugenommen hat. Daher können die Rechtsgelehrten der islamischen Bewegung einfach keine strengen Ansichten vertreten, die einschränken und nicht erleichtern, die verbieten, aber nicht erlauben, insbesondere in Bezug auf Fragen zu Frauen, Familie, Kunst, Unterhaltung.«

Gleichzeitig könnten solche Erleichterungen zu Bequemlichkeit und Demobilisierung führen, wodurch die Ziele des Plans verfehlt würden. Es bedarf also eines Stachels, etwas, das mobilisiert und einen unzufrieden zurücklässt. Diese Rolle spielt der kultivierte Hass gegenüber Israel und den Juden. Wie wir im Plan von 1982 gesehen haben (»das Gefühl des Dschihad in der Umma wach halten«, »das Gefühl des Grolls gegen die Juden nähren«, »jede Koexistenz ablehnen«), muss diese Bedrohung in den Köpfen jedes Muslims präsent gehalten werden, darf niemals erlöschen. Der Palästinakonflikt ist für die fréristische Mobilisierungsstrategie von zentraler Bedeutung.

»Palästina ist eines der Hauptprobleme, das Imam al-Banna oben auf seine Liste setzte: Er machte auf dessen Ernsthaftigkeit aufmerksam, indem er die Massen aufforderte, dem Land der Botschaften, Isra' und Mi'raj Aufmerksamkeit zu schenken und sich der jüdischen Bedrohung bewusst zu werden, während viele arabische und muslimische Führer die große Verschwörung ignorieren, die gegen die erste der beiden Qiblas inszeniert wurde, die Al Aqsa-Moschee, deren Umgebung von Allah gesegnet ist.«

Die »jüdische Bedrohung« ist der Stachel, der die Muslime an die Notwendigkeit erinnern soll, »alle Bewegungen für die Befreiung von Knechtschaft, von Imperialismus und Ungerechtigkeit auf der ganzen Welt zu unterstützen – ganz gleich, ob die Akteure der Verfolgung und des Imperialismus Muslime sind oder nicht.«

Wie kann man diese Empfehlungen nicht mit der indigenistischen Dekolonialbewegung der 2000er Jahre in Verbindung bringen, die sich aus dem Antisemitismus speist?

Das Reich der »goldenen Mitte«

Im religiösen Bereich haben sich die Brüder gemäß den Empfehlungen ihres Führers dafür entschieden, ihre Position in der ›goldenen Mitte‹ auszubalancieren, was wie eine gemäßigte Position erscheinen mag. In Wirklichkeit ist das Ziel der goldenen Mitte der *Tauhid*, die Einheit, die alles abdeckt, die alles in sich aufnimmt und nichts außerhalb von sich selbst belässt. Es ist die Einheit und die Ganzheit. Die Brüder wollen gleichzeitig reformistisch und konservativ, literaralistisch und allegorisch sein und beanspruchen salafistische (an der Quelle der Tradition festhaltende) und sufistische (spirituelle) Befindlichkeiten. Ihre Ausdehnung ist nicht linear, sondern konzentrisch. Um voranzukommen, mobilisiert ihr utopischer Autoritarismus antagonistische Kräfte, so wie das Schiff durch die Seitenkräfte vorankommt. Sie überlagern, absorbieren und neutralisieren alle anderen Tendenzen. Sie lassen in ihrem Inneren die weichsten Formen des Kompromisses ebenso zu wie die härtesten und rücksichtslosesten Formen der Gewalt. Wenn sie letztere (den Dschihadismus) verurteilen, dann nicht aus Prinzip, sondern wegen ihrer Ineffizienz in der Praxis.

Der Frérismus kennt weder Pluralität noch Andersartigkeit, selbst Nicht-Muslime werden im Islam definiert: Wenn sie Anhänger der Buchreligionen sind, sind sie *Dhimmis*, wenn sie nicht in diese Kategorie fallen, sind sie einfach potenzielle Muslime, die bekehrt werden müssen, oder Feinde, die auf die eine oder andere Weise zu beseitigen sind. Wie

Marcel Gauchet (2021) schreibt, ist »Demokratie zugleich Spaltung und Einheit, Einheit durch die von allen akzeptierten Prinzipien und Spaltung durch ihre Ausdrucksformen.« Die Theokratie der Brüder ist die Einheit durch die Prinzipien und durch die Ausdrucksformen, die untrennbar miteinander verbunden sind. Das fréristische Aktionssystem entfaltet sich über kulturelle und sprachliche Grenzen hinweg so weit wie möglich friedlich, weil es nicht in der Lage ist, dies auf kriegerische Weise zu erreichen. Die Brüder haben daher das ›Haus des Krieges‹ (*dar al-harb*) oder das ›Land der Ungläubigen‹ (*dar al-kufr*) durch das ›Gebiet des Vertrages‹ (*dar al-ahd*) ersetzt.

Europa als »Vertragsgebiet«

Angesichts der Gesetze, die das freie Gewissen und die Möglichkeit der freien Religionsausübung garantieren, wird der Westen vom Kriegs- oder Eroberungsgebiet (*dar al-harb*) zum Vertragsgebiet (*dar al-ahd*) umbenannt.

In diesem schützenden Kontext schlagen Qaradawi und die Muslimbrüder eine islamische Rechtsprechung für die im Westen lebenden muslimischen Minderheiten vor,[170] die sie als »Rechtsprechung der Minderheit« (*fiqh al-aqalliyat*) bezeichnen, und eine Institution, um sie zu formalisieren: das CEFR (von Tareq Oubrou als *Scharia der Minderheit* übersetzt).[171]

»Wir denken nicht an eine vollständige Überarbeitung der Scharia, die direkt zu einer Abschaffung der Scharia führen würde. Es gibt nur eine einzige Scharia in ihren Grundlagen und Referenzen, in ihrer Methodik und ihren Prinzipien der Rechtsfindung. Was uns interessiert, ist die morphologische Dimension ihrer sozialen Verwirklichung im Minderheitenkontext, eine integrierende Scharia, die nicht als Bruch erscheint«, schrieb im Jahr 2000 der Muslimburder Tareq Oubrou, Imam von Bordeaux und Funktionär der UOIF.[172] Jeder, der sich als Muslim bezeichnet, ist ein Muslim, erklärt er, der den sogenannten ›gemäßigten‹ Flügel der Bewegung besetzt.

> »Wir bestätigen, dass derjenige Muslim ist, der den muslimischen Glauben hat, auch wenn er nicht ›praktiziert‹. Er muss auch nicht die Einzelheiten des Islams kennen, um Muslim zu sein (wer könnte das schon?). Muslim ist, wer sich selbst als solchen betrachtet. Die kulti-

sche und moralische Praxis ist keine notwendige Bedingung, um als Muslim bezeichnet zu werden. Ein Verstoß gegen die Lehren wird nicht mit einer Exkommunikation bestraft, solange der Muslim nicht in Kenntnis der Sachlage und gut informiert das bestreitet, was eindeutig als notwendiges Gebot oder Verbot der islamischen Lehren (*al-Ma'lum min al-Din bil-Dharurah*) anerkannt wird, wie z.B. die fünf Gebete, das Fasten im Monat Ramadan, die Pilgerfahrt, die Zakat ...«

Diese als besänftigend empfundene Position steht in Wirklichkeit in Einklang mit der expansiven Strategie der Bewegung, die darin besteht, ihr Zentrum immer weiter auszudehnen, alles zu umfassen und sich einzuverleiben. Sie tut dies, indem sie Identität und Konfession gleichsetzt. Die Muslimbrüder verabscheuen alles, was den Tauhid gefährden könnte (die praktische Spaltung, die z. B. bei den Juden besteht zwischen säkularen, traditionellen und religiösen Juden, die die Integration des Judentums in Frankreich ermöglicht hat). Sie wollen kein verirrtes Schaf verlieren.

Die fréristische Bewegung anerkennt keine Grenzen für sich selbst, weder zeitliche noch räumliche. Damit verwirrt sie ihre Gegner. Ein amerikanisches Sprichwort besagt: »Gute Zäune ergeben gute Nachbarn« (*good fences make good neighbours*). Das bedeutet, dass die Dinge gut laufen, so lange Feinde die Grenze an derselben Stelle ziehen. Sie können Frieden schließen, weil sie sich zumindest auf das geeinigt haben, was sie voneinander trennt. Wenn die Grenze des einen nicht als die Grenze des anderen anerkannt wird, können nicht nur physische oder geistige Territorien überrannt werden, sondern es gibt auch keine gemeinsamen Bezugspunkte mehr, und die Konfrontation ist letztendlich unausweichlich. Krieg entsteht nicht aufgrund von Eigenheiten oder Andersartigkeit, sondern durch die Unmöglichkeit, sich über seine Differenzen zu verständigen und diese zu verstehen. Es gibt dann keinen Austausch und keine Verhandlungen. Die Muslimbrüder sind nicht in der Lage, über ihre Grenzen nachzudenken, denn ihrer Vision zufolge sind alle Menschen dazu berufen, Muslime zu sein oder sich als Muslime wiederzuentdecken, denn das sei das Beste, was der Menschheit passieren könne.

KAPITEL IV

Der Euro-Islam der Muslimbrüder: Strukturen

Der Euro-Islam

Bereits in den 1970er Jahren entstand in den Köpfen der Muslimbrüder die Idee, Repräsentanten eines europäischen Islams zu sein, doch erst in den 2000er Jahren bot sich ihnen die Gelegenheit, dies den europäischen Institutionen vorzuschlagen.

Angesichts der wachsenden Euroskepsis (anlässlich der Maastricht-Referenden 1992) war – in Hinsicht auf einen neuen Vertrag (den Vertrag von Lissabon [2009]) – die Zeit reif für eine Reintegrationsbewegung auf der Grundlage »gemeinsamer Werte«. Die Europäische Union (EU) begann, eine große Anzahl von orientierenden Leitpapieren zu erstellen, die sich mit »Werten«[173] befassen, die »identifiziert«, »gestärkt«, »gefördert«, »gelehrt«, »verteidigt« und »verbreitet« werden sollen.[174] Es werden »menschliche«, »ethische«, »intellektuelle« oder »spirituelle« Werte gefördert und die wichtigsten Religionen in Europa aufgefordert, ständige Partner der Union zu werden. In Artikel 17 Absatz 3 des Vertrags heißt es, dass die Europäische Union »deren Identität und ihren besonderen Beitrag anerkennt; die Union pflegt einen offenen, transparenten und regelmäßigen Dialog mit diesen Kirchen und Organisationen.«

Die Europäische Kommission bekundet ihren Wunsch, mit den »gemäßigten« Akteuren des Islams zusammenzuarbeiten. Da sie nicht in der Lage ist, selbst Kriterien für Mäßigung aufzustellen, geschweige denn zu überprüfen, ob die Vertreter, die an ihre Tür klopfen, diese erfüllen, glaubt sie denjenigen aufs Wort, die von sich behaupten, solche zu sein. Und natürlich lassen sich die Muslimbrüder diese gesegnete Gelegenheit nicht entgehen, sich unter den Farben der Wasatiyya als europafreundlicher als die Europäer zu erweisen, indem sie den »Dialog zwischen den Zivilisationen« anpreisen.

Bereits 2008 gründete die UOIF / FOIE (*Fédération des organisations islamiques en Europe*) passenderweise eine »Europäische Versammlung der Imame und spirituellen Führer der Muslime« (*Al-Tagammu Al-Urubi Lillaimah val Murshideen*) mit dem Auftrag, »die Identität der Muslime zu bewahren und [...] die Muslime darauf vorbereiten, in ihren europäischen Heimatländern eine zivilisatorische Rolle zu spielen.«[175] Den Fall der im Juli 2009 in Dresden ermordeten verschleierten Ägypterin Marwa Sherbini[176] nutzte sie, um die Schaffung eines Gremiums zur Bekämpfung der Islamophobie anzukündigen. Laut Muslimbruder Chakib Benmakhlouf, dem Vorsitzenden der FOIE, soll dieses Gremium Vertretungen in allen europäischen Ländern unterhalten und insbesondere gegen die extreme Rechte und die »Verschärfung des Hasses gegen Muslime«[177] arbeiten.

Im Jahr 2009 organisierten die Präsidenten der Europäischen Kommission und des Europäischen Parlaments ein Treffen, um über »ethische« Beiträge, aber auch – was in einem säkularisierten Europa überraschen mag – um mit den »religiösen Führern Europas« über die europäische und globale Wirtschaftsführung zu diskutieren.[178] Während unter den eingeladenen Gästen der wichtigsten christlichen Kirchen (Katholiken, Protestanten, Griechisch-Orthodoxe und Anglikaner) eine gewisse Vielfalt an Strömungen herrscht, werden Juden und Muslime von rigoristischen Strömungen vertreten. Die Rabbiner werden vom *Rabbinical Center of Europe* vertreten, und die islamische Komponente ist ausschließlich fréristisch: Imam Wanis El-Mabrouk, Präsident der *European Assembly of Imams* und Mitglied der *International Union of Muslim Scholars* aus Katar, Imam Yahya Pallavicini, Vizepräsident der *Comunità Religiosa Islamica* und Botschafter für *Dialogue Among Civilizations* der Organisation der islamischen Welt für Bildung, Wissenschaft und Kultur ICESCO [*Islamic World Educational Scientific and Cultural Organization*]), Chakib Benmakhlouf, der mit dem Titel »seine Exzellenz« geehrt wurde, oder Tariq Ramadan und sein *European Muslim Network*.

Im Sinn der Muslimbrüder verbiegt Tariq Ramadan das Konzept des Euro-Islam, das vor ihm von Bassam Tibi, einem deutschen Wissenschaftler syrischer Abstammung, formuliert wurde. Für den Erfinder des Konzepts sollte der Euro-Islam zu einem reformierten Islam führen, der sich dem europäischen Kontext anpasst, indem er die Interpretation der Texte erneuert, die durch das Sieb der liberalen Prinzipien der europäischen Gesellschaft gefiltert werden. Tibi (2007) plädierte dafür, die Scharia und den Dschihad aus dem islamischen Unterricht in Europa zu streichen, da sie nicht mit den Grundprinzipien der Demokratie, der Meinungsfreiheit und der Menschenrechte übereinstimmen.

Im Gegensatz dazu wollen die Muslimbrüder nicht den Islam, sondern die europäische Sicht auf den Islam reformieren. Für Tariq Ramadan bedeutet das Durchsetzen des Euro-Islam, eine Reform der islamischen Bildung durchzusetzen, die nichts vom Islam verwirft (und schon gar nicht die beiden Herzklappen des Frérismus, die Scharia und den Dschihad) und die eine aktive, soziale und politische Teilhabe der Muslime im öffentlichen Raum Europas ermöglicht (Ramadan, 2004).

Das Ziel ist nicht, den Islam an Europa anzupassen, sondern umgekehrt, Europa an den Islam anzupassen, und das Mittel dazu ist, den muslimischen Bürgern die Werte des Islams zu vermitteln, damit sie in den europäischen Gesellschaften leben und gedeihen können, und sei es durch die Änderung deren Gesetze. Während diese Konzepte in den 1990er Jahren noch miteinander konkurrierten, wird Tibis Konzept heute nur noch von wenigen Persönlichkeiten wie dem französischen Philosophen Abdennour Bidar vertreten. Der Euro-Islam der Fréristen entfaltet sich in den historischen Organisationen der Muslimbruderschaft wie der FOIE, der IESH und ihrem Fatwa-produzierenden Religionskomitee CEFR sowie in verschiedenen europäischen Organisationen wie FEMYSO (Jugendbewegung der Fréristen) und EFOMW (weiblicher Zweig). Der euro-islamische Frérismus konzentriert seine Aktivitäten auf die von Qaradawi aufgelisteten und von Tariq Ramadan adaptierten Bereiche: interreligiöser und interkultureller Dialog, Bildung und Ausbildung, Stellung der Frau in der Gesellschaft, Kampf gegen Rassismus, Entwicklung der Medien und der Kommunikation.

Einige der wichtigsten fréristischen Institutionen in Europa

Die Föderation des islamischen Organisationen in Europa (FIOE, 1989)

Die FIOE (franz. FOIE; heute *Council of European Muslims* [CEM] oder *Rat der Europäischen Muslime*) wurde 1989 gegründet und repräsentiert historisch die Muslimbruderschaft auf dem europäischen Kontinent. Sie ist, um in der Sprache der Bruderschaft zu bleiben, das europäische Organ des *tanzim al-dauli*, der fréristischen Internationale – ein Ausdruck des fünften Obersten Führers der Muslimbruderschaft, Mustafa Mashhur, 1982.

Offiziell bezeichnet sich die FIOE als »eine gemeinnützige europäische Einrichtung, die ihren Mitgliedsorganisationen und -institutionen einen Rahmen bietet, [um] gemeinsame allgemeine Ziele zu erreichen, den Muslimen in den europäischen Gesellschaften zu dienen [und] die muslimische Präsenz in Europa aufrechtzuerhalten [...] diese Präsenz zu stärken und auszubauen, damit der Islam auf korrekte und eine bestimmte Weise eingeführt wird.«[179]

Die FIOE hat ihre Wurzeln in der Bruderschaft immer ausgeblendet und somit ihre Spuren vor den Nachforschungen von Neugierigen, Journalisten, Forschern und Geheimdiensten verwischt. Die Verbindungen wurden bis zum 29. Januar 2017 als (offenes) Geheimnis behandelt, bis die ägyptische Zeitung *Alyoum Alsabee*[180] berichtete, dass die Mitglieder der FIOE bei einem Treffen in Istanbul in der Türkei für eine offizielle Trennung von der Muslimbruderschaft gestimmt hatten. Es ist nicht sicher, ob es sich dabei nicht um eine bloße Vertuschungsaktion handelte. Es sei daran erinnert, dass in Notfällen, insbesondere zur Wahrung der Interessen der Bewegung, wichtige Entscheidungen, ob kollektiv oder individuell, gemäß Qaradawis »Rechtslehre der Ausgewogenheit« taktisch sein können (andere würden sich auf die *taqiya*, die »Verschleierung«, berufen, ein Prinzip schiitischen Ursprungs). Die Muslimbrüder hatten damals gute Gründe, sich zurückzuhalten, denn sie wurden in Saudi-Arabien und Ägypten verfolgt und von den Vereinigten Arabischen Emiraten zu einer terroristischen Organisation erklärt.

Die FIOE richtete ein Komitee zur Ausarbeitung einer Charta für Muslime in Europa ein, um »die Barriere zu beseitigen, die auf der Angst vor der islamischen Präsenz im Westen aufgebaut ist; eine Angst, die durch voreingenommene Medien und bestimmte politische Kräfte geschürt wird, die eine feindselige Sprache und Haltung gegenüber muslimischen Minderheiten befürworten.«[181] Die FIOE ließ diese Charta gegen Islamophobie von 400 muslimischen Organisationen aus 28 europäischen Staaten[182] unterzeichnen und veröffentlichte sie am 10. Januar 2008, bevor sie die Gründung der ›Europäischen Versammlung der muslimischen Imame und spirituellen Führer‹ (*Al-Tagammu Al-Urubi Lillaimah val Murshideen*)[183] ankündigte.

Organigramm des FIOE-Exekutivkomitees[184]

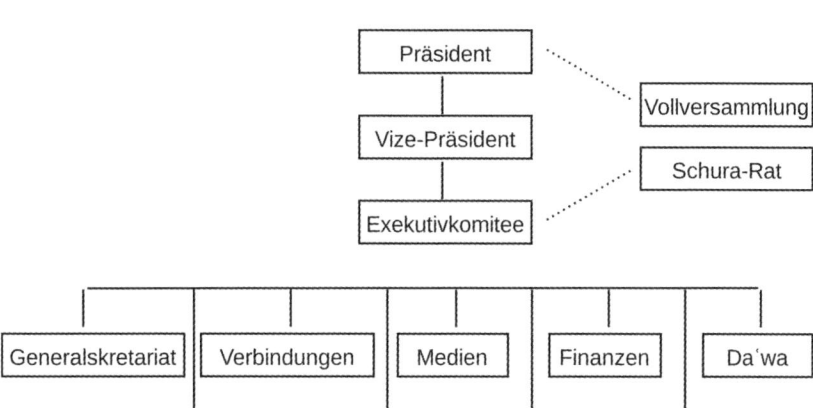

Die FIOE wurde zur Zeit der Affären um Salman Rushdie und die Kopftücher von Creil (1989) von drei fréristischen Organisationen gegründet: der französischen UOIF, der britischen *Muslim Association of Britain* (MAB) und der Islamischen Gemeinschaft in Deutschland (IGD), einer der ältesten fréristischen Organisationen, die 1958 geschaffen worden war.[185] Damals hatte sie ihren Sitz in Büros, die von der *Islamic Foundation* angemietet wurden, einer britischen islamischen Institution, die sowohl mit der Muslimbruderschaft als auch mit der pakistanischen islamistischen Partei Jamaat-e-Islami von Maududi verbunden ist.[186] Ihr Präsident Ahmed al-Rawi, Vorsitzender des MAB und Direktor des *Islamic Relief Worldwide* (IRW), war als brillanter Geschäftsmann bekannt, dem es gelungen war, Millionen von saudischen Dollar durch Europa fließen zu lassen, um die Institutionalisierung der Aktivitäten der Muslimbruderschaft zu unterstützen.[187]

Die Statuten der FIOE zeugen vom planmäßigen Vorgehen der Bruderschaft; sie hatten sich bereits bei der UOIF (*siehe oben*) bewährt: Besetzung des Territoriums, Aktivitäten, die man nicht direkt kontrolliert, begleiten. In einem ersten Schritt werden ihr Aufbau und ihr Organisieren so konzipiert, dass sie von einem Zentrum aus lokale Zellen (*top down*) ansteuert. In einem zweiten Schritt wird die FIOE so ausgerichtet, dass sie ebenfalls als *Bottom-up*-Vermittler für fréristische Organisationen bei den europäischen Institutionen fungieren kann. Im Jahr 2007 verlegte die FIOE in der Tat ihren Sitz nach Brüssel, um den Erwartungen der europäischen Institutionen, die nach Ansprechpartnern suchten, gerecht zu werden.[188] Strukturell hat sie sich am ägyptischen Bruderschaftsmodell orientiert, in einem vereinfachten pyramidenförmigen Format (*siehe Schema oben*) mit thematischen Abteilungen. Dieselbe Struktur findet sich auch auf »föderaler« Ebene und mehr oder weniger in jedem Mitgliedstaat, je nachdem, über welche Mittel die Verbände verfügen.

Die Gründung der FIOE, des politischen Organs der Muslimbrüder, wurde zur gleichen Zeit von der Gründung eines theologischen Organs, des IESH, begleitet.

Das Europäische Institut für Geisteswissenschaften (IESH)

Das ›Europäische Institut für Geisteswissenschaften‹ IESH (*Institut européen des sciences humaines*) wurde 1990 in Frankreich gegründet. Es verbreitet den Wasat-Islam und die von Yusuf al-Qaradawi und seiner rechten Hand Faysal Mawlawi inspirierte ›Scharia für Minderheiten‹.[189] Das Zentrum zur Ausbildung von Imamen und Predigern entstand im idyllischen Umfeld eines Schlosses im Dorf Saint-Léger-de-Fougeret im Morvan (Burgund). Der Kauf und die Renovierung des Schlosses verschlangen eine Million Dollar, von denen ein Drittel von muslimischen Geschäftsleuten in Frankreich stammte, während der Rest durch Spenden aus Saudi-Arabien, Kuwait und den Vereinigten Arabischen Emiraten gedeckt wurde.[190] Der erste Direktor des IESH war einer seiner Gründer, Zuhair Mahmoud, ein irakischer Ingenieur, der zehn Jahre zuvor in Frankreich politisches Asyl beantragt hatte und auch Mitbegründer der *Union des organisations islamiques en France* war.[191]

Das IESH »schwärmte aus« und eröffnete Ausbildungszentren: 1992 in Paris, 2006 in Birmingham, England, 2013 in Frankfurt, Deutschland, und 2016 in Helsinki, Finnland. Auf seine Fahnen schreibt sich das Institut die klassische religiöse Ausbildung von 220 Imamen, 300 Erziehern, 200 Professoren, 30 Forschern, 240 Lehrern und 25 Seelsorgern aus verschiedenen Ländern wie Indonesien, Malaysia, den USA, Marokko und Tunesien sowie aus verschiedenen europäischen Ländern wie Belgien, der Schweiz, Großbritannien, Schweden, Italien, Spanien, Deutschland, Luxemburg, Österreich sowie aus dem französischen Übersee-Département La Réunion. Jedes Jahr bieten diese Institute in Form von Präsenzunterricht oder Fernunterricht (insbesondere für Hausfrauen) Kurse an, die mit einem Diplom in Religionswissenschaften abgeschlossen werden.[192] Der Unterricht findet in einer Umgebung statt, die dem entspricht, was gelehrt wird: Um zu gewährleisten, was die Muslimbrüder, gemäß ihrer Strategie der Nachahmung, die »persönliche Entwicklung« des Studenten nennen. »Das Programm des Instituts konzentriert sich auf die persönliche Entwicklung des Schülers, indem es ihm die Werkzeuge vermittelt, die für das Verständnis dieser umfassenden Religion unerlässlich sind.« Die »persönliche Entwicklung« ist ein gängiges Schlagwort, mit dem sich rechtfertigen lässt, dass der Unterricht nicht nur intellektuell, sondern auch praktisch, ideologisch und mental ausgerichtet ist, ganz im Sinne Hassan al-Bannas und seiner sufistischen Vision von Bildung. Das Institut fördert die Teilnahme an längeren Seminaraufenthalten für Erwachsene und »Ferien«-Aufenthalten für Kinder.

Der Europäische Rat für Fatwa und Forschung
(CEFR, Conseil européen pour la fatwa et la recherche)

Der CEFR stellt sich als private islamische Stiftung dar. Er wurde im März 1997 in Dublin, Irland, auf Initiative der FIOE geschaffen und ist das europäische Pendant zum Ausschuss für religiöse Angelegenheiten der amerikanischen *Muslim Student Association*. Das CEFR (oder ECFR auf Englisch) wurde gegründet, um die islamische Bewegung in Europa zu leiten, wobei es den von Qaradawi vertretenen »Weg der goldenen Mitte« propagiert. Es soll das wichtigste Rechtsprechungsorgan für alle Muslime in Europa sein – und generell für diejenigen, die in einer Minderheitensituation leben (Stichwort *fiqh* für Minderheiten) – und Fatwas zu verschiedenen Fragen des täglichen Lebens verfassen und verbreiten. Wie Caeiro (2011[193]) erklärte, gehören dem CEFR rund 30 »Gelehrte« aus verschiedenen Teilen Europas, Nordamerikas und der muslimischen Welt an (zwei Drittel der Mitglieder müssen in Europa ansässig sein). Zu den Mitgliedern zähl(t)en ein »Professor« (Qaradawi), zwei »Kadis« (der libanesische Gelehrte Faysal Mawlawi und der mauretanische Richter Ali Salim), ein Dutzend »Doktoren« (Gelehrte mit einem Doktortitel) und zahlreiche »Scheichs«.

Um Fatwas für die Muslime in Europa aussprechen zu können, müssen die Mitglieder die arabische Sprache beherrschen, die Scharia respektieren, einen Abschluss an einer theologischen Hochschule haben oder von einem Gelehrtenkreis anerkannt sein, über gute Kenntnisse der islamischen Rechtsprechung (*fiqh*) verfügen und mit dem sozialen Umfeld in

Europa vertraut sein. Um ein Gleichgewicht herzustellen, legen die internen Statuten fest, dass die vier sunnitischen Rechtsprechungsschulen im Rat vertreten sein müssen, ebenso wie die muslimischen Bevölkerungsgruppen der europäischen Länder proportional zu ihrer Größe. In der Tat stellen Großbritannien und Frankreich das größte Kontingent an Gelehrten. Die in Frankreich ansässigen Wissenschaftler stammen aus Nordafrika und haben in der Regel im Rahmen der UOIF gearbeitet. Die Briten weisen eine größere Heterogenität auf: Ein tunesischer Islamist im Londoner Exil (Rachid Ghannouchi), ein offizielles Mitglied der ägyptischen Muslimbruderschaft (Ahmed al-Rawi), ein irakischer Hadith-Spezialist aus Leeds (Abdullah al-Judai), ein in Manchster etablierter Lybier (Salim al-Shaykhi) und zwei südasiatische Sunniten mit deobandischer beziehungsweise *Ahl al-Hadith*-Ausrichtung (Ismail Kashhoulvi aus Bradford und Suhaib Hasan aus London). Die Türken von Millî Görüş werden von zwei in Deutschland ansässigen Akademikern vertreten. Spanien, Belgien, die Niederlande und die Schweiz stellen jeweils ein Mitglied. Drei Mitglieder des *Fiqh Council of North America* (Taha Dschabir al-Alwani, Jamal Badawi und Salah Sultan) haben einen Sitz im CEFR. Der bosnische Großmufti Mustafa Cerić und der Imam Muhammad Sadiq, ein konvertierter Deutscher, sind die einzigen gebürtigen Europäer.

Kurzlebige Geschöpfe: Der Europäische Rat der Imame und geistlichen Führer der Muslime (al-Tagammu al-Urubi Lillaimah val Murshideen), der Europäische Rat der Imame (European Council of Imams), das Europäische Institut für Islamstudien

Jedes Mal wenn eine politische Institution die Meinung oder den Rat von Vertretern des Islams einholt, um den Terrorismus zu bekämpfen, die Gewalt in Problemgebieten zu bekämpfen oder die ›Islamophobie‹ einzudämmen, stellen ihr die Muslimbrüder eine *Ad-hoc*-Institution zur Verfügung, die in der Regel nur so lange überlebt, wie die ihr zugewiesene Mission dauert. Es geht darum, die Illusion zu erwecken, dass es einen Euro-Islam gibt, der von spirituellen, entschiedenen und friedfertigen Autoritäten gesteuert wird. Die Europäische Versammlung der Imame und spirituellen Führer der Muslime (*Al-Tagammu Al-Urubi Lillaimah val Murshideen*) wurde zum Zweck der Unterredungen mit den europäischen Institutionen gegründet, die im Hinblick auf den Vertrag von Lissabon nach repräsentativen religiösen Ansprechpartnern suchten. Unter dem

Vorsitz von Wanis El-Mabrouk, dem ehemaligen Leiter des Islamischen Zentrums in Sheffield und Professor am IESH in Birmingham, hat dieser Ableger der FIOE, der offiziell der Ausbildung europäischer Imame in den Bereichen Recht, Kultur und Gesellschaft dienen sollte, keine Resultate gezeitigt.

Eine weitere fréristische Schöpfung entstand am 18. November 2019 unter dem Namen *Europäischer Rat der Imame* auf Initiative des CEFR und des IESH unter der Koordination von Scheich Khodr Abdul Moti, einem Mitglied der Muslimbruderschaft und aktiven Mitglied im Zentralrat der Muslime in Deutschland.[194] Der Rat der Imame wurde eine Woche nach dem ›Marsch gegen Islamophobie‹ in Paris gegründet, an dem 13.000 Menschen teilgenommen hatten, die von fréristischen Verbänden und linken Parteien mobilisiert worden waren und bei dem Marwan Muhammad in den Straßen von Paris »Allahu akbar« hatte brüllen lassen. Der Rat der Imame forderte Präsident Macron in einer Facebook-Nachricht durch seinen Vorsitzenden Scheich Kamal Amara auf, »sich der tiefen Krise bewusst zu werden, die der französische Laizismus durch die Leugnung seiner einfachsten Prinzipien der Akzeptanz des Anderen, des Respekts seiner religiösen Entscheidungen und seiner Religionspraktiken, wie das Kopftuch, erlitten hat.« Der *Europäische Rat der Imame* besitzt jedoch nur eine koordinierende Rolle. Seine Struktur ist in Stockholm als »Handels-, Berufs-, Gewerkschafts-, politische und ähnliche Organisation« angemeldet. Er hat einen Angestellten und gibt an, einen Umsatz von 11.000 US-Dollar zu erwirtschaften.[195]

Im Mai 2022 tat er sich zusammen mit dem *British Board of Scholars & Imams* (BBSI), dem *Australian National Imams Council* (ANIC), dem *Canadian Council of Imams* (CCI), der *North American Imams Federation* (NAIF), dem *United Ulama Council of South Africa* und dem *Ulama Council of New Zealand*, um gemeinsam am Entwurf einer Charta zu arbeiten, welche »die innermuslimische Harmonie fördern« soll. Darin werden Gelehrte verschiedener Denkrichtungen aufgefordert, eine gemeinsame Kultur zu schaffen, sich vor Nicht-Muslimen nicht gegenseitig anzugreifen, Meinungsverschiedenheiten über bestimmte sekundäre Fragen zuzulassen und sich nicht vor der Jugend in innermuslimische Polemiken zu verwickeln.

Es gibt kein besseres Beispiel für die taktische »Doktrin der goldenen Mitte«. So verhindert man eine gründliche Exegese und kontradiktorische Diskussionen über wesentliche Fragen und grundlegende unerbittliche

Dogmen (wie die Diskussion über die Frage der Unerschaffenheit des Korans und damit die Überwindung des literalistischen Fundamentalismus) beziehungsweise man untersagt, die eigenen Spaltungen vor den Ungläubigen zur Sprache zu bringen.

Gleichzeitig gründete der fréristische Rand der akademisch orientierten Jugendlichen im Mai 2019 das *Europäische Institut für Islamstudien* (*Institut européen des études de l'islam*) in Form einer belgischen Privatstiftung, das sich paradoxerweise als ›konfessionsloses‹ Institut präsentiert, jedoch »auf hohem akademischem Niveau von Muslimen, mit Muslimen und für Muslime konzipiert« ist. Diese säkulare Organisation, die in Frankreich, Deutschland, Belgien und den Niederlanden vertreten ist, hat laut Michaël Privot[196] die Aufgabe, »die Ausbildung von Imamen und anderen religiösen Führungskräften zu entwickeln, um die Praktiken der Muslime besser mit den Gesellschaften, in denen sie leben, in Einklang zu bringen.« Die Lehrkräfte werden anhand von drei Kriterien ausgewählt: akademisches Niveau, Kenntnis der islamischen Tradition und »Legitimität innerhalb der muslimischen Gemeinschaften«; im beratenden Beirat dieses Instituts sitzen religiöse Organisationen.

Die Charta der Imame im Westen[197]

— Wir werden uns redlich, demütig und anständig verhalten und uns dabei auf gemeinsame Interessen konzentrieren, die unsere Gemeinschaften und die Umma in einem weitgefassten Sinn vereinen und sie aufwerten.

— Während wir den Wert legitimer intellektueller und akademischer Diskussionen und Debatten in der Öffentlichkeit bekräftigen, werden wir polemische Diskussionen und Interaktionen, die spalten, vermeiden. Wir werden uns nicht mit öffentlichen und feindseligen Verleugnungen auseinandersetzen, die den Zusammenhalt unserer Gemeinschaft und das öffentliche Bild des Islams untergraben und Argumente für Programme liefern könnten, die darauf abzielen, dem Islam zu schaden und die muslimische Gemeinschaft zu spalten.

— Wir werden den Respekt gegenüber allen Gelehrten und Gruppen, Parteien, Institutionen und Organisationen, die mit den Muslimen verbunden sind, ermutigen und fördern und versuchen, jegliche Meinungsverschiedenheiten mit unseren Kollegen durch ein vereinbartes Standardverfahren zu lösen, das direkte Kommunikation, die Suche nach Klärung und Ver-

ständnis umfasst, wobei wir jederzeit hohe Standards der islamischen Etikette (*adab*) und Werte einhalten.
— Wir werden einseitige Verurteilungen oder persönliche Angriffe auf Gelehrte, Lehrer und andere, deren Positionen auf dem umfangreichen muslimischen Erbe beruhen, vermeiden, sei es in sozialen Netzwerken oder auf anderen Kommunikationsplattformen. Wir werden keine Plattform nutzen, um andere Muslime des Unglaubens (*takfir*) zu beschuldigen.
— Wir vereinbaren, die Einheitlichkeit des Ziels (und nicht die Einheitlichkeit der Praxis oder des Denkens) unter Imamen, Gelehrten, Studenten und Predigern (*douates*) zu fördern, und wir werden uns bemühen, den innermuslimischen Dialog zu erleichtern, um wahrgenommene methodologische und theologische Unterschiede abzubauen.
— Wir werden versuchen, unsere Gemeinschaft über die Etikette bei Meinungsverschiedenheit und der Debatte über zweitrangige Fragen *(fourou')* aufzuklären und über die Notwendigkeit, die vielfältige Natur der muslimischen Gemeinschaft und der Nation zu respektieren.
— Wir streben danach, einander aufrichtige und konstruktive Kommentare in einer Atmosphäre des gegenseitigen Respekts, der Liebe und des Mitgefühls darzubringen und aggressive Herausforderungen zu vermeiden, welche die Aufrichtigkeit anderer nur aufgrund ihrer Zugehörigkeit zu einer bestimmten Gruppe, Partei, Institution oder Denkschule in Frage stellen.
— Unser Ziel ist es, eine Kultur zu schaffen, die einen »sicheren Raum« bietet, in dem Gelehrte ihre Forschungen und Ansichten zu den komplexen und total neuen Problemen, mit denen die muslimische Gemeinschaft und Nation im Westen konfrontiert ist, ohne Angst vor persönlichen Angriffen und *takfir*-Etikettierungen vorlegen können.
— Wir werden versuchen, uns gegenseitig an Brüderlichkeit, gegenseitige Unterstützung, Liebe, Mitgefühl und angemessene Etikette (*adab*) zu erinnern.
— Wir sind der Ansicht, dass Nicht-Spezialisten, insbesondere junge Menschen, nicht in innermuslimische Polemiken in der Öffentlichkeit verwickelt werden sollten, da dies das soziale Gefüge der muslimischen Gemeinschaften schwächt. Wir werden uns aktiv darum bemühen, dies zu verhindern, indem wir den Schwerpunkt auf den religiösen (rechtlichen und theologischen) Konsens und nicht auf die Divergenz (*chilaf*) legen.
— Wir werden die Diskussion über Fragen des öffentlichen und religiösen Wohlergehens erleichtern, insbesondere über solche, die die muslimische Gemeinschaft weltweit betreffen. Soweit möglich, werden wir uns aktiv an Initiativen beteiligen, die auf ein besseres Verständnis und das Wohlergehen von Muslimen und der Gesellschaft insgesamt abzielen.

— Wir werden die im Westen und in allen Ländern lebenden Muslime dazu ermutigen, einen positiven Beitrag zur Sicherheit, zum künftigen Wohlstand und zur Entwicklung ihrer Länder zu leisten.
— Als im Westen lebende Muslime erkennen wir an, dass wir Teil der weltweiten muslimischen Nation und der Umma sind und die gemeinsamen Anliegen der Muslime auf lokaler und internationaler Ebene teilen.
— Während wir anerkennen, dass sich jede Gemeinschaft als muslimisch identifizieren kann, und ebenso ihr Recht auf diskriminierungsfreien Schutz der Religion, bekräftigen wir die Definition des Islam, wie sie in der muslimischen Tradition überliefert ist, die den Glauben an die Endgültigkeit des Prophetentums Muhammads (Frieden und Segen seien auf ihm) einschließt und die Ehre seiner Familie (*ahlul bait*) und all seiner Gefährten (*sahaba*).

FEMYSO : Der junge Zweig zur Bildung der muslimischen Elite von morgen

Das *Forum of European Muslim Youth and Student Organisations* (FEMYSO) ist der Jugendzweig der FIOE. Es wurde im September 1996 gegründet, um sich der Arbeit der muslimischen Studenten- und Jugendverbände in ganz Europa zu widmen.[198] Das Forum entstand auf gemeinsame Initiative der FIOE und der Weltversammlung junger Muslime in Zusammenarbeit mit mehreren nationalen muslimischen Jugendorganisationen,[199] deren Ziel es ist, die muslimische Elite des Europas von morgen zu schaffen. FEMYSO ist die Organisationsplattform zur Förderung des Euro-Islam in fast allen westeuropäischen Ländern. Mehr noch als die FIOE – die immer noch stark mit den muslimischen Ländern verbunden ist – verkörpert FEMYSO die junge, aktive frèristische Generation, die in Europa in der Besessenheit von der Einheit (Tauhid) sozialisiert wurde.

Ihre Aufgabe ist es, den Euro-Islam, das heißt ein mit der Scharia vereinbares Europa, zu formen, indem sie Druck auf die europäischen Institutionen ausübt, wobei man gleichzeitig von deren Subventionen profitiert. Die Organisation zählt heute siebenunddreißig Mitgliedsverbände in zwanzig Ländern, um »die Entwicklung einer europäischen muslimischen Identität zu fördern [...] indem sie ihre soziale Verantwortung und ihren Beitrag für Europa hervorhebt, [um] Management- und Führungsprogramme zur Verbesserung der Fähigkeiten und des Potenzials junger

Menschen einzuführen« und so eine europäische muslimische Elite heranzuziehen. Um dies zu erreichen, fordert FEMYSO junge Menschen auf, sich massiv am politischen Leben der Europäischen Union zu beteiligen,[200] was von den Institutionen der Union fälschlich-naïverweise als Weg zu einem demokratischen Engagement junger europäischer Muslime gesehen wird. Es handelt sich vielmehr um ein gemeinschaftliches Engagement für die Entfaltung einer der Scharia entsprechenden Gesellschaft; mittel- bis langfristiger Zweck ist die Theokratie.

FEMYSO zögert nicht, die historische Verankerung in Europa hervorzuheben, und tritt für »ein Europa ein, in dem Muslime stolz auf ihren historischen Beitrag zur Entwicklung der europäischen Zivilisation sowie auf ihre achthundertjährige Präsenz in Spanien sind.«[201]

Der Kampf gegen ›Islamophobie‹ ist der vorgeschobene Vorwand für ihren politischen Aktivismus. Das dient dazu, ihre Aktionen wertemäßig zu rechtfertigen, und als Opferschild, wann immer ihre religiös-politischen Aktivitäten angeprangert und ihre Verbindungen zum Frérismus hervorgehoben werden. Ausgestattet mit diesem Immunschild, dessen Schutz in der heutigen Europäischen Union sehr gut funktioniert, schlüpfen die Mitgliedsverbände der FEMYSO in die Lücken des Vereinswesens der Mitgliedsländer, in denen sie vertreten sind. Ihre klar kommunitaristische und politische Positionierung scheint nicht als Problem wahrgenommen zu werden. FEMYSO unterhält offizielle Beziehungen zum Europarat und insbesondere zur *European Commission Against Racism and Intolerance* (ECRI), zur *European Union Agency for Fundamental Rights* (EU-Agentur für Grundrechte) und zum Europäischen Parlament, dem *European Network Against Racism* (ENAR) oder auch dem türkischen *Cojep* (Rat der plurikulturellen Jugend), der Organisation für Islamische Zusammenarbeit (OIZ), der Emisco (*European Muslim Initiative for Social Cohesion*), der *United Nations Alliance of Civilizations* und *last but not least* zu *Amnesty International*.

Die Büros des FEMYSO befinden sich im Europaviertel in einem Gebäude in der Rue Archimède in Brüssel, an derselben Adresse wie die anderer fréristischer Vereinigungen wie das *Collectif contre l'islamophobie en Belgique* (CCIB, jetzt CIIB), die *World Assembly of Muslim Youth* (WAMY) oder das *European Muslim Women's Forum* (EFOMW), was deren Koordinierung natürlich erleichtert.

Wenig überraschend behauptet FEMYSO, gar keine Verbindung zur Muslimbruderschaft zu haben. Im Jahr 2019 veröffentlichte die Organisation ein klares Dementi angesichts »dieser falschen und böswilligen Behauptungen«, die ihrer Meinung nach von der extremen Rechten genährt würden. Obwohl ihre Geschichte, Struktur, Strategie und Äußerungen keinen Zweifel daran lassen, dass sie von der Muslimbruderschaft und ihren Nachahmern beeinflusst wird, ist man bereit, gegen Wissenschaftler und Journalisten vorzugehen, die diese Verbindung herzustellen wagen. »Unsere Organisation behält sich das Recht vor, rechtliche Schritte gegen Organisationen und Einzelpersonen einzuleiten, die falsche Behauptungen aufstellen.«[202]

Der ehemalige Leiter der FEMYSO, Michaël Privot, erklärte in einem Video, das im April 2020 von der Website *Global Watch Analysis*, einer der Muslimbruderschaft feindlich gesinnten Website, aufgenommen wurde, dass die FEMYSO eine fréristische Organisation sei. Er wurde sofort von seiner ehemaligen Organisation kritisiert, die ihm vorwarf, er habe seine Interessen über die der Gemeinschaft gestellt, um den Verkauf seines Buchs *Als ich Muslimbruder war* zu boosten und damit eine persönliche Rechnung zu begleichen:

»Wir sind daher wirklich enttäuscht, dass Michaël bösartige Behauptungen gegen FEMYSO vom Stapel lässt. Diese Behauptungen sind nichts weiter als unbegründete Vermutungen einer diffamierenden Plattform [*Global Watch Analysis*, Anm. der Autorin], die die Arbeit zivilgesellschaftlicher Organisationen durch die Verbreitung einer gefährlichen islamfeindlichen Rhetorik aktiv geschädigt hat. Obwohl wir Michaëls wertvolle Bemühungen um FEMYSO anerkennen, sind wir traurig, dass er das Bedürfnis verspürt hat, sein Buch zu bewerben, indem er die großartige Arbeit verunglimpft, die junge, engagierte europäische Muslime leisten, weil sie an ein pulsierendes und zusammenhaltendes Europa glauben. Wir finden es schade, dass Michaël sich bloß an seine Meinungsverschiedenheiten mit den Vorstandsmitgliedern erinnert und nicht an die fantastische Arbeit, die FEMYSO auf lokaler, nationaler und internationaler Ebene geleistet hat, an der er mitbeteiligt war und die von europäischen und internationalen Institutionen anerkannt wurde. [...] Unser einziges Ziel ist es, für ein vielfältiges, zusammenhaltendes und dynamisches Europa zu arbeiten.«

Michaël Privot, der freundschaftlich zusammengestauchte Mann, wurde nicht strafrechtlich verfolgt. Handelt es sich hierbei um eine Taktik, um den sogenannten Ex-Bruder zu schützen und seiner in einem Buch (Privot, 2017) erzählten Geschichte über den Ausstieg Glaubwürdigkeit zu verleihen? Es muss festgestellt werden, dass beide Seiten weiterhin zusammengearbeitet haben und dass die Verbindungen zwischen den Bruderschaftsnetzwerken, des ENAR und der FEMYSO fortbestanden haben. Privot bedient sich übrigens derselben Einschüchterungstechniken, wenn man auf die Verbindungen hinweist, die er angeblich über die Organisation ENAR weiterhin mit der Bruderschaft unterhalten habe (siehe *unten* zu ENAR).

Die Verbindungen der FEMYSO mit der Muslimbruderschaft sind seit ihrer Entstehung intensiv, was Privot selbst bestätigt, ohne jedoch sehr genau zu sein. Diese Verbindungen sind sowohl persönlicher, als auch familiärer und institutioneller Natur. Einer der Mitbegründer der FEMYSO, deren Vorsitzender er von 1996 bis 2002 war, ist Ibrahim El-Zayat, ein führender Vertreter der Fréristen in Deutschland und bei der FIOE. Er allein stellt ein Beispiel dar für die engmaschigen Netzwerke der Bruderschaft. Er ist mit der Schwester von Mehmet Sabri Erbakan, dem Generalsekretär von Millî Görüş, verheiratet und leitete von 2002 bis 2010 auch die fréristische Organisation *Islamische Gemeinschaft in Deutschland* (IGD). El-Zayat war Leiter der *World Assembly of Muslim Youth* (WAMY), einer saudi-arabischen Organisation, die 1972 in Jeddah gegründet wurde, um die Jugend nach den Lehren des »authentischen Islam« zu erziehen. Er war auch Verwalter des IESH in Château-Chinon und Verwalter des *Europe Trust* (siehe *unten*). Hayat, die Co-Vorsitzende der FEMYSO, trat die Nachfolge von Huda Himmat an, der Tochter von Ali Ghaleb Himmat, dem Mitbegründer der 1988 in Lugano mit Youssef Nada gegründeten *Al-Taqwa-Bank* (siehe *oben*). In Belgien waren die Leiter der FEMYSO aktiv an der Gründung des Islamischen Bildungs- und Kulturkomplexes von Verviers (CECIV, *Complexe éducatif et culturel islamique de Verviers*) im beliebten Stadtteil Hodimont beteiligt.[203] Der Gründer dieses wichtigen fréristischen Zentrums in Belgien, Hassan Swaid, ist ein in Aachen ansässiger Deutscher und Bruder von Khallad Swaid, dem Vorsitzenden der fréristischen Vereinigung *Deutsche Muslimische Gemeinschaft* und Führungsmitglied der FEMYSO. Hajib El Hajjaji, Mitbegründer des Zentrums in Verviers, ist ebenfalls in der FEMYSO sehr aktiv.[204] Er gründete das CCIB zusammen mit Mustapha Chairi, einem weiteren Rekruten der Muslimbruderschaft in Belgien.

Michaël Privot war Vizepräsident des FEMYSO. Als selbsternanntes Mitglied der Bruderschaft[205] bis zu seinem (ebenso selbst proklamierten)

Austritt war er Anfang der 2000er Jahre an der Gründung des CECIV beteiligt.

Er nahm an einer Konferenz des US-Außenministeriums in Brüssel teil, an der amerikanische, fréristische muslimische Organisationen wie die *Islamische Gesellschaft Nordamerikas* (ISNA), der *Rat für Amerikanische Islamische Beziehungen* (CAIR), der *Muslimische Rat für Öffentliche Angelegenheiten* (MPAC) und die *Muslimische Studentenvereinigung der USA und Kanadas* (MSA) teilnahmen.

Privot erklärte später, dass er die Bruderschaft verlassen habe (er wird dies erst 2012 offiziell bekannt geben), um 2010 die Leitung von ENAR und der gleichnamigen Stiftung zu übernehmen. Diese finanziert die Aktivitäten des von der Europäischen Union geschaffenen Netzwerks zur Bekämpfung von Rassismus und soll den Kampf gegen ›Islamophobie‹ in Europa koordinieren. Privots Ankunft am ENAR fiel zusammen mit der Übernahme von Anti-Rassismus- und Antisemitismus-Verbänden wie MRAP in Frankreich und vor allem MRAX in Belgien durch die Muslimbrüder, denen die Brüder ihre vorrangige Agenda zur Bekämpfung der ›Islamophobie‹ aufzwangen. Der MRAX war das trojanische Pferd der Fréristen im Brüsseler Vereinsgefüge.

Privot gründete 2013 zusammen mit der Umweltaktivistin Fatima Zibouh *Empowering Belgian Muslims* (EmBeM).[206] Diese dem CCIB[207] nahestehende Struktur – die sich der Rhetorik der amerikanischen Bürgerrechtsbewegung bedient – präsentiert sich als »belgisches Netzwerk muslimischer Vereinsakteure, das die Zusammenarbeit und das *Empowerment* der Gemeinschaft fördern soll.« Privot, der sich selbst eher als Islamwissenschaftler denn als politischer Aktivist ausgibt, gründet auch eine Stiftung, die den Namen *Institut Européen d'Etude de l'Islam* (IEEI) erhält und sich der Ausbildung europäischer Imame und muslimischer Seelsorger widmet, um einen Islam der Aufklärung[208] zu schaffen. Das IEEI wurde in Brüssel gegründet, an derselben Adresse wie das ENAR, in der Rue Ducale, im schönen Viertel in der Nähe des Königspalasts.

Dank seiner europäischen und belgischen Medienkontakte ist Privot als »Islamwissenschaftler« und Experte für Radikalisierungsprozesse innerhalb muslimischer Gemeinschaften anerkannt. Der Doktor der Sprach- und Literaturwissenschaften der Universität Lüttich mit einem Diplom in vergleichender Religionsgeschichte ist regelmäßiger Korrespondent für *Euronews, Voice of America, Al Jazeera, Le Soir, RTBF* oder *European Voice*. Als politischer Feingeist erweist er sich als fähig, alle Zielgruppen zu adressieren. Er ist eher diskret, verkehrt in den Kabinetten der europäischen Minister und hohen Beamten ebenso wie in den Arbeitervierteln, um zu verlautbaren, was man jeweils hören möchte, und sich so seine Zugänge zu allen Kreisen zu bewahren.

Der Ex-Muslimbruder war während seiner offiziellen Zeit sehr aktiv als Frérist in der FEMYSO. Auch nach seinem Austritt verfolgte er die fréristische Agenda weiter. Von 2006 bis 2020 führte er seine kämpferischen Aktivitäten gegen ›Islamophobie‹ im ENAR gemeinsam mit der muslimischen Schwester Julie Pascoët durch, einer ehemaligen Mitarbeiterin der fréristischen NGO *Islamic Relief*. Das ENAR ist für den Zugang zum Europäischen Parlament akkreditiert und Mitglied der Expertengruppe der Europäischen Kommission gegen Rassismus,[209] die hauptsächlich von der Europäischen Union finanziert wird. Da sich die Aktivitäten von Michaël Privot vor und nach seiner Entscheidung, aus der Muslimbruderschaft auszutreten, nur was seine Reden betrifft geändert haben, ist es nicht unlogisch, zu fragen, ob er ein Akteur der sehr geheimen Strategie der Brüder ist, in die europäischen Institutionen einzudringen. Zwar bestreitet er, der Muslimbruderschaft anzugehören, und verklagt jeden, der dies andeutet,[210] aber er leugnet nicht, dass er Verbindungen zu ihr unterhält, zumal sein erklärter Ökumenismus diesem »gemäßigten« Vertreter der »goldenen Mitte« ermöglicht, mit allen religiösen Strömungen innerhalb und außerhalb des Islams zu verkehren.

Privot hat die ENAR 2021 offiziell verlassen, um sich verstärkt dem IEEI zu widmen, das Imame *made in Europe* in einer europäischen, privaten und unabhängigen Struktur ausbilden soll, die vor staatlicher Kontrolle relativ sicher ist und europäische Zuschüsse anlocken könnte (die Initiative wird vom Präsidenten des Europäischen Rates, Charles Michel, unterstützt, der sich nach dem Gedenken an die Opfer des islamistischen Anschlags in Wien für die Schaffung eines »europäischen Instituts« aussprach[211]). Das Ausbildungszentrum würde von den liberalsten bis zu den buchstabentreuesten (literalistischen) Vertretern des Islams reichen, was nicht unvereinbar mit der Strategie der Fréristen ist, ganz im Gegenteil.[212]

Michaël Privot handelt wie ein fréristischer Kaderbeamter, der er nach eigener Aussage »nicht mehr ist«: Er schlägt Einrichtungen, Institutionen, Rahmen, Methoden und ein Angebot vor, das möglichst vielen Muslimen gerecht werden soll, während er sich über den Inhalt ausschweigt, als könne (oder dürfe) er sich nicht für die eine oder andere Doktrin entscheiden. Ob er nun aus der Bruderschaft ausgetreten ist oder nicht, dieser belgischer Konvertit, dessen gesamte Familie sich dem Salafismus angeschlossen hat, bleibt ein nützlicher Werbeträger für den Frérismus. (Dies ist auch der Fall bei Yusuf al-Qaradawi oder Tariq Ramadan, die nicht oder nicht mehr Mitglied der Muslimbruderschaft sind).

Privot ist beispielsweise nicht der Ansicht, dass die Verweigerung des Handschlags als das aufgegeben werden sollte, was sie ist, nämlich eine diskriminierende Praxis, sondern weil sie seiner Meinung nach nicht der Absicht des Propheten entspricht. Er ist ein raffinierter Literalist, der die Absicht des Propheten anhand seiner Handlungen untersucht:

> »Was Muhammad in erster Linie suchte, war der soziale Zusammenhalt seiner Gesellschaft als Ganzes, nicht nur seiner ›religiösen‹ Gemeinschaft. […] Die Lösung, die ich zum Beispiel in meiner Arbeit im Bereich *Diversity Management* vorschlage, ist, dass jeder und jede seine oder ihre Art der Begrüßung an die Art der Begrüßung des Ersten anpasst, der bei einer Begegnung gegrüßt hat – sei es ein Händedruck, eine Verbeugung, eine Berührung mit dem Ellbogen oder ein mehr oder weniger aufwändiger Check. Dies macht in einer vielfältigen Gesellschaft Sinn, ohne dass jemand versucht, dem anderen seine Art der Begrüßung aufzuzwingen, wobei wir verstehen, dass es im gesellschaftlichen Leben Gelegenheiten gibt, bei denen der Handschlag nicht verhandelbar ist, weil er eben ein Bündnis, einen Pakt oder sogar eine Treue wie zu Zeiten Muhammads symbolisiert. Ihn abzulehnen bedeutet, sich symbolisch zu weigern, sich als Mitglied der Gesellschaft anzuerkennen.«[213]

Seit 2016 scheint die Türkei unter Erdoğan ein besonderes Interesse an FEMYSO zu haben, wie an allen fréristischen Vereinigungen, die als befreundet und verbündet gelten. Im November 2021 wurde Hande Taner, ein niederländisches Mitglied der Studentenabteilung der türkischen fréristischen Organisation Millî Görüş, zur Vorsitzenden des Exekutivrats von FEMYSO gewählt und trat damit die Nachfolge von Abelrahman Rizk an der Spitze der Organisation an. Zuvor hatte die junge Aktivistin, die in Leiden in den Niederlanden ausgebildet wurde, einen *Master in European Affairs* des *Sciences Po* (Institut d'études politiques de Paris) sowie einen Abschluss in Politikwissenschaften von der *London School of Economics* besitzt, auf sich aufmerksam gemacht, als sie im Namen der FEMYSO einen offenen Brief an den Präsidenten des Europäischen Parlaments Antonio Tajani unterzeichnete, zusammen mit der *Anti-*

Racism and Diversity Intergroup of the European Parliament (ARDI) und 50 Europaabgeordneten, um »islamophobe Hassreden« anzuprangern, nachdem der niederländische Europaabgeordnete Marcel de Graaff den Islam mit »Geschlechterungleichheit, Polygamie, Kinderehe, Sklaverei und Ehrenmorden« gleichgesetzt hatte. In dem Brief wurde gefordert, dass die Europäische Kommission, der Rat und das Parlament die »Existenz einer weltweiten extremistischen weißen Ideologie« anerkennen sollten, »ein schlagender Beweis für ein Ergebnis der Normalisierung der Islamophobie.«

Die FEMYSO mag zwar ihre Verbindungen zu den Muslimbrüdern leugnen, sie teilt und verbreitet aber über ihre Netzwerke deren Ideologie, Vokabular und insbesondere die Idee, dass im Westen geborene Muslime in einem »Vertragsland« leben. Junge Muslime müssen einen Vertrag mit ihrem Geburts- oder angenommenen Land abschließen und die Gesetze der *Scharia* nur soweit anwenden, wie dies im Rahmen des Pakts möglich ist, den die Muslimbrüder angeblich mit den europäischen Mächten geschlossen hätten. Solange dieser Vertrag gültig ist, befinden sich die Muslime in *Dar al-Ahd*, müssen gegenüber Europa loyal bleiben. Diese Loyalität gegenüber den Verpflichtungen, die er in Bezug auf Europa eingegangen ist, muss jeden Muslim dazu bringen, die Regeln einzuhalten; und sollte dies nicht möglich sein, weil es nicht dem Islam entspricht, sollte er an den Entscheidungsprozessen zur Änderung der Regeln, das heißt der Gesetze, teilnehmen. Ein Lehrmaterial mit dem Titel *Citoyenneté, un guide d'utilisation pour les jeunes musulmans européens* (Staatsbürgerschaft, ein Benutzerhandbuch für junge europäische Muslime) enthält Richtlinien zur Vermeidung von Loyalitätskonflikten[214] durch die schrittweise und maßvolle Verbreitung der Werte und Praktiken des Islams.

Was würde passieren, wenn es zum Konflikt zwischen einem nationalen Gesetz und dem islamischen Gesetz käme? Das Dokument erklärt:

»Zunächst einmal muss betont werden, dass solche Fälle nicht so häufig vorkommen, wie man annehmen könnte. Niemand würde einen Muslim dazu zwingen, individuell etwas zu tun, was seinem Glauben widerspricht, zum Beispiel Alkohol zu trinken oder Schweinefleisch zu essen.

Im persönlichen und privaten Bereich wird den Menschen im Allgemeinen die Freiheit gelassen, ihr eigenes Leben zu führen. Das Wesen der Menschenrechte in der europäischen Tradition ist darauf ausgelegt, den Einzelnen vor dem Staat zu schützen, und historisch gesehen haben sich selbst Fälle wie der Streit um das Kopftuch und seine Verwendung in Schulen dank des Gesetzgebungsverfahrens im Großen und Ganzen zugunsten der Muslime gewendet. Das jüngste französische Gesetz zum Verbot religiöser Symbole in Schulen sowie andere Gesetze, die von verschiedenen europäischen Staaten verabschiedet wurden und die wegen der Verletzung der bürgerlichen Freiheiten kritisiert wurden, sind daher sehr besorgniserregend und stellen einen Bruch mit den traditionellen Freiheiten dar, für die Europa berühmt ist.

Abgesehen davon müssen europäische Muslime anerkennen, dass sie in nichtmuslimischen Gesellschaften leben, und da sie als freie Individuen einen Gesellschaftsvertrag mit dem Staat geschlossen haben, müssen sie diesen Vertrag einhalten und die Gesetze des Landes befolgen. Natürlich gibt es in sehr ernsten Fällen auch Raum für Einwände, wenn Menschen jeglicher Konfession oder Glaubensrichtung der Meinung sind, dass ihre Werte bedroht sind.

Es ist auch wichtig zu beachten, dass sich die Gesetze in den verschiedenen europäischen Ländern grundlegend voneinander unterscheiden können und dass einige Gesetze pluralistischer und besser an die Vielfalt angepasst sind als andere. Muslime könnten mit anderen Bürgern, die ihre Bedenken in Bezug auf die bürgerlichen Freiheiten teilen, zusammenarbeiten, um Gesetze, die diskriminierend sein können, anzufechten, in Frage zu stellen und zu ändern.

[...] Indem wir zugestimmt haben, hier zu leben, sind wir einen Gesellschaftsvertrag eingegangen, um im Rahmen des Rechtssystems [...] zu leben und gleichzeitig unseren islamischen Glauben zu praktizieren und zu vervollkommnen. Wir müssen uns darüber im Klaren sein, dass diese Verträge von zwei Seiten ratifiziert werden, nämlich vom Staat und vom Einzelnen. Selbst wenn der Staat also seinen Vertrag mit irgendeiner anderen Partei, mit der der Einzelne in irgendeiner Weise verbunden ist, ob Muslim oder nicht, verletzt, bleibt der Einzelne an den Vertrag zwischen ihm und dem Staat gebunden. Aus islamischer Sicht ist völlig und umfassend illegal, wenn ein muslimisches Individuum aktiv versucht, diesen Vertrag zu brechen oder gegen ihn zu verstoßen.«

Die Länder der Europäischen Union würden sehr daneben liegen, ließen sie sich aufgrund dieser Zeilen beruhigen. Denn ein Vertrag ist per Definition eine zeitlich begrenzte Vereinbarung: Er kann gebrochen werden und der *Dar al-Ahd* kann zum *Dar al-Harb* erklärt werden (selbst in kleinen Gebieten).

Dennoch und trotz der Warnungen Frankreichs, das von seinen Kampagnen besonders betroffen ist,[215] wird FEMYSO regelmäßig finanziell und politisch von der Union direkt und indirekt unterstützt. Die Organisation wirbt weiterhin in ganz Europa für ihre Aktivitäten und trägt dabei die blaue Sternenkranz-Flagge vor sich her. So erhielt FEMYSO 2013 beispielsweise 70.187,25 Euro direkt von der Europäischen Union zugewiesen. In den Jahren 2014 und 2015 erhielt sie zwei Betriebskostenzuschüsse im Rahmen von Erasmus+ für die Ausbildung von Studierenden als Unterstützung für die Zusammenarbeit der Zivilgesellschaft im Jugendbereich sowie zwei weitere Zuschüsse in Höhe von 49.881 und 35.000 Euro, so dass sich die Gesamtsumme seit 2007 auf 210.000 Euro beläuft. Darüber hinaus wurden 1.156.162 Euro an das Europäische Netzwerk gegen Rassismus (ENAR), zu dem FEMYSO gehört, gezahlt. FEMYSO konnte davon einen Teil in Höhe von 340.000 Euro für das Programm für Inklusion und Antidiskriminierung des Europarats in Anspruch nehmen. Das Forum erhält politische und logistische Unterstützung von der EU und dem Europarat, was ihm in allen europäischen Ländern Legitimität verleiht und eine erhebliche Hebelwirkung auf die Kofinanzierung seiner lokalen Verbände ausübt, ganz zu schweigen von der so erworbenen Ehrbarkeit, die es ihr ermöglicht, mittels der Presse zu kommunizieren.[216]

Die Gelder: Europe Trust (ET)

Bevor er Mitte der 2000er Jahre offiziell der FIOE angeschlossen wurde, war *Europe Trust* bereits 1996 unter dem Namen »*European Trust*« in Markfield im Vereinigten Königreich registriert worden.

Heute präsentiert sich *Europe Trust* als *waqf*, eine wohltätige Stiftung, die wie eine Bank agieren kann und nach islamischem Recht reguliert ist. Im Jahr 2005 besaß *Europe Trust* ein Dutzend Immobilien im Vereinigten Königreich, in Deutschland, Griechenland und Rumänien, seien es Einkommen abwerfende Wohnimmobilien oder lokale islamische Zentren. Mit Geldern der Al Maktoum-Stiftung der Herrscherfamilie von Dubai, des Waqf-Ministeriums in Kuwait und der auf den Jersey-Inseln registrierten Firma *Samara Investments*, von der einige Aktionäre mit der

Muslimbruderschaft in Verbindung stehen, mit Geldern von auf den Britischen Jungferninseln registrierten Großunternehmen aus Saudi-Arabien und von *Al-Islah Kuwait*, die als kuwaitischer Zweig der Muslimbruderschaft gilt, konnte der ET im Jahr 2006 ein Bürogebäude in Den Haag für 1,1 Millionen Euro kaufen. Der ET wurde zu einem Reservefonds der FIOE und ihrer Projekte in Europa.[217]

Die Verbindungen zwischen der FIOE und dem *Europe Trust* wurden erst nach Recherchen des *Wall Street Journal* bei den britischen Regulierungsbehörden für karitative Einrichtungen offiziell bekannt. Ahmed al-Rawi, der bis 2006 Präsident des Trusts war, war bis 2007 auch Präsident der FIOE. Die *Times of London* berichtete 2015, wie mehrere von ET gekaufte Wohnungen auf dem Campus in Leeds die Aktivitäten der Bruderschaft finanzierten. Sieben der neun Treuhänder sind oder waren führende Mitglieder der FIOE oder ihrer Mitgliedsorganisationen. Die *Ligue Islamique Interculturelle de Belgique*, jetzt *Ligue des musulmans de Belgique*, legte in ihrer Satzung fest, dass bei ihrer Auflösung alle Vermögenswerte an *Europe Trust* übergehen sollten. Der britischen Zeitung zufolge soll der *Europe Trust* Immobilien im Wert von 8,6 Millionen Pfund in Europa besitzen, darunter 47 Wohnungen in Leeds. *Europe Trust* soll mit dem Geld reicher Spender aus den Golfstaaten, die mit der Muslimbruderschaft verbunden sind, insbesondere aus Katar und Kuwait, Wohnungen gekauft haben, die er vermieten und mit deren Erträgen er freristische Aktivitäten in Europa finanzieren soll, darunter auch die Aktivitäten der IESH in Frankreich und Wales.

Das Europäische Forum muslimischer Frauen (EFOMW)

Das *Europäische Forum muslimischer Frauen* wurde Anfang 2006 gegründet, die Frauenorganisation, die die Frauenverbände der freristischen Organisationen vereint. Laut einer der Vorsitzenden, Noura Jaballah, Ehefrau von Ahmed Jaballah, Mitbegründer der UOIF und Vizepräsident des CEFR, wurde das Forum von Fatima al-Fihriya (gestorben 880) inspiriert, die mit der Stiftung ihres Erbes den Bau der Al-Qarawiyin-Moschee in Fès in Marokko, der ältesten kontinuierlich betriebenen Universität der Welt, ermöglichte.

Der Frauenzweig will sich innerhalb der Europäischen Union laut eigener Aussage »für die Festigung der Beziehungen und den Erfahrungsaustausch zwischen den einzelnen Mitgliedern einsetzen, um die Beteiligung der muslimischen Frau an der Gesellschaft als Bürgerin zu unterstützen, besser auf ihre Sorgen einzugehen und ihre Interessen bei den europäischen und internationalen Instanzen zu verteidigen.« Sie hat sich zum Ziel gesetzt, die Beschwerden der muslimischen Schwestern aus ihren Mitgliedsorganisationen an die europäischen Institutionen weiterzuleiten. In der Praxis fungiert sie auch als Ort der Koordination von Aktionen und des Erfahrungsaustauschs.

In ihrem Bericht von 2015 brachte die EFOMW einige der aktivistischen Muslimschwestern zusammen, darunter Julie Pascoët, die in Paris-VIII Sozialwissenschaften studierte, früher bei *Islamic Relief* angestellt war und die antirassistische Organisation ENAR mitbegründete, sowie Ragad Altikriti, die Leiterin der Frauenabteilung der britischen fréristischen Vereinigung *Muslim Association of Britain*. Diese Akademikerinnen kämpfen weniger gegen Islamophobie als gegen die Tatsache, dass diese ein fragwürdiges Konzept sei. Sie organisieren daher Veranstaltungen, die über das Vorhandensein von Islamophobie in Bezug auf Frauen »aufklären« sollen, um das als ein »öffentliches«[218] und politisches Problem zu konstruieren, dessen Inhalt und Agenda man dann kontrolliert. Einer ihrer Hauptkämpfe zielt auf das Recht von Frauen, den Hidschab[219] zu tragen. Die Idee dahinter ist, eine Gleichsetzung zwischen dem Recht, sich zu kleiden, und dem *Empowerment* der muslimischen Frau zu schaffen. Auf diese Weise wird vergessen gemacht, dass der Hidschab in erster Linie eine islamische Norm ist, die die Geschlechtertrennung und die geschlechtsspezifische Aufteilung der Verantwortung festschreibt, was formal mit der egalitären Grundlage demokratischer Gesellschaften unvereinbar ist.

Islamic Relief: Der humanitäre Arm

»Die Aufforderung des Islams, den Muslimen ihren Glauben und ihre Identität zurückzugeben, muss ›unter dem Deckmantel sozialer Dienste‹ erfolgen, indem Schulen oder Krankenhäuser gebaut werden«, so Qaradawi in einer Biografie über ihn.[220] *Islamic Relief* (IR; muslimische Wohltätigkeitsorganisation) ist ein 1984 gegründetes Franchise-Unternehmen mit Büros in 20 Ländern, das Hunderte Millionen Dollar an Spendengeldern erhält, unter anderem seitens von Regierungsgeldern aus den USA und Europa. *Islamic Relief* wurde 1984 in Birmingham (Großbritannien) gegründet und hat eine weltweite Zentrale, *Islamic Relief World-*

wide (IRW), von der aus mehrere Zweigstellen koordiniert werden. Einige sind direkt mit der Organisation verbunden, andere sind Partnerbüros und wieder andere reklamieren für sich eine völlige Unabhängigkeit. Die Organisation wurde 1992, als der Krieg in Bosnien und Herzegowina den Anlass für eine neue internationale humanitäre Mobilmachung gab, durch eine Spendenkampagne der Londoner Tageszeitung *The Independent* zusammen mit britischen NGOs wie *Oxfam* und *Save the Children* in den westlichen Medien bekannt.

Hany al-Banna (nicht verwandt mit Hassan al-Banna) wird als einer der wichtigsten Führer des IR beschrieben. Er sammelt Geld, um die militärischen Flügel der Muslimbruderschaft (wie die Hamas) oder ihre Präsenz in Konfliktgebieten (wie in Somalia oder im Sudan) zu finanzieren. Dieser ägyptische Medizinstudent, der 1977 nach Großbritannien kam, wurde durch die Schriften von al-Banna und Qutb stark inspiriert. Kurz vor der Gründung von *Islamic Relief* engagierte er sich im libanesischen Bürgerkrieg und begann dann von England aus, in Moscheen Geld für die *Islamic Medical Association* zu sammeln, eine von den libanesischen Muslimbrüdern gegründete Einrichtung. Das Vorstandsmitglied der *Federation of Student Islamic Societies* (FOSIS) [Föderation der Islamischen Studentengesellschaften] stieg damit in das *business* der Wohltätigkeitsorganisationen ein. Zusammen mit IR gründete er das *Zakat House*, das *Humanitäre Forum* und das *Muslim Charities Forum*.

Hany al-Banna ist auch Treuhänder von *Muslim Aid,* einer in London ansässigen Wohltätigkeitsorganisation, die zugegeben hat, zwei Hamas-Organisationen finanziert zu haben. Dies hindert allerdings nicht daran, dass er 2004 in Anerkennung seiner karitativen Bemühungen von Königin Elisabeth II. in den *Order of the British Empire* aufgenommen wird.

Im Jahr 2015 verlor das *Muslim Charities Forum* einen Zuschuss der britischen Regierung in Höhe von 250.000 Pfund, nachdem die Zeitung *Daily Telegraph* die extremistischen Verbindungen von Mitgliedern der Organisation aufgedeckt hatte. Trotz der Dementis der Verantwortlichen gibt es zahlreiche Beweise für Verbindungen zwischen dem IR und der Muslimbruderschaft, die in einem Bericht des *Middle East Forum* (2018)[221] erhärtet wurden. Beispielsweise war Ahmed al-Rawi, ein Vorsitzender der FIOE und der *Muslim Association of Britain,* von 1992 bis 2000 Direktor von *Islamic Relief Worldwide*. Lamia el-Amri, Vorstandsvorsitzende von *Islamic Relief Worldwide,* ist Gründerin und Vorsitzende des Frauenzweigs des Europäischen Forums der muslimischen Frauen (EFOMW).

Islamic Relief wurde von Israel und den Vereinigten Arabischen Emiraten als eine Organisation zur Finanzierung des Terrorismus bezeichnet. Da sie beschuldigt wurde, den Terrorismus in Tschetschenien zu unterstützen, wurden ihre Konten von der Schweizer Bank UBS und später von HSBC geschlossen. Dennoch gehen ihre Aktivitäten weiter. *Islamic Relief* pflegt weiterhin Zugang zu wichtigen Regierungsbeamten, darunter auch im Weißen Haus in Washington. Im Vereinigten Königreich empfängt *Islamic Relief* bei seinen Veranstaltungen Minister und Mitglieder der Königsfamilie. Das *Middle East Forum* hat mehr als 80 Millionen US-Dollar an Zuschüssen und auf Gegenseitigkeit beruhenden Programmen von westlichen Regierungen, der Europäischen Union und den Vereinten Nationen ermittelt: »Zwischen 2000 und 2016 haben amerikanische Gemeinschafts- und Unternehmensstiftungen mehr als 4,3 Millionen Dollar an *Islamic Relief* gespendet. Die größte Spende kam von der *Bill & Melinda Gates Foundation*, die *Islamic Relief* fast 1,4 Millionen Dollar zuteilte.«

KAPITEL V

»Islamisierung des Wissens«

Ein weit verbreiteter Irrtum besteht darin, den Frérismus als rein politisches Projekt zu bewerten, obwohl es sich hier treffender um ein politisch-religiöses Projekt sektenähnlicher Art mit einer eschatologischen Dimension handelt, das auf die Umgestaltung der Welt durch eine Umprogrammierung des Individuums, seines Geistes und seines Körpers abzielt.

Das fréristische Aktionssystem versucht, die Weltanschauung und die täglichen Praktiken derjenigen, die es indoktriniert, zu verändern. Es ist der sparsame Weg, der gewählt wurde, um auf die Welt einzuwirken, ohne sie im Ganzen zu ändern, da der Frérismus hierzu nicht die Mittel besitzt. Der Frérismus wendet sich in zivilisatorischer und kultureller Hinsicht gegen den Feind, den er sich ausgesucht hat, den »Westen«, indem er dessen Technologien, dessen Geschichte und Rechtssystem sowie die Philosophie europäischen Ursprungs gegen ihn selbst einsetzt. Sein Krieg zielt nicht auf die Zerstörung der Welt (denn sie beherbergt Nicht-Muslime, die Muslime sind, die das noch nicht wissen), sondern auf ihre Unterwanderung. So ist das fréristische Projekt, was allzu oft vergessen wird, ein intellektuelles Projekt, das auf dem Gebiet des Denkens und des Geistes agiert, und man tut dies durch List, Täuschung und Manipulation.

Islamization of Knowledge (IoK)

Kehren wir in die 1970er Jahren zurück. Die im Exil lebende Elite der Muslimbrüder hatte sich zum Teil auf den Campus europäischer, amerikanischer und australasiatischer Länder verteilt. In dieser Zeit, die von einer weltweiten Kritik am Kapitalismus und einem scheinbar unaufhaltsamen Vormarsch seiner neoliberalen Variante geprägt war, wollten die islamistischen Studenten der ›atheistischen‹ und ›materialistischen‹ Wissenschaft des Westens die ihrer Meinung nach perfekte Führung des Islams entgegensetzen. Anfangs sind sie von ihrem Enthusiasmus so überwältigt, dass sie ihre Intentionen nicht verbergen. In den 1970er Jahren war es ein ehrenwertes Vorhaben, dem westlichen Materialismus eine Moral und eine Ethik entgegen zu setzen.

Es war jene Epoche, in der das Überdenken der westlichen Erkenntnistheorie das Ziel einer Elite war, die von einer dekonstruktiven Raserei ergriffen war. Es begann in Frankreich mit Sartre, der die Assimilation geißelte, und weitete sich mit dem Import der *French Theory* in die USA und dem eher deutsch geprägten *linguistic and hermeneutic turn* (sprachliche und hermeneutische Wende) aus.

Auf den Campus, wo sie sich seit den 1960er Jahren – mitten im Kalten Krieg – zusammenfinden, überzeugen sich die muslimischen Studenten, alles Anhänger von al-Banna, Qutb oder Maududi, gegenseitig von der Idee, dass der Islam der dritte Weg sei, dass sein von Gott geführtes Reich in der Welt entstehen müsse, um die beiden großen antagonistischen Ideologien zu überwinden, die die Menschheit in den Untergang führen: Kapitalismus und Kommunismus. Der Islam muss die Welt so führen, wie es die Prophezeiung vorgesehen hat, und die Zeit könnte reif sein, sie zu erfüllen. Die Frage ist in erster Linie eine intellektuelle Frage, nämlich die nach dem Plan, dem Programm, das den unaufhaltsamen Niedergang des Westens begleiten muss, einen Niedergang, den die von ihm als ›scharfsinnig‹ bezeichneten Westler selbst beschreiben, wie Khurshid Ahmad betont:

> »Jede Supermacht sah sich nach einer gewissen Zeit mit dem Niedergang konfrontiert. Das 19. Jahrhundert war der Höhepunkt der Macht der europäischen Staaten, dann begann ihr Niedergang. Und der Erste Weltkrieg war ein Spiegel, in dem dieser Niedergang gesehen werden konnte. [...] So begannen zum ersten Mal scharfsinnige Denker, über die Krise nachzudenken; obwohl sie sich auf dem Höhepunkt der Macht befand, begannen die inhärenten Schwächen der westlichen Zivilisation, der Widerspruch von Kapitalismus, Sozialismus, sogar der Demokratie, eines jahrhundertealten Paradigmas, zu Tage zu treten, und das wichtigste Werk ist Oswald Spenglers *Der Untergang des Abendlandes*. Und dann natürlich Arnold Toynbee, Breschnew, Sorokin, Northrop, Dutzende von Geschichtsphilosophen.«[222]

Da in den heiligen Schriften bereits alles offenbart ist, gilt es, diesen vorhersehbaren Niedergang planmäßig in Bewegung zu setzen, zu begleiten. Die Sprache dieses Programms ist nicht das Arabisch von al-Banna oder das Urdu von Maududi, sondern Englisch, die Sprache der Technik und des Ingenieurwesens, die ursprünglich vom europäischen Kontinent stammt, wo sich die antike Demokratie, das Gedankengut der Aufklärung, die Säkularisierung und die großen politischen Ideologien, die dem Westen zur Weltherrschaft verholfen haben, entwickelt haben.

Das Projekt der Islamisierung des Wissens ist ein Gegenprojekt, das sehr eng an das angedockt ist, was es überwinden will. Es demontiert und subvertiert von innen heraus. Die *Islamization of Knowledge* (IoK) ist sogar zu einer allgemeinen akademischen Disziplin geworden, die an den Universitäten einiger muslimischer Länder als Ergänzung zu den Spezialdisziplinen gelehrt wird, insbesondere auf dem asiatischen Kontinent.

Die IoK wurde in der *Islamic Foundation* in Leicester, Großbritannien, konzipiert sowie in den USA in einer Einrichtung, die sich ausschließlich dieser Sache widmet: dem *International Institute of Islamic Thought* (Internationales Institut für Islamisches Denken, IIIT). Das IIIT wurde 1981 in Pennsylvania gegründet und später nach Herndon im US-Bundesstaat Virginia verlegt. Ziel war, wissenschaftliches Denken auf der Grundlage der »Ethik des Islam« zu fördern. Es scheint, dass die Idee zur Gründung des IIIT von der *Association of Muslim Social Scientists* (AMSS), einem Ableger der *Muslim Student Association*, im Anschluss an die internationale Konferenz der Muslimbrüder in Lugano 1977 (*siehe oben*) entwickelt wurde, an der die wichtigsten Persönlichkeiten der Muslimbruderschaft, darunter Qaradawi, teilnahmen.[223] Der palästinensisch-amerikanische Philosoph und Islamwissenschaftler Ismail Al-Faruqi verfasste dazu den Fahrplan, der 1989 unter dem Titel *Islamization of Knowledge. General Principles and Work Plan* veröffentlicht wurde.[224]

Die Islamisierung des Wissens ist keine Denkschule, sondern ein systematischer und geplanter Versuch, die Wissenschaften wieder für den Islam zu vereinnahmen. Sie zielt auf eine Neuformulierung der akademischen Disziplinen ab, um der Umma einen islamischen ethischen Standpunkt und eine Methodik zu vermitteln, die es den Muslimen ermöglichen, sich den Herausforderungen der Moderne zu stellen, sich weiterzuentwickeln und so den verlorenen zivilisatorischen Ruhm des Islams zurückzuerobern (Moten, 2004). Die Islamisierung des Wissens will die Philosophie der Aufklärung, welche die intellektuelle und technologische Überlegenheit des Westens ermöglicht hat, dekonstruieren und in islamische Begriffe zurückübersetzen. Auf diese Weise wird die islamische Moderne der materialistischen Verirrung, dem Nihilismus, der

Unmoral und der Sinnlosigkeit entgehen, die den Niedergang des Westens erklären.

Die wichtigsten Theoretiker der IoK sind religiöse Gelehrte, die an westlichen Universitäten vor allem in Philosophie ausgebildet wurden: der palästinensisch-amerikanische Ismail Al-Faruqi (1921-1986),[225] der iranische Sayyed Hossein Nasr[226] oder der Malaysier Naquib al-Attas (geboren 1931),[227] auf die Maududi einen erheblichen Einfluss hatte. Sie verfolgen eine Logik der Antwort, der Verteidigung und der Rache angesichts der »Invasion des westlichen Denkens«. Ihr Ziel ist die Entwestlichung des Wissens der Aufklärung, die Rehabilitierung des eigenen/originellen Denkens des Islams, um nach und nach den Rest der Menschheit davon zu überzeugen (Dzilo, 2012). Zu den Referenzautoren der IoK-Förderer gehört Ibn Taymiyya, ein Theologe und Rechtsgelehrter aus dem 13. Jahrhundert, der als Bezugsperson der Salafisten gilt.

Einer der zeitgenössischen Autoren der IoK (Autor einer 2012 an der Universität Paris-VIII verteidigten Habilitationsschrift über das Denken Michel Foucaults) fasst zusammen: »Der große Beitrag, den Ibn Taymiya leistete, bestand im Wesentlichen in seiner tiefgreifenden und relevanten Einschätzung der historischen Situation, die die muslimische Nation im 13. Jahrhundert erlebte. Der Ausweg, den er aus der Krise vorschlug, bestand in einer Klassifizierung der ursprünglichen Wissenschaften, die eine Verbindung zwischen dem Rationalen und dem Praktischen herstellte und beide auf die Gesetzgebung reduzierte, was mit den Zielen der Islamisierung des Wissens übereinstimmt, die dem heiligen Text den Vorrang vor der Vernunft und der Praxis einräumt« (Beghoura, 2008).

Die »westliche Wissenschaft« neu interpretieren

Unter welcher Bedingung ist Wissenschaft/Erkenntnis möglich? Die Islamisierung des Wissens antwortet, dass jede Wissenschaft gültig ist, solange sie nicht im Widerspruch zu den Geboten Gottes steht, die im Koran und in der authentischen Überlieferung niedergelegt sind. Diese Epistemologie impliziert, dass wahre Erkenntnis existiert, dass reine Vernunft möglich ist, was eine vorkantische Auffassung von Erkenntnis darstellt.

Der Plan der Fréristen, das Wissen zu islamisieren, zielt vor allem auf die Geistes- und Sozialwissenschaften ab. Wie Beghoura (2008) betont, haben die Befürworter der Islamisierung des Wissens aufgrund der »realen epistemologischen Hindernisse, auf die die Geisteswissenschaften bei ihrem Streben nach Wissenschaftlichkeit im Vergleich zu den exakten und Naturwissenschaften stoßen, [...] von Anfang an begriffen, dass ihr Kampf gegen die Geisteswissenschaften leichter und schneller sein würde als derjenige gegen die exakten Wissenschaften.«

Um diese Theorie zu veranschaulichen, habe ich drei Autoren ausgewählt, die drei Generationen von IoK-Förderern repräsentieren: Maududi, der die Grundlagen für IoK legte, auch wenn er den Begriff nicht verwendete; Al-Faruqi, der IoK theoretisierte, indem er sie als neue Disziplin vorschlug, die sich über alles Wissen erstreckt; und schließlich Berghout, der sie systematisierte.

Maududi, ein Vorläufer der IoK

Im Rahmen dessen, was er als *Islamic way of life* (Islamische Lebensart) bezeichnete, stellte Maududi bereits in den 1930er Jahren die Weichen für eine Epistemologie des Wissens, die mit der westlichen Wissenschaft bricht. In dieser Hinsicht darf er als Begründer der IoK angesehen werden, auch wenn er diesen Ausdruck nicht verwendet. Für diesen indischen Zeitgenossen Hassan al-Bannas, einen Ingenieur des System-Islams, sind Glaube und Wissen untrennbar miteinander verbunden. Eine Synthese zwischen islamischer und westlicher Wissenschaft ist unmöglich, da die westliche Wissenschaft nicht universell, sondern amoralisch und zerstörerisch ist. Daher muss die Wissenschaft islamisiert werden, was nicht nur aus einer oberflächlichen Moralisierung bestehen kann, sondern eine vollständige Revision der Wissenschaft durch die Annahme des spezifischen islamischen Standpunkts (der Vision) zu sein hat.

Der Islam verbietet seiner Ansicht nach die Nachahmung und pauschale Übernahme von Bräuchen, Kulturen und politischen Doktrinen fremder Herkunft. Die Muslime müssen allein aus dem Islam schöpfen, um mit der verderblichen Wissenschaft des Westens endgültig abzurechnen. Man muss sie nicht ablehnen, sondern nur ihre Grundlagen neu interpretieren, und zwar methodisch, indem man ihrem unverbesserlichen Materialismus die Spiritualität und vor allem die islamischen Zielrichtung entgegenstellt. Maududi macht seine Vorschläge ausgehend von der Feststellung des zivilisatorischen Scheiterns und der Toxizität der westlichen Wissenschaft, wie er meint:

— *Die westliche Wissenschaft schließt die spirituelle Dimension aus.*
Die westliche Wissenschaft lehnt alle Formen der Erkenntnis ab, die auf der Annahme einer Realität jenseits der irdischen Existenz beruhen, und stützt sich ausschließlich auf die Sinne und die menschliche Vernunft. Der Mensch entdeckt die Gesetze der Entwicklung, die einer rational geordneten Welt innewohnen. Die westliche Wissenschaft hat somit zu einer Weltanschauung geführt, in der weder dem Geist noch den spirituellen Werten ein Platz eingeräumt werden kann.
— *Die westliche Wissenschaft ist nicht universell, sondern zerstörerisch.*
Viele Muslime wurden in dem Glauben erzogen, dass säkulares Wissen dem aus religiösen Quellen abgeleiteten Wissen überlegen ist. Die westlichen Wissenschaften, insbesondere die Sozialwissenschaften, die Philosophie und die Rechtswissenschaften, sind jedoch relativ. Das von verwestlichten Muslimen übernommene Bildungssystem ist ein fremdes System, das der Umma unermesslichen Schaden zufügt und »braune Engländer«, »Anglo-Mohammedaner« und »Anglo-Inder« hervorbringt.
— *Die westliche Wissenschaft ist amoralisch, weil sie keinen Zweck verfolgt.*
Die westliche Wissenschaft hat die Bedeutung der Moral im menschlichen Leben reduziert und sie vom Zentrum an die Peripherie gedrängt. Die Marginalisierung spiritueller Werte hat zu einer Fragmentierung und Abschottung des menschlichen Lebens geführt. »Im Islam gibt es kein Konzept von Wissenschaft um ihrer selbst willen und kein Konzept von Wissen um seiner selbst willen.« Wissen hat eine Zielausrichtung: dem allmächtigen Gott zu gefallen. »Was das islamische Denken auszeichnet, ist der starke Glaube und die Bestätigung, dass Gott die Oberhoheit über alles hat und dass alle Dinge, einschließlich des Wissens, von Gott abhängen.« (Al-Milad zitiert nach Beghoura, 2008).

Um die westliche Wissenschaft bis in ihre Grundfesten zu islamisieren, schlägt Maududi folgende Methode vor (Moten, 2004):
1. Kritische Bewertung des westlichen Wissens aus der Perspektive des islamischen Standpunkts. Es geht darum, die westlichen Disziplinen in den Korpus des islamischen Erbes zu integrieren und ihre Bestandteile gemäß der Weltanschauung des Islams und seiner Werte zu eliminieren, zu modifizieren, neu zu interpretieren und anzupassen.

2. Das muslimische Verständnis der göttlichen Quellen muss einer kritischen Bewertung unterzogen werden (nicht die Quellen selbst). So müssen die traditionellen Kommentare zum Koran und zur Sunna von Verfälschungen gesäubert werden.
3. Neue Maßnahmen müssen entworfen werden, um den Anforderungen der Zeit gerecht zu werden, indem man sich auf Idschtihad (die Anstrengung des Nachdenkens) und nicht nur auf die bloße Nachahmung der Alten beruft.

Maududi ist der Ansicht, dass die »gesunden Errungenschaften« der westlichen Zivilisation, ihre wissenschaftlichen und technologischen Errungenschaften bewahrt werden können, wenn sie mit den Prinzipien, dem Geist und den Zielen des Islams übereinstimmen. Sie müssen bewertet und, falls sie konform sind, abstrahiert und in das islamische Lebensschema assimiliert werden.

Es geht nicht darum, eine islamische Wissenschaft an die Stelle der Wissenschaft zu setzen, sondern darum, die Wissenschaften zu überdenken und neu zu definieren, indem man einerseits einen islamischen Standpunkt einnimmt und andererseits ihnen Zielsetzungen zuweist, die mit dem Islam übereinstimmen. Daraus ergibt sich die Tragweite, schon frühzeitig Vision, Identität und Plan zu vermitteln.

Al-Faruqi, der Theoretiker des Tauhids als zivilisatorische Essenz des Islams

Ismail Al-Faruqi ist der Autor des Gründungsdokuments des IIIT: *Islamization of Knowledge. General Principles and Work Plan.*[228] Er wurde in Jaffa im britischen Mandatsgebiet Palästina geboren. Als Sohn eines islamischen Richters erhielt er eine religiöse Erziehung und eine allgemeine Schulbildung am französischen Dominikanerkolleg der Brüder von Jaffa. Nach der Gründung Israels im Jahr 1948 wanderte seine Familie nach Beirut im Libanon aus, wo er an der *American University* studierte. Er trat dann in die philosophische Fakultät der Harvard University ein, wo er seine Masterarbeit mit dem Titel *Justifying the Good: Metaphysics and Epistemology of Value* verfasste, die 1952 in Form einer Dissertation an der *Indiana University* eingereicht wurde. Anschließend studierte er in Kairo an der al-Azhar-Universität und gründete das IIIT zusammen mit Taha Dschabir Al-Alwani, Abdul Hamid Abu Sulayman, Rektor der *International Islamic University of Malaysia* (IIUM), und Anwar Ibrahim.

Al-Faruqi ist der Theoretiker des Tauhids als Zivilisation und als Essenz. Die französischsprachige Frēristen-Website *Mizane.info* übersetzt und veröffentlicht einen seiner Texte unter dem Titel »L'essence civilisationnelle de l'islam« (Die zivilisatorische Essenz des Islam):[229]

> »Muslime sind apodiktisch davon überzeugt, dass die islamische Zivilisation eine Essenz hat, dass diese Essenz erkennbar und analysiert oder beschrieben werden kann [...] Der Tauhid ist das, was der islamischen Zivilisation ihre Identität verleiht, was all ihre Bestandteile miteinander verbindet und sie so zu einem integralen organischen Körper macht, den wir Zivilisation nennen. [...] Indem sie disparate Elemente miteinander verbindet, formt die Essenz der Zivilisation, in unserem konkreten Fall der Tauhid, sie mit ihrer eigenen Form. Sie formt sie um, um sie mit anderen Elementen zu harmonisieren. Ohne notwendigerweise ihre Natur zu verändern, verwandelt die Essenz die Elemente, aus denen eine Zivilisation besteht, und verleiht ihnen einen neuen Charakter.«

Zusammenfassend lässt sich also sagen, dass »der Tauhid eine allgemeine Sicht der Realität, der Wahrheit, der Welt, des Raums und der Zeit, der menschlichen Geschichte« ist. Dieses vereinheitlichende Prinzip bildet »die Zivilisation des Islam». Die Rolle des Muslims besteht darin, die Welt durch und für den Islam zu zivilisieren. »Sein Leben wird nicht eine Reihe von Ereignissen sein, die zusammengesetzt werden, sondern es wird an ein einziges übergeordnetes Prinzip gebunden sein, an einen einzigen Rahmen, der ihnen Einheit verleiht.«

> »Die Zivilisation des Islams stellt die Elemente in eine geordnete Struktur und regelt ihre Existenz und ihre Beziehungen nach einem einheitlichen Muster. Die Elemente selbst können sowohl lokal aus dem Inland als auch aus dem Ausland stammen. In der Tat gibt es keine Zivilisation, die nicht Elemente übernommen hat, die ihr fremd waren. Wichtig ist, dass die Zivilisation (des Islams) diese Elemente verdaut, das heißt ihre Formen und Beziehungen neu gestaltet und sie so in ihr eigenes System einbindet. Sie mit ihrer eigenen Ausprägung ›in Form zu bringen‹, bedeutet tatsächlich, sie in eine neue Realität zu verwandeln, in der sie nicht mehr für sich selbst oder in ihrer alten Abhängigkeit existieren, sondern als integrale Bestandteile der neuen Zivilisation, in die sie integriert wurden.«

Was sich mit Tauhid verbindet, »wird akzeptiert und integriert. Was nicht dazu gehört, wird abgelehnt und verurteilt.«

Al-Faruqi beansprucht eine ›rationale‹ Methode, die seiner Meinung nach »nicht den Vorrang der Vernunft vor der Offenbarung bedeutet, sondern die Ablehnung jedes ultimativen Widerspruchs zwischen beiden.« Sie soll den Leser zur Offenbarung hinführen und ihn nicht von ihr wegführen. Der Leser muss befürchten, dass ihm eine nicht offensichtliche Bedeutung der Offenbarung entgangen ist, und muss versuchen, den scheinbaren Widerspruch zu beseitigen. »Die Annahme des Widersprüchlichen oder Paradoxen als Möglichkeit ist nur für Geistesschwache akzeptabel«, sagt Al-Faruqi.

Das Gründungsdokument des IIIT besteht, wie fast immer bei den Muslimbrüdern, aus einem Aktionsplan:
> »Es ist höchste Zeit, dass wir vorwärts marschieren und das Banner der ›Islamisierung‹ entfalten,« erklärt der palästinensisch-amerikanische Philosoph, denn dieses Ziel sei »im Bewusstsein der Umma selbst verankert. [...]
>
> Es muss daher richtig sein, die ›Islamisierung‹ als das Ziel der Umma und all ihrer Mitglieder zu betrachten, die ihren Vorwärtsmarsch wie ihren leuchtenden Stern führen.«

Als Al-Faruqi, der aus einer reichen palästinensischen Familie stammte, sein Projekt während er sich im Exil in Pennsylvania befand formuliert, spricht er die Psychologie muslimischer Studenten an, die einen Loyalitätskonflikt zwischen den Ländern, aus denen sie stammen, und ihrem privilegierten Leben und ihrer Behandlung in den Vereinigten Staaten erleben (zitiert nach Haddad, 1991):
> »Es gibt keine Schuld, wenn man seine Heimat verlassen hat und an einem neuen Ort Erfolg hat, und man muss dem Aufnahmeland nicht besonders dankbar sein – weil der Erfolg Gott gehört. [...]
>
> Die islamische Vision bringt dem Einwanderer die tiefste Liebe, Verbundenheit und Sehnsucht nach einem reformierten und zu Gott zurückgekehrten Nordamerika.«

Wenn diese Transformation stattgefunden hat, werden Einwanderer und Konvertiten feststellen, dass ihr Leben einen neuen Sinn und eine neue Bedeutung erhält, »deren Dimensionen kosmisch sind« (Haddad, 1991). Um dies zu erreichen, müssen die Prinzipien einer »islamischen Intelligenz« aufgebaut und strukturiert werden, als erste Priorität der Islamisierung, »eine Vorbedingung, ein Fundament für die Errichtung des Überbaus der Umma.« Der Leiter des Islamisierungsprozesses ist Gott, sein

Operationshandbuch ist der Islam selbst, sein Ziel ist die gesamte Menschheit.

Die Islamisierung des Wissens erfordert die Durchsetzung des islamischen Standpunkts durch einen rigorosen Aktionsplan, der die islamische Vision in alle Wissensbereiche einfließen lassen soll. Immer wieder: die Vision und der Plan.

1) Die Vision muss wiederhergestellt werden, die islamische Sichtweise muss durchgesetzt werden.

Für Al-Faruqi sind ohne eine Reform des Denkens und ohne eine wahre und klare Vision alle Anstrengungen und Opfer vergeblich. Er definiert die Aufgabe der Islamisierung des Wissens als die Neugestaltung des gesamten Erbes des menschlichen Wissens aus der Sicht des Islam. Wie Maududi lehnt auch Al-Faruqi die westliche Wissenschaft nicht ab. Er will die beiden Bildungssysteme integrieren, indem er die islamische Vision in die westliche Wissenschaft einfließen lässt. Er befürwortet eine Universitätsreform, die Folgendes umfasst:

— das obligatorische Erlernen der Geschichte der islamischen Zivilisation auf universitärer Ebene unabhängig vom Studienfach,

— die fächerübergreifende Islamisierung des modernen Wissens: »Muslimische Akademiker müssen alle modernen Disziplinen beherrschen, um sie vollständig zu verstehen und eine absolute Meisterschaft in allem, was sie zu bieten haben, zu erreichen. Dies ist die erste Vorbedingung. Zweitens müssen sie das neue Wissen in den Korpus des islamischen Erbes einbringen, indem sie dessen Bestandteile gemäß der Weltanschauung des Islams und seiner Werte eliminieren, verändern, neu interpretieren oder anpassen.«

2) Es bedarf einer Methodik und eines konkreten Plans.

Methodisch geht es darum, die Daten neu zu definieren und zu ordnen, die Argumentation und die Verknüpfung der Daten zu überdenken und die Schlussfolgerungen neu zu bewerten, sodass die Fächer die ›Vision‹ aufgreifen und so der Sache des Islams und dem Plan Gottes dienen. Die Priorität besteht darin, Schulbücher auf Universitätsniveau zu produzieren, welche die Fächer gemäß der islamischen Vision umgestalten.

Der Plan für das IIIT ist aktiv. Er wurde an der *International Islamic University Malaysia* (IIUM) umgesetzt, die 1983[230] auf Anweisung von Premierminister Mahathir Mohamad gegründet wurde, der den Plan bei einem Treffen der OIZ-Führer über die Islamisierung des Wissens[231] unterstützte. Die *International Islamic University Malaysia* wurde von dem saudischen Muslimbruder Abdul Hamid Abu Sulayman gegründet und geleitet, der von 1983 bis 1999 an der Spitze der Hochschule stand. Sulayman wurde 1936 in Mekka geboren und ist ein reines Produkt der fréristischen Elite, hat Kairo, Riad und die Universität von Pennsylvania in den USA durchlaufen. Er war von 1973 bis 1979 Generalsekretär der *World Assembly of Muslim Youth*, Gründungsmitglied der *Association of Muslim Social Scientists* (1972) und später Präsident des IIIT, wo er seine Dissertation veröffentlichte und nach wie vor eine der tragenden Säulen dieses Instituts ist.[232]

Die IIUM legt den Schwerpunkt auf die Ausbildung von »muslimischen Fachleuten«, die nach den Grundsätzen von *al-ʿaqīda* (Dogma), *aš-šāriʿa* (Gesetz) und *al-aḫlaq wal-karīma* (gutes Benehmen, Lebensqualität) leben. Zu diesem Zweck hat die Universität eine Abteilung für allgemeine Studien eingerichtet, die der Aufsicht der Fakultät für Islamisches Offenbarungswissen und Humanwissenschaften unterstellt ist, der *Kulliyyah of Islamic Revealed Knowledge and Human Sciences* (KIRKHS). Die KIRKHS bietet Pflichtkurse über die islamische Weltanschauung für alle Studierenden der Universität, unabhängig von ihrer Fachrichtung, an. Dieser fächerübergreifende Kurs querbeet zielt darauf ab, dass jeder Absolvent der IIUM die Grundprinzipien der Weltanschauung und der Ethik und Moral des Islams beherrscht. Die Studierenden sind verpflichtet, die von den Islamisierungsausschüssen der verschiedenen Fakultäten entworfenen Programme zu absolvieren, um durch sie einen positiven islamischen Charakter herauszubilden.

Berghout und die prozedurale Islamisierung in Unternehmen

Der der Praxis verpflichtete IIUM-Gründer Abdul Hamid Abu Sulayman brachte eine Generation von praktizierenden IoK-Ingenieuren hervor. Abdelaziz Berghout ist einer von ihnen. Er ist Professor an der IIUM und wurde 1966 in Algerien, in Ras El Aioun im Aurès-Gebirge, geboren. Er stammt aus der kinderreichen Familie des Hadj Moubarak Berghout, der von seinen Verwandten aufgrund seiner aktiven Teilnahme am Unabhängigkeitskrieg und des intellektuellen Erfolgs seiner Söhne als »Mann der zwei Dschihads« bezeichnet wurde. Abdelaziz Berghout absolvierte eine

Universitätsausbildung am Nationalen Institut für Finanzstudien und schloss seine Graduiertenausbildung in Malaysia ab, wo er promovierte und eine Professur an der IIUM[233] erhielt. Berghouts Ziel als Professor einer Universität zur Islamisierung des Wissens ist es, eine epistemologische Struktur sowie aktive methodologische und pädagogische Werkzeuge zu entwickeln, mit der man in der Lage ist, die islamische Weltanschauung zu vermitteln und alles menschliche Handeln, einschließlich industrieller Prozesse, zu leiten. Auf diese Weise kann der Materialismus mit religiöser Spiritualität verbunden werden.

Er schlägt ein Modell vor, in dem die islamische Perspektive in alle industriellen Inputs, Prozesse und Ergebnisse integriert wird. Auf diesem Weg kann der Islam seinen Geist in der Wirtschaft und Produktion verbreiten und sich in die Unternehmenswelt integrieren. Die islamische Weltanschauung und die islamischen Werte, das islamische Umfeld, der islamische Lehrplan und die islamischen Richtlinien, Politiken und Lernprinzipien werden in den Inputs und dann in den Lernprozessen verinnerlicht und spiegeln sich in den Ergebnissen wider: Forschung, islamische Dienstleistungen, islamische Produkte. Durch Evaluation und Feedback der Information wird der zyklische Prozess kontinuierlich verbessert.

Die islamischen Richtlinien werden in Form von Leitfäden in die Prozesse eingebaut, die von Studenten, Ingenieuren oder Arbeitern umgesetzt werden, die islamische Produkte und Dienstleistungen herstellen, die wiederum Kontrollen (Prüfungen, Bewertungen, Empfehlungen) unterliegen, welche wiederum dazu dienen, die islamischen Richtlinien zu verbessern, die dann in die Prozesse eingebaut werden, und so weiter.

Dieses vermeintlich tugendhafte Kreislaufmodell lässt sich auf die Herstellung von Industrieprodukten ebenso anwenden wie auf die Ausbildung von Studierenden, Lehrern oder Kindergärtnerinnen.

Das Modell des Lernens in einem islamischen Umfeld (*Abbildung rechts*) ist nicht fiktiv. Es existiert bereits in den Fakultäten der IIUM. Die Universität stellt sicher, dass alle Aktivitäten der Mitarbeiter, Studierenden, des Verwaltungspersonals, in Lehre und Lernen, Forschung, Dienstleistungen und dem Engagement für die Gemeinschaft von einer islamischen Vision geleitet werden. Diese Perspektive spiegelt sich natürlich in Forschungsergebnissen, Veröffentlichungen, Lehrplänen, Lehrmethoden und -ansätzen, Ethik- und Verhaltenskodexen wider.

Das Lernmodell aus Perspektive des islamischen Rahmens (Berghout 2011)[234]

»Islamisierung des Wissens«

Input: Islamische Politik, Werte, Programme, Infrastruktur, Ethik und Lernprinzipien. **Umsetzung**: Einbeziehung der islamischen Perspektive als leitendes Element des Lehr- und Lernprozesses.

Feedback: Aufrechterhaltung stetiger Verbesserung und Qualitätssicherung des Islamisierungsprozesses durch kontinuierliche Bewertungen, Empfehlungen, Jahresberichte und Audits. **Output**: Ergebnisse müssen eine islamische Perspektive in Form von Forschung, Veröffentlichungen, Ergebnissen, von islamisierten Dienstleistungen und Produkten abbilden.

So müssen Studierende an Gesundheitseinrichtungen wie der *kulliyyah* (Fakultät) für Medizin oder der *kulliyyah* für Pharmazie *taqwa* (Frömmigkeit) nicht nur in ihr persönliches Leben, sondern auch in ihre Arbeitsmethoden einfließen lassen. Ebenso müssen sie den *akhlaq* (islamischer Verhaltenskodex) in ihrer Berufspraxis anwenden. Die juristischen Fakultäten müssen unter dem Gesichtspunkt der Harmonisierung des Zivilrechts und der Scharia arbeiten. Die *kulliyyah* der Wirtschaft muss mit der islamischen Weltanschauung des Tauhid und den hohen Zielen der Scharia übereinstimmen und so weiter.

Die Verpflichtung zu einer von der *Kulliyyah of Islamic Revealed and Human Knowledge* überwachten Ausbildung bedeutet, dass jede Wissenschaft die »Ent-Metaphysik« der wissenschaftlichen Erkenntnis vermeidet, die sie laut Berghout von jedem Wert und Geist entleert. Es geht ihm darum, die westliche Perspektive der Naturgesetze, den Kopernikanismus und das unendliche Universum, die Ideen von Bacon, Gilbert, Galileo Galilei, die mathematische Physik von Kepler, Descartes und seinen Dualismus, die Mathematisierung von Raum, Zeit und Materie, Newton und seine *Principia* in Frage zu stellen, sowie die Ordnung in der Natur, die Quantifizierung der Natur im 18. Jahrhundert, die darwinistische und neodarwinistische Evolution, die moderne Physik: Relativitätstheorie, Quantenmechanik, die Vorstellungen von Ordnung und Chaos.

Lernmodell aus Perspektive des islamischen Rahmens (Berghout 2011)

Externes Umfeld

Eingabe:
- Islamische Weltanschauung und Werte
- Infrastruktur und Ausstattung für eine islamische Lernumgebung
- Qualität des Personals
- Qualität der Studierenden und der Forscher
- Politiken, Richtlinien und Vorschriften
- islamische Studienprogramme und Lehrpläne

Umsetzung:
- Lernen und Lehren aus islamischer Perspektive
- Forschung und Veröffentlichungen aus islamischer Perspektive
- Konferenzen und damit verbundene akademische Aktivitäten
- Administrative Aktivitäten und Dienstleistungen
- Prozesse und Qualitätssicherung basierend auf islamischem Unterricht
- Sonstige Aktivitäten und Dienstleistungen (außerschulisch)

Ausgabe:
- Absolventen, die islamische Werte weitertragen
- Forschung und islamisierte Publikationen von hoher Qualität
- Islamisierte Dienstleistungen und Produkte von hoher Qualität.
- Zufriedenheit der Studierenden, der Stakeholder, der Gesellschaft usw.
- Aktivitäten zur qualitätsvollen Islamisierung innerhalb und außerhalb der Universität
- Erzeugen von Wirkung und Ressourcen (Verkauf von Produkten aus der Islamisierung des Wissens)

Feedback:
- Bewertung der Leistung
- Jährliche Berichte
- Ergebnisse und Empfehlungen von Untersuchungen
- Empfehlung und Feedback von externen Bewertern
- Korrektur- und Präventivmaßnahmen

Externes Umfeld

Die International Islamic University Malaysia, mit Studierenden aus Dutzenden von Ländern, tritt *de facto* in den internationalen Wettbewerb der Universitäten ein. Sie erklärt sich offen für Bewertungen, um sich zu verbessern (siehe Feedback im obigen Berghout-Modell) und führt Selbstbewertungen durch. In einer Überprüfung der IIUM wird berichtet, dass einige Lehrer die Auswirkungen des Mangels an »Meinungsfreiheit« auf die Leistung des Unterrichts zu Bedenken geben. Einer von ihnen beklagte: »Man kann nicht kreativ sein, wenn einem jemand sagt, was man sagen soll und wie man es sagen soll. In muslimischen Ländern haben wir nicht die Freiheit, die für die wissenschaftliche Forschung erforderlich ist. In Amerika, Großbritannien und anderen westlichen Ländern genießen muslimische Wissenschaftler größere Freiheiten. Wie können wir ein funktionierendes Bildungssystem ohne Meinungsfreiheit haben?« Er gibt an, dass der Druck der muslimischen Länder eine Verwechslung von Irrtum und Verbot hervorruft, die Selbstzensur mit sich bringt und Neugier und Kreativität untergräbt: »Im Gegensatz zu einfachen akademischen Irrtümern wird der Irrtum im Fall der Islamisierung sehr beängstigend. Ein Fehler kann den Eindruck erwecken, anti-islamisch, weniger islamisch oder sogar regelrecht häretisch zu sein. Letztendlich ist es sicherer, gar nicht zu recherchieren, oder, wenn man doch recherchiert, sich mit dem Vertrauten zu beschäftigen und das Austesten von Grenzen zu vermeiden.« Aus dem Prüfbericht geht nicht hervor, ob der Lehrer auf seinem Posten bleiben konnte. Die Veröffentlichung seiner Äußerungen zeigt jedoch, dass die Universität sie nicht zensiert. Sie werden nach den eigenen Kriterien innerhalb des verfahrenstechnischen Systems der Islamisierung des Wissens geprüft werden. Die Zukunft wird zeigen, wie.

Tariq Ramadan, ein Nebenprodukt der Islamisierung des Wissens

Tariq Ramadans Werke sind durch seine Zeit am Islamischen Institut in Leicester inspiriert worden, wo die Werke zur Ausbildung der internationalen fréristischen Elite übersetzt und verbreitet werden; Werke von Ismail Al-Faruqi, Khurshid Ahmad et cetera vom IIIT, dazu von traditionellen Figuren des Frérismus wie Maududi, Qaradawi, al-Banna, Saïd Ramadan, Qutb und die Klassiker des Salafismus wie Ibn Taymiyya.[235]

Tariq Ramadans Anregungen sind Teil der Überlegungen, die der »internationale fréristische Jetset« (Vidino, 2020) anstellt, jenes Netzwerk, das seit den 1960er Jahren durch Heirat, Geschäftsverbindungen, alte Freundschaften zusammengehalten wird und durch eine Technologie und moderne Kommunikation, die Grenzen und Sprachbarrieren überwinden.

Tariq Ramadan stellt sich in Frankreich als »Reformer« dar, doch sein gesamtes Programm ist zutiefst fréristisch geprägt. In wenigen Sätzen beschreibt er die Dimensionen Vision, Identität und Plan (die Mission). Der Islam ist nicht nur eine Organisation des Gottesdienstes, schreibt Tariq Ramadan, er »ist ein lebensbejahender Glaube, der ein umfassendes Verständnis der Schöpfung, des Lebens, des Todes und der Menschheit vermittelt [...], das alles zugleich und aus denselben Quellen schöpfend, sowohl den Bereich des Gottesdienstes (*ibadat*) als auch, im weiteren Sinne, den allgemeinen Bereich der sozialen Angelegenheiten (*muamalat*) umfasst.«[236]

Der Islam vermittelt dem Gläubigen eine Weltanschauung, einen spezifischen Horizont: »Das Verständnis der islamischen Identität zwingt dazu, diese umfassende Vision dessen, was der islamische Glaube mit seinem spezifischen Horizont wirklich ist, und was seine unmittelbaren Konsequenzen in den verschiedenen Bereichen des menschlichen Lebens sind, zu erfassen und zu erklären.«

Der Islam ist eine Mission: »Wir sind aufgefordert, an die grundlegenden Prinzipien so zu erinnern und sie so zu erklären, wie sie in ihrem Kern sind, aber vor allem, sie im Lichte unserer neuen Umgebung in der europäischen Gesellschaft verständlich zu machen.« Hier erkennt man Qaradawis sich anpassenden Wasat-Islam und die Vermeidung jeglicher Konfrontation. Es geht darum, »unsere Religion durch unsere Überzeugung von ihrer Universalität darzustellen, aber auf eine Art und Weise, die an unseren relativen Kontext angepasst ist.« Der Ausdruck »relativer Kontext« ist fast ein Oxymoron ...

Tariq Ramadan verwendet besonders häufig die Formulierung »muslimische Ethik«, die sich auf den Titel von Maududis Buch *Ethical Viewpoint of Islam* (1967) bezieht und den islamischen *Way of Life* in einem Wort, dem Wort »Ethik«, zusammenfasst.[237] Tariq Ramadan ist der Meinung, dass es sich bei der Ethik um einen der wichtigsten Begriffe des Islams handelt. Es sei daran erinnert, dass Tariqs Vater Saïd viel zu der Banna-Maududi-Synthese beigetragen hat, die die Grundlage des Frérismus bildet. Tariq Ramadan, der mehr ein Mann der Kommunikation als ein Theologe ist, übernahm und adaptierte den Begriff »Ethik« aus dem anglo-Maududischen Zweig, ein Begriff, der weniger konnotiert ist als der Begriff Scharia (der sowohl Gesetz als auch Ethik ist) und sanfter in den Ohren der Europäer klingt. Im System-Islam ist die Grundlage der Ethik Gott, der seine theoretischen und praktischen Anweisungen in einem heiligen Buch durch ein Modell aus Fleisch (den Propheten), dem es nachzuahmen gilt, formuliert hat. Die Frage nach der Ethik stellt sich nicht. Im

Übrigen hat Maududi selbst nicht von Ethik gesprochen, sondern von einem islamischen »ethischen Standpunkt«.

In einem Dialog mit seinem Freund, dem Soziologen Edgar Morin (Morin und Ramadan, 2014), erklärt Tariq Ramadan: »Mein Projekt besteht sehr wohl darin, Wissenschaft und Ethik miteinander zu verbinden. Im Herzen einer religiösen Tradition wie im Herzen einer Zivilisation, ob westlich oder anderswo, setzt dies voraus, dass man sich mit Fragen des Menschenbildes, der Rolle des Wissens und den Zielen des Handelns auseinandersetzt.« Er will Wissenschaft und Ethik miteinander verheiraten und nicht, wie es ein Philosoph vorschlagen würde, über ihre Austarierung nachdenken. Denn die Muslimbrüder haben die philosophische Frage nach der Ethik und dem Zweck des Handelns und der Moral seit dem Tod des Muʿtazilismus geklärt, da sowohl der Zweck als auch die Mittel letztendlich von Gott bestimmt werden, der den Koran herabgesandt und einen vorbildlichen Propheten geschickt hat.

Um sich eine intellektuelle Statur zu verschaffen, greift Tariq Ramadan auf Nachahmung zurück, indem er sich auf die Reflexionen seines angesehenen Gesprächspartners stützt. Er übernimmt die Fragestellungen des Denkers nicht, um sie zu verstehen und möglicherweise zu widerlegen, sondern um sie in der Verwirrung zu ertränken, sie zu paraphrasieren und abstruse, anstrengend zu lesende und letztlich nicht widerlegbare Sätze zu produzieren. Dies ist nur eines von vielen Beispielen; Tariq Ramadan (in der Rolle des Islams) wendet sich an Edgar Morin (in der Rolle des Westens):

»Selbst wenn ich Sie lese, stelle ich mir eine echte Frage: Muss man die westliche Wissenschaft konfrontieren, indem man postuliert, dass das Paradigma revolutioniert werden muss? Was, wenn der Westen nicht mehr über die philosophischen Mittel, die ethischen Grundlagen für sein eigenes Überleben verfügt? Mir geht es darum, die Frage zu stellen: Wo, zwischen Ihnen und mir, wird sich das Universelle abspielen? Sie beobachten die möglichen Katastrophen und behaupten, dass ein Aufbruch des Bewusstseins notwendig ist; ich versuche, in meinen religiösen Quellen Referenzen zu finden, die ethische Horizonte darstellen, die eine konstruktive Kritik an den Antworten, die wir geben, ermöglichen und so die Wissenschaft, die Epistemologie oder auch, allgemeiner, unsere Beziehung zum Wissen in Frage stellen können. Hier sollten wir in der Lage sein, uns auf derselben Front zu treffen und uns gegenseitig zu unterstützen.«

Tariq Ramadan behauptet, dass Glaube und Vernunft nicht voneinander getrennt werden können, aber zu keinem Zeitpunkt stützt er seinen Vorschlag auf eine islamisch-theologische Reflexion. Er wiederholt den Titel der Enzyklika von Papst Johannes Paul II[238] und leitet so seinen Gesprächspartner auf vertrautes Terrain. Die Vorstellungskraft seines Gesprächspartners und die des Lesers werden den Rest erledigen.

Tariq Ramadan ist sehr geübt in der doppelten Rede. Die Technik besteht darin, sich an zwei gegensätzliche Zuhörer zu wenden und jeden von ihnen glauben zu lassen, dass man sich nur an ihn wendet, während man sich in seinen Urteilen ausgewogen zeigt. Wie hier, wo er vorgibt, das Denken in Opferrollen[239] zu kritisieren, um dann zu bekräftigen, dass Muslime diskriminiert werden:

»Bei einer Debatte in London über Rassismus und Diskriminierung sprach ich über meine Ablehnung des Gedankens der Opferrolle. Wir müssen aufhören, uns als Opfer auszugeben, sagte ich; aus dieser Haltung auszubrechen, ist eine der Voraussetzungen für die Befreiung. [...] Ich wollte damit sagen, dass wir aus Opfern Subjekte machen möchten, die sich ihrer Geschichte und ihrer Rechte bewusst sind und ein Projekt verfolgen. Dennoch kann es nicht darum gehen, zu leugnen, dass es Frauen und Männer gibt, die Opfer von Rassismus, Ablehnung und Diskriminierung sind, weil sie schwarz, arabisch oder muslimisch sind, unabhängig von ihrem sozialen Status.«

Bei Ramadan ist Vergleichen (*comparaison*) Vernuft (*raison*), wenn er beispielsweise behauptet, dass Muslime wie die Juden in den 1930er und 1940er Jahren behandelt werden (was bekanntlich zur Vernichtung von 6 Millionen Juden führte):

»Man muss es sagen, anerkennen und anprangern: Rassismus gegen Schwarze, Araber und Muslime sowie Islamophobie existieren und sind Teil der ungerechten Verwaltung im Herzen der europäischen Gesellschaften. Es tauchen sogar Wahrnehmungen, Logiken und Diskurse auf, die für den Antisemitismus der 1930er und 1940er Jahre charakteristisch waren. Denn es gibt heute eine ›Islamfrage‹.«[240]

In dem Oxymoron »radikale Reform«, das im Titel eines seiner Bücher auftaucht, veranschaulicht Tariq Ramadan perfekt die Haltung des Wasat-Islams. Er wirft den Literalisten nicht ihre Radikalität vor, ebenso wenig wie er den Reformern ihre Zaghaftigkeit vorwirft; was er ihnen vorwirft, ist ihre Wirkungslosigkeit. Wir brauchen Reform und Radikalität, beides, das eine oder das andere, zur rechten Zeit und am rechten Ort. Wie bei Qaradawi sind die salafistischen Literalisten (diejenigen, die Qaradawi als »Zahiriten« bezeichnet, *siehe oben*) nicht auf der Ebene der Lehre zu kritisieren, sondern auf der politischen Ebene, weil sie nicht die wirksamsten Mittel zum Zweck einsetzen und sich mit dem Formalismus der Praxis auf Kosten der Ziele zufrieden geben:

»Dogmatische literalistische Islamisten können politisch sehr naiv sein. Sie sind sich nicht immer bewusst, dass sie in einer größeren Perspektive den Interessen derer dienen, die sie angeblich bekämpfen. Sie können in religiöser Hinsicht aufrichtig und in politischer Hinsicht gefährlich naiv sein. Das ist besonders bösartig und zynisch, denn darüber hinaus ist ihre wörtliche Art keineswegs ein Widerstand gegen die Ordnung der Welt, sondern im Gegenteil deren Bestätigung. Ihre schützende, restriktive Sicht des Gesetzes vernachlässigt schließlich die Ziele und gibt sich mit Formalismus zufrieden. Sie sprechen von einer islamischen Gesellschaft, einem islamischen Staat, aber sie bieten keine Vision, keine Alternative außer dem Zusammenkauern, der Einschließung, der binären Opposition […].«

KAPITEL VI

Die heutige Gewalt als historische Notwehr bezeichnen: Soft Law und Soft Power

Die fréristische Bewegung des 21. Jahrhunderts ist ein Handlungssystem, das mittels Planmäßigkeit und Verkündigungen voranschreitet. Man zielt auf eine allmähliche Gewöhnung der Welt an die Scharia ab, um letztendlich den Tauhid der Kalifen (wieder) zu erlangen. Da das Kräfteverhältnis ungünstig ist, versucht man in der derzeitigen maududischen und qaradawischen Ausprägung nicht, militärisch weiterzukommen. Auch tödliche Dschihadistenangriffe können als kontraproduktiv missbilligt werden, sofern sie keine Antworten auf etwas sind, das man als Gotteslästerung betrachtet.

Doch sind, wie wir gesehen haben, für den Frérismus Druck und Gewalt an sich nicht verwerflich. Der gewalttätige oder ›große‹ Dschihad ist in zwei Fällen akzeptabel, wünschenswert und sogar notwendig: in Fällen der Selbstverteidigung und in Fällen, in denen eine größere Gewalt bekämpft werden muss. Um die Welt schariakompatibel zu machen, schafft das Handlungssystem die Bedingungen, um sich im Selbstverteidigungsmodus zu befinden, und provoziert Gewalt, um darauf reagieren zu können.

Wir werden in diesem Kapitel sehen, wie der Frérismus die Waffen des Rechts und die internationalen Institutionen, die von den Demokratien entworfen wurden, gegen diese selbst einsetzt. Zu diesem Zweck relativiert er das Prinzip der Universalität, das der »Allgemeinen Erklärung der Menschenrechte« zugrunde liegt und die Nationen durch einen Pakt bindet, der im besten Fall Frieden schafft und im schlimmsten Fall die Bedingungen für einen kontrollierten Krieg. Diesen Pakt zu brechen bedeutet, den Frieden zu relativieren und die Regeln des friedlosen Zustands (einschließlich des Kriegszustands) in Frage zu stellen sowie Grausamkeit und Barbarei zu ermöglichen. Die internationale Ordnung wird in Frage gestellt, ebenso wie ihre physischen und mentalen Grenzen.

Soft Law: Die OIZ und die
»Erklärung der Menschenrechte im Islam«

Um die Jahrtausendwende verstärkte die fréristische Bewegung ihre Bemühungen in Richtung internationale Governance-Systeme, die auf *Soft Law*-Instrumenten[241] basieren. Dies lief über die Organisation für Islamische Zusammenarbeit (OIZ), ein islamisches Gebilde, das die UNO (Vereinte Nationen) nachahmt. Die Muslimbrüder lieferten die intellektuellen und logistischen Fertigkeiten für die OIZ, während die Golfmächte, die Türkei und Pakistan sie politisch und finanziell unterstützten. Die Bruderschaft spielte ab 1979 unter anderem eine entscheidende Rolle bei der Ausarbeitung des Inhalts der »Allgemeinen Erklärung der Menschenrechte im Islam«. Die Strategie zur Durchsetzung dieses islamischen Soft Law wurde Ende der 1990er Jahre durch eine *Soft Power*-Strategie ergänzt, die auf die Gründung einer transnationalen Umma durch Einbringung des Straftatbestands der Gotteslästerung auf internationaler Ebene abzielte.

Die Organisation für Islamische Zusammenarbeit

Bei einem Treffen der Außenministerkonferenz der OIZ im Februar 1972 in Dschidda in Saudi-Arabien wurden die Hauptanliegen der Organisation verabschiedet. Das Königreich Saudi-Arabien stellt einen großen Teil ihrer Finanzierung sicher. Die OIZ ist das Ergebnis der von den muslimischen Ländern geteilten Überzeugung, dass die Umma auf höchster Ebene vereint sein muss (Chelini-Pont, 2013). Sie schlägt daher vor, die wirtschaftliche, politische, soziale und kulturelle Zusammenarbeit zwischen den muslimischen Staaten auf der Grundlage ihrer eigenen Rechtsquelle, der Scharia, zu stärken. Sie stellt den Grundsatz der Universalität der Menschenrechte nicht in Frage, sondern erweitert ihn im Gegenteil. Das islamische Recht ist nicht nur auf dieser Erde anwendbar, es regelt auch das Schicksal im Jenseits. Die islamische Universalität versteht sich als umfassender als die irdisch-zeitliche Universalität der Vereinten Nationen und die 1948 verabschiedete Allgemeine Erklärung der Menschenrechte (AEMR). Die AEMR ist in ihren Augen nur eine verkümmerte Version einer islamischen Idee aus dem 7. Jahrhundert, und es sei der Islam gewesen, der ihrer Meinung nach die Prinzipien der Menschenrechte begründet hat. Entsprechend äußerte sich Muhammad al-Ghazali

(1917-1996), der das Amt des Vorsitzenden des Akademischen Rats des sehr fréristischen *International Institute of Islamic Thought* bekleidete:[242]
> »Prinzipien, die wir fortwährend den Menschen zugeführt haben, werden nun wieder zu uns zurück exportiert, als wären sie eine Erfindung der Menschheit, die wir weder gekannt noch gelebt hätten ... Dies ist nicht verwunderlich. Das Auftauchen dieser Prinzipien im Anschluss an die Französische Revolution war im Westen etwas völlig Neues ... Erkennt das Waisenkind nicht das Wunderbare des Kuchens in seiner Hand? Die Wahrheit ist, dass der Islam als erster die Prinzipien der Menschenrechte in ihrer besten Form und in ihrem größten Umfang aufgestellt hat.«[243]

Die OIZ hat demnach nicht eine Erklärung der ›Rechte der Muslime in der Welt‹, sondern eine der ›Menschenrechte im Islam‹ verkündet, oder anders ausgedrückt »der Rechte der Menschheit in der islamischen Zivilisation.«

Die Koalition, aus der sie hervorging, bildete sich gegen einen *äußeren* Feind – infolge der Brandstiftung des australischen christlichen Fundamentalisten Denis Michael Rohan, der am 21. August 1969 die al-Aqsa-Moschee auf dem Tempelberg in Jerusalem – eines der drei Heiligtümer des Islams – in Brand setzte. Der Brand wurde damals als »Aggression gegen den Islam«[244] betrachtet.

Zwanzig Jahre später trug ein weiteres Ereignis von weltweiter Bedeutung, der Fall Rushdie, zur Stärkung der OIZ bei, diesmal gegen den *inneren* Feind: den Häretiker und Apostaten.[245] Am 16. März 1989 versammelte die OIZ die Außenminister der vierundvierzig Mitgliedsländer, um das Buch *Die satanischen Verse* zu verurteilen und den Autor als Ketzer zu bezeichnen. Die OIZ spielte also eine Rolle bei der Verfolgung des Schriftstellers, auch wenn sie nicht direkt zu seiner Ermordung aufforderte. Die iranische Fatwa, die zur Ermordung des Schriftstellers aufrief, war nicht die einzige Bedrohung, obwohl sie expliziter war und sich nicht nur gegen den Autor richtete, sondern auch gegen jeden, der die Verbreitung des Buches erleichtern würde oder davon Kenntnis hätte. Der japanische Übersetzer des Buches wurde getötet, der italienische Übersetzer niedergestochen, auf den norwegischen Verleger wurde mehrfach geschossen, während ein türkischer Romanautor, der einen kurzen Auszug aus den *Satanischen Versen* übersetzt und in einer Lokalzeitung veröffentlicht hatte, wie durch ein Wunder der Brandstiftung in seinem Hotel entkam.

Es gab auch die vergessene Ermordung des Rektors der Brüsseler Moschee, Abdullah Ahdel, nachdem er an einer Versammlung über Salman Rushdies Roman teilgenommen hatte, und des tunesischen Bibliothekars des islamischen Kulturzentrums. Der Mordversuch an Salman Rushdie im Jahr 2022 und vor allem das Schweigen fast aller muslimischen Führer in Frankreich, die den von Hadi Matar, einem Amerikaner libanesischer Abstammung, im Namen des Islams verübten Anschlag kaum öffentlich verurteilten, zeigen, dass die Jagd auf den inneren Feind und auf diejenigen, die es wagen, ihn zu unterstützen, noch immer wütet. Der Austritt aus dem Islam wird nach wie vor bestraft, die Debatte aber hat sich verlagert: Es geht nicht mehr darum, ob der Islam bestraft, sondern wo der Gläubige bestraft wird, hier auf Erden oder im Jenseits.[246]

Die Allgemeine Erklärung der Menschenrechte im Islam

Die OIZ fördert die Idee der Souveränität der Umma (der islamischen Nation).[247] Sie orientiert sich an der Allgemeinen Erklärung der Menschenrechte im Islam vom 19. September 1981 in Paris, die vom *Islamic Council of Europe*, einem in London ansässigen frèristischen Rat, den wir oben bereits erwähnt haben, verfasst wurde.[248] Diese erste Erklärung war im Vergleich zu den späteren Versionen relativ ›liberal‹ ausformuliert. Die Erklärung der OIZ in Decca (1983) übernahm den Kern der Erklärung und enthielt sogar eine Bestätigung der Gleichheit der Menschen ›vor dem Gesetz‹ (Al-Midani, 2004). Die Nachfolge-Erklärung, die Kairoer Erklärung der Menschenrechte im Islam (1990), bekräftigt jedoch die Überlegenheit des Mannes über die Frau, erklärt die Gleichheit von Frauen und Männern nur ›in Würde‹, Pflicht und Verantwortung, nicht aber ›im Recht‹, bekräftigt die Ungleichheit der Menschenrechte und schränkt die Meinungsfreiheit ein. Ihre auf eine Vormachtstellung ausgerichtete Präambel betont die zivilisatorische Rolle der vereinten Umma und ihre Rolle als Wegweiser für die Menschheit:

> »Die zivilisatorische und historische Rolle der islamischen Umma, von Gott als beste Gemeinschaft geschaffen, die der Menschheit eine universelle und ausgewogene Zivilisation hinterlassen hat, die das Leben im Diesseits und im Jenseits in Einklang bringt, die Wissenschaft und den Glauben vereinbart, eine Gemeinschaft, von der heute erwartet wird, dass sie den Weg der Menschheit, die zwischen so vielen antagonistischen Denkrichtungen und Ideologien hin und her gerissen ist,

erleuchtet und Lösungen für die chronischen Probleme der materialistischen Zivilisation bietet.«

Indem sie alle Informationen verbietet, die »das Heilige und die Würde der Propheten verletzen« könnten, untersagt die Präambel auch Gotteslästerung.

Zusammenfassung der Artikel der Kairoer Erklärung, die mit der Allgemeinen Erklärung der Menschenrechte in Konflikt stehen

Artikel 1
Alle Menschen bilden eine einzige Familie, deren Mitglieder durch ihre Unterwerfung unter Gott und ihre Zugehörigkeit zu Adams Erbe vereint sind.
Alle Menschen sind Untertanen Gottes.

Artikel 2
Die Familie ist die Grundlage für den Aufbau der Gesellschaft. Sie gründet auf der Ehe.

Artikel 6
a) Die Frau ist dem Mann in Bezug auf die Menschenwürde gleichgestellt. Sie hat ebenso viele Rechte wie Pflichten. Sie genießt ihre eigene Persönlichkeit und finanzielle Autonomie sowie das Recht, ihren Vor- und Familiennamen beizubehalten.
b) Die Last, die Familie zu unterhalten, und die Verantwortung, über sie zu wachen, obliegen dem Ehemann.

Artikel 9
b) Jeder Mensch hat das Recht auf eine kohärente und ausgewogene Erziehung in religiöser Hinsicht und in Bezug auf Sachwissen, die durch die verschiedenen Erziehungs- und Orientierungsstrukturen wie Familie, Schule, Universität, Medien usw. gewährleistet werden muss. Diese Erziehung soll die Persönlichkeit des Menschen entwickeln, seinen Glauben an Gott festigen, in ihm das Gefühl für Rechte und Pflichten fördern und ihn lehren, diese zu achten und zu verteidigen.

Artikel 18
a) Jeder Mensch hat das Recht, in seiner Existenz, seiner Religion, seiner Familie, seiner Ehre und seinem Eigentum geschützt zu leben.

Artikel 22
a) Jeder Mensch hat das Recht, seine Meinung frei zu äußern, sofern sie nicht im Widerspruch zu den Grundsätzen der Scharia steht.
b) Jeder Mensch hat das Recht, das Gute zu gebieten und das Schlechte zu verbieten, in Übereinstimmung mit den Grundsätzen der Scharia.

c) Information ist ein lebenswichtiges Gebot für die Gesellschaft. Es ist verboten, sie zu nutzen oder auszubeuten, um das Heilige und die Würde der Propheten zu verletzen oder für Zwecke, die den moralischen Werten schaden und die Gesellschaft der Gefahr der Uneinigkeit, des Zerfalls oder der Schwächung des Glaubens aussetzen könnten.

Artikel 24
Alle in dieser Erklärung ausformulierten Rechte und Freiheiten unterliegen den Bestimmungen der Scharia.

Artikel 25
Die Scharia ist der einzige Bezugspunkt für die Erklärung oder Auslegung irgendeines der in dieser Erklärung enthaltenen Artikel.

Die Strategie der ICESCO

Die Arbeit zur Unterwanderung des internationalen Rechts lässt sich anhand der sehr expliziten Strategie der *Islamic World Educational, Scientific and Cultural Organization* (ICESCO) [Organisation der islamischen Welt für Bildung, Wissenschaft und Kultur] veranschaulichen, die viel den Richtlinien von Qaradawi verdankt. Die Zermürbungstechnik der Muslimbrüder gegen die säkularen Demokratien fußt auf dem ›Recht auf Andersartigkeit‹, einem Recht, das als solches nirgends existiert, das sie aber aus dem Grundsatz der Nichtdiskriminierung in der Charta der Vereinten Nationen ableiten. Wie wir gesehen haben erscheint den Fréristen angesichts ihrer technologischen und wirtschaftlichen Möglichkeiten eine militärische Bezwingung des Westens unwahrscheinlich. Mittels Bildung und Kultur (die Domäne der ICESCO) werden die westlichen Demokratien nachgeben, wie die muslimische Welt damals im 18. Jahrhundert.

In den späten 1980er Jahren arbeiteten die europäischen Muslimbrüder eine Strategie aus, die das Zugehörigkeitsgefühl der muslimischen Gemeinschaften, die sich in der westlichen Welt niedergelassen hatten, zur Umma stärken sollte. Sie wurde in Katar – einem der weltweit wichtigsten Geldgeber der Fréristenbewegung – von der ICESCO nach dem Vorbild der UNESCO für die Organisation für Islamische Zusammenarbeit (die wiederum als Kopie der Vereinten Nationen gegründet worden war) abgefasst und unter dem Titel »Islamische Kulturarbeit außerhalb der islamischen Welt« (*L'Action islamique culturelle à l'extérieur du monde islamique*) veröffentlicht.²⁴⁹ Das Programm soll den Ambitionen auf Vormachtstellung der Brüder Ausdruck verleihen und muslimische Minderheiten daran hindern, die lokalen Gesetze und die Prinzipien der Allgemeinen Erklärung der Menschenrechte zu übernehmen. In dem Dokument, das auf Englisch und Französisch veröffentlicht wurde, schlagen die Brüder vor, »die Persönlichkeit des muslimischen Wesens aufzubauen«, damit es sich im täglichen Leben dazu verpflichtet, »die Gebote Allahs und seine Verbote zu respektieren, sich mit der großzügigen und toleranten islamischen Ethik zu schmücken, die auf dem Guten, dem Recht, der Gerechtigkeit und der Pflicht beruht, und im Rahmen der Scharia zu handeln, die auf zwei Prinzipien beruht: das Gute zu gebieten und das Schlechte zu verbieten.« Die Strategie muss Schutz bieten vor »kultureller Invasion und Entfremdung«, »die kulturelle Sicherheit gewährleisten sowie die Immunität, die für die Entwicklung der Persönlichkeit des Muslims notwendig ist.«

Das ICESCO-Dokument ist ein hundertseitiger, verwirrender, ungeordneter und sich wiederholender Text. Es ist nicht unterzeichnet, aber einige ziemlich genaue Abschnitte in Bezug auf Frankreich deuten auf eine Nähe zu den Texten der Muslimbrüder des IESH in Château-Chinon hin. Das Dokument konzentriert sich auf die Erziehung der im Westen geborenen jungen Generation, die der Islam nicht verlieren darf, da sie die Boten sein werden, die die Religion der Auserwählten auf der ganzen Welt verbreiten werden. Die Muslimbrüder erklären, dass Muslime nicht ›assimilierbar‹ sind und dem Westen nur Probleme schaffen, wenn dieser weiterhin ihr besonderes Bedürfnis nach islamischer Führung ignoriere (ein Argument, das auch der marokkanische König anführte, als er die marokkanische Diaspora in Europa unter seiner Kontrolle halten wollte).²⁵⁰

Aufgrund ihrer Besonderheit als Muslime »leiden sie weiterhin unter rassistischen Stimmungen, insbesondere bei der Ausübung bestimmter religiöser Praktiken und der Befolgung religiöser Gebote.« Sie werden Opfer von »Vorurteilen«, wenn sie für Terroranschläge verantwortlich gemacht werden, die »entehrendes und losgelöstes Tun sind, das (dem Islam) völlig fremd ist.« Der säkulare Unterricht in der Schule behindert die ausgewogene Entwicklung muslimischer Kinder, denen westliche Werte und lokale Bräuche eingebläut werden:

»Einige der Probleme, unter denen Kinder von Einwanderern […] in westlichen Ländern leiden, sind zum Teil auf die Lehrpläne zurückzuführen, die für Muslime und Westler gleichermaßen bestimmt sind und die im Wesentlichen einen säkularen Charakter haben. Für ein Kind, das eine säkulare westliche Erziehung genossen hat, ist es schwer, sich davon zu lösen, da es so sehr davon geprägt wurde. De facto werden diesen muslimischen Kindern und Jugendlichen die westlichen Werte eingetrichtert und die lokalen Denkmuster und Bräuche (in ihren Köpfen) verankert.«

Es muss demnach im Westen – und dafür steht die Strategie –:

»Eine angemessene und gesunde islamische Erziehung, klug ausgearbeitete Programme zur Bewusstseinsbildung, Akkulturation, Orientierung und sozialen Absicherung (der Muslime) gemäß den Buchstaben und dem Geist des Islams« in die Tat umgesetzt werden. Ziel ist es, »eine nachhaltige kulturelle Entwicklung der islamischen Gesellschaften in nicht-muslimischen Ländern zu erreichen.«

Kurz gesagt geht es darum, die muslimische Persönlichkeit vor lokalen Werten zu schützen, um ein nachhaltiges islamisches Ökosystem in nicht-muslimischen Ländern zu entwickeln. Sie muss sogar gegen ihre unmittelbare Umgebung immunisiert werden:

»Schutz vor kultureller Invasion und Entfremdung, Gewährleistung der kulturellen Sicherheit und Immunität, die für die Entwicklung der Persönlichkeit des Muslims notwendig ist, indem er in den Prinzipien des Islams und der islamischen Kultur geschult wird.«

Die ICESCO ruft die islamischen Länder dazu auf, ihre Verbindungen zu muslimischen Minderheiten insbesondere durch Kommunikationstechnologien aufrechtzuerhalten, indem sie »die gesamte Bandbreite der Medien nutzen, um [...] permanente, dauerhafte und erfolgreiche Beziehungen und Kommunikation zu gewährleisten. [...] Fernsehsendungen über Satelliten ausgestrahlt und die neuen Multimediatechniken wie das Internet sollten zu diesem Zweck sinnvoll genutzt werden, [um] ein breites Publikum mit islamischen Kultursendungen, Konferenzen und Seminaren, religiösen Gesprächen und anderen Mitteilungen zu erreichen, die dazu dienen, absichtlich oder unabsichtlich oder aus Unwissenheit begangene Irrtümer über den Islam zu korrigieren.« Der seit den 2010er Jahren entwickelte Sektor der Halal-Bildungsmedien ist eines der Ergebnisse dieser Strategie.

Unter dem Vorwand, den Muslimen »ein positives, von der Spiritualität des Islams inspiriertes Selbstbild« zu sichern, verlangen die Fréristen, dass die Heiligkeit des Islams sowohl von Muslimen als auch von Nicht-

Muslimen respektiert wird. Daher bleibt das Blasphemieverbot, wie wir dies mit der Förderung des schwammigen Begriffs der Islamophobie gesehen haben, ein Eckpfeiler ihres Plans. Somit unterwandert die Strategie die Grundsätze der universellen Rechte, um die Notwendigkeit zu fordern, sich von ihnen zu trennen.

Dieser Auszug veranschaulicht die für den fréristischen Diskurs charakteristische Subversionstechnik:

»... um sie vor der Verschmelzung mit der Umgebung zu schützen und es dieser Jugend somit zu ermöglichen, ihre kulturelle Besonderheit im Rahmen des Rechts auf Andersartigkeit zu bewahren, das zu einem grundlegenden Element der Menschenrechte und einem Pfeiler der kulturellen Vielfalt geworden ist, die heute unter Bezugnahme auf die Charta der Vereinten Nationen zu den Grundlagen des Völkerrechts zählt« [sic].

Die Strategie empfiehlt schließlich die Entwicklung des islamischen Unterrichts, um »die Vermittlung der Werte und der islamischen Ethik an der Seite einer wissenschaftlichen und kognitiven Ausbildung« zu fördern. Denn nur der islamische Unterricht kann »Visionen und Erziehungsmethoden entwerfen und [...] entwickeln, die den Kindern die Probleme des westlichen Lebens ersparen und sie von jener kulturellen Spaltung befreien, unter der sie leiden.«

Schließlich wird in dem Dokument durchgehend die Notwendigkeit der Koordination und eines methodischen Plans hervorgehoben; es endet wie folgt:

»In jedem Bereich ist der Schritt der Nachbereitung bei der Entwicklung von Maßnahmen zugunsten von Kindern aus muslimischen Gemeinschaften und Minderheiten außerhalb der islamischen Welt von entscheidender Bedeutung. Denn ohne die Überwachung der Umsetzung würden die Pläne und Programme fest und unverändert bleiben. In der sich wandelnden westlichen Gesellschaft erfordert die islamische Kulturarbeit jedoch die Aktivierung von Mechanismen zur Überwachung, Entwicklung und Erneuerung in den Bereichen Kultur, Soziales und Bildung. Möge Gott uns Erfolg gewähren.«

Soft Power: Der Kampf gegen die »Islamophobie«

Die Strategie des *Soft Law* wird von der Strategie der *Soft Power* begleitet. Joseph Nye prägte den Ausdruck *Soft Power*, um ein Vorgehen zu bezeichnen, das darauf abzielt, Länder zur Zusammenarbeit zu bewegen, ohne Zwangsmittel einzusetzen. Im allgemeinen Sprachgebrauch wird *Soft Power* eher als Einflussnahme – denn als Druckmittel – betrachtet, um von einem Staat, einer NGO oder einer Firma das zu erreichen, was man will.[251] Die Einflussnahme wird meist dadurch ausgeübt, dass kollektive Emotionen geweckt werden: Mitgefühl oder die Angst vor dem Urteil der Geschichte.

»Viktimismus« ist zur gefürchteten Waffe der fréristischen *Soft Power* geworden, um Demokratien in die Knie zu zwingen, indem er sie in der ständigen und blinden Emotion der Empörung hält. Ich definiere hier Viktimismus als die Kunst, eine kollektive Emotion der Unterstützung einer als »Opfer« bezeichneten Gruppe zu erzeugen, um von ihrem tatsächlichen oder vermeintlichen »Beutegreifer« einseitige Vorteile zu erlangen, oft unter dem Vorwand der Wiedergutmachung. Die Forderung nach einem Verbot der Verletzung des Heiligen und der Würde der Religion oder die Forderung nach einer Verallgemeinerung des Vergehens oder Verbrechens der Blasphemie kann nun im Namen der moralischen Empörung erfolgen. Dazu bedarf es einer »Schrei-Maschinerie Islamophobie«, die immer dann in Gang gesetzt wird, wenn Kritik am Islam und sogar an islamistischer Gewalt geübt wird.

Islamophobie: Ein kurzer Abriss der Endlosschleife vom Opfer und des neuen Delikts der Gotteslästerung

Islamophobie ist ein unpräziser Begriff, der auf zwei Dinge abzielt: zum einen auf die Einführung des Blasphemiedelikts und zum anderen auf die Bekräftigung einer besonderen Art von Menschheit mit einer besonderen Identität, nämlich des Muslims, der zur Umma gehört. Dies ist die Dimension I unseres VIP-Modells (Vision Identität Plan).

Die Experten Fernando Bravo López (2010) und Christopher Allen (2010) datieren beide das Auftauchen des Begriffs auf das Jahr 1925 in einem von Étienne Dinet und Slimane ben Ibrahim unterzeichneten Artikel mit dem Titel »*L'Orient vu de l'Occident*« (Der Orient aus Sicht des Westens). Dort bedeutet Islamophobie damals »Diffamierung des Islams«. Laut beiden Spezialisten sei der Ausdruck 1976 in einem von Georges Anawati (1976) im *International Journal of Middle East Studies* veröffentlichten Text wieder aufgetaucht, in dem vage von einer »Beschuldigung wegen Islamophobie« in folgendem Satz die Rede ist: Es ist »wahr, dass das, was es für einen Nicht-Muslim schwierig, wenn nicht gar unmöglich macht, darin besteht, dass er – um nicht der Islamophobie bezichtigt zu werden – gezwungen ist, den Koran in seiner Gesamtheit zu bewundern und sich davor zu hüten, auch nur die geringste Kritik am literarischen Wert des Textes zu implizieren.«

Das Wort »Islamophobie« taucht 1985 in einer Veröffentlichung des Literaturprofessors der New Yorker Columbia University Edward Saïd wieder auf, der den Bestseller *Orientalism* verfasst hatte, in dem er den verfälschten Blickwinkel der Westler auf den Orient dokumentierte. Der sowohl von Marx als auch von Foucault beeinflusste US-Palästinenser bezeichnet mit »Islamophobie« eine Form des Ostrazismus gegenüber den Muslimen und stellt eine verwirrende Analogie zum Begriff »Antisemitismus« her. Die bedeutendste Entwicklung des Begriffs »Islamophobie« und sein Einzug in die Universitäten und Medien erfolgte 1997 mit der Veröffentlichung eines Berichts des *Runnymede Trust*, einer britischen Organisation, die von der amerikanischen Bürgerrechtsbewegung inspiriert und 1968 gegründet wurde, um gegen Rassendiskriminierung anzukämpfen und den Multikulturalismus zu fördern.

Der Bericht des Runnymede Trust über Islamophobie

Bis zum Fall Rushdie und seinem Roman, der als Beleidigung der Muslime dargestellt wurde, war die Kategorie »Muslim« unauffällig, verschmolzen mit der asiatischen »Rasse« (Asiaten). Während der Krise bezeichneten die internationalen Medien die Beleidigten nicht mehr als *Araber (Arabs)* oder *Asiaten (Asians)*, sondern als *Muslime (Muslims)* und vermittelten so die Vorstellung, dass es eine spezifische Diskriminierung von Muslimen gibt. Die Identität der Muslime etabliert sich zusammen mit ihrem Opferstatus im Wortschatz.

In diesem Klima wurde im Stab der *Commission on British Muslims and Islamophobia* (CBMI) unter dem Vorsitz von Professor Gordon Conway der Bericht des *Runnymede Trust*[252] 1997 erstellt. Der Bericht mit dem Titel *Islamophobia: A Challenge for Us All* [Islamophobie: Eine Herausforderung für uns alle] wurde im November dem britischen Innenminister Jack Straw vorgelegt. Islamophobie wird darin in groben Zügen als »eine nützliche Kurzfassung für die Furcht vor oder den Hass auf den Islam – und damit für die Angst vor oder die Abneigung gegen alle oder die meisten Muslime« bezeichnet.[253] Diese undeutliche terminologische Formulierung[254] hindert die Kommission jedoch nicht daran, sechzig Empfehlungen für »eine Politik zur Bekämpfung von Islamophobie« zu formulieren, die sich an Regierungsabteilungen, -organe und -agenturen, lokale und regionale satzungsgemäße Einrichtungen sowie freiwillige und private Organisationen richten.

Die Popularität des Berichts und seines innovativen Konzepts ist sicherlich auf die Sorgfalt zurückzuführen, mit der er erstellt wurde, und auf die Persönlichkeiten, die an seiner Wiege standen. Eine Reflexionsgruppe, bestehend aus Experten für Kulturstudien und religiösen Persönlichkeiten aller drei Religionen (darunter sehr konservative Muslime wie Hamid Qureshi oder Abduljalil Sajid), wurde feierlich eingeladen, um die Frage zu prüfen. Diese Weisen kamen in sehr britischer Manier zu dem Schluss, dass es »ein problematisches Spannungsverhältnis zwischen der freien Meinungsäußerung, welche die liberale Demokratie erlaubt, und den kulturellen Werten der Gemeinschaften« gebe, ein schöner Euphemismus für die gewalttätigen Demonstrationen gegen den Autor der *Satanischen Verse*, die zum Tod mehrerer Menschen führten.[255]

Die »Spannungen« wurden vom Komitee auf die Schwierigkeiten liberaler Demokratien zurückgeführt, eine Bevölkerung mit »anderen Gefühlen und Werten« zuzulassen und zu integrieren. Zur Lösung des »Problems« schlug das Komitee dementsprechend vor, Kultur, Sprache, Bräuche und Religion als Grundlage für Diskriminierung anzuerkennen, während diese bis dahin ausschließlich auf Hautfarbe und Rasse beruhte. Und zur Prävention des Problems empfahl man, diese der Zivilgesellschaft statt dem Staat zu überlassen, mit der Begründung, dass sich die Gesellschaft nicht nur auf das Gesetz verlassen könne:

> »Änderungen im Gesetz würden nicht unbedingt sicherstellen, dass Großbritannien oder, in der Tat, irgendeine Gesellschaft, in der Praxis gerechter wäre. Aber einige Änderungen wären nützlich, um sozusagen Sicherheitsnetze in Zeiten der Angst oder des Konflikts zu bieten, und hätten daher einen erheblichen Wert für die Aufklärung der Öffentlichkeit und die Unterstreichung des Engagements der Regierung für den Pluralismus.«

Um das Machtmittel der Strafe und die Gewalt, die diese hervorrufen könnte, zu umgehen, wäre es besser, den Weg der Toleranz und Umerziehung zu beschreiten. Es würde genügen, anzuerkennen, dass das Problem der Diskriminierung nicht durch eine »demokratische Massenpartizipation« gelöst werden könnte, sondern vielmehr durch die gezielte Intervention von Meinungsführern, Einflussnehmern, Medien und *Think Tanks* auf der Grundlage von Empfehlungen.

Die Empfehlungen kamen in Form einer Tabelle daher, in der eine »geschlossene und negative« Sicht auf den Islam – die es zu bekämpfen galt – einer »offenen und positiven« Sicht gegenübergestellt wurde, die man fördern wollte. Es ging also darum, den *Blick* auf die Sache und nicht die Sache selbst zu ändern; um eine Art kognitive Umprogrammierung durch Kampf gegen das Böse und Anziehung des Guten, eine Art Coué-Methode der Autosuggestion. Was auch immer der Islam verlautbart beziehungsweise was auch immer man ihn verlautbaren lässt, man sollte immer dafür sorgen, dass es eine aufgeschlossene und positive Sicht auf ihn bewirkt. Ihrer Meinung nach müsste man also die Sichtweise auf diese Religion ändern, keinesfalls die Diskurse oder Praktiken des Islams angehen (das wäre beleidigend), sondern die Art und Weise korrigieren, wie die Bevölkerung sie wahrnimmt. Den »Islamophoben«, die sich über bestimmte, virulente Werte und Praktiken besonders fundamentalistischer Ausprägungen beschweren, wird daher vorgeschlagen, ihr Urteil zu ändern, indem sie die Dinge aus einer anderen Perspektive betrachten. Darüber hinaus sollte der Islam als »tatsächlicher oder potenzieller Partner in gemeinsamen kooperativen Unternehmungen und bei der Lösung gemeinsamer Probleme« betrachtet werden. Der gute Wille einer Aufnahmegesellschaft werde dazu führen, dass der Islam seinerseits seine Ansprüche senkt – es sei denn, die Aufnahmegesellschaft findet es interessanter, ihre eigenen Ansprüche zu senken.

Im Bericht des *Runnymede Trust* wird die Islamophobie als »soziales Totalphänomen« (*fait social total*, nach der berühmten Formel von Marcel Mauss) beschrieben. Diese Furcht vor oder Hass auf den Islam, diese Angst oder Abneigung gegen alle oder die meisten Muslime (je nach Definition) würden alle Organe des Gesellschaftskörpers befallen und seien verantwortlich für Ausgrenzung, Diskriminierung und Gewalt im täglichen, sozialen und politischen Leben, in den Medien, im Gesundheits- und im Bildungswesen.

Abweisende oder aufgeschlossene Vorstellungen gegenüber dem Islam[256]		
Abgrenzungen	*abweisende Vorstellungen vom Islam*	*aufgeschlossene Vorstellungen vom Islam*
monolithisch / divers	Islam gesehen als monolithischen, statischen Block, reaktionslos gegenüber neuen Realitäten.	Islam als vielfältig und fortschrittlich, mit internen Unterschieden, Debatten und Entwicklungen betrachten.
abgesondert / interagierend	Islam gesehen als abgesondert und a) ohne gemeinsame Ziele oder Werte mit anderen Kulturen b) von ihnen unberührt c) ohne Einfluss auf sie	Den Islam in Bezug auf andere Glaubensrichtungen und Kulturen als voneinander abhängig betrachten a) mit bestimmten gemeinsamen Werten und Zielen b) von ihnen beeinflusst c) sie bereichernd
minderwertig / andersartig	Islam gesehen als dem Westen unterlegen – barbarisch, irrational, primitiv, sexistisch.	Islam als deutlich anders, aber nicht minderwertig, sondern auch respektwürdig betrachten.
Feind / Partner	Islam gesehen als gewalttätig, aggressiv, bedrohlich, den Terrorismus unterstützend und engagiert im »Kampf der Kulturen«.	Islam als tatsächlichen oder möglichen Partner in gemeinschaftlichen, kooperierenden Unternehmungen und bei der Lösung gemeinsamer Probleme betrachten.
manipulativ / aufrichtig	Islam gesehen als eine politische Ideologie, die benutzt wird, um einen politischen oder militärischen Vorteil zu erlangen.	Islam als wahrhaftigen religiösen Glauben, der von seinen Anhängern aufrichtig praktiziert wird, betrachten.
Kritik des Westens wird abgelehnt / berücksichtigt	Kritische Äußerungen des Islams gegenüber dem Westen werden von vornherein zurückgewiesen.	Kritik des Islams am Westens wird zugelassen und diskutiert.
Diskriminierung verteidigt / kritisiert	Feindseligkeit gegenüber dem Islam wird genutzt, diskriminierende Praktiken gegenüber Muslimen und den Ausschluss von Muslimen vom Rest der Gesellschaft zu rechtfertigen.	Debatten und Meinungsverschiedenheiten mit dem Islam mindern nicht die Bemühungen zur Bekämpfung von Diskriminierung und Ausgrenzung.
Islamfeindlichkeit als natürlich / problematisch gesehen	Antimuslimische Feindseligkeit wird als natürlich und »normal« akzeptiert.	Kritische Betrachtung des Islams wird selbst der Kritik unterworfen, sofern sie ungenau oder ungerecht ist.

Die heutige Gewalt als historische Notwehr bezeichnen 195

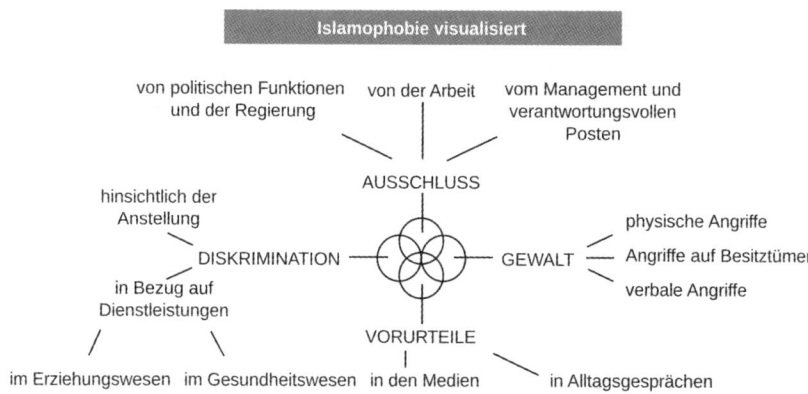

Eine derart umfassende Interpretation impliziert, dass Muslime in jedem Bereich ihres Lebens Islamfeindlichkeit erfahren können. Unter seinem beschwichtigenden Äußeren ist der Bericht daher für die Muslime selbst sehr angstbesetzt.

Obwohl Teile des Vereinigten Königreichs heute eine Politik hinterfragen, die den kommunitaristischen Separatismus stark gefördert hat,[257] rühmt sich der *Runnymede Trust* auf seiner Website bis dato damit, die Entscheidungen von Politikern und der breiten Öffentlichkeit beeinflusst zu haben, indem er die öffentliche Finanzierung von speziell muslimischen Schulen, die Darstellung des Islams in den Medien und die Aufnahme von Fragen zur Religion in die britische Volkszählung von 2001 gefördert hat.[258]

Der Bericht des *Runnymede Trust* hat nicht nur die britische Integrationspolitik beeinflusst, auch die Vereinten Nationen übernahmen 2008 die von der CBMI inspirierte Definition: »Islamophobie bezieht sich auf eine grundlose Feindseligkeit und Angst gegenüber dem Islam, und als Ergebnis eine Angst vor und eine Abneigung gegen alle Muslime oder die Mehrheit von ihnen.«[259] Islamophob ist, wer nur einen Teil der Angebote des Islams mag. Man müsste daher wahllos alles aus dem Islam übernehmen, um dieser schändlichen Anklage zu entgehen. Der Begriff »Islamophobie« wird nach wie vor häufig vom politischen Establishment, vom ehemaligen UN-Generalsekretär Kofi Annan, UN- und EU-Organisationen sowie den Medien weltweit verwendet, darunter auch vom liberalen und sehr einflussreichen *The Economist*.

Der Menschenrechtsrat der Vereinten Nationen verabschiedete am 27. März 2008 die Resolution 7/19, welche die Staaten dazu verpflichtet, den Kampf gegen religiöse Diffamierung zu verstärken, und beauftragte den Hohen Kommissar für Menschenrechte (OHCHR) damit, »einen Bericht über die Umsetzung der Resolution vorzulegen und eine Studie über die aktuellen einschlägigen Gesetze und die Rechtsprechung zu verfassen, die sich mit der Diffamierung und Verachtung der Religionen befassen.«

Von denen, die sich weigern, den unpräzisen Begriff »Islamophobie« zu verwenden, werden am heftigsten diejenigen aus der akademischen Welt angegriffen und beschuldigt, »rassistisch«, »islamophob« zu sein oder zumindest »der extremen Rechten in die Hände zu spielen.« Die anderen teilen sich in zwei Gruppen auf: Die einen, die wie Fred Halliday (2002) darauf hinweisen, dass der Begriff »Islamophobie« nicht korrekt gesetzt sei, da »der gegenwärtige Angriff nicht auf den Islam als Glauben, sondern auf Muslime als Personen abzielt«, und die vorschlagen, sich auf die Untersuchung des »antimuslimischen Gefühls« oder des »antimuslimischen Hasses« zu beschränken. Und auf der anderen Seite diejenigen, die ihnen entgegnen, dass die anti-islamische Stimmung mit der antimuslimischen Stimmung identisch sei, da sich die Muslime beleidigt fühlten. Einige der Letzteren beeilten sich sogar zu erklären, dass die Beleidigung (als solche) für Muslime besonders unerträglich sei. In ihrem 2016 in der Online-Zeitschrift *Mezetulle* veröffentlichten Artikel weist die Anthropologin Jeanne Favret-Saada (2016) diese Gefühlsduselei entschieden zurück und betont die katastrophalen Folgen für die Meinungsfreiheit dieser Interpretation (die durch Talal Asads Thesen beeinflusst ist, die wir weiter unten untersuchen werden). Da wird den Muslimen eine so unvermeidlich kompromisslose Auffassung des Islams unterstellt, dass es eine besondere Anpassungsleistung des Westens erfordern würde, um zu verhindern, dass die beleidigten Muslime gewalttätig werden ...

Die Beobachtungsstelle für Islamophobie der OIZ

Im Jahr 2007 richtete die OIZ eine Beobachtungsstelle für Islamophobie[260] ein, mit der sich die Organisation das Ziel setzt, »islamophobe Tendenzen zu beobachten«, »relevante regelmäßige Berichte an die Mitgliedstaaten zu erstellen« und »dieses Phänomen in Abstimmung und Zusammenarbeit mit den Mitgliedstaaten zu bekämpfen.« Die islamische Organisation übernimmt die Definition des CBMI: »eine Furcht oder irrationale, gar sehr starke Abneigung gegen den Islam [...], die Rassenhass, Intoleranz, Vorurteile, Diskriminierung und Stereotypen beinhaltet. Das Phänomen der Islamophobie ist in seinem Kern ein auf der Religion basierendes Ressentiment.«[261]

Auf ihrer Website zögert die internationale Organisation nicht, von einem weltweiten Auflodern der Islamophobie zu sprechen: »Sie ist in den Köpfen präsent, spiegelt sich in den Einstellungen wider und kann sich in gewalttätigen Aktionen äußern, wie dem Anzünden von Moscheen, dem Vandalismus gegen Eigentum, dem Angriff auf verschleierte Frauen oder der Beleidigung des Propheten und der heiligen Symbole des Islams.« Die OIZ unterscheidet überhaupt nicht zwischen der Diskriminierung von Muslimen und der Kritik am Islam und setzt offen physische Gewalt mit symbolischer Gewalt (Beleidigung) gleich. Wenn man den Islam trifft, trifft man den Muslim, und es macht keinen Unterschied, ob man ›Islamophobie‹ durch ›antimuslimischen Hass‹ ersetzt.

Im Rahmen dieses Kampfes gegen die Islamophobie mischt sich die OIZ in die Politik ausländischer Staaten ein. Die OIZ machte sich zum Sprachrohr dänischer Imame, die nach der Veröffentlichung der als islamfeindlich verurteilten Mohammed-Karikaturen die internationale Anprangerung, die tödlichen Unruhen und die Wirtschaftsboykotte gegen dänische Unternehmen bewirkten.[262] Im Namen der Bekämpfung des antimuslimischen Hasses greift die OIZ in die Verwaltung muslimischer Minderheiten in nichtmuslimischen Ländern ein. Um die Auswirkungen »islamophober« Diskriminierung zu bekämpfen oder einzudämmen, spielen die OIZ-Länder auch eine Rolle bei der Lenkung von Finanzmitteln aus den Golfstaaten in die westlichen muslimischen Vorstädte. So legte Katar einen Investitionsfonds in Höhe von 50 Millionen Euro auf, um muslimische Opfer in den Vorstädten Frankreichs zu unterstützen.[263]

Die OIZ begründet die Legitimität ihrer Beobachtungsstelle mit vier Faktoren, die angeblich zur Intensivierung der Islamfeindlichkeit in den westlichen Ländern, insbesondere in Europa und den Vereinigten Staaten, beigetragen haben: die Präsidentschaft von Donald Trump, die Ablehnung von Zuwanderung, der Aufschwung des Populismus und der extremen Rechten sowie die Tendenz zur Ächtung von Schleier, Kopftuch, Hidschab, Niqab und Burka in Europa. Der Hohe Vertreter der Europäischen Union für die Außen- und Sicherheitspolitik unterzeichnete 2012 eine gemeinsame Erklärung mit dem Generalsekretär der OIZ, dem Generalsekretär der Arabischen Liga sowie dem Vorsitzenden der Kommission der Afrikanischen Union, die dazu aufrief, alle Propheten zu respektieren:

> »Während wir das Recht auf freie Meinungsäußerung voll und ganz anerkennen, glauben wir, dass es wichtig ist, alle Propheten zu respektieren, unabhängig davon, welcher Religion sie angehören. Das Leiden, den der Film, welcher den Islam beleidigt, die Veröffentlichung seines Trailers im Internet und andere ähnliche Handlungen bei Muslimen hervorrufen, wird von allen Personen und Gemeinschaften geteilt, die es ablehnen, dass die Religion dazu benutzt wird, Provokation, Konfrontation und Extremismus zu schüren.«[264]

Die europäische Finanzierung der Bekämpfung von Islamophobie auf Kosten der Forschung über den Islam

Dass »Islamophobie« ein Instrument zur Förderung des fundamentalistischen Islams ist, sollte uns nicht davon abhalten zu fragen, ob eine Form von Diskriminierung tatsächlich speziell muslimische Menschen betrifft. Wir kommen zu keinen Ergebnissen in dieser Richtung, da dies methodologisch bedeuten würde, dass das Merkmal »Muslim« von allen anderen Merkmalen der untersuchten Person isoliert werden müsste. Um eine ernsthafte Untersuchung dieses komplexen Themas zu vermeiden, wenden die Befürworter des Konzepts eine Ausflucht an: Sie definieren Islamophobie oder antimuslimischen Hass als Diskriminierung von Muslimen oder »vermeintlichen Muslimen«. Mit anderen Worten: Die Merkmale sind nicht objektivierbar, sondern die subjektiven Merkmale desjenigen, der diskriminiert. Wenn das Merkmal »Muslim« nicht objektivierbar ist, wird im Unklaren gelassen, was tatsächlich Gegenstand der diskriminierenden Handlung gewesen ist. Die Befürworter des Konzepts haben ebenfalls eine Verwirrung zwischen Religion, Praxis und Praktizierenden eingeführt. Eine Praxis zu missbilligen bedeutet bei den Befürwortern des Konzepts *ipso facto*, einen Muslim zu hassen (antimuslimischer Hass) oder Angst vor dem Islam zu haben (IslamoPhobie).

Die von der Europäischen Union eingerichtete Europäische Stelle zur Beobachtung von Rassismus und Fremdenfeindlichkeit (*European Monitoring Centre on Racism and Xenophobia*, EUMC[265]) hat eine sehr wichtige Rolle bei der Verbreitung, Standardisierung und Akzeptanz dieses Konzepts in den Mitgliedsländern und in der Welt gespielt. An Eifer mangelt es Europa in diesem Bereich nicht. Der Experte Chris Allen beschreibt die europäische Initiative sogar als das umfangreichste Projekt zur Überwachung der Islamophobie, das durch das Verfassen zahlreicher Berichte jemals unternommen wurde.[266]

Diese regelmäßigen Berichte aller [damals] fünfzehn Mitgliedsländer der Europäischen Union werden seit Anfang der 2000er Jahre in der Kontinuität jener weltweiten »Allianz der Zivilisationen« und seit den Anschlägen vom 11. September 2001 – die sofort eine Welle der Islamophobie befürchten ließen, noch bevor sie überhaupt anrollte – mit einem unübertroffenen Eifer veröffentlicht. Die europäischen Berichte verbreiten Zahlen, die von selbsternannten, lokalen antirassistischen oder Anti-Islamophobie-Vereinigungen unter schlecht definierten und kaum vergleichbaren Bedingungen erstellt wurden. Trotz der Vielzahl an Arbeiten stellt der Experte fest, dass die EUMC zu keinem Zeitpunkt versucht hat, »Islamophobie« zu definieren.

»In jeder der EUMC-Publikationen wird der Begriff Islamophobie in der Annahme verwendet, dass der Leser verstehen und genau wissen sollte, was Islamophobie ist und – was vielleicht noch wichtiger ist –, was sie nicht ist. Und dies der Tatsache zum Trotz, dass Islamophobie offenbar ein neues und zunehmend problematisches Phänomen in Europa ist. Die Frage ist also, warum eine Organisation, die sich so sehr der Bekämpfung der Islamophobie verschrieben hat, sich dafür entscheidet, diese nicht angemessen zu definieren«, schreibt Chris Allen (2010). Durch seine ständige Wiederholung geht der Begriff »Islamophobie« in den unreflektierten Sprachgebrauch ein.

Ein weiteres Problem des ständigen *Monitoring* der nie definierten »Islamophobie« ist, dass sie den Studien über den Islam als soziale, religiöse oder politische Tatsache enorme Ressourcen entzieht. Je weniger das Thema genau definiert ist, desto mehr entzieht es sich dem Verständnis, desto mehr wird gesucht und desto mehr Geld wird ausgegeben, das nicht an anderer Stelle zur Lösung von Problemen verwendet wird. Die Forschungen über den zeitgenössischen Islam in Europa sind ausgetrocknet. Die französische Islamwissenschaft, das heißt die wissenschaftliche Untersuchung des Islams als Religion und Denksystem, war bereits vor 2015 (dem Datum der dschihadistischen Anschläge von 2015) von Verschwinden bedroht, so die Warnung des CNRS im Jahr 2014;[267] und die Situation ist heute noch schlimmer geworden, da Forscher, die auf Probleme hinweisen, Gefahr laufen, als »islamophob« abgestempelt zu werden. Diese Austrocknung erfolgte zum denkbar ungünstigsten Zeitpunkt, als es im Gegenteil notwendig gewesen wäre, erhebliche Mittel auf das Verständnis der theologischen, juristischen und ideologischen Strömungen zu verwenden und sich für die normative islamische Dynamik zu interessieren, die sich in Europa entfaltet.

Soros' Open Society und der Kampf gegen die Islamophobie

Von Beginn der 2000er Jahre an spielte die NGO des amerikanischen Milliardärs George Soros eine entscheidende Rolle bei der Verbreitung des Begriffs »Islamophobie« in akademischen und bildungspolitischen Kreisen.

Das *Open Society European Policy Institute*, der in Brüssel ansässige Zweig des Netzwerks *Open Society Foundations*, hat umfangreiche Studien über das »muslimische Problem« finanziert, um die europäische Politik im Hinblick auf eine »inklusivere« Gesellschaft zu beraten. Sein *EU Monitoring and Advocacy Program* veröffentlichte 2002 und 2005 mehrere Berichte über Muslime in Frankreich, Italien und dem Vereinigten Königreich,[268] Studien über Muslime in elf Städten der Europäischen Union (2009),[269] Berichte über die besonderen Erfahrungen von Somaliern in Europa (2014) sowie Reportagen, die »den Erfahrungen muslimischer Frauen mit Niqab in Frankreich und dem Vereinigten Königreich eine Stimme verleihen.«[270]

Der Bericht von Tufyal Choudhury, der von 2006 bis 2015 als Berater der *Open Society UK* tätig war,[271] liest sich wie ein Handbuch des Frérismus. Dieser Forscher zu Fragen der nationalen Sicherheit hat sich auf die Bekämpfung der dschihadistischen Radikalisierung spezialisiert, indem er Programme zur Wiedereingliederung von Dschihadisten und zur Verteidigung der Menschenrechte anbietet. Er gehört zu jenen Aktivisten, die über die *Open Society* die Theorie verbreiten konnten, dass die Muslime nicht stärker gegen den Islamismus mitarbeiten, weil die Anti-Terror-Polizeikräfte nicht vertrauenswürdig seien. So konnte er »seine Lösungen« anbieten, nämlich den Muslimen zu größerer politischer Autonomie zu verhelfen, also genau das, worauf die Muslimbrüder aus sind.

Der Bericht enthält eine Reihe von Empfehlungen, wie zum Beispiel die vermehrte Beteiligung von Muslimen auf nationaler und lokaler Ebene in Fragen der Bildungspolitik und -praxis. Die lokalen Bildungsbehörden werden aufgefordert, die Möglichkeit einer nicht-gemischten Erziehung als Option für Eltern in Gebieten mit einem hohen muslimischen Bevölkerungsanteil zu prüfen. Es wird vorgeschlagen, »Verfahren zur Verbreitung bewährter Praktiken einzurichten, um den Bedürfnissen muslimischer Schüler gerecht zu werden«, und auch, dort wo viele Muslime leben, anglikanische Schulen durch muslimische Schulen zu ersetzen.

Es wird empfohlen, islamische Praktiken im öffentlichen Raum und insbesondere in Bildungsstätten zu erleichtern:

»Die Regierung sollte ein System für Studienanleihen einführen, das nicht beinhaltet, dass muslimische Studierende an Hochschulen gegen die islamischen Regeln über die Zahlung und Erhebung von Zinsen verstoßen müssen. [...] Universitäten und andere Einrichtungen der unteren und oberen Bildung sollten sicherstellen, dass muslimischen Studenten Gebetseinrichtungen (einschließlich der notwendigen sanitären Anlagen) auf allen Campus zur Verfügung stehen; dass in den Kantinen der Studierenden Nahrungsmittel verfügbar sind, die den islamischen diätetischen Anforderungen entsprechen; und dass keine muslimischen Studierenden gezwungen werden, Kleidung zu tragen, die gegen die muslimischen Regeln der Bescheidenheit und des Anstands verstößt. [...]

Universitäten und andere Einrichtungen der unteren und oberen Bildungsebene sollten als Teil ihrer Politik der Chancengleichheit und der Rassenbeziehungen offizielle Richtlinien zur Islamophobie entwickeln und verständnisvolle Verfahren zur Meldung von Vorfällen religiöser Belästigung und Diskriminierung sowohl auf dem Campus als auch außerhalb des Campus entwickeln. [...]

Die Schulen sollten alle möglichen Maßnahmen ergreifen, um die sachliche Richtigkeit der Darstellungen des Islams in den von ihnen verwendeten Lehrbüchern und Bibliotheksbüchern zu überprüfen und um sicherzustellen, dass sie Fotos von muslimischen Schülern in einer Weise in die Handbücher für alle Fächer aufnehmen, die keine symbolische Bedeutung haben (*non tokenistic way*). [...]

Lokale Bildungsbehörden und Schulen sollten sicherstellen, dass dort, wo Staatsbürgerlehre als Schulfach unterrichtet wird, dies auf eine Art und Weise geschieht, die auf die besonderen Probleme eingeht, mit denen Muslime als britische Staatsbürger konfrontiert sind. Dies kann die Entwicklung spezifischer pädagogischer Materialien zu Islam und Staatsbürgerschaft erfordern, die Schulen sowohl für muslimische

Schüler als auch im Zusammenhang mit der Entwicklung von interkulturellem Verständnis und Respekt verwenden können. [...]
Die lokalen Bildungsbehörden sollten sicherstellen, dass die Ausbildung und Unterstützung von Schulleitern das Bewusstsein und das Verständnis für politische und praktische Fragen, die muslimische Schüler betreffen, umfasst.«

In einem anderen Bericht erklärt Choudhury (2017), dass Muslime verunglimpft und dominiert wurden und dass demzufolge islamischer Aktivismus ein Schritt zur Integration in die Gesellschaft ist. Er erklärt, dass Muslime sich zum Teil als Reaktion auf die ablehnende Umwelt mit dem Islam identifizieren, dass muslimische Männer beherrscht wurden und dass sie daher mit der Mobilisierung einer starken, sogar radikalen Identität reagieren. Für ihn darf für junge muslimische Männer die muslimische Identität eine Rolle bei der Definition der Bedeutung von Männlichkeit spielen, damit sie eine »starke« muslimische Identität aufbauen können, um den Stereotypen von Schwäche oder Passivität was entgegensetzen zu können. Mit anderen Worten, man müsse die Gewalt von Männern akzeptieren, wenn sie Muslime sind, wenn man nicht will, dass sie sich gedemütigt fühlen und gewalttätig werden:

»Der Aktivismus für ethnische und islamische Anliegen, selbst wenn er konfliktträchtig war, hat die muslimische Integration beschleunigt. Eine solche Beteiligung ermöglicht es, sich in anderen Formen der bürgerlichen und politischen Partizipation zu engagieren. Während die muslimische Identitätspolitik ein wichtiger Auslöser für Mobilisierung und Partizipation sein kann, ist der Prozess der Partizipation an sich transformativ und die Individuen sind dadurch eher bereit, sich an umfassenderen Prozessen des bürgerlichen Engagements zu beteiligen.«

Er kommt zu dem Schluss, dass die Rettung des Vereinigten Königreichs in der Religion liegt und dass die religiösen Autoritäten das Problem der Radikalisierung lösen können. »Die Qualität und das Vertrauen der religiösen Führung sind entscheidend, weil der Erfolg im Kampf gegen die Radikalisierung darin besteht, Muslimen das Wissen und die Ideen zu vermitteln, die sie benötigen, um extremistischen Gruppen entgegenzutreten.« So kann Choudhury immer wieder das Feuer entfachen, indem er vorgibt, es zu löschen.

Inklusive Soziologie

In muslimischen Kreisen zu recherchieren, erfordert ein hohes Maß an Geschicklichkeit aufgrund der vielen Torwächter (*Gatekeeper*), die die muslimische Gemeinschaft überwachen und vorgeben, in ihrem Namen zu sprechen. Der erfahrene Forscher weiß, dass der Islam ein spaltendes Medien-Thema ist, und es ist sehr schwierig, nicht entweder als freundlicher oder halt als feindlicher Forscher identifiziert zu werden. Egal welche Position man einnimmt, ist es immer möglich, seine Forschungsarbeit zu erledigen; aber Forschen ist einfach, etwas anderes ist es, den *Gatekeepern* die Hand zu reichen – denn diese unerschütterlichen Prediger benutzen die Sozialwissenschaftler, um ihre Identitäts- und Opferdiskurse zu verbreiten. Sie können dem Forschenden die Annäherung an das Feld erleichtern oder im Gegenteil erschweren, indem sie in der Nachbarschaft oder in den sozialen Netzwerken das Gerücht verbreiten, er sei rechtsextrem oder arbeite für die Polizei.

Einige erfahrene Forscher wagen es nicht, eine klare Position zur Existenz der Islamophobie zu beziehen, weil sie befürchten, dass ihnen der Zugang zu ihrem Feld verwehrt wird, dass sie Repressalien von Kollegen oder Studenten ausgesetzt werden oder dass sie der Universität, bei der sie angestellt sind, missfallen könnten. Es ist vielmehr das Risiko, dass ihnen die Möglichkeit genommen wird, ihre Forschung oder Lehre fortzusetzen, als die Tatsache, dass sie die rassistischen Thesen tatsächlich unterstützen, die Akademiker dazu veranlasst, Euphemismus zu praktizieren und ihre Sprache so zu kalibrieren, dass sie so inklusiv wie möglich erscheint. Zum Beispiel erklären die belgischen Professoren Dassetto und Maréchal (2007), dass es eher eine *Islamistophobie* (die Angst vor einer Radikalisierung des Islam) als eine *Islamophobie* gibt:

> »Im Gegensatz zu dem, was man manchmal lesen kann, glauben wir weiterhin, dass es in Europa keine weit verbreitete oder virulente Strömung der ›Islamophobie‹ gibt. Es gibt sicherlich keine Demonstration einer tiefen Feindseligkeit gegenüber dem Islam oder einen phobischen Hass, sondern nur oberflächliche Reaktionen und Situationen, die sich manchmal in Feindseligkeitsbekundungen niederschlagen. Es gibt Momente der Abneigung, zum Beispiel wenn ein Ladenbesitzer zögert, ein verschleiertes Mädchen als Gehilfin einzustellen, weil er befürchtet, dass sich das Image seines Geschäfts in den Köpfen seiner Kunden ändern könnte, oder wenn die öffentliche Hand aus Angst vor der Reak-

tion der Mitglieder der Mehrheitswählerschaft zögert, den Bau einer Moschee zu genehmigen [...]. Vor allem aber gibt es ein Unbehagen, das sich oft in der Angst vor einer Radikalisierung des europäischen Islams ausdrückt.«

Nach diesen Worten erwartet der Leser, dass sie ihre Überlegungen in dieser Richtung fortsetzen. Doch was liest er dann:

»*Was auch immer die Realität der Situation sein mag*[272] ist es wichtig, darauf hinzuweisen, dass bestimmte muslimische Gruppen und öffentliche Einrichtungen diese Taten in den Vordergrund stellen und öffentlich machen. Auf diese Weise stützen diese Handlungen dann eine monopolistische Interpretation der Beziehungen zwischen Muslimen und Nicht-Muslimen.«

Aufklärung und damit eine Entscheidung über die »*Realität der Situation*« ist das, was der Leser von den Analysen der Forscher erwarten darf. Dies wird ihm verwehrt. Nicht unerheblich ist die Tatsache, dass diese beiden Soziologen Belgier sind und somit jener Nation des konsoziativen Föderalismus[273] angehören, dem Land des Konsenses und der Suche nach Gleichgewicht um jeden Preis, dessen Hauptstadt Brüssel eine Gefangene der muslimischen Wählerstimmen ist: Keine Partei kann ohne die muslimischen Stimmen dort eine Wahl gewinnen (Bergeaud-Blackler, 2021).

Der Europarat

Auch der Europarat spielte eine wichtige Rolle beim Export und der Propagierung des Konzepts der Islamophobie, indem er zwei Empfehlungen herausgab: zum einen die Notwendigkeit, Religionen und ihre Anhänger nicht zu »beleidigen«, und zum anderen, Hassreden in den sozialen Netzwerken zu bekämpfen.

Du sollst nicht beleidigen

Obwohl der Europarat ursprünglich Teil des europäischen Einigungsprozesses war,[274] darf er nicht mit dem Rat der Europäischen Union verwechselt werden. Der Europarat ist eine zwischenstaatliche Organisation, die sechsundvierzig Mitgliedstaaten von Westeuropa bis zum östlichsten Zipfel Russlands und von Grönland über die Türkei bis nach Aserbaidschan umfasst. Obwohl er sich sowohl aus demokratisch als auch aus autokratisch regierten Staaten zusammensetzt, hat er sich zum Ziel gesetzt, die Menschenrechte, den Vorrang des Rechts, die demokratische Stabilität in

Europa und »die kulturelle Identität Europas in ihrer Vielfalt« zu verteidigen und zu verbreiten.[275]

Das Hauptquartier des Europarats befindet sich in Straßburg, wo der Ministerrat, die Parlamentarische Versammlung, der Europäische Gerichtshof für Menschenrechte und eine Konferenz der NGOs tagen, die offiziell die »Stimme« der Zivilgesellschaft im Rat repräsentieren. Der Europarat versteht sich schließlich als Garant für Recht und Demokratie, obwohl er selbst kein demokratisch gewähltes Organ ist: Die Bürger der Mitgliedsländer werden durch eine Auswahl von NGOs »repräsentiert«.

Die Beziehung den, die der Europarat zu den Religionen unterhält ist im Allgemeinen eine partnerschaftliche. Der Europarat stellt fest, dass »Religionen eine nützliche soziale Rolle spielen können«, und empfiehlt seinen Mitgliedstaaten, »religiöse Organisationen zu ermutigen, aktiv Frieden, Toleranz, Solidarität und interkulturellen Dialog zu fördern.« Er empfiehlt, von ihnen »Transparenz in Bezug auf ihre satzungsmäßigen Ziele, ihre Führung, ihre Mitglieder und ihre finanziellen Ressourcen« zu verlangen. Neben der Aufforderung, Beziehungen zwischen den Organisationsstrukturen der Religionsgemeinschaften und den Staaten herzustellen, fordert der Europarat die Staaten auf, sich direkt an die Religionsgemeinschaften zu wenden und beispielsweise »auch direkte politische Kontakte mit Muslimen als vollwertige Bürger herzustellen.«[276] »Muslime sind in Europa zu Hause, wo sie seit Jahrhunderten präsent sind«,[277] heißt es in einer Entschließung des Rates von 2010, die sich auf eine Empfehlung aus dem Jahr 1991[278] über den »Beitrag der islamischen Zivilisation zur europäischen Kultur«[279] bezieht.

Jeder Angriff im Namen des Islams durch Islamisten führt zu dieser Art von feierlicher Erklärung. Im Jahr 1991, als die Friedensdemonstrationen gegen den Krieg von Präsident Bush senior gegen den Irak nach einem Hilferuf Kuwaits und Saudi-Arabiens stattfanden, wollte der Europarat seinen guten Willen zur Beschwichtigung der muslimischen Länder unter Beweis stellen. Der Europarat behauptete in einem Anflug von unausgegorener Großzügigkeit, dass das »neue Europa« aufgrund der Einwanderung zunehmend vom Islam beeinflusst wird, dass »die drei monotheistischen Religionen die gleichen historischen und kulturellen Wurzeln teilen und die gleichen Grundwerte anerkennen, einschließlich der überragenden Bedeutung des menschlichen Lebens und der menschlichen Würde, der Fähigkeit und Freiheit, seine Gedanken auszudrücken, des Respekts für andere und für das Eigentum anderer und der Bedeutung der sozialen Wohlfahrt.«

Der Europarat schien davon so überzeugt zu sein, dass er nicht zögerte, Muslime zu belehren und sie aufzufordern, sich dem politischen Islam zu widersetzen: »Der Islam ist eine Religion, die den Frieden predigt. Muslime sollten die Ersten sein, die mit Bestürzung reagieren und sich dem Missbrauch des Islams durch Terroristen oder politische Extremisten widersetzen.«

Der Europarat schien so sehr davon überzeugt zu sein, dass alle europäischen Religionen, einschließlich des Islams, dieselben Werte teilen, dass er, als er feststellte, dass das Recht muslimischer Frauen auf Gleichberechtigung in der »traditionellen Interpretation des Islam, die die Gleichberechtigung von Männern und Frauen verneint«, nicht respektiert wird, die Ursache dafür sowohl dem radikalen Islamismus als auch der Islamophobie zuschreibt:

»Kein religiöser oder kultureller Relativismus kann herangezogen werden, um Verletzungen der menschlichen Person zu rechtfertigen. Die Parlamentarische Versammlung fordert die Mitgliedstaaten daher nachdrücklich auf, alle erforderlichen Maßnahmen zu ergreifen, um den radikalen Islamismus und die Islamophobie auszumerzen.«

Die Verhüllung [der Frauen] wäre also nach Ansicht des Europarats eine Folge von Islamophobie. In der Frage der Vollverschleierung positioniert sich der Europarat auf verwirrende Weise für eine Einschränkung des Niqab im öffentlichen Raum, bedauert dies aber gleichzeitig mit der Begründung, dass »ein allgemeines Verbot des Tragens von Burka und Niqab den Frauen, die dies frei wünschen, das Recht verweigern würde, ihr Gesicht zu verhüllen.« Kurz gesagt, er spricht sich für eine Einschränkung und gleichzeitig gegen ein allgemeines Verbot aus, das »eine gegenteilige Wirkung« haben könnte.

Der Europarat geht sogar so weit, dass er die Organisation der islamischen Welt für Bildung, Wissenschaft und Kultur (ICESCO) – deren sehr explizite separatistische Ausrichtung wir oben dargestellt haben – auffordert »Islamismus und Islamophobie zu bekämpfen.« In diesem Zusammenhang ist es nicht verwunderlich, dass sich unter den NGOs, mit denen der Europarat regelmäßig zusammenarbeitet, auch Organisationen befinden, die den Frérismus fördern, wie FEMYSO und ENAR.

Wie lassen sich die Meinung des Europarats von der Friedfertigkeit von Religionen im Allgemeinen und des Islams im Besonderen und die zweideutige Position ihm gegenüber erklären? Steckt dahinter der Wunsch, die verschiedenen Grundfreiheiten der Menschenrechtserklärung ins Gleichgewicht zu bringen? Dies ist in der Tat fragwürdig, da die Allgemeine Erklärung der Menschenrechte zwei Grundfreiheiten bekräftigt:
– Auf der einen Seite wird die Gewissens- und Religionsfreiheit als Grundrecht gemäß Artikel 18 der AEMR anerkannt: »Jeder hat das Recht auf Gedanken-, Gewissens- und Religionsfreiheit«;
– andererseits ist die Meinungsfreiheit ebenfalls ein Grundrecht, das sich auf Artikel 19 AEMR stützt, in dem es heißt: »Jeder hat das Recht auf Meinungsfreiheit und freie Meinungsäußerung; dieses Recht schließt das Recht ein, wegen seiner Ansichten nicht behelligt zu werden.«

In Wirklichkeit stehen diese beiden Rechte, die als gegensätzlich dargestellt werden und sich daher gegenseitig ausbalancieren müssen, nicht im Widerspruch zueinander. Das Recht auf freie Meinungsäußerung hat niemals das Recht auf Gewissens- oder Religionsfreiheit beeinträchtigt. Umgekehrt haben Religionen unter vielen Umständen und seit Jahrhunderten versucht, die öffentliche Meinungsäußerung und das Recht auf freie Meinungsäußerung zu beschränken.

Diese Einschränkung setzt sich heute in subtileren Formen fort. Da eine Religion nicht direkt die Einschränkung der Meinungsfreiheit fordern kann, bedient sie sich der Ausflucht der »Beleidigung von Gläubigen.« Insbesondere die frommen Formen fundamentalistischer Religionen versuchen, die Anerkennung einer besonderen »Sensibilität« der Gläubigen durch das Recht und die hohen Gerichte zu erreichen (Favret-Saada, 2015). Diese Strategie wurde bereits vor dem Islam von den katholischen Fundamentalisten angewandt. Ab den 1980er Jahren begannen fromme Gruppen zu behaupten, dass ihre Religionsfreiheit durch die Meinungsfreiheit eingeschränkt werde, da diese »ihre religiösen Gefühle verletze.«

Diese neue semantische Waffe, die »Empfindlichkeit der Gläubigen«, ermöglichte es, die Meinungsfreiheit unter den Verdacht zu stellen, die Religionsfreiheit zu beschneiden. Diese Strategie hat dazu geführt, dass kollektiven Forderungen im Namen der Religion stattgegeben wurde und die künstlerische Freiheit selbst durch Zensur oder Selbstzensur bedroht wurde. Es war übrigens diese Gefahr der Selbstzensur, die die dänische Zeitung *Jyllands-Posten* 2005 testen wollte, indem sie die Mitglieder der

Gewerkschaft der Presse-Illustratoren aufforderte, Mohammed »so zu zeichnen, wie sie ihn sehen.« Zwölf Zeichner schickten ihre Zeichnungen ein, die am 30. September 2005 veröffentlicht wurden. Wir kennen die Folgen ihrer Veröffentlichung: ein weltweiter Boykott Dänemarks wegen angeblicher Islamophobie, Morddrohungen, Tote bei Massenprotesten und so weiter.

Jeanne Favret-Saadas detaillierter und ausführlicher Bericht über den Fall der dänischen Karikaturen enthüllt die Mechanismen dieser neuen, globalisierten Zensur, die in ihrem Ausmaß und ihrer Macht in der Geschichte beispiellos ist.[280] Die Angst vor der »Beleidigung der Gläubigen« ruft nun eine individuelle und verinnerlichte Form der Zensur hervor, die noch dauerhafter, tiefgreifender und heimtückischer ist als die institutionelle Zensur. Diese Form der Zensur, die auf Schuldgefühlen und diffusem Terror beruht, ermöglicht es den Zensoren, sich ihrer Verantwortung zu entziehen. Es ist verständlich, dass der Frérismus versucht ist, den schwammigen Begriff der Islamophobie zu verwenden und zu missbrauchen, wenn man sich die Macht ansieht, die der Vorwurf der Islamophobie mittlerweile besitzt, um Leute zum Schweigen zu bringen, bevor auch nur ein Wort ausgesprochen wurde.

Du sollst nicht hassen
Der Europarat engagiert sich stark im Kampf gegen »antimuslimischen Hass«, nicht zuletzt dank fréristischer Institutionen wie dem FEMYSO, die unter seinem Schirm Schutz suchen. Um zu verstehen, wie der Europarat zu einem der Propagandisten des fréristischen Kampfes gegen Islamophobie wurde, müssen wir bis zum Anfang des *No Hate Speech Movement* (NHSM) zurückgehen. Die Kampagne gegen Hassreden begann mit dem *No Hate Speech Movement*, einer Kampagne für die Jugend, die von der Jugendabteilung des Europarats initiiert und unterstützt wurde. Ziel war es, »Hassreden im Internet einzudämmen« und, positiver formuliert, »die Menschenrechte im globalen Netz zu fördern.« Das NHSM wurde 2013 ins Leben gerufen und hat sich durch Kampagnen in fünfundvierzig Ländern auf nationaler und lokaler Ebene ausgebreitet.

Der Begriff »Hassrede« wird vom Europarat so definiert, dass er »alle Ausdrucksformen umfasst, die Rassenhass, Fremdenfeindlichkeit, Antisemitismus oder andere Formen von Hass aus Intoleranz propagieren, dazu aufrufen, sie fördern oder rechtfertigen, einschließlich: Intoleranz, die sich in aggressivem Nationalismus und Ethnozentrismus ausdrückt,

Diskriminierung und Feindseligkeit gegenüber Minderheiten, Migranten und Menschen mit Migrationshintergrund.«[281] Über ihren Jugendzweig FEMYSO gelang es den Muslimbrüdern, Islamophobie oder »antimuslimischen Hass« in diese Definition aufzunehmen und rechtliche Maßnahmen dagegen zu fordern, und zwar gemäß der Empfehlung 4 des Textes, die von den Mitgliedstaaten verlangt, »ihre Gesetzgebung und nationalen Praktiken zu überprüfen, um sicherzustellen, dass sie mit den Grundsätzen der Nichtdiskriminierung übereinstimmen.« Seit 2014 wird Islamophobie als eine spezifische Form von Rassismus anerkannt, was die EU dazu verpflichtet, Maßnahmen zu ergreifen.

Der Europarat mobilisiert beträchtliche Mittel für seine Propaganda »gegen Hass«: Die Einrichtung einer spezifischen europäischen Website (https://www.coe.int/en/web/no-hate-campaign), ein Raum für selbstgedrehte Videos und Fotos von Jugendlichen über ihre Erfahrungen mit Hassreden (https://www.coe.int/en/web/no-hate-campaign/reporting-on-social-media-platforms), massive Verbreitung von Informationsschreiben, die zur Teilnahme an der Kampagne auffordern, um alle als hasserfüllt empfundenen Inhalte zu melden, dedizierte Jugendkoordination in den Mitgliedsländern, Informationskampagnen für nationale Koordinatoren, europäische Partner et cetera. Auf der speziellen Website wird außerdem jeden Monat ein Brief an alle institutionellen Abonnenten veröffentlicht. Hinzu kommen eine Reihe von Handbüchern und Ressourcen des Europarats zur Menschenrechtsbildung sowie spezielle Aktionstage,[282] darunter der 21. September, der (ab 2014) zum Aktionstag gegen Islamophobie und religiöse Intoleranz erklärt wurde. Der Aufruf zu diesem Tag wird jedes Jahr von der Aufforderung begleitet, diesen Europäischen Tag gegen Islamophobie mit einer öffentlichen Verurteilung des Phänomens und der Einführung von Gesetzen zur Bekämpfung der Diskriminierung von Muslimen zu begehen.

Die Aktionen der fréristischen Bewegung profitieren vom europäischen Gütesiegel und von einer Mobilisierung, die von der Verteidigung der Menschenrechte flankiert wird. Es ist die Gelegenheit, die fréristischen Netzwerke und ihre Verbündeten in ganz Europa zu reaktivieren, von den Staaten politische und gesetzliche Maßnahmen zu fordern und Lobbyarbeit bei Abgeordneten, NGOs und Privatunternehmen zu betreiben. Dadurch konnte das FEMYSO die Unterstützung der Interfraktionellen Arbeitsgruppe Anti-Rassismus und Diversity des Europäischen Parlaments (ARDI) erhalten, aber auch für eine Kampagne für die

Verschleierung der Frau mit dem nicht so offensichtlich missionarischen Titel *Tackling Gendered Islamophobia in Europe* (Bekämpfung der geschlechtsspezifischen Islamfeindlichkeit in Europa), die zusammen mit dem EFOMW[283] organisiert wurde. Zu den Unterstützern zählten ebenfalls Helena Dalli, Kommissarin für Gleichstellung, Michael O'Flaherty, Direktor der EU-Agentur für Grundrechte und Tommaso Chiamparino, der Koordinator der Europäischen Kommission für die »Bekämpfung von Muslimfeindlichkeit«.

Die Kampagne ›Bring Joy And Accept Hijabs‹ des Europarats
Am 28. Oktober 2021 wurde über den Twitter-Account der Abteilung Inklusion und Antidiskriminierung des Europarats eine Twitter-Kampagne gestartet (die Bilder wurden von der Website des Europarats entfernt, sind aber weiterhin im Internet zu finden). Diese vom Europarat und der Europäischen Union gesponserte Kampagne zeigt Gesichter von Frauen, die zur Hälfte verschleiert und zur Hälfte unverschleiert sind, und verbreitet Illustrationen, die angeblich davon überzeugen sollen, dass der Hidschab nur ein Kleidungsstück wie jedes andere ist. Das Wort ›Hidschab‹ wird über Hashtags mit Begriffen wie ›Schönheit‹, ›Freiheit‹ und ›Freude‹ in Verbindung gebracht.

Auf diese Weise werden zwei Botschaften vermittelt: Die erste besteht darin, den Hidschab als Zierde zu banalisieren, zur Mode auszurufen und zu idealisieren, ungeachtet der Tatsache, dass manche Frauen auf der Welt vergewaltigt, verätzt oder verbrannt werden können, wenn sie ihn nicht tragen. Die zweite Botschaft ist eher unterschwellig und richtet sich an die Umma. Einen neubekehrten oder einen einfach nur gläubigen, aber nicht militanten Muslim wird dieses halbverschleierte europäische Gesicht nicht gleichgültig lassen: Er wird es als Zeichen für die Erfüllung der Mission, die Präsenz des Islams in der ganzen Welt zu gewährleisten, verstehen.

Die Kommunikationskampagne wurde im Oktober 2021, kurz nach dem Aktionstag gegen Islamophobie am 21. September, gestartet. Zur Vorbereitung auf diesen Tag hatte der Europarat sein Kommunikationsinstrument »WE CAN for Human Rights Speech« mobilisiert, das vom Programm »Bürger, Gleichstellung, Rechte und Werte« der Europäischen Union mitfinanziert wird. Diese Maßnahme, die Organisationen und jungen Aktivisten dabei helfen soll, »Hassreden« zu bekämpfen, indem man ihnen Medien-Toolkits zur Verfügung stellt, sie bei der Organisation von

Themenseminaren unterstützt oder sie bei der Durchführung von Kommunikationskampagnen coacht, wurde von der vom Europarat anerkannten Organisation FEMYSO genutzt. Es ist dieses Dispositiv (Michel Foucault) dem die massive Verbreitung folgender Slogans zu verdanken ist, die aus einem islamistischen Lehrbuch stammen könnten: »Feiert die Vielfalt und respektiert den Hidschab«; »Bringt Freude, akzeptiert Hidschabs«; »Versuche, eine Hidschab-Frau zu verstehen, statt sie zu verurteilen«; »Der Hidschab ist ein Teil von mir, ein Teil meiner Identität«. Der Schwerpunkt lag auf »geschlechtsspezifischer islamfeindlicher Diskriminierung.«

Die Kampagne stützte sich angeblich auf die Ergebnisse eines UNO-Berichts zu Religions- und Glaubensfreiheit und über anti-muslimischen Hass und Islamophobie, in dem auf eine Zunahme antimuslimischer Handlungen, insbesondere gegen Frauen, hingewiesen wurde. So zumindest stellte der Europarat die Fakten dar. Bei genauerem Hinsehen ergab sich, dass die Empfehlungen der Vereinten Nationen auf Daten aus den Beiträgen des Europarats und der Europäischen Union zu diesem Bericht zurückgingen, die von Organisationen zur Bekämpfung von Islamfeindlichkeit ausgearbeitet worden waren. Der Europarat schuf so seine eigene Echokammer und verbreitete die fréristische Propaganda via der fréristischen Organisationen unter dem blauen Sternenbanner Europas.

Im Jahr 2021 legte das Hochkommissariat für Menschenrechte der Vereinten Nationen einen Bericht über Islamophobie vor.[284] Die Einleitung zeigt die Voreingenommenheit dieses von Ahmed Shaheed unterzeichneten Berichts, der von einer »Epidemie der Islamophobie« spricht und die Staaten beschuldigt, unverhältnismäßig zu reagieren und Muslime ins Visier zu nehmen:

»Nach den Terroranschlägen vom 11. September 2001 und anderen
schrecklichen Terrorakten, die angeblich im Namen des Islams verübt
wurden, hat das institutionelle Misstrauen gegenüber Muslimen und
denjenigen, die als Muslime wahrgenommen werden, epidemische
Ausmaße angenommen. Viele Staaten – sowie regionale und internationale Organisationen – haben auf Sicherheitsbedrohungen mit Maßnahmen reagiert, die unverhältnismäßig stark auf Muslime abzielen
und sie als Hochrisikogruppe definieren, die sich radikalisieren
könnte. Aufbauend auf langjährigen imperialistischen Essentialisierungen von Muslimen als kulturelle »Andere« haben Gesetze, Politik
und Praxis auch schädliche Stereotypen und Tropen aufrechterhalten,

die Muslime, ihren Glauben und ihre Kultur als Bedrohung darstellen. Die Folgen für die Menschenrechte, insbesondere das Recht auf Gedanken-, Gewissens- und Religions- oder Glaubensfreiheit, waren schwerwiegend.«

Von welchen »islamophoben« Angriffen spricht der Bericht? Er nennt einige Beispiele, wie die Einschränkung der »muslimischen Kopfbedeckung« im Namen des Säkularismus, die Nichtbeantwortung von Anträgen für den Bau von Moscheen, die Einschränkung karitativer oder humanitärer Einrichtungen wie *BarakaCity* und das Kollektiv gegen Islamophobie in Frankreich (*Collectif contre l'islamophobie en France*, CCIF), die in Frankreich wegen Aufstachelung zum Hass verboten sind.[285] Die Verteidigung des Säkularismus und die Sicherheit des Landes sind laut diesem UNO-Bericht, der die Situation von Muslimen in Frankreich mit derjenigen in China vermischt, wo Uiguren in Gefangenenlagern festgehalten werden, »islamophobe« Aggressionen. Die Diskriminierung von Personen muslimischen Glaubens am Arbeitsplatz wird ihrer Religion, dem Islam, zugeschrieben, ohne dass dies belegt wird und ohne dass ihre anderen kulturellen, sprachlichen und sozialen Merkmale berücksichtigt werden, die eine mangelnde Anpassung an den Arbeitsmarkt, ein Integrationsproblem oder rassistische Praktiken bestimmter Arbeitgeber erklären könnten, statt dass sie aus religiösen Gründen ausgrenzen.

Unter den Lösungen, die sich vor allem auf die Verunglimpfung angeblich »islamophober« Staaten beschränken, schlägt der Bericht die Kontrolle der Medien vor, die »Leitlinien für die Berichterstattung über Muslime und den Islam verabschieden sollten, die bewährte Praktiken einbeziehen, zu denen die Vermeidung von Stereotypen und Verallgemeinerungen, die Darstellung von Vielfalt und die Erläuterung von Zusammenhängen gehören, und Journalisten und andere Produzenten von Medieninhalten entsprechend ausbilden sollten.« Diese Berichte, die von mächtigen oder angesehenen Organisationen wie den Vereinten Nationen oder dem Europarat erstellt werden, verleihen dem Begriff der Islamophobie eine immer breitere Resonanz und tragen durch ihre Bestätigung dazu bei, dass die Vorstellung, es handele sich um eine unbestreitbare Realität, Gestalt annimmt. Ihre Entschließungen und Ratschläge sickern dann hinab in die Staaten, Regionen, Städte und kleinen lokalen Verbände und dienen als Grundlage für diejenigen, die im Namen des Kampfes gegen Diskriminierung eine Korrektur des Rechts fordern.

Der Kampf gegen Rassismus und Diskriminierung in Europa ist nicht zuletzt dank des ENAR zu einem wichtigen Vektor der fréristischen Kommunikation über Islamophobie geworden.

Der Fall des European Network Against Racism (ENAR)

Das ENAR ist ein belgisches Netzwerk, das sich selbst als antirassistisch bezeichnet. Es handelt sich nicht um ein Netzwerk der Muslimbruderschaft an sich, sondern um ein Netzwerk von Organisationen mit unterschiedlichen Hintergründen, Zugehörigkeiten, Kulturen und Religionen, das von der jüngeren Generation der Muslimbrüder ausgerichtet und gesteuert wird.

ENAR steht an der Spitze der Mobilisierung für den Anti-Islamophobie-Tag, zu dessen Anerkennung durch den Europarat und die Europäische Union es beigetragen hat.[286] Die NGO spielte auch eine große Rolle bei der Ernennung eines EU-Koordinators gegen Islamophobie durch die Europäische Kommission im Jahr 2015. Dank des ENAR wird die ›Islamophobie-Schreimaschinerie‹ nach jedem Anschlag oder nach jeder Vergeltungsmaßnahme gegen fréristische Vereinigungen oder Mitglieder in ganz Europa in Gang gesetzt.

Das Netzwerk arbeitet in diesem Bereich eng zusammen mit dem CCIF (*Collectif contre l'islamophobie en France*), seinem belgischen Pendant *Collectif contre l'islamophobie en Belgique* (CCIB, jetzt CIIB) und dem neuen *Collectif contre l'islamophobie en Europe* (CCIE, das von der Führung des CCIF gegründet wurde, nachdem das nach einer Entscheidung des französischen Innenministers wegen seiner Rolle bei dem Attentat auf den Lehrer Samuel Paty aufgelöst wurde). Hinzu kommen Kollaborationen mit dem *Center for Danish Muslim Relations*, dem *European Forum of Muslim Women* (EFOMW), *Just West Yorkshire*, den *Musulmans contra la Islamofobia*, und natürlich dem Forum *FEMYSO*, dem *Euro-Mediterraan Centrum Migratie & Ontwikkeling* (Emcemo), *Karamah* (*Muslim Women Lawyers for Human Rights*), dem *Muslimska mänskliga rättighetskommittén*, und so weiter.

All diese Organisationen speisen die *Database 2012-2020 on antimuslim hatred* der Europäischen Kommission (eine Datenbank, in der man nach internationaler Rechtsprechung und Urteilen zu »Hassverbrechen und Aufstachelung zu Hassreden gegen Muslime« suchen kann). Ein kurzer Blick in diese Datenbank vermittelt einen Eindruck davon, was sie unter »antimuslimischem Hass« verstehen. Die Datenbank enthält zahlreiche Beschwerden von Frauen, die sich diskriminiert fühlen, weil ihnen das Tragen eines Schleiers, manchmal eines Ganzkörperschleiers, untersagt wurde.[287] Für diese Vereinigungen bedeutet es, Opfer von »antimuslimischem Hass« zu sein, wenn es einem nicht erlaubt ist, einen Schleier, sogar eine Vollverschleierung, zu tragen.

Dank der Lobbyarbeit von ENAR, das diese Informationen weiterleitet und eine aktive Rolle bei Parlamentsmitgliedern, NGO-Lobbyisten und Unternehmen im Brüsseler Europaviertel spielt, gelang es dem Fréristen-Netzwerk, die Europäische Kommission davon zu überzeugen, die Stelle eines »Europäischen Aufsehers über Islamophobie« einzurichten. David Friggeri wurde am 1. Dezember 2015 offiziell zum Koordinator gegen antimuslimischen Hass unter der Leitung der Generaldirektion Justiz und Verbraucher der Kommission ernannt, aber auch unter der informellen Aufsicht von ENAR und seinen fréristischen *watchdogs*.

Da dieser Koordinator als zu weich empfunden wurde und ENAR und seine Mitglieder, die selbsternannte Eigentümer des öffentlichen Problems »Islamophobie« sind, nicht zufrieden stellte, gründeten letztere eine Koalition von NGOs, die sich »Europäische Koalition gegen Islamophobie« nannte und von ENAR koordiniert wurde, um seinen Rücktritt zu fordern. Die Koalition forderte die Europäische Union auf, effektiver und »politisch« gegen das vorzugehen, was sie als »strukturelle Formen der Diskriminierung und des Rassismus, die Muslime oder als Muslime wahrgenommene Personen betreffen« bezeichnete.[288] Der Kampf gegen Islamophobie sollte laut der Koalition in die wichtigsten Politikbereiche auf nationaler Ebene integriert werden, um »ihre strukturellen Dimensionen zu bekämpfen« und »ihre Auswirkungen auf die wirtschaftlichen und sozialen Erfolge von Muslimen« zu messen. Im Klartext heißt das, dass spezifische politische, wirtschaftliche und soziale Vorkehrungen getroffen werden müssen. Man könnte meinen, das Programm von Qaradawi zu lesen.

Die Kommission gehorchte und trennte sich von David Friggeri.[289] Sie ernannte Tommaso Chiamparino, der sein Amt am 1. Juli 2018 antrat. Im Mai 2020 wurde ein virtuelles Rundtischgespräch des Koordinators mit den Organisationen ENAR und *Open Society Foundations* organisiert, deren Rolle als Unterstützer der fréristischen Ideologie wir oben besprochen haben. Seitdem hat der Koordinator es nicht versäumt, die Koalition über alle ›islamophoben‹ Ereignisse (ob sie nun islamfeindlich sind oder nicht) zu informieren. Mehr noch: Chiamparino leitet Ausschreibungen für Forschungs- und Aktionsprojekte zur Bekämpfung von Rassismus und antimuslimischem Hass über soziale Netzwerke vorrangig an die Koalition weiter. Auf diese Weise profitieren die NGOs der Koalition von einer europäischen Rente in Euro und einer Legitimität in einem System, in dem sie zugleich Richter und Partei sind (Bergeaud-Blackler, 2021).

Diese Lobbygruppen üben einen wachsenden Einfluss auf das Fachwissen und die Zusammensetzung von Forschungs- und Aktionsprojekten aus. Sie platzieren ihre eigenen oder verbündete Verbände (Frauen-, Opfer- oder Unternehmerverbände) in Forschungskonsortien. Sie erleichtern die Aufnahme von akademischen Partnern, denen sie die Türen der Europäischen Union öffnen, die Türen zu Geld, Förderung und Zugang zu ausgewählten muslimischen Bevölkerungsgruppen, ohne welche diese Forscher niemals die Möglichkeit hätten, Untersuchungen durchzuführen. Auf diese Weise lenken die Lobbygruppen die Ergebnisse.

Dem ENAR ist es zu verdanken, dass die Schutzmaßnahmen gegen den Islamismus missbraucht werden. Es reiche nicht mehr aus, gegen »Islamophobie« zu kämpfen, sondern man müsse nun gegen »Islamistophobie« (die tatsächliche oder vermeintliche Angst vor dem Islamismus) kämpfen, hinter der sich eine rechtsextreme Agenda verberge. Julie Pascoët, Trägerin eines vorgeschriebenen Hidschabs und Koordinatorin des ENAR, behauptet, dass das Aufkommen der Theorie der Allianz zwischen Woke-Bewegung und Islamismus (sie zielt auf die Arbeiten von Lorenzo Vidino und meine eigenen ab) eine neue islamophobe Bedrohung darstelle.

Der Kampf gegen den Islamismus sei gefährlich »für den Schutz der Grundrechte von rassifizierten Gruppen in Europa.« In Verteidigung des in Frankreich aufgelösten CCIF schreibt sie:

»Organisationen wurden von den Regierungen trotz eines völligen Mangels an Beweisen angegriffen und aufgelöst. Das Schweigen zu diesen Verstößen zeigt, wie tief rassistische Vorurteile in der Gesellschaft verwurzelt sind und wie sie zur Rechtfertigung dieser Verstöße benutzt werden.«[290]

Karen Taylor, die deutsche ENAR-Sprecherin und Aktivistin einer Organisation, die sich für die »schwarze Community« einsetzt, veranschaulicht diese Spiegelmethode, indem sie dazu aufruft, alle diejenigen, welche den Islamismus anprangern, als Hetzer zu identifizieren, die Angst und Spaltung erzeugen:

»Als Stimme der antirassistischen Bewegung in Europa bekämpft ENAR jedes Narrativ, das bestimmte zivilgesellschaftliche Organisationen und Aktivisten als unsichtbare ›Islamisten‹ beschreibt, die bereit sind, eine ›aufgeklärte‹ Agenda zu nutzen, um ihr ›verborgenes‹ und intolerantes Programm umzusetzen. Diese Vorurteile schaffen absichtlich Angst und Spaltung innerhalb Europas, um einen Teil der Gesellschaft auszugrenzen. Es ist unsere Aufgabe, die Mythen zu hinterfragen und den Stereotypen über die muslimischen Gemeinschaften entgegenzuwirken, bis wir Rassengerechtigkeit erreichen. Unsere Priorität ist es, sicherzustellen, dass solche Erzählungen nicht zur Rassifizierung und Kriminalisierung einer Minderheitengruppe beitragen und die Grundrechte einschränken.«[291]

Die Mitglieder der vom ENAR koordinierten »Europäischen Koalition gegen Islamophobie« bilden ein wichtiges Netzwerk von fréristischen Einflussnehmern in Europa

Europäische Organisationen
1. Europäisches Forum muslimischer Frauen (European Forum of Muslim Women, EFOMW).
2. Europäische muslimische Initiative für sozialen Zusammenhalt (European Muslim Initiative for Social Cohesion, EMISCO).
3. Europäisches Netzwerk gegen Rassismus (European Network Against Racism, ENAR).
4. Europäisches Netzwerk für Religion und Glauben (European Network on Religion and Belief, ENORB).
5. Forum der europäischen muslimischen Jugend- und Studentenorganisationen (Forum of European Muslim Youth and Student Organizations, FEMYSO)

Nationale Organisationen
6. Allianz für integrative Muslime (Alliance of Inclusive Muslims, AIM).
7. Antirassistisches Forum Finnland (Anti-Racist Forum, ARF).
8. CAGE (britische Selbsthilfeorganisation, die primär die Interessen von Gefangenen islamischen Glaubens unterstützt).

9. Zentrum für Dänisch-Muslimische Beziehungen (Center for Danish Muslim Relations, CEDAR).
10. Kollektiv gegen Islamophobie und Diskriminierung, Niederlande (Collective against Islamophobia and Discrimination, CTID).
11. Kollektiv gegen Islamophobie in Belgien (Collectif Contre l'islamophobie en Belgique, CCIB).
12. Kollektiv gegen Islamophobie in Frankreich (Collectif contre l'islamophobie en France, CCIF).
13. Koordination gegen Rassismus und Islamophobie, Frankreich (Coordination contre le racisme et l'islamophobie, CRI; im November 2021 auf Veranlassung des französischen Innenministeriums aufgelöst).
14. Muslimische Studierende in Frankreich (Étudiants musulmans de France, EMF).
15. Euro-Mediterranes Zentrum Migration und Entwicklung, Niederlande (Euro-Mediterraan Centrum Migratie & Ontwikkeling, EMCEMO)
16. Komitee Gerechtigkeit und Freiheiten für Alle, Frankreich (Comité Justice & Libertés Pour Tous, CJL).
17. Rat der Muslime Großbritanniens (Muslim Council of Britain, MCB)
18. Muslimisches Komitee für Menschenrechte, Schweden (Muslim Human Rights Committee, MHRC).
19. Muslime für fortschrittliche Werte, USA, Niederlande u.a. (Muslims for Progressive Values, MPV)
20. RADAR Inc/Art. 1, Niederlande (Prävention und Bekämpfung von Diskriminierung).
21. Jahrbuch für Islamophobieforschung (*Islamophobia Studies Yearbook*; Herausgeber ist Farid Hafez, auch Mitherausgeber des zwischen 2015 und 219 erschienenen Berichts über Islamophobie in Europa, *European Islamophobia-Report*).

KAPITEL VII

Linke und rechte Fréristen

Die erste Einwanderer-Generation der Muslimbrüder stellte sich dem Spiel der Repräsentativität der westeuropäischen Staaten, die nach bevollmächtigten Ansprechpartnern verlangten. Die Politologen der 1990er Jahre analysierten deren Aktionen im Kampf um die Vertretung der Glaubensgemeinschaften logischerweise unter einem politischen Blickwinkel, anstatt der Durchdringung und Infiltration der soziokulturellen, erzieherischen und wirtschaftlichen Bereiche durch die Bruderschaft und ihrer Ideologie genügend Aufmerksamkeit zu schenken. Sie waren sich nicht bewusst, wie sehr sie selbst zu Instrumenten der »Islamisierung des Wissens« im fréristischen Plan geworden waren, obwohl sie – manchmal guten Glaubens – meinten, die Einführung der Muslimbrüder in die europäische Demokratie zu unterstützen.

Indem man an ökumenischen religiösen Zirkeln teilnahm (die vor September 2001 sehr in Mode waren), machte sich die erste Generation der Muslimbrüder mit dem demokratischen und säkularen Sprachgebrauch vertraut. Auch übernahm sie die anthropologischen und soziopolitischen Analysen befreundeter Experten. Während sie in der fréristischen Bezugswelt des Tauhid nach der Doktrin des »goldenen Mittelwegs« dachten, erlernten sie die lokalen Sprachelemente der politischen Entscheidungsträger.

Das ist ihr *modus operandi*: die Welt aus ihrer Vision und ihrer Mission heraus zu übersetzen. Während die Politologen Punkte im Kampf um die Kontrolle über die Moscheen zählten und was dort stattfand im Hinblick auf das Ringen um die Repräsentierung des Islams gegenüber dem Staat oder das Erlernen aktiver Staatsbürgerschaft in der Emigration interpretierten, begnügten sich die Muslimbrüder damit, als einfache »muslimische Pfarrer« aufzutreten, mit stolzem und verschmitztem Blick, einem Lächeln, mit Jugendlichkeit und einem fein gestutzten Bart.

In Wirklichkeit bestand das vorrangige Ziel der Fréristen in der UOIF niemals darin, die Kontrolle über die religiösen oder politischen Instanzen zu erlangen und sich darauf zu beschränken. Sie haben sehr früh erkannt, dass sie nicht die Mittel hatten, um den Kampf gegen die von den Herkunftsländern eifersüchtig bewachten Konsularmoscheen zu gewinnen, beziehungsweise dass sich für sie daraus Pflichten und Verantwortung gegenüber dem Staat ergeben würden. Der staatliche Rahmen mit seinen parteipolitischen Wechseln und Loyalitätsspielchen war ihnen immer zu eng und zu einschränkend. Waren sie nicht gerade weil sie sich von diesem [einengenden] Rahmen fernhielten in der Lage, jedes Jahr in Le Bourget die größte islamische Veranstaltung Frankreichs und sogar Europas zu veranstalten, die jährlich Zehntausende, vielleicht sogar Hunderttausende von Besuchern anzieht?

Ihr Ziel hat sich im Lauf der Jahre nicht geändert: Die weltweite islamische Bewegung im Rahmen koordinierter Pläne der globalen Bruderschaft durch Ausweitung des Wasat-Islams (der Islam der »goldenen Mitte«) in alle vier Himmelsrichtungen zu vereinigen. Deshalb begegnet man bei den Treffen in Le Bourget Dschihadisten und Ministern, Akademikern und Figuren eines Islams der Aufklärung oder auch Journalisten aller Richtungen, die sich ins Pressezentrum drängeln, wo sie mit Gebäck und Pfefferminztee empfangen werden.

Die Brüder erwecken bereits den Eindruck, vereint zu sein. Es gibt jedoch mindestens drei große Trennlinien, die sich durch die Zellen der Muslimbrüdergemeinschaft in Europa ziehen. Wie bereits erwähnt, verläuft die eine Trennlinie zwischen den »Hardlinern« der Bruderschaft (den Qutbisten) und denjenigen, die sich für eine Anpassung an die Umgebung einsetzen (den Qaradawisten). Eine andere trennt diejenigen, die der Ansicht sind, dass die Bruderschaft in die Parteipolitik eingebunden werden sollte (die nationalen Islamisten), von denjenigen, die ich hier als »Fréristen« im eigentlichen Sinn bezeichne, die dies ablehnen unter Berufung auf die Orthodoxie der Bewegung und ihre historische Linie, sich aus der nationalen Parteilogik herauszuhalten. Eine dritte Bruchlinie, von der hier die Rede sein wird, betrifft die Generationen. Diese trennt die in Europa Geborenen von den Erstmigranten beziehungsweise von den *blédards* (im Maghreb Geborene). Sie überschneidet sich mit der sprachlichen Unterscheidungslinie zwischen der Herkunftssprache und dem Primat des Arabischen für die erste Generation und der lokalen Sprache und dem Primat des Englischen für die zweite.

Wir haben gesehen, dass die Einführung des Modells der »Muttergesellschaft« in Europa in jedem Land und auf regionaler Ebene mit einer gewissen Flexibilität erfolgte, um den lokalen Besonderheiten Rechnung zu tragen. Die Gründer reagierten sehr pragmatisch auf die verschiedenen

Bedingungen, die ihnen auferlegt wurden. Ihre Netzwerkstruktur, durch Möglichkeiten mobiler Kommunikation, die sie schon sehr früh durch die Verwendung von Videokassetten nutzten, als Mobiltelefone noch nicht auf dem Markt waren, konnten sie von Fall zu Fall an die europäische politische, demografische und geografische Vielfalt anpassen.

In Frankreich wurde die Organisation in spezifischen Abteilungen (Jugend, Frauen, Kinder, Wirtschaft, interreligiöser Dialog und so weiter) auf Landesebene, in den Regionen und Départements institutionalisiert. Dieses erste, extensive Modell der territorialen Vernetzung bestand zunächst darin, den Raum zu besetzen, kleinere Entitäten zu schaffen, sie mit einer Handvoll Gläubiger zu füllen, die der Bruderschaft angehörten oder auch nicht, sie regelmäßig zu versammeln und sie zu familiären Bindungen zu ermutigen. Monsieur ist für die Jugendabteilung zuständig, Madame ist für die Frauenabteilung, die Schwägerin von Monsieur, die das Sekretariat führt, ist mit dem Bruder von Madame verheiratet, der für die Unternehmerabteilung zuständig ist, und so weiter. Der Unterricht für die Jugendlichen entspricht den Empfehlungen von Hassan al-Banna. Omero Marongiu-Perria (geboren 1969) sagt dazu:

»Persönlich gehöre ich einer Generation von islamistischen Aktivisten an, die in dieser Matrix im französischen Kontext sozialisiert wurde; mit einem Diskurs und Praktiken, die sich nicht grundlegend von denjenigen der Anführer unterscheiden, die heute als Salafisten abgestempelt werden. Der einzige nennenswerte Unterschied bestand vielleicht in der Kleidung, aber wir teilten letztlich denselben Habitus, und für uns ging es darum, den von Hassan al-Banna definierten ›totalisierenden‹ Islam in die Praxis umzusetzen.«[292]

Um die Jahrtausendwende, als die ersten Rekruten der Muslimbruderschaft erwachsen, Verantwortungsträger und Familienoberhäupter geworden waren – einige gingen bereits auf die 40 zu –, gab es auf institutioneller Ebene keine Führungsübergabe an die in Europa geborene Generation.

Schlimmer noch: Die ›Blédards‹ unter den Brüdern in der UOIF weisen die junge Generation an, still zu halten, und insbesondere nicht gegen ein in Vorbereitung befindliches Gesetz, das das Tragen des Hidschabs in der Schule verbieten soll, zu demonstrieren.

Die Reaktion ließ nicht lange auf sich warten: Ein Teil der Jugendlichen verzichtet auf jegliche individuelle oder kollektive Identifikation mit der Muslimbruderschaft und allem, was mit ihr zusammenhängt, und verlässt sie.

Nur wenige, wie M. Louizi – ein Marokkaner, der als Student nach Frankreich kam –, bekennen sich zu ihrer eigenen Ent-Indoktinierung, prangern die fréristischen Praktiken an und widmen ihr Leben der Aufgabe, die Gefahren aufzuzeigen, die von der Bruderschaft für Muslime und säkulare Gesellschaften ausgehen. Farid Abdelkrim ist wahrscheinlich der einzige in Frankreich geborene Bruder, der diesen Weg der aktiven Reue eingeschlagen hat.

Andere verbleiben jedoch im Schoß der Matrix. Weil sie sich nicht völlig von ihr entfernen können oder wollen, oder weil sie sie nicht wirklich verlassen haben, sondern darin die Rolle des vermeintlich Reuigen spielen, bleiben sie in irgendeiner Weise mit den fréristischen Kreisen verbunden. Omero Marongiu-Perria oder Michaël Privot beispielsweise kritisieren die Funktionsweise der Bruderschaft, aber der Bruch wird nicht vollzogen, sondern sie behalten ihre emotionalen und ideologischen Bindungen bei. Die familiäre Situation der Ex-Muslimbrüder kann sie davon abhalten, einen Job oder eine Beziehung aufzugeben, die sie weiterhin an die Matrix bindet. Sie können nach außen hin nützliche Weggefährten bleiben. Es sei daran erinnert, dass Doppelzüngigkeit aus der Sicht der *wasatiyya* und der Rechtsprechung des Gleichgewichts nicht unzulässig ist. Die Ex-Brüder können sich also dauerhaft in dieser Grauzone bewegen, Verdächtige in den Augen der einen, Freunde oder Verbündete in den Augen der anderen.

Sicherlich hat die Muslimbruderschaft über zahlreiche Koranschulen und fast alle Erwachsenenbildungseinrichtungen mühelos die Kontrolle übernommen,[293] auch über zahlreiche Moscheen, die das ganze Land durchziehen, sowie über eine große Anzahl von Stadtteilvereinen (Sport, Hausaufgabenhilfe, Frauen). Der größte Erfolg der Muslimbrüder ist zweifellos der jährliche Kongress in Le Bourget, der es mehreren zehntausend Besuchern aus ganz Frankreich und dem französischsprachigen Belgien ermöglicht, sich vier Tage lang am Osterwochenende im Département Seine-Saint-Denis zu treffen.

Laut Omero Marongiu-Perria zählte die UOIF im Jahr 2010 ein Netzwerk vereidigter Muslimbrüder, das er auf etwas mehr als tausend Personen schätzt. Das sind sehr wenige angesichts der Sorgfalt für die Ausbildung junger Menschen durch Einrichtung von Jugendverbänden (wie

Jeunes Musulmans de France), die mit internationalen Organisationen wie der *World Assembly of Muslim Youth* (WAMY) und der europäischen NGO *Forum of European Muslim Youth and Student Organisations* (FEMYSO) verbunden sind.

Zum Bruch kommt es Ende der 1990er Jahre und vor allem nach den Anschlägen von 2001, als die Muslimbruderschaft ins Visier aller westlichen Polizeibehörden gerät. Sie ändert ihre Strategie und strebt eine angemessene Anpassung an. Sie akzeptiert Verhandlungen mit den staatlichen Behörden und tritt in Frankreich auf Einladung von Nicolas Sarkozy dem *Conseil français du culte musulman* bei. Viele junge Menschen entfernen sich von den fréristischen Vereinigungen und wenden sich anderen Angeboten zu: Einige ziehen in den Dschihad, andere wenden sich dem Wahhabismus oder Salafismus zu, wieder andere etlichen Formen des Sufismus. Einige verfassen ausführliche Warnungen vor den Ichwān.

Omero Marongiu-Perria und Samir Amghar schreiben in einem (unveröffentlicht gebliebenen) akademischen Aufsatz für die *Revue des mondes musulmans et de la Méditerranée*:[294]

»Die ›Ex‹ beschuldigen bestimmte historische ›große Figuren‹ der Muslimbruderschaft des Ausverkaufs der Organisation und des Patrimonialismus in Europa. Die Aktivisten werfen ihnen unter anderem vor, eine Nomenklatura, eine Art muslimische ›aristokratische Elite‹, zu bilden. Dieser Eindruck wird durch die Wahrnehmung bestimmter endogamischer Heiratspraktiken innerhalb der Führungsschicht der Muslimbruderschaft verstärkt: Tareq Oubrou, Mitglied des UOIF-Verwaltungsrats und Rektor der großen Moschee von Bordeaux, ist beispielsweise der Schwager von Hassan Iquioussen, einem Prediger der Bewegung; Bachir Boukhzer, Leiter der Kommunikationsabteilung, ist der Schwager von Fouad Alaoui, dem ehemaligen Generalsekretär der UOIF. Intissar, die Tochter von Rachid Ghannouchi und derzeitige Vorsitzende des FEMYSO, ist mit einem Mitglied des politischen Büros der tunesischen islamistischen Ennahdha-Partei verheiratet, Ibrahim al-Zayat mit der Nichte von Necmettin Erbakan, dem Vorsitzenden der Rafah Partisi. Diese Praxis ist jedoch nicht nur unter den Führungskräften der europäischen Muslimbruderschaft verbreitet, sondern auch unter vielen Aktivisten; Männer und Frauen, die glauben, dass sie als Paar besser zusammenhalten können, wenn sie eine Ehe mit einem Partner aus derselben ideologischen Matrix eingehen.«

Einer der beiden Autoren, Omero Marongiu-Perria, der seinen Austritt aus der Muslimbruderschaft erklärt hat, beschwert sich in *Zaman*, der französischen Ausgabe der gleichnamigen türkischen Tageszeitung, die von der islamistischen Gülen-Bewegung inspiriert ist, über das Verhalten der Fréristen:[295] »... Die UOIF hat in den 1990er Jahren eine sehr wichtige Wende verpasst. Es gab keine Staffelübergabe an die neuen Generationen. Man kam langsam in die Jahre, war 25, 27, 30 Jahre alt und schaffte es nicht, in die Entscheidungssphären einzudringen. In den lokalen Vereinen der UOIF ließ man uns nicht in den Vorstand.« Aber, so betont er, »gleichzeitig hatte die UOIF ein System, in dem sich die Führungskräfte das Recht nahmen, die Aktivitäten der Vereine neu auszurichten.«[296]

Haben die Muslimbrüder die Jugend tatsächlich verloren? Nicht wirklich. Die Muslimbrüder historischer Prägung besetzen einen Raum, bieten Aktivitäten an, betreuen, vermitteln Kontakte, auch eheliche, stellen Mittel zur Verfügung, wenn es nötig ist; oder sie machen auf träge, wenn es nicht in die richtige Richtung geht. Die Methode der Muslimbruderschaft besteht darin, die vorhandenen Energien zu bündeln und einzufangen, um sie auf das Ziel auszurichten, und nicht darin, die Energien in einer Struktur, die bloß auf sich selbst hin orientiert ist, zu erhalten und zu erschöpfen.

Die Fréristen haben einen Plan, der über das Vereinsleben hinausgeht, sie sind in einer Mission unterwegs, sie begleiten und lenken die islamische Bewegung, ihre Widerstandsfähigkeit wird auf die Probe gestellt. In einer Diskussion während unserer gemeinsamen Arbeit über den Halal-Markt erklärte mir Omero Marongiu-Perria: »Es existiert eine Infrastruktur der Bruderschaft durch die UOIF, und sehr schnell beginnt sich eine Gruppe von Jugendlichen zu langweilen – sie wollen sich engagieren, handeln, sie wollen eine Öffnung. Sie gründen eine kleine Denkfabrik zu gesellschaftlichen Fragen, zu politischen Fragen. Die Muslimbruderschaft unterstützt sie, indem sie eine Infrastruktur für die ›Jungen Muslime‹ schafft, um die Bewegung zu kontrollieren.«

Die Brüder arbeiten ganz ausgewogen an zwei getrennten Fronten: Einerseits innerhalb des Bruderschaftssystems mit seinen lokalen Vereinsfassaden, um die Logistik mithilfe von Mitgliedern zu gewährleisten, die ich als Stellvertreter (*lieutenants*) bezeichne, und die der Sache ergeben, gefügig und darüber schweigsam sind. Andererseits durch die Ausgliederung oder Vergabe bestimmter Aufgaben, die mit ihrer öffentlichen

Haltung der diskreten Anpassung an die Macht unvereinbar sind, nach draußen.

Taktisch gesehen befinden sich die Muslimbrüder in der Mitte, ihr Ehrgeiz besteht darin, sich auszudehnen und alle muslimischen Strömungen vom Zentrum aus zu umfassen. Angesichts der Anfeindungen durch ›die Ungläubigen‹ unterstützen sie alle muslimischen Gruppen oder desavouieren sie zumindest nie öffentlich (im Gegensatz zu den Dschihadisten oder Salafisten), selbst wenn sie deren Verhalten nicht billigen. Um nicht in eine Konfrontationssituation zu geraten und die islamische Bewegung geeint zu halten, greifen sie generell auf das Modell des ›Outsourcing‹ zurück. Sie mobilisieren ›Kräfte, die auf eigene Rechnung arbeiten‹, ohne diese durch einen formellen Vertrag an sich zu binden. Das ist letztlich auch kostengünstiger. Die Auslagerung ermöglicht es, keine Investitionen für Instandhaltung oder Inventar tätigen zu müssen und nicht für eventuelle Schäden, die von den Unterauftragnehmern verursacht werden, haftbar zu sein. Sie ermöglicht es auch, Verfahren und Methoden in Gang zu setzen, die wenig vereinbar sind mit der vordergründig verfolgten Strategie der Steigerung ihres Ansehens – um bei den Behörden an Legitimität zu gewinnen.

Die Prediger der Salafisten unter den Fréristen, so werden wir feststellen, sind ein perfektes Beispiel für die Untervergabe von Aufträgen des fréristischen Unternehmens. Durch Outsourcing kann man Aufgaben außerhalb des traditionellen Geschäftsfeldes eines Unternehmens erledigen lassen. Es mangelt nicht an Einzelpersonen oder Gruppen, die sich freiwillig als Subunternehmer für solche Aufgaben zur Verfügung stellen: Studenten oder Forscher auf den Gebieten der Soziologie oder Anthropologie, die sich auf die Bekämpfung von Diskriminierung oder Islamophobie spezialisieren wollen, Politiker auf der Suche nach Wählern, Leiter von Stadtteilvereinen, die sich für ›Vielfalt‹ und ›Zusammenleben‹ einsetzen, Unternehmen, die sich für das Halal-Geschäft interessieren, und so weiter. Der Vertragspartner genießt Vorteile, indem er seine Beziehungen zum ›Unternehmen Muslimbrüder‹ verfestigt, ohne mit der Marke identifiziert zu werden.

Die Muslimbrüder waren mit internen Schwierigkeiten gegenüber der jüngeren Generation konfrontiert und haben diese gelöst, indem sie Aktivitäten auf deren Schultern auslagerten und dann deren Initiativen betreuten und begleiteten. Ab den 2000er Jahren zeigten sich die in Europa geborenen Jugendlichen von den Muslimbrüdern enttäuscht, da sie als zu staatshörig galten, insbesondere als sie sich dafür entschieden, nicht gegen das Gesetz zum Verbot religiöser Symbole in der Schule zu demonstrieren.

Die Jungen stellen die Aufrichtigkeit dieser Vorbilder in Frage, die eine strenge Praxis anordnen, die auf dem prophetischen Beispiel, dem Koran und der Sunna beruht, die sich aber einige Freiheiten mit dem Text nehmen, und die im Grunde selbst nicht das tun, was sie anderen vorschreiben. Genau so wenig wie der Rest der Gesellschaft erkannten die jungen frankophonen Muslime zu diesem Zeitpunkt den Plan der Bruderschaft, der nur den Eingeweihten offenbart wird. Sie begannen, als Stachel zu wirken, indem sie auf ihre verschrobenen Ichwān, deren Unzulänglichkeit, ihre Heuchelei und ihre Lügen hinwiesen.[297] Einige schlossen sich den pietistischen Gruppen (Tabligh, Wahhabismus, Salafismus und verschiedenen Sufi-Gruppen) mit ihrer strengen Disziplin an. Viele kehrten später in den Schoß der Fréristen zurück, halten Distanz zur Muslimbruderschaft und bilden hinter Rappern, charismatischen Cyberpredigern und Halal-Unternehmern eine hybride fréristisch-salafistische Bewegung. Die fréristische Kultur verbreitet sich dank ihrer Kreativität, ihrer Beherrschung der Kommunikationscodes und des Halal-Marktes.

Andere, die politisch eher links standen, zogen es vor, später in der Antiglobalisierungsbewegung mit oder in der Nachfolge von Tariq Ramadan in der ›indigenen‹, ›dekolonialen‹, ›antirassistischen‹ und ›neofeministischen‹ Bewegung aktiv zu werden. Sie waren in der Lage, an den Grenzen der Umma zwischen salafistischer Orthopraxis und islamolinker Ideologie zu leben, und haben als Instrumente für die fréristische Infiltration der Protestlinken gedient, welche ihnen die Türen zu Universitäten, Vereinen und (eher) grünen (als die Umwelt schützenden) Parteien öffnete.

Nach links, Tariq Ramadan und seine Gefolgschaft

Die Muslimbrüder ergreifen selten selbst die Initiative, sondern lauern auf Gelegenheiten. So ergriffen sie die Gelegenheit, die ihnen die Linke bot, als diese nach den beiden Amtszeiten von Präsident François Mitterrand (1981-1995) mit dem Misstrauen der Arbeiterklasse konfrontiert war. Seit den 1990er Jahren verlor der [sozialdemokratische] PS (*Parti socialiste*) seine Ausstrahlung bei den Wählern aus der Arbeiterklasse, die sich zur sogenannten »populistischen« Rechten und zur extremen Rechten flüchteten. Übrig bleibt die Bevölkerungsgruppe der Einwandererkinder, die ins Wahlalter kamen. Aus Sicht der Linken könnten diese die Lücke füllen und zusammen mit Frauen und sexuellen Minderheiten zu einem neuen Schmelztiegel von Wählern werden.[298] Diese Strategie wurde 2011 in einem Bericht des Think Tanks *Terra Nova* im Hinblick auf die Wahlen 2012 offiziell bestätigt, zeichnete sich aber schon viel früher ab, nämlich seit Ende der 1990er Jahre auf kommunaler Ebene, wo die Bürgermeister es nicht versäumten, die Wählerschaft der »zugewanderten« Gemeinschaft (man sprach noch nicht von »Muslimen«) zu umwerben.

Anfang der 2000er Jahre wandte sich die Arbeiterklasse der populistischen Rechten zu. Die Banlieues [Vorstädte] begannen, die Linke zu meiden und rebellierten gegen den PS, die Partei von Opa Mitterrand und *Touche pas à mon pote* (»Mach meinen Kumpel nicht an« – Slogan der Bewegung *SOS Racisme*) mit ihren nie eingehaltenen Versprechungen. Die jungen Muslimbrüder gießen Öl ins Feuer, indem sie dieses Versagen republikanischer Integration mit »Islamophobie« begründen. In den Moscheen und islamischen Ausbildungszentren, die von den Fréristen dominiert werden, setzt sich der Opferdiskurs durch und stiftet Einheit. Dieselbe Botschaft wird durch emotionstriefende Predigten eingehämmert, verbreitet von Vereinen wie *Jeunes musulmans de France*, der jugendlichen Filiale der UOIF, von charismatischen Predigern wie Hassan Iquioussen, dem ersten in Frankreich geborenen Mitglied der Muslimbruderschaft, oder Farid Abdelkrim und seiner *Union des jeunes musulmans* (UJM), die dem Schweizer Zweig der Brüder Ramadan näher steht, sowie vom Tauhid-Zentrum in Lyon und dem Vorortviertel Minguettes – wo einst *la Marche des Beurs* [der Marsch der Araber, 1983, für Gleichberechtigung und gegen Rassismus] loszog.

In seinem nach den Anschlägen von 2015 veröffentlichten Buch »Warum ich aufgehört habe, Islamist zu sein« (*Pourquoi j'ai cessé d'être islamiste*) fasst Farid Abdelkrim diese Indoktrinierungstechnik zusammen, deren aktives Instrument er selbst war:

»[Der Diskurs], den ich während meiner 15 Jahre bei der Muslimbruderschaft geführt habe, war ein Diskurs des Hasses auf den Westen, der wegen seines Atheismus, Materialismus und seiner Freizügigkeit (insbesondere gegenüber Frauen) schuldig an der Auflösung des Kalifats und der Kolonisierung der islamischen Länder sei. Ein revanchistischer Diskurs, der sich folglich an Frankreich richtete, den Neokolonialismus in den Vorstädten verurteilte und sich auf Rassismus, Diskriminierung und Stigmatisierung berief, um die Muslime zu Opfern zu machen. Und schließlich wurde den Muslimen selbst jegliche Verantwortung abgesprochen, stattdessen wurden Verschwörungs- und Komplott-Theorien verbreitet und ›die Juden‹ beschuldigt.«[299]

In einer Zeit, in der Abdelkrim in einer Dschellaba durch die Vorstädte streift, »um sich im Blick des anderen als Muslim zu sehen«, und »mit einer Mission ausgestattet ist: die Jugend zurückzugewinnen, die von einem Frankreich, das sie nicht beachtet, im Stich gelassen wurde«,[300] wird der islamische Identitätsdiskurs des Bruchs seltsamerweise von einem Teil der säkularen Linken gut akzeptiert, die davon überzeugt ist, dass das Gefühl der Ablehnung der jungen *beurs* [Araber] von einer zunehmend rassistischen Gesellschaft herkommt.

Es wurde – nicht ganz zu Unrecht – viel Wert auf den politischen Klientelismus der Linken gelegt, was die Stimmabgabe von Migranten und deren Nachfahren bei Kommunalwahlen betrifft. Die Wirksamkeit der Strategie der Fréristen, das gesamte Vereinswesen irrezuleiten und zu unterwandern, und die Faszination, die sie auf die Jugendlichen ausübten, wurden jedoch nur unzureichend hervorgehoben. Die Muslimbrüder der alten Schule, die soziologisch gesehen eher städtische Unternehmer aus der Mittelschicht sind, haben linke Ideologien immer schon bekämpft. Sie haben die europäische Linke instrumentalisiert, indem sie sich zunächst auf die Seite der Globalisierungsgegner stellten und dann die dekoloniale und Indigenen-Bewegung und den sogenannten Wokismus unterstützten, eine Quasi-Religion, die in den 2010er Jahren entstand (Braunstein, 2022). Das Beunruhigendste ist, dass die Linke auch heutzutage noch blind für diese anhaltende Manipulation zu sein scheint (Birnbaum, 2016).

Die Infiltration der Antiglobalisierungsbewegung

Tariq Ramadan war eine der aktivsten und einflussreichsten Persönlichkeiten bei der Infiltration der Antiglobalisierungsbewegung in den späten 1990er Jahren. Seine Arbeit bestand darin, die Bewegung junger Muslime, die von der Mitterrand-Linken abgestoßen worden war, einzufangen und für sie gefügigere Verbündete ausfindig zu machen. Die Strategie der

Fréristen ist immer die gleiche: das Gewand des Gegners überstreifen. Warum haben Sie sich für die Antiglobalisierungsbewegung entschieden? Weil, wie Gustave Massiah (2006) zusammenfasst, die Antiglobalisierungsbewegung »die historische Bewegung der Entkolonisierung verlängert und erneuert.« Sie steht außerhalb der beiden vorherrschenden großen geschichtspolitischen Narrative – Francis Fukuyamas *Das Ende der Geschichte (The End of History)* und Samuel Huntingtons *Kampf der Kulturen (The Clash of Civilizations)* – und will eine nicht-programmatische Bewegung sein, die sich der Folgen der neoliberalen Globalisierung bewusst wird.[301] Die Bewegung vereint »Minderheitler« (als man *woke* wird, werden »Minderheiten« vereint): Gewerkschaften, Bauern, neue Konsumenten, Umweltschützer, Feministinnen, die sich alle hinter der großen Sache der Menschenrechte, das heißt der internationalen Solidarität, versammeln.

Ramadans Idee ist, dass die »Bewusstwerdung« das Verhalten des Einzelnen ändern wird, der dann »natürlich« in die richtige Richtung handelt. In dieser Hinsicht genießt die Idee in der öffentlichen Meinung große Sympathie.

Für diese zusammengewürfelte Bewegung ist die Frage der Allianzen absolut zentral. Man muss sich um jeden Preis verbünden, auch mit Bewegungen, deren Absichten man nicht genau kennt. Tariq Ramadan übernimmt ihre Sprachelemente. Er fordert die Muslime auf, sich im Namen der »solidarischen und nachhaltigen Wirtschaft« zu einer wirtschaftlichen Kraft zusammenzuschließen. Mitglieder des *Mouvement de l'immigration et des banlieues* (MIB) und des *Collectif des musulmans de France* (CMF), die Ramadan nahestehen, unterstützen die Kandidatur von José Bové anlässlich der Präsidentschaftswahlen 2007. Der Gewerkschafter und Aktivist der *Confédération Paysanne* [Bauernverband] rciste daraufhin mit einer Delegation, der auch Mitglieder des MIB angehörten, ins Westjordanland. Die vermeintliche Verbindung zwischen dem propalästinensischen Kampf und dem Kampf gegen die neoliberale Globalisierung verdeckt eine andere, nämlich die des Antisemitismus. Ein Teil der Globalisierungsgegner prangert ihn an und dies führt zu einer Spaltung zwischen denen, die die »religiöse Öffnung« unterstützen, wie Pierre Khalfa, und denen, die sie ablehnen, wie Bernard Cassen. Es sei daran erinnert, dass der Hass auf Israel eine ausdrückliche Empfehlung von Qaradawi ist.

Tariq Ramadan und seine Freunde hetzen gegen Israel und den Repräsentativen Rat der Jüdischen Institutionen Frankreichs (*Conseil représentatif des institutions juives de France,* CRIF), bis sie über das im französischen öffentlichen Diskurs Akzeptierte hinausschießen. Er greift »jüdische Intellektuelle« wie Pierre-André Taguieff (der kein Jude ist), Adler, Finkielkraut, Glucksmann, Kouchner und Bernard-Henri Lévy an und wirft ihnen »jüdischen Kommunitarismus« vor: »Seit einigen Jahren (noch vor der zweiten Intifada) haben französisch-jüdische Intellektuelle, die man bis dahin als universalistische Denker betrachtet hatte, auf nationaler wie internationaler Ebene begonnen, Analysen zu entwickeln, die zunehmend von einer kommunitaristischen Sorge geleitet werden.« Diese Denunziation kommt nirgendwo an und bedeutet das Ende der Idylle der Ramadan-Anhänger mit der Antiglobalisierungsbewegung, nicht aber mit deren radikaler Nachkommenschaft: dem Dekolonialismus.

*Von der Antiglobalisierungsbewegung zum
dekolonialen Indigenismus*

Die institutionelle Trennung zwischen der UOIF, dem historischen Kanal der Muslimbruderschaft, und den jungen Führungskräften fand ihren Niederschlag in der Gründung des *Collectif des musulmans de France* (CMF) durch letztere, die sich das CMF als gesellschaftlich offener und kollegialer dachten. Das *Collectif* wollte eine Kraft sein, die in der Lage ist, Entscheidungen über die muslimische Religion zu beeinflussen und in den kleinen Kreis von Co-Managern aufgenommen zu werden, der vom Zentralbüro für Religionen des Innenministeriums mit Vertretern der Herkunftsländer der Muslime, insbesondere aus Algerien, Marokko und der Türkei, koordiniert wird.

Das *Collectif* wird in Lyon von der *Union des jeunes musulmans* ins Leben gerufen und vereint mehrere muslimische Jugendverbände, die seit den 1980er Jahren von den Muslimbrüdern re-islamisiert wurden. Es macht 1995 im Zusammenhang mit der Verteidigung von Tariq Ramadan auf sich aufmerksam, der damals vom französischen Innenministerium mit einem Einreiseverbot belegt war, und beteiligt sich an einem Komitee für die freie Meinungsäußerung der Muslime in Frankreich (*Comité pour la libre expression des musulmans en France*) (Gorce, 1995), in dem Aktivisten und Intellektuelle mit unterschiedlichen Hintergründen und Überzeugungen vertreten waren.

1997 trug das *Collectif* zusammen mit der *Ligue de l'enseignement* (Liga für Bildung), der *Ligue des droits de l'homme* (Menschenrechtsliga) und [der Zeitung] *Le Monde diplomatique* zur Gründung der Kommission »*Islam et laïcité*« (Islam und Laizität) bei. Es nähert sich so Intellektuellen und Akademikern an, die sich gegen eine direkte Verwaltung des Islams durch den Staat aussprechen und besorgt sind über den Aufstieg einer extremistischen Version der Laizität, die sie als »Laizismus« betiteln und auf eine Taktik des [rechtsradikalen] *Front National* zurückführen.

Es wird eine Verbindung zwischen Intellektuellen, Lehrern und den Anhängern von Ramadan hergestellt, die sich in der Nachfolge von Jean Baubérot den Ausdruck eines offenen Säkularismus zu eigen machen. Sie erklären, dass der Islam eine Kultur sei, dass der Islamismus nur eine legitime Reaktion auf die Islamophobie sei und grenzen sich von einem geschlossenen Säkularismus ab, der eine dumpfe Feindseligkeit gegenüber der Einwanderung verbergen und gefährlich in Richtung Rechtsextremismus tendieren würde. Auf der linken Seite kommt es zu einer Spaltung zwischen den Befürwortern eines »offenen« Säkularismus, die sich in der von Jean-Louis Bianco und Nicolas Cadène geleiteten ›Beobachtungsstelle für Säkularismus‹ (*Observatoire de la laïcité*) wiederfinden und auf Universitätsebene von Jean Baubérots *Groupe de sociologie des religions et de la laïcité* (GSRL) unterstützt werden, und auf der anderen Seite linken Persönlichkeiten, darunter die um den Sozialisten [und Premierminister] Manuel Valls gescharten, die sich nach den Anschlägen von 2015 in der Organisation *Printemps républicain* (Republikanischer Frühling) zusammenfanden, die 2016 von dem Akademiker Laurent Bouvet und dem ehemaligen Präfekten Gilles Clavreul gegründet worden war.

Die dekoloniale Wende

Akademiker, die den offenen Laizismus befürworten, unterstützen dann eine radikalere Bewegung, die ›Partei der Eingeborenen der Republik‹ (*Parti des indigènes de la République,* P.I.R.), die sich zusammensetzt aus Houria Bouteldja (die den Begriff »Eingeborene« vorgeschlagen haben soll), Gründerin des neofeministischen Kollektivs *Les Blédardes* und Gegnerin des universalistischen Feminismus von *Ni putes ni soumises* (Weder Huren noch Unterwürfige), Youssef Boussouma, einem langjährigen Aktivisten der palästinensischen Sache, dem Soziologen Saïd Bouamama, der 1983 am Marsch der *beurs* teilnahm, oder auch Karim

Azouz, einem Mitglied des CMF[302] und Vertrauter des MIB. Die P.I.R., in der sich anti-universalistische Neofeministinnen, Marxisten, algerische, tunesische und marokkanische Muslimbrüder, Vorstadtbewohner und andere tummeln, tritt offen für einen Bruch mit dem universalistischen republikanischen Modell Frankreichs ein und beansprucht eine historische Besonderheit für sich (nämlich, das Kind kolonisierter Völker zu sein), die einen besonderen staatsbürgerliche Status rechtfertigen würde. Ihr Antrittstext (*Wir sind die Eingeborenen der Republik*, erstveröffentlicht im Januar 2005) besteht aus drei Botschaften und einem Appell, der jegliche Kritik am Islam und am Islamismus entwaffnen soll und zum Aufstand gegen eine Republik aufruft, die man auf ihre Kolonialpolitik reduziert:[303]

1. Frankreich wird nie aus seinem kolonialen Zustand herauskommen:
»Frankreich war ein Kolonialstaat ... [und] Frankreich bleibt ein Kolonialstaat! [...] Die Behandlung der aus der Kolonisation hervorgegangenen Bevölkerungsgruppen verlängert die Kolonialpolitik, ohne sich darauf zu reduzieren. [...] Der koloniale Wundbrand erfasst die Gemüter. [...] Die koloniale Ideologie lebt weiter, parallel zu den großen Ideenströmen, die das politische Feld Frankreichs ausmachen.«
2. Der Vorwurf des Antisemitismus ist eine anti-indigene (anti-muslimische) Verschwörung:
»Jugendliche ›mit Migrationshintergrund‹ werden beschuldigt, Überträger eines neuen Antisemitismus zu sein.«
3. Der Kampf gegen den Islamismus ist eine Verschwörung:
»Unter dem nie definierten Begriff ›Fundamentalismus‹ werden Bevölkerungsgruppen afrikanischer, maghrebinischer oder muslimischer Herkunft nunmehr als Fünfte Kolonne einer neuen Barbarei identifiziert, die den Westen und seine ›Werte‹ bedroht. [...] Unsere Eltern, unsere Großeltern wurden versklavt, kolonisiert, animalisiert.«

Der Aufruf zur Dekolonisierung, dessen Geist und Handlungsanweisungen enthalten eine Botschaft, in der die Geschichte der französisch-algerischen Beziehungen mitschwingt, aber ebenso der islamistische Dekolonialismus. Houria Bouteldja gibt im Übrigen eine frèristische Inspiration zu, wenn sie, von einem Akademiker gefragt, erklärt, dass der Aufruf in Weiterführung der Ideen von Tariq Ramadan erfolgte, nach einer offensiveren Strategie und ohne Diskussion:

»Also, Tatsache ist, dass wenn man einen Platz in der politischen Debatte einnehmen will, man sich diesen erobern muss, das heißt genau das Gegenteil von dem zu tun, was Tariq Ramadan getan hat, der meinte, man könne diskutieren und debattieren. Er dachte, dass wir uns in einem System befinden, das diese Möglichkeit bietet; er dachte, dass wir uns zum Beispiel in einem demokratischen System befinden ... Wir glauben nicht daran, also haben wir beschlossen, ein Projekt des politischen Bruchs zu fördern, also ein Projekt, das auf keinen Fall darin besteht, mit den Herrschenden zu diskutieren« (Robine, 2006).

Trotz des bewusst provokativen und übertriebenen Charakters wird der Aufruf von Akademikern[304] unterstützt, darunter Forscher des CNRS (*Centre National de la Recherche Scientifique*), die sich auf Islamismus spezialisiert haben, wie François Burgat, oder auf den Islam in Frankreich, wie Vincent Geisser. Ab den 2010er Jahren wandelte sich die indigenistische Bewegung in die ›dekoloniale‹ Bewegung, die von den amerikanischen *postcolonial studies* inspiriert wurde, die ihrerseits von Theorien für soziale Gerechtigkeit beeinflusst waren. Diese Studien werden von der *Open Society* des Amerikaners George Soros finanziert, aber auch von der Europäischen Kommission über Zuschüsse an Vereine.

Die dekoloniale Ideologie der Bewegungen für soziale Gerechtigkeit (*Social Justice Warriors*), die in den USA entstanden ist, wo die schwarze Minderheit Sklaverei, Ausbeutung und Segregation erlebt hat, entfaltet sich in Europa und Frankreich. Um dies zu erklären, muss man zweifellos den doppelten Ursprung des dekolonialen indigenistischen Aktivismus in Frankreich betrachten: den amerikanischen einerseits und den fundamentalistischen (revivalistischen) Ursprung andererseits.

Der aus den USA stammende Dekolonialismus traf in Europa auf den aus dem islamischen Revivalismus des frühen 20. Jahrhunderts hervorgegangenen Frérismus, der, wie wir gesehen haben, den Ursprung der Bruderschaft und der fréristischen Bewegungen darstellt.

Die Intervention der USA in den Vorstädten

Laut diplomatischer Depeschen, die von WikiLeaks verbreitet und 2010 von der Zeitung *Le Monde* veröffentlicht wurden, waren die USA 2005 besorgt über die Unfähigkeit Frankreichs, seine Minderheiten zu integrieren, und über mögliche Auswirkungen auf den Terrorismus. In Frankreich kam es damals in mehreren Vorstädten des Landes zu Unruhen. Der amerikanische Botschafter Craig Stapleton schrieb in einer Depesche vom 17. August 2005 an seine Vorgesetzten:

»Frankreich hat nicht nur ein Integrations- oder Einwanderungsproblem; es muss auch handeln, um den Muslimen einen Platz in der französischen Identität einzuräumen. [...] Das wahre Problem ist das Versagen des weißen und christlichen Frankreichs, seine dunkelhäutigen und muslimischen Landsleute als vollwertige Bürger zu betrachten.«

Die Amerikaner lassen sich von den Diagnosen französischer Soziologen und Politologen wie Olivier Roy, Forschungsdirektor am CNRS, inspirieren. Dieser regelmäßige Gast auf US-amerikanischen Konferenzen, wo er als Spezialist für islamische Fragen in Frankreich auftritt – obwohl er nicht direkt in Frankreich forscht, sondern eine Professur am Europäischen Institut in Florenz in Italien innehat – hat einen gewissen Einfluss auf die amerikanische Sicht des französischen Integrationsmodells. In einem Interview mit der fréristischen Website *Oumma.com* anlässlich der Veröffentlichung seines Buches *La Laïcité face à l'islam* (Säkularismus und Islam) (2005) erklärte Olivier Roy, dass Frankreich durch den Islam die Krise seiner Identität erlebe, dass es den Islam mit Ethnizität verwechsle und dass es dem Islam die Schuld für seine Unfähigkeit gebe, eine gute soziale und politische Integration der Muslime zu erreichen.

»Im Grunde ist der Islam nicht die Ursache für die Krise des französischen Modells, sondern der Spiegel, in den die Gesellschaft heute schaut«,[305] sagt er. Die Amerikaner belassen es nicht bei Worten, wenn es um die Gewährleistung ihrer Sicherheit geht, und geht es gar um den Schutz ihrer Interessen im Ausland, handeln sie. Der Nachfolger von Craig Stapleton, Charles Rivkin, fordert eine Verstärkung der amerikanischen Programme für die französischen Minderheiten, da er der Ansicht ist, dass Frankreich, wenn es nicht gelingt, die sozialen und politischen Perspektiven zu verbessern, schwächer und zu einem weniger effizienten Verbündeten werden könnte.

Unter dem Vorwand, in diesen Gebieten Talente zu fördern, die von der [französischen] Republik vernachlässigt werden, betreiben die USA eine regelrechte Politik der Einmischung, die angeblich den Extremismus bekämpfen soll, um einen versagenden Staat zu unterstützen.[306] Die Wochenzeitung *Challenges* betont die Effizienz der Amerikaner, die Anführer der Vorstädte ausfindig zu machen:

»Kommunalpolitiker, Verantwortliche für Religion, Kultur, Vereine oder Think Tanks, Künstler, Medien: Die [amerikanische] Botschaft kennt alle Anführer der Vielfalt und lädt sie zu Kolloquien, Konferenzen, Seminaren und Feierlichkeiten ein. Einige wurden für eine Tournee durch die USA ausgewählt.«

Dieser Erfolg soll auf die besonderen Verbindungen zurückzuführen sein, die Charles Rivkin, der US-Botschafter in Frankreich, zur Sphäre der Filmstars unterhält. Dieser ehemalige Hollywood-Produzent hat die Schauspieler John Travolta, Samuel L. Jackson oder auch Sylvester Stallone auf den Beton der Vorstadtsiedlungen des »neuf-trois« gebracht [französisches Département Seine-Saint-Denis mit der Nummer 93, nordöstliche Peripherie von Paris]. Laut der Tageszeitung *Le Monde* hat die amerikanische Botschaft das »vollständigste, relevanteste und aktuellste Adressbuch über die französischen Vorstädte«[307] zusammengestellt. Das geht so weit, dass weder die politischen Parteien oder Verbände noch die intellektuelle oder mediale Welt – die in Fragen der Vielfalt immer noch sehr zurückhaltend ist – mit dem Netzwerk der amerikanischen Botschaft konkurrieren können.

Den ausgewählten zukünftigen Führungskräften werden Stipendien oder Aufenthalte in den USA angeboten, damit sie sich intensiver mit ihren Interessensgebieten, insbesondere mit Fragen der sozialen Gerechtigkeit, auseinandersetzen können. »Es geht darum, diejenigen auszubilden, die morgen Verantwortung übernehmen sollen«, erklärt eine Mitarbeiterin der Botschaft. Der auf den Islam spezialisierte Soziologe Vincent Geisser, der 2009 selbst in die USA eingeladen wurde, fasst die Strategie zusammen: »Die Amerikaner setzen auf eine sozio-demografische Veränderung in Frankreich [...] Sie kalkulieren, dass sich die französischen Eliten, die heute alt und weiß sind, zwangsläufig verändern werden, und identifizieren diejenigen, die heute an der Peripherie des Systems stehen und morgen Führungspersönlichkeiten sein könnten.«

Die fundamentalistischen Wurzeln der amerikanischen Schwarzenbewegung

Der amerikanische Dekolonialismus entspringt ebenfalls einem Aktivismus der Schwarzen, der wiederum teilweise vom islamischen Revivalismus beeinflusst wurde. Es bedarf noch weiterer Forschung, aber wenn man die Zeit bis ins erste Drittel des 20. Jahrhunderts zurückverfolgt, stellt man fest, dass der amerikanische Dekolonialismus dem islamischen Fundamentalismus nicht fremd ist. Dieser sei für Schwarze ein Instrument gewesen, die sich »ihrer afrikanischen Identität und ihres afrikanischen Erbes bewusst« wurden. Die Professorin Françoise Clary beschreibt ihn als einen im Wesentlichen fundamentalistischen, revivalistischen Islam, der Anfang des 20. Jahrhunderts durch ein Dutzend Gemeinden eingeführt wurde.[308] Diese Gruppen, darunter die *Nation of Islam*, die von Wali Fard Muhammad gegründet und von Elijah Muhammad weiterentwickelt wurde, kämpften gegen eine weiße Vormachtstellung im Namen eines muslimischen Überlegenheitsanspruchs. Die *Nation of Islam* reagierte auf die lockeren Sitten der damaligen Zeit und setzte eine differenzierte Kleidung für Muslime durch. Die schwarze Bewegung wurde von *The Islamic Mission of America* und der *Islamic Brotherhood* beeinflusst, die 1924 – zeitgleich mit der Gründung der Muslimbruderschaft in Ägypten – in New York von einem karibischen Muslim, Shaykh Daoud Ahmed Faysal (1891-1980), gegründet wurde, einem Pionier im Kampf für die Etablierung des Islams im Westen. Es besteht also eine Verwandtschaft zwischen dem aus den USA stammenden schwarzen Überlegenheitsanspruch und dem fréristischen, der im 20. Jahrhundert zunächst im Maghreb und dann in Europa von den Generationen mit Migrationshintergrund verbreitet wurde. Es überrascht also nicht, dass im Herzen des französischen Indigenismus der Frérismus auf radikale Theorien trifft, die aus dem schwarzen muslimischen Aktivismus in den USA stammen.

Die indigenistische Ideologie funktioniert in den Vorstädten gut, weniger weil sie den imperialistischen Kapitalismus bekämpft, sondern weil sie eine religiöse Identität verteidigt, die an ein System von Werten und Normen gebunden ist – und weil sie das fréristische Narrativ vom jüdischen Feind und vom palästinensischen Märtyrer übernommen hat. Der Funke der Vorstadtunruhen von 2005 – nachdem zwei Jugendliche durch einen Unfall ums Leben gekommen waren – wurde ausgelöst, als die Sicherheitskräfte mitten im Ramadan eine Tränengasgranate in eine Moschee in der Hochhaussiedlung *(cité)* warfen. Gilles Kepel fasst zusammen:

> »Jeder hat den Stromschlag, dem die beiden Jugendlichen am 27. Oktober 2005 erlagen, im Kopf, welcher die Revolte der Gleichaltrigen auslöste, die durch das Eingreifen der älteren Brüder und der Erwachsenen schnell beruhigt, aber nicht gelöscht werden konnte. Es war allerdings ein weniger bekannter Zwischenfall, der ›Gasangriff auf die Bilal Moschee‹ drei Tage später, der das schwelende Feuer neu entfachte und das ganze Land in Brand setzte. Eine Tränengasgranate, die von der Polizei in der Nähe der in einem ehemaligen Lagerhaus unter-

gebrachten Moschee abgefeuert wurde und die Hunderten von frommen Erwachsenen, die sich dort zum nächtlichen Ramadan-Gebet versammelt hatten, die Atemluft abschnitt, löste allgemeine Empörung aus und ließ die Generation der ›darons‹ (Eltern) auf die Seite der Jugendlichen wechseln. Es begann in benachbarten Städten im Département 93 unter Bevölkerungsgruppen desselben lokalen Ursprungs und breitete sich daraufhin in alle Problemviertel aus. Unsere engagiertesten Gesprächspartner konstruierten rückblickend eine ›große Erzählung‹ der Unruhen, die mit Hyperbeln aufgeladen war, in denen die ›Vergasung‹ an die Unterdrückung der Palästinenser durch Israel in Gaza oder sogar an die Vergasung der Juden in den Nazi-Lagern erinnerte – eine mimetische Aneignung der antisemitischen Verfolgung, deren politische Auswirkungen wir noch sehen werden.«[309]

Den Islam oder seine Gefühlsgemeinschaft anzurühren, birgt Risiken, was gewählte politische Vertreter und die Ordnungskräfte inzwischen verinnerlicht haben. Selbst die Drogenhändler in den Cités haben das kapiert; sie greifen niemals Moscheen an und ziehen es im Idealfall vor, wenn schon nicht für die Muslimbrüder zu arbeiten, so doch zumindest dafür zu sorgen, ihnen nicht in die Quere zu kommen. Es gibt zahlreiche Brücken zwischen Dschihadismus und Kriminalität.[310]

Der islamische Feminismus

Die Brüder greifen nicht bloß äußere Dynamiken auf. Sie greifen auch auf ›Subunternehmer‹ zurück, wenn sie nicht unmittelbar mobilisieren können, zum Beispiel im Fall von zwei für die islamische Bewegung wertvollen Gruppen: Jugendliche und Frauen. Tariq Ramadan war ihr bester Anwerber bei den Frauen, bis ihn Sittenaffären einholten (Hamel, 2020). Ihm folgten andere Cyberprediger, die immer zahlreicher und populärer wurden. Zu ihnen gehört eine Kategorie von Internet-Influencerinnen, die sich zum »islamischen Feminismus« bekennen – ein bequemes Oxymoron, das Illusionen weckt.

Als Mitte der 1990er Jahre Tariq Ramadan, der als Enkel von Hassan al-Banna bekannt ist, mit einem Diskurs auftrat, die ihrer Identität als französische Muslime schmeichelte, hielten ihn die Jugendlichen für einen Propheten. Er verführt, spricht ein makelloses und gelehrtes Französisch und fordert sie auf, sich ganz offen zu ihrer Identität und ihrer »muslimischen Staatsbürgerschaft« zu bekennen und sich vom Islam der

Eltern zu distanzieren, der seiner Meinung nach ein durch magische Praktiken verfälschter oder ein kolonialisierter Islam ist.

Zu den jungen Mädchen spricht Tariq Ramadan mit ruhiger, sanfter Stimme, erzählt ihnen von *ihrem* Hidschab und erklärt dessen moralische, religiöse und ethische Rechtfertigung. Während der Schleier bis in die 1980er Jahre im schlimmsten Fall als ein Gefängnis und im besten Fall als ein einfaches, vom Patriarchat auferlegtes Schicksal angesehen wurde, kehrt Tariq Ramadan die Tendenz um: Der Schleier ist eine Chance für die Frau, besser noch, der Schleier macht die Frau, ihre Schamhaftigkeit und ihre besondere Attraktivität aus. Ramadan sagt ihnen, was sie hören wollen: dass der Schleier nur für Gott ist, der ihnen Respekt, Würde und Schutz garantiert, und nicht, um unter die Kontrolle des Vaters oder des Bruders gestellt zu werden, von dem sie sich emanzipieren wollen.

In *Présence musulmane* [Muslimische Gegenwart / Präsenz], einer von Tariq Ramadan 1997 gegründeten Vereinigung, die sich außerhalb des historischen Stroms der Muslimbruderschaft entfalten soll, um die Enttäuschten und andere Ausreißer der UOIF (Jugendliche und Frauen) wieder einzufangen, leitete der Prediger eine Frauenkommission und ein Seminar über die Entstehung des »muslimischen Feminismus«. Die Grundsätze dafür entwarf er in einem Kapitel seines Buches *Western Muslims and the Future of Islam* [Muslime im Westen und die Zukunft des Islams (2004)].

Die aus Marokko stammende Doktorandin der Soziologie, Malika Hamidi, die 1974 im Département Seine-et-Marne geboren wurde, ist die Treueste unter den treuen Anhängerinnen des Predigers und beteiligt sich aktiv an der Verbreitung dieser »islamischen feministischen« Strömung in den Medien. Sie schreibt:

»2003 förderte Tariq Ramadan durch die Organisation von Seminaren zur Frauenfrage in Paris die Ermächtigung und das Entstehen einer Dynamik von Frauen, die heute einen Diskurs aufbauen, der auf einem erneuerten Verständnis der Beziehung, die sie zu ihrer Kultur, ihrer Religion und ihrer Weiblichkeit haben, beruht. Er empfahl den Frauen, starke Strukturen zu schaffen, indem sie sich von islamischen Quellen zu Themen wie Geschlechtergleichstellung und vielen anderen inspirieren lassen« (Hamidi, 2015).

Es ist Tariq Ramadan zu verdanken, dass der Ausdruck »islamischer Feminismus« in den allgemeinen Sprachgebrauch Eingang gefunden hat. Vor ihm waren die Frauen der UOIF vor allem pflichtbewusste Ehefrauen der Aktivisten. Da sie sich von dem jungen Prediger unterstützt fühlten, hatten die Mädchen der *Union des jeunes musulmans* unter dem Vorsitz von Saïda Kada die *Union des sœurs musulmanes de Lyon* (USML) gegründet (die 1995 den Namen *Femmes françaises et musulmanes engagées* annahm). Sie engagierten sich im *Collectif féministe pour l'égalité* [Feministisches Kollektiv für Gleichberechtigung], das aus allgemeinen feministischen Vereinen gebildet wurde, welche die Petition »*Un voile sur les discriminations*« (Ein Schleier gegen Diskriminierung) unterzeichneten, die am 9. Dezember 2003 in der Zeitung *Le Monde* erschien.

In einem Interview mit der Redaktion der Website *Quartiers XXI*[311] beschreibt Saïda Kada die Schwierigkeiten, mit denen Frauen vor der Ankunft von Tariq Ramadan konfrontiert waren:

»Die behandelten Begriffe drehten sich um die Frau als gute Ehefrau, die Erziehung der Kinder, die Frauen des Propheten ... Es fehlte nur noch das Kochrezept ! [...] Wenn Omar oder Aischa auf diese oder jene Weise gehandelt hatten, musste man das auch tun. Aber man wird nie Omar sein, man wird nie Aischa sein [...] Man konnte dieser Beziehung zum Islam nicht gerecht werden. [...] 1994, mit dem Bayrou-Rundschreiben und den Ausschlüssen aus der Schule, sagte ich mir, dass wir einen neuen Rahmen aufbauen müssten: eine Schwesternvereinigung. Damals stieß ich auf eine gewisse Ablehnung. Nicht nur von den Muslimbrüdern, denn es kam manchmal sogar noch lauthalsiger von den Schwestern, die mir sagten: ›Hör auf! Du bist gerade sehr ernsthaft dabei, deine Chancen, in den Himmel zu kommen, zu verwirken.‹ Man konnte ernsthaft annehmen, dass wir Frauen unter Vormundschaft gestellt wurden. [...] Dort, in Lyon stieß die UOIF (*Union des organisations islamiques de France*) auf die Basisarbeit der UJM (*Union des jeunes musulmans*). Im Verhältnis zu den Kämpfen der Einwanderer und in Bezug auf die Sichtweisen auf die französische Gesellschaft gab es eine völlige Diskrepanz zwischen den beiden Gruppen. Für mich war die UOIF eine arabischsprachige Gruppe und die UJM eine französischsprachige Gruppe. Die UJM hatte ihre Geschichte in den Stadtvierteln. Die UOIF war zu elitär, zu pedantisch [...] Das Problem besteht in erster Linie darin, sich von dem Blick, den man auf sich selbst hat, zu emanzipieren. An einem bestimmten Punkt wird man sein eigener Kolonist. Man verinnerlicht ein Vokabular, das dasjenige der Lehrmeister war. [...] Ich wollte mich nicht mit den klassischen Themen begnügen, wie dem der Ehefrau; die stießen mich ab. Also trampelten wir durch die Blumenbeete der Brüder. Wir haben uns eher mit politischen Themen befasst, mit Staatsbürgerschaft und Säkularismus. Im Jahr 1993 hatten wir diese Fragestellungen mit Tariq Ramadan entdeckt. Er war einer der ersten, die versuchten, eine Versöhnung zwischen der Idee, Muslim zu sein, und der Idee, französischer Staatsbürger zu sein, herzustellen. Das gab es vorher nicht. Selbst in dem Vokabular, das die Leute im Vereinsgefüge verwendeten, waren diese Wörter nie miteinander verbunden.«

Présence musulmane eröffnet eine Frauensektion, die sich für das verbindliche Tragen des Schleiers einsetzt, ein Thema, das vom Europäischen Forum muslimischer Frauen (EFOMW) aufgegriffen wird. Dank des Forums feierte man den »islamischen Feminismus« in einem Kolloquium im Europäischen Parlament in Brüssel (2004) unter der Schirmherrschaft der Grünen-Abgeordneten Alima Boumediene-Thierry, an dem Wissenschaftler und engagierte Aktivisten teilnahmen, darunter die feministische Aktivistin Christine Delphy und die Journalistin Marina Da Silva, Gründungsmitglied des *Collectif des Feministes pour l'égalité* (Kollektiv der Feministinnen für Gleichheit).

Die Nachahmerinnen von Tariq Ramadan stützen sich auf eine militante Interpretation der intersektionalen Theorie, die in der muslimischen Frau, wie in der schwarzen Frau oder in der rassistisch betrachteten Frau, eine mehrfach diskriminierte Frau sieht. Sie vertreten die Auffassung, dass muslimische Frauen »Gestalterinnen ihrer eigenen Freiheit« sein wollen und daran nicht durch das Kopftuch oder die ihnen in ihrer Religionsgemeinschaft zugewiesene Rolle gehindert werden, sondern aufgrund der sich aufstapelnden Diskriminierungen, die sie in den europäischen Gesellschaften als rassifizierte und nicht-weiße Frauen erleiden würden. Die Rassifizierung der islamischen Identität ermöglicht es dem Frérismus, sich auf natürliche Weise an die intersektionale Bewegung und die vermeintlich »antirassistische« Bewegung anzudocken.

Mit dem islamischen Feminismus gelang es den Fréristen, die Begriffe der linken kritischen Theorien zu übernehmen und sie gegen diese zu wenden, und den öffentlichen Raum mit einem verwirrenden Wortgewirr zu übersättigen, was typisch ist für intersektionellen Aktivismus. Die von Tariq Ramadan organisierte Verführungsaktion funktioniert. Auf die Brüsseler Konferenz von 2004 folgte 2005 eine internationale Konferenz des islamischen Feminismus in Spanien, die von der *Junta Islamica* organisiert wurde, einer Vereinigung spanischer Konvertiten unter der Leitung von Abdennur Prado und Ndeye Andujar. Im September 2006 widmete die UNESCO dem muslimischen Feminismus ein weiteres Kolloquium, diesmal unter der Leitung der Kommission für Islam und Laizität. Das Ergebnis war ein Buch mit dem Titel *Existe-t-il un féminisme musulman?*[312] (Gibt es einen muslimischen Feminismus?). Ziel ist es, das zu erreichen, was Malika Hamidi eine »solidarische feministische Praxis« nennt, die auf einem Gleichgewicht zwischen religiöser Loyalität und Treue zum Feminismus beruht. Und schon erkennen wir die von Qaradawi propagierte Rechtsprechung des Ausgewogenheit wieder, vertont von Tariq Ramadan. Wenig überraschend beansprucht auch dieser Neofeminismus das Universelle:

> »Die Herausforderung für einen ›inklusiven Feminismus‹ muss die Entwicklung von solidarischen Widerstandsstrategien sein, um diesen neokolonialen Beziehungen zwischen Frauen entgegenzuwirken. Es geht darum, die Vielfalt der feministischen Strömungen und die Vielzahl der Befreiungsstrategien in der Frauenbewegung anzuerkennen, deren gemeinsames Ziel eine Emanzipation ist, die von ihrer eigenen Situation der Unterordnung ausgeht und sich auf einen universellen Feminismus zubewegt, der [alle] um das Projekt eines globalen Feminismus versammelt, in dem alle Frauen ihren Platz finden. (Hamidi, 2015)«[313]

L.E.S. Musulmans: Eine islamistische und universitäre Koproduktion

Die Plattform L.E.S. Musulmans (L steht für »*Libérer les énergies/* Energien freisetzen«, E für »*Excellence et entraide/* Spitzenleistungen und gegenseitige Unterstützung«, S für »*Solidarité et services/* Solidarität und Dienstleistungen«) wurde 2018 eingerichtet, als Tariq Ramadan aufgrund von Beschuldigungen und Anklagen wegen Vergewaltigung und sexueller Übergriffe aus dem Spiel genommen wurde. Die Initiative von Marwan Muhammad zielt darauf ab, an die Stelle des ›Französischen Rats der Muslimischen Glaubensgemeinschaft‹ (*Conseil français du culte musulman*, CFCM) und der ›Stiftung für den Islam in Frankreich‹ (*Fondation de l'islam de France*, FIF) zu treten, Strukturen, in denen noch die Blédards[314] das Sagen haben und die vom französischen Innenministerium in Aushandlung mit den Herkunftsländern eingesetzt wurden. Die Vertretung der Muslime in Frankreich soll von unten her aufgebaut werden und mit einer einzigen Stimme sprechen: Marwan Muhammad will diese Stimme sein. Sein Ziel ist es, eine Organisation zu schaffen, die Vereinsfunktionäre, Imame, Einflussnehmer und Fachleute einschließt und weit davon entfernt ist, bloß Vertretung einer Glaubensgemeinschaft zu sein, sondern die auch Akteure aus dem sozialen, politischen und wirtschaftlichen Bereich einbezieht.

Wie kann man diese Interessengemeinschaft schaffen? Wie bei den Muslimbrüdern üblich, indem man eine gemeinsame Basis durch Predigen und Viktimisierung schafft, die eine Vision, eine Identität und einen Plan hat. Mithilfe eifriger und willfähriger Akademiker wurde die Plattform nach einer im Mai 2018 durchgeführten Meinungsumfrage, an der angeblich 27.000 Menschen teilnahmen, ins Netz gestellt.[315] Die Antworten der Befragung wurden von einem ehrenamtlichen Ausschuss aus acht Wissenschaftlern analysiert, die für ihre ideologische Nähe zur Bewegung bekannt sind, darunter Fatiha Ajbli, Soziologin, Valérie Amiraux, Soziologin und vom CNRS abgeordnete Forscherin, Saïd Bouamama, Vereinsaktivist und Soziologe, Moussa Bourekba, Soziologe, Reda Choukour, Statistiker, Nacira Guénif-Souilamas, Anthropologin und Soziologin, Patrick Simon, Soziodemograf und Forschungsleiter am *Institut national d'études démographiques* (INED, ›Nationales Institut für Statistik‹), und Julien Talpin, Soziologe und Forschungsbeauftragter am CNRS.

Laut dem Soziologen des CNRS, Julien Talpin, habe es »keine Probleme mit der Zuverlässigkeit« gegeben, obwohl weder die Ziele noch die Methodik klar dargestellt wurden. Daher zögerte die Zeitung *Libération* nicht, ihm aufs Wort zu glauben und die Bezeichnung »Bewegung« (in diesem Zusammenhang ein fréristischer Begriff) zu übernehmen, um die Umfrage einzuordnen:

»Die Bewegung (es handelt sich dabei tatsächlich um eine Bewegung, der bereits 160 Vereinigungen beigetreten sind) richtet auch eine Internetseite ein, um das ›echte‹ Leben der Muslime in Frankreich besser bekannt zu machen. Er [Marwan Muhammad, der die Plattform ankündigte] hat noch weitere Ziele. So sollen den Imamen, die ein wichtiges Glied in der islamischen Landschaft Frankreichs sind, Schulungen (flexibel und *à la carte*) angeboten werden. ›Die Premiere wird

sich auf Kommunikation konzentrieren‹, verdeutlicht Marwan Muhammad.«[316]
Die Meinungsumfrage ist eine selbsterfüllende Bestätigung der Plattform durch Zahlen: So sind 85 Prozent der Befragten der Ansicht, dass »die Muslime eine nationale Struktur brauchen, die es ihnen ermöglicht, sich zu organisieren und zu repräsentierten.« Achtzig Prozent fühlen sich nicht vom CFCM und 90 Prozent nicht von der FIF unter dem Vorsitz von Jean-Pierre Chevènement vertreten.[317] Das Autoplebiszit zeigt, dass die befragten Muslime die Reihenfolge der Prioritäten, die sie von einem Gremium zur Vertretung und Organisation der muslimischen Religion erwarten, geändert haben: Sie wollen in den Medien vertreten sein (77%), gegen Islamophobie kämpfen (72 %), an dritter Stelle den Islam unterrichten (60 %). Die Plattform *L.E.S. Musulmans* unterstreicht durch zwischengeschaltete Wählerstimmen die mehr ideologische und sozio-politisch-ökonomische als bloß auf den Glauben ausgerichtete Rolle, die die repräsentative Instanz ihrer Meinung nach spielen sollte.

Die als Verein gegründeten *L.E.S. Musulmans* berufen sich auf eine Charta und ein Projekt. Die Charta stellt die »muslimische Ethik« als eine der Triebfedern für das spirituelle, berufliche, soziale und bürgerschaftliche Engagement von Muslimen heraus – es muss möglich sein, in allem Muslim zu sein. Sie legt Grundprinzipien der parteipolitischen Unabhängigkeit und eine schrittweise Arbeitsmethode fest, ein »methodisches, projektbezogenes und prioritätenorientiertes Handeln«, das religiöse Aktivitäten und vor allem Bildung, die Bekämpfung von Islamophobie und sozioökonomische Aktivitäten betrifft.

Unterstützt von der Türkei unter ihrem islamistischen Präsidenten Erdoğan, verhält sich *L.E.S. Musulmans* wie eine kleine fréristische Organisation, die keineswegs mit dem Mutterhaus UOIF konkurriert, mit dem sie funktionale Verbindungen unterhält. Im Versuch, nach Technik der »goldenen Mitte« Anhänger um sich zu versammeln, fördert sie gemäßigte fréristisch-salafistische Initiativen wie *Action contre l'islamophobie*, Vincent Souleymane, *Islam et info* von Elias D'Imzalène, *Ummah Charity, Le Muslim Post, Coordination contre la loi séparatisme, Dômes et minarets* oder *BarakaCity*. Sie dient als Schnitt- und Alarmstelle, um Nachrichten von beziehungsweise an verschiedene Verbände und informelle Gruppen in den sozialen Netzwerken WhatsApp, Instagram, Facebook oder TikTok, Telegram zu sammeln beziehungsweise zu verbreiten, gegen Initiativen, die als »islamophob« bezeichnet werden, und zu allem, was die Gemeinschaft angeblich interessiert.

Infolge des Gesetzes gegen Separatismus,[318] das den [französischen] Präfekten die Möglichkeit einräumt, ein Betätigungsverbot für Körperschaften zu beantragen, welche »die Grundsätze des Säkularismus und der Neutralität des öffentlichen Dienstes« ernsthaft verletzen, bekam die Plattform Gelegenheit, über die Grenzen Frankreichs hinaus zu mobilisieren. Sie war maßgeblich an der Gründung von *Perspectives musulmanes* beteiligt, einer islamistisch-indigenen-akademischen Koordinierungsinitiative, die einen weltweiten Aufruf gegen das »französische Regime« und dessen »islamophobe Offensive« veröffentlichte.

Diese Koordinierungsinitiative von Forschern, Aktivisten, Künstlern und Journalisten aus Großbritannien, Belgien, Österreich, Palästina, der Türkei, den USA, Mexiko, Kanada und Indonesien überzeugte den Generalberichterstatter der Organisation für die Bekämpfung von Rassismus und Intoleranz des Europarats, den Schweden Momodou Malcolm Jallow. Dieser prangerte auf einer parlamentarischen Vollversammlung ein stigmatisierendes Gesetz an: »Die Stigmatisierung einer Gruppe aufgrund ihrer religiösen Überzeugungen darf nicht der Preis sein, der für eine Illusion von mehr Sicherheit des Staates zu zahlen ist.«[319]

Der türkische Präsident Recep Tayyip Erdoğan bezeichnete den Gesetzentwurf gegen »Separatismus« in Frankreich als einen »Anschlag mit der Guillotine auf die Demokratie.«[320] Die Koordinierungsinitiative vereint somit auf internationaler Ebene alle fréristischen Bewegungen der ersten und zweiten Generation, die reformistischen linken Sensibilitäten ebenso wie die eher rechtsgerichteten Salafisten, und zeigt, dass jede Initiative gegen den Islamismus in eine immer größere Ansammlung von Gegenangriffen des Islams der »goldenen Mitte« mündet.[321]

Auch wenn es der Plattform *L.E.S. Musulmans* nicht gelungen ist, die Dinosaurier des CFCM zu stürzen, bleibt sie ein Stachel in deren Fuß *und* dient weiterhin als Schnittstelle für die Verbreitung der fréristischen Ideologie unter Frankophonen verschiedener Gesellschaftsbereiche. Dem Modell der Bruderschaft entsprechend, gibt man einem diskreten und nachhaltigen Einfluss den Vorzug, sowie dem Aktivismus in den Bereichen Wohltätigkeit, Bildung, Unternehmertum und so weiter.

Hier der Text des weltweiten Aufrufs der Koordinierungsinitiative, der von 37 Einzelpersonen und 4 Organisationen unterzeichnet wurde und sich gegen das Separatismusgesetz von Emmanuel Macron wendet:

»Muslime lassen sich nicht in den engen Grenzen von Macrons Frankreich einschließen! Unser Aufruf zirkuliert derzeit weltweit, um internationale Solidarität gegen das #Separatismusgesetz (#LoiSéparatisme) und die islamophobe Offensive des französischen Regimes zu organisieren: Wissenschaftler, Aktivisten, Künstler und Journalisten aus Großbritannien, Belgien, Österreich, Palästina, der Türkei, den USA, Mexiko, Kanada und Indonesien schließen sich der Stimme der Muslime an, um #StopSeparatismusgesetz (#StopLoiSéparatisme) zu sagen!«[322]

Frérristen und Salafismus

Alle islamistischen Bewegungen stehen in der Tradition der salafistischen Erneuerungsbewegung der Wende vom 19. zum 20. Jahrhundert. Sie entstammen alle der Tradition der Ašʿariten, die den Koran für heilig halten (wortwörtliche, literalistische Lesart des religiös Gegebenen). Alle streben die Errichtung des Kalifats an – auch wenn dies vorübergehend über den Umweg der Demokratie erfolgt – sind sie insofern subversiv und potenziell physisch oder psychisch gewalttätig.

Die Dschihadisten gehören zu den Brüdern, welche die Geduld, jene Kardinaltugend des Frérismus, verloren beziehungsweise nicht gepflegt haben.

In einem Interview, das einige Tage nach dem Massaker an den Journalisten von *Charlie Hebdo* durch die Brüder Kouachi, die »die Ehre des Propheten rächen« wollten, erschien, erklärte Omero Marongiu-Perria, dass die Muslimbrüder und die Dschihadisten gemeinsame Vorstellungswelten teilen.[323]

»Unter uns wissen wir, dass es ein gemeinsames ›Universum der Vorstellungen‹ gibt, das aus einer absolutistischen und hegemonialen Lesart unserer Quellen hervorgegangen ist, die von einem bestimmten muslimischen Klerus verbreitet wird, der in den innergemeinschaftlichen Medien inzwischen eine Monopolstellung innehat. [...] Jeder selbsternannte Exeget kann demnach unwidersprochen behaupten, dass jeder, der den Propheten verunglimpft, getötet werden muss, und die Puristen weigern sich sogar, eine Entschuldigung von ihm anzunehmen. Er darf auch behaupten, dass jeder Muslim, der den Islam verlässt, getötet werden muss, oder jede Art von Anathema verbreiten, wobei er jedes Mal eine Weisheit aus dem Koran oder eine authentische Prophetenaussage vorbringen kann. Wir wissen das und noch viel mehr, aber wir sind zu ängstlich, um es in Frage zu stellen, weil wir eine Verwechslung zwischen der Heiligkeit eines Textes und der Kontingenz seiner Interpretationen verinnerlicht haben. [...] Das bedeutet nicht, dass wir alle potentielle Barbaren sind, die bereit sind, unserem Nachbarn die Kehle durchzuschneiden; mit fast sechs Millionen Muslimen auf seinem Boden wäre Frankreich schon längst im Chaos versunken. Aber wir scheinen noch nicht bereit zu sein, uns bei der kritischen Analyse unseres Erbes die Freiheit anzueignen, die wir beanspruchen, um unsere muslimische Identität in Frankreich voll auszuleben. [...] Nur wenn wir aufhören, die Epigonen eines Islams außerhalb der Zeit und der Welt zu sein, werden wir Muslime sein, die einen neuen Sinn für die Welt entwickeln.«

Die Muslimbrüder rufen immer wieder dazu auf, den Weg der »goldenen Mitte« zu wahren, weil sie sich der Gewalt, die in ihrem Projekt steckt, zutiefst bewusst sind. Sie lehnen die Gewalt weniger deswegen ab, weil sie an sich unmoralisch ist, als vielmehr, weil sie ein Ungleichgewicht in der Lehre des Mittelwegs schafft und den Plan zum Scheitern bringen kann.

Untersuchen wir die Unterschiede zwischen Frérismus und Salafismus.

Zusammenfassend lässt sich sagen, dass das, was als *Salafismus* bezeichnet wird (beziehungsweise als Salafisten; nicht zu verwechseln mit den Salafis oder Anhängern der Salafiyya, das sind die frommen Altvorderen, auf die sich alle Fundamentalisten, einschließlich der Muslimbrüder, berufen), verschiedene Formen pietistischer Orthopraxie zusammenfasst, die nicht politisch (im Sinne von Parteien) sind, wie der *Wahhabismus* der Golfstaaten, der marokkanische *Sufi-Malikismus*[324] oder die aus Pakistan stammende *Tablighi Jamaat*.[325] Salafisten bilden in der Regel kleine, in sich geschlossene Gemeinschaften, bei denen sowohl Männer als auch Frauen an ihrer Kleidung und an ihren strengen Praktiken erkennbar sind. Sie können an ultraorthodoxe Formen des Judentums erinnern, wobei die Daʿwa (der Aufruf zum Islam beziehungsweise zur Konversion zum Islam) noch hinzukommt (was kein geringer Unterschied ist). Die Wahhabiten zum Beispiel folgen den Predigten ausgewiesener Gelehrter aus den Golfstaaten und ›takfirieren‹ (exkommunizieren) die anderen. Sie sind Puristen, die von ihrer Identität als Übermuslime[326] und von einer dichotomen Betrachtung der Norm besessen sind: *halal* oder *haram*, Treue oder Ablehnung. Sie scharen sich um Schutz›heilige‹, die sich überall auf der Welt in sozialen Netzwerken äußern, was sie so populär wie Staatschefs macht (El Karoui et al., 2018).

Die Salafisten bilden pietistisch-fundamentalistische Strömungen, die sich auf die Orthopraxie konzentrieren. Ihre Beziehung zur Ethik lässt sich folgendermaßen eingrenzen: Durch »richtiges Handeln« (Orthopraxie) findet man zur Ethik, während bei den Muslimbrüdern man umgekehrt zum »richtigen Handeln« durch Ethik findet. Angesichts des Primats der Orthopraxie (richtig handeln!) suchen die Salafisten nach Vorbildern, die sie nachahmen können. Amélie Chelly (2021) fasst dies wie folgt zusammen:

»Die Gemeinsamkeit aller Anhänger, die sich auf diese Religion berufen, besteht sicherlich in einer faktischen Vorrangstellung des Hadith gegenüber anderen islamischen Autoritätsquellen (auch wenn der Koran absolut gesehen die wichtigste Referenz bleiben muss). Diese Vorherrschaft erklärt sich aus dem schrifttreuen und handlungsorientierten Charakter der Bewegung: Wenn man buchstabengetreu folgen muss, dann muss man der Interpretation misstrauen und den Verstand bei der Lektüre des Textes möglichst ausschließen [...] Der Salafismus befindet sich auf einer ständigen Suche nach Beiträgen des Propheten und seiner Gefährten, insbesondere, um eine fehlende Antwort nicht durch eine interpretative Anstrengung füllen zu müssen.«

Eine weitere Folge dieser Furcht vor interpretativer Innovation insbesondere bei den Wahhabiten ist es, Mittelspersonen möglichst zu vermeiden. Der Student sucht den Rat der angesehensten Gelehrten und vermeidet Mediatoren, die die Botschaft verzerren könnten.

Salafisten erklären den Bruch mit der Umgebung der »Ungläubigen«, mit der sie sich nicht abfinden möchten, und achten darauf, weder sich noch und ihre Kinder hier zu integrieren, solange sie auf die *Hidschra*, die Auswanderung in ein muslimisches Land, warten.

Der Soziologe Mohamed Ali-Adraoui beschreibt das salafistische Ideal:

»Die Notwendigkeit, physisch und moralisch mit der ›Gottlosigkeit‹ zu brechen, ergibt sich aus der Anwendung eines Kardinalprinzips in der salafistischen Matrix: ›Treue und Abkehr‹ (*al-walā wal-barā*). Es wird als Pflicht interpretiert, einer Idee oder Gesellschaftsordnung, die das Prinzip der göttlichen Einheit (*at-tauḥīd*) oder des ›reinen Monotheismus‹ respektiert, zuzustimmen (das heißt Treue zu schwören) und diejenigen, die es verraten, zu verstoßen (das heißt abzuschwören). Die ›heilsame Migration‹, wie sie in den salafistischen Gemeinschaften formuliert wird, ist Teil dieser strukturierenden Dichotomie zwischen dem, wozu ›die an die Einheit Gottes Glaubenden‹ (*ahl at-tauḥīd*) aufrufen, und dem Rahmen, in dem ›die Ungläubigen‹ (*al-kuffār*) sowie ›abweichende und irregeleitete‹ Muslime (*ahl al-bidʿa waḍ-ḍalāla*) leben. [...] Die Unumgänglichkeit von ›Treue und Abkehr‹ erzeugt somit eine ›totale‹ Beziehung zur Umwelt, indem jede soziale Interaktion durch das Prisma dieses Imperativs gelesen wird« (Adraoui, 2017).

Im Gegensatz zu den Fréristen, die auf Zeit spielen und versuchen, die Menschen zusammenzubringen, indem sie alle Themen der *fitna* ausklammern, sind die Salafisten spaltend. Sie werden als *Takfiristen* bezeichnet, weil sie sehr leicht verleugnen, ausschließen und exkommunizieren (*Takfirist* leitet sich vom Wort *takfīriyy* ab, das den Akt des Exkommunizierens bezeichnet). Da die Rolle des Salafisten darin besteht, die Religion von allen Neuerungen zu reinigen, die sie verderben könnten, ist dieser mehr auf die Vergangenheit und das Dar al-Islam ausgerichtet, während die Fréristen auf das globale Kalifat abzielen. Um unterrichten zu können, müssen Wahhabiten beziehungsweise Salafisten über eine Lehrerlaubnis (*tazkiyah*, Empfehlung, bedeutet auch ›Reinigung, Läuterung‹) verfügen, die von *Ulema* einer der drei saudischen Universitäten bestätigt wurde: Ibn Saud in Riad, Al Munawwara in Medina und Al Mukarramah in Mekka. Die bedeutendsten Ulema des quietistischen Wahhabismus sind die Saudi-Araber al-Albani und Rabi al-Madchali oder auch Salih al-Fawzan.

Salafisten verabscheuen jedes Prinzip der Anpassung. Sie unternehmen daher keine nachhaltigen Projekte im Land des Unglaubens, also das genaue Gegenteil dessen, was die Muslimbrüder antreibt. Aus diesem Grund verunglimpfen die Salafisten die Ichwān offen und hassen sie sogar als Verräter, die sich mit den Ungläubigen eingelassen haben. Die Muslimbrüder antworten den Salafisten nicht frontal, sondern begnügen sich damit, sie als übertriebene, aber nützliche Gestalten zu betrachten, *inschallah*. Die Muslimbrüder, die sich unmittelbarer an die Intellektuellen und die Mittelschicht wenden, brauchen die Salafisten, die unermüdlich an die Orthopraxie erinnern, die in ihrem Verhalten und ihren Worten beispielhaft sein wollen, die Treue und Ehre über alles stellen und die die Fähigkeit haben, den Islam in den Wohnsiedlungen zu verbreiten, in denen andere konkurrierende Formen der Treue, zum Beispiel zu den Kriminellen und Drogenbossen, herrschen.

Die Ausbreitung des Wahhabismus ist nicht das Werk des saudischen Staates, sondern der Büros der Islamischen Weltliga, die seit den 1970er Jahren eine beträchtliche Rolle bei seiner Verbreitung spielte. Man überschwemmte die islamischen Buchhandlungen mit ultra-rigoristischen, sektiererischen, gewalttätigen und frauenfeindlichen praktischen Handbüchern (auf Arabisch und billig ins Französische übersetzt). Sie geht ebenfalls auf junge Prediger zurück, die an der Islamischen Universität von Medina ausgebildet wurden und Stipendien für die Daʿwa in Ländern der Ungläubigen erhielten.[327]

Der Wahhabismus/Salafismus wurde in Frankreich später, als die Muslimbruderschaft, die, wie wir uns erinnern, bereits in den 1960er Jahren von Intellektuellen, marokkanischen und tunesischen Studenten, einigen Ägyptern, Irakern, Syrern und anderen, die von einem politischen Projekt angetrieben wurden, nach Europa importiert wurde, ›territorialisiert‹. Der Salafismus entspricht einer zweiten Welle der Re-Islamisierung, die ab den 1990er Jahren in Frankreich bei einer Generation eingeführt wurde, die bereits von den Muslimbrüdern zum Islamismus bekehrt worden war. Er verbreitete sich leicht in Richtung der Arbeiterklasse über die Kanäle der fréristischen Re-Islamisierung und Predigten sowie Literatur.

Reine Salafisten gibt es in Europa nur in geringer Zahl, weil ihnen bestimmt ist, (wieder) auszuwandern. In Frankreich sind vor allem fréristische Salafisten anzutreffen, die eine anspruchsvolle Orthopraxie befürworten, aber ihre Zukunft in der islamisierten Gesellschaft Europas sehen. Der fréristische Salafismus ist eine Synthese aus dem Frérismus und der salafistischen Lehre des »richtigen Handelns«. Was den Nährboden für diese zweite Welle der Islamisierung schuf, war die Notwendigkeit, den Diskurs der ersten Welle in die Praxis umzusetzen. Familien und Jugendliche suchten nach praktischen Handreichungen, um die Praktiken einer anspruchsvollen Religion zu erlernen: das Gebet, Fastenregeln für Kinder, zusätzliche Gebete, die Gesten vor dem Schlafengehen, die Heirat, die Namensgebung, die Trauer, die Sexualität, die Ernährung, das Verhalten gegenüber Nicht-Muslimen und so weiter. Eltern und Kinder mit Migrationshintergrund suchen nach konkreten Antworten, wie sie der Bestseller *Der Weg des Muslims* (*La Voie du Musulman*) bietet. Sie wollen nicht den Islam lernen, sondern wissen, wie man »im Islam lebt«, im normativen Halal-Raum.

Sie wenden sich Büchern zu, die genaue Anweisungen enthalten, wie man leben, denken und sprechen soll, um ein frommer Muslim zu sein. Diese finden sie in den ins Französische übersetzten Werken des saudischen *Dar al-Ifta* [Fatwa-Amt] der islamischen Universitäten in Mekka oder Medina, die wahhabitische Theologen veröffentlichen wie Ibn Baz, Al-Albani, Ibn Uthaymin, Al-Fawzan, Al-Madkhali und Al-Sheikh oder Muqbil Ibn Hadi (Amghar, 2006). Diese pietistische, bigotte, ultrakonservative Literatur ohne explizites ideologisches Projekt zieht an und wirkt zugleich zwanghaft, fungiert als Leitfaden für das tägliche Leben. Der Muslim fühlt sich von der Gemeinschaft anerkannt, geschätzt und bestätigt, sobald er das tut, was von ihm verlangt wird.

Der Bericht Obin (2004)[328] an den [französischen] Bildungsminister beschreibt die konkreten Auswirkungen der Entwicklung des fréristischen Salafismus ab 2004. Man stellt ein schnelles »Umkippen« fest, die Vollendung einer »Islamisierung der Stadtviertel« in nur wenigen Jahren und »konsequente und sichtbare Veränderungen der Lebensweise und des persönlichen, familiären und sozialen Verhaltens.« Die Prediger sind junge Männer, die »sich zu einer Religion bekennen, die zugleich frommer, weniger populär und eher intellektueller ist; sie haben häufig in Frankreich, im Maghreb oder im Nahen Osten studiert und einen Hochschulabschluss erworben, einige stammen aus Familien der Viertel und andere sind erst vor kurzem angekommen: diejenigen, die von den Lehrern mit einer gewissen Aggressivität »die Bärtigen« genannt werden und die die Schüler mit einer Mischung aus Respekt und Angst als »die großen Brüder« bezeichnen [...]. Es scheint eine Generationenfrage zu sein: Frömmere und radikalere Jugendliche übernehmen die Macht in den religiösen Vereinigungen oder versuchen, sie zu übernehmen, oder gründen ihre eigenen Vereine und drängen die gemäßigteren Älteren, die man verdächtigt, den traditionellen Verbänden, die von den politischen Mächten der Herkunftsländer kontrolliert werden, untergeordnet zu sein, in den Hintergrund.«

Aus den Grundschulen »wird berichtet, dass kleine Jungen schon im Kindergarten die Koedukation mit Mädchen ablehnen. Auch die Fälle von verschleierten Mädchen scheinen zuzunehmen, ebenso wie die Einhaltung des Fastengebots (in einem Fall bereits in der Unterstufe) und die Ablehnung von nicht geweihtem Fleisch in der Kantine. Körperliche und künstlerische Aktivitäten scheinen besonders ins Visier genommen zu werden: Weigerungen zu singen, zu tanzen, ein Gesicht zu zeichnen; die Weigerung, Flöte zu spielen, taucht mehrfach auf, ohne dass man wüsste, welchem Verbot dies entspricht.« Der Reinheitswahn ist grenzenlos, wie man am Beispiel der Schüler einer Grundschule sieht, die die exklusive Nutzung der beiden Wasserhähne in den Toiletten eingeführt hatten, von denen der eine den »Muslimen« und der andere den »Franzosen« vorbehalten war.

Die Stellung der Frau ist rückläufig, fährt Obin fort:

»Fast überall wird die gemischte Gesellschaft denunziert und verfolgt, und gemischte Orte wie Kinos, soziale Zentren und Sportanlagen werden verboten. Bei mehreren Gelegenheiten wurde uns von der Zunahme traditioneller, ›erzwungener‹ oder ›arrangierter‹ Ehen ab 14 oder 15 Jahren berichtet. Viele Mädchen beschweren sich über die moralische Ordnung, die ihnen von den ›großen Brüdern‹ aufgezwungen wird, aber nur wenige wagen es, über die Strafen zu sprechen, die ihnen drohen oder die ihnen bei Verstößen auferlegt werden, und die die brutalsten Formen annehmen können, wie bereits bei manchen Vorfällen geschehen. Gewalt gegen Mädchen ist leider nicht neu, neu ist vielmehr, dass sie immer offener im Namen der Religion verübt werden kann.«

Das Zusammenleben wird in Frage gestellt, wenn die Geschäfte in der Nachbarschaft sich islamisieren:

»Die Köche und Verwalter der Schulen stehen seit kurzem vor einer neuen Herausforderung: Eine wachsende Zahl von Schülern weigert sich, Fleisch zu essen, das nicht nach dem religiösen Ritual geschlachtet wurde. Diese Bewegung ist erst vor kurzem entstanden, hat sich aber sehr schnell ausgebreitet, oft auf Betreiben der Jungen, die in die Mittelschule (Collège, Sekundarstufe I, Elfjährige) beziehungsweise ins Gymnasiums (Lycée, Sekundarstufe II, Fünfzehnjährige) kommen. Dem entsprechen auch die veränderten Essgewohnheiten der Familien, die mit der Islamisierung der Geschäfte in der Nachbarschaft zusammenhängen: Halal-Fleisch (erlaubt) ist nun überall erhältlich und in einigen Vierteln sogar das einzige, das verkauft wird. [...] Der muslimische Fastenmonat bietet Gelegenheit für intensiven Bekehrungseifer in den Schulen. In einigen Collèges beispielsweise ist es für Schüler, deren Familien aus sogenannten muslimischen Ländern stammen, unmöglich geworden, sich nicht an den Ritus zu halten, selbst wenn die Eltern die Verwaltung ausdrücklich darum bitten, dass ihr Kind weiterhin in der Kantine essen darf.«

Manchmal häufen sich die Fälle von Missionierung, um »den Schulfrieden zu erkaufen«:

»Es scheint auch, dass man an mehr als einem Ort, um den sozialen oder schulischen Frieden zu ›erkaufen‹, unklugerweise einige ›große Brüder‹ mit notorischem Bekehrungseifer als ›Jugendarbeiter‹ in Körperschaften und Einrichtungen eingestellt hat. So antworteten in einem Gymnasium die Schüler, die im Besitz eines *Tabligh*-Dokuments gefunden wurden, das ausdrücklich zur körperlichen Züchtigung von Frauen aufruft, dass es von einem Betreuer verteilt worden sei.«

Der Antisemitismus wird banalisiert:

»Es ist zu beobachten, dass Beleidigungen mit antisemitischem Inhalt banalisiert werden, manchmal schon in jungen Jahren. Das Wort ›Jude‹ selbst und sein Äquivalent ›Feuj‹ [*juif* in *verlan*] scheinen bei vielen Kindern und Jugendlichen zu einer undifferenzierten Beleidigungsformel geworden zu sein, die von jedermann gegenüber jedermann geäußert werden kann. [...] In den Berichten, die wir gesammelt haben, werden die Ereignisse im Nahen Osten und eine Sure aus dem Koran von den Schülern häufig als Rechtfertigung für ihre Äußerungen und Aggressionen herangezogen. Diese Rechtfertigungen können bis hin zur Tolerierung der Verfolgung oder Vernichtung der Juden gehen. Die Verherrlichung des Nationalsozialismus und Hitlers ist keine Ausnahme: Sie tritt massiv in zahllosen Graffiti, insbesondere Hakenkreuzen, und manchmal sogar in offenen Äußerungen gegenüber Grundschul-, Gymnasiallehrern und Erzieherinnen und Erziehern auf.«

Der in den Vorstadtvierteln übliche Antisemitismus drängt die Juden hinaus und leert Schulen, Hochschulen und Stadtviertel von der jüdischen Präsenz. Die Dschihadisten werden zu den neuen Helden:

»Die kollektive Identität [...] scheint sich heutzutage in ein ziemlich geteiltes Zugehörigkeitsgefühl zu einer universellen ›muslimischen Nation‹ zu wandeln, die deutlich anders und der französischen Nation entgegengesetzt ist. Ihre Helden sind sowohl die palästinensischen Teenager, die sich mit bloßen Händen israelischen Panzern entgegenstellen und deren Bilder von blutbefleckten Körpern in Endlosschleife auf den Satellitenkanälen der arabischen Länder laufen, als auch die

Dschihadistenführer, die für die Anschläge in New York und Madrid verantwortlich sind.«
Schließlich müssen alle Fächer in der Schule ankämpfen gegen Kritik und Ablehnung dieser Tatsache oder jenes Themas: Körpererziehung und Sportunterricht, Literatur und Philosophie, Geschichte, Geografie und Staatsbürgerkunde, Mathematik, Naturwissenschaften, moderne Sprachen, künstlerische Fächer, berufsbezogener Unterricht.

Vom Rap zur Predigt

Der Wahhabismus/Salafismus möchte die Aufmerksamkeit der Medien auf seine Gelehrten richten, Graduierte der großen Universitäten des saudischen Königreichs, und nicht an junge, hitzige Prediger, die in den sozialen Netzwerken ›rumbuzzen‹,[329] abtreten. Der fréristische salafistische Prediger, der seine Videobotschaften übers Internet verbreitet, hat oftmals einen strengen Wahhabismus/Salafismus durchlaufen, bevor er sich ›frérisierte‹, was er in der Regel als Befreiung aus einer Zwangsjacke empfindet. Er kommt mit einer Botschaft an seine Brüder in den Vorstädten zurück: Der Islam ist stärker als Geld, Mädchen und Autos, seid lieber Leader im Islam als Dealer im Westen. Wie Rap-Musiker werden fréristische salafistische Prediger an ihrer Fähigkeit gemessen, die Zuhörer zu begeistern, Emotionen zu vermitteln und daraus Popularität zu ziehen, ein symbolischer wie materieller Vorteil im Hier und Jetzt, und im Jenseits.

Etliche Rapper haben zur Popularität von Cyberpredigern beigetragen. Das Kollektiv *Lieux Communs*[330] vermittelt *en détail* den Ursprung und die Stationen der fortschreitenden Islamisierung eines Teils des französischen Rap, in dem die Hauptthemen des Frérismus aufgegriffen werden: das Arabische, das Primat des islamischen Rechts, die Vormachtstellung des Islams, die Verpflichtung zur Daʿwa, die Dekolonisierung, der Antisemitismus, der Indigenismus.

Die Islamisierung des Rap begann in den 1980er Jahren auf der anderen Seite des Atlantiks, in New York, als sich einige Rapper zur *Nation of Islam* bekannten, Polizeigewalt und »staatlichen Rassismus« anprangerten und sich vor Malcolm X und Louis Farrakhan verbeugten. In Frankreich konvertierte Akhenaton [Künstlername, dt. Echnaton] *alias* Philippe Fragione, der aus einer kommunistischen Familie stammte, Anfang der 1990er Jahre zum Islam, als *IAM* und *Suprême NTM* die Charts stürmten.[331] Eine Strophe des Liedes »J'aurais pu croire« (Ich hätte glauben können), das nach dem ersten Irakkrieg 1991 veröffentlicht wurde, bezieht sich ausdrücklich auf Blasphemie und den Dschihad:

Saddam, tu ne me feras pas croire à moi	Saddam, wirst mich nicht glauben machen,
Que tu fais la prière en dehors des caméras	dass du abseits der Kameras das Gebet verrichtest
Sais-tu au moins qu'exhiber son portrait dans tous les coins	Weißt du überhaupt: sein Bild an allen Ecken zur Schau zu stellen
Est interdit par notre livre saint, le Coran ?	verbietet unserer heiliges Buch, der Koran?
Et tu blasphèmes, blasphèmes et blasphèmes [...]	Und du lästerst, lästerst und lästerst [...]
La guerre sainte se dit en Arabe :	Der heilige Krieg heißt auf Arabisch:
al-jihad fi sabil Allah, L'effort sur le chemin de Dieu.	*al-jihad fi sabil Allah*, Die Bemühung auf dem Weg Gottes
Un document du Vatican précise	In einem Dokument des Vatikans heißt es
Le Jihad n'est aucunement le carême biblique,	Der Dschihad ist keineswegs die biblische Fastenzeit,
il ne tend pas à l'extermination mais à étendre	er zielt nicht auf Ausrottung ab, sondern zu verbreiten
à de nouvelles contrées les droits de Dieu et des hommes.	in neuen Gebieten, die Rechte Gottes und der Menschen.

Die Bands haben die Macht der Einschüchterung und Unterwanderung durch diesen Cocktail aus »Revolution, Gangstertum und Islam« begriffen. Vorbild waren ihnen die Rapper Stomy Bugzy und Passi von der Gruppe *Ministère A.M.E.R.* aus Sarcelles und deren Album *95200* [Postleitzahl von Sarcelles]. Für solcherart Äußerungen wurde die Gruppe vor Gericht geladen und zu einer Geldstrafe von 250.000 Francs verurteilt ... aber das Album darf weiter verkauft werden:

Certains s'enflamment, d'autres acclament profanent	Manche schwärmen, andere jubeln, schänden
Vendent leurs âmes, Marianne la Sheitane [le démon] blâme, baise et condamne [...]	Verkaufen ihre Seelen, Marianne la Sheitane [die Teufelin] tadelt, fickt und verdammt [...]
Totalement dément Satan est-il ton président ?	Völlig geisteskrank – Ist Satan dein Präsident?

Pan ! Dans tes dents, je m'adresse à toi petit blanc […]	Peng! In die Fresse, ich meine dich kleiner Weißer […]
L'ennemi ne peut rien même s'il chante » aux armes citoyens «	Der Feind hats nicht drauf, auch wenn er »zu den Waffen Bürger« singt
De plus en plus d'homos, de péchés, d'escrocs	Immer mehr Schwule, Sünder, Betrüger
Les prêtres veulent la levrette, le mariage comme droit	Die Priester verlangen Doggy Style und das Recht, zu heiraten
Ils passent du » Hallelujah « au » Bee bop a lulla «	Sie wechseln vom »Hallelujah« zu »Bee bop a lulla«
Tous les ans des dizaines de viols, de viols d'enfants	Jedes Jahr Dutzende von Vergewaltigungen, der Vergewaltigung von Kindern
De guerres, poussière tout redeviendra poussière	Aus Kriegen wird Staub zu Staub
Mais restera à jamais gravé le Ministère pour que la tête du porc	aber für immer dem Ministerium eingraviert, damit man am Kopf des Schweins
Diable soit toujours reconnaissable	den Teufel stets wiedererkennt
Une couleur, un malheur, un coupable qui fait sonner les cloches du Diable.	Eine Farbe, ein Unglück, ein Schuldiger, der läutet die Glocken des Teufels

Maître Gims von *Sexion d'Assaut* trachtet nach *hassanat* (guten Taten) und bekennt sich zu seinem Schwulenhass[332] – Homosexualität wird als »abweichend« eingestuft; die Fundamentalisten sehen eine Bestrafung durch Kastration und einen schmerzhaften Tod der »Schwuchteln« vor:

T'as froid dans le dos quand un travelo te dit vas-y viens	Dir läuft's kalt den Rücken runter, wenn eine Transe dich anspricht: Komm schon her!
Car tu sais que l'homme ne naît pas gay mais qu'il le devient […]	Denn du weißt, dass der Mensch nicht schwul geboren, sondern schwul wird […]
Le temps c'est des *hassanats* [les bonnes actions] donc la famille accélère.	Es ist Zeit für *hassanat* [gute Taten], also legt die Familie nen Zahn zu.[333]
Ça m'a saoulé, j'crois qu'il est grand temps que les pédés périssent	Ich kann's nicht mehr hören, ich denke, es ist höchste Zeit, dass die Schwuchteln zugrunde gehen
Coupe leur pénis, laisse les morts, retrouvés sur le périphérique.	Schneidet ihnen den Penis ab, lasst sie tot zurück, soll man sie auf der Ringstraße [dem Boulevard Périphérique] wiederfinden.[334]

Der französische Rapper Booba rechtfertigt die islamistischen Anschläge und bekräftigt die Überlegenheit des Islams über das allgemeine Recht:

Nique la justice, y'a qu'Dieu qui peut me juger.	Fick die Justiz, Gott allein kann mich richten.[335]
Et en plus ils veulent qu'on dégage.	Und außerdem wollen sie, dass wir uns verpissen.
Après ces fils de putes s'étonnent quand y'a des clous dans les bouteilles d'gaz.	Und dann wundern sich diese Hurensöhne, wenn in den Gasflaschen Nägel sind.[336]

Rap trägt auch dazu bei, in die arabische Sprache, die Sprache des Korans, einzuführen, die nur wenige Kinder mit Migrationshintergrund fließend sprechen, und er fördert die Daʿwa:

La seule femme que j'aime est celle qui m'a fait téter l'bezoula [le sein]	Die einzige Frau, die ich liebe, ist die, die mich an der *bezoula* [Brust] saugen ließ
Mon seul modèle ali salem [paix soit sur lui] c'est rasoul'oullah [le Messager d'Allah]…	Mein einziges Vorbild *ali salem* [Friede sei mit ihm] ist *rasulallah* [der Gesandte Allahs] ...
La vie elle est dure hommage à Mounir, à Aine	Das Leben ist hart, Ehre sei Mounir, Ehre sei Aine.
La plus grande force c'est de croire en Rabi l'alamine [Dieu tout-puissant]	Die größte Kraft ist der Glaube an Rabi l'alamine [den Allmächtigen Gott]
C'est pour *akhi* Souleymane au frère Ayssam	Das ist für *akhi* [Bruder] Souleymane, für Bruder Ayssam
Qui nous font des rappels et qui nous enseignent l'islam	Die uns ermahnen und uns den Islam lehren
Même si on est sous col-al [alcool] eux y s'en tapent des préjugés	Selbst wenn wir auf *Col-al* [Alkohol] sind, pfeifen sie auf Vorurteile
Y connaissent la morale dahwa [l'appel à la conversion] y'a que Dieu qui a l'droit de me juger […]	Sie kennen die Moral *daʿwa* [den Aufruf zur Konversion] nur Gott hat das Recht, über mich zu urteilen [...]
Eh ouais Palestine ta terre tu finiras par l'avoir Allahu Akbar [dieu est le plus grand]	Ja, Palästina, dein Land wird dir gehören, *Allahu Akbar* [Gott ist der Größte]
La vérité ils finiront par la voir.	Letztendlich werden sie die Wahrheit erkennen.[337]

Andere große fréristische Themen sind der Überlegenheitsanspruch [des Islams], westliche Dominanz und der muslimische Komplex, die so von ZEP[338] vertont wurden:

Si toi être civilisation supérieure	Wenn du überlegene Zivilisation bist
Et toi voir moi sauvage inférieur	Und du mich als wilden Unterlegenen siehst
Si toi être plus beau et toi tout savoir	Wenn du schöner bist und du alles weißt
Si toi être lumière et moi petit barbare	Wenn du das Licht bist und ich der kleine Barbar
Si toi expliquer moi, pas mettre le tchador	Wenn du mir erklärst, dass ich keinen Tschador tragen soll
Qu'il faut manger du porc et pas prier dehors	Dass man Schweinefleisch essen und nicht im Freien beten soll.
Si toi condescendant s'adresse à moi comme un clébard	Wenn du mich herablassend wie einen Köter ansprichst
Moi donner à toi, un coup dans la mâchoire […]	Dann hau ich dir in die Fresse
Solidaires, on pense pas qu'à sa bobine	Solidarisch, haben wir nur unsere Rolle im Sinn
Discipline d'un soldat Moudjahidin [combattant de la foi]	(Das ist die) Disziplin eines Soldaten der Mudschaheddin [Glaubenskämpfer].

Die mit weißer Hautfarbe werden mit Nazis gleichgesetzt, Thema Dekolonialismus, zum Beispiel bei Casey:

Je traîne en zone franche, où l'indigène flanche	Ich häng in der Freizone[339] rum, wo die Indigenen nicht mehr mitmachen
Où le système se penche sur les peaux blanches […]	Wo das System nach weißer Haut schaut [...]
Comment veux-tu que ma colère cesse	Was denkst du, wie soll mein Zorn aufhören
Quand le colon est cruel comme le SS	Wenn der Kolonialist grausam wie der SS-Mann ist

Nekfeu zeigt sich begeistert, »wenn ein Islamfeind von Tariq Ramadan lächerlich gemacht wird.«[340] 2013 machte er bei dem kollektiven Song »Marche«[341] mit, und im Soundtrack des Films *La Marche* heißt es, zwei Jahre vor dem Massaker an den Zeichnern von *Charlie Hebdo*:

D't'façon, y'a pas plus ringard qu'un raciste	Und überhaupt, Rassisten sind sowas von gestern
Ces théoristes veulent faire taire l'islam	Diese Theoretiker wollen den Islam zum Schweigen bringen
Quel est le vrai danger : le terrorisme ou le Taylorisme ?	Was ist die wahre Gefahr: der Terrorismus oder der Taylorismus?
Les miens se lèvent tôt, j'ai vu mes potos taffer	Meine Leute stehen früh auf, ich habe meine Kumpels arbeiten sehen.
Je réclame un autodafé pour ces chiens de Charlie Hebdo.	Ich fordere ein Autodafé für diese Hunde von Charlie Hebdo.

Der Rapper Médine macht 2014 vor dem Studio des Radiosenders Skyrock eine »quenelle«:[342] *Ai-je une gueule à m'appeler Charlie?* (Habe ich ein Maul, mich Charlie zu nennen?).

Am 1. Januar 2015 wurde Medines neuer Videoclip *Don't laïk* veröffentlicht:

Crucifions les laïcards comme à Golgotha […]	Lasst uns die Laizisten kreuzigen wie auf Golgatha [...]
Si j'te flingue dans mes rêves j'te demande pardon en me réveillant	Wenn ich dich in meinen Träumen erschieße, bitte ich dich beim Aufwachen um Verzeihung,
En me référant toujours au Saint Coran.	indem ich mich immer auf den Heiligen Koran berufe.
[…] J'suis une Djellaba à la journée de la jupe	[...] Ich bin eine Dschellaba am Tag der Röcke.
Islamo-caillera, c'est ma prière de rue	Islamistenpack, das ist mein Straßengebet.
[…] j'mets des Fatwas sur la tête des cons.	[...] Ich lege Fatwas auf die Köpfe der Idioten.

Der muslimische Rap findet Nachahmer und zeitigt Konvertiten wie Fabe, Kery James oder die Rapperin Diam's, die sich mit einem Dschilbab bedeckt und nicht mehr in der Öffentlichkeit singt.[343] Im Jahr

2022 stellt sich die Ex-Rapperin in den Dienst der Daʿwa, produziert in Hollywoodmanier einen fréristischen Propagandafilm: Bekenntnisse von Hidschab-Frauen, die auf TikTok oder Instagram auftreten.

Cyberprediger und Lebensberater

Während Mitglieder der Bruderschaft, historische Fraktion, UOIF – Prediger, die durch Moscheen und islamische Zentren ziehen – Videos verbreiten, die kaum mehr als einige Zehntausend Aufrufe einheimsen, erreichen virtuelle Minbar-Cyberprediger (die *Minbar* ist eine Art Kanzel für die Predigt) Rekordquoten: Die Auftritte eines Rachid Eljay, Abdelmonaim Boussenna, Ismaïl Mounir oder Nader Abou Anas, die hauptsächlich im Internet auftreten, ziehen ein sehr großes Publikum an.[344] Im Folgenden einige Cyberprediger im Kurzporträt.

Rachid Eljay (Jahrgang 1980), früher bekannt unter dem Namen Rachid Abou Houdeyfa, ist ein Prediger marokkanischer Herkunft. Er stieg vor dem Abitur aus dem Schulsystem aus und wurde Imam in der Pontanézen-Moschee in Brest, nachdem seine Vorgänger Abdelkader Yahia Cherif 2004 und Hassan Belabed 2005 wegen ihrer radikalen Äußerungen nach Algerien beziehungsweise nach Marokko ausgewiesen worden waren.

Als Autodidakt in Religionswissenschaft gründete er ein Reisebüro für Pilgerreisen nach Mekka und ergriff die Gelegenheit seiner wiederkehrenden Reisen, um dort den Predigten und Lehren wahhabitischer Gelehrter zu lauschen. Anfang der 2010er Jahre wird er in den französischsprachigen Netzwerken zu einer führenden, charismatischen Figur; seine Reden weisen eindeutig wahhabitische Bezüge auf. In die Schlagzeilen gerät er mit seinen Predigten für Kinder, als Videos in sozialen Netzwerken kursieren, die ihn dabei zeigten, wie er diesen erklärte, dass Musikhören eine Sünde sei, die ein Kind in einen Affen oder ein Schwein verwandeln könne. Unter dem Druck Marokkos, dessen Staatsangehöriger er war, wechselte er seine Zugehörigkeit, bekannte sich zum Malikismus und änderte seinen Namen. 2019 fällt er vor der Moschee, in der er angestellt war, einem Attentat zum Opfer, dessen Hintergründe ungeklärt bleiben. Bis heute ist er der meistbeachtete frankophone muslimische Prediger auf *Facebook* beziehungsweise *Instagram* und *YouTube* (rund 2,7 Millionen Follower im Oktober 2024 und bisher fast 250 Millionen Aufrufe seiner insgesamt 460 Videos).

Abdelmonaïm Boussenna (Jahrgang 1989) ist marokkanischer Abstammung und Sohn des ehemaligen Imams der Moschee von Lille-Süd, einer Hochburg der UOIF in Nordfrankreich. Der ausgebildete Ingenieur, sozialisiert in der Moschee von Lille, hat den Koran umfassend studiert und fungiert als Imam einer der Moscheen in Roubaix. Außerdem gründet auch er ein Reisebüro, um unter anderem Pilgerfahrten nach Mekka und Medina zu organisieren. Seit 2018 ist er nach Rachid Eljay der am zweithäufigsten gehörte französischsprachige muslimische Prediger auf *Facebook* und *YouTube*.

Einer breiteren Öffentlichkeit wird er bekannt, als er für eine Burkini-Marke wirbt, die Burkinis für kleine Mädchen anbietet. Boussenna ist ein enger Freund von Rachid Eljay, dem Imam von Brest, mit dem er *Dini TV* gründete, »ein Raum für Religionsunterricht in der Familie.« Andere fréristische und fréristisch-salafistische Prediger wie Samah Bint Abdeladhim, Hanane Afellah, Sofiane Meziani, Abdelhakim Richi oder Tayeb Chouiref treten in Lehrvideos auf, in denen es darum geht, wie man den Islam lebt und welche Regeln in allen Bereichen des Lebens zu befolgen sind. Er hat mehr als 911.000 Follower beziehungsweise Abonennten auf *Facebook* und *YouTube*; seine Videos zählen inwischen mehr als 82 Millionen Aufrufe (Stand Oktober 2024).

Ismaïl Mounir (Jahrgang 1974) ist ebenfalls marokkanischer Abstammung, hat einen Abschluss in Betriebswirtschaft und war als Technologielehrer tätig. Von 2000 bis 2006 hält er sich in Marokko auf und verfolgt die Unterweisungen durch marokkanische Gelehrte nach der traditionellen Lernmethode der Studentenzirkel. Er beruft sich auf den marokkanischen Gelehrten Farid Al-Ansari. Als Wander-Imam für den Freitagsgottesdienst gründet er 2015 das Institut al-Amine für Präsenz- und Fernunterricht. In den sozialen Netzwerken rückt nach und nach auf Platz drei der meistgefolgten französischsprachigen Prediger. Ismaïl Mounir unterscheidet zwischen gewalttätigen, sektiererischen und offenen Salafisten. Er beschreibt seine Entwicklung vom ritualistischen Salafismus wahhabitischer Prägung zum Frérismus; bei ihm heißt das »aufgeschlossener Salafismus«. Wenn er den Begriff »Muslimbrüder« nicht in den Mund nimmt, liegt das daran, dass die Fréristen sich nicht selbst charakterisieren, sondern sich für die Norm halten. Der *YouTube*-Kanal des Predigers hat über 342.000 Abonnenten, seine Videos verzeichnen bisher über 16 Millionen Aufrufe (Oktober 2024).

Nader Abou Anas ist ägyptischer Abstammung. Er hat einen Fachhochschulabschluss in Informatik und besucht seit über zehn Jahren die Madrasa von Scheich Ayoub in Paris, der 1986 sein Institut für Arabisch und muslimische Theologie gegründet hat. (Scheich Ayoub heißt eigentlich Yves Leseur, ein vor langer Zeit konvertierter Franzose, der in Pakistan bei Scheichs der traditionalistischen Deobandie-Bewegung ausgebildet wurde.) Als enger Vertrauter von Rachid Eljay startet Nader Abou Anas 2007 die Website *dourous.net*, wichtigster Verbreitungsweg für einen im Wahhabismus verankerten Diskurs, und 2010 den Verein *D'clic*, der seinen Sitz in Bobigny hat und sich Räumlichkeiten mit der Privatschule *Iqra* teilt. Am 7. Juni 2018 veröffentlicht er ein Video, in dem er sich vom Wahhabismus distanziert und behauptet, dass er nun der malikitischen Rechtsschule folge; bei Scheich Ayoub studiert er die Werke der malikitischen Tradition. Nader Abou Anas, der als Imam die Freitagspredigten hält, war Mitglied der Buttes-Chaumont-Gruppe[345] und gehört ebenfalls zu den meistbeachteten französischsprachigen muslimischen Predigern. In den letzten Jahren hat Nader Abou Anas in den sozialen Netzwerken nochmal ordentlich zugelegt und inzwischen mehr als 726.000 Follower bei *Facebook* und fast 900.000 Abonnenten auf *YouTube*; seine über 880 Videos wurden mehr als 100 Millionen Mal geklickt (Oktober 2024).

Eine weitere Kategorie von Predigern hat sich in Form von Influencern und Influencerinnen herausgebildet, *Life Coaches* (Lebensberatern), die als Akteure für wirtschaftliche und persönliche Entwicklung Schulungen anbieten, um ein erfülltes Leben zu führen, das sich auf die Einhaltung der religiösen Praxis und der »islamischen Werte« konzentriert, und mit dem man gleichzeitig Geld verdienen kann. Im Gegensatz zum Personal in anderen fréristischen Kategorien bilden Frauen hier die größte Gruppe.

Der Coach Said Amzil ist ein Beispiel für diese Art von philanthropischem Unternehmer; er bietet »multiple-kollektive Intelligenz im Dienste des Guten« an. In einem Video – seinem Interview mit Gaston Hakim Lastes[346] am 3. April 2018 auf dessen *Facebook*-Seite – blickt er anhand eines *Storytellings*, in dem sich persönliche und spirituelle Entwicklung vermischen, auf seinen beruflichen Werdegang zurück.[347] Nachdem er die Schule ohne Abschluss verlassen hatte, war er im Alter zwischen 20 und 25 Jahren nicht berufstätig und arbeitete anschließend im Bereich Sozialökonomie. Er bildete sich bei amerikanischen Marketingspezialisten weiter und versuchte vergeblich, eine Handelsplattform zu gründen, die muslimische Websites miteinander verbindet. Anfang der 2010er Jahre gründet er *Islamic Deal*,[348] ein den Webseiten von Groupon [diverse Websites mit Rabatt-Angeboten] nachempfundene Plattform für Muslime, die über eine Mailingliste mit Schnäppchenangeboten funktioniert. Später startet er, gemeinsam mit Steve Abdelkarim Hermanville, einer charismatischen Persönlichkeit, die *Transformaction*[349] gründete und in muslimischen *Think Tanks*[350] aktiv ist, den *Boosteur d'intelligences*. Er behauptet, in der Startwoche 50.000 Euro Umsatz gemacht zu haben. 2014 gründet er seine eigene kommerzielle Webseite *Muslimpreneur Academy*[351] (WMA), die ein *Muslimpreneur Lab* und eine *Mindset*-Schulung zur Persönlichkeitsentwicklung umfasst. Damals behauptete er, 1.500 Personen ausgebildet zu haben.[352] Gleichzeitig zieht er mit seiner Familie nach Marokko und stellt seinen Umzug als *Hidschra* dar, jedenfalls auf seiner (kurzlebigen) Webseite WMA.

In der Forschung zu Initiativen und Netzwerken muslimischer Unternehmer finden sich zahlreiche Verbindungen zwischen diesen hybriden Akteuren, den Machern und den Plattformen im Netz. Alles konzentriert sich um kleine, durch Netzwerke verbundene Kernzellen. Die Initiativen von Said Amzil und Steve Abdelkarim wurden beispielsweise sowohl von allgemeinen Nachrichtenseiten wie *Al-Kanz, Islam&Info* als auch von *Ajib*, einer in der Diaspora verbreiteten französischsprachigen marokkanischen Seite für religiöse Informationen, weitergeleitet.[353] Auf seiner Website stellt sich Amzil wie folgt vor:

»Da ich nicht gut vorbereitet war (keine Ausbildung, keine Strategie), war der Anfang arbeitsintensiver als ich dachte. Heute lebe ich von meiner Tätigkeit ›et je suis CHARLIBRE‹ [sic!; ironisches und abfälliges Wortspiel mit dem Ausdruck *Je suis Charlie*, mit dem nach dem islamistischen Attentat 2015 die Solidarität mit dem Magazin Charlie Hebdo und seiner Redaktion bekundet wurde – *charlibre* statt nur *libre*, frei] meine Zeit so zu investieren, wie ich es möchte. Die meiste Zeit verbringe ich mit meinen Prinzessinnen und den Rest der Zeit helfe ich anderen dabei, einen Internetauftritt im Dienste des Guten zu starten, ihre Stärken zu identifizieren oder mit meinem Team die neuesten Hacks von Geeks [Computerfreaks] aufzuspüren. Die Arbeit von zu Hause aus zu verrichten ist eine Wohltat, für die ich dem Allerhöchsten jeden Tag danke. Und da ich weiß, dass ER DER Großzügige schlechthin ist, bitte ich IHN, uns in der anderen Welt noch viel mehr zu gewähren.«

So bietet man Heimsekretariat, Verkehrsmanagement, Transkriptionsdienste (Video und Audio), Catering für zuhause, Affiliate-Marketing, Übersetzungsdienste, Steuerbuchhaltung, Outsourcing, persönliches *Coaching*/Beratung, Online-Nachhilfe, Webentwicklung, Chat-Vertriebsmitarbeiter, Grafiker und andere Anwendungsentwickler an. Diese Coaches schaffen Arbeitsplätze und im weiteren Sinne Gelegenheitssysteme dergestalt, dass diese Arbeitsplätze Kunden, neue Bedürfnisse, also neue Arbeitsplätze und neue Kunden und so weiter hervorbringen, sowie Unternehmen, die sich untereinander verbinden und sich gegenseitig unterstützen. Sie produzieren Dienstleistungen und Waren, die wiederum Muslime ausstatten werden, damit diese praktizieren und zur Kenntnisnahme des Islams beitragen können und für ihn werben; und so in tugendhafter Endlosschleife das Halal-System füttern.

Der Fall von Sonia Ben El Mabrouk ist ein Beispiel für dieses Geflecht von Möglichkeiten, die sich aus einer relativ kleinen Unternehmerschmiede ergeben, sich aber durch Arbeits-, Gefühls- und Familienbindungen ausdehnen. Als ehemalige Redakteurin bei *Akhawate Business*[354], dem Pendant für Muslimschwestern in der SPMF (*Synergie des professionnels musulmans de France*), gründete sie ihre auf die Erstellung von Webseiten spezialisierte Händlerwebsite *Autour du commerce*[355] sowie die Webshop-Seiten *Autour du hijab* und *Vernis halal*. Die Webseite *Autour du hijab* (adh-co.com/) sponsert die Nachrichtenseite *Hijab'in:*[356] »Hier plaudert man mit einem Glas Tee in der Hand, man lernt etwas in seinem weichen Sessel, während man seine Lieblingsserie anschaut, man amüsiert sich auch, gekleidet in seinem Lieblingspyjama. Das ist ein Blog, in dem es sich *inschallah* gut leben lässt.« Sonia Ben El Mabrouk erscheint auf der Seite mit den Erfahrungsberichten der Teilnehmer an den Schulungen auf Said Amzils WMA-Website, die von seiner anderen Website *Muslimpreneur* weiterverbreitet wird, die Hilfe bei der Gründung eines »einfachen, flexiblen und gewinnbringenden Online-Business im Dienste der Menschheit« anbietet. Parallel dazu hat Sonia Ben El Mabrouk die Website *Busimuz*[357] konzipiert, die von der Muslimschwester Abir Nakad erstellt wurde, die auch für die kommerzielle *Facebook* -Seite *Hijab Glam'*[358] verantwortlich ist. Alle diese Initiativen werden von der Website *Al-Kanz* weitergeleitet, die Wirtschaftsinformationen über und für die muslimische Sphäre zentralisiert.

Die fréristische Gesellschaft ist zutiefst geschlechtsspezifisch. Um die Identitätsfindung mit Produkten und Dienstleistungen zu stärken, richtet sich die Werbung an ein nach Geschlecht differenziertes Publikum. So werden die Vorteile der Gründung eines Internetgeschäfts von zuhause aus danach unterschieden, ob man ein Bruder oder eine Schwester ist:

»Die Vorteile, ein Internetgeschäft zu betreiben, wenn man ein Bruder ist: Als muslimischer Mann ist man sich seiner Verantwortung, für den Unterhalt des Haushalts zu sorgen, umso mehr bewusst. Und heutzutage ist es nicht leicht, einen Job zu finden, selbst wenn man studiert hat. Vor allem, wenn man einen Bart trägt und verlangt, dass man pünktlich beten kann und für *jumu'a* (das Freitagsgebet in der Moschee) frei bekommt. Ein Unternehmen im Internet ermöglicht es unseren Brüdern, der Arbeit nachzugehen und gleichzeitig ihre religiösen Pflichten zu erfüllen. Sie können ein eigenes Geschäft eröffnen, es führen, wie sie es für richtig halten, und sich so organisieren, dass sie mehr Zeit für ihre Familie und ihre gottesdienstlichen Verrichtungen haben. Schließlich können sie ihr Geschäft von überall aus führen, solange sie einen Internetzugang haben.

Die Vorteile, wenn man als Schwester ein Internetgeschäft betreibt: Die muslimische Frau von heute ist eine aktive Frau, die ihren Pflichten als Ehefrau und Mutter im Haushalt nachkommt, sich aber auch im Berufsleben entfalten möchte. Viele Schwestern haben daher ein Online-Business gegründet, in dem sie erfolgreich sind. Die Online-Arbeit ermöglicht unseren Schwestern, die in Frankreich und anderswo oft vom Arbeitsmarkt ausgeschlossen sind, den Zugang zu einer Beschäftigung. Sie können von zu Hause aus arbeiten und Familie und Beruf miteinander vereinbaren. Sie können auch ihr Geschäft und ihr spirituelles Leben miteinander vereinbaren, da sie von zu Hause aus arbeiten können und sich die Frage nach dem Kopftuch, der Einhaltung der Gebetszeiten und der Geschlechtertrennung nicht mehr stellt.

Die Bevorzugung eines Online-Geschäfts bedeutet also vor allem Religionsfreiheit für jeden muslimischen Unternehmer.«[359]

Die programmatische Dimension des Frérismus wird durch sogenannte »ethische« Statuten wie die der *Association Belge des Professionnels Musulmans* (ABPM), der belgischen Version der SPMF,[360] verdeutlicht. Dieses Statut legt einen wirtschaftlichen, moralischen und ethischen Rahmen für den Unternehmer fest (*siehe Kasten*). Der Unternehmer hat die Pflicht, auf legale Weise für seinen Wohlstand zu sorgen, um seine Familie und im weiteren Sinne die Angehörigen und Bedürftigen »auf dem Weg Allahs« zu unterstützen. Als Unternehmer macht der Muslim die Daʿwa zu seinem Ziel und seiner ersten Pflicht.

> *Statut des muslimischen Unternehmers der*
> *Belgischen Vereinigung muslimischer Geschäftsleute*
>
> An meinen Schöpfer,
> Ich habe mein Unternehmen nicht nur gegründet, um reich zu werden, sondern auch, um auf legale Weise Geld zu verdienen, meine Familie, meine Verwandten und die Bedürftigen zu unterstützen und [es] auf dem Pfad Allahs auszugeben.
> Mein Unternehmen ermöglicht es mir, durch meine Taten und Worte das wahre Bild des Islams zu zeigen;
> Ich erkenne die Verpflichtung an, die Regeln des Islams in Bezug auf Ethik und Geschäftspraktiken zu erlernen.
> Ich werde meine Geschäfte gemäß Seinen Vorschriften für Ethik und Geschäftspraktiken führen.
> Ich werde meine Ressourcen weise ausgeben und immer eine Reserve für schlechte Zeiten behalten.
> Wenn mein Weg denjenigen von unehrlichen Geschäftsleuten kreuzt, werde ich nicht ihren Schritten folgen, sondern auf dem Pfad der Ehrlichkeit und Moral bleiben.
>
> An meine Gemeinde,
> Ich werde die notwendigen Anstrengungen unternehmen, um ihre Entwicklung zu unterstützen.
> Ich werde die Sache der Muslime der Welt, die Not leiden, unterstützen.
> Ich werde unter allen Umständen stolz darauf sein, ein Teil dieser Gemeinschaft zu sein.
>
> An meine Angestellten,
> Ich werde sie mit Respekt und Würde behandeln.
> Ich werde ihnen ein sauberes und sicheres Arbeitsumfeld bieten.
> Ich werde ihnen eine angemessene Vergütung gewähren, die in vollem Einklang mit der geleisteten Arbeit steht.
> Ich werde ihnen Möglichkeiten zur Weiterentwicklung ihrer Fähigkeiten bieten.
> Ich werde sie fristgerecht bezahlen.
> Ich werde ein offenes Ohr für ihre Beschwerden, Bitten und Vorschläge haben.
> Ich werde ihnen die nötige Zeit einräumen, um ihren religiösen Pflichten nachzukommen.

An meine Konkurrenten,
Ich werde sie mit Respekt und Würde behandeln.
Ich werde mich nicht auf ein monopolistisches Verhalten einlassen und sie nicht daran hindern, mit mir zu konkurrieren.
Ich werde ihnen einen gesunden Wettbewerb bieten und mich nicht auf Taktiken einlassen, die den vom Islam akzeptierten Geschäftspraktiken widersprechen.

An meine Lieferanten,
Ich werde sie mit Respekt und Würde behandeln.
Ich werde die Zahlungsfristen einhalten und nicht ohne triftigen Grund in Verzug geraten.

An meine Kunden,
Ich werde sie mit Respekt und Würde behandeln.
Ich werde ihre Bedürfnisse im Rahmen meiner Möglichkeiten erfüllen.
Ich werde ein transparentes und realistisches Angebot vorlegen und nicht über meine Produkte und/oder Dienstleistungen lügen.
Ich werde nach bestem Wissen und Gewissen handeln, um die qualitativ hochwertigsten Produkte oder Dienstleistungen zu liefern.
Ich werde die vorgeschriebenen Fristen einhalten.

Fatwa-Banken

Cyberprediger und »Life Coaches« widmen ihre Aktivitäten der Jagd auf das Verbotene und der Empfehlung des Erlaubten. Für die Fréristen ist Religion nicht bloß Raum für Spiritualität in einer materialistischen Welt, sondern eine Reihe von praktischen oder ethischen Vorschriften, die miteinander in Einklang stehen und denen man sich samt seinem Umfeld beugen muss, um das individuelle und kollektive Heil zu erreichen – »so Gott will«, versteht sich von selbst.

Es gibt keine religiöse Praxis fürs Leben, was es gibt, ist ein Leben in Religionsausübung. Sie beginnt, wenn der Bruder oder die Schwester im Islam die Rechtmäßigkeit seiner/ihrer Gedanken und Handlungen bewusst hinterfragt, und bei Fréristen am besten so früh wie möglich (*siehe das Kapitel über Kinder*). Wenn dieser Mechanismus einmal in Gang gesetzt ist, geht es darum, seine Anbetungsweise mehr und mehr zu vervollkommnen und Gott zu gefallen. Im Leben gibt es viele Gelegenheiten, sich zu fragen, ob eine bestimmte Handlung oder ein bestimmter Gedanke erlaubt ist, ob sie Gott gefallen oder nicht. Wie kann man das herausfinden? Auch wenn der Islam keinen Vermittler zwischen dem Gläubigen und Gott vorsieht und niemand ein Monopol auf die Auslegung der göttlichen Anweisungen besitzt, ist es nicht leicht, sich inmitten der riesigen, verfügbaren islamischen Materie eine Meinung zu bilden. Wenn es um Fragen zu – manchmal sehr intimen – Problemen geht, halten es die meisten Muslime für unerlässlich, Antwort bei Personen zu suchen, die besser qualifiziert sind und denen man vertrauen kann. Aber wie findet man diese, wie kontaktiert man sie? Wie spricht man Fragen an, die man seiner Familie oder seinem Umfeld eher vorenthalten möchte?

Seitdem interaktive Austauschmöglichkeiten im Internet populär geworden sind, haben sich Foren entwickelt (eines der ältesten ist das Forum *umma.com*), in denen Internetnutzer unter Pseudonym praktische Fragen über das Verhalten im Alltag, die Beziehung zu Gott, zu Muslimen und zu Nicht-Muslimen stellen. In diesem riesigen, anonymen Beichtstuhl können Worte ausgesprochen und Ideen entwickelt werden, die vor den Eltern oder dem Imam des Viertels nicht aussprechbar wären.

Die Foren entwickelten sich schnell zu einem riesigen Repertoire an Fragen und Antworten, in dem junge Muslime in Europa nicht so sehr ihre Sünden abzubüßen, sondern sie vielmehr zu legalisieren versuchen. Ist Masturbation erlaubt? Und wenn nicht, in welchen Fällen ist sie erlaubt? Ist es erlaubt, bei einem nichtmuslimischen Freund zu essen, und wenn nicht, unter welchen Bedingungen kann es erlaubt sein? Der Ansatz ist eindeutig nicht der der Sühne, sondern eher der der Anpassung. Diese Foren haben sich nach und nach in Cyberbanken für Fatwas verwandelt.

Die europäischen Institute für Geisteswissenschaften in Château-Chinon und Paris, der Muslimische Theologische Rat Frankreichs (CTMF – *Conseil théologique musulman de France*[361]) sowie der Europäische Rat für Fatwa und Forschung (*Conseil européen pour la fatwa et la recherche*) sind allesamt Produzenten von mehr oder weniger formellen allgemeinen Fatwas, die dazu dienen, die Kader der Bruderschaft in Europa bei der Betreuung der Gläubigen anzuleiten. Sie sind daher der breiten Öffentlichkeit nicht zugänglich. Die am häufigsten abgerufenen Fatwas sind die der Online-Fatwa-Cyberbanken. Sie können unmittelbar konsultiert werden, wenn einem die Frage in den Sinn kommt, und zwar diskret vom Schlafzimmer oder vom Büro aus. Man findet dort eine große Anzahl von Meinungen zu ein und derselben Frage sowie Fragen von Internetnutzern zu diesen Meinungen.

Zu den renommiertesten im Internet gehören *IslamQA*, *La science légiférée* [Die gesetzlich verankerte Wissenschaft] und *Islamweb*, auf das ich näher eingehen werde.

IslamQA bezeichnet sich selbst als »Wissenschafts-, Bildungs- und Predigtseite, die sich zum Ziel gesetzt hat, ausreichende, fundierte und leicht zugängliche wissenschaftliche Antworten zu geben.« Sie wurde von dem in Syrien geborenen Palästinenser Muhammad Salih al-Munajjid, der in Saudi-Arabien aufwuchs und lebt, gegründet. Auf den Webseiten wird er, der wegen angeblicher Verbindungen zur Muslimbruderschaft inhaftiert und angeklagt wurde, weiter als Generalaufseher geführt. Die Seite ist in Saudi-Arabien verboten, da sie unter anderem politische Texte von Sayyid Qutb enthält.

Die Salafisten verfügen über einige Websites mit kommentierten Fatwas, von denen die bekannteste *La science légiférée* ist, ein salafistischer Verweis auf Medina, der »die Schriften und Worte unserer Salafi-Gelehrten aller Generationen« zusammenstellt und sich als Brücke für Französischsprachige darstellt, damit »die Worte der Gelehrten sie erreichen können, bis sie dann die arabische Sprache erlernt haben.« Sie lehnen die Fatwas derjenigen, die sie als Irregeleitete[362] identifizieren, vehement ab, darunter diejenigen, die sie als Muslimbrüder identifizieren: Tariq Ramadan, Rachid Eljay, Abdelmonaim Boussenna, Nader Abou Anas, Hassan Iquioussen, Ahmed Miktar, Tareq Oubrou, Ousmane Timera, Éric Younous, Rachid Haddach, Mohamed Bajrafil und Ismaïl Mounir. Um diese zu disqualifizieren, berufen sich die salafistischen Prediger-Muftis, die unter Pseudonym schreiben, auf den sehr populären Scheich Salih Al-Fawzan. Sie schreiben: »Die Ichwān (Muslimbrüder) sind Sektierer, die nach Macht streben, und sie kümmern sich nicht um den Aufruf, den Glauben zu korrigieren.«

La science légiférée zögert nicht, die in Medina ausgebildeten Salafisten wegen ihrer Verbindung zu den Muslimbrüdern zu exkommunizieren (*takfir*):

»Da ich selbst in Medina studiere, möchte ich nur mitteilen, dass Bruder Eric Younous nicht dafür bekannt ist, dass er sich zu den Vorlesungen der Salafi-Gelehrten setzt, obwohl er schon seit Jahren in Medina ist. Darüber hinaus schließt er sich in der Daʿwa mit Leuten der Sekten ›al-ichwan al-muslimun‹ (oder besser ›chawwan al-muslimun‹, was so viel bedeutet wie ›diejenigen, die die Muslime verraten‹, wie Scheich Muhammad ibn Hadi al-Madkhali sie nennt) und *tabligh* zusammen. Daher ist es nicht angebracht, seine Vorlesungen zu besuchen, sie anzuhören, sie zu verbreiten oder Werbung für ihn zu machen, bis er seine *minhadsch* korrigiert hat. Vor allem, da es in seinen Vorträgen und Reden schwerwiegende Fehler und Unklarheiten gibt!«[363]

Der Salafismus wurde als nebulös bezeichnet, da mehrere Strömungen (*minhadsch*) mit verschwommenen Grenzen diese Richtung der Ultra-Orthopraxie ausmachen. Sie beschimpfen sich gegenseitig als Neuerer, Abweichler oder Verräter und berufen sich jeweils auf ihre eigenen Mentoren, die sich alle mit großen Figuren des Islams, angesehenen lebenden oder verstorbenen ›Gelehrten‹, in Verbindung setzen. Der Wille, niemals von dem Weg abzuweichen, den ihre prominenten Vorgänger vorgezeichnet haben, rückt sie in eine gesellschaftliche Sonderstellung und lässt sie kleine Gruppen von Fundamentalisten bilden, die gegenüber dem Einzelnen rücksichtslos, gegenüber den Gesellschaften, die sie als gottlos bezeichnen, aber relativ harmlos sind. Das Gegenteil des Frérismus ist also der Fall.

Islamweb ist das Schwergewicht unter den Fatwa-Banken im Internet und hat als solches das Interesse von Wissenschaftlern und Journalisten geweckt. *Islamweb* wurde 1998 von Katar gegründet, zwei Jahre nach dem internationalen Fernsehsender Al Jazeera, und ist ans »Ministerium für Mittelzuweisungen und islamische Angelegenheiten« von Katar angebunden. Sein Server wird anscheinend in Colorado, USA, gehostet. *Islamweb* bezeichnet sich selbst als eine islamische Predigtseite, die »der Lehre der Leute der Sunna und der Jamaa« folgt, und wird von einer Elite von Theologieabsolventen betrieben, zu denen auch hoch angesehene Autoren gehören. Gemäß der arabischen Beschreibung ist die Vision von *Islamweb* die der Verfestigung der islamischen Werte (*tarsīḫ al-qiyam al-islāmiyya*). Unter den Fatwa-Banken soll *Islamweb* einen gemäßigten Islam repräsentieren.[364] Laut dem marokkanischen Politologen Abderrahmane Mekkaoui (Mekkaoui, 2020) ist es »die meistbesuchte und reichste Website des militanten Salafismus und das offizielle Sprachrohr des Emirats Katar.« Der Politologe Youssof Salhen (2018), der eine Dissertation über die Fatwa-Bank verfasst hat, schreibt:

»*Islamweb* vertritt in der Regel ausgewogene und moderate Standpunkte, die frei von Vorurteilen und Extremismus sind. Es ist so konzipiert, dass es die Interessen eines breiten Publikums anspricht –

Fernsehzuschauer, neu zum Islam konvertierte Personen und altgediente Muslime. Auf *Islamweb* werden alle Anstrengungen unternommen, um so umfassend wie möglich zu sein und alle Aspekte des Islams zu umfassen: *aqida* (islamischer Glaube), Koranstudien, Hadithe, *fiqh* (Rechtsprechung,), s*ira* (Biographie des Propheten), Wege zum Islam, einzigartige Beispiele für ideales islamisches Verhalten, Geschichten von Neubekehrten zum Islam und so weiter. Katar und *Islamweb* wollen sicherstellen, dass auf *Islamweb* nichts veröffentlicht wird, was dazu verwendet werden könnte, Katar des Extremismus zu beschuldigen. *Islamweb* und sein Fatwa-Zentrum ihrerseits wollen weiterhin funktionieren, ohne politische Probleme[365] zu verursachen. Sie vermeiden daher kontroverse Fragen, die auf den Prinzipien des *fiqh al-maalat* (Folgejurisprudenz, ein konsequenzialistischer Ansatz) von *darura* (Notwendigkeit) und *maslaha* (öffentliches Wohl) basieren.«

Neben den Fatwas bietet *Islamweb* Informationen, Buch- und Medientipps, verbreitet Artikel sowie Ratschläge in den Bereichen Medizin, Kultur, Familie oder Wirtschaft.

Einer seiner Leiter freute sich, dass *islamweb.net* bis 2020 »zur ersten Anlaufstelle für alle muslimischen Imame, Prediger und Seelsorger weltweit geworden ist« und dass »mehrere Tausend Ungläubige dank der einfachen und ansprechenden Lehrinhalte (Videos, Cartoons, Filme) der Website bekehrt wurden« (zitiert nach Mekkaoui). Die Gesamtsumme der Fatwas in den fünf Sprachen beläuft sich auf etwa 213.000. Die sprachliche Verteilung der Fatwas liegt ungefähr bei 82,1 Prozent für Arabisch und 12,2 für Englisch. Die Zahl der Fatwas auf Französisch beträgt 10.000, was 4,7 Prozent entspricht, die deutschen Fatwas machen 0,7 und die spanischen Fatwas 0,4 Prozent aus. *Islamweb* soll täglich ein Viertelmillionen Zugriffe erhalten. Der Wert von *Islamweb* wird auf etwa 3,5 Millionen US-Dollar geschätzt (Salhen, 2018).

Das Fatwa-Zentrum von *Islamweb* folgt einer Methode, die auf der *wasatiyya* basiert. Es bevorzugt keine Fiqh-Schule gegenüber einer anderen. »Die Erstellung von Fatwas ist eine Industrie, in der die Fatwa das Endprodukt ist. Sie durchläuft eine Produktionskette mit sechs Schritten«, erklärt Scheich ʾAbdullah al-ʾAbbad, der Leiter der Abteilung für Fatwas. Die sechs Schritte sollen sicherstellen, dass die Fatwa »kollektiv, streng und von hoher Qualität« ist. Die Namen der Muftis in *Islamweb* werden nie genannt, auch nicht, wenn danach gefragt wird, um deutlich zu machen, dass es sich um eine gemeinschaftliche Arbeit von Muftis handelt, die verschiedenen Schulen angehören. Den Förderern zufolge ist zwar die Hanbali-Schule die offizielle sunnitische Rechtsprechung, die in Katar beachtet wird, doch die Qualifikationen, die erforderlich sind, um *Islamweb* als Mufti beizutreten, sind die Beherrschung einer der vier sunnitischen Rechtsschulen (Madhahib; also Hanafiten, Malikiten, Schafiiten, Hanbaliten) und wenn möglich der Besitz eines von einer angesehenen islamischen Universität verliehenen Diploms.

Die internationale Fatwa-Bank ist in ihrer praktischen Doktrin salafistisch und in ihrem Endziel fréristisch. Ihr Ziel bleibt letztendlich, wie sie auf ihrer Website erklärt: »die Schaffung der großen muslimischen Gemeinschaft (*Umma*), die von einem Kalifen angeführt wird.« Trotz ihres Bestrebens, moderat und modern zu erscheinen, bleibt sie konservativ und radikal, wie man aus folgenden wenigen Beispielen ersehen kann.

In Fatwa 1411 (1999) wird die Errichtung des Kalifats als religiöse Pflicht des Muslims gelobt. Fatwa 4341 (2000) besagt, dass ein Muslim das Recht hat, eine unbegrenzte Anzahl von Sklavinnen ohne Trauschein zu besitzen, jedoch mit einigen Bedingungen: So muss die Frau frei werden, wenn sie einen Jungen gebiert, und darf nicht verkauft werden, sobald sie Mutter geworden ist.

Fatwa 20214 (2001) ist die Antwort auf die Frage eines Nutzers zu den Kategorien des Dschihads. Darin wird zwischen dem »Dschihad der Seele« und dem »Dschihad gegen Satan« unterschieden, beides »religiöse Pflichten« für jeden Muslim. Krieg gegen Heuchler, Ungläubige, Despoten und Häretiker sei eine Pflicht jedes Gläubigen. Die Seite ruft zum Dschihad gegen Ungläubige mit der Hand (Schwert oder Dolch) unter bestimmten Bedingungen oder mit anderen Mitteln wie dem Herzen, Geld oder der Seele auf.

Die Fatwa 429283 (2020) besagt, dass auf Homosexualität unabhängig vom Status des Täters die Todesstrafe steht.

Trotz seines Salafi-Konservatismus und seiner Aufrufe zur Gewalt hat *Islamweb* zahlreiche Auszeichnungen von nicht-islamischen Instanzen erhalten. Im Jahr 2001 belegte *Islamweb* laut der Zeitschrift *Windows Tech* den ersten Platz als beste islamische Website. Im Jahr 2005 erhielt es den Preis für den besten arabischen elektronischen Inhalt im Rahmen des *Arabic E-Learning Award*-Programms. Bei den *World Summit Awards*, die im Rahmen des Weltgipfels der Vereinten Nationen über die Informationsgesellschaft (WSIS / *Sommet mondial des Nations unies sur la société de l'information* (SMSI)) im Jahr 2007 stattfanden, wurde es mit dem Preis für den besten spielerisch-pädagogischen Inhalt ausgezeichnet. Drei Jahre später gewann es den von den Golfstaaten ausgelobten Wettbewerb für die besten Online-Inhalte.

Islamweb ist ein fréristisches Instrument des Wasat-Islams und vertritt alle salafistischen Ideologien, von den liberalsten bis zu den rigorosesten und kompromisslosesten, um möglichst viele Muslime in sein Projekt einzubinden. Die immer strengeren Dynamiken von *halal/haram* hängen nicht von ihm ab, sondern von dem Wettlauf um die Tugend, den Millionen von Muslimen tagtäglich austragen. Das Wichtigste ist, diese Tendenzen (von den Extremen der Orthopraxie bis zu jenen der Ethik) um jeden Preis zusammen und auf Kurs zu halten, damit die islamische Bewegung vorankomme, als *Umma* im Vorwärtsgang.

KAPITEL VIII

Der Frérismus und seine Verbündeten

Frérismus und die dekoloniale Bewegung

Das Interesse der Fréristen an dekolonialen Studien – die die Mechanismen der Kolonialherrschaft auseinandernehmen – ist zweifacher Natur: Sich von postkolonialer Bevormundung emanzipieren und die Funktionsweisen verstehen, um ihrerseits den Westen zu kolonisieren. Anzunehmen, dass die Muslimbrüder opportunistischerweise lediglich die zeitgenössischen dekolonialen Theorien aus den USA übernommen haben, wäre anachronistisch. Der revivalistische Fundamentalismus in der muslimischen Welt des späten 19. Jahrhunderts ist der erste moderne Dekolonialismus.

Es ist kein Zufall, dass einer der historischen Begründer des amerikanischen dekolonialen Aktivismus, Ramón Grosfoguel (Jahrgang 1956), Wissenschaftler an der kalifornischen Universität Berkeley, 2021 in Granada eine Sommerschule mit dem Titel ›Kritische Islamwissenschaft‹ (*Critical Muslim Studies*) veranstaltete. Er deutet an, dass sich die westliche Zivilisation auf den Ruinen und gegen die islamische Zivilisation errichtet habe, und dass die Probleme der Menschheit durch den Beitrag der dekolonialen erkenntnistheoretischen Perspektive des Islams gelöst werden könnten (*Critical Muslim Studies*, 2021). Ramón Grosfoguel vertritt die Idee eines epistemischen Rassismus und Sexismus, hervorgerufen durch einen patriarchalischen Okzident, der sich durch die Zerstörung von al-Andalus und die Eroberung Amerikas durchgesetzt habe.[366]

Neben den großzügigen Universitätsstipendien der Vereinigten Staaten und der Europäischen Union zur Bekämpfung der postkolonialen Diskriminierung können die Aktivisten der Fréristen auch auf die reichen Golfstaaten zählen, die ihre Arbeit finanzieren und die Islamisierung des Wissens in der Welt und insbesondere in den afrikanischen Ländern verbreiten, in denen die Kolonialfrage nach wie vor lebendig ist.[367]

Die Hamad Bin Khalifa Universität in Katar gehört zu den Zentren, an denen Menschen in dekolonialen Theorien ausgebildet werden, um sie anschließend in der ganzen Welt zu verbreiten.[368] Dank finanzieller Mittel, die in keinem Verhältnis zu denen stehen, die in Frankreich gewährt werden, kann die katarische Universität Professoren aus der ganzen Welt nach Doha holen. Salman Sayyid, Professor für Rhetorik und dekoloniales Denken an der Universität Leeds in Großbritannien, kann dort seine apologetische These über das Kalifat – dargelegt in *Recalling the Caliphate*, verbreiten, eine Hommage an den historischen, politischen und kulturellen Einfluss des Islams und ein Plädoyer für eine westliche Dekolonisierung, die zur Wiederbelebung des Islams und der *Umma* führen wird.[369]

»Dekoloniales Denken besteht darin, die westliche Kolonialmacht herauszufordern, welche die Herrschaft durch die Produktion von Wissen aufrechterhält« und einen »tiefen und dauerhaften Einfluss auf den Aufbau und die Methodologien der Islamwissenschaften als Disziplin« hatte, heißt es auf der Website der Hamad Bin Khalifa University von Katar.[370]

Da die Islamwissenschaft die Erbin der Orientalistik ist, die es den westlichen Kolonialmächten ermöglichte, die Völker besser kennenzulernen, um sie zu unterwerfen, heißt es auf der Website, muss »so viel Wissen wie möglich über diese Gemeinschaften gesammelt werden, um ihr Paradigma der muslimischen Gemeinschaften zu verändern.« Daher das Programm, das darauf abzielt, die von westlicher Geschichtsschreibung beeinflusste Art und Weise der Wissensorganisation und -produktion umzukehren und sie einem islamischen Narrativ im Sinne der Islamisierung des Wissens zu unterwerfen (*siehe oben*).

Für den Professor aus Leeds wie auch für diejenigen, die für die Entkolonialisierung der *Umma* eintreten, hat das Wissen nur ein Ziel: die Macht. Und sein Problem ist dabei nicht dieses Durcheinander, sondern vielmehr die Tatsache, dass es noch nicht im Dienste des Islams steht. Gemäß der Doktrin der Islamisierung des Wissens schlägt die katarische Universität vor, die Studenten, die durch westliche Institutionen gegangen sind, erneut auszubilden, damit sie ihre Ausbildung in Frage stellen können, indem sie das übernehmen, was nützlich ist, und das vom Westen dominierte Narrativ beiseite lassen. »Dekoloniale Studien sind besonders relevant, weil die Institution darauf abzielt, die Debatten auf globaler Ebene neu zu gestalten. [...] Dekoloniales Denken hilft Studierenden der Islamwissenschaft, sich der Auswirkungen der westlichen Wissensproduktion auf den Bereich der Islamwissenschaft, die letztlich die globalen Diskussionen beherrscht, bewusster zu werden. Dies ermöglicht es Studierenden, die an westlichen Institutionen ausgebildet werden, auch die aktuelle Rekonfiguration dieser Disziplin zu kritisieren und eine engere Bindung an die islamische Tradition zu unterstützen und zu stärken.« Um noch mehr von diesem Unterfangen zu profitieren, wird interessierten Lesern dringend empfohlen, sich auf die Arbeit von Dr. Salman einzulassen und »sich das Kalifat wieder ins Bewusstsein zu bringen (*recalling*).«

In Katar befindet sich auch das ›Forschungszentrum für islamisches Recht und Ethik‹ (CILE[371]), das erste seiner Art weltweit, das im Januar 2012 eröffnet und von Tariq Ramadan geleitet wurde, und von Jasser Auda, einem Gründungsmitglied der sehr fréristischen Internationalen Union der Muslimischen Gelehrten. »Die Besonderheit dieses Zentrums ist [...], dass es Gelehrte des Textes und Gelehrte des Kontextes zusammenbringt.« Dieser geheimnisvolle Satz auf der Website des CILE fasst alles zusammen; er schlägt vor, Spiritualität und Wissenschaft, Rechtsvorschriften und Ethik, Gesetze und Zielsetzungen miteinander in Einklang zu bringen, um »die Rolle der islamischen Ethik im zeitgenössischen Wissen und in der zeitgenössischen Praxis wiederzubeleben. [...] Nur mit diesem Ansatz, indem die Vision des Islams, seine höheren ethischen Ziele und seine befreiende Mission verwirklicht werden, können die Interessen der Menschen auf der ganzen Welt befriedigt werden.« Das CILE kann sich rühmen, vom Springer-Verlag (gegründet 1842) herausgegeben zu werden, einem weltweit aktiven Herausgeber von Büchern und akademischen Zeitschriften in vielen Bereichen, mit mehr als 200 Nobelpreisträgern unter seinen Autoren, fast 2200 Zeitschriften und mehr als 8400 veröffentlichten Büchern pro Jahr.

Der Frérismus und die Linke

In Europa gibt es einige explizit islamische Parteien, aber sie sind sehr selten. Mit Ausnahme einiger weniger wie der Partei *Islam* in Belgien, *Sharia4Belgium* oder der *Union des démocrates français musulmans* nehmen sie in der Regel banalisierte Titel von Gruppen, Bewegungen oder Koalitionen für die Verteidigung von Rechten und Werten an, wie die *Coalición por Melilla* in Spanien, die *Partei für Gleichheit, Frieden und Freundschaft* (DEB) in Griechenland, die *Bewegung für Rechte und Freiheiten* (HÖH) in Bulgarien, die *Neue Bewegung für die Zukunft* (NBZ) in Österreich oder die *Partei für Gleichheit und Gerechtigkeit* in Frankreich (*Parti égalité et justice*).[372] In den europäischen Demokratien ziehen die

Frèristen die Infiltration von Institutionen, Kultur-, Bildungs- und Sportvereinen sowie von Vereinen zur Bekämpfung von Rassismus und Diskriminierung der Gründung von Parteien vor. Auf diese Weise sparen sie Ressourcen, bedienen kleine Lobbygruppen und erreichen alle sozialen Schichten und Sektoren der Gesellschaft. Die sozialen Netzwerke verschaffen ihnen ein beträchtliches Publikum, das sicherlich in keinem Verhältnis zur Zahl ihrer militanten Aktivisten steht.

Im parteipolitischen Bereich nutzen die Brüder etwas, das man als »Kuckucksparteien« bezeichnen kann – Nester, in die sie, wie die Kuckuckshenne, ihre Eier legen, um diese von anderen bebrüten, füttern und beschützen zu lassen. Wenn sie muslimische Parteien wie die *Union des démocrates musulmans* (UDM) in Frankreich unterstützen, eine Partei, die mit dem CCIF verbunden war (das nach seinem Verbot in Frankreich in CCIE umbenannt wurde und als gemeinnütziger Verein unter belgischem Regime firmiert), dann nur, um ihre diskreten Aktivitäten in den Kuckucksparteien – in Frankreich sind das etwa einige Sektionen der Parteien *La France insoumise* und *Europe Écologie Les Verts* – besser verbergen zu können.

Politische Bündnisse: Islamisten und rote wie grüne Linke

Man muss feststellen, dass formelle Bündnisse zwischen militanten Islamisten und linken Parteien die Geschichte des Islamismus geprägt haben. Die Linke ermöglichte die Absetzung des Schahs von Persien und den Sturz seines Regimes zugunsten der theokratischen Republik Iran, die von ultrakonservativen Vertretern des schiitischen Klerus geführt wird. Es wurden und werden Bündnisse geschlossen, wie diejenige zwischen Ahmadinedschad und Chávez, der den iranischen Führer als »einen der größten anti-imperialistischen Kämpfer« bezeichnete.[373]

Sie kommen in Italien zum Ausdruck mit der Unterstützung der Neuen Roten Brigaden für die Angriffe von Al-Qaida auf die USA. In Großbritannien hat der ehemalige Labour-Abgeordnete George Galloway zusammen mit der *Socialist Workers Party* (SWP), der *Revolutionary Communist Party of Britain* (RCPB) und Mitgliedern der *Muslim Association of Britain* und des *Muslim Council of Britain* (MCB) die *Respect Party* gegründet. In Frankreich nahm die ›Neue Antikapitalistische Partei‹ / *Nouveau Parti anticapitaliste* (NPA) eine muslimische Frau mit Hidschab in ihre Liste für die Kommunalwahlen 2010 auf und prangerte das

Gesetz, das die Verhüllung des Gesichts im öffentlichen Raum verbietet, als »islamophob« an.[374]

Beim Marsch gegen Islamophobie marschierte im November 2019 in Paris eine Menge von 13.000 Personen (laut den Organisatoren 20-40.000 Personen[375]), Abgeordnete von *La France insoumise* und den Grünen neben der ›Partei der Indigenen der Republik‹ / *Parti des indigènes de la République*, des CCIF und anderen fréristischen Vereinigungen, die dazu anhielten, »*Allahu akbar*« zu rufen.[376]

Islamismus und Linke teilen eine Reihe gemeinsamer Prinzipien, wie einen manichäischen Dualismus und eine progressive Auffassung von Geschichte. Sayyid Qutb ließ sich vom Marxismus inspirieren, die Ulema im vorrevolutionären Iran lasen marxistische Schriften und selbst Ayatollah Khomeini war von der Marxschen Vulgata des Gegensatzes zwischen Unterdrücker und Unterdrücktem geprägt.[377] Der Khomeinismus war von einer fortschrittlichen Vision besessen und glaubte, dass der Export der Revolution letztendlich zur Errichtung eines panislamischen Staates führen würde, in dem die Gerechtigkeit der Scharia vorherrschen würde. In politischen, wirtschaftlichen und sozialen Fragen jedoch sind die Linke und der Islamismus nicht auf derselben Linie (Dot-Pouillard, 2009). Auf diesem Terrain müssten sie sich logischerweise bekämpfen.

Die Beziehungen zwischen Progressiven und Islamisten beruhen auf einem taktischen Kalkül: Die Feinde meiner Feinde sind meine Freunde. Erinnern wir uns, dass laut Qaradawi die Muslimbrüder ein Bündnis mit Nichtmuslimen eingehen können, wenn ein solches Bündnis (das von Natur aus verpönt ist) der Umma insgesamt mehr nützt als es Nachteile mit sich bringt. Der Anführer von Al-Qaida verkündete in seiner Erklärung *An das Volk des Irak* (2003):

> »Es ist nichts Falsches daran, wenn unter diesen Umständen die Interessen der Muslime mit denen der Sozialisten im Kampf gegen die Kreuzfahrer übereinstimmen, trotz unserer festen Überzeugung, dass sie Ungläubige sind [...] die gegenwärtigen Kämpfe und die Kämpfe, die in den kommenden Tagen stattfinden werden, können mit den früheren Schlachten der Muslime verglichen werden. Es ist nichts falsch daran, dass es hier eine Interessenübereinstimmung gibt, so wie der Kampf der Muslime gegen Byzanz den Persern entgegenkam, aber den Gefährten des Propheten (möge Gott mit ihnen zufrieden sein) nicht schadete.«[378]

Auf der linken Seite ruft die von Lenin, Trotzki und Gramsci entwickelte Theorie der Einheitsfront zur Zusammenarbeit mit denjenigen auf, die sich ebenfalls für den Sturz des Kapitalismus einsetzen, auch wenn diese sich nicht zum Marxismus bekennen. Zusammengefasst besteht die Strategie der einen wie der anderen darin, »mit dem kleinsten Gegner gegen den größten zusammenzuarbeiten« (Crouch, 2013).

Der Frérismus, die Ökologie und die ›Rasse‹

Über die Existenz einer öko-islamistischen Strömung ist wenig bekannt. Sie ist dem Iraner Seyyed Hossein Nasr zu verdanken, einem Professor für islamische Studien an der amerikanischen George-Washington-Universität und Autor des ersten modernen Buches über Mensch und Natur aus islamischer Sicht (Nasr, 1968). Es erschien zur gleichen Zeit wie der Bestseller des Amerikaners Lynn White, *The Historical Roots of Our Ecological Crisis* (Die historischen Wurzeln unserer ökologischen Krise). Nasr ist ein Theoretiker der Islamisierung des Wissens, mit der, wie wir gesehen haben, die Übernahme eines wissenschaftlichen Paradigmas unterstützt wird, das auf *Tauhid* (Einzigartigkeit, Glaube an die Einheit Gottes) basiert – in dem jedes Atom des Universums von Gott gemäß Seinem Plan erschaffen ist.

Die fortschreitende Desakralisierung des Kosmos ist Ursache für den Rationalismus und den Humanismus der westlichen Renaissance, die nur darauf abzielte, Macht über die Natur zu gewinnen, sie – der Macht und des Reichtums wegen – zu beherrschen, womit eine globale Umweltkrise ausgelöst wurde. Die Lösung kann in der Wiedergeburt der islamischen Wissenschaft gefunden werden, die laut Nasr in der Lage sein wird, die Schlüsselprinzipien des Tauhid, nämlich das kosmische Gleichgewicht und die menschliche Verantwortung, wieder herzustellen.

Eine Gruppe muslimischer Intellektueller in den USA beziehungsweise in Europa hat damit begonnen, die Kerngrundsätze einer *Islamischen Umweltethik* zu formulieren: Eine Kombination der Begriffe Tauhid, Kalifat, *amana* (Erfüllung der Aufgaben und Verantwortlichkeit), *halal* und *haram* (erlaubt und verboten) mit den Wörtern »Gerechtigkeit«, »Mäßigung«, »Enthaltsamkeit«, »Gleichgewicht«, »Harmonie« sowie mit den Konzepten *istihsan* (etwas für gut befinden) und *istislah* (ein durch allgemeinen Nutzen begründeter Rechtsspruch; öffentliches Wohlergehen) (Schwenke, 2012).[379] Öko-Islamisten weisen dem Muslim eine besondere Aufgabe als Statthalter (Kalif) zu, dem im Buch [Koran] alle notwendigen Anweisungen gegeben werden.³⁸⁰ Alle physikalischen Gesetze, die das Universum regeln, sind ein Akt der Unterwerfung (Islam) unter den Schöpfer, und alle unbelebten und belebten Geschöpfe unterwerfen sich auf natürliche Weise den Anweisungen ihres Schöpfers.³⁸¹ Aufgabe der mit der Fähigkeit des Wissens, der Vernunft und der Unterscheidung zwischen Gut und Böse ausgestatteten Menschen ist, das bestehende System der Unterwerfung zu verwalten.³⁸²

Während sich die muslimischen Länder aufgrund ihrer schwierigen sozio-ökonomischen Lage als wenig umweltbewusst erwiesen, verbreitete sich der Öko-Islamismus von Europa und den USA ausgehend, unterstützt von großen Umwelt- und Naturschutzorganisationen wie dem *World Wildlife Fund* und der *International Union for the Conservation of Nature*.

Bereits in den 1980er Jahren begannen diese großen Organisationen damit, Religionsgemeinschaften auf der ganzen Welt in den Umweltschutz einzubeziehen. Die saudi-arabische Regierung gab 1983 die »erste islamische Erklärung zu Umweltfragen aus islamischer Sicht« heraus.³⁸³

Der Iraker Mawil Izzi Dien, Dozent für Islamisches Recht und Ethik an der Universität von Wales, Gastprofessor für Islamische Studien an der Universität von Katar und Mitglied des CILE, hat ein Programm entwickelt, wie das islamische Recht zur Lösung ökologischer Probleme beitragen kann.

Fazlun Khalid, ein Brite, der aus Sri Lanka stammt, ist bekannt als das Musterkind des islamischen Umweltschutzes aktivistischer und praktischer Ausrichtung. Inspiriert vor allem von Seyyed Hossein Nasr, widmete er sein Leben der Sensibilisierung von Muslimen für den Umweltschutz durch seine Islamische Stiftung für Ökologie und Umweltwissenschaften (IFEES – *Islamic Foundation for Ecology and Environmental Sciences*) in Birmingham. »Die Ethik des Islams beinhaltet den Glauben an einen Verhaltenskodex, der das Wesen der natürlichen Welt berücksichtigt [...] [Der Islam] befürwortet einen holistischen Ansatz der Existenz, er macht keinen Unterschied zwischen dem Heiligen und dem Profanen, und er unterscheidet auch nicht zwischen der Welt der Menschheit und der Welt der Natur«, schreibt er in seinem Buch *Signs on the Earth: Islam, Modernity, and the Climate Crisis*, das 2019 veröffentlicht wurde. Für ihn ist »der islamische Umweltschutz eine Tautologie. Der Islam ist Ökologie.« Für seine Stiftung wusste Khalid sowohl sein Netzwerk von Umweltschützern – *World Wild-*

life Fund, Greenpeace, Friends of the Earth, London Sustainability Exchange – als auch die fréristischen Netzwerke wie *Islamic Relief, Muslim Hands,* den *Iqra Trust* und Yusuf Islam – den Sänger, der zuvor als Cat Stevens bekannt war, zu mobilisieren (vgl. v.a. Schwenke, 2012).

Initiativen für öko-islamisches Engagement entwickeln sich seit etwa zwanzig Jahren: islamische Ökophilosophien, »grüner Dschihad«, ökologisch zertifizierte Halal-Lebensmittel, muslimische Ökodörfer, »grüne Gelehrte«.

Angesichts der Möglichkeiten der Halal-Ökonomie und Halal-Ökologie werden Netzwerke geknüpft, die britische muslimische Aktivisten mit indonesischen Umweltschützern, senegalesischen Neo-Sufi-Bruderschaften und Woke-Muslimen aus reichen Ländern, die auf ihren Halal-Lebensstil bedacht sind, verbinden.

Das Thema Ökologie als umfassende gesellschaftliche Wirklichkeit ist der Baum, dessentwegen man den Wald der fréristischen Forderungen nicht sieht. Ökologie bedeutet eine Reform der sozialen, politischen und wirtschaftlichen Systeme und ist daher die Gelegenheit, ihre Weltanschauung und ihr Programm auf der internationalen Bühne zu kommunizieren.[384] Fréristen machen konkrete und praktische Vorschläge in Artikeln zu *Islam und Ökologie,* zum Beispiel die Einrichtung von Ökodörfern, die auf lokalen islamischen Geldsystemen basieren. So werden Wirtschaft, Finanzen, islamische Geschäftsethik und soziale Verantwortung von Unternehmen nach dem Vorbild Medinas oder des Kalifats mit ökologischen Argumenten verknüpft.[385]

Es ist wichtig zu verstehen, dass die Frage der Ökologie für die Fréristen ein Teilbereich der Fragen der sozialen Gerechtigkeit und der menschlichen Beziehungen ist. Die Öko-Islamisten beanspruchen daher, ein islamisches Umweltgesetz auf der Grundlage der Scharia (und der darin enthaltenen praktischen Anweisungen) zu entwickeln, das nach und nach in verschiedenen Teilen der Welt angewandt und mit Anweisungen für den Handel, das islamische Finanzwesen und die Welt des Halal kombiniert werden könnte. Wie der amerikanische Wissenschaftler Richard Foltz zusammenfasst, ist das aus der Sicht dieser neuen muslimischen Denker »eine gerechte Gesellschaft, in der die Menschen in der richtigen Weise miteinander und mit Gott in Beziehung stehen; dies wird eine Gesellschaft sein, in der es einfach keine Umweltprobleme gibt« (Foltz 2003).

In Europa ist es wiederum der Tauhid und die dem Muslim zugedachte Rolle des Kalifen Gottes, die mobilisiert werden, um das fréristische *Greenwashing*[386] zu untermauern. Die Jugend- und Studentenorganisation FEMYSO beteiligte sich bereits 2013 am Diskurs über Klimaschutzmaßnahmen, indem sie die Kampagne »*Green-up my community*« (Begrünt meine Gemeinde) startete, eine einjährige Kampagne, die in Partnerschaft mit der Organisation *Made* durchgeführt wurde, die wiederum mit der 1996 von Fazlun Khalid gegründeten IFEES verbunden ist, der renommiertesten Umweltorganisation Großbritanniens – die dem *Islamic Relief* nahesteht. Die Kampagne sollte zwanzig Moscheen und Gemeindezentren in ganz Europa dazu bewegen, ihre Gemeinden zu begrünen und umweltfreundliche Methoden einzuführen. Diese symbolträchtige Kampagne führte zu informativem, interaktivem, modernem und attraktivem Kampagnenmaterial, das über eine Website, Poster und Videos verbreitet wurde.

Der Klimadiskurs ist für die Fréristen in vielerlei Hinsicht interessant: Er ist modern, findet Anklang bei jungen Menschen und bietet die Möglichkeit, über alle damit verbundenen Themen – soziale Gerechtigkeit, wirtschaftliche Verteilung, Gleichheit, Ethik – zu kommunizieren; und er spielt in den politischen Programmen aller Parteien und Länder Europas eine immer zentralere Rolle. In ihrer am 22. April 2022 veröffentlichten *Erklärung zum Klimaschutz: Umweltgerechtigkeit, soziale Gerechtigkeit und mehr* beschloss die FEMYSO, »dafür zu sorgen, dass es sich um ein Thema handelt, das unsere gesamte Arbeit auf sichtbarere Weise durchzieht.«[387] Mithilfe des fréristischen Greenwashing werden die Rassenfrage und Islamophobie auf die Agenda gesetzt. »Als FEMYSO glauben wir, dass wir Umweltgerechtigkeit nicht erreichen können, ohne Rassengerechtigkeit zu erreichen«, erklärte Nourhene Mahmoudi, Leiterin der Umweltkampagnen von FEMYSO, auf der Tribüne des Europäischen Parlaments bei einem Treffen mit NGOs, das von den Abgeordneten der Grünen/EFA-Fraktion am 21. Juni 2022 organisiert wurde.

Ebenso wie die sehr deutliche Feminisierung der FEMYSO-Kader ist Grün ein Mittel, um in linke Einflussgruppen zu gelangen und dort seine Scharia kompatiblen Ideen auszubrüten. Verschleierte Akademikerinnen werden in diesen Positionen weitaus besser akzeptiert als Männer, da sie als gebildet und friedlich gelten und sich vermeintlich auf dem Weg zur Emanzipation befinden. Die Männer ihrer Generation, die in der Regel in Europa geboren sind, akzeptieren diese Situation, die jener Bewegung zum Vorteil gereicht, der auch sie sich widmen, indem sie auf den Fotografien im Hintergrund bleiben.

Die Betonung der Verbindung zwischen Klimaschutz, sozialer Gerechtigkeit und Menschenrechten steht im Mittelpunkt von FEMYSOs neuem Diskurs. Greenwashing zeigt sich auch in einer Broschüre der Kampagne »*Ramadan Blossom*«[388], dem grünen Ratgeber fürs Fastenbrechen, der wie jede andere Umweltbroschüre aussieht, aber für die *Fréristen* den Vorteil hat, dass er die beiden Grüntöne (prophetisch und ökologisch) sowie die sehr positiven Codes des grünen Diskurses mit den Bildern von Frauen und sogar sehr jungen Mädchen, die Schleier in den Farben Europas tragen, in Verbindung setzt.

In Frankreich steckt der Öko-Islamismus noch in den Kinderschuhen. Man findet ihn bei dem Soziologen Mohamad Amer Meziane, einem der wichtigsten Verbreiter der dekolonialen Theorien in Frankreich. In *Des empires sous la terre. Histoire écologique et raciale de la sécularisation* (La Découverte, 2021) konstruiert er den Begriff des ›Säkularozäns‹ (*sécularocène*, in Anlehnung an andere abstruse Neo-Logismen wie Chthuluzän, Kapitalozän, Plantationozän) mit der Idee, dass der aktuelle Klimawandel »nicht die Folge der Handlungen der Menschheit ist, sondern geologische Ablagerung des Imperialismus des modernen Westens« (sic).

Der Soziologe, der zugibt, sich nur beiläufig für Umweltfragen zu interessieren, will die Umweltproblematik mit Rassismus und Islamophobie verknüpfen, genau wie es FEMYSO vorschlägt. Diese Idee kam ihm angeblich durch eine Offenbarung: Da der Saint-Simonismus eine französische Industriebewegung ist, die sich als Religion darstellt, ist folglich die Industrie ein Kult. Daraus hätte er abgeleitet, dass diese Art, »die wahre Religion zu praktizieren, nicht bedeutet, in die Kirche zu gehen, sondern als Industrieller zu handeln, die Natur auszubeuten, aber auch, untrennbar damit verbunden, das zu kolonisieren, was man heute als den globalen Süden bezeichnen würde.« Verstehe das, wer will.

Von dieser »fulminanten«, wenn auch obskuren Intuition geleitet, nahm sich der Soziologe vor, die Umweltfrage in eine größere Geschichte, die der Säkularisierung, einzubetten. Mohamed Amer Meziane schreibt:

»Die Moderne wurde oft durch das Konzept der Säkularisierung definiert. Ich fand es seltsam, dass niemand versucht hat, Anthropozän und Säkularisierung miteinander zu verbinden, obwohl wir heute wissen, dass der Begriff der Moderne undenkbar ist, ohne deren koloniale und umweltrelevanten Dimensionen zu erfassen [...] Wenn die Moderne das Anthropozän ist und die Säkularisierung die Moderne, was ist dann die Verbindung zwischen Säkularisierung und Anthropozän?«[389]

Dieses rhetorische Verfahren, das aus der Vervielfachung logischer Aussagen besteht, führt ihn zu einem politischen Vorschlag:

»Es gibt eine Debatte über systemischen Rassismus und Islamophobie in Europa und darüber, dass diese Phänomene zweifellos ein Erbe der Kolonialgeschichte sind. Diese Debatte ist von grundlegender Bedeutung, insbesondere in Frankreich, wo es lange gedauert hat, bis sie aufkam. *Aber wir dürfen nicht dabei stehenbleiben, sondern müssen sehen, wie der Kolonialismus die Welt, in der wir alle leben, strukturiert* [Hervorhebung der Autorin]. Es geht nicht nur darum, die Randerscheinungen hervorzuheben, über die eigene vermeintliche Identität oder die Tatsache, ›rassifiziert‹ zu werden, zu sprechen. Es geht darum, die westliche Moderne selbst neu zu überdenken, zentrale Themen, die oftmals weißen und männlichen Stimmen vorbehalten sind, von neuen und scheinbar marginalen Standpunkten aus zu betrachten. Ich habe dieses Buch geschrieben, um zu versuchen, *die Zentralität des Westens in der Beziehung zu den muslimischen Welten in den kolonialen Prozessen aufzuzeigen, die zu den heutigen Formen des Rassismus in Europa und zu dem, was als Klimawandel bezeichnet wird, führen. Ein Teil des vorherrschenden ökologischen Diskurses neigt immer noch dazu, die koloniale Dimension der Klimaprozesse und folglich auch deren rassistische Dimension zu verschweigen* – natürlich in dem Sinne, dass Rasse keine biologische Tatsache ist, sondern die Auswirkung eines Machtverhältnisses. Und das zu berücksichtigen ist umso schwieriger, wenn es darum geht, über den Islam zu sprechen oder die Beziehung zwischen Rassismus und dem, was Europa als ›Religion‹ bezeichnet hat, besser zu verstehen.«

Diese Reihe von Sophismen zielt darauf ab, »die westliche Moderne neu zu überdenken«; Grundlage des Apparats zur Islamisierung des Wissens: »das Wissen zu entkolonialisieren«, es zu diskreditieren, zu disqualifizieren und auszulöschen, in Annäherung an die »Islamisierung der Moderne«, wie es der marokkanische Islamist Abdessalam Yassine ausdrückt.[390]

Der Frérismus und seine Verbündeten in den Sozialwissenschaften

Trotz der territorialen Ausbreitung des Frérismus in den 1990er Jahren war die Vorstellung in den Forschungszentren und Universitäten weit verbreitet, dass es den Islamisten nicht gelingen würde, in Europa Fuß zu fassen, dass ihre Unnachgiebigkeit im Grunde nur eine Reaktion auf die ihnen auferlegten Bedingungen sei, dass sich unter dem Schleier und durch die Verbreitung von Halal eine neue Art der Integration in plurale und multikulturelle säkularisierte Demokratien abzeichnete. Skeptiker der Segnungen des Islamismus und alle, die mit dieser Interpretation nicht einverstanden waren, wurden beiseite geschoben oder sogar regelrecht ausgegrenzt.

Dies gilt beispielsweise für Marc d'Anna, der unter dem Pseudonym Alexandre del Valle veröffentlichte und in Aix en Provence studiert hat, insbesondere am *Institut de recherches et d'études sur le monde arabe et musulman* (IREMAM) und an den *Sciences Po* (der sogenannten »Schule der Aixois, der Einwohner von Aix«, die von Bruno Étienne gegründet wurde). Forscher wie Franck Frégosi, Vincent Geisser oder François Burgat hatten hingegen keine Schwierigkeiten, unter ihrem richtigen Namen zu veröffentlichen. Bernard Godard, ein Soziologe und ehemaliger Trotzkist, der zunächst im Geheimdienst und später im Zentralbüro für religiöse Angelegenheiten des Innenministeriums tätig war und zu dem sie enge Beziehungen unterhielten, diente ihnen als Vermittler, um ihre Interpretation des Frérismus bis an die Spitze des [französischen] Staates zu verbreiten.

Bevor wir die in den Sozialwissenschaften vorherrschenden Thesen untersuchen, wonach der Islamismus nicht lebensfähig sei und sich langfristig mit einem demokratischen Regime arrangieren würde, wenn das »assimilatorische und säkulare« republikanische Modell (gegen das sich der Student auflehnen sollte) dies nicht verhindere, wollen wir zunächst auf die besondere Rolle von François Burgat eingehen.

Sein Einfluss war und bleibt wichtig für die Verbreitung fréristischer Ideen, was die Wahrnehmung des Problems des Islamismus betrifft, und immer noch bestimmend für die Art und Weise, wie es in der Politikwissenschaft erfasst und behandelt wird. Die Vorstellungen und die Formulierungen dieses Mannes aus der Praxis, der behauptet, dem Islamismus in die Augen geschaut zu haben – der eher an seiner Seite stand beziehungsweise immer noch steht – klingen noch in den Köpfen von ein oder zwei Generationen von Studenten nach, die in Frankreich und Belgien Lehrer wurden.

Der Weggefährte

François Burgat, Forschungsdirektor am CNRS und mittlerweile im Ruhestand, aber immer noch aktiv, hat aus seiner Sympathie für die islamistischen Bewegungen nie einen Hehl gemacht. Im Laufe seines Lebens als Politologe hat er nur eine einzige Verteidigungslinie dieser Bewegungen verfolgt, deren revolutionäre Werke er in seinen Arbeiten beschreibt, womit er dazu beigetragen hat, sie einem Teil der linken Öffentlichkeit als sympathisch rüberzubringen. Für den ehemaligen Marxisten, der eine Dissertation über die »sozialistische« Politik der ländlichen Entwicklung des algerischen Staates verfasst hat, sind die Muslimbrüder die islamische Übersetzung einer revolutionären antiimperialistischen und antikapitalistischen Bewegung, die mit derjenigen der südamerikanischen Guerilleros vergleichbar ist.

Der 1948 in Chambéry geborene Politikwissenschaftler, der seine Doktorarbeit in dem Jahr schrieb, in dem die Linke mit François Mitterand an die Macht kam (1981), gehörte nach seiner Zeit als Juralehrer in Algerien zu jener Generation von Wissenschaftlern, die vom revolutionären Traum der radikalen Linken genährt wurden und die mythischen Figuren Südamerikas wie Che Guevara, Fidel Castro und so weiter bewunderten. Seine intellektuelle Welt ist die des postmodernen Relativismus, demzufolge es außerhalb der Sprache keine Realität gibt. Der Islamismus ist für ihn eine dekoloniale politische Grammatik:

»Der Islamismus ist [...] eher eine Sprache als eine Doktrin, eine Art und Weise, die Realität darzustellen, die sich nicht nur auf das stützt, was die Herrschenden auferlegt haben [...]. Übertrieben gesagt, könnte man den Islamismus von der Religion abkoppeln. Und in dem Rückgriff auf das Vokabular des Islams, um ein alternatives politisches Projekt auszudrücken, nur noch die ideologische Logistik der politischen Unabhängigkeit, die kulturelle Verlängerung der durch die Entkolonialisierung entstandenen Brüche sehen.«[391]

Der Islamismus ist Hoheitsgebiet des Andersseins, dem er in seinem autobiografischen Essay huldigt (Burgat, 2016), verfasst vor seiner Pensionierung beim CNRS, gegen den Säkularismus, den er in Anlehnung an Jean Baubérot als »verfälscht« bezeichnet.

»Ich habe sehr früh das Gefühl gewonnen, dass für die Anhänger der ›verfälschten‹ Version des Säkularismus, die sich in Frankreich durchzusetzen versuchten, einzig der Muslim akzeptabel war ... der kein Muslim mehr war« (Burgat, 2016), schreibt er über diejenigen, die den Islamismus zu Recht für nicht assimilierbar halten.

François Burgat hat sich während seiner ganzen langen und komfortablen Beamtenlaufbahn zum Sprecher der Interessen islamistischer Bewegungen gemacht und, seit seiner Pensionierung – indem er sich die These der staatlichen Islamophobie zu eigen machte und sie weiterverbreitete –, des europäischen Frérismus. Seine zahlreichen Auftritte auf fréristischen Treffen von Brüssel über London und Paris bis Doha täuschen nicht über die Mission dieses treuen Weggefährten hinweg:[392] einen fréristischen Plan wegzuradieren und deren wiederholte Angriffe als eine drittweltliche Reaktion auf den westlichen Imperialismus darzustellen. Zusammen mit Bertrand Badie bekleidet er nun die Leitung des *Centre arabe de recherches et d'études politiques de Paris* (CAREP), eines privaten Forschungszentrums, das vom *Doha Institute* und der *Qatar Charity* finanziert wird und das dafür bekannt ist, fréristische Zentren in Europa zu finanzieren (Chesnot und Malbrunot, 2019).

François Burgat erhielt zahlreiche öffentliche Gelder vom [französischen] Außenministerium, vom CNRS (als Beamter) und von der Europäischen Union (insbesondere ein ERC-Stipendium), um seine Dritte Welt-Theorie vom Islamismus zu verbreiten, die mindestens zwei Generationen von Forschern geprägt hat. Das IREMAM, wo seine Ideen nach wie vor einflussreich sind, bildete ein strategisches Zentrum für die Verbreitung seiner fréristophilen Thesen in den französischen Forschungseinrichtungen im Ausland. Auf diese Weise wurden Burgats vier Hauptthesen – der Islamismus ist eine revolutionäre Grammatik; sein Projekt ist eine Revolution marxistischer Prägung; die islamistische Gewalt ist die gerechte Antwort auf die Angriffe, die die gedemütigte muslimische Welt erlitten hat; seine Zukunft ist die Demokratie, wenn man ihn machen lässt – in diplomatischen Kreisen und an Universitäten in der muslimischen Welt verbreitet, wodurch der fréristische Diskurs legitimiert und ihr Überlegenheitsanspruch und ihr Konzept systematisch übertüncht wurden.

Niemand kann wissen, ob dieser Weggefährte tatsächlich an diesen Thesen festhält, aber im Gegensatz zu anderen hat er nie das Scheitern des Islamismus prophezeit – damit hatte er, und hat er noch immer, recht.

Doch so eifrig er auch sein mag, in den Augen der Muslimbruderschaft wäre der Weggefährte nur ein linksmuslimischer Verbündeter, der die Religion nicht ernst genug nimmt. Diese Meinung vertrat der Marxist Gilbert Achcar, der in einem vor 15 Jahren erschienenen Artikel die Worte des marokkanischen Islamistenführers Abdessalam Yassin wiedergab, die er an den Forschungsleiter richtete:

»Ihr, die Beobachter von außen, wenn ihr die Veröffentlichungen der Islamisten lest ..., wenn ihr ihre Diskurse analysiert, nehmt ihr nur die aufgetauchte Spitze des Eisbergs wahr, das Allgemeine, das man unmittelbar wahrnehmen kann ..., das heißt die Anprangerung der westlichen kulturellen Dominanz ..., die Anprangerung der schlechten Amtsführung, das Vorhandensein dieser sozialen Ungerechtigkeit .... In euren Artikeln lese ich die Analyse des reinen Westlers, der mit dem Islamismus sympathisiert, das ..., ja ..., der Islam ist euch sympathisch. Aber für euch bleibt diese spirituelle Region absichtlich undurchschaubar. Ihr wollt es nicht sehen, ihr wollt nicht hinschauen. In der Tat, ich finde mich wieder im Muster dieser Intellektuellen, die ihre Ansichten in den Vordergrund stellen, ohne die Ansichten anderer zu berücksichtigen« (Achcar, 2008).

Obwohl er vom Anführer der marokkanischen islamischen Bewegung *Al Adl Wal Ihsane* wie jeder gewöhnliche Ungläubige behandelt wird, hat François Burgat dazu beigetragen, dass sich als links bezeichnende Akademiker und Intellektuelle in ihrer Wachsamkeit gegenüber dem Islamismus teilweise nachließen; und er hat dies mit dem Eifer eines zu dessen Ansichten Bekehrten getan, manchmal ging er dabei über sein Fachgebiet hinaus. Das Auftreten dieses Experten für die arabische Welt in der europäischen Debatte ist relativ neu und geht mit seiner Rückkehr nach Frankreich in den 2010er Jahren einher. Von Journalisten befragt, die ›arabische Welt‹ und ›die Vorstädte [*banlieues*]‹ durcheinanderbringen, lässt der pensionierte Beamte seine Zurückhaltung und seinen Zuständigkeitsbereich[393] hinter sich und beschuldigt den Staat, die Islamophobie zu institutionalisieren,[394] eben jenen Staat, der es ihm erst ermöglicht hatte, seine islamistophilen Thesen hemmungslos zu verbreiten.

*»Islamismus scheitert«, »Säkularismus ohne Kompromisse« und
»Post-Islamismus«: Thesen zur Leugnung des Islamismus*

Wenn sie deren Vorhandensein nicht schlichtweg leugnete, neigte die hiesige Islamforschung dazu, den Einfluss der Muslimbruderschaft herunterzuspielen. Und sie neigt dazu, die Existenz einer fréristischen Bewegung in Europa zu bestreiten, und zwar im Gegensatz zu den Arbeiten von Gilles Kepel, der als erster ausführlich und zum ersten Mal 1987 in *Les Banlieues de l'Islam* (Die Vorstädte des Islam) darüber berichtete. Drei Thesen bleiben als Kandidaten übrig, um die Existenz des Frérismus auf dem europäischen Kontinent zu übergehen: die These vom Scheitern des politischen Islam, die Olivier Roy bereits 1992 formulierte (»Der Islamismus wird sich nicht halten«), die These vom kompromisslosen Säkularismus (»Der Islamismus ist das Hirngespinst eines alles verschlingenden Laizismus«) und die These vom Post-Islamismus (»Islamisierung ohne Islamismus«). Im Namen des Primats des Gebrauchs von Diskursen über Diskurse ignoriert man mit diesen drei Thesen bewusst oder unbewusst einerseits die Schriften und die Pläne der Fréristen, und verhält sich andererseits gleichgültig gegenüber normativen Dynamiken im zeitgenössischen Islam, wie sie gerade der internationale Halal-Markt zur Schau stellt.

Bis heute wird jeder, der die Schwächung des Islamismus in Frage stellt, mit der negativen Sparte der extremen Rechten gleichgesetzt und ohne weiteres als Rassist oder Verschwörungstheoretiker abgestempelt. Wir haben die enorme Macht dieser Anschuldigung, mit der Intellektuelle und Medien zum Schweigen gebracht werden sollen, bereits erlebt. Ebenso, wie man die »kleinen Weißen«, die von den konkreten Problemen der Islamisierung in den »verlorenen Gebieten der Republik« betroffen sind [Anspielung auf: *Les territoires perdus de la République*, Emmanel Brenner, 2015], als Menschen hingestellt, die nichts als Verachtung verdienen.

Die These vom »Scheitern des politischen Islams«
Im Jahr 2006 erstellte die Soziologin und Politologin Brigitte Maréchal, Autorin einer der wenigen französischsprachigen Monografien über die Muslimbrüder in Europa, einen ›Gesundheitscheck‹ der Bruderschaft (Maréchal, 2006). Laut der Leiterin des *Centre interdisciplinaire d'études de l'islam dans le monde contemporain* (Cismoc), [Interdisziplinäres

Zentrum für Islamstudien in der zeitgenössischen Welt] an der Katholischen Universität Löwen in Belgien seien die Mitgliederzahlen der Bruderschaft rückläufig und die Zugehörigkeit zur Bewegung tendiere dazu, allmählich zu verblassen.

Etwas später betont sie, dass »viele Menschen sich noch immer in der Botschaft von Hassan al-Banna wiedererkennen und sogar in den Äußerungen von Sayyid Qutb, insbesondere in Bezug auf seine Koran-Kommentare.« Zwar sei die Bruderschaft nach wie vor eine islamische Avantgarde für die Konsolidierung einer »aufrichtigen islamischen Minderheit«, schlägt die Forscherin vor, doch hätten sich die Prioritäten verschoben. Das Ziel des Kalifats sei in Frage gestellt oder sogar aufgegeben worden:

»Die Muslimbruderschaft arbeitet zwar immer noch an der Stärkung einer Minderheit aktiver und aufrichtiger Muslime, aber ihre Handlungsprioritäten haben sich geändert. Obschon sie sich weiterhin, unter anderem, auf die Erziehung konzentriert, scheint ihr Ziel, eine islamische Gesellschaft und einen islamischen Staat zu schaffen, insbesondere durch die Islamisierung des Rechts, in weite Ferne gerückt zu sein« (Maréchal, 2006).

Die Behauptung, die Bruderschaft könne das Ziel des Kalifats aufgeben, bedeutet, ihr das Leitprinzip abzusprechen und ihren unvermeidlichen Tod zu diagnostizieren. Die Spezialistin nähert sich allmählich den Leugnern der Bruderschaft in Europa, wie jene andere belgische Soziologin Corinne Torrekens, die von den belgischen Medien als »Expertin« eingeladen wurde. Für sie ist die Muslimbruderschaft in Europa wie das Monster von Loch Ness: etwas von dem alle reden, aber von dem niemand jemals einen Beweis für seine Existenz erbracht hat (Bergeaud-Blackler, 2021). Für die Verneiner der Existenz der Bruderschaft sind die angeführten Beweise lediglich politische Manöver, die von der extremen Rechten ausgehen. Forscher, die die Frechheit besitzen, auch nur Fragen zu stellen, werden mitunter heftig angegriffen.[395]

Doch weder die Lektüre der Thesen Qaradawis noch die Handlungen der Muslimbrüder lassen auf eine Abkehr vom kalifalen Ziel schließen. Die Dinge sind im Gegenteil in bester Ordnung: Bildung, Schule und Universität haben weiterhin Priorität, und in diesen Bereichen sind die Fortschritte des Frérismus und der Islamisierung des Wissens am offensichtlichsten. Auch wenn Brigitte Maréchal letztendlich einen starken Einfluss der Maßstäbe der Bruderschaft auf die europäischen Muslime feststellt und auch wenn seit 1992 Hunderte von Attentaten, darunter die vom 11. September 2001 in New York und später in Europa die von Madrid und London im Jahr 2004, von Al-Qaida, dem dschihadistischen Rand der Fréristen, verübt wurden, schaffen es diese Fakten nicht, die ebenso unwahrscheinliche wie hartnäckige These vom »Scheitern des politischen Islams« in Frage zu stellen.

Um zu verstehen, inwiefern Forscher in Versuchung geraten, nicht zu sehen, was sie sehen, oder umgekehrt, muss man verstehen, wie sich die These vom Scheitern des politischen Islams an den Universitäten auswirkt. Sie setzt sich in der akademischen Welt wie eine Quasiprophezeiung durch und sie in Frage zu stellen, kommt dann einem Sakrileg gleich.

1992, im Jahr des ersten Attentats auf amerikanische Truppen in Aden im Jemen, zu dem sich Al-Qaida bekannte, legte Olivier Roy (Jahrgang 1949) in einem Buch seine These vom Scheitern des Islamismus dar. Die fand international große Beachtung, da sie ›gegen den Strom schwamm‹ und bereits dadurch Aufmerksamkeit erregte. Für den Philosophie-Assessor besteht die Aporie des politischen Islams darin, dass sich ein islamischer Staat nur durchsetzen kann, wenn es rechtschaffene Muslime gibt, aber diese können sich nur unter dem Schutzmantel eines islamischen Staates herausbilden.[396] Die Reinheit der Lehre steht immer im Widerspruch zur Ausübung der Macht. Daraus ergibt sich ein Teufelskreis.

Olivier Roy, der im afghanischen Krieg gegen die UdSSR als Akteur und Beobachter des Kriegsschauplatzes tätig war, geht von diesem Grundsatz aus und sagt, dass der Islamismus überall zum Scheitern verurteilt ist. Der Islamismus werde zu einem puritanischen, populistischen und konservativen Neofundamentalismus mutieren, der nicht die völlige Abkehr vom islamischen Bezugssystem (wie Burgat es nennt), sondern den Übergang von einem politischen Projekt (Kalifat) zu einem rein gesellschaftlichen Projekt (Kontrolle der Sitten) beinhalte. Roy kündigt das Aufkommen eines Islamismus an, der aus den Wahlurnen hervorgeht und sich in einen islamischen Konservatismus verwandelt und mit demokratischen und säkularen Staatsmodellen vereinbar ist.

Als Beweis führt er das türkische Beispiel an: Sobald islamistische Parteien in das politische Spiel integriert werden, säkularisieren sie sich nach dem Vorbild von Ennahdha [Tunesien] und der türkischen *Partei für Gerechtigkeit und Entwicklung* (AKP). Die weitere Entwicklung gibt Olivier Roy weder Recht noch Unrecht. Der politische Werdegang von Erdoğan, dem Gründer der AKP, der zum Präsidenten gewählt und zum

Alleinherrscher einer reislamisierten Türkei wurde, zeigt, dass die Türkei eher einen demokratischen Rückschritt erlebt hat.

Auf der anderen Seite scheiterte die Muslimbruderschaft daran, sich in Ägypten (2013), Marokko (2011; 2016) und Tunesien (2011; 2016) an die Macht zu bringen. Die sehr vorübergehende Ausrufung des Kalifats durch Daesch (Islamischer Staat in Syrien und Irak) im Jahr 2014, das wenige Monate später gestürzt wurde, ist ein Zeichen für die unmögliche islamistische Alternative. Gescheitert ist jedoch die Machtübernahme des Nationalstaats, nicht die des Islamischen Staates, der nach wie vor der herrliche Bezugspunkt ist, der alle nationalen und internationalen islamistischen Parteien antreibt.

Der globale Halal-Markt, seine wirtschaftliche und politische Stärke ist ein Ausdruck dieses globalisierten Projekts, und seine Vitalität ist unbestreitbar. Olivier Roy erkennt zwar die Globalisierungsbewegung des Islams, seine Identität und seine transnationale Vision, aber er bleibt blind für die ›planmäßige‹ Dimension des Kalifatsprojekts.

Während die Situation in den muslimischen Ländern, in denen die Islamisten wie andere Parteien mit nationaler Ausrichtung nach der Macht streben, sich anders darstellt, ist die transnationale islamistische Bewegung in Europa nicht gescheitert, sondern schreitet dank ihres Leitprinzips, der Eroberung des Kalifats, voran.

Eine andere Theorie, die des kompromisslosen Säkularismus, führt ebenfalls dazu, dass der Islamismus unter dem Radar unserer Aufmerksamkeit verschwindet.

Die These vom »kompromisslosen Säkularismus«
– intolerant gegenüber exilierten Muslimen

Die These vom Scheitern des politischen Islams war umso populärer, als jeder sich das herbeiwünschte. Roy schlägt für den globalisierten Islam die Beschreibung eines Fundamentalismus vor, der eine Entflechtung von Religion und Kultur, Religion und Politik und eine wahrscheinliche Neuzusammensetzung im säkularen Zeitalter erfährt. Und wenn sich diese Neuzusammensetzung verzögert, sollten die Ursachen dafür in einem völlig »unnachgiebigen« Säkularismus gesucht werden. Diese Kluft zwischen einem sogenannten »geschlossenen« oder »kompromisslosen« und einem sogenannten »offenen« oder »inklusiven« Säkularismus taucht anlässlich einer Debatte zur Hundertjahrfeier des Gesetzes von 1905 auf, aus dem in Frankreich die Trennung von Staat und Kirche hervorging.

Die Debatte trifft auf eine andere über die Notwendigkeit, den muslimischen Schleier in öffentlichen Schulen zu verbieten oder nicht. Diejenigen, die ihn verbieten wollen, werden von denen, die vorgeben, einen Säkularismus zu vertreten, der auf die kulturelle Integration von Jugendlichen mit Migrationshintergrund achtet, als unnachgiebige und antireligiöse Laizisten betrachtet. Die Vertreter des »offenen« oder »inklusiven« Säkularismus führen einen öffentlichen Diskurs über den Islam, der darauf abzielt, einem Laizismus, der für ihren Geschmack zu wenig entgegenkommend ist, den Prozess zu machen, ohne jedoch über irgendwelche Kenntnisse der normativen und institutionellen Dynamiken des Islams und des Islamismus in Europa zu verfügen.

Ihre christlich-zentrierte These setzt sich durch, da sie dem »Christentum der Araber« (wie bereits Rémi Brague formulierte) entspricht. Der Islam habe zwei mögliche Zukunftsaussichten: Die eine sei die christlich-demokratische Demokratisierung des Islam, die andere die Rückkehr zum Islam entsprechend dem kompromisslosen Modell der Katholiken.

Die Äußerungen des Historikers Jean-Paul Martin (2012) veranschaulichen, was eine ethnisch-religiöse Sicht des Islams hervorbringt:
»Im Bereich der muslimischen Vereine Frankreichs würden sich bei ansonsten *ungleichen* (sic) Bedingungen ziemlich ähnliche Tendenzen wie beim Katholizismus zeigen: Der Platz der katholischen Kompromisslosigkeit könnte leicht vom Salafismus eingenommen werden, mit einer identischen Ablehnung säkularer und moderner Werte, einer vergangenheitsbezogenen und nostalgischen Fixierung auf den Ursprungsislam und der Ablehnung der republikanischen Staatsbürgerschaft [...]. Die Haltung der christlichen Demokratie und der christlichen Laien würde von den meisten Strömungen in der Vereinssphäre übernommen; diese taumeln zwischen dem Willen zur widerspruchsfreien religiösen Bestätigung und der republikanischen Staatsbürgerschaft (sie lehnen es ab, ›weniger Muslime‹ zu sein, um ›mehr Bürger‹ zu sein) [...] es ist nicht ausgeschlossen, dass diese Haltung nur eine Etappe auf dem Weg zu weiteren Verinnerlichungen der Idee des Laizismus ist, was einige Äußerungen von Tareq Oubrou anzukündigen scheinen.«

Der Historiker behauptet auch, dass die Vorstellung vom Säkularismus, die sich letztlich durchsetzt, zum Teil für die Entscheidungen jener Muslime in Frankreich verantwortlich sein wird, die in die Arbeiterviertel verbannt unverstanden und verlassen leben:

»Welche der beiden Tendenzen wird sich durchsetzen? [...] Die Antwort hängt auch von der Fähigkeit der säkularen Kreise ab, die Identitätsfragen und das besondere Verhältnis der französischen Muslime zum Säkularismus sowie den Zusammenhang zwischen der Intensivierung bestimmter religiöser Forderungen und Situationen des sozialen Abstiegs und der Vernachlässigung von Arbeitervierteln zu verstehen [...].«

Die These vom »Post-Islamismus«

Angesichts der wiederholten Angriffe des islamistischen Terrorismus und vor allem angesichts des offensichtlichen Anstiegs des Islamismus und der dschihadistischen Gewalt, die mit ihm einhergeht,[397] schlagen Vertreter der These vom Scheitern des politischen Islams die des Post-Islamismus vor. Diese wurde bereits 1996 von dem iranischstämmigen amerikanischen Soziologen Asef Bayat angeregt und stellt sich als eine Re-Säkularisierung des Islams dar:

»Der Post-Islamismus ist nicht anti-islamisch, sondern spiegelt eher eine Tendenz zur Re-Säkularisierung der Religion wider.«[398]

«Warum ›Post-Islamismus‹?« fragt Roy (1999) im Vorwort einer Sonderausgabe, die in der *Revue des mondes musulmans et de la Méditerranée* (*Remmm*) vom IREMAM veröffentlicht wurde:[399]

»Zunächst muss man feststellen, dass der politische Islam gescheitert ist, das heißt der Aufbau eines islamischen Staates, der die Gesellschaft nach islamischen Grundsätzen regiert. [... Der Post-Islamismus ermöglicht] die Entstehung eines säkularen Raums in den muslimischen Gemeinschaften, nicht aufgrund eines Rückgangs des Glaubens oder der Praktiken, sondern weil das religiöse Feld dazu tendiert, sich vom politischen Feld abzukoppeln [...].«

Die Befürworter dieser Theorie führen als Beweis die Existenz des islamischen Feminismus an (eine frérístische Theorie, die von Qaradawi und Ramadan inspiriert und von Burgat in seinem Hauptwerk *L'islamisme en face* [dt.: Dem Islamismus ins Auge sehen], das mehrfach neu aufgelegt wurde, populär gemacht wurde). Der Westen dränge auf eine Radikalisierung des Islams, weil er im Grunde den von den Muslimen gewählten Weg, auf *ihre* Weise demokratisch und säkular zu werden, nicht anerkennen will. Die im Westen verbreiteten Bilder iranischer Frauen zeigen diese fälschlicherweise als unterdrückt in der Einsamkeit der Häuslichkeit, verborgen unter dem langen schwarzen Tschador, während der Schleier in den Großstädten eine befreiende Rolle spielt. Der Schleier habe die iranischen Frauen vor Belästigungen geschützt und es ihnen ermöglicht, im sozialen, wissenschaftlichen und kulturellen Bereich aktiv zu sein – heutzutage vielleicht mehr als zu irgendeinem anderen Zeitpunkt in ihrer Geschichte.

Die These des Post-Islamismus beruhigte die islamischen Marketingfirmen und schuf Reichtum auf dem großen Halal-Markt, indem sie behauptete, der Post-Islamismus sei der Weg, der die Muslime zur Säkularisierung führe. Auf akademischer Ebene hat sie die Forschung verarmen lassen, indem sie sich als einzig annehmbare Erklärung aufdrängte.

Die postislamistische Re-Islamisierung

In der post-islamistischen Welt, erklärt Olivier Roy (1999) – im Einklang mit Tariq Ramadan und dessen Theorie der muslimischen Ethik – »...wird die Scharia somit nicht als ein Rechtssystem, sondern als eine Reihe von kulturellen Normen definiert, die eher eine Lebensweise als einen Rechtsstatus, eher einen ›Identitätshorizont‹ als ein Zivilgesetzbuch definieren.« Sie wird zur Sinnsuche, zur Identitätsbestätigung und reduziert sich darauf, lediglich die Ausprägung einer lokalen Kultur zu sein: »Die Scharia hört auf, eine universelle Norm, um nur noch Ausformung einer Kultur zu sein, die sich nicht anders ausdrücken lässt, denn tatsächlich sind alle ›Worte, um es zu sagen‹, Ausdruck lokaler und spezifischer Kulturen oder eben Anleihen vom Westen.«

Es gibt also eine post-islamistische Re-Islamisierung, die nicht im Widerspruch zur ›Verwestlichung‹ steht, mit der aber eine Verwässerung des islamischen Bezugs »auf verschiedene Weise: Umkehrung, Zweckentfremdung, Wiederaneignung« einhergeht. Und Olivier Roy behauptet:

»Wenn man so sehr von Re-Islamisierung spricht, wenn man so sehr auf der Notwendigkeit besteht, ›das Gute vorzuschreiben und das Böse zu ächten‹, wie es die festgeschriebene Formel besagt, dann bedeutet das, dass es einen Verlust der Selbstverständlichkeit des Islams gibt.«

Diese Art, zu sehen, was nicht ist, und zu ignorieren, was ist (der Plan, die Vision), ist charakteristisch für die These des Post-Islamismus, der immer auf der Suche nach Oxymoronen und Paradoxien ist. Eine paradoxe Kurve weiter findet man Patrick Haenni, der die These von der postislamistischen Islamisierung ohne Islamismus aufstellt.

Islamisierung ohne Islamismus
Ebenfalls in der Zeitschrift *Revue des mondes musulmans et de la Méditerranée* des IREMAM wird die Islamisierung ohne Islamismus von Patrick Haenni (1999) als eine Wiederaneignung der westlichen Moderne durch die Verwendung der Codes des Islamismus (seiner Norm), aber ohne islamistische Struktur oder Institution dargestellt.[400] Der Code wird so sehr von der Botschaft getrennt (wie das Wort von seiner Bedeutung), dass man ihn das Gegenteil sagen lässt.[401] Auch er nimmt das Beispiel der verschleierten Frau: »Die Codes der Islamisierung verschwimmen: Die verschleierte Frau ist nicht mehr unbedingt schamhaft oder tugendhaft [...] Islamisierung bedeutet nicht unbedingt die Einführung eines anderen Gesellschaftsmodells, sondern vielmehr die Wiederaneignung des Wandels«, schreibt Haenni und lässt seine Behauptungen stets ein wenig geheimnisvoll erscheinen. Oder auch:

> »Die Islamisierung ist nichts anderes als eine *Dialektik*, in der das Zusammentreffen der *Botschaften* ihrer Förderer und ihre *Wiederaneignung* im täglichen Leben durch Personen mit Motiven und Ambitionen, die oft nicht auf die homogenisierenden Tendenzen des großen Ziels des Islamismus reduziert werden können, verwaltet wird: eine totale und totalisierende Ökonomie des Sinns zu errichten, indem das gesamte soziale Leben von außen organisiert wird.«

Haenni unterscheidet zwischen dem Zentrum des Islamismus mit seiner »intensiven Arbeit zur Disziplinierung der Körper, insbesondere des weiblichen Körpers – Plakate, die daran erinnern, dass ›der Schleier eine Verpflichtung Gottes ist‹« – und der Peripherie, in der die Islamisierung ohne Islamismus angesiedelt ist:

> »Wenn erst einmal der strenge Mantel der puritanischen Inflation verlassen ist, zeichnet sich ein zweiter Kreis der Re-Islamisierung ab, eine nicht kohärente Gesamtheit von Akteuren, die sich aus vielfältigen Gründen für die Rehabilitierung des religiösen Idioms einsetzen und keinen anderen gemeinsamen Nenner haben als das Bezugssystem, auf das sie zurückgreifen.«

Die These von der »Islamisierung ohne Islamismus« stellt sich eine symbolische Ordnung des Islamismus vor, die von allen Institutionen losgelöst ist. Die Strukturen (und damit die Verbindungen, die die Peripherie an ihr Zentrum binden), der Plan, das Projekt, all das verschwindet und man sieht nur noch die Identitätsdimension in Gestalt einer schweigenden islamisierten und islamisierenden Menge, die allein von dem Wunsch nach Sinn getrieben wird (was der ätherischen Ansicht entspricht, die die Fréristen zu fördern versuchen).

Die »muslimische Unterhaltungsgesellschaft« oder –
wenn Soziologen sich amüsieren
Ich erinnere mich an jene Sitzungen eines Islamseminars in den späten 1990er Jahren, in denen Forscher und Lehrer, die von der These der Islamisierung ohne Islamismus begeistert waren, in großer Verwirrung und nicht ohne Arroganz das Paradoxon verschleierter junger Frauen, die ein Mobiltelefon mit sich führten zum Besten gaben. Damit betonte man, dass der Islamismus den Verlockungen des Geldes, der modernen westlichen Technologie, kurzum den Werten der Konsumgesellschaft erlegen sei. Dies wiederum bestätige das säkulare Schicksal gemäß der These von der post-islamistischen Islamisierung, ohne Islamismus.

Das Spiel schien darin zu bestehen, Brüche und Kontinuitäten zu finden – wie man damals zu sagen pflegte – zwischen Orten und Zeiten, Zentrum und Peripherie, Tradition und Moderne –; grobe Konzepte, die man anwenden musste, um für eine kleine Gemeinschaft von Höflingen interessant zu sein. Junge Forscher und Doktoranden wetteiferten in diesen mondänen Geisträumen mit Vorstellungen, in denen es weniger darum ging, Hypothesen an der Empirie zu testen, als neue Paradoxa zu finden, um die alten Mandarine zu unterhalten und ihnen die Langeweile zu nehmen. Weit entfernt von den blutigen Bildern des Dschihad und der Obsession des Kampfes »gegen die westlichen Feinde des Islams« suchte man nach der Atmosphäre eines »coolen« Islams, befreit vom Stigma der alten islamistischen Rhetorik.

Im Jahr 2005 erblickt dann die junge Soziologin Amel Boubekeur, die von Olivier Roy und seinen Anhängern ausgebildet worden war, eine muslimische Unterhaltungsgesellschaft (*Société du spectacle islamique*), die sie als eine große, fröhliche charismatische Bewegung beschreibt, »ein Mittel, um öffentliche Diskurse zu bekämpfen, die den Islam stigmatisieren oder archaisieren.« Es reicht nicht mehr aus, dass die Sänger dieser Unterhaltungsbranche Gott »mit einer guten *niya* (einer aufrichtigen religiösen Absicht)« besingen, sondern es braucht auch AlbumCover im aktuellsten Design; sie müssen auf *Skyrock* (französischer Teenager-Radiosender) oder *HBO* (sehr populärer amerikanischer Kabelsender) laufen oder von einer großen Plattenfirma produziert werden. »Einige *naschid* (oder *anaschid*, islamische Gesänge) werden fortan in der spirituellen Abteilung der FNAC verkauft; Tariq Ramadan ist in *Le Monde* zu lesen, und die Muslime erfahren aus dem Fernsehen von der Initiative der UOIF, eine Fatwa (Rechtsgutachten) zur Beendigung der städtischen Gewalt zu verkünden.« Der Post-Islamismus spiegelt sich in einer Art großem Spielfeld mit einigen vagen historischen Bezügen im Hintergrund.

Die These der Islamisierung ohne Islamismus führt letztlich zu einer großen Farce. Die explosionsartige Vermehrung von salafistischen Fréristen-Predigern im Internet ab den 2010er Jahren, die eher das Verbot von Musik propagieren, hindert die Aktivisten des Post-Islamismus nicht daran, weiterhin zu behaupten, dass der Trend in Richtung Säkularisierung des Islams geht und dass es an einem nach rechtsaußen abdriftenden Laizismus liegt, wenn dies nicht eintritt. Die von Agnès De Féo vorgeschlagene Soziologie des Niqab trägt noch zu dieser Entislamisierung des Islamismus bei, indem sie versucht, gegen alle evidenten Beweise zu überzeugen, dass die Wahl des Schleiers durch »die Beziehung zum anderen Geschlecht« und den Willen, das Gesetz von 2010 zu übertreten, erklärt wird, da das Tragen des Schleiers »nicht von der Religion bestimmt« sei.

Die Niqab-Trägerin, die Hidschab-Frau oder die Schwimmerin im Burkini werden zu Trendfiguren der muslimischen Unterhaltungsindustrie, die von Reportern immer wieder gefilmt werden. So entsteht nützliches Material für muslimisches Marketing, das es internationalen Konfektionsfirmen wie Marks and Spencer, Mango und Uniqlo ermöglicht, auch in Paris die *modest fashion* (islamische ›sittsame‹ Mode) anzubieten, die sie in Dubai oder Kuala Lumpur verkaufen.

Die Fréristen reduziert auf eine politische Partei

Ein weiteres Beispiel für die Blindheit der Sozialwissenschaften, die der Strategie der Einflussnahme der Fréristen zugespielt hat, war der Vorschlag, sie im Rahmen der Institutionalisierung des islamischen Gottesdienstes zu Kandidaten für die Kultusverwaltung zu machen, sich auf die Moscheen zu fokussieren, Quadratmeter zu zählen, ohne sich bewusst zu sein, dass sich der fréristische Einfluss nur marginal in den Gotteshäusern und viel mehr außerhalb abspielte. Vor allem Politikwissenschaftler neigten dazu, die verschiedenen Beziehungen hinsichtlich des Glaubens in Abhängigkeit von den Mobilisierungen im öffentlichen Raum auseinander zu dröseln.

So unterteilt der Politologe von Aix-en-Provence Franck Frégosi die muslimischen Gruppen nach den Arten der Mobilisierung, die sie in der Öffentlichkeit ausüben: Anhänger einer Mobilisierung in Sachen Religionsausübung, die versuchen, die praktischen Bedingungen für die öffentliche Ausübung des Gottesdienstes zu verbessern; Anhänger der Mobilisierung für Vereine; an ihre Herkunftsländer gebundene Migranten der ersten Generation, die »sich zu einem organisierten Kollektiv zusammenschließen, dessen Zweck über die Religionsausübung hinaus darin besteht, eine besondere Vision des Islams, seines dogmatischen, spirituellen und kulturellen Inhalts zu fördern und zu verteidigen«; Akteure der spirituellen Mobilisierung, die sich zur Durchführung von Riten und kanonischen Praktiken versammeln, etc. (Frégosi, 2009). Diese scheibchenweise Betrachtung suggeriert, dass die Fréristen (die hier angeblich der »spirituellen Mobilisierung« angehören) kein anderes Projekt als die Verwaltung des Gottesdienstes haben.

Um weder Islamophobie, Rassismus noch Diskriminierung Vorschub zu leisten, spielt der Politologe das politische Handeln der Fréristen herunter, indem er die Klassifizierungen und Terminologien verwendet, die sie selbst verwenden, um sich als einfache konservative Bürgerbewegung darzustellen und den systemischen Charakter ihrer Vision und ihres Plans vergessen zu machen.

Der Frérismus und die Anthropologie Talal Asads

Angesichts der Schwierigkeiten meiner Disziplin, der Anthropologie, die Ideengeschichte des Frérismus, deren Vision und den Plan zu erkennen, habe ich mich nach den Gründen für diese Blindheit gefragt. Warum haben sich die Ansätze der Anthropologie des Islams nicht systematisch und kritisch mit den Diskursen, Modalitäten und Vermittlungseinrichtungen des zeitgenössischen Islams in Europa auseinandergesetzt, obwohl sie dafür bestens gerüstet waren? Warum neigen sie dazu, dem ›Indigenen‹-Diskurs eine Legitimität zu verleihen, die sie externen Beobachtern vorenthalten, obwohl es in der französischen Anthropologie seit Jean-Jacques Rousseau und Claude Lévi-Strauss eine solide Tradition gibt, die besagt, dass man die Merkmale eines Musterbeispiels, einer Gesellschaft oder eines Stammes besser aus der Ferne als aus der Nähe erkennt?[402]

Um dies zu verstehen, müssen wir uns auf einen epistemologischen Bruch beziehen, der innerhalb der Anthropologie unter dem Druck der Auswüchse der postmodernen Strömung, die als Postmodernismus bezeichnet wird, stattgefunden hat. Die beiden grundlegenden Annahmen des Postmodernismus sind:
1. Objektives Wissen ist unerreichbar, es gibt nur verschiedene Sichtweisen, keine hat Vorrang vor der anderen.
2. Sprache und Wissen sind Macht.

Die vier Haupteffekte dieser beiden Annahmen führen dazu, dass in den Sozialwissenschaften ...:
1. ... es keine Grenzen und keine Begrenzungen gibt. Eine Grenze zu identifizieren bedeutet, Herrschaft der einen Seite über die andere zu schaffen. Die unterscheidende und kategorisierende Arbeit der Sozialwissenschaften steht notwendigerweise im Dienste einer Macht. Daher muss sie dekonstruiert werden.
2. ... Sprache Macht ist; sie ist nur performativ.
3. ... wie die Sprachen auch die Kulturen untereinander nicht vergleichbar sind. Man versteht eine Kultur oder eine Sprache nur aus ihr selbst heraus.
4. ... das Universelle eine historische Fiktion ist, die dem Westen eigen und ein Erbe der Aufklärung ist. Das Individuum ist nur das Produkt von Machtstrukturen (Kultur und Sprache).

All diese Annahmen machen das Projekt der Erkenntnis im Namen der Existenz einer gemeinsamen Menschheit unmöglich, was genau die Basis der »Anthropo-Logie« ist. Sie brechen mit allen evolutionistischen, funktionalistischen und strukturalistischen Traditionen bis einschließlich Claude Lévi-Strauss.[403]

Die klassischen Anthropologen Geertz und Gellner

Vor dieser wissenschaftstheoretischen Wende hatten sich bereits »klassische« Anthropologen wie Clifford Geertz und Ernest Gellner[404] auf ihre Weise mit der hermeneutischen Frage und der Frage nach zivilisatorischen Konflikten befasst. Mit dem amerikanischen Anthropologen Talal

Asad (Jahrgang 1933) werden diese beiden postmodernen beziehungsweise klassischen Ansätze radikal ausgemerzt und stattdessen die Unvergleichbarkeit der Kulturen und die Reduzierung aller kulturellen Fakten auf einen »Diskurs« in den Vordergrund gestellt.

Geertz und Gellner verkörpern zwei Ansätze: Der erste inspirierte die hermeneutische Wende in der Anthropologie, bevor sie in den Postmodernismus abdriftete; der zweite den strukturfunktionalistischen Objektivismus – zwei fruchtbare Theorien, die vom Asad'schen Postmodernismus einfach weggefegt werden.

Laut dem Postkulturalismus von Geertz (1926-2006) ist Kultur aus semiotischer Sicht als eine symbolische Handlung zu interpretieren, eine Art und Weise, dem, was uns umgibt, Bedeutung zu verleihen. Für Geertz ist Kultur – oder Religion – »ein Muster von Bedeutungen, die in Symbolen verkörpert sind, die durch die Geschichte weitergegeben werden, ein System ererbter Vorstellungen, die sich symbolisch ausdrücken und mit deren Hilfe Menschen kommunizieren, ihr Wissen über das Leben und ihre Einstellungen dazu aufrechterhalten und weiterentwickeln« (Geertz, 1973). Kultur ist weniger »eine Ansammlung von Bräuchen und Institutionen« als vielmehr eine Reihe von »Interpretationen, die die Mitglieder einer Gesellschaft aus ihrer Erfahrung geben.« Im Gegensatz zum Positivismus »geht es nicht darum zu verstehen, wie sich die Menschen verhalten, sondern wie sie die Dinge sehen.«[405]

Geertz unterstreicht damit die Grenzen einer Anthropologie, die versucht, kulturelle Fakten mit Begriffen zu erklären, die außerhalb der lokalen Kultur liegen. Die Kultur lässt sich besser mit ihrem eigenen Vokabular, ihrer eigenen Sprache ausdrücken. Er vertritt eine »interpretative Anthropologie«, steht in einer hermeneutischen Tradition, die sehr auf die Wiedergabe achtet und die Vorzüge der Beherrschung des literarischen Schreibens rühmt. Auch wenn Geertz eine postmoderne Revolution in der Anthropologie ankündigt, gibt er dennoch nicht ihren relativistischen Fehlentwicklungen nach. Eine Sache ist es, die Idee zu verteidigen, dass die Inuit eine subtilere Kenntnis des Schnees haben, weil ihre Sprache mehrere Dutzend Schattierungen von Weiß unterscheidet, eine andere ist es, zu behaupten, dass die Sprache eines »Anderen« dem Denken desjenigen, der sie nicht spricht, schlichtweg unzugänglich ist.

Ernest Gellner (1925-1995), ein in Paris geborener Tscheche, wurde an der *London School of Economics* in der strukturfunktionalistischen Tradition von Alfred Radcliffe-Brown und Edward E. Evans-Pritchard ausgebildet. Ihn interessieren die den großen politischen Systemen zugrundeliegenden Strukturen und die Reibungen zwischen ihnen.[406]

Bereits in den 1980er Jahren nahm Gellner die weltweite Ausbreitung der fundamentalistischen Form des Islams wahr und erklärte sie sowohl durch ihre interne theologische als auch normative Dynamik.

Der Islam sei sowohl reaktiv als auch resistent gegenüber der Säkularisierung. Die dem Propheten zugeschriebene Aussage, dass »die muslimische Gemeinschaft sich nicht auf einen Fehler einigen kann«, würde die Verpflichtung nach sich ziehen, einen Konsens ohne den Umweg über die politische Delegation zu finden. Weil das göttliche Gesetz nicht korrigiert werden kann, würde sich die (menschliche) Exekutive vom legislativen Zweig der Regierung trennen. Da das Gesetz ausgedehnt werden kann durch Analogie (*qiyas*) und Interpretationsbemühungen (Idschtihad), wäre die muslimische Gesellschaft sowohl mit einem grundlegenden als auch mit einem konkreten Gesetz ausgestattet worden, die beide zur Begründung einer legitimen Regierung benutzt werden können. Die muslimische Gesellschaft stünde in einem Spannungsverhältnis zwischen zwei Gesetzgebungen, einer göttlichen, unantastbaren und einer menschlichen: einem von den Politikern ausgearbeiteten Verfassungsgesetz und einer gesellschaftlich und politisch transzendenten Norm der Rechtschaffenheit, die der Gesellschaft jenseits der Manipulation durch die politische Autorität immer zugänglich ist – und dies umso mehr, als es im sunnitischen Islam keinen Klerus gibt.

Für Ernest Gellner existiert sehr wohl eine islamische Ausnahme von der Säkularisierung.

Für den Anthropologen erklärt sich die fundamentalistische Form des Islams, die sich heute in der Welt ausbreitet, sowohl durch seine interne theologische Dynamik in diesem besonderen Moment der Geschichte (Globalisierung, Ausbreitung des neoliberalen Kapitalismus) als auch durch den relativistischen und nihilistischen Postmodernismus, der die säkularen Gesellschaften (zu seiner Zeit vor allem die USA) überschwemmt. Es ist lehrreich, diese Seiten, die in den 1980er Jahren gedacht und geschrieben wurden, erneut zu lesen.

In seinem scharfsinnigen Essay *Postmodernism, Reason and Religion* (1992) versucht Ernest Gellner, die Beziehungen zwischen Fundamentalismus, postmodernem Relativismus und der Vernunft der Aufklärung (die er auch rationalistischen Fundamentalismus nennt und für sich selbst in Anspruch nimmt) zu triangulieren. Er gibt eine Definition des Fundamentalismus *in absentia*. Bei den Nicht-Fundamentalisten einer Schriftreligion wird akzeptiert, dass die Religion nicht genau das meint, was sie schreibt; dass der Glaube etwas ist, das nicht exklusiv, nachgiebig, mit anderem Glauben oder dem Nicht-Glauben vereinbar ist. Eine Position, die seiner Meinung nach von Kierkegaard geerbt wurde, für den der Glaube mit Identität und nicht unbedingt mit dem Beweis der Existenz Gottes verbunden ist.[407] Bei nicht-fundamentalistischen Religiösen wird der heilige Text parabolisch, symbolisch, er wird in einen gesonderten Raum gestellt, wo er nicht mehr mit der Wissenschaft in Konflikt gerät (Beispiel: moderne Gläubige werden nicht von der Unvereinbarkeit zwischen der Bibel und dem Darwinismus beunruhigt, zwei Fakten, die auf Ebenen gestellt werden, die sich nicht begegnen). Fundamentalisten lehnen all dies ab.

Anders im Islam; islamischer Fundamentalismus sei aufgrund seines internen Systems in besonderem Maße energisch, so Gellner. Der Islam sei sowohl säkular-reaktiv als auch säkular-resistent. Der emphatische und strenge Monotheismus sei sowohl Doktrin als auch Gesetz. Es gäbe kein kanonisches Gesetz, sondern ein göttliches Gesetz. Eine Trennung würde durchaus bestehen, aber nicht zwischen dem Religiösen und dem Politischen, sondern zwischen der Exekutive und der Legislative, wobei erstere dem göttlichen Gesetz untergeordnet ist, das im Prinzip ohne Medium anwendbar ist. Theologen und Juristen seien auf die Rolle von Überwachern der politischen Rechtschaffenheit reduziert, unabhängig davon, ob sie Sanktionsgewalt haben oder nicht. Der Islam habe die Aufklärung nicht nötig gehabt, um seine Anpassung an soziale und kulturelle Kontexte zu gewährleisten.

Das Prinzip, dass »die Gemeinschaft sich nicht darauf einigen kann, dass hier ein Fehler vorliegt«, kann dem gemeinschaftlichen Konsens statt einem politischen Zentrum eine Art legislativer Autorität verleihen. In diesem gemeinsamen Konsens wird die Stimme der Gelehrten vermutlich besonderes Gewicht haben. Schließlich muss die Gemeinschaft ein vorgegebenes Gesetzeswerk berücksichtigen, und es ist nur natürlich, die Meinung derjenigen zu respektieren, die darüber besser informiert sind.

Gellner unterscheidet daher zwei religiöse Stile, den hohen und den niederen Islam beziehungsweise den gelehrten und den volkstümlichen Islam, ein wenig nach dem Modell von Zentrum und Peripherie.

Der Hochislam wird von »städtischen Gelehrten getragen, die sich größtenteils aus der Handelsbourgeoisie rekrutieren und oft Gelehrtheit und Handelstätigkeit kombinieren.« Dieser Islam von oben betont die monotheistische und nomokratische Natur des Islams, ist sich des Verbots von Vermittlungsansprüchen zwischen Gott und Mensch bewusst und ist in der Regel zum Puritanismus und Skripturalismus orientiert. Der Volksislam, sofern er alphabetisiert ist, verwendet die Schrift »eher als Werkzeug der Gelehrsamkeit und legt den Schwerpunkt mehr auf den Zauber als auf das Lernen, stärker auf die Ekstase als die Einhaltung von Regeln.«[408]

Die theoretisch betrachtet autokratischen muslimischen Staaten arrangieren sich mit der lokalen Autonomie der peripheren Stämme, die sich selbst verwalten, aber den Zentralstaat respektieren. Dessen absolute Macht wird durch die Möglichkeit der Bündnisbildung der Stämme begrenzt, die sich aus einem Enthusiasmus für das gottgegebene Gesetz, vorgetragen von einem inspirierten und verehrten charismatischen Prediger, zusammentun könnten.

Die Gefahr für den muslimischen Herrscher bestand in der Verschmelzung zweier Kräfte: einer revivalistischen Bewegung, die auf der Aufrechterhaltung oder Wiederherstellung einer kompromisslosen religiösen Wahrheit beharrt, und deren Unterstützung durch zusammenhaltende, bewaffnete und militärisch erfahrene ländliche autonome Gemeinschaften.

Auf der Grundlage von Ibn Chalduns Theorie der Zyklen erklärt Gellner die dynamischen Beziehungen zwischen den beiden Stilen (hoch und niedrig), die außerhalb von Krisenzeiten meist friedlich nebeneinander existierten. Latente Spannungen zwischen den beiden traten periodisch immer wieder auf, und der Hochislam löste eine interne religiöse Reinigungsbewegung aus, die versuchte, sich wieder in der gesamten Gesellschaft durchzusetzen – wenn auch langfristig ohne Erfolg. Denn sobald die Reformer, nachdem sie eine bereinigte Ordnung wiederhergestellt hatten, an die Macht kamen, kehrten die Dinge nach und nach zur Normalität zurück.[409]

Der Geist ist willig, aber das soziale Fleisch ist schwach, schlussfolgert Gellner. Der schrifttreue und regelkonforme Puritanismus ist für städtische Gelehrte praktikabel, aber nicht für die Masse oder für die Angehörigen der ländlichen Stämme. Sie mögen ihn während der feurigen Zeit einer Renaissance und des Kampfes um deren Durchsetzung begrüßen, ihn aber vergessen, sobald sie in das häusliche Leben des Lagers und des Dorfes zurückkehren. Aus von der Durkheimschen Soziologie gut erforschten Gründen brauchen sie eine Form der Religion, die der Gesellschaft ihre zeitlichen und räumlichen Orientierungspunkte gibt, die Grenzen von Untergruppen und die jahreszeitlichen Aktivitäten aufzeigt, und die Rituale und Zeremonien für Feste bereitstellt. Die Sozialstruktur hat Ursachen, von denen der theologische Verstand nichts weiß.

Für Gellner hat die moderne Welt diese Polarität aufgebrochen. Der alte *Status quo* beruhte auf einem militärischen und politischen Gleichgewicht der Kräfte, bei dem die zentrale Autorität einfach nicht über die Mittel verfügt, sich wirksam gegenüber der Peripherie zu behaupten. Sie überließ es den lokalen Stämmen, sich selbst zu verwalten. Die Verwaltungs-, Transport-, Kommunikations- und Militärtechnologien, die durch den kolonialen und postkolonialen Staat verfügbar gemacht wurden, haben zu einer Vereinheitlichung und effektiven politischen Zentralisierung geführt, zu einer erhöhten Kontrolle der Peripherie und damit zur Erosion traditioneller Solidarität.

Das Gleichgewicht zwischen dem Volksislam und dem Hochislam ist zerbrochen.

»Die sozialen Grundlagen des Volksislams wurden weitgehend erodiert, während die des Hochislams erheblich gestärkt wurden. Urbanisierung, politische Zentralisierung, Integration in einen größeren Markt, Arbeitsmigration – sie alle haben die Bevölkerungen in Richtung des formal (theologisch) ›korrekteren‹ Islam getrieben.«

Man kann Gellner vorwerfen, dass er dem gesamten Islam fundamentalistische Merkmale zuschreibt, die (nur) in bestimmten Gesellschaften auffindbar sind, ohne andere Strömungen und Kontexte zu berücksichtigen. Doch auch wenn seine Argumentation manchmal blind gegenüber allen Formen des Widerstands gegen den hegemonialen Islam zu sein scheint, hat er vor mehr als dreißig Jahren die ideologische Macht eines globalisierten Islams erkannt, der mit einigem Erfolg versucht, sich kontextübergreifend zu vereinen. Die Entwicklung des weltweiten Marktes für Halal-Produkte und -Dienstleistungen, der sich erfolgreich sowohl an Malaysier, Mexikaner und Marokkaner als auch an Europäer richtet, ist ein Beweis dafür.

Angesichts dieser Vorbehalte wäre Gellners Beitrag weniger interessant gewesen, wenn er nicht in der Lage gewesen wäre, eine Verbindung zwischen dem Aufstieg dieses religiösen Fundamentalismus und der epistemologischen Wende in den modernen Gesellschaften aufzuzeigen.

Im zweiten Teil seines Buches erklärt er, dass es einen Zusammenhang zwischen der Stärke des Fundamentalismus und der Schwäche des Rationalismus gibt, der vom Postmodernismus angenagt wurde. Seiner Meinung nach hat die hermeneutische Wende zu einem relativistischen Postmodernismus geführt, der einen blinden Fleck für das Verständnis religiöser Integralismen ergeben hat, sei es aus Ablenkung, Nachlässigkeit oder aufgrund einer paternalistischen Solidarität mit der Dritten Welt.

Jede kritische Reflexion über religiösen Fundamentalismus, wo auch immer er herkommen mag, und jede Entscheidung, die getroffen wird, um eine antidemokratische Expansionsbewegung einzudämmen, ist mit säkularer Schuld behaftet. Die Säkularisierung, die nicht als Rechtsordnung, sondern als Ideologie oder sogar als eine Form des verkleideten heidnischen Kults betrachtet wird, gilt als feindlich gegenüber den wahren Religionen, die somit von vornherein von jeglicher rechtlichen und politischen Aggression freigesprochen werden.

Zur postmodernen Form des Relativismus :
»Erkenntnis oder Moral jenseits der Kultur ist [...] eine Chimäre: Jede Kultur muss ihr eigenes Wissen und ihre eigene Moral entfalten. Sinngehalte sind nicht miteinander vergleichbar, sie sind kulturell konstruiert und deshalb sind alle Kulturen gleichwertig. Eine transkulturelle oder semantische Untersuchung ist nur möglich, wenn die Würde und Gleichstellung der ›anderen‹ Kultur respektiert wird. Würde man sie voller Klarheit und zuversichtlich charakterisieren und auseinander nehmen, wäre dies zumindest eine implizite Abwertung derselben. Deshalb muss man sie im Dunkeln tappend, mit verwirrenden und widersprüchlichen Annäherungen untersuchen. Die Finsternis ist dann Zeichen nicht nur einer hypothetischen Tiefe, sondern eines interkulturellen Respekts und der Abstinenz von Herrschaft.«

Für Gellner führt die postmoderne Ideologie, die auf dem Primat der Sinnhaftigkeit und der Hermeneutik beruht, zu einer Form des ›bizarren‹ Ethnozentrismus, der an anderer Stelle das wiederholt, was er eigentlich bekämpfen wollte.

»Der provinzielle Absolutist (er schreibt über den relativistischen Durchschnittsamerikaner), der der Entdeckung erlegen ist, dass seine Kultur nur eine Kultur unter vielen ist und nicht einfach eine natürliche und offensichtliche Widerspiegelung der Natur der Dinge, berauscht sich an der Idee der Pluralität der Sichtweisen. Da er sich ein wenig schuldig fühlt, weil er reicher und mächtiger ist als andere, verbindet er seinen gut gemeinten ›hermeneutischen‹ kulturellen Egalitarismus mit einer Ablehnung sowohl logischer als auch politischer Herrschaft. Dabei wiederholt er jedoch seinen früheren Ethnozentrismus in einer bizarren Form. In seinem Eifer, sich für seine frühere Unschuld zu entschuldigen, nimmt er eine neue Form davon an und stellt sich die dramatische, vielleicht tragische Asymmetrie unserer Welt vor.«

Gellner unterstreicht die Beziehung dieser beiden Figuren, die des Fundamentalisten und die des Postmodernisten wie in einem Drama von Jean-Paul Sartre.

Relativisten-Hermeneutiker sind wirklich sehr darauf bedacht, ihre universelle und ökumenische Toleranz und ihr Verständnis für fremde Kulturen zu bekräftigen. Je mehr Fremde es gibt, umso schockierender und störender sie für die Philister sind – diejenigen, die sie als Provinzler ihrer eigenen Gesellschaft betrachten — desto besser. Viel besser sogar, denn je schockierender der andere ist, desto mehr unterstreicht dieses Verständnis die Überlegenheit des aufgeklärten Hermeneutikers innerhalb seiner eigenen Gesellschaft. Je schwieriger das Verständnis, je abstoßender der Gegenstand, der für den hermeneutischen Segen bestimmt ist, desto größer die Leistung, die Erleuchtung und die Einsicht des interpretierenden Postmodernisten.

Unser Hermeneutiker sollte sich jedoch ein wenig darüber lustig machen, dass diejenigen, die er so leidenschaftlich tolerieren und verstehen möchte, nicht immer so tolerant sind. Der Relativist übernimmt den Absolutismus der anderen, und so führt sein Relativismus zu einem Absolutismus, der ihm widerspricht.

Lassen wir ihn mit diesem Problem allein: Es gibt keinen Ausweg daraus.

Als Gellner diesen Aufsatz verfasste, tobte in den USA die hermeneutische Welle, insbesondere in der Anthropologie mit Figuren wie Paul Rabinow, James Clifford und Clifford Geertz. Diese neue Welle, die aus einer Mischung von als oberflächlich empfundenen Lektüren der kulturalistischen Anthropologie und der Phänomenologie hervorgegangen ist, erhebt die Relativität zum Dogma und führt zu einer schuldhaften kulturalistischen Angst, die darin besteht, dass man sich jedes Mal, wenn man eine soziale Gruppe »aus einer anderen Kultur« untersucht, fragt, ob man nicht aus Ethnozentrismus sündigt, ob man nicht dem Essentialismus oder Naturalismus verfällt. Übergehen wir die sich im Kreis drehende Absurdität dieser Fragestellung, die darin besteht, sich angesichts des Anderen zu fragen, ob man nicht dazu neigt, ihn radikal anders zu machen beziehungsweise eine vereinfachende binäre Unterscheidung (die eigene Kultur und die des Anderen) vorzunehmen, um jeden schuldhaften Ethnozentrismus zu vermeiden.

Das Problem ist, dass die hermeneutische Welle nicht nur zu einer neuronalen Lähmung geführt hat, die Gellner in seinen ebenso schnippischen wie leuchtenden Seiten so eindringlich hervorgehoben hat. Gellner hatte genau gesehen, dass Intellektuelle, um eine verschrobene und nachlässige Art des Denkens zu retten, bereit sein würden, eine Form des religiösen Absolutismus zu unterstützen, wenn das von Opfern des Westens gefordert wurde, die anscheinend nur sie verstanden.

Der muslimische Fundamentalismus ist eine unglaublich einfache, mächtige, massive, manchmal grausame, sozial aufsaugende und stärkende Bewegung, die Millionen von Männern und Frauen, von denen viele in extremer Armut und unter harter Unterdrückung leben, eine Richtung und Orientierung gibt. Er ermöglicht ihnen, sich an eine neue anonyme Massengesellschaft anzupassen, indem sie sich mit einer alten und etablierten Kultur ihres eigenen Glaubens identifizieren und ihre Entbehrungen und Erniedrigungen als Strafe dafür erklären, dass sie vom wahren Weg abgewichen sind, und nicht als Folge davon, dass sie den Weg nie gefunden haben. Störung und Desorientierung wandeln sich so zu sozialem und moralischem Aufstieg, zur Verwirklichung von Identität und Würde.

Der Postmodernismus hingegen ist eine verdrehte, etwas verblasste Modeerscheinung, die höchstens von einigen Akademikern praktiziert wird, die ein relativ gut abgeschirmtes Leben führen; ein Großteil davon ist höchstens (und oft nur unter Schwierigkeiten) für diejenigen verständlich, die die abstrusen Nuancen von drei oder vier akademischen Disziplinen perfekt beherrschen, und eine Menge davon ist für niemanden nachvollziehbar. Aber hier geht es um diese Art von Relativismus, die derzeit in Mode ist; und Relativismus als solcher birgt bedeutende intellektuelle Möglichkeiten, die uns weiterhin verfolgen werden, selbst wenn sich seine Ausgestaltung angesichts der Fluktuation der akademischen Moden – wahrscheinlich mit großer Geschwindigkeit – ändern wird. Relativismus wurde hier anhand seines aktuellen Avatars aus Interesse an einer gewissen Konkretisierung angesprochen.

Das eine ist ein einfacher und kompromissloser Monotheismus, der behauptet, dass Gott ›Seinen Willen‹ leicht zugänglich der Welt verkündet hat und dass Sein Wille umgesetzt werden und die allein mögliche Grundlage für eine einzige, gerechte und legitime Gesellschaftsordnung bilden muss. Eine absolute Autorität, die streng außerhalb dieser Welt und ihrer verschiedenen Kulturen steht, diktiert ihrer Schöpfung ihren Willen: Und dieser transzendente Wille bezieht seine Legitimität gerade aus seinem unbefleckten, fremden und absoluten Ursprung. Die Geschlossenheit, Einfachheit und Verständlichkeit der Lehre verleiht ihr Würde. Millionen von Menschen finden es befriedigend, unter ihren Regeln zu leben: Das muss etwas bedeuten.

Andererseits gibt es eine Bewegung, die bereits die Möglichkeit fremder (Rechts-)Gültigkeit und Autorität verneint. Zugegeben, man ist in dieser Negierung besonders nachdrücklich, wenn die gegenteilige Behauptung von Kollegen kommt, die innerhalb der eigenen Gesellschaft nicht relativistisch sind. Relativistische Scham und die Sühne für postkoloniale Schuld verhindern die Anwendung auf Angehörige anderer Kulturen. Dem Absolutismus der anderen lässt man eine Vorzugsbehandlung und herzliche Sympathie angedeihen, was einer Billigung sehr nahe kommt.

Gellner hatte bereits in den 1980er Jahren die seltsame Beziehung zwischen diesen beiden Perspektiven richtig erkannt, die wir heute, fast vierzig Jahre später, in Form einer Ehe zwischen Islamismus und Wokismus sehen.

Gellner wie auch Geertz – der einen ganz anderen Weg einschlug – gehörten zu jener Generation gelehrter Anthropologen, die in der Welt nach einer Bestätigung ihrer theoretischen Intuitionen suchten und, beseelt von wissenschaftlicher Gründlichkeit und bestrebt, die Welt zu verstehen, sich nicht scheuten, ihre Theorien zu revidieren und anzupassen, um jene Realität zu erfassen, die sich ohnehin immer wieder entziehen würde. Das war das Spiel der Erkenntnis, ein Spiel, das man nie gewinnt, das aber eine unbeschreibliche Befriedigung erzeugt, wenn man einen Schritt weitergekommen ist (*heureka*). Beide akzeptierten die Unterscheidung zwischen dem Wissenschaftler und dem Politiker (Weber) und die Notwendigkeit der Klassifizierung, der Unterscheidung und der analytischen Trennung. Jene Epoche lies Kreativität und Stilisierung in der Interpretation des »Wissenden« zu, den man nicht von vornherein disqualifizierte und als politischen Aktivisten beschimpfte. Die radikale, von Michel Foucault inspirierte Theorie des Wissens als Macht hatte die Universitätscampus noch nicht infiziert, und die Suche nach Schuldigen dominierte nicht die Problemstellungen von Forschungsprogrammen.[410] Kurzum, Wissen wurde nicht als jenes zynische Instrument im Dienste eines machiavellistischen Weltherrschaftsstrebens verstanden.

Gellner hatte Recht, aber wahrscheinlich ahnte er nicht, wie sehr. Er konnte nicht voraussehen, dass dieser Tanz des muslimischen Fundamentalismus mit dem Postmodernismus das Denken kristallisieren würde. Aber wer hätte eine solche Niederlage vorhersehen können?

Jedes Projekt, das darin besteht, die Logik der Dinge und Ereignisse intellektuell zu erfassen und sie mit anderen Worten zu interpretieren als unter dem Paradigma der westlichen Vorherrschaft, das diese beiden Ideologien gemeinsam haben, setzt sich dem Vorwurf des postkolonialen Reduktionismus, des westlichen Kollaborationismus aus.

Die Asad'sche Wende:
Warum Anthropologen den Salafismus bevorzugen

Die auf den Islam und die muslimischen Gesellschaften angewandte Anthropologie hat in den 1990er Jahren eine Revolution erlebt, mit der die Anthropologie des Islams unter den Einfluss einer mittlerweile hegemonialen Strömung geriet, die von Talal Asad angetrieben wurde. Diese Strömung ist mit der von ihr genährten »Islamisierung des Wissens« (IoK) kompatibel, die eine apologetische Vision und eine spezifisch islamische Epistemologie vertritt.[411]

Während in den 1980er Jahren der postkoloniale Ansatz von Edward Saïd in den linken Kreisen der akademischen Welt über den von Bernard Lewis triumphierte und der *linguistic turn* seine zersetzende Wirkung auf die Sozialwissenschaften zu entfalten begann, schlug Talal Asad vor, den Islam als eine »diskursive Tradition«[412] zu betrachten. Diese könne nur noch von Insidern (also Muslimen) verstanden werden, in Umkehrung der Ermutigungen der sogenannten ›positivistischen‹ Wissenschaften, die lieber einen Schritt zurücktreten wollten, um besser objektivieren zu können.[413] Die Arbeiten von Ernest Gellner und sogar Clifford Geertz wurden als alte normative und positivistische Kolonialstudien abgetan, obwohl sie sich gerade um die Probleme der Interpretation und der Bedeutungen kümmerten.

Diese Verbannung erfolgte seltsamerweise genau zu dem Zeitpunkt, als beide Autoren, mit Aufstieg des Islamismus in der ganzen Welt, begannen, die schädlichen sozialen und kulturellen Auswirkungen des Aufkommens islamischer Fundamentalismen zu erkennen.[414]

Dann wird ein Stoppzeichen gesetzt. Fundamentalismus ist keine Kategorie mehr, sondern wird zu einer Beleidigung, zu einer Schmähung. Das *Fundamentalism Project*, dieses große, ehrgeizige und lehrreiche Projekt unter der Leitung von Martin E. Marty und R. Scott Appleby, wird kritisiert, insbesondere wenn es sich mit dem Islam befasst.[415] Das Wort »Fundamentalismus« und das, was es bedeutet, werden nach und nach tabuisiert.

Talal Asad radikalisiert den postmodernen Diskurs. Er behauptet, dass es unmöglich (und nicht bloß schwierig) ist, eine Gesellschaft (oder eine Religion) mithilfe von Konzepten zu begreifen, die in einer anderen geschmiedet wurden, weil Wissen den Machtstrukturen immanent ist. Er schreibt dies etwas geschraubter – wie so oft bei Postmodernisten und ihren Woke-Abkömmlingen, die ihre Vorschläge stets im Unklaren lassen: »Die Formen des Interesses an der Produktion von Wissen sind den verschiedenen Machtstrukturen immanent, und sie unterscheiden sich nicht nach dem wesentlichen Charakter des Islams oder des Christentums, sondern nach den sich entwickelnden Wissenssystemen an sich.« Im Klartext: Alle anthropologischen Erzählungen sind gleichwertig, man muss in einer bestimmten (möglichst positiven) narrativen Beziehung zur untersuchten Gesellschaft stehen, denn die historische Position des Einzelnen bestimmt seine Fähigkeit, den Zusammenhang zu erfassen.

»Über eine Tradition zu schreiben, bedeutet, in einer bestimmten narrativen Beziehung zu ihr zu stehen, einer Beziehung, die variieren wird, je nachdem, ob man die Tradition unterstützt oder ablehnt oder sie als moralisch neutral betrachtet. Die Kohärenz, die jede Partei in dieser Tradition findet oder nicht findet, hängt von ihrer besonderen historischen Position ab. Mit anderen Worten: Es ist klar, dass es keine universell akzeptable Erzählung einer lebendigen Tradition gibt und auch nicht geben kann. Jede Darstellung der Tradition ist anfechtbar.«

Asad geht jedoch noch weiter. Seiner Meinung nach können »westliche Anthropologen« und »verwestlichte muslimische Intellektuelle« (sic) keine stichhaltigen Erkenntnisse hervorbringen, da sie einen ungeeigneten Analyserahmen für ihre Untersuchung verwenden. Nur ein islamischer Rahmen kann eine korrekte Interpretation des Islams ermöglichen. Die Realität kann nur durch den Diskurs über diese Realität des *Insiders* selbst erfasst werden; das könnte eventuell von einem Anthropologen wiedergegeben werden, sofern der sich auf die Funktion eines Schreibers beschränkt.

Asads Argumentation unterscheidet sich nicht von der eines Salafisten, für den Muslime im Laufe der Geschichte eine eigene Vorstellung vom Religiösen entwickelt haben, die mit anderen Vorstellungen nicht vergleichbar ist,[416] und für den jede Idee von Säkularisierung dem Islam fremd ist.[417] Diese Sichtweise hat theoretische und methodologische Auswirkungen. Erstens revidieren »verwestlichte« Anthropologiestudenten ihren Anspruch auf Wissen – das immer nur relativ zu ihrem Standpunkt ist – nach unten und begnügen sich damit, »den einheimischen Diskurs« wiederzugeben. Zweitens, und das ist viel besorgniserregender, führt Asads Vorschlag, nur die Erzählungen der *Insider* zu berücksichtigen, dazu, dass die Forscher die kohärentesten Erzählungen sammeln (da es ihnen verboten ist, zu denken und zu konzeptualisieren). Sie sammeln und verbreiten dann die ideologischen Geschichten eines religiösen Unternehmertums, das überzeugen und bekehren will, alles unter der Qualitätsbezeichnung »*Islam, le prêt-à-penser*«: Konfektionsdenken zum Islam.

Wenn es die Kohärenz der indigenen Erzählung ist, die für Asad die Qualität der anthropologischen Arbeit ausmacht, dann ist der fundamentalistische Diskurs das Beste, was man finden kann (wir werden eine Illustration davon in Kapitel IX sehen, das den Frauen gewidmet ist). Fundamentalistische, totalisierende und bekehrende Erzählungen werden von dieser Art von Ansatz bevorzugt, vor allem wenn sie, nachdem die institutionellen und politischen Aspekte ausgeblendet sind, als von höheren Mächten »inspiriert« dargestellt werden (magisches Denken ist immer noch erfolgreich in den niederen Schichten der Anthropologie).

KAPITEL IX

Muslimschwestern

Studien über Frauen, insbesondere über Aktivistinnen des politischen Islams, wurden maßgeblich von Saba Mahmood (1962-2018) beeinflusst. Die amerikanische Anthropologin mit pakistanischen Wurzeln, die an der Stanford University ausgebildet wurde, ist eine direkte Nachfolgerin der Talal Asad'schen anthropologischen Schule. Eine von ihr verfasste Monografie veranschaulicht eine Tendenz der sogenannten *Piety Studies*, nämlich religiös bedingte Unterdrückungsverhältnisse aus der Analyse auszublenden. Mahmoods Buch dokumentiert das Nachdenken über ihre persönlichen Handlungen gebildeter Frauen, die der von ihr so genannten »Moscheebewegung« angehören, ein Milieu, in welchem die Anthropologin in Kairo in den 1990er Jahren verkehrte. Diese Bewegung, die sie vage als »revivalistisch« oder »reformistisch« bezeichnet, ist in Wirklichkeit die gut strukturierte und institutionalisierte Muslimbruderschaft – diese Bezeichnung vermeidet sie.[418] Hier zeigt sich wieder die Asad'sche Voreingenommenheit: Jenseits der individuellen Auslegung, die von der aufschreibenden Anthropologin getreulich wiedergegeben wird, gibt es nichts Aussagekräftiges zu notieren. Und die von der Anthropologin befragten Frauen sprechen nicht über ihre Zugehörigkeit.

Saba Mahmood bemüht sich, präzise und umsichtig die Aussagen mehrerer Frauen wiederzugeben, die sich mit der »Aufdeckung« (im Sinne von *uncover, dévoiler*, Enthüllung) und dem »Aufbau« dessen, was sie ein »frommes Selbst« nennt, beschäftigen. Indem sie erklärt, dass diese Konstruktion vor allem eine »Leistung«, eine »Handlungsfähigkeit« darstellt, selbst gewählt beziehungsweise eingefordert, will die Anthropologin den Zusammenhang zwischen den eingeschlagenen Wegen und der freien Wahl der Frauen betonen, denen sie begegnete. Ihre gesamte Beweisführung zielt darauf ab, zu zeigen, dass diese Frauen freiwillig Denkmuster und Verhaltensregeln verinnerlicht haben; und dass mögliche Einschränkungen, die ihnen aufgrund dieses allumfassenden Unterrichts auferlegt wurden, sowie der Bruch mit dem Umfeld (weil das durch die Kolonialisierung säkularisiert ist), Teil eines durchdachten, bewussten, freien und freiwilligen Lernprozesses sind. Die Institutionen zu verschleiern, die diese Frauen einschränken und indoktrinieren, macht es einfacher.

In *Politics of Piety* (2005) widerlegt Saba Mahmood kritische feministische Theorien westlicher Herkunft (die sie nach eigenen Angaben lange Zeit unterstützt hat), da diese das Handeln muslimischer Frauen nur durch das engstirnige Prisma der Theorien der männlichen Dominanz analysiert hätten. In diesem Rahmen, so kritisiert sie, scheinen die Frauen mehr »behandelt« zu werden als selbst zu handeln, und ihr Wort wird nur unter dem Gesichtspunkt ihres Status als »Beherrschte« berücksichtigt. Dieser Rahmen, den sie einem Ideal des westlichen säkularen Liberalismus zuschreibt, ermöglicht es nicht, die tieferen Triebkräfte und Motivationen zu erfassen.[419] Gestützt auf ihre Interpretation des *French-Theory*-Philosophen Michel Foucault schlägt sie vor, die Handlungsfähigkeit der Frauen (ihre *agency* oder Aktionsfähigkeit) zu berücksichtigen, indem sie ihre »Ethik« untersucht. Die umfasst »Praktiken, Techniken und Diskurse, durch die sich ein Subjekt verändert, um eine bestimmte Seinsweise, einen Glückszustand oder eine bestimmte Form von Wahrheit zu erreichen, [...] um sich als Subjekt eines bestimmten moralischen Diskurses zu konstituieren.«

Mahmood zufolge zeigen die Frauen der »Moscheebewegung« Aktionsfähigkeit, Innovation und Kreativität, aber sie tun dies *innerhalb* der Strukturen der Unterordnung, da sie von einer *Sehnsucht* nach Unterwerfung getrieben werden. Die Autorin stellt ihre Analyse daher von Anfang an außerhalb der feministischen Debatte.[420] Laut ihrer Meinung ist die irrelevant für die Realität dieser Frauen. Es gibt also keinen Grund anzunehmen, dass die Frauen auf dem Pfad des Widerstands gegen oder – das Gegenteil – der Unterwerfung unter die männliche Ordnung seien.

Saba Mahmoods Beweisführung hat jedoch einen hohen Preis: sie befreit sich von einer Reihe von religionssoziologischen Prämissen. Zunächst einmal das Problem der religiösen Hermeneutik, die seit jeher männlich geprägt und für Männer sehr vorteilhaft ist. Das andere Problem ist, dass Saba Mahmood zugibt, dass die von ihr so genannte »Moscheebewegung« (die in Wirklichkeit die frėristische Muslimbruderschaft in Ägypten ist) auf dem Glauben an die Existenz eines »göttlichen Plans« beruht, der die menschliche Existenz definiert. Daraus zieht sie aber keine Konsequenzen für den Handlungsspielraum, den sie den Frauen zuschreibt. Sie dreht sich einfach im Kreis: Es gibt zwar einen »göttlichen Plan«, aber die Frauen interpretieren dessen Regeln nach ihrem eigenen Gutdünken, sie befolgen keine Gesetze, die ihnen von einer zentralisierten Autorität auferlegt werden, sondern »formen« ihre Verhaltensweisen, um ein »frommes Selbst« aufzubauen. Folgt man Mahmood, so ist die Unterwerfung unter die patriarchale Autorität eine Bedingung für die Verwirklichung des frommen Selbsts dieser Frauen.

Was macht die amerikanische Anthropologin hier? Sie tilgt in aller Ruhe die Gewalt, leugnet die Zwänge der religiösen Hermeneutik und spielt die einschränkenden Auswirkungen der Strukturen systematisch herunter. Ist man wirklich frei, einen Text zu interpretieren, gibt es nicht Grenzen, die durch das Andocken der Interpretation an den Text induziert werden? Haben die Zwänge der Praxis nicht Auswirkungen auf die elementarste Freiheit, wie die Mobilität in Raum und Zeit? Mahmood verwechselt Freiheit mit der »Freiheit unter den verbleibenden Wahlmöglichkeiten«. Sie verwechselt Wahlmöglichkeit mit der Zustimmung zu Zwängen.[421]

Indem Saba Mahmood behauptet, dass diese Frauen keine Untertanen, sondern fromme Untertanen sein möchten, verschweigt sie die nichtfrommen Formen der Unterwerfung und die allgemeine soziale Konditionierung, denen diese Frauen möglicherweise anderweitig ausgesetzt sind. Die Forscherin der Universität Berkeley verflacht das Thema auf eine einzige (religiöse) Dimension und verschweigt die Grauzonen der Zerrissenheit, die Spannungen zwischen dem in den Moscheen gepredigten Lebensideal und dem Alltag, die Vermeidungs- oder Verheimlichungsstrategien, die der Besuch dieser hochpolitisierten Orte im Ägypten der späten 1990er Jahre erforderte, die von den ägyptischen Behörden überwacht wurden. Die Indoktrination der fréristischen Bewegung der Muslimbruderschaft wird daher schamhaft als »Prozess der Bildung eines frommen Selbst« beschrieben. Saba Mahmood ignoriert einfach den politischen, wirtschaftlichen und religiösen institutionellen Rahmen, die Finanzierung, ideologischen Ausrichtungen und Ressourcen dieser Abläufe.[422]

Gewiss, die Verblendung von Saba Mahmood geht nicht so weit, zu behaupten, dass Politik in der Reformbewegung der Moscheen abwesend ist.[423] Die Bewunderin Foucaults betont jedoch die »biopolitische« Dimension der Bewegung, die durch Ethik, Handeln und die Neudefinition körperlicher Dispositionen die westlich-liberale Säkularisierung zurückdrängt, indem sie die fromme Ordnung in allen Handlungen, Momenten und Umständen des irdischen Lebens wiederherstellt.

Den Kritikern vorgreifend, die ihr vorwerfen könnten, sie erkenne darin nicht einfach eine fundamentalistische politische Bewegung, stellt sie klar, dass sie selbst ihre Abneigung gegen diesen Begriff überwinden musste, und fügt hinzu:

»Es sei daran erinnert, dass die ›Moscheebewegung‹ – und allgemeiner die Frömmigkeitsbewegung, zu der sie gehört – weder eine faschistische noch eine extremistische Bewegung ist und nicht versucht, die Kontrolle über den Staat zu erlangen oder Ägypten in eine Theokratie zu verwandeln.«[424]

Eine sehr große Anzahl von Seiten ihres Buchs wird so dafür verwendet, systematisch die Gegenposition zur klassischen Anthropologie einzunehmen, um einen Ansatz hervorzuheben, der den Islam als einen von der ihm entsprechenden begrifflichen Grammatik ausgehenden Diskurs untersuchen würde, also in einem geschlossenen Kreis.

Bei genauerem Hinsehen basiert die Analyse der Autorin jedoch nicht ausschließlich auf den Ergebnissen ihrer teilnehmenden Beobachtung, was mit ihrem Projekt vereinbar gewesen wäre,[425] sondern auch auf Auszügen aus ihrem Notizbuch, die mit dem Ziel transkribiert und arrangiert (manchmal verklärt[426]) wurden, die Thesen ihrer »westlichen«, »liberalen« Vorgänger anzufechten. Während sie im Laufe des Buches immer wieder behauptet, dass die »westliche akademische Welt« schlecht ausgerüstet sei, um die »Moscheebewegung« zu verstehen, mobilisiert sie gleichzeitig Referenzen aus der Soziologie, Psychologie und Philosophie, um zu klären, was diese Frauen sagen und tun, und verweist beispielsweise auf die Philosophie des *Behaviorismus* oder die aristotelischen Begriffe Tugend und Habitus. Wenn es ausreicht, wie sie es tut, das, was diese Frauen in der islamistischen Sprache sagen, in eine gelehrte Sprache zu übersetzen, warum verbringt sie dann so viel Zeit und Energie damit, aufzuzeigen, dass Westler und Verwestlichte nicht in der Lage sind, Muslime zu verstehen?

Asad und Mahmood zufolge muss der Islam als Diskurs studiert werden, und dieser Diskurs kann ausschließlich anhand seines Alphabets und seiner Grammatik verstanden werden, nicht aber mit westlicher Wissenschaft. Was diese Musliminnen sagen und tun, kann nur unter Verwendung der islamischen Kategorien verstanden werden, die sie sich angeeignet haben. Seltsamerweise hat die Anthropologin, um diese zu erforschen, Orte der Bildung und Umschulung ausgewählt, an denen das, was sie züchtig »die Pädagogik der Überzeugung« nennt, zum Tragen kommt.

Die Anthropologin zeigt uns weniger den Islam, den diese Frauen denken und leben, als vielmehr den Islam, den sie in den Ausbildungszentren zu leben und zu denken lernen und der sie zu Orwellschen Figuren werden lässt, die zum Beispiel sagen: »Angst ist nicht Angst, sondern eine Tugend«, »Unterwerfung ist Erfüllung«, »Freiheit hat Grenzen«.

Indem Mahmood einen *Schleier der Unwissenheit* über die Rahmenbedingungen und Strategien des Kollektivs wirft, indem sie Gottes Plan von dessen Interpretationen trennt (selbst wenn diese von den Frauen »frei« zusammengebastelt wurden), macht sie sich zum Vermittler der frommen Vorstellung, dass es irgendwo einen Ort der reinen göttlichen Führung gibt; dass der Gläubige, der Gottes Gesetz befolgt, alles erleiden kann, weil er sich durch und in Gott befreit. Eine solche Ausblendung ist geeignet, die Mittel der Einflussnahme und Manipulation zu verstärken. Wenn die Autorin behauptet, dass der Wunsch nach Befreiung von (männlicher) Herrschaft nur eine Sonderoption ist, oder wenn sie bedauert, dass »diejenigen, die versuchen, die Freiheit der Frauen einzuschränken, strenger kritisiert (werden) als diejenigen, die versuchen, sie zu erweitern« (Mahmood, 2005, S. 25), oder dass »illiberale Handlungen tolerierbar sind, sobald nachgewiesen wurde, dass sie von einer frei zustimmenden, aus freiem Willen handelnden Person ausgeführt werden« (ebd, S. 27), stellt sich die Anthropologin auf die Seite der Unterdrücker.

Die Sorgfalt, mit der sie die Reden der Interviewpartnerinnen unverändert wiedergibt, machen ihr Buch zu einem maßgeblichen Dokument. Sie teilt mit uns das Logbuch einer fréristischen Indoktrination. Der Leser wird an Bord genommen (*embedded*) und kann die Auswirkungen der schrittweisen Unterwerfung nachempfinden. Dennoch kann man sich vorstellen, dass es schwierig für Mahmood gewesen sein muss, in ein religiöses Milieu zu gelangen, das unter besonderer Überwachung durch die ägyptische Polizei und Geheimdienste steht. Ein solches Milieu schützt sich vor jedweden Eindringlingen von außen.

Ein Eintauchen ist also nur in einem Prozess des Austauschs und der Komplizenschaft möglich. Der Forscher muss davon ausgehen, dass er überwacht wird, er muss seinen Willen zum Verständnis und zur Nicht-Aggression bekunden. Er muss für die Gruppe nützlich sein (zum Beispiel als Fürsprecher, der an der Universität ein positives Image der Gruppe vermitteln soll, um dort einen Sympathiebonus einzurichten). Andernfalls gibt es für eine geschlossene Gruppe keinen Grund, einem Fremden die Hausschlüssel zu überlassen.

Islamische Schulungszentren gehen mit dem Forscher wie mit jedem potenziellen neuen Rekruten um, indem sie prüfen, ob er nicht eine Art Spion ist. Falls dies voraussichtlich nicht der Fall ist, prüfen sie ob er, *inschallah*, durch prophetische Umerziehung zu der notwendigen Veränderung seiner Art, sich zu kleiden, zu essen, zu sprechen, seiner Beziehungen zu Verwandten, Freunden, Kollegen und Nicht-Muslimen befähigt werden kann;[427] mit einem Wort: sich zur Sache des »wahrhaftigen« Islams zu bekehren. Saba Mahmood betont übrigens mehrfach, dass das Äußere, das, was man zum Ausdruck bringt, in diesem Milieu von grundlegender Bedeutung ist. Denn für diese Gruppen verändern sich die Bezugsrahmen durch die Umwandlung der sozialen Konventionen; die Reform der Form hilft der Reform des Inhalts.

Die Anthropologin aus Berkeley hat sich im Wesentlichen auf den Diskurs der Indoktrinierten und nicht auf die Indoktrination selbst konzentriert. Man ist geneigt zu glauben, dass sie diese Wahl getroffen hat, weil sie mit ihrer Beweisführung einer freiwilligen und glücklichen Konstruktion eines frommen Selbst übereinstimmte, wobei sie dagegen nebenbei die zugefügte Gewalt und den Widerstand ausradierte. Ein einziges Beispiel soll dies schließlich verdeutlichen. Es ist die »Angst«, die den Nährboden für jede Indoktrination bildet. Saba Mahmood beschreibt in vielen Abschnitten die Rolle der Angst. Sie ignoriert jedoch systematisch den unterdrückerischen Charakter der Angst, ihre schädlichen Auswirkungen auf die Person und ihr Urteilsvermögen und betrachtet sie lediglich als »Modalität des Handelns«:

»Furcht ist ein inneres Element der Struktur der frommen Handlung und als solches eine Bedingung für die ›glückliche‹ Performanz der Handlung«, schreibt sie (S. 215). In gelehrter Sprache könnte man die Perversion (im Sinne von Verkehrung) der fréristischen Umprogrammierung nicht besser zusammenfassen.

Letztendlich ist Saba Mahmoods Buch wohl einer der authentischsten Berichte über die Frömmigkeit *nach* fréristischer *Indoktrination*.[428] Es beschreibt sehr feinfühlig, was man aus der Sicht eines Insiders sieht und fühlt, wenn sich die Strukturen und Strategien der Umformung zu einem modernen fundamentalistischen Islam so stark in ein Selbst eingeprägt haben, dass sie unsichtbar werden. Das ist Sichtweise einer Indoktrinierten.

Ich habe mehrere Seiten der Analyse von Saba Mahmoods Buch gewidmet, weil es sehr viele Anthropologen beeinflusst hat, die sich in die Abstammungslinie der post- und später dekolonialen Studien eingereiht haben; und ebenfalls weil ich dem nun das entgegenstellen möchte, was passiert, wenn man die verborgenen Geheimnisse der fréristischen Indoktrination enthüllt.

Diskussionsgruppen, um über »Halal« zu sprechen

Im Rahmen einer Gruppenbefragung über die »Nachfrage nach Halal« im Jahr 2017[429] konnte ich einige der Gesprächsthemen und -techniken der Indoktrination von Frauen im Rahmen der fréristisch-salafistischen Orthopraxie sammeln und analysieren: die Themen, die Überzeugungs- und Selbstüberzeugungstechniken, der erzeugte und unterdrückte Widerstand, die psychologische Gewalt. Um diese Nachfrage nach Halal zu untersuchen, hatten wir die Methode der *Fokusgruppen* gewählt, ein gezieltes Erhebungsinstrument, das darin besteht, Befragte zusammenzubringen, eine Diskussion über ein bestimmtes Thema (*Fokus*) einzuleiten und dann die Diskussionsdynamik (der Gruppe) weiterlaufen zu lassen, wobei so wenig wie möglich eingegriffen wird. Schließlich wurden Fadila Maaroufi und ich, die wir beide als Moderatorinnen fungierten, Zeugen einer Indoktrinationssitzung.

Die Teilnehmerinnen

Die Rekrutierung der Teilnehmerinnen wurde Lina anvertraut, einer Frau um die 40, Französin marokkanischer Herkunft, verheiratet mit einem Franzosen, die seit 15 Jahren in Frankreich lebt und Vorsitzende einer maghrebinischen Nachbarschaftsvereinigung ist. Die Vorgabe lautete, drei Gruppen von je acht nordafrikanischen Frauen zusammenzubringen, die seit mindestens zehn Jahren in Frankreich lebten und hinsichtlich ihres sozioökonomischen Profils, ihres Bildungsniveaus und ihres Verhältnisses zu religiösen Praktiken (von weniger religiös bis hin zu ganz religiös) heterogen waren, wobei in jeder Gruppe die Generationen ausgewogen sein sollten und mindestens eine oder zwei konvertierte Französinnen, die sich perfekt auf Französisch ausdrücken konnten, einbezogen werden sollten. Das letzte Kriterium wurde bei zwei der Gruppen nicht erfüllt. Die Entscheidung, nur Frauen und keine Männer oder gemischte Gruppen aufzunehmen, beruhte auf theoretischen und praktischen Überlegungen. Selbst wenn Frauen bereit sind, in gemischten Gruppen mitzumachen, äußern sie sich kaum in Gruppen, in denen Männer anwesend sind. Es ist leichter, eine Vertrauensverhältnis aufzubauen, das dazu anregt, mit muslimischen Frauen zu sprechen, wenn man selbst eine Frau ist, als wenn man Männer dazu einlädt (zum Beispiel wollen einige Strenggläubige Frauen nicht die Hand schütteln). Darüber hinaus hätte der Einfluss der geschlechtsspezifischen Interaktionen die Analysen erschweren können.

Die sozioökonomischen Profile der achtzehn Frauen aus der Mittelschicht (die Mehrheit) und der Arbeiterklasse, die tatsächlich in drei Gruppen aufgeteilt wurden, entsprachen den Erwartungen. Drei Viertel der Frauen hatten mindestens das Abitur, ein Drittel hatte mindestens einen dem Bachelor oder Fachhochschuldiplom entsprechenden Abschluss. Alle Frauen, deren Aussagen wir hier wiedergeben, hatten die französische Staatsbürgerschaft. Die meisten der versammelten Frauen hatten einen marokkanischen, algerischen oder tunesischen Migrationshintergrund. Zwei Französinnen waren zum Islam konvertiert. Ein Drittel der Frauen trug ein Kopftuch, einen Schleier oder ein anderes Kleidungsstück mit eindeutig religiösem Charakter. Die Anweisung lautete, dass die Frauen nicht aus derselben Familie stammen sollten – dennoch kamen zwei Schwestern. Einige der Teilnehmerinnen der zweiten Fokusgruppe kamen wieder und ergänzten die dritte Fokusgruppe, um diejenigen zu ersetzen, die im letzten Moment abgesagt hatten. Sie wollten das Gespräch fortsetzen, das sie sehr interessiert hatte.

Der Ort

Der ausgewählte Versammlungsort war von Lina empfohlen worden. Sie hatte auch die Teilnehmerinnen im Namen ihres Kulturvereins, der sich der Integration widmet, angeworben, indem sie ihre Netzwerke und unsere Empfehlungen nutzte. Der für den Anlass reservierte Raum befand sich in einem Sozialzentrum,[430] das einige von ihnen gewöhnlich besuchten. Die hier wiedergegebenen Aussagen stammen aus der Abschrift im Wortlaut von zwei der drei Audiomitschnitte der Fokusgruppensitzungen, die im Herbst 2017 innerhalb einer Woche in Südfrankreich stattfanden. Die genauen Orte können aus Gründen der Vertraulichkeit und Sicherheit nicht angegeben werden.

Das Gesprächsraster

Zu Beginn jeder Diskussionsrunde wurde den weiblichen Gästen das Thema in wenigen Worten mitgeteilt: »Halal« und religiöse Veränderungen; und als Begründung: eine Universitätsuntersuchung. Der Gesprächsleitfaden, den wir für uns selbst vorbereitet hatten, war relativ einfach gehalten: Nach einer Vorstellungsrunde, in der wir jede Einzelne nach ihrem Lieblingsessen fragten, sollten wir auf die Kauf- und Konsumpraktiken eingehen, die Frauen eventuell dazu auffordern, die Bedeutung des Begriffs »*halal*« und seines Gegenstücks »*haram*« zu übersetzen und zu definieren, und sie fragen, ob und wie sich die religiösen Praktiken und das religiöse Engagement ihrer Meinung nach in den letzten dreißig Jahren verändert hätten. Die drei Sitzungen begannen mit einem klassischen Auftauen (*defrosting*), einem banalen Gesprächsthema, das die Personen miteinander bekannt machen und zum Sprechen anregen sollte. Dieser Gesprächseinstieg funktionierte umso besser, als Lina, eine Teilnehmerin, die mit allen Kontakt aufgenommen hatte, zwei großzügige Tische mit Fruchtsäften, Pfefferminztee und selbstgebackenen Kuchen aufgestellt hatte, womit man mindestens dreißig Personen beköstigen konnte. In der hier vorgelegten Analyse wurden die Vornamen geändert und keine Elemente beibehalten, die eine Identifizierung der Teilnehmerinnen ermöglichen könnten.

Die Frommen und die »einfachen Gläubigen«

Während der Sitzungen erklärten die Frauen, die wir zusammengebracht hatten, um darüber zu sprechen, was sie in ihrem Alltag unter »halal« verstehen, fast sofort, dass halal *offensichtlich* nicht auf das Essen beschränkt sei, sondern jede Handlung des Lebens betreffe. Und genau darüber wollten sie sprechen. Sie machten sich das Thema also schnell und mit Begeisterung zu eigen. Am Ende der Sitzungen äußerten viele von ihnen den Wunsch, solche Gruppendiskussionen zu wiederholen, da sie ein »Wohlgefühl« verspürten, über ihre Religion zu sprechen, und sie viel daraus gelernt hätten. Darüber untereinander und auch vor einer Nicht-Muslimin sprechen zu können, hatte sie, wie sie erklärten, berührt und fast erleichtert.

Die vertraute Situation (ein Ort in der Nachbarschaft, an dem Frauen häufig in »Cliquen« von vier, fünf oder sogar acht Personen »plaudern«) erleichterte das, was Goffman als kollektive Figurationsarbeit bezeichnet.[431]

In diesem Fall drehte es sich rund um das Bild von *Frömmigkeit* oder, genauer gesagt, um *authentische Frömmigkeit*. Etwa zehn Minuten nach Beginn der Sitzung und nach einigen am Tisch mit dem Pfefferminztee und selbstgebackenen Kuchen gemachten Vorschlägen, blickte Maryam, eine junge Frau von 35 Jahren,[432] auf und sagte mit hauchender Stimme zu den Anwesenden, die daraufhin verstummten:

Maryam: – *Das erste... wenn wir das Halal nehmen... der erste der Gründe ist, dass es von jemandem herabkommt, der nicht wie wir ist. Das heißt: Es steigt hernieder vom guten Gott.*

Maryam *übernahm* das Halal, so wie sie auch die religiöse Kleidung, die ihren ganzen Körper bedeckt (ein *Dschilbab*), und die Verpflichtung, ihr Leben und das Leben ihrer Lieben Allah zu widmen übernahm.[433] Maryams Erklärung ließ den Rest der Gruppe einige Sekunden lang verstummen, bis sich die Welle eines mit Bewunderung gemischten Gefühls des Respekts ausgebreitet hatte. Nachdem die Frauen einige Sekunden lang das Echo der Worte der frommen Maryam in sich gespürt haben, nicken sie stumm mit dem Kopf. Wir treten in eine neue Phase der Diskussion ein, als hätten wir uns physisch von der Küche in den Gebetsraum begeben. Indem Maryam sich über die niederen Alltagssorgen erhebt, hat sie das Gespräch auf eine »spirituelle« Ebene gehoben, welche die kleine Gruppe von Gläubigen erfreut und beeindruckt.

Maryams liebevolles Zeugnis für »ihren« Herrn[434] hat die Gemüter berührt. Das ist eine Abwechslung zu den Koch- und Nähkursen oder den »Integrations«-Diskussionen, die sonst im Sozialzentrum stattfinden. Der Vortrag geht weiter. Maryam erklärt, dass die *Suche* nach dem Halal eine bewusste religiöse, moralische und ethische Investition ist, dass *die Absicht, nach Halal zu suchen,* halal ist und nicht nur der Kauf oder Verzehr von Produkten, die als halal gekennzeichnet sind.

Alle nicken.

Halal als solches ist nicht wichtig, wichtig ist *das Streben nach Halal,* das eine fromme Handlung, ein Glaubenszeugnis, Anbetung und Weihe an Gott ist. Halal ist keine Speisevorschrift, sondern ein Weg der Frömmigkeit. In jeder Gruppe trennt eine unsichtbare Linie allmählich die Wissenden (die wir als »fromm« oder »devot, gottesfürchtig« bezeichnen werden) von den anderen (den »Gläubigen«). Eine Fromme erkennt man daran, dass die Gläubigen sie mit einer Mischung aus Bewunderung und Furcht betrachten, ihre Aussagen überbewerten, ihr lobende Kommentare machen und ihr die Aufgabe zuschreiben, sie zu erziehen und sogar ihre Aussagen zu überprüfen oder zu korrigieren.

Die Frommen erkennen ihre »Auserwähltheit« an und ziehen aus dieser Distinktion eine kaum verhohlene Befriedigung ... obwohl sie mit offenkundiger Demut behaupten, dass »niemand Autorität über irgend jemanden hat.« Bei den Schwestern gibt es keine Ostentation, echte Frömmigkeit muss bescheiden sein. Die Fromme fügt, wenn sie gelehrt doziert, sogleich hinzu, dass »nur Gott weiß ...« und »Gott ist der einzige Richter« et cetera. Die fromme Rede ist also daran zu erkennen, dass sie gleichzeitig sehr sicher, langsamer und klangvoller als andere ist, während sie hinter Formeln zurücktritt, mit denen sie die Macht oder Barmherzigkeit Gottes anerkennt.

Die authentisch fromme Frau muss den *Dschilbab* tragen, der unter einem großen Schleier die gesamte Körperform verbirgt und nur die Hände und das Gesicht freilässt. Einige gläubige Frauen in den Diskussionsgruppen trugen ein einfaches Kopftuch, das man als zu kurz oder zu locker empfand (das Kopftuch fiel über die Schultern oder ließ einen Teil des Halses sehen). Ihr Körper war nicht ausreichend geharnischt worden, um sie als »Fromme« bezeichnen zu können.[435]

Nach Maryams Aussage entglitt uns das Gespräch. Wir haben einen Ort der Gemeinschaft und des Bekenntnisses betreten, wir sind keine Akademikerinnen mehr, sondern Frauen, die als Zeuginnen genommen werden, eine als Muslima, die andere als Nicht-Muslima identifiziert.

Kleider machen Leute

Die meisten der Frauen kannten sich vor dem Treffen nicht. Lina, eine der Teilnehmerinnen, die als einfache Gläubige auftrat, sich aber laut eigener Aussage zunehmend zum Islam hingezogen fühlte, hatte sie eingeladen und die Gäste gemäß unseren Anweisungen informiert, dass wir über Halal sprechen würden. Viele hatten mit der Begründung abgelehnt, dass sie sich nicht gut genug mit dem Islam auskannten, aber einige waren trotzdem gekommen.

Zu Beginn der Sitzungen war die Schüchternheit spürbar. Als wir vor der Sitzung die Stühle im Kreis aufstellten, vertrauten uns einige offensichtlich ängstliche Teilnehmerinnen an: »Halal ist wie das Kopftuch, es bedeutet nichts«, »die Kutte macht nicht den Mönch«, »Nur weil man bei Gott schwört, ist man noch lange nicht ehrlich«, »Es gibt Heuchlerinnen (*nifaqiat*), die den Schleier tragen, aber in Wirklichkeit tun sie nichts ...« Diese Frauen wollten uns zu verstehen geben, dass die äußeren Zeichen der Frömmigkeit nichts über die Intensität des Glaubens oder die Zugehörigkeit zum Islam aussagten. Indem sie diejenigen, die den Schleier trugen, ohne wirklich fromm zu sein, als Heuchlerinnen anprangerten, machten sie deutlich, wie wichtig es in ihren Augen war, dass das Innere und das Äußere übereinstimmten.

Trotz dieser anfänglichen Bedenken dauerte es nur wenige Minuten, bis die fromme Maryam mit ihren Worten, ihrer Haltung und ihrer Körperhaltung den Kreis, der sich um sie herum gebildet hatte, hypnotisierte. Sie schwankten zwischen Bewunderung, Misstrauen und der Angst, der Aufgabe nicht gewachsen zu sein.

Kollektive Verantwortung

Die gläubigen Frauen hatten ein starkes Bedürfnis, über Religion zu sprechen. Sie sagten, dass sie außerhalb der Moschee keine Gelegenheit dazu hätten und sie sich dort, wie sie sagten, durch den kontrollierenden und überwachenden offiziellen Sprachgebrauch eingeschränkt fühlten.

Gleichzeitig befürchteten sie, nicht legitimiert zu sein, »im Namen der Religion« zu sprechen, einen »falschen Schritt« zu machen oder sich zu »irren«. Sie erklärten, dass, wenn sie sich irrten, auch verantwortlich dafür seien, ihre »Glaubensschwestern« in die Irre zu führen.

Die fromme Maryam beruhigte sie: Es sei normal, Muslima zu sein und den Islam nicht zu kennen ... vor allem in Frankreich.

Dennoch, der Islam ist die Chance für Muslime, denn »im Islam« gibt es für alles eine Antwort, für alle Dinge des Lebens. Er ist ein Gesetz und eine Wissenschaft, die ALLES regieren und über ALLEM stehen, betonten die frommen Frauen.

Maryam: – *Ich folge zuerst dem göttlichen Gesetz und erst danach dem Gesetz der Tierärzte. Was ich damit sagen will, ist, dass jede Sache, die uns gesagt wurde, jede Sache, die uns als Pflicht auferlegt wurde oder die uns verboten wurde, was uns ›halal‹ gemacht oder aber ›haram‹ verboten wurde, wurde uns mit Erläuterungen herabgesandt.*

Jedes Ding hat seine Erläuterung! Weshalb ist es haram? Warum ist es halal?

Wird es belasten (am Tag des Jüngsten Gerichts)?

Alles hat Ursache und Wirkung, so ist das ... Wenn man also den Koran liest, weiß man, dass man dem Tier die Kehle durchschneiden muss, man weiß, warum man die Kehle durchschneidet, man hat uns erklärt, wann, zu welchem Zeitpunkt, das Blut etwas (Schlechtes) bewirken wird, wenn das Tier Angst hat ... ALLES! All das steht geschrieben! [...]

Die Vorstellung, dass alles, wirklich ALLES, in der Religion enthalten ist, und Maryams Beharrlichkeit, sie mit dem beängstigenden Moment des Jüngsten Gerichts zu überzeugen, ließen die einfachen Gläubigen im besten Fall ratlos, im schlimmsten Fall misstrauisch zurück.

Einerseits zeigten sie einen starken Wunsch nach Individualisierung der Praxis (»mein eigener Islam«, »ich lasse mich nicht von diesen [frommen] Frauen beeindrucken«, »im Islam hat niemand Autorität über irgend jemanden«), andererseits gaben sie zu, dass sie nicht so gut über den Islam sprechen konnten wie Maryam.

Die Fromme beruhigte sie – »die rechtgeleitete Gemeinschaft kann nicht irren« – und wiederholte damit einen Satz, den Fréristen, liebend gern in Erinnerung rufen.

Die gläubigen Frauen waren in widersprüchlichen Gefühlen gefangen: Einerseits eine deutliche Versteifung (sichtbar an den steifen Körpern und den versteinerten Gesichtszügen) angesichts der ›Lektionen‹ dieser ›zu‹ frommen Frau, deren Reden ›extrem‹ erschienen, andererseits aber auch Skrupel sowie die Angst, sich selbst und andere zu täuschen.

Rania versucht, das Tabu zu brechen und die Frommen herauszufordern. Sie scheitert jedoch und wird auf ihre Einsamkeit zurückgeworfen. Als gläubige Frau, die nur einen schulterlangen *Hidschab* trägt (ansonsten ist sie westlich gekleidet), erzählt sie eine Anekdote über diese Neubekehrten, die einem ihre Sicht der Religion aufzwingen wollen. Die fröhliche und spontane Rania möchte die Atmosphäre auflockern und zeigen, dass sie sich von den Frommen nicht beirren lässt. Mit ihrem Marseiller Akzent erzählt sie von ihren Problemen mit ›Damen‹ aus ihrem Viertel, die sie vorsichtig, aber mit ihrem starken Akzent auf jeder Silbe betonend, als »un-peu-trop-into-lé-raantes« (ein bisschen zu intolerant) bezeichnet, ohne natürlich die Frommen in der Gruppe anzusehen. Sie will damit ihre Verärgerung ausdrücken über die Kontrolle durch diese Frauen, die die Religion benutzen, und die Versammlung darin verwickeln. Aber ... wir sind nicht mehr »in der Küche«, und niemand lacht. Rania hört das Echo ihrer eigenen Worte und endet entnervt damit, sich vor einer Versammlung zu rechtfertigen, die sie, wenn schon nicht als feindlich, so doch zumindest als verurteilend wahrzunehmen scheint.

Rania: – *Ich hatte ein Kleid angezogen, etwas zu, nur die Arme waren durchsichtig, weil, naja ... und da ist eine Dame, die auf mich zukommt und lächelt, also dachte ich automatisch, dass sie mir Hallo sagen wollte! Sie sagt: »Ja, ich wollte mit dir reden, weil, weißt du, die Art, wie du angezogen bist, äh ... ist haram ... hm hm.«*

Salma (eine Gläubige), etwas verlegen und in einem Tonfall, der nicht überzeugt, unterstützt freundlicherweise Rania und sagt: – *Oh là là!*

Rania: – *Also, ich fange wirklich an, äh, in meinem Gehirn, ich denke mir, entweder ich beschimpfe sie, oder ich höre ihr zu, ich lasse sie ausreden! Sie sagt zu mir: »Weißt du, da war mal ein Herr, der ist ausgegangen, der ist gestorben ...« Aber warum erzählt sie mir das? Ein Herr ist von einem Tag auf den anderen gestorben ... weil ich ein durchsichtiges Kleidungsstück angezogen habe??? Hm hm.*

Also ich habe gesagt: »Hör mal, mir ist heiß! So ist das halt, und außerdem, Gott, er wird über mich urteilen, wie er will, also, auf Wiedersehen!«

Rania fährt mit der Erzählung fort, die sie wieder zu durchleben scheint, und in genervtem Tonfall ... (der Ton wird lauter):

– *Das hat mich sehr geärgert! Den ganzen Tag lang hat es mich ge-är-gert, ge-nervt!*

Ich habe es jedem erzählt. Ich bin doch normalerweise ein Mensch, der antwortet!

(der Tonfall sinkt)

Aber jetzt, ich weiß nicht warum ... Ich habe ihr nicht geantwortet, ich hätte sagen können: »Hör zu, kümmere dich um deinen eigenen Kram ...«, aber das habe ich nicht getan.

(peinliches Schweigen)

Rania erhält von der Gruppe keine wirkliche Unterstützung, keine sagt ihr, was sie erwartet hätte: dass sie Widerstand hätte leisten sollen oder dass sie Recht hatte. Es gibt keine Solidarität. Sie wird ihrem Gewissen überlassen. Wenn Rania die Gruppe nicht zum Lachen gebracht hat, dann weil diese sich fragt: Hatte die Frau, die sie zur Rede gestellt hat, nicht recht? War es nicht ihre Pflicht, Rania an ihre Verantwortung zu erinnern? Das Gespräch geht weiter über die Aufgabe der »Warnung« beziehungsweise »Ermahnung«.[436]

Ermahnung beziehungsweise »Warnung« beziehungsweise das Erlernen der Daʿwah

Salma, eine einfache Gläubige, behauptet, dass nur Gott richten kann. (Mit diesen Worten behauptet Salma, dass Rania keine Ausrede hatte und dass Gott sie richten wird, was für Rania natürlich verletzend ist, die dann nichts mehr sagt). Salma spricht aus, was die schlimmsten Dinge sind:
Salma (eine Gläubige) : – *Gott allein richtet! [...] Selbst die schlimmsten Dinge können vergeben werden, zum Beispiel kein Kopftuch zu tragen, einen Nicht-Muslim zu heiraten, die Religion in Frage zu stellen.*

Salma ist eine Sozialarbeiterin aus der Mittelschicht, die keinen *Hidschab* trägt, sich aber als sehr gläubig und nicht immer praktizierend bezeichnet («Aber ich komme nach und nach dazu« – Antwort im Chor: *inschallah*). Sie führt aus, was für sie die Hauptsünden sind: Unzucht (provoziert durch unangemessene Kleidung der Frauen), Heirat mit einem Nicht-Muslim und Apostasie (erhöhtes Risiko in der Diaspora durch Heirat mit einem Nicht-Muslim). Diese drei Sünden gelten quasi als religiöse Verbrechen, die mit den schwersten (irdischen und/oder überirdischen) Strafen (so Gott will) belegt werden können.

Die fromme Maryam antwortete Salma, dass Gott zwar vergeben könne, dass es aber jedem Gläubigen obliege, sich des Erlaubten und Unerlaubten zu besinnen, und vor allem jedem Gläubigen, andere diesbezüglich zu ermahnen.[437]

Es liegt in der Verantwortung des Muslims, den anderen darauf hinzuweisen, dass er eine Sünde begeht oder begehen wird, und diejenigen, die »vom Weg abgekommen« sind, zum Islam zurückzuführen. »Das Verhalten der Anderen zu kontrollieren bedeutet nicht, sich für Gott zu halten«, korrigiert die fromme Maryam Salma, »es ist eine *Pflicht*, um *zu Gott hin zu führen.«*

Maryam erwidert zu Rania, die sagte, sie erlebe diese Ermahnungen als eine Art »Druck«, dass es nur darum gehe, zum Weg des Herrn »zurückzurufen« (*fi sabili Llah*). Sie räumt ein, dass das Richten eines Muslims eine Sünde ist – denn nur Gott kann richten –, aber die Ermahnung (oder Warnung) ist eine Daʿwa, eine Aufforderung, eine Irrende oder einen Irrenden auf den Weg Gottes zurückzuführen. Für Maryam ist das Warnen eine religiöse Pflicht, aber es gibt eine Art und Weise, wie man das tut. Die Warnung sollte »mit Sanftheit« ausgesprochen werden. Mit sanfter, beruhigender Stimme nennt sie einige Beispiele:

Maryam, zum Beispiel: – *Meine Schwester, du solltest dich womöglich um deine Kinder zu Hause kümmern, um sie im Islam zu erziehen, beziehungsweise vermeiden, Orte aufzusuchen, wo* Schaitan *(Satan) haust.* Oder: – *Musst du wirklich arbeiten gehen? Was ist mit deinen Kindern?*

Rania, zurückhaltend: – *Nicht alle sind auf dem gleichen Stand.*

Wie für Rania gilt auch für die gläubige Salma, es gibt nur einen Islam und »nicht alle sind auf Stand.« Die Religion ist eine Einheit, der Wissensstand eines Muslims findet sich auf einer Skala je nach Stärke wieder. Die Salafis (ein respektvoller Ausdruck für die frommen Muslime) befinden sich auf einer hohen Stufe der muslimischen Orthopraxie.

Und obwohl die Gläubigen anerkennen, dass die Salafis eine andere religiöse Ausrichtung vertreten als die Religion, die ihnen selbst von ihren Eltern mitgegeben wurde, betrachten sie das als eine Frage der Erziehung und der Intensität der Religionsausübung, des »Grades« der Religiosität. Sie, die Gläubigen selbst, kennen den wahren Islam nicht oder haben (noch) nicht ausreichend darüber gelernt.

Für die Gläubigen ist die Orthopraxie der Frommen eine »extrem erhabene« Form der Gottesverehrung und dies umso mehr, je »leichter« sie daherkommt.

Die Botschaft der Salafis ist »gerecht«, sagt Salma, vorausgesetzt, sie wird »sanft« verbreitet.

Salma, die unverschleierte Sozialarbeiterin, gibt zu, dass sie noch nicht so ganz, wie es sein sollte im Islam angekommen ist, da sie Bauchtanz unterrichtet, eine Tätigkeit, von der sie vor der Gruppe bekennt, dass das *haram* (Sünde) ist.

Salma: – *Können wir wieder auf die Salafis zurückkommen? Wenn ich extrem sage, dann meine ich mich selbst. Man kann in seiner Leidenschaft, seiner Malerei, seinem Tanz extremer sein als andere, und man kann das entweder negativ oder positiv darstellen ... Die Salafis sie sind stärker in der Frömmigkeit. Das bedeutet nicht, dass sie in den Himmel kommen, das weiß nur Gott!*
Sie streben danach, sich auszuzeichnen, also sind sie im Vergleich zu uns extrem. Aber wenn ich extrem sage, ist das nicht negativ gemeint!

Es kann auch positiv sein! Es ist wieder mal das Fernsehen, das von Dschihadisten, Extremisten und so weiter spricht.
Ich aber finde, die Salafis, die sind in frommer Hingabe, sie wollen sich auszeichnen.
Die Leute werden sich angegriffen fühlen, wenn die Salafis sie zur Ordnung rufen, aber das liegt daran, dass sie nicht auf gleicher Höhe sind (die stehen höher)!
Es gibt Menschen, die Salafis sind, sie sind maßvoll, sie können die Dinge auseinander halten, aber es gibt andere, diese wollen zu hart vorgehen, »Dein Kopftuch, du hast es falsch angezogen, dies, das ...«
Sie sollten langsam vorgehen! Sie sollten warten, bis jemand kommt und ihnen die Frage stellt. Es ist Gott, der die Person zu ihnen führen wird. Und wenn niemand kommt, um sie zu fragen, dann sollten sie nicht versuchen, etwas durchzusetzen. Meiner Meinung nach sollten sie nur dann ermahnen, wenn eine Person danach sucht. Gott leitet, wen er will, und führt in die Irre, wen er will. Gott hat uns hier versammelt, damit wir diese Diskussion führen können. Es gibt keine Zufälle. Es gibt Situationen mit Predigern, manche werden sagen, da wird ›indoktriniert‹, andere ›geleitet‹, kurzum, es gibt Uneinigkeit.
Aber wenn es leicht daherkommt, ist es Gott.

Maryam, die sich von Salmas Beschreibung angesprochen fühlt, unterstützt:
Maryam: – *Man muss flexibel sein, man darf jemanden nicht in die Religion zwingen, sonst provozierst du Hass. Allein durch mein Verhalten, das wird dich zur richtigen Religion führen.*

Frömmigkeit wird von Salma als eine Form der Religionsausübung beschrieben, die »ein wenig übertrieben« ist; Werte, Doktrin und Missionseifer der Religion als solche sind jedoch unanfechtbar. Es gibt keinen Bruch zwischen diesem »anspruchsvollen« Islam und dem Islam ihrer Erziehung, der als zu tolerant oder sogar nachlässig angesehen wird: Es ist eine Frage des Niveaus und der Bildung.

Den authentischen Islam zu lernen bedeutet, ihn durch das Sieb der Überlieferungen zu streichen, die mit dem *Islam nichts* zu tun haben, es bedeutet, seinen Glauben zu stärken und sich durch Hingabe auszuzeichnen.

Am Ende der Sitzung vertraut die besorgte Salma zwei oder drei anderen Gläubigen an: »Es ist besser, wenn ich mit dem Tanzen aufhöre ... es stimmt ... es ist haram.«[438]

Das Verhältnis zur religiösen Norm

Bevor wir einige der strategischen Konzepte beschreiben, auf denen die Indoktrination beruht, wollen wir kurz einige Merkmale des Verhältnisses zur religiösen Ordnung beschreiben, wie sie in der Dynamik dieser Gruppe zur Geltung kommt: ein Verhältnis zur Norm, das wir als fundamentalistisch bezeichnen, da es eine *legalistische* (der Islam ist ein Regelwerk), *literalistische* (der Text muss buchstabengetreu angewendet werden), *dogmatische* (der Text ist heilig und deckt nur eine einzige mögliche Interpretation ab) und *integralistische* (er gilt für alles, an jedem Ort und zu jeder Zeit) Sichtweise in den Vordergrund stellt.

Es wird hier nicht behauptet, dass dieser fundamentalistische Bezug derjenige ist, den jede Teilnehmerin der Umfrage tatsächlich im Alltag gegenüber der Norm einnimmt (das konnte die Untersuchung nicht aufzeigen), aber es ist das Ideal, das gepredigt wird, und an diesem Ideal misst jede sich selbst und andere.

Die Unterstellung der guten Absicht: Wer schweigt, stimmt zu

Während der Sitzungen wurde mehrmals von verschiedenen Teilnehmerinnen darauf hingewiesen, dass »die Absicht (*niya*) (nach Halal oder dem Weg Gottes zu streben) zählt.« Das Ziel ist nicht, *halal* zu konsumieren, sondern das Streben nach dem Halal. »Das Wichtigste ist die Absicht«, wurde wiederholt.

Ausnahmslos alle Frauen stimmten darin überein, dass das Verhalten desjenigen, der ein Produkt kauft oder konsumiert, das sich letztlich als nicht halal erweist, in einigen Fällen als ›islamischer‹ angesehen werden kann als das Verhalten desjenigen, der bloß nach dem Halal-Siegel sucht.[439] Nicht halal zu essen ist nicht immer und zwangsläufig verwerflich. Es ist die Absicht, die zählt, und diese Absicht kann nur von Gott erkannt werden.

Diese Interpretation scheint im Widerspruch zu der Vorstellung zu stehen, dass es eine perfekte Übereinstimmung zwischen dem Äußeren und dem Inneren geben muss. In Wirklichkeit führt sie jedoch dorthin. Im Zweifelsfall muss man von der guten Absicht desjenigen ausgehen, der versehentlich gesündigt hat. Dies verhindert, dass der Geist des Verdachts, der zu Konflikten und *fitna* (Unruhe; was die Brüder verabscheuen) führt, sich ausbreitet. Man sollte immer sanft vorgehen und daran denken, dass, wenn der Muslim nicht korrekt und authentisch handelt, Gott ihn noch nicht auf den richtigen Weg gebracht hat, ihn noch nicht auserwählt hat. Er ist nur ein verirrter Muslim, der dabei ist, seinen Weg zu finden (es sei denn natürlich, er hat sich ausdrücklich gegen das Gesetz Gottes ausgesprochen, dann ist er bloß ein Apostat). Dem passiven Sünder (der sich nicht mit seiner Sünde rühmt) wird also latent die Absicht unterstellt, sich anzupassen: »Sie wird *halal* essen, den Hidschab tragen, nicht mehr in Clubs ausgehen, alle ihre Gebete verrichten, *inschallah* (so Gott will).«[440]

Es gibt keine anderen Wege als den Weg, der zu Gott führt.

Mit diesem ›noch nicht‹ behandelt die Umma das »randständige« Individuum wie einen Verirrten, der eines Tages, *inschallah*, wie das Schaf zu seiner Herde zurückkehren wird.

Daraus folgt, dass der Einzelne, der mit dieser Regel oder Regelauslegung grundsätzlich nicht einverstanden ist, nicht gegen Argumente (ihm wird Schweigen entgegengebracht), sondern gegen eine kollektive Annahme kämpfen muss: Er ist noch nicht das, was er sein sollte, ein guter Muslim, aber er wird es sein, *inschallah*.

Die Unterstellung der Absicht ist ein wirksamerer Anreiz zum Gehorsam als ein Vorwurf (»Du tust es nicht, es ist falsch.«), da sie absolut nicht verhandelbar ist. In diesem totalen und übermächtigen Konzept gibt es nichts außerhalb des Islams. Insbesondere Frauen feuern die Massen nicht wie männliche Prediger an, sondern machen »behutsam« und mit Geduld klar, ... dass kein anderer Weg möglich ist.

Die Ökonomie der persönlichen und kollektiven Erlösung: Das eigene Leben und das der anderen zu einer frommen Handlung machen

Es wird angenommen, dass ein Muslim, der nicht im Einklang mit dem göttlichen Willen handelt, *noch nicht* auf den richtigen Weg gebracht worden ist. Und dass dies noch kommen wird, »wenn Gott es will.« Dennoch darf der Gläubige nicht passiv darauf warten, dass er auserwählt wird. Seine Taten sind maßgeblich.[441]

Die Frauen, die in den Fokusgruppen zu Wort kamen, halten – ebenso wie die von Max Weber beschriebenen Calvinisten – die göttliche Gerechtigkeit nicht für erforschbar, denn das hieße, »in die Geheimnisse Gottes einzudringen«; und auch für sie gibt es keine Heilsgewissheit (*certitudo salutis*).

Doch das irdische Leben ist nur eine Vorstufe zum Jenseits, eine Reihe von Prüfungen, die ihre Liebe zu Gott beweisen sollen, indem sie sich alles verbieten, was Er nicht erlaubt, und alles begünstigen, was Er will, indem sie gute Taten *für sich und für die anderen* anhäufen, das Gute gebieten und das Tadelnswerte verbieten.

Über irdische Handlungen wird gewissenhaft Buch geführt (*hassanat* und *sayyiat*), die man für sich selbst, aber auch für die Gemeinschaft anhäufen kann. Die individuelle Erlösung ist mit der kollektiven Erlösung verbunden. Neben der Erfüllung seiner eigenen Pflichten gegenüber Gott ist es wichtig, dass der Gläubige auch für das Heil seiner Nächsten arbeitet. Es ist notwendig und sogar vorteilhaft, die »Irregeleiteten«, das heißt Muslime, die sich noch nicht wirklich auf dem Weg Gottes befinden, aber notwendigerweise danach streben (außer, wie bereits erwähnt, wenn sie offene Feindseligkeit äußern: Blasphemie und so weiter), davon zu überzeugen, da dies *hassanat* einbringt.

Nicht-Muslime werden als potenzielle Muslime betrachtet, die vielleicht, *inschallah*, die Chance bekommen, Muslime zu werden. Die Einladung, den Islam anzunehmen, ist eine besonders hochangesehene Verehrung Gottes in der Hierarchie der frommen Taten, und das wird am Tag des Jüngsten Gerichts reichlich gewürdigt. Einen Nicht-Muslim zu bekehren ist eine der am höchsten belohnten Handlungen (und ein nichtmuslimischer Ethnograph kann Zugang zu wertvollen Informationen über die Techniken der Bekehrung erhalten).

Das Paradies liegt unter den Füßen der Mütter

Die Frau als Mutter und Ehefrau, die für den familiären Bereich verantwortlich ist, spielt in der Verkündigung eine zentrale Rolle, da gemäß der Rollenverteilung, die durch den Koran, die Sunna und das prophetische Vorbild vorgegeben ist, die Erziehung der Gemeinschaft auf ihr lastet. Ihr wird eine natürliche soziale Rolle zugeschrieben, die, wenn sie richtig eingeordnet wird, für die Daʿwa von entscheidender Bedeutung ist. Die Frauen in der Fokusgruppe schienen sich dessen übrigens besonders bewusst zu sein. Gleichzeitig waren sie sehr schnell bereit, sich selbst zu kritisieren, da sie der Meinung waren, dass sie von Natur aus zu geschwätzig und oftmals verleumderisch seien.

Sie erkannten der Frau eine anspruchsvolle und vorbildliche Rolle zu und wiederholten den (als schwach geltenden) sehr beliebten Hadith, der oft dazu dient, sie in die Rolle zu zwingen, die Fundamentalisten ihnen zuweisen: »Das Paradies liegt unter den Füßen der Mütter.« Die Frau maximiert ihre Chancen auf Erlösung durch Mutterschaft, und je mehr Mutter sie ist, desto besser wird die Abrechnung für sie am Tag des Jüngsten Gerichts ausfallen.

Das tägliche Handeln fügt sich in die Religionsausübung ein und nicht umgekehrt

Für einen frommen Muslim, so erklären die frommen Frauen den gläubigen Frauen, ist das tägliche Handeln in die Religionsausübung eingebettet und nicht umgekehrt. Das Leben darf nicht in einen profanen und einen heiligen Moment unterteilt werden: »Alles während der fünf täglichen Gebete und nichts in der übrigen Zeit!« Riten wie die fünf Säulen des Islams können eine spirituelle Bedeutung haben, aber ihr Grund ist die gleichzeitige Disziplinierung des Geistes und des Körpers.

Die fromme Absicht muss ständig vorhanden sein, das Leben muss Anbetung sein: Denken an und Handeln für Gott, und »Er« wird eingreifen, um Gnade zu verteilen. Die Einhaltung der obligatorischen Rituale ist unerlässlich, stellt aber nur ein pädagogisches Minimum dar. Sein täglich benutztes Vokabular zu bereichern oder abzuändern, um seine Sätze mit Referenzen auf Gott zu spicken, anflehende Gebete hinzufügen oder eine Anrufung (*dua*) und Fastentage, ist vorzuziehen. Die rituellen Handlungen (*ibadat*) durch die strikte Befolgung der *muamalat* (Regeln und Bestimmungen in den sozialen Beziehungen) ergänzen – das ist der Beginn des Pfades zu Allah.

Zu diesen Regeln gehören das Essen und Kleiden nach dem Gesetz, die Arbeit in einem Unternehmen, das Halal-Produkte verkauft oder eine islamische Ethik hat (die sich an die Scharia hält), alles fromme Handlungen, die zur individuellen und kollektiven Erlösung führen. Im Gegensatz dazu müssen gottlose Handlungen wie das Nichtbeten oder die Arbeit in einem Unternehmen, das unerlaubte Getränke herstellt, unterlassen werden, da sie *sayyiat* (schlechte Punkte, die negativ gezählt werden) mit sich bringen.

Die »Entscheidungen« der frommen Musliminnen werden auf der Grundlage einer individuellen und kollektiven Kosten-Nutzen-Rechnung getroffen, die sowohl die irdische als auch die überirdische Welt umfasst. Unablässig das Gute suchen und das Schlechte fernhalten für sich selbst und seine Gemeinschaft. Das Ergebnis ist, dass der unbestimmte Raum, diese Zeit und dieser Raum der Freiheit für sich selbst, tendenziell schrumpft. Die Furcht wächst und der Einzelne verlernt allmählich, auf seinen freien Willen zu hören, und vertraut »den Wissenden«, was zu Gehorsam, Resignation und schließlich zur Unterwerfung führt.

Leben im Halal

Natürlich gibt es unterschiedliche Interpretationen der Texte, wie jeder am eigenen Leib erfahren muss. Dann stellt sich die Frage nach der Autorität: Wer besitzt die richtige Interpretation? In einem postmigrantischen Kontext der Akkulturation und des Verlusts institutioneller Bezugspunkte in einer Umgebung ohne muslimische Tradition besteht die vom Salafismus auferlegte Tendenz darin, die strengste Auslegung als die am höchsten islamische zu betrachten. Man darf nicht Gefahr laufen, unterhalb den göttlichen Anforderungen zu bleiben. Also fordern wir von uns selbst so viel wie möglich, bis hin zur Selbstaufgabe!

Das Problem ist nicht mehr, nicht verschleiert zu sein, sondern schlecht (nicht ausreichend) verschleiert zu sein; das Problem ist nicht mehr, nicht *halal* zu essen, sondern nicht *wirklich halal* zu essen und so weiter.

Die Gläubigen in den Fokusgruppen waren weit davon entfernt, sich dieser restriktiven Formel anzuschließen: »Im Zweifelsfall enthalte dich; wenn du nicht sicher bist, dass deine Handlung erlaubt ist, dann befindest du dich bereits im Bereich des Unerlaubten.« (Zum Beispiel: »Wenn du nicht weißt, woher dieses Fleisch kommt, ob es erlaubt ist oder nicht, dann iss es nicht.«) Sie zogen es vor, »zu vertrauen«. Aber die Beispiele, die sie anführten, widersprachen ihrer Behauptung, sodass die Tendenz eher dahin ging, im Zweifelsfall Abstand zu nehmen. Wenn es um den Kauf von Fleisch ging, vergewisserte man sich, dass es einen Halal-Stempel hatte, wenn man ein nicht gestempeltes Fleisch kaufte, hatte man das Gefühl, eine Übertretung zu begehen. Eine Einladung zum Mittagessen bei einem Nicht-Muslim anzunehmen, war ihrer Meinung nach »durchaus möglich«, aber in der Wirklichkeit geschah dies »eher selten.«

Die Bereiche des Verbotenen und Geächteten neigten also dazu, an dem Unbestimmten, diesem Freiraum in ihrem Alltag, zu knabbern, obwohl sie das Gegenteil schworen. Die ständige Suche nach dem Erlaubten war nicht mehr eine Möglichkeit, sondern eine Notwendigkeit oder Pflicht, zumal auf Produkte für Muslime in Supermärkten inzwischen mit *halal* »hingewiesen« wird. »Es gibt keine Ausreden«, meinte dazu Iman.

Je mehr Platz der soziale Raum dem einräumt, was der Markt als muslimische Praktiken bezeichnet, mit anderen Worten, je größer der Halal-Markt wird, desto schwieriger wird es, sich den »Ermahnungen« der Frommen zu entziehen.

Der Halal-Markt (erlaubt) soll die Gläubigen beruhigen und die Unbestimmtheit, die nach der fundamentalistischen Norm nur Sünde ist, ausmerzen. Der Halal-Markt bietet den Gläubigen zunehmend Sicherheit, dadurch werden die aber immer ängstlicher. Angesichts dieser nicht mehr zu ertragenden Unsicherheit ist der Rückgriff auf die Umma, die zustimmt, missbilligt und entscheidet, verbindlich, aber auch beruhigend. Die Unterstellung der guten Absicht – dieser Wille kommt nur etwas später (zum Vorschein), kann aber keineswegs fehlen bei demjenigen, der die Frömmigkeit bloß *noch nicht* zeigt – hält den schuldbeladenen Gläubigen im Schoß der Umma.

»Halal zu leben« ist ein Weg, Gott zu ehren. An diese Vorstellung von Ordnung lehnen sich die Fréristen an, um die Gläubigen zu einer kollektiven Kontrolle von Seele, Geist und Körper zu veranlassen. Sie stützen sich dabei auf die Frauen, die für die Grundbedürfnisse zuständig sind, sie bürden ihnen die kollektive Verantwortung für die Norm auf, indem sie die Körper einsperren und die Gedanken kontrollieren. Ist das Paradies unter den Füßen der Mütter das nicht wert? Die Antwort muss jeder Einzelne finden.

Die Themen der Indoktrination

Im Laufe des Gesprächs in den Fokusgruppen kristallisierten sich die wichtigsten Themen der Indoktrination heraus, die wir bereits oben gesehen haben und die für die islamische Bewegung charakteristisch sind: 1. die Einheit der *Umma* (Kampf gegen die Uneinigkeit); 2. die Rückkehr zum authentischen Islam durch die Läuterung der Gemeinschaft; 3. der Kampf gegen den Abfall vom Glauben; 4. die Furcht vor dem Jüngsten Gericht und 5. die Viktimisierung.

Einheit der Umma (Tauhid) / Bekämpfung der Uneinigkeit unter Muslimen (Fitna)

Mit einem anderen Muslim muss Einigung angestrebt werden, unabhängig davon, wer er ist. Dies bedeutet, insbesondere in einer Minderheitensituation, dass man Uneinigkeit in der Gemeinschaft niemals nach außen, das heißt vor Nichtmuslimen, öffentlich machen sollte. Dies könnte das Image des Islams »beschmutzen«. Die Einheit der Umma muss angesichts der Bestrebungen des Feindes, sie zu spalten, bekräftigt werden. Die Bezeichnungen »Salafisten« oder »Islamisten« sind nur Ablenkungsmanöver, Erfindungen des »Fernsehens«, um die Muslime zu spalten.

Maryam: – *Aber wo siehst du Menschen mit abgehackten Händen?*
Kahina, mit angewidertem Blick: – *In Tunesien fordern die Salafisten dieses Gesetz.*
Maryam: – *Sag nicht leichtfertig Salafist ... Salafi ist jemand, der dem Kitab* (dem Buch, das heißt dem Koran) *und der Sunna folgt, jemand, der Salafi ist, ist tolerant, er versteht den Kitab und die Sunna, wenn du Salafist sagst, sind das Wörter aus dem Fernsehen, das bedeutet nichts, es gibt nur einen Islam.*

Wie wir oben gesehen haben, gelten *Salafis* als gottesfürchtig und streben nach Exzellenz, im Guten, und manchmal, »das ist bedauerlich«, im

Schlechten (wie der IS, den sie scharf kritisieren, weniger in seiner Ideologie als in der Vorgehensweise), aber das sind Kollateralschäden, die verschwinden werden, wenn die islamische Gesellschaft erst einmal da ist. Dazu müssen die Muslime in allem und überall zu ihrer Religion, der Religion der frommen Altvorderen, zurückkehren.

*Gegen die Abspaltung kämpfen: Muslime in Gefahr,
ihren Islam zu verlieren*

Die Vorstellung, dass die Muslime dabei sind, ihren Islam zu verlieren, ist einer der Hebel der Indoktrination. Die Muslime seien durch die Kolonialisierung geschwächt worden, heute würden sie durch die Integrationspolitik und, insbesondere in Frankreich, »durch den Säkuralismus« misshandelt. Die Devise der Republik, wird als »Heuchelei« wahrgenommen.

Maryam (fromm) : – *[...] Wenn wir die Religion richtig befolgen würden, wären wir nicht die Dritte Welt, wie sie sagen ... Weil wir das Wichtigste haben, wir haben unsere Lebensweise, wir haben unsere Glaubenssätze, wir haben unseren Koran, wenn wir ihn befolgen würden, wären wir die Besten, aber gut ... Um das zu erklären, muss man auf die Kolonisierung zurückgehen, denn als es die Kolonisierung gab, was haben sie getan? Am Anfang haben sie Leute geschickt, um das Christentum zu lehren, um die Schulen zu schließen. Denn wenn das Volk nicht unterrichtet wird, es nicht kultiviert wird, kann man mit ihm machen, was man will ...*
Salma unterstützt: – *Genau ...*
Maryam fährt fort: – *... wer sagt Schluss mit der Kultur, sagt: vorbei mit dem Lesen; also auch keine Koranlektüre mehr! Und wenn man den Koran fallen lässt, ist man ... hat man keinen Weg, dem man folgen kann, oder man folgt nicht dem richtigen Weg.
Sie machten mit uns, was sie wollten. Früher folgten wir der Religion, es war der Maghreb, es war ein einziges Land, es war die gleiche Religion, das gleiche Gesetz, der gleiche König, das heißt, es war ... Aber als sie die Schulen geschlossen haben ...*
Salma: – *Die Leute müssen sich in Frankreich mit seiner Kultur integrieren, das ist Arbeit, es ist nicht wie bei den Muslimen, die in ihrem Gebiet leben, die haben es leicht. Gott hat uns hier in Frankreich auf die Probe gestellt ... (an Maryam gerichtet, die einen doppelten*

Schleier im Stil eines Dschilbab trägt) *und sogar Sie* (schaut auf ihren Schleier), *die diese schöne Identität haben, weil man sie sehen kann. Andererseits, Religion in einem Land ausleben, das ... äh ... das laizistisch ist ... das, äh ... ich denke, man muss sich anpassen ...*
Maryam: – *Nein, ich bin ganz und gar nicht einverstanden, Schwester ... Man muss sich an die Art und Weise der orientalischen Länder anpassen! Wir passen uns an die Nicht-Muslime an, wir passen uns an ihre Kleidung an, an ihren Lebensstil, also, es tut mir leid, aber: Warum sollten sie sich nicht an uns anpassen? Ich meine, das ist Gleichheit, denn »Liberté, Égalité, Fraternité« ist bloß Schein, in Wirklichkeit ist es völlig heuchlerisch. Also haben unsere Vorväter nur gedient, um an die Front zu kommen?! Ich ... es tut mir leid, es muss ein Geben und Nehmen sein!*
Malika fasst zusammen: – *Die Eltern, sie hielten Ramadan ab, Fastenbrechen, aber es gab keine wirkliche Religion.*

Soraya, Mitte 20, ist nicht verschleiert, trägt Make-up und geht, wie sie der Gruppe gesteht, »in Clubs.« So fasst sie ihr Leben als »Muslima außerhalb des Islams« zusammen. Im Gegensatz zu älteren Mitschwestern beziehungsweise denjenigen unter ihnen, die sich von den Frommen nicht beeinflussen lassen wollen – auch wenn sie ihnen letztlich immer Recht geben –, üben die Reden der Frommen auf Soraya eine unmittelbare und fast unwiderstehliche Faszination aus. Die junge Frau sieht darin die ultimative und vollständige Wahrheit. Sie stimmt dem Credo voll und ganz zu: Gott hat Gesetze geschickt, die man unbedingt einhalten muss. Daher fühlt sie sich umso mehr außerhalb des Islams.

Soraya erklärt, dass sie den Schleier nicht trägt und ihr unerlaubtes Tun fortsetzt, weil sie darauf wartet, »vollständig bereit« zu sein. Bereit, alles zu tun, was Gott von ihr verlangt, alles ohne Ausnahme und ohne Heuchelei. Für die junge Frau lautet das Bekenntnis zum Islam: »Alles oder nichts.«

Die »Ermahnungen« seien gerechtfertigt und notwendig, sie betrachtet sie nicht als eine Form der Kontrolle. Die Schuldigen, so Soraya, sind nicht diejenigen, die Mahnungen aussprechen, sondern diejenigen, die nicht den gesamten Islam »annehmen«, die nicht alles befolgen, was Gott von ihnen verlangt, die Heuchler, »die sich Ausreden einfallen lassen.«

Im Laufe des Gesprächs gesteht Soraya mit Tränen in den Augen, dass ihr Verhalten nicht muslimisch ist, dass sie in diesem Zustand das Feuer der Hölle riskiere, weil sie das Schlimmste sei, was es gibt: eine *kafira*, Ungläubige.

Als die gläubigen Frauen das hören, sind sie gerührt und besorgt und versuchen sofort, sie zu beruhigen und sie davon zu überzeugen, dass ... das unmöglich ist: *Sie kann nichts anderes sein als eine Muslimin*. Egal, wo sie in ihrem Leben steht und was sie tut, ihre Absicht ist zwangsläufig fromm, zumindest versuchen sie, diese »verirrte« junge Frau davon zu überzeugen.

Soraya muss gerettet werden.

Soraya: – *... eine Person wie ich, die nicht das Gebet verrichtet, wenn ich sterbe, kann ich nicht von einem Imam gewaschen werden (ihre Stimme zittert vor Aufregung)! Ich kann nicht in einem muslimischen Land beerdigt werden!*

Rania kommt ihr mit ihrer eigenen Verteidigungsstrategie gegen das Unerlaubte zu Hilfe: der Strategie des »wo kein Kläger – da kein Richter.« Ihre spontane Reaktion ist (noch) nicht vom Habitus der Gottesfurcht geprägt, da Rania sich vor allem um die gesellschaftliche Ächtung und die damit einhergehenden Schmähungen oder bösen Blicke sorgt.

Für die junge Soraya ist Angst vor einer sozialen Ächtung jedoch nur Heuchelei. Gott allein richtet, und er wird mit Sicherheit nicht gnädig mit den Sündern sein.

Rania: – *Aber wer hat ihnen denn gesagt, dass du das Gebet nicht verrichtet hast?*

Soraya: – *In der Religion ist das so! Man darf sich nichts vormachen ... äh ... um sich irgendwie zu beruhigen! Sagen »Ja, alles ist im Glauben und so weiter«, nein, man muss die Dinge beweisen ... sie zeigen!*

Salma (mit wohlwollender Ironie): – *Du bist also keine Muslima?*

Soraya (fest): – *Also bin ich keine Muslima!*

Rania (freundlich ungläubig): – *Dann bist du also Atheistin?*

Soraya (verzweifelt): – *Dann bin ich eben eine Ungläubige!*

Der Versuch, die Situation zu entspannen, hat keine Wirkung auf Soraya, die entschlossener denn je mit ihrer Beichte fortfährt.

Soraya: – *Ich bin gläubig, ich glaube an Gott, aber ich beweise die Dinge nicht. Also nein, man muss die Dinge sagen, wie sie sind, man muss die Dinge sagen, wie sie sind! Ich stehe dazu, ich bin kein Heuchler!*

Das Geständnis hat sich in eine Anklage verwandelt. Sorayas Worte führen zu einem Schweigen in der Gruppe. Dann fährt sie wie hypnotisiert fort und ihre Worte hallen im Raum wider.

Soraya: – *Wenn du stirbst, schlägst du mit dem Kopf auf, am Tag des Jüngsten Gerichts! Du wirst über die Brücke gehen, du wirst durch das Licht gehen ... das sind die frommen Leute ... aber es gibt andere, die werden in die Flammen gestoßen ... !*

Daraufhin mimt sie einen Dialog zwischen einem Engel und einem Verstorbenen, der bei ihm vorstellig wird.

Soraya: – *Warum hast du mich [in das Höllenfeuer] gestoßen? – Ich bin der Eeengel des Gebets, das du nicht verriiiichtet hast! Ich bin die Eeengel der Zakat, die du nicht gegeeeeben hast! Ich bin die Eeengel ...*

Als sie es nicht mehr aushält, unterbricht Rania sie und wird wütend.

Rania: – *Aber NEIN! Du kannst nicht sagen, dass du NICHT praktizierend bist! Du sagst doch, dass du den Ramadan einhälst! Du BIST praktizierend!*

Soraya ist still geworden. Die Spannung ist am Höhepunkt.

Ein Abfall vom Glauben ist undenkbar. Soraya muss beruhigt werden, ihre Zweifel können nur vorübergehend sein, denn sie IST eine gute Muslima. Das zeigt bereits ihre Furcht; Gott zu fürchten ist ein Glaubensbekenntnis. Und, wenn man es genau nimmt: Ist es nicht besser, einen übermäßigen Islam zu haben als gar keinen Islam?

Läuterung der Muslime: Rückkehr zum authentischen Islam

Die Kolonialmacht des Westens ist nicht allein für die Rückständigkeit der Muslime verantwortlich. Es liegt auch an der Nachlässigkeit der Muslime selbst. Die meisten Muslime haben ihre Religion nicht verdient, das Problem liegt nicht »im Islam«, sondern »bei den Muslimen«, bläuen einem die Frommen ein. Selbst »westliche Gesellschaften« zeigten sich mitunter »islamischer« als die Ursprungsländer. Die Muslime sollten ihren Rückstand aufholen und so die Nicht-Muslime zur Konversion bewegen.

Maryam: – *Ich habe eine Freundin, die ist Ärztin und hielt Vorträge; da kam ein schwedischer Kollege, sprach sie an und sagte:* »*Ich habe lange in einem muslimischen Land gelebt; geht nach Hause und tut, was der Koran euch aufträgt und kommt wieder her: Dann werden wir überzeugt sein. Verschwenden Sie nicht länger Ihre Spucke.« Wir verhalten uns nicht wie richtige Muslime ...*

Man begegnet hier dem Credo der islamischen Erneuerungsbewegung des 19. Jahrhunderts (Nahda), dass die Muslime für die Herrschaft, die über sie ausgeübt wird, selbst verantwortlich seien. Aber heute, im 21. Jahrhundert, werden nicht die Rechtsgelehrten beschuldigt, sich in unfruchtbaren Diskussionen zu verlieren und den muslimischen Fortschritt aufzuhalten, sondern es ist die Unwissenheit (in der die vorherigen Generationen von Muslimen von den Kolonialherren und Postkolonialherren gehalten wurden), die die Weitergabe des »wahrhaftigen« Islams verhindert hat. Diese »fehlgeleiteten« Generationen haben den Sinn des Verbots und seine pädagogischen Vorzüge nicht verstanden. Salma, die einfache Gläubige, gibt dies zu.

Salma: *– Für mich ist das Verbot, das Haram, dazu da, uns zu schützen. Wenn Gott uns etwas verbietet, ist es für unser Wohlergehen. Es ist eigentlich eine Wohltat. Und früher, als ich ein Teenager und eine junge Frau war, habe ich es nur als Verbot verstanden, es war wie ... äh ... weil ich unwissend war. Man hat mir die Dinge eigentlich nicht richtig erklärt.*

Die Einführung in die Gottesfurcht ist ein Teil der Erziehung, der nach Ansicht der gläubigen Frauen besser erklärt werden müsste. Denn seit ihrer Kindheit sind sie von ziemlich beunruhigenden Beschreibungen dessen, was sie – insbesondere als Frauen – nach dem Tod erwartet, geprägt.

Die Schrecken der Hölle und die Furcht vor dem Jüngsten Gericht

In der ins Französische übersetzten salafistischen Literatur wird das Jüngste Gericht besonders hervorgehoben, und die auf die französische Sprache eingerichteten islamischen Buchhandlungen geizen nicht mit besonders grausamen Beschreibungen der Höllenqualen. Der Muslim ist vor dem allwissenden Gott für seine Taten verantwortlich, und die können nicht nur ihn selbst, sondern auch seine Angehörigen in die Hölle führen. Die Erfahrung, die eine von uns mit Moscheefrauen in Brüssel gemacht hatte, zeigt, dass fromme Frauen vor Nicht-Muslimen kaum über die Hölle sprechen, um sie nicht zu erschrecken (oder stattdessen ihren Unglauben zu wecken), denn das könnte sie davon abhalten, den Islam anzunehmen. Bei Nicht-Muslimen beginnt die Lektion mit dem Paradies; die Beschreibungen der Hölle sind Muslimen und Konvertiten vorbehalten.

Maryam: – *Wir brauchen ein Gesetz, das uns lenkt. Der Islam organisiert unser Leben sehr, sehr gut, ich habe Glück, dass ich Muslimin bin, es ist nicht so, dass die Christen nicht auf dem richtigen Weg sind, aber ich würde mir wünschen, dass sie Muslime sind, weil ich möchte, dass sie von der Schönheit des Islams kosten, das sind Menschen, für die ich Gutes will, für die ganze Menschheit.*
Florence: – *Werden sie nicht gerettet?*
Kahina: – *Ja! Das macht mich krank!*
Maryam: – *Die Tora und die Bibel der Christen wurden abgeändert ... Wenn sie ihnen an der Quelle gefolgt wären, würden sie in den Himmel kommen, aber sie haben es geändert wie sie wollten ...*
(Florence verlässt den Raum ...)
Fadila, die sich von einem in Brüssel gehörten Gespräch inspirieren lässt, bringt die Diskussion auf das Thema Hölle: – *Ich bin Muslima, ich versuche das zu praktizieren, ich werde ihn (den Schleier) tragen ... und wenn mein Bruder trinkt, korrigiere ich ihn, ich will nicht, dass er in die Hölle kommt ...*
Maryam wendet sich an Fadila und sagt: *–Am Tag der Nachtreise [Himmelfahrt] des Propheten (Friede und Segen ruhen auf Ihm) hat er (den Muslimen) ALLES gezeigt, was am Tag des Jüngsten Gerichts passieren wird.*
Zum Beispiel wird deine Freundin zu Gott sagen – weil, weißt du ... jeder wird dort versuchen, seine Haut zu retten! Da gibt es keine Mutter mehr, keinen Sohn, überhaupt nichts mehr! – , sie wird Ihm sagen: »Ich habe eine Sünde begangen, aber Fadila hat es mir nicht gesagt.« Da wird Allah dich packen und sagen: »Warum, Fadila; du hast es ihr nicht gesagt, du hättest es ihr sagen müssen.« Danach wirst du beurteilt werden, denn du hast ihr gegenüber eine Pflicht ...

Angst erzeugen durch krasse Beschreibungen der Höllenqualen wird als wirksames pädagogisches Mittel angesehen. Wenn die einfachen Gläubigen erzählen, dass sie als Kinder durch die Beschreibungen der Hölle verängstigt wurden, dann um davor zu warnen, dass der Missbrauch dieser Bilder nicht gut ist.

Aber ... gleichzeitig, so schränken sie ein, wenn Gott es gesagt hat, dann ist die Pflicht, ermahnt und gewarnt zu werden, notwendig, man sollte aber pädagogisch vorgehen.

Die Argumentation in Bezug auf die Gerechtigkeit auf Erden ist die gleiche. Die von der Scharia vorgesehenen Strafen: Peitschenhiebe, Steinigungen, Hände abhacken – werden als besonders belastend empfunden. Aber die gläubigen Frauen lassen sich jedoch relativ leicht von der Frommen überzeugen, die begründet, dass Gott es so gewollt hat und er die Bedingungen so streng angelegt hat, damit es eben nicht zu Übertretungen kommt.

Die Frommen erinnern daran, dass der Koran in Bezug auf die abgetrennte Hand des Diebes eindeutig war.[442] Trotz ihrer anfänglichen Vorbehalte sehen die gläubigen Frauen den Tatsachen ins Auge: Wenn es im Koran steht, warum nicht auch in der Scharia? Am wichtigsten sei, dass man sicher ist, dass das Vergehen tatsächlich begangen wurde und man keinen Unschuldigen verurteilt.

Kahina: – *Dem Dieb muss man die Hände abhacken ... Ich finde das ... naja ... (sie macht eine angewiderte Miene).*

Maryam: – *Wenn du Zweifel hast, ist es Schaitan [der Teufel, der dich beeinflusst]... Das sollte dich nicht in diesen Zustand versetzen, denn es ist ein göttliches Gesetz. Es gibt keinen zärtlicheren, barmherzigeren als Allah gegenüber seinem Diener!*
Wenn man die Religion kennen würde, würde niemand stehlen, weil du weißt, dass man dir die Hand abhacken wird ...

Kahina: – *Aber der Mensch, er ist schwach ...*

Maryam, trocken: – *Du musst keine Schwäche für etwas haben, das dir nicht gehört: Du hast dein Armbändchen gekauft, du hast dich dafür abgemüht, und dann kommt einer (und stiehlt es dir) ...*

Die anderen nicken Maryams Worten zu: – *So gesehen, ja ...*

Kahina, leise: – *Aber es gibt noch andere Strafen ...*

Maryam, in einem sanfteren Ton: – *Im Koran gibt es Bedingungen, man braucht Zeugen, drei, und sie zu finden, ist nicht einfach. Allah, er ist nicht dumm, er wird uns nicht schaden.*

Kahina, zurückhaltend: – *Er könnte erst einmal ermahnen.*

Lina, an Kahina gewandt, um Maryam Recht zu geben: – *Ja! Ja, und sie hat dir erklärt, dass das Abhacken der Hand ... ist das nicht eindeutig?!*

Die Strafen der Scharia werden nicht abgelehnt, solange sie aufgrund der göttlichen Gerechtigkeit verhängt werden. Auch wenn die Teilnehmerinnen bedauernde Gesichter zeigen, wird keine Verurteilung über die Wirkungsweise der Strafen oder die Notwendigkeit ihrer Auslegung geäußert.

Kahina schweigt, da sie weiß, dass sie in diesem Punkt allein steht. Die Sanktionen sind in Gottes Gesetz verankert und das reicht aus, um sie so zu akzeptieren, wie sie sind. Es werden keine Einwände gegen den möglicherweise anachronistischen Charakter der Sanktionen geäußert, keine Vorschläge zu ihrer möglichen Anpassung an heute und so weiter.

Viktimisierung der Muslime (Islamophobie)

Sobald eine islamische Gesellschaft eingerichtet ist, ist die Anwendung von Strafen nicht mehr notwendig. Die Intention des Islams ist gerecht, aber die Welt lehnt diese Religion, die sie karikiert, ab. Eine weitere wichtige Triebfeder der salafistischen Indoktrination ist die Viktimisierung des Islams und der Muslime.

Für Malika, eine nicht praktizierende Gläubige, Aktivistin, die einen Verein zur Integration von Einwanderern leitet, ist die Kolonialisierung für die Stigmatisierung der Muslime verantwortlich. Nach dieser etwa 40-jährigen Frau algerischer Herkunft wurde die Umma von außen her verdorben. Sie wurde durch die westliche Kolonialisierung in die Irre geführt und vom rechten Weg abgebracht. Malika behauptet, dass die Umma geläutert sein wird, sobald sie umerzogen und von der kolonialen oder postkolonialen Vormundschaft des Westens (der Westen ist eine atheistische, fehlgeleitete Version des Christentums) emanzipiert ist.

Malika: – *Sie (die Muslime) waren unter kolonialer Unterdrückung, sie waren wie Tiere. Ich komme zum Beispiel aus Béjaïa, wir stellten Kerzen für den Export her, aber die Kabylen, die lebten wie Tiere, weil sie als Tiere angesehen wurden.*
Ich bin ohne religiöse Erziehung aufgewachsen. Wir waren verloren ... Viele aus meiner Generation, sie haben in den nördlichen Vierteln (von Marseille) den Boden unter den Füßen verloren. Keine

Weitergabe der Geschichte, wir wollten nur Geld machen und wieder weggehen. Wir haben uns in den Verheerungen des Alkoholismus und der Drogen verloren. Die Eltern befolgten den Ramadan, aber es gab keine wirkliche Religion, weil sie davon abgeschnitten waren ... Und langsam suchte ich nach der Religion, dem Koran, dem Alten Testament, und ich machte mir eine Religion.
Die Kolonialisierung hatte alles abgeblockt, wir haben uns die wahre Geschichte wieder angeeignet, den Islam wie vor der Kolonialisierung, ich eigne mir meine Religion wieder an, die man verzerrt hat.

Rania weist Malika darauf hin, dass die Kolonialisierung manchmal für alles herhalten muss, dass die Muslime nicht immer das ihrige tun und dass die Eltern Verantwortung tragen.

Rania: – *Entschuldige, Schwester, aber die Eltern waren auch schuld, weil sie es nicht schafften, die Religion zu lernen, obwohl, meine Schwiegermutter zum Beispiel, wenn es um Papiere oder um Geld ging, waren sie ganz vorne dabei, aber bei der Religion ...*

Für Malika hat die Kolonialisierung den Weg geebnet für die Stigmatisierung von Muslimen. Um die Gruppe zu überzeugen, erklärt sie, dass diese Stigmatisierung von einer Psychologin anerkannt und bestätigt wurde.

Malika: – *Muslime werden stigmatisiert. Als ich klein war, erlaubten die Eltern, dass man alles – außer Schweinefleisch – essen durfte, aber in der Kantine gab es hartgekochte Eier oder Sardinen in Öl. Aber wir waren stigmatisiert, außerdem hat sie mir das gesagt, die Psychologin, sie hat mir gesagt: »Sie wurden schlecht behandelt«, wir waren missbrauchte Kinder. Denn wenn wir ankamen, sagte die Lehrerin nicht einmal hallo ... Naja, wenn wir ankamen, haben wir alles kaputt gemacht, aber das ist etwas anderes (lacht).*
Und heute, meine Kinder essen kein Fleisch, und, es gibt keine Ersatzgerichte für sie ... Es gibt also keine Wahl! Und für den Schulbesuch ist das nicht gut; es gibt keine Schule für Muslime, in Frankreich gibt es keine Toleranz.

Das bedeutet, um den Status ›Opfer‹ zu bestätigen, müssen das nicht nur die Opfer selbst, sondern auch die »Aggressoren« so empfinden. Und selbst wenn Malika zugesteht, dass »die Muslime« sich nicht alles gefallen lassen und manchmal sogar »provozieren«, ist die Tatsache, dass »die Franzosen« selbst zugeben, dass sie die Muslime schlecht behandeln, ein Beweis für ihre wahre Untat und den Opferstatus, der den Muslimen zuerkannt werden muss.

Die Opferrolle und was daraus folgt (Schuld) wird von den Salafisten aufgegriffen, die diese Stigmatisierung zum Beweis nehmen, dass man es dem Islam anlastet, dass er Muslime rettet. Sie können sich auf die zahlreichen Arbeiten zur Islamophobie stützen, die zwar nicht überzeugend belegen können, dass es einen spezifischen Rassismus gegen Muslime gibt, aber zur Verbreitung der Opferrolle, die die Umma zusammenschweissen soll, erheblich beitragen.

Einige Auszüge reichen aus, um zu zeigen, dass die Umprogrammierung des fundamentalistischen *frommen Selbst* auf Ausfüllung der Zeit mit rituellen religiösen Aktivitäten beruht, auf einer zwanghaften Bonus-Malus-Buchführung, einer Suche nach Informationen über die Widersprüchlichkeit von Taten und Verhaltensweisen, die man annehmen sollte, und so weiter. Jede Frage kann »im Islam« beantwortet werden, der als immanentes und zugleich sehr konkretes System für die Gelehrten wie für die einfachen Leute dargestellt wird, wobei in der Verkörperung durch den Propheten oder seine Ehefrauen[443] ein Modell besteht, das die Antworten auf Alltagsfragen liefern kann.

Furcht auslösen und in die Opferrolle drängen führen dazu, dass Frauen – die keineswegs im Verdacht stehen salafistische *daiyat* (Propagandistinnen) zu sein – nichts gegen eine Rede einwenden, in der die Scharia gepriesen wird; die »Verwarnungen« der Frommen über sich ergehen lassen; oder wie die junge Soraya darauf warten, bis sie an der Reihe sind, um sich »ohne Heuchelei und vollständig zum Islam zu bekennen.« Das sind Hinweise darauf, dass diese Indoktrination auch dann funktionieren kann, wenn sie nicht unbedingt auf volle Zustimmung stößt.

Die Techniken und Themen wirken durch einen Bedeutungsbruch beim Individuum, indem sie sich auf die familiären, sozialen und kulturellen Probleme stützen, denen man im Alltag begegnet, um eine Botschaft zu suggerieren: Die vorgeschlagene Lösung ist immer und überall »im Islam«, der alles vorhergesehen hat und sein absolutes Gesetz in einem unerschaffenen Text und einer »authentischen« Überlieferung des Propheten explizit gemacht hat.

Charakteristisch für den Frérismus sind nicht die mobilisierten »Themen«, die in allen Strömungen des Islams vorkommen, sondern ihre Auswahl, der Ausschluss jeglicher religiöser Hermeneutik im Dienste eines extensiven und allumfassenden Gemeinschaftsprojekts. Dieser Fundamentalismus stützt sich auf die Abneigung gegen den Westen, die Leute des Buches [Juden und Christen], die für ihn das Gegenmodell darstellen und den Rest der Welt ignorieren. Er scheint nicht aus der inneren Dynamik des Islams zu entspringen, sondern aus dem, was ihm fremd ist. Die Notwendigkeit der kollektiven Erlösung bürdet dem Einzelnen eine kolossale Last auf und verleiht einigen wenigen Auserwählten (hier den Frommen) eine beträchtliche Macht über die »verirrten« Seelen. Er leitet einen Paradigmenwechsel ein, bei dem man von »alles ist erlaubt, außer dem, was verboten ist« zu »alles ist verboten, außer dem, was erlaubt ist« übergeht.

Die Indoktrination von Frauen ist eine Notwendigkeit, da es ihnen als Hüterinnen der Tradition obliegt, die Kinder zu erziehen. Von ihnen wird nicht verlangt, dass sie zu Hause eingesperrt bleiben, sondern dass sie dem Schicksal der Muslime dienen. Wenn es dafür notwendig ist, sich zu bilden, an die Universität zu gehen, auszugehen und Ungläubige zu treffen und sich mit ihnen auszutauschen, dann soll es so sein. Aber man wird nicht die physischen Schranken heben, damit die nötige Beweglichkeit nicht behindert wird, sondern die psychischen Barrieren. Fast alle befragten Frauen hatten eine Tätigkeit außerhalb des Hauses, weshalb es notwendig war, die Last des psychischen Zwangs zu verstärken, was durch das Kopftuch, die Sprachkontrolle und die Ermahnung, im Raum des Halal zu bleiben, sehr gut gelang. Je häufiger der Austausch mit der Haram-Welt stattfindet, desto stärkere Selbstkontrolle muss erlernt werden.

Das gilt für Frauen, die zu ihrer Rolle als Mütter und Schwestern erzogen werden, und es gilt auch für die Kinder.

KAPITEL X

Die kleinen Muslime

Die Vermittlung des Islams und seiner ursprünglichen Sprache, des klassischen Hocharabischen, ist für muslimische Eltern Alltagssorge. Das Alltagsleben zum Beispiel in Frankreich bietet nicht die Möglichkeiten oder die religiöse Atmosphäre, die eine besonders anspruchsvolle Religionsausübung begünstigen. Wie kann man in Europa, einem Kontinent ohne muslimische Tradition, wieder Rahmenbedingungen schaffen, die das Brauchtum fördern? In einer früheren Publikation habe ich gezeigt, dass der Halal-Markt dazu beiträgt, ein solches Klima zu erzeugen, indem er den normativen islamischen Raum konkretisiert (Bergeaud-Blackler, 2017). Ein Bereich, der von den Halal-Unternehmern selbstverständlich genutzt wird, um religiöse Prinzipien und Praktiken zu vermitteln, sind die islamischen Medien, insbesondere diejenigen, die sich an Kinder richten.

Es geht nicht darum, die Botschaft zu erneuern – ganz im Gegenteil, man muss sich als konservativ beweisen –, sondern darum, die Mittel zu ihrer Verbreitung aufzufrischen, zu aktualisieren, um das Lernen effektiver zu gestalten. So werden zum Teil sehr alte Lehrwerke mithilfe moderner Semiotik und Technologien allgemein zugänglich gemacht, inszeniert und verbreitet. Diese Lehrbücher und Videos werden illustriert mit Zeichnungen aus der profanen Industrie der Zeichentrickfilme, mit Mädchen- und Jungenfiguren aus allen Kulturen; dazu werden sie untertitelt mit Suren aus dem Koran und den Hadithen in lateinischer und arabischer Schrift, um von Episoden zu berichten, die sich vor 1400 Jahren auf der Arabischen Halbinsel zugetragen haben sollen.

Die weitgehend unbekannte Welt der islamischen Kindermedien hat sich in den letzten fünfzehn Jahren exponentiell entwickelt, dank der Zugänglichkeit von Redaktionssoftware für Printmedien und vor allem dank Plattformen wie YouTube, Dailymotion oder Vimeo, die von sozialen Netzwerken wie Facebook, Instagram, X oder WhatsApp weiterverbreitet und in ihrer medialen Wirksamkeit verstärkt werden. Diese Medien sind verlinkt und bilden so kleine Lerngemeinschaften, die sich gegenseitig befruchten.

Der von Thomson Reuters vorgelegte Bericht von 2019 über den Stand der globalen islamischen Wirtschaft hat die Zunahme des Anteils »Medien« an der globalen Halal-Wirtschaft herausgestellt. Insbesondere das sehr konservative und strenge Saudi-Arabien wurde dort als Beispiel hervorgehoben. Das Land leitete eine große Reform des Unterhaltungssektors ein und eröffnete Kinos, um die Nachfrage der jungen Leute zu befriedigen, die allesamt mittels ihrer Bildschirme derart mit dem Internet verbunden waren, dass man sie kaum mehr davon losbekam. Der weltweite Durchbruch der Halal-Medien war Absicht der Organisation für Islamische Zusammenarbeit (zu deren offiziellen Zielen es gehört, das Image des Islams in der Welt zu verbessern). Sie ermunterte die Länder, Inhalte zu schaffen, die auf die verschiedenen Kulturen zugeschnitten sind. »Da Muslime ein Viertel der Weltbevölkerung ausmachen und sehr jung sind – bis 2030 werden 54 Prozent der Muslime unter 30 Jahre alt sein – ist es ganz natürlich, dass die Unterhaltungsindustrie sie mit Inhalten anspricht, die ihren kulturellen und sprachlichen Bedürfnissen entsprechen«, schreibt der Direktor der Abteilung für öffentliche Information und Kommunikation der OIZ in *Arab News*.[444] »Bei den Halal-Medien geht es nicht nur ums Geschäft und um Arbeitsplätze – sie können eine positive Kraft sein, um das Narrativ über Muslime zu verändern, insbesondere im Westen. Indem wir unsere eigenen Geschichten erzählen und unsere eigenen Inhalte schaffen, können wir kontrollieren auf welche Weise wir repräsentiert werden.«

Es gibt immer mehr Plattformen für muslimische Kinder, meist in englischer Sprache, um die jungen Muslime im Westen zu erziehen. Die Frankophonie steht dem in nichts nach. Im Internet findet man heute rund zwanzig Verlage, die im Bereich des Islamunterrichts für Kinder auf Französisch sehr aktiv sind. Zu den sichtbarsten gehören: *Talamize, Islam Web Kids, Paradise's Voice, AbuMuslim, Kootoobi enfants, Islam et enfant, MiniMuslims (EN), collection Sana Kids, Mustaqim TV, hhdhl4, Islam365.fr, Établissement Alfitra, Dini en ligne, Madrass'Animé, Osratouna TV, Édition Idrak, Famille musulmane, Le Petit Musulman*.[445]

Die Einschaltquoten der Online-Videokanäle, die sich an Kinder richten, sind beträchtlich. Mehrere hunderttausend, manche sogar mehrere Millionen Abonnenten verzeichnen sie auf YouTube, zum Beispiel *Famille musulmane*, die im November 2024 nicht weniger als 4,93 Millionen Abonnenten zählten.

Die Botschaften und Methoden, mit denen die Religionsausübung und das richtige Verhalten im Islam auf »spielerische« Weise vermittelt werden, richten sich an Kinder ab 12 Monaten – noch bevor sie laufen oder sprechen können – bis hinauf ins Jugendalter. Die 2017 von einer Konvertitin, die sich Sabrine Oum Ibrahim nennt, gegründete Cartoon-Plattform *Madrass'Animé* bietet Eltern Hilfe an bei der »wohlwollenden Vermittlung« spiritueller Werte an ihre Kinder. Ihr Ziel ist es, »den Kindern eine starke islamische Identität zu vermitteln«, und zwar durch einen »multisensorischen Ansatz, Spiele und manuelle Tätigkeiten.« Die Folgen von *Madrass'Animé* basieren auf *Die Zitadelle des Muslims* (*La Citadelle du Musulman*), einem Buch mit Bittgebeten (*adiyah*, sing. *dua*). Das von Scheich Al-Qahtani[446] verfasste Werk ist eines der beliebtesten seiner Art und wird in Übersetzung in allen islamischen Buchhandlungen in Europa vertrieben.[447] Die darin enthaltenen Bittgebete sollte man bei jeder Geste, jedem Gedanken, jeder Handlung, in jedem Zusammenhang und jedem Ereignis des Leben aufsagen.

In seiner Version für Erwachsene ist es ein praktisches Buch zur Selbstindoktrinierung, das sich besonders für das internetgestützte Eigenstudium eignet. Die *Zitadelle*, übersetzt aus dem Arabischen *hisn*, erinnert daran, dass jeder Muslim wachsam bleiben muss, eingeschlossen beziehungsweise geschützt in seinem Glaubensraum, unter der Wachsamkeit Gottes, der ihn ständig beobachtet und dem er für alle seine Gedanken und Taten Rechenschaft ablegen muss. Ein guter Muslim muss Gott bei allen Handlungen seines Lebens anrufen, sei es bei der Begleichung einer Schuld oder gegen die Ablenkungen Satans während des Gebets und der Rezitation des Korans. Er muss wissen, was er zu sagen hat, wenn er sich auszieht, wenn der Donner grollt und so weiter. Das Buch gibt es in Audio- und Videoversionen für Kinder wie jenes *Die Zitadelle des kleinen Muslims* (*La Citadelle du petit musulman*), illustriert, mit und ohne Figuren. Es ist zu einem niedrigen Preis erhältlich und wird über die Fnac, Amazon, die meisten Websites von Supermärkten und in vielen großen Buchhandlungen mit einer Abteilung für islamische Literatur vertrieben.

Das Kinderprogramm, das auf der *Zitadelle* basiert, umfasst zwanzig Bittgebete über einen Zeitraum von zwanzig Wochen. Sie wurden so ausgewählt und angeordnet, dass sie einen ganzen Tag im Leben eines Muslims ab drei Jahren abdecken. Der Herausgeber behauptet, seine Methode auf der Grundlage der Pädagogik von Howard Gardner, einem kognitiven

Psychologen, Professor für Neurologie in Boston und Dozent an der Harvard Graduate School of Education, entwickelt zu haben. Dessen Pädagogik unterscheidet mehrere Formen der logisch-mathematischen, sprachlichen, kinesiologischen, musikalischen, interpersonellen, intrapersonellen, visuell-räumlichen und naturalistischen Intelligenz. In Wirklichkeit ist die angebliche Pädagogik mitnichten die hier angewandte.

Weit davon entfernt, den Initiativ- und Entdeckergeist des Kindes und seine natürliche Neigung zum Lernen zu fördern, erzwingt die Methode das Auswendiglernen und die Verinnerlichung »islamischer« Verhaltensweisen durch die physische und psychische Konditionierung der Wiederholung und durch Furcht davor, etwas falsch zu machen. Die verwendeten Zeichnungen veranschaulichen die multikulturelle Gesellschaft, in der die europäischen Kinder leben. Dies ermöglicht es, die natürliche Berufung des Islams zu bekräftigen, alle Kulturen und Hautfarben unter seiner universellen Lehre zu vereinen.

Lesen können

«*Iqra*« (lies!) ist der Imperativ in Vers 1 der Koransure, der jeden Muslim auffordert, zu lesen und »Wissen zu suchen bis nach China.« Da der Koran als unerschaffene göttliche Quelle gilt, ist es absolut unerlässlich, dass ein muslimisches Kind ihn so früh wie möglich lesen kann, damit diese erste Quelle vollkommen assimiliert und wie zu einer Muttersprache wird; und damit das Bedürfnis zu lesen angeregt wird. Eine Kurseinheit von *Madrass'Animé* trägt den Titel »Wie ich aus meinem Kind einen Bücherwurm mache«. Die pädagogischen Techniken durch »neuronale Konditionierung« werden somit nicht nur als zulässig, sondern auch als sehr interessant für die Leistungsoptimierung angesehen. Die Gewalt der körperlichen Züchtigung in den traditionellen Gesellschaften, die als unwirksam gilt, kann vermieden werden, indem man die Neurowissenschaften dazu nutzt, um die Synapsen in den Gehirnen der Kinder zu dynamisieren.

Die Liebe zum Koran und zur arabischen Sprache, in der er überliefert ist, sollte bereits in jungen Jahren geweckt werden, beginnend mit den kürzesten Suren, die am Ende des Korans stehen. *Der Koran den Kindern erklärt* (*Le Coran expliqué aux enfants*) betont die Bedeutung des Gehorsams gegenüber Gottes Befehlen und die Förderung des Guten. Denn

Gutes zu tun oder auch nur gut zu sein ist eine Sache, aber was von den Kindern verlangt wird – und das ist eine Konstante des Frérismus – bedeutet darüber hinaus »das Gute zu fördern«, also aus jedem muslimischen Kind einen Missionar zu machen. Dieses Ziel wird durch begeistertes Werbe-Marketing erreicht, das im Gegensatz zu den strengen Lehrinhalten steht. Es ist die ganze Kunst des Halal-Marketings, extrem normative Praktiken als Vorlieben, als freie und leichte Entscheidungen auszugeben. So preist *Madrass'Animé* sein Buch *Der Koran den Kindern erklärt* an: »Zweifellos das Lieblingsbuch unserer Kinder! Unzählige Male gelesen und immer wieder gelesen! Was ist der Grund dafür? Einfache und kurze Geschichten, mit denen sie sich problemlos identifizieren können! Für jeden Vers gibt es eine spielerische Geschichte und eine klare Lehre, um Ihr Kind zu ermutigen, das Verhalten anzunehmen, das im Buch Allahs gefordert wird. Ein echter Bestseller!«

Koranunterricht, der in Bezug auf die Praxis relativ vage und zweideutig ist, wird durch ein Arsenal an Verhaltensweisen und Praktiken ergänzt, die dem Vorbild des Propheten und seiner Frauen nachgeahmt sein sollen. Der Herausgeber greift dabei weitgehend auf kommentierte Hadithe aus dem Bestseller *Die Gärten der Rechtschaffenen* (*Riyad as-Salihin*) des rigorosen Imams An-Nawawi zurück – der als das nach dem Koran meistgelesene Buch in der muslimischen Welt bezeichnet wird[448] – sowie auf authentische Sahih-Hadithe des frommen persischen sunnitischen Rechtsgelehrten Al-Buchari (geboren 810).

Je früher das Lernen stattfindet, desto nachhaltiger prägt es sich in die kleinen Köpfe ein. Deshalb empfiehlt *Madrass'Animé* den Kauf des Teddybärs »Sâlah« ab 12 Monaten: »Also, es ist zwar kein Buch, aber es kann als Hörbuch für unsere Kleinsten ab 12 Monaten dienen! Er ist übrigens das Lieblingsspielzeug unserer jüngsten Tochter, die 15 Monate alt ist! Ein sprechendes muslimisches Kuscheltier, das anders ist als alle anderen! Es war an der Zeit, dass auch wir in den Genuss eines hochwertigen sprechenden Spielzeugs kommen! Ohne Musik und mit hohem Mehrwert bringt Sâlah unseren Kindern Tugend und gute Manieren bei! Das perfekte Geschenk für die süßen Knirpse! (sic).«

Der Teddy Sâlah, der sich mit »Hamza« den Markt der islamischen Teddybären teilt, enthält über 30 Minuten Erzählungen auf 20 Audiospuren. Wenn das Kind auf den Bauch des Kuscheltiers drückt, blinkt dort ein bunter Ball auf und es werden Koranverse und Bittgebete in klassischem Arabisch abgespielt. Laut *Madrass'Animé* können kleine französischsprachige Muslime mit dem Teddybär Sâlah (oder Hamza) alles lernen, was sie wissen müssen (Glaubenssätze, Koran, Bittgebete, Bildung).

Sie lernen auch die Ausdrücke, die ihr tägliches Vokabular prägen sollen – *bismillah* (im Namen Allahs), *al-hamdulillah* (Lobpreisung Allahs), *astaghfirullah* (ich bitte Allah um Vergebung), *maschallah* (möge es Allah gefallen), *inschallah* (so Allah will), *Allahu alam* (Allah weiß es besser), *audhu billahi mina-chaytani-r-rajim* (ich suche Zuflucht bei Allah vor Satan, dem Gesteinigten), *jazak allahu khayran* (möge Allah dich belohnen) – so dass ihre Sprache ständig vom Allerhöchsten kontrolliert wird. Dann lernen sie die Bittgebete, die sie vor dem Essen, beim Betreten und Verlassen des Hauses oder der Toilette, beim Niesen, beim Aufwachen und vor dem Schlafengehen und so weiter sprechen sollen. Einige schöne Namen Allahs ergänzen und personalisieren dann den Wortschatz des kleinen Muslims, der so vor »Satan« (*Schaitan*) und seiner Bosheit geschützt wird. Es wird bereit sein, die großen Prinzipien der Moral zu verinnerlichen (immer die Wahrheit sagen und nicht lügen; Eifersucht, Ungehorsam gegenüber den Eltern und Verschwendung vermeiden) und die Vorschriften des Korans in Bezug auf Sauberkeit und Körperhygiene zu befolgen. Es obliegt ihm dann noch, Begriffe wie Gerechtigkeit, Respekt, Ehrlichkeit, Großzügigkeit, Verantwortung und Solidarität auf dem Weg Gottes zu lernen, *inschallah*. Ganz zu schweigen von den fünf Säulen des Islams, die seinen Alltag bestimmen werden, am Tag, aber auch vor dem Einbrechen der Nacht, und vor der Morgendämmerung.

Umerziehung der Eltern:
Hüten Sie sich vor den Ungläubigen!

Kindermedien richten sich an die Kleinen, werden aber an die Eltern verkauft. Die Werbung zielt daher vor allem auf letztere ab. *Madrass'Animé* legt großen Wert auf die Pädagogik der Eltern und die Notwendigkeit, die muslimischen Führer von morgen heranzubilden. Man muss bessere Eltern werden, um bessere Kinder zu bekommen. Das heißt, wer schlechte Kinder hat, ist wahrscheinlich ein unzureichend erzogener Elternteil. »Uns selbst erziehen, um die Führer von morgen zu erziehen, uns selbst motivieren, unser Bestes zu geben, uns selbst zu übertreffen, das Potenzial unserer Kinder zu entwickeln, ihren Glauben, ihre Ausgeglichenheit, ihre Praxis und insbesondere und vor allem ihre Liebe zu

Allah, *subhanahu wa ta'ala*!« *Madrass'Animé* hat »*darsanimés*« entwickelt (*dars* bedeutet Lektion; in diesem Neologismus klingt fr. »*dessins animés*« mit), um Eltern die Möglichkeit zu geben, nach den Regeln des Islams zu erziehen, was durch den Abbau von Hemmnissen für die Weitergabe von Informationen erreicht werden soll. *Madrass'Animé* gibt Eltern Tipps, wie sie die Gefahren, die sich hinter den »klassischen« Zeichentrickfilmen verbergen, erkennen und vermeiden können (vor dem Begriff »Ungläubige« hütet sich der Herausgeber, aber innerhalb der Gemeinschaft versteht jeder genau das).

Die »Propaganda« der Ungläubigen wird folgendermaßen entschlüsselt:

»Es gibt unzählige Gefahren und sie verbergen oft düstere Ziele. Es sind Propagandawerkzeuge. Indirekt werden Codes, Denk-, Kleidungs- und Verhaltensweisen sowie Konsumgewohnheiten aufgezwungen. Es handelt sich also um einen hervorragenden Kanal, um unsere Kinder von frühester Kindheit an zu *formatieren*. [...]
Nur Zuschauer mit einem Mindestmaß an religiösem Wissen können die damit verbundenen Gefahren erkennen, [...] 1) *Mangas*: Hier werden bestimmten Figuren ausschließlich Allah vorbehaltene Rechte zugeschrieben, wie zum Beispiel das Recht, Leben zu schenken (indem Tote wiederbelebt werden) oder den Tod zu bringen. *Dragon Ball Z* ist ein gutes Beispiel hierfür. Es handelt sich um einen Zeichentrickfilm, in dem der *Schirk* (Götzendienst, Polytheismus) allgegenwärtig ist. Die Charaktere beschwören einen Drachen, der ihre Wünsche erfüllt und die Toten wieder zum Leben erweckt. Es gibt auch einen Dämon, der zur Seite der Guten gehört und daher vom Kind geschätzt wird. 2) *Aladdin*: Dieser, leider, berühmte Walt-Disney-Film, in dem der Held von einem Dschinn begleitet wird, den er jedes Mal beschwört, wenn er das Bedürfnis danach verspürt. 3) *Harry Potter*: Ein Kinderfilm, in dem der Held ein Zauberer ist. Die Zauberei, die im Islam eine Form des Unglaubens darstellt, wird so für das Publikum beschönigt. 4) *Die Krieger des Zodiac*: Zeichentrickfilme, in denen die Figuren falsche Gottheiten anrufen, um ihnen in einem Kampf gegen ihre Gegner zu Hilfe zu kommen [...]. Kurz gesagt: Diese Cartoons stecken voller Gefahren, die die gesunde Natur (*fitra*) unserer Kinder bedrohen.«[449]

Die Herausgeber zeigen, dass sie sich der Mechanismen der Indoktrination in der Erziehung sehr wohl bewusst sind (man kennt die Mechanismen ziemlich gut, weil er man selbst anwendet): »Man könnte uns entgegenhalten, dass es sich hierbei um Fantasie handelt und dass man nicht daran glaubt, obschon man sie sich anschaut. Wir entgegnen dann: Erstens machen Kinder keinen Unterschied und sind nicht dafür gerüstet, zwischen wahr und falsch zu unterscheiden. Zweitens ist die bloße Tatsache, dass wir sie uns ansehen, selbst wenn wir nicht daran glauben, ein Übel an sich, denn wir werden Zeuge von Lügen und Überzeugungen, die unserem Glauben widersprechen, ohne dass dies bei uns auch nur die geringste Ablehnung hervorruft. Im Buch (Koran) hat er euch bereits Folgendes offenbart: Wenn ihr hört, dass man Allahs Zeichen verleugnet und sich über sie lustig macht, dann sitzt nicht mit ihnen (zusammen), bis sie auf ein anderes Gespräch eingehen. Sonst seid ihr ihnen gleich. Gewiss, Allah wird die Heuchler und die Ungläubigen alle in der Hölle versammeln (Sure 4, An-Nisa, Vers 140).«

Die vermeintliche Gewalt, die schlechten Sitten und die vulgäre Art der Ungläubigen werden ausgiebig hervorgehoben:

»Die meisten Zeichentrickfilme verwenden ein armseliges Vokabular, das für das Kind nichts bringt und manchmal sogar vulgär ist. Die Figuren wissen nicht, wie man sich benimmt, benehmen sich schlecht, lachen den ganzen Tag lang nur und amüsieren sich. [...] Die *Simpsons* oder auch *South Park* veranschaulichen diesen Punkt sehr gut. Das Schamgefühl wird durch unerlaubte Liebesgeschichten, Küsse und Berührungen zerstört, und die Dialoge oder Gesten der Figuren sind oft auf Liebesbeziehungen oder sogar Sex ausgerichtet. Mädchen können unbekleidet oder anstößig gekleidet sein. Jungen mit lächerlichen Frisuren stolzieren in ebenso fragwürdigen Outfits herum. Eine Folge der Zeichentrickserie *Oggy und die Kakerlaken* , die auf dem bekannten amerikanischen Jugendsender Nickelodeon ausgestrahlt wurde, sorgte vor einigen Jahren in den USA für Empörung. Der Grund dafür war ein Bilderrahmen, in dem die Zeichnung einer Obenohne-Frau zu sehen war ... Leider ist dies kein Einzelfall.«[450]

All diese sozialen Missstände, so betont *Madrass'Animé*, können zu psychischen Erkrankungen führen: »Immer mehr Ärzte und Fachleute warnen vor schweren Verhaltens- und Aufmerksamkeitsstörungen, die sie zunehmend bei Kleinkindern beobachten. Völliges Ausbleiben der Sprache im Alter von vier Jahren, prägnante Aufmerksamkeitsstörungen. Größere Konzentrationsprobleme im Unterricht oder bei den Hausaufgaben. Aber auch schwerwiegendere Störungen, die wir bei Kindern mit Symptomen beobachten, die den Autismus-Spektrum-Störungen (ASS) sehr ähnlich sind.« Angesichts dieser Missstände »ist es daher unerlässlich, die Kinder zu schützen und eine strenge Auswahl an Zeichentrickfilmen zu treffen, damit sie nicht pervertiert werden, und besser noch, damit sie angeleitet werden.« Man sollte Zeichentrickfilme bevorzugen, die von Muslimen produziert wurden, die sich an die muslimische Ethik halten, und wenn möglich auf Arabisch, um sie schrittweise von ihren schlechten Gewohnheiten zu entwöhnen. »Gewöhnen Sie sie also von klein auf an arabische Zeichentrickfilme. [...] Am besten ist es, dies schrittweise zu tun, indem man Zeichentrickfilme auswählt, die ihrem Arabisch-Niveau so nahe wie möglich kommen. Zur Abwechslung wählen Sie französische Cartoons, die nichts religiös Verbotenes enthalten. Die Entwöhnung kann sich als langwierig erweisen, vor allem wenn das Kind an Zeichentrickfilme mit Spezialeffekten und einlullender Musik gewöhnt ist.«[451]

Das Auslöschen der Gesichter

Nachdem *Madrass'Animé* mehrere missbilligende Nachrichten zu ihren Illustrationen erhalten hatte, beschloss man, zu gesichtslosen Illustrationen überzugehen.

Fundamentalisten zufolge ist die Darstellung jedes Gesichts eines Lebewesens, das eine Seele besitzt, verboten. Immer mehr Verleger halten sich nach dem Prinzip »Wer zu großen Dingen fähig ist, sollte auch zu kleineren Dingen fähig sein« an diese neue Norm, die Maximalverbote bevorzugt, um eine maximale Anzahl an Forderungen zu erfüllen. Aber auch ohne Gesicht weisen die Zeichnungen gewisse Variationen auf: Einige Verleger erlauben eine Darstellung der Silhouette, andere akzeptieren aus pädagogischen Gründen einen Teil des Gesichts. Bei Meinungsverschiedenheiten werden Muslime gebeten, sich auf ihre Rechtsschule zu beziehen (die Malikitische für Nordafrikaner) oder ihren »gesunden Menschenverstand« zu nutzen. Für verunsicherte und besorgte Eltern gibt es streng nummerierte und mit Quellenangaben versehene »Fatwa-Banken«, die ihnen helfen, »ihre« Entscheidung zu treffen. Dort können sie mithilfe von Stichwörtern die Frage nachschlagen, die derjenigen, welche sie stellen möchten, am ähnlichsten ist. Zum Beispiel diese Frage eines Cyber-Mustafti (der *mustafti* ist derjenige, der die Frage stellt) an einen Mufti der katarischen Fatwa-Bank *Islamweb*[452] über die Zulässigkeit von Kinderspielen:[453]

»Ist es erlaubt, mit einem muslimischen Gesellschaftsspiel Handel zu treiben? Bei diesem Spiel geht es darum, muslimische Fragen zu beantworten. Es ist für Kinder zwischen 6 und 12 Jahren gedacht, es gibt keine Würfel, aber man muss Karten ziehen, auf denen Zahlen stehen, um zu wissen, wie viele Felder der Spieler vor- oder zurückgehen muss. Es gibt auch Bilder, auf denen das Gesicht nicht zu sehen ist.«

Islamweb antwortet mit der Fatwa Nr. 94167, 28/3/2007 :

»Es spricht nichts dagegen, *inschallah*, ein Spielzeug zu vermarkten, das speziell dazu bestimmt ist, Kindern etwas beizubringen, was ihnen in religiöser Hinsicht und im Hinblick auf das Leben der Muslime nützlich sein wird. Es gibt keine Nachteile, wenn ein solches Spielzeug Darstellungen von Lebewesen enthält, da Kinderspielzeug von einem Verbot von Darstellungen im Allgemeinen ausgenommen ist. Unsere Mutter Aischa berichtete laut Buchari und Muslim, dass sie im Haus des Propheten mit Puppen spielte, die kleine Mädchen darstellten.

Die Gesichtszüge aus diesen Spielzeugen zu entfernen, scheint uns jedoch die Peinlichkeit zu ersparen, sie zu besitzen und zu verkaufen, denn eine Zeichnung ohne Gesicht ist eine Zeichnung ohne Kopf. In einem Hadith sagte der Prophet, dass der Kopf die Zeichnung ausmacht und dass es sich nicht mehr um eine Zeichnung handelt, wenn der Kopf entfernt ist.

Dieser Hadith wurde von Al-Ismaili überliefert und von Al-Albani für authentisch befunden.

Und Allah weiß es besser.«

Die automatisierte Benutzerführung

Um Eltern die Nutzung der Lernspiele ihrer Kinder zu erleichtern, bietet *Madrass'Animé* geführte Programme und Playlists mit Zeichentrickfilmen, die nach Themen und Alter geordnet sind. Die Eltern brauchen also nicht mehr jedes einzelne Programm für ihre Kinder auswählen. Sie überlassen diese Auswahl dem »PABI« (*programme d'apprentissage bilingue des invocations* – Programm zum zweisprachigen Erlernen von Bittgebeten).

»PABI« schlägt Alarm, wenn die Nutzungsanweisungen nicht befolgt werden. Sie versenden »Boosts« per E-Mail, um die Nutzer in ihrem Fortschritt zu bestärken, und geben ihnen Zugang zu einem privaten Forum, um Eltern und Kinder bei der täglichen Nutzung zu motivieren. Marketing verpflichtet: Eltern erhalten auch über die Kanäle der sozialen Netzwerke *WhatsApp* und *Instagram* kommerzielle Angebote, die als echte Schnäppchen angepriesen werden, um jede Woche ein neues Werkzeug, ein neues Hilfsmittel zu erhalten, begleitet von einem Mantra: »Die Gelegenheit, kleinen Muslimen bewusst zu machen, dass jeder Moment ihres Tages in Anbetung umgewandelt werden kann.«

Das Jüngste Gericht als Ziel im Alltag

Sich an die Endlichkeit des Lebens zu gewöhnen, ist zweifellos eines der Ziele der Jenseitspädagogik. Doch hier geht diese Pädagogik viel weiter als eine einfache Vorstellung von der Welt zu vermitteln oder gar ein moralisches Verhalten. Jeder »kleine *Muslim*« muss sich in jedem Augenblick seines Lebens der Tragweite seiner Worte, Taten und Gesten bewusst sein und wissen, ob sie mit dem Bewertungsschema übereinstimmen, das einem allgegenwärtigen, allmächtigen Gott zugeschrieben wird – was sehr beunruhigend ist, da dessen Absichten unentzifferbar bleiben.

Die Figur des Schaitan soll dem Kind helfen, zwischen Gut und Böse zu unterscheiden, und es psychisch anspornen, wenn es sich in den Bereich des Verbotenen (*haram*) wagt. Das Besondere an dieser Art Unterricht ist die Allgegenwart dieser Figur des Bösen. Deren pädagogische Wirkung wird zwar von vielen Religionen genutzt, hier greift sie aber ständig entweder direkt ein oder wird durch Vermittlung eines »Bruders« oder einer »Schwester«, die sich zum Sprachrohr machen, eingesetzt. Diese Allgegenwart führt zu Neurosen, wie sie sich bei Terroristen äußern, die sich häufig auf den Einfluss des Schaitan berufen – was Gilles Kepel als »atmosphärischen Dschihadismus« bezeichnet (Kepel, 2021). Die Pädagogik 2.0 des Jenseits mithilfe von Worten, Bildern und Tönen soll ermöglichen, dem Kind dieses Raster von frühester Kindheit an aufzuzwingen, noch bevor es für seine Handlungen verantwortlich ist, sodass es sich selbst korrigiert, sobald es in der Lage ist, zu verstehen, und somit für seine Worte und Taten eigenverantwortlich wird.

Diese Pädagogik hat sich an unsere moderne Gesellschaft angepasst, die anstelle von Zurechtweisungen und Körperstrafen die Verinnerlichung der Strafe bevorzugt, auch wenn diese genauso gut zu Neurosen oder sogar psychiatrischen Erkrankungen führen kann. Bücher und Videos dienen sehr explizit dem Ziel des Lernens durch Verinnerlichung, was von den Herausgebern eifrig betont wird. Dass man Konditionierungstechniken anwenden muss, um dem Kind alle Rituale und Formeln einzubläuen, die es benötigt, um ein guter Muslim zu werden, steht für die Macher dieser islamischen Umprogrammierung der jungen Gehirne außer Frage. Auswendiglernen mit Rohrstock ist nicht mehr angesagt, sondern das Kind muss mit Leib und Seele ein schweres Programm verinnerlichen, das ständige Aufmerksamkeit und systematische selbstkritische Reflexion erfordert. Diese ideologische Überfütterung stützt sich auf Techniken der mentalen Programmierung, die darauf abzielen, die Zustimmung des Kindes zum Schlucken zu erhalten, bevor es überhaupt auf den Geschmack der Dinge gebracht wird. Ständige Wiederholung, Farben, kindliche Stimmen, zu Kopf steigende Lieder – nichts wird ausgelassen, um dem kleinen *Muslim* zu helfen, sich selbst zu programmieren.

Kapitel XI

Schlussfolgerung

»Nicht der Zweifel, die Gewissheit ist das, was wahnsinnig macht.«
Friedrich Nietzsche, *Ecce Homo*

Das Bestreben dieses Buches war, die Ideologie, die Strategien und die Ziele der sogenannten »Muslimbruderschaft nahestehenden Personen« zu beschreiben, unabhängig davon, ob sie Mitglieder der Muslimbruderschaft sind oder nicht – sofern sie irgendwie in diesem Einflussbereich handeln. In einer Zeit, in der die Verwendung der Bezeichnung »Islamist« oder »Muslimbruderschaft« Gegenstand von Klagen derjenigen sein kann, die nicht entlarvt werden wollen, schien es mir unerlässlich, neben einem neuen konzeptuellen Werkzeugkasten auch stichhaltige Argumente, präzise Beschreibungen der Handlungseinrichtungen sowie Illustrationen der Sprache und der Indoktrinationsverfahren dieser besonderen Art von Islamismus – des Frérismus in Europa – zu liefern.

Einige der in diesem Buch erwähnten Fakten, Vereinigungen oder Personen sind der Öffentlichkeit bekannt, aber nur vereinzelt als Inseln der Besorgnis oder der Wachsamkeit. Ziel dieses Buches ist es, den System-Islam, dessen sichtbare Spuren oder Zahnräder sie sind, rigoros zu beschreiben – ein System, das dringend in seiner Gesamtheit, seiner Geschichte, seiner Bedeutung und seinen Strategien erfasst werden muss.

Der Frérismus ist nicht vom Himmel gefallen. Er wurde angekündigt.

Bereits 1990, vor mehr als dreißig Jahren, forderte Qaradawi die *islamische Bewegung* auf, sich zu erheben und – ich zitiere – eine islamische Avantgarde und eine muslimische Öffentlichkeit zu bilden sowie ein weltweites und öffentliches »Klima« der Akzeptanz der Umma vorzubereiten. Dieses Klima – diese »Atmosphäre«, wie Gilles Kepel sagen würde – ist mittlerweile eingetreten. Es beflügelt inmitten des Schweigens der muslimischen Gemeinschaft »Wutunternehmer«, wie Bernard Rougier (2011)[454] es formulierte. Das Reich des »goldenen Mittelwegs« des Wasat-Islams schreibt die Pflicht zur Solidarität unter Muslimen vor, im Namen des Imperativs der Einheit und aus Angst vor der *Fitna*, dem großen inneren Feind. Die Solidarität der Fréristen ist das Ergebnis der

Strategie des Aussäens, die von der Muslimbruderschaft erdacht und umgesetzt wurde. Sie besteht darin, Menschen in ihrem familiären, beruflichen, Freundes- und Politikumfeld zu indoktrinieren und die ihnen gegebenen Fähigkeiten zu aktivieren, damit sie den Geist und die Praxis der *Wasatiyya*, die Identität, die Vision und den Plan zur Umgestaltung der Gesellschaft in ihrem Umfeld verbreiten. Der »Wutunternehmer« ist also nicht die einzige Figur, die die »Atmosphäre« mit dem bewaffneten Arm verbindet. Im Alltag, auf leisen Sohlen, werden andere aktiv, wie jene fréristischen Influencer, die neuen, raffinierteren, doppelzüngigen Lebensberater (das heißt, die sich an zwei Zuhörer gleichzeitig wenden und jeden einzelnen glauben lassen, dass sie sich nur an ihn wenden), graue Eminenzen, die sich bei der jesuitischen Kasuistik inspirieren und die man im Herzen des »antirassistischen« Kampfes unter den Intersektionellen und Dekolonialen wiederfindet. Sie sind die neuen, modernen und friedlichen Kämpfer für Brüderlichkeit, die den islamischen Gesellschaftsentwurf kaum je aufgegeben haben, sondern es vorziehen, mithilfe vorläufiger politischer Verbündeter den Weg über das Recht zu gehen und es zu verdrehen.

Qaradawi rief dazu auf, »die Wahrnehmung des Islams in den Köpfen von Muslimen und Nicht-Muslimen zu korrigieren, um ein reifes und inspiriertes Verständnis der islamischen Bewegung zu etablieren.« Dies geschah mit dem Begriff der »Islamophobie«, die angeblich die westliche Welt durchdringt. Obwohl deren Existenz nie faktisch bewiesen wurde, entwickelte sich diese zu einem bequemen Instrument, um den Frérismus in die Einfluss- und Entscheidungszentren zu importieren und die Verteidigungssysteme (Schule, Polizei, Gesundheit, Armee, Justiz) im Namen des angeblich antirassistischen Kampfes zu schwächen.

Wir halten die Fréristen für gottesfürchtig. Doch wenn man die Texte ihres historischen Führers liest, heißt es: »Inspirierte Frömmigkeit besteht nicht aus Perlen, die von einem Derwisch geschüttelt werden, oder einem Turban, der um den Kopf eines autodidaktischen Scheichs gewickelt ist, oder einer Einsiedelei oder einem abgelegenen Winkel, den ein Glaubender zum Gebet auswählt: Sie besteht aus Wissen und Arbeit; Religion und Leben; Seele und Materie; Planung und Organisation; Entwicklung und Produktion; Perfektion und Exzellenz« (Qaradawi, 1990). Darin liegt die Genialität des Frérismus: Er nutzt die Vorstellungswelt, die Stärken und die Mittel des Feindes gegen ihn selbst.

Schlussfolgerung 363

Das Gegenmittel ist zumindest in der Theorie einfach: nicht mehr irgendwas be-, sondern etwas erkennen, es nicht mehr stützen, sondern stutzen.

Ursachen des Frérismus

Um es gleich vorweg zu sagen: Den Islamismus, dessen internationalistische Komponente der Frérismus ist, mit dem Islam gleichzusetzen, ist ein ontologischer und politischer Fehler. Dem entspricht, eine Sprache mit einer Ausdrucksweise zu verwechseln. Der Islam ist eine Sprache, der Islamismus eine der Ausdrucksweisen, die vorgeben, seine Botschaft zu tragen, samt eines besonderen Regelwerks in Bezug auf das Verständnis der Religion. Politisch ist diese Verwechslung katastrophal, denn sie unterfüttert das islamistische Projekt, das genau darauf abzielt, sich selbst als den Islam an sich auszugeben und nichts Muslimisches außerhalb davon zuzulassen.

Man muss feststellen, dass der Frérismus heute die islamische Landschaft in Europa dominiert. Diese Situation ist kein Zufall, sondern das wurde von muslimischen Studenten, die an westlichen Universitäten studierten, gewünscht und geplant. Sie hatten die Emigration und das Leben außerhalb des *Dar al-Islam* für zulässig erklärt und Europa als »Vertragsland« bezeichnet – ein Vertrag, der von Natur aus vorläufig ist. Die Etablierung des Islamismus in Europa kann daher nicht als reine Reaktion auf die sozioökonomischen Bedingungen der Einwanderer oder auf kulturelle oder rassistische Diskriminierung betrachtet werden.

Der Frérismus ist kein Zufluchtsort für schlecht integrierte und auf sich selbst zurückgezogene Bevölkerungsgruppen. Er ist kein Ort, kein Lager, kein Rückzugsgebiet für Ausländer, die nach Orientierung suchen, sondern eine Kraft, eine Dynamik, die muslimische Bevölkerungsgruppen, Ausländer wie Einheimische, anziehen, zusammenführen und leiten will.

Der Frérismus ist kein Produkt der Immigration, sondern ein Produkt der Globalisierung, was etwas ganz anderes ist. Er ist keine Reaktion oder Alternative zu den großen Übeln des Kapitalismus und des Neoliberalismus nach dem Fall des Kommunismus, sondern passt perfekt zum neoliberalen Kapitalismus, der gegen alle Grenzen ankämpft und kurzlebige globale Kulturen produziert. Der Frérismus hingegen schlägt sein eigenes Handlungssystem vor, artikuliert eine Vision, eine Identität und einen Plan, die dem individuellen und kollektiven Handeln einen Sinn verleihen.

Sinnsuche und Existenzangst sind dagegen sehr wohl Hebel des Frérismus. Er lebt und nährt sich von Unruhe, Angst, Beklemmung und Furcht, verspricht, dass diese sich in der Welt des Halal verflüchtigen. Es ist ein neuartiger theologischer Vorschlag in einem Westen, der beschlossen hat, dass er bereits über das beste demokratische System verfügt, welches er – als glücklicher Rentner – missbraucht und betrügt. Es ist kein Zufall, dass der Frérismus während des Kalten Krieges von den westlichen Ländern aus betrieben wurde, einer zwiespältigen Zeit der kolonialen Befreiung und kollektiven Angst, die wiederum eine Folge der schrecklichen *Shoah* war, der industriellen und kalten Verwaltung des Todes durch gehorsame und der Nazi-Ideologie unterworfene Wesen; eine Ära des Völkermords, der Gulags und der atomaren Bedrohung. Die Erkenntnis der schrecklichen »Banalität des Bösen« (Hannah Arendt) und der Schwierigkeit, das Gute zu definieren, erzeugten ein lebhaftes Bedürfnis, dies einzusehen; und weckte den Wunsch nach einer Rückkehr der moralischen Religionen, der Buchreligionen, die eine klare Unterscheidung zwischen Gut und Böse und eine Erklärung für deren Existenz anbieten. Aber nur der Islam befreit sich vom Gequältsein des jüdisch-christlichen Westens im 20. Jahrhunderts, wobei er in seinem Inneren einen Antijudaismus duldet, der sich in die Familie der Antisemitismen einreiht.[455]

Der Frérismus ist ein offenes selbstreferentielles System, das jedes erlaubte – oder für erlaubt erklärte – Mittel anzuwenden fähig ist, solange es sich in das Endziel einfügt. Zu diesem Zweck schöpft er aus der Quelle einer reichen, jahrhundertealten Tradition, dem Islam, der aus einem für heilig erklärten Text (dem Wort Gottes, wie es an sich ist) und einem prophetischen Vorbild als dessen Verkörperung besteht. Jeder Wasat-Muslim muss dem Propheten oder seinen Ehefrauen bei allen Gelegenheiten nacheifern, von den profansten bis zu den heiligsten. Die vielen individuellen Rituale, die nach den kosmischen Zeiten von Sonne und Mond ausgerichtet sind, sorgen für die Koordinierung der Gemeinschaft. Deshalb hat der Frérismus außerhalb des Islams nichts Entsprechendes.

Dieser System-Islam ist selbstreferentiell, aber nicht völlig autonom, sondern braucht, um die Gläubigen um sich zu scharen, das, was seine aggregative Dynamik befördert: einen Feind, den es zu unterwandern, zu

Schlussfolgerung 365

bekehren und damit zu vernichten gilt. Wie beim Judo ist es nicht die eigene Kraft, die ihn den Kampf gewinnen lässt, sondern die Fähigkeit, die Kraft des Gegners zu nutzen. Darin liegt seine Stärke und gleichzeitig seine Schwäche. Wenn sein Gegner eines Tages einen Schritt zur Seite macht, wird er zusammenbrechen.

Diesen »Schritt zur Seite« können wir unter bestimmten Bedingungen tun: Wir müssen den Frérismus ernst nehmen, ihn erkennen; wir müssen verstehen wie er denkt, indem wir uns in seine Lage versetzen, ohne uns jedoch mit ihm zu identifizieren; wir dürfen nicht seine Ausdrucksweise übernehmen, indem wir seine Begriffe oder seine Sprache verwenden. Der Gebrauch des Begriffs »taqiya« zum Beispiel schließt uns in den geistigen Raum des Frérismus ein, wir wenden dann nicht das philosophische Wissen an, das wir über Verstellung und List haben. Lesen wir stattdessen Machiavelli lieber nochmal und übersetzen solcherlei in unsere Sprachen.

Frérismus erkennen

Der Frérismus ist das Vehikel des sogenannten Wasat-Islams: des »Mittelwegs«. Er wird fälschlicherweise als gemäßigt angesehen. Die Mitte ist hier keine Mäßigung, sondern eine geistige Geographie.

Es ist ein Reich der »goldenen Mitte«, eine Kraft, die versucht, alle Strömungen des Islams von einem Zentrum aus zu vereinen. Der Frérismus ist schwer zu fassen, da er alle möglichen friedlichen oder gewalttätigen, hyper-reaktiven oder geduldigen, feinen oder groben Züge annehmen kann. Die fréristische Obsession des *Tauhid* ist nicht die Eintracht, sondern die Vereinigung unter der Herrschaft Gottes zur Erfüllung des Plans. Diese Besessenheit spiegelt zweifellos die Angst vor der Auflösung einer Religion wider, als Millionen von Anhängern in den letzten zwei Jahrhunderten aus dem Haus des Islams (*Dar al-Islam*) wegzogen, ins Ausland gingen und die materiellen und immateriellen Erinnerungsorte verließen. Während alle großen globalisierten Religionen nach Einheit streben, und sie alle akzeptieren, dass sie sich in Strömungen unterteilen, um sich besser an die Konturen der Sprachkulturen, der sozialen Gruppen, der Befindlichkeiten und so weiter anzupassen, schließt der Frérismus eine solche Aufspaltung aus. Er gerät vor dem Gespenst der

Fitna, das den *Tauhid* bedroht, in Panik und verweigert die Anpassung des Islams an die Variationen und Unebenheiten einer lebendigen Welt.

Manche betonten, dass diese Besessenheit von der Einheit ein Produkt des Orientalismus sei, von dem der Islamismus nur ein Ableger sei. Wie ich jedoch gezeigt habe, ist der Frérismus nicht die Umkehrung des Stigmas.[456] Das Streben nach dem Kalifat zieht sich wie ein roter Faden durch die jahrhundertealte Geschichte des Islams und ist nicht im 20. Jahrhundert aus Rache für die Kolonisierung entstanden. Es wurde lediglich durch die kolonialen Umstände, die 1924 zum Sturz des türkischen Kalifats führten, neu entfacht. Aus der eigenen Geschichte schöpfend, begnügt sich der Frérismus nicht mit einer formellen kulturellen Rache. Er zielt auf das geistige Universum der Menschheit ab, das er umgestalten will, indem er das Wissen islamisiert und das kulturelle und intellektuelle Erbe Europas unter seine Kontrolle bringt. Selbstverständlich ist was er will und was er kann nicht das Gleiche. Aber, auch das ist hier nicht das Problem. Entscheidend ist, was er gerade jetzt tut, um seine Ziele zu erreichen, und was das bewirkt.

Woran erkennt man den Frérismus?

Historisch gesehen ist der Frérismus ein Fundamentalismus. Er ist dogmatisch, betrachtet das Dogma von der Unerschaffenheit des Korans als unumstößlich. Er ist integralistisch, das heißt, er ist der Ansicht, dass sich kein Lebensbereich einer reinen, vom Göttlichen inspirierten Vernunft entzieht. Er ist literalistisch: Der Text ist verbindlich. Er ist legalistisch: Der Islam ist Gesetz. Der Frérismus ist ein politisch motivierter Fundamentalismus und somit ein Islamismus.

All diesen Merkmalen fügt der Frérismus die Mission hinzu, die islamische Bewegung in Gang zu setzen, um letztendlich die einzig mögliche menschliche Gesellschaft zu bilden. Sein Modus Operandi ist es, die Welt mit dem Islam kompatibel zu machen.

Inwiefern stellt der Frérismus ein Problem dar?

Der Frérismus träumt von einer Theokratie. Der Islam ist für ihn weder eine Kultur noch eine Tradition, sondern ein System, das alle individuellen und kollektiven Bedürfnisse erfüllt. Die Muslime sollen des Islams, nicht der Islam der Muslime würdig sein. Anstatt den Islam an den Kontext anzupassen, will man den Kontext an den Islam anpassen. Um die Angst vor dem Islam zu bekämpfen, will man den Blick auf den Islam verändern. Damit sich die Muslime integrieren, muss sich nicht der Islam in Europa assimilieren, sondern Europa muss sich dem Islam assimilieren. Der Frérismus versucht, die Welt der Scharia kompatibel zu machen, den Punkt zu erreichen, an dem diese Welt die Werte der Scharia so gut integriert, die Normen und Aktivitäten, einschließlich der Missionierung, so gut akzeptiert hat, dass die Grundsätze der Trennung von Politik und Religion relativiert oder abgeschafft werden und vom Islam, der eine Selbstverständlichkeit geworden ist – die man nicht mehr zu benennen braucht –, keine Rede mehr sein wird. Das Offensichtliche braucht keine Bezeichnung.

Der Frérismus verhindert die Koexistenz religiöser Strömungen, er erstickt liberale säkulare Strömungen, indem er sie disqualifiziert. Er propagiert Normen und Werte, die Antisemitismus, Frauenfeindlichkeit und die Kriminalisierung von Homosexualität verstärken. Er übernimmt lokale Codes und Symbole und ändert ihre Bedeutung, wie im Fall der Demonstration gegen Islamophobie auf der Pariser *Place de la République*, mit blau-weiß-roten Hidschabs, mit »keuscher« Mode et cetera. Er zerstört die lokalen Kulturen nicht durch seine Gestalt an sich, sondern durch seinen Sinngehalt, nicht durch seinen Phänotyp, sondern seinen Genotyp. Er nutzt die Triebfedern der Angst vor der Hölle und die der Isolation und des Ausschlusses aus der Gemeinschaft, um den Einzelnen von der Assimilation in die nationale Gemeinschaft abzuhalten.

Woran erkennt man eine Person, die unter fréristischem Einfluss steht?
Unter Einfluss der Fréristen glaubt das Individuum, dass der Koran unerschaffen und frei von Fehlern ist. Es glaubt, dass der Islam ein vollständiges und autarkes System ist; dass das Rühren an einem Element des Islams das gesamte Gebäude zum Einsturz bringen und zu Ketzerei oder gar Apostasie führen kann: Der Gedanke, den Text zu ändern, Verse zu streichen oder dieses oder jenes unfaire Gesetz aufzugeben, ist ihm unerträglich. Wenn man keine Antwort auf die Unvereinbarkeit eines Textes mit den Menschenrechten hat, relativiert man diese. Der fast systematische Rückgriff auf den Vergleich mit anderen Religionen ermöglicht es, die Probleme herunterzuspielen, die der Islam heraufbeschwört. Unter dem Einfluss der Fréristen lebt der in Europa geborene Mensch – ob er sich dessen bewusst ist oder nicht – in zwei unterschiedlichen geistigen Welten: einerseits in der säkularen Welt, in der er sozialisiert wurde, und andererseits in der religiösen Welt des Triptychons von Vision, Identität

und Plan, an dem er seine Lebenshandlungen ausrichtet. Was hätte der Prophet (oder zum Beispiel seine Frau Aischa) in dieser Situation getan? Er glaubt, dass wahre Erkenntnis existiert und zu erlangen ist, und dass der Islam dahin führt.

Er lebt »im Islam«: »Subjekt« der Geschichte ist nicht der Einzelne, sondern der Islam, Gott oder der vorbildliche Prophet. Aufgrund all dessen spielt der Einzelne die im Koran und in den überlieferten Texten enthaltenen Ungereimtheiten und Gewalttaten herab oder entschuldigt sie einfach. Da er sich mit der Gemeinschaft solidarisiert, rechtfertigt er den Dschihadisten, auch wenn er ihn nicht unterstützt, er rechtfertigt, selbst wenn er kein Antisemit ist, den Antisemitismus (was einfach nur Antizionismus ist). Und wenn es sich um eine Frau handelt, rechtfertigt sie die Verschleierung der Frauen, auch wenn sie nicht den vorgeschriebenen Hidschab trägt. Öffentlich widerspricht ein Frérist einem Muslim nicht, sondern versucht vielmehr, ihn im Privaten zur Vernunft zu bringen.

Falls Sie beim Lesen dieser Zeilen sofort reflexartig nach vergleichbaren Beispielen außerhalb des Islams suchen (bei Juden, Christen, im Mittelalter oder in Syrien und so weiter), um sich zu versichern, dass es diese Merkmale auch anderswo gibt und dass es nicht so schlimm ist, dann teilen vielleicht auch Sie ein wenig diesen mentalen Raum der Fréristen …

Keine der hier beschriebenen Haltungen steht außerhalb des Gesetzes, aber sie nähren eine Atmosphäre des täglichen und unmerklichen Aufruhrs. Das führt nicht nur zu territorialem Separatismus – wie Bernard Rougier und sein Team in *Les Territoires conquis de l'islamisme* [Vom Islamismus eroberte Gebiete] für Frankreich, Damon Perry (2019) für das Vereinigte Königreich, Magnus Norell (2016) für Schweden und Susanne Schröter (2019) für Deutschland sehr gut gezeigt haben[457] –, sondern zu einer Form von antiwestlicher geistiger Aufwiegelung, die sich im Namen der kulturellen Vielfalt, der Rechte von Minderheiten, des Kampfes gegen die westliche, weiße Hegemonie und so weiter in der Öffentlichkeit, in privaten oder öffentlichen Unternehmen, in politischen Parteien oder Verbänden gegen die Autorität richtet. Alles, was man dem Frérismus vorwerfen kann, wird dem Westen zugeschrieben, der sein Spiel gut verbirgt, wobei es dem Wesen nach einen Schuldigen gibt: die Juden. Qaradawi ist in diesem Punkt sehr klar: Juden zu hassen ist eine Notwendigkeit.

Dem Einfluss des Frérismus etwas entgegensetzen

Natürlich müssen wir unser Rechtssystem wappnen und es in die Lage versetzen, gesetzeswidrige Handlungen zu bestrafen. Aber was können wir unternehmen angesichts von Taten, die nicht kriminell sind, aber zu Verbrechen führen?

Man kann nur bekämpfen, was man kennt und versteht.

Eine Gesellschaft, die sich entschlossen hat, den Frérismus loszuwerden, wird ihn ernst nehmen, seine Auswirkungen ermessen, seine Gefahren erkennen und sich zum Ziel setzen, ihn besser zu kennen und zu verstehen.

Es müssen Studien über den Frérismus finanziert werden, indem die Gelder, die von den bloß ablenkenden Forschungsprojekten über Islamophobie abgezweigt wurden, wieder abgezogen werden. Die Polizei muss im Aufspüren von Islamismus geschult werden, und der Unterricht über Säkularismus, Demokratie und Menschenrechte muss von der Schule bis hin zur Universität gefördert werden. Zahlreiche Vorschläge wurden in ausgezeichneten Berichten gemacht – beispielsweise im Obin-Bericht oder in den parlamentarischen Arbeiten der französischen Nationalversammlung und des Senats. Man muss sich darüber im Klaren sein, dass das Problem des Frérismus nicht ein Problem des Säkularismus ist. Auf europäischer Ebene sollten keine Projekte finanziert oder unterstützt werden, die im Widerspruch zu den Werten stehen, die in der Charta der Grundrechte der Europäischen Union klar formuliert sind. Es sollten Kontrollen durchgeführt werden, um sicherzustellen, dass Partner in den Arbeitsgemeinschaften, die sich um öffentliche Gelder bewerben, keine Inhalte oder Ziele verfolgen, die im Widerspruch zu genannter Charta stehen.

Hüten Sie sich vor der fréristischen Unterwanderung!

Wir neigen zu der Vermutung, dass die Muslime schlecht integriert wurden und deshalb Zuflucht im radikalen Islam gefunden haben. Das Gegenteil ist der Fall: es ist der Islamismus, hier der Frérismus, der die Integration verhindert, und er hat dies in seinen Plänen bereits in den 1980er Jahren angekündigt (siehe Kapitel VI). Er tut dies jedoch, indem er die Jugendlichen auffordert, die französische Staatsbürgerschaft anzunehmen und gleichzeitig einen muslimischen Geist und ein muslimisches Herz zu bewahren. Er verlangt, die Flaggen der Herkunftsländer abzulegen, den Gesetzen des Gastlandes zu gehorchen, Franzose zu werden und dabei Muslim zu bleiben. Es geht nicht darum, das angelsächsische Eingliederungsmodell zu übernehmen, sondern darum, den Assimilationsprozess umzukehren: Frankreich soll sich an die Muslime anpassen, das ist der Tribut, den es dafür zahlen muss, dass es einen Teil der muslimischen Welt kolonisiert hat.

Der Islam darf nicht den Nährboden für den Frérismus bereiten,
und wenn dies doch geschieht, muss der Staat das verhindern
In einem Land, das den Frérismus bekämpft, muss ein säkular regierter Staat völlige Neutralität gegenüber dem muslimischen Gottesdienst einnehmen und sich aus allen Gesprächen mit religiösen Führern zurückziehen. Ein säkularer Staat, der Kulthandlungen nicht (er)kennt, muss Mittel bereitstellen, um sie kennenzulernen, insbesondere wenn sie ihm feindlich gesinnt sind. Er kann sich keine »Gepflogenheiten« aufzwingen lassen, die seinen Werten widersprechen, nur weil sie angeblich »religiös« sind. Er kann bestimmte Praktiken verbieten (zum Beispiel das Verschleiern von Minderjährigen) und verlangen, dass die Predigten kontrolliert werden.

Wenn die religiösen Führer den Frérismus, den sie gut kennen, nicht anprangern und somit die Nation gefährden, dann muss sich der Staat für ein Bündnis mit dem Islam entscheiden, das heißt ein Abkommen mit designierten religiösen Führern schließen, das sie der Nation gegenüber rechenschaftspflichtig macht und von ihnen ausdrücklich verlangen, dass sie jegliche Religionsausübung verbieten, die mit den Werten und Gesetzen des Landes unvereinbar ist.

Ausbruch aus dem mentalen Raum des Frérismus
Da der Frérismus einen transnationalen Zivilisationskrieg konzipiert, ist die Einflussnahme vor allem mentaler Art. Der Frérismus ist nicht das einzige, was für das Gefühl von Dekadenz verantwortlich ist, das in demokratischen Gesellschaften entstehen kann, aber er versteht es prächtig, deren Folgen hervorzuheben. Seine Fortschritte verliefen nicht geradlinig. Der Frérismus wechselt zwischen heiß und kalt, er breitet sich durch langsame Gewöhnung an seine Ideen und Vorgehensweisen aus. Auftretenden Krisen und Verbrechen begegnet man mit der Wiederbelebung der Aufschreimaschinerie: »Islamophobie«. Um dieses Schuld zuweisende Gekreische nicht hören zu müssen, senkt die Gesellschaft ihre eigenen Ansprüche weiter, in der Hoffnung, dass die Zugeständnisse

den Appetit der Fréristen befriedigen. Doch die Maschine ist unersättlich. Eine Gesellschaft, die den Frérismus besiegen will, muss aus der Schuld herauskommen. Sie muss zu ihren Fehlern stehen, ohne die Reue zu kultivieren.

Verteidigung und Schutz von Häretikern und Apostaten
Der Frérismus behindert ernsthaft die Fähigkeit des Islams, sich zu erneuern und sich an Europa anzupassen. Er kleidet sich in die Gewänder des Reformismus, reklamiert für sich die Sufi-Spiritualität und deckt die Machenschaften des salafistischen Dschihadismus – wenn er sie nicht sogar selbst initiiert hat. Er verhindert die Entwicklung säkularer Strömungen, indem er diejenigen, die sich zu ihnen bekennen, als Ketzer abstempelt oder zu Abtrünnigen erklärt und sie als schlechte oder ungenügende Muslime beschimpft. Es ist kein Zufall, dass sich das Wiederaufleben der Blasphemie auf der internationalen Bühne gegen Salman Rushdie richtete, der zusammen mit all jenen, die ihn unterstützen würden, durch eine iranische Fatwa zum Tode verurteilt wurde. Der in Indien geborene und in Großbritannien lebende Schriftsteller war Gegenstand des Urteils, weil die kurz zuvor gegründete Islamische Republik ihre Autorität gegenüber Abweichlern, Häretikern, nicht konformen Muslimen und Abtrünnigen, die in Europa als die gefährlichsten galten, unter Beweis stellen musste.

Eine Gesellschaft, die den Frérismus bekämpft, verhindert, dass er sich als die einzig mögliche religiöse Lesart darstellt. Sie tut dies nicht, indem sie sich für eine Version entscheidet, sondern indem sie die Verurteilung von Häretikern und Apostaten, egal von welcher Seite, verhindert. Um dies zu erreichen, muss sie die Verurteilung wegen Apostasie oder Ketzerei als Aufruf zum Hass betrachten, das heißt als Vergehen oder sogar als Straftat.

Wiedereinführung von kritischen Debatten in der akademischen Welt
Der Krieg, den der Frérismus führt, ist intellektueller und geistiger Natur. Die Universitäten sind die ersten Ziele des fréristischen Entrismus[458] durch Islamisierung des Wissens. Im Rahmen der akademischen Welt muss Kritik an postislamistischen und Woke-Theorien, wie sie vom Frérismus instrumentalisiert werden, möglich sein und uneingeschränkt geübt werden können. Whistleblower dürfen weder in ihren Seminaren noch in ihrer Karriere benachteiligt werden. *Cancel Culture* muss aus den

Hörsälen verschwinden. Wenn Wokismus eine Verfälschung wissenschaftlicher Methoden ist, muss er mit den Waffen einer zensurfreien Kritik besiegt werden können. Man sollte sich jedoch darüber im Klaren sein, dass diese Kritik mit der Entschlossenheit und Gründlichkeit geführt werden muss, mit der man Ideen bekämpft, aber auch mit besonderer Wachsamkeit, da es sich hier um eine Ideologie handelt, die selbst als Kriegswaffe eingesetzt wird. Die Finanzierung von Netzwerken, die sich als antirassistisch ausgeben, aber in Wirklichkeit gegen die Verteidigungsmechanismen der Demokratien (Polizei, Armee, Geheimdienst) ankämpfen, um sie auszuschalten, muss eingestellt werden, insbesondere die Finanzierung durch die Europäische Union.

Die Sprache befreien
Der Frérismus gewöhnt seine Anhänger und die gesamte Gesellschaft an die Kontrolle der Sprache. Dieser Wunsch nach Kontrolle über Ausdruck und Sprache hat im Postmodernismus einen Verbündeten gefunden, der – ebenso die salafistischen Literalisten – den Spruch »Sagen ist Tun« ganz genau nimmt. Eine Gesellschaft, die gegen den Frérismus kämpft, muss dafür sorgen, dass Worte, die nicht gesetzlich verboten sind, auch wenn sie in den Augen der Gläubigen Blasphemie darstellen, ausgesprochen werden dürfen. Persönlichkeiten, die in den sozialen Netzwerken aufgrund von Äußerungen bedroht werden, die als blasphemisch oder islamfeindlich eingeschätzt werden, müssen geschützt und offen unterstützt werden.

Werte verteidigen bedeutet in erster Linie, diejenigen Menschen zu schützen, die sie bekräftigen und verkörpern. Die lange Geschichte der liberalen Demokratien verschmilzt mit der europäischen Geschichte in einer Aufgabe: die uns – Männern wie Frauen – heute zustehenden Freiheiten, zu verteidigen, zu bekräftigen und zu verkörpern.

Anmerkungen

1   Plädoyer von Richard Malka, Anwalt von *Charlie Hebdo*, am 4. Dezember 2020 während des Prozesses zu den Anschlägen vom Januar 2015. Vgl. Richard Malka, *Le Droit d'emmerder Dieu*, Paris, Grasset, 2021.
    [Dieses und alle weiteren Zitate sind Übersetzungen nach der französischen Originalausgabe des Buches.]

2   Der Kontext der Umfrage bei den unter 25 Jährigen war die Enthauptung von Samuel Paty und die Ermordung von drei Personen in der Basilika von Nizza im Oktober 2020.

3   Studie des französischen Instituts für öffentliche Meinung (*Ifop – Institut français d'opinion publique*) für das *Comité Laïcité République*, durchgeführt anhand eines selbstverwalteten Online-Fragebogens, bei einer Stichprobe von 2.034 Personen, die repräsentativ für die gesamte in Kontinentalfrankreich lebende Bevölkerung ab dem Alter von 15 Jahren ist (20.-22. Oktober 2020), und bei einer Stichprobe von 515 Personen, die repräsentativ für die in Kontinentalfrankreich lebende Bevölkerung muslimischen Glaubens ab dem Alter von 15 Jahren ist (6.-17. August 2020).

4   *Ifop*-Studie für DDV (*Le Droit de Vivre*) und die Licra, durchgeführt per Online-Fragebogen vom 15. bis 20. Januar 2021 bei einer Stichprobe von 1.006 Personen, die repräsentativ für die Population der Gymnasiasten ab dem Alter von 15 Jahren ist.

5   Islamistische Anschläge weltweit 1979-2021, Fondapol: https://www.fondapol.org/etude/les-attentats-islamistes-dans-le-monde-1979-2021/.

6   Gabriel Martinez-Gros, *Fascination du djihad. Fureurs islamistes et défaite de la paix*, Paris, Presses universitaires de France, 2016.

7   Pascal Bruckner, *Le Sanglot de l'homme blanc*, Paris, Seuil, 1983. [In deutsch erschienen als: *Das Schluchzen des weißen Mannes. Europa und die Dritte Welt – eine Polemik.*]

8   Es gibt andere Arbeiten, die stärker auf diese institutionelle Verortung ausgerichtet sind, wie die jüngsten Arbeiten von Lorenzo Vidino in Europa, der kollektive Bericht des Institut Montaigne, der von Hakim El Karoui unterzeichnet wurde, und vor allem die von Gilles Kepel seit Ende der 1980er Jahre durchgeführten Untersuchungen, die mit dem Standardwerk *Les Banlieues de l'islam* [Die Vorstädte des Islams] begannen, dem ersten Werk, das die Ansiedlung islamistischer Institutionen in Europa aufspürte und beschrieb, und die mit den Arbeiten von Bernard Rougier (2020), Hugo Micheron (*Le Jihadisme français. Quartiers, Syrie, Prisons*, Vorwort von Gilles Kepel, Gallimard, 2020) weitergeführt wurden, sowie noch (nicht) veröffentlichte Arbeiten von Studenten. Generell mangelt es weltweit nicht an englischsprachigen Werken, in denen die verschiedenen islamistischen Gruppen im Rahmen des dschihadistischen Terrorismus beschrieben werden. Siehe zum Beispiel »*Bibliography: Islamist terrorism in Europe. Compiled and selected by Judith Tinnes*«, *Perspectives on Terrorism*, Dezember 2016, Vol. 10, Nr. 6 (S. 171-206), *Terrorism Research Initiative* (online). Im Gegensatz dazu beschreiben nur wenige die Ideologie der Frèristen und die Art und Weise, wie sie in Europa agieren und ihre Doktrinen weitergegeben werden. Hier haben die Brüder meist keinen direkten politischen Anspruch und treten eher als »soziale Bewegung« in Erscheinung.

9   Vgl. mein Buch *Le Marché halal ou l'Invention d'une tradition*, in dem ich die Geschichte des globalisierten Halal-Marktes und das Zusammentreffen von Neoliberalismus und Neofundamentalismus beschreibe und analysiere.

10 Wenn man bedenkt, dass ein theokratisches Regime niemals rein ist, ebenso wenig wie ein demokratisches Modell (weder in dem einen noch in dem anderen regiert ›Gott‹ oder ›das Volk‹ absolut), sind die meisten Golfstaaten theokratisch, da sie ihre Normen und Gesetze auf den Islam stützen. Ein theokratisches Regime ist nicht ungeeignet für die Moderne. Es kann sich an die kapitalistische Wirtschaft anpassen, wie im Fall des malaysischen Staates, der behauptet, im Einklang mit den göttlichen

11 Vgl. Rémi Brague (2018).

12 Koran Sure 3, Vers 110: »Ihr seid die beste Gemeinschaft, die für die Menschen hervorgebracht worden ist. Ihr gebietet das Rechte und verbietet das Verwerfliche und glaubt an Allah. Und wenn die Leute der Schrift glauben würden, wäre es wahrlich besser für sie. Unter ihnen gibt es Gläubige, aber die meisten von ihnen sind Frevler.« Vgl. *Der edle Qur'an und die Übersetzung seiner Bedeutungen in die deutsche Sprache*; Übersetzung: Scheich 'Abdullah as-Samit Frank Bubenheim und Dr. Nadeem Elyas; hrsg. vom König-Fahd-Komplex, Ministerium für Islamische Angelegenheiten, Stiftungen, Daʿwa und Rechtweisung im Königreich Saudi-Arabien. [Alle Koranzitate im Folgenden stammen aus dieser Koranübersetzung.]

Gesetzen zu regieren, und der sich gut in die internationalen wirtschaftlichen Regulierungssysteme integriert hat. Diesem Land sind die Halal-Handelsregeln des von der WTO (*World Trade Organization*) anerkannten *Codex Alimentarius* zu verdanken, Regeln, deren Bezugspunkt das »islamische Gesetz« ist.

13 Obwohl diese Strategie glücklicherweise hier und da dank der Whistleblower in den sozialen Netzwerken Risse bekommt.

14 Sie dachten wohl, Gott würde es gutheißen, dass ich mich bemühte, die Aktivitäten der Moschee zu verstehen und zu verfolgen, und dass ich mich mit den anderen in einen überfüllten Bus nach Le Bourget setze, um dort drei Tage lang in neonbeleuchteten Hallen rund um die Uhr zu lernen, zu essen und zu schlafen, mit drei Dixi-Toiletten für Zehntausende von Frauen, ohne Toilettenpapier und mit Wasserhähnen, aus denen nur ein dünnes Rinnsal floss.

15 »*Between yesterday and today*«, in *Five Tracts of Hasan Al-Banna* (1906-1949). *A Selection from the Majmuat Rasail al-Imam al-shahid Hasan Al-Banna*, übersetzt von Charles Wendell, University of California, 1978, reproduziert von *Islamic Bulletin* (islamicbulletin.org). Eine weitere Übersetzung wird auch als Kopie einer Broschüre verteilt, die von der *International Islamic Federation of Student Organizations* vertrieben wird. Darin findet sich diese Epistel unter anderen unter dem Titel: *Majmūʿat Rasāʾil al-Imām al-Shahīd Hasan al-Bannā*'. https://www.investigativeproject.org/documents/misc/837.pdf

16 Es scheint, dass wir, obwohl wir meinen in einem demokratischen und liberalen Rechtsstaat zu leben, aufgehört haben, die Meinungsfreiheit zu verteidigen. Der Mordversuch an Salman Rushdie im August 2022 wurde von den Medien und Kommentatoren nur wenig beachtet oder in seinen Hintergründen beleuchtet, trotz des Symbols, das er darstellt für das Recht auf freie Meinungsäußerung. Der »Fall Rushdie« und die »Affaire Mila«, um jenes junge Mädchen, das der Blasphemie beschuldigt wurde, Todesdrohungen erhielt und unter ständigem Polizeischutz lebt, sind emblematische Beispiele für diesen Verzicht, der hoffentlich nur vorübergehend sein wird.

17 Mohammad Javad Anvari und Matthew Melvin Koushki, »al-Ashʿarī«, in Wilferd Madelung und Farhad Daftary, *Encyclopaedia Islamica*. <http://dx.doi.org/10.1163/1875-9831_isla_COM_0300>

18 Hasan al-Banna, »Between yesterday and today« (1939), in *Five Tracts of Hasan al-Banna (1906-1949). A Selection from the Majmuat Rasail al-Imam al-shahid Hasan al-Banna*, übersetzt von Charles Wendell (University of California, 1978), abgedruckt in *Islamic Bulletin*: https://islamicbulletin.org/. Eine weitere Übersetzung wird auch als Kopie einer Broschüre verbreitet, die von der *International Islamic Federation of Student Organizations* vertrieben wird. Dort findet sich diese Epistel neben anderen unter dem Titel: *Majmūʿat Rasāʾil al-Imām al-Shahīd Hasan al-Bannā*'. www.investigative-project.org/documents/misc/837.pdf

19 Der Hanbalismus, eine der vier Rechtsschulen (*Madhhab*) des sunnitischen Islam (neben dem Malikismus, Hanafismus und Schafiismus), gilt als besonders strenge

und konservative Rechtsprechungsschule. Sie ist in den Golfstaaten wie Saudi-Arabien und Katar verbreitet und hat den saudischen Wahhabismus beeinflusst.

20   Erneuerungsbewegung (Revivalismus): Erneuern wird dabei nicht als Veränderung und Umgestaltung verstanden, sondern als Wiederherstellung des ursprünglichen Zustands. Vgl. https://kalifat.com/?p=9958
Für weitere Einzelheiten siehe J. M. B. Jones, »al-Bannāʾ«, in *Encyclopaedia of Islam*, 2. Aufl., hrsg. von: P. Bearman, Th. Bianquis, C. E. Bosworth, E. van Donzel und W. P. Heinrichs, 2012. http://dx.doi.org/10.1163/1573-3912_islam_SIM_1192 (am 6. Dezember 2020 aufgerufen).

21   Aus diesem Kongress ging der *Motamar al-Alam al-Islami* oder Muslimische Weltkongress hervor, eine islamische politisch-religiöse Organisation, die vom saudi-arabischen König Abdelaziz bin Abderrahman ins Leben gerufen wurde und an der unter anderem der Großmufti von Jerusalem, Mohammed Amin al-Husseini, beteiligt war, der sehr aktiv gegen den Zionismus und die englische Herrschaft kämpfte. Er verbündete sich während des Zweiten Weltkriegs mit den Nazis.

22   Unter dem Vorsitz von Mohammed Amin al-Husseini, dem Großmufti von Jerusalem, wurden die »Verfassung« und die Geschäftsordnung des Kongresses angenommen und verabschiedet. Später trat der Kongress 1947 im neuen Staat Pakistan zusammen. 1949 rief er in Karachi den *Muʾtamar* (Kongress der muslimischen Welt) wieder ins Leben. Im August 1954 wurde in Mekka der Plan für eine panislamische Weltorganisation ausgearbeitet, der zur Gründung der Weltliga des Islams und später der Organisation der Islamischen Konferenz führte, ebd.

23   Es war also als Symbol der islamischen Einheit, als das das Kalifat verteidigt werden sollte. Mark Zimdars, »The Organization of the Islamic Conference«, *Verfassung und Recht in Übersee/Law and Politics in Africa, Asia and Latin America*, 1991, Vol. 24, Nr. 4, S. 406-448.

24   Unter den zahllosen Werken über den Reformismus sei auf das umfassende Werk von Albert Hourani verwiesen, das das politische Denken und die großen Figuren des Reformismus beschreibt: *Arabic Thought in the Liberal Age, 1798-1939*, London, Oxford University, 1983.

25   Vgl. Anne-Laure Dupont (2018): »Im 18. und zu Beginn des 19. Jahrhunderts plädierten *Ulema*, die von einem in jener Zeit besonders dynamischen Sufismus geprägt waren und gleichzeitig bestimmte Extreme verurteilten, für einen freimütigeren Rückgriff auf den *ijtihād*. Dies war in Delhi bei Shāh Walī Allāh (1703-1762) der Fall und später in Kasan bei dem Naqshbandi-Scheich ʾAbd al-Nāsir al-Qursāwī (1776-1812), dessen Lehre, die von Shihāb al-Dīn al-Marjānī (1818-1889) in ganz Zentralasien verbreitet wurde, später den Reformismus der Muslime im Russischen Reich beeinflusste. Dies gilt auch für einen arabischen Sufi marokkanischer Herkunft, Ahmad ibn Idrīs (1750-1837), der sich in Sabya im Asir – zwischen Hedjaz und Jemen – niederließ und ein Aufblühen neuer Bruderschaften verursachte: seine radikale Kritik an den *madhāhib* entspricht der Entwicklung eines Mystizismus, der sich durch den ›muhammadischen Weg‹ (*al-tarīqa al-muhammadiyya*) auf die Person des Propheten konzentriert; am Ende seiner Initiation hat der mystisch mit dem Propheten Muhammad vereinte Sufi ein Wissen, das dem der *fuqahāʾ* überlegen ist, und eine unfehlbare Autorität bei der Auslegung des Gesetzes geworden. Die einzige Grundlage für gesetzliche Urteile, so meint Ibn Idris, sollte ›der Rückgriff auf den Koran und die Sunna sein, die durch den direkten Zugang zum Propheten erleuchtet werden.‹ (Radtke, 1996, 355f.; Chih und Mayeur-Jaouen, 2010, 49-50).« https://www.encyclopedie-humanisme.com/?Islah

26   Vgl. https://www.persee.fr/doc/tiers_0040-7356_1982_num_23_92_4176.
Für eine kurze Zusammenfassung des Reformismus siehe auch Santucci Robert, »Le reformisme musulman et son évolution historique«, in: *L'islam et son actualité*

pour le Tiers Monde, unter der Leitung von Ahmed Moatassime, Tiers-Monde, 1982, Bd. 23, Nr. 92, S. 819-821.

27 Dieser Prozess wurde durch die reformorientierte Ausrichtung der osmanischen Zentrumsmacht seit dem 18. Jahrhundert begünstigt und verstärkte sich mit der Politik der reformorientierten *Tanzimat*, zu der sich der osmanische Staat im 19. Jahrhundert unter dem Druck der europäischen Staaten verpflichtete, so Maher Charif, »27: Réformisme musulman et islam politique: continuité ou rupture?«, in Pierre-Jean Luizard (Hrsg.), *Le Choc colonial et l'islam*, Paris, La Découverte, 2006, S. 517-532.

28 Im wortwörtlichen Sinn: nähert sich immer mehr der Wurzel Islam an.

29 »Zwischen 1879 und 1884 hielt er sich erneut in Indien auf, wo er von der britischen Verwaltung streng überwacht wurde, und reiste dann nach Paris, wo er auf Abduh, seinen ägyptischen Schüler, trifft, mit dem er eine Zeitschrift mit dem vielsagenden Namen *al-'Urwa al-wuthqa* oder ›Die unauflösbare Verbindung‹ gründet. Diese Zeitschrift ist in Wirklichkeit die sichtbare Seite eines Geheimbundes, der sich für die Einheit der Muslime und die Reform des Islams einsetzen will.« Vgl. Ines Aït Mokhtar: *Jamal al-Din al-Afghani, fondateur du réformisme islamique moderne*, in *Les clés du Moyen Orient* [Jamal al-Din al-Afghani, Gründer des modernen islamischen Reformismus; veröffentlicht am 20.09. 2013, überarbeitet am 02.03. 2018] https://www.lesclesdumoyenorient.com/jamal-al-din-al-afghani-fondateur.html.

30 Maher Charif, »27: Réformisme musulman et islam politique: continuité ou rupture?«, in Pierre-Jean Luizard (Hrsg.), *Le Choc colonial et l'islam*, Paris, La Découverte, 2006, S. 517-532.

31 Die Zeitschrift berichtet, dass sie im Herzen von al-Azhar selbst Unterstützung finden. »Diejenigen, die nach Reform streben«, müssen ihnen widerstehen und »gegen sie in einen ›neuen Dschihad‹ ziehen, der verbissener ist als der, der gegen Abergläubische und Traditionalisten geführt wird«, Maher Charif, ebd.

32 Bagdad, die Hauptstadt des abbasidischen Kalifenreichs von 762 bis 1258, ist für Historiker ein einzigartiger Fall des mittelalterlichen Nahen Ostens: politischer Raum, wirtschaftliche Kraft, Ort der theologischen und philosophischen Reflexion. Die irakische Hauptstadt gilt als »die zentrale Stadt, in der die wichtigsten Bausteine des mittelalterlichen Islams versammelt sind: zwischen wirtschaftlichem Einfluss, Bevölkerungsmischung, entscheidendem politischen Gewicht und den Fragen einer noch im Entstehen begriffenen Religion.« Der Staat war zentralisiert, Verwaltung und Steuereinnahmen in Bagdad konzentriert; die lokalen Verwalter waren über direkt vom Monarchen ernannte Wesire dem Kalifen gegenüber rechenschaftspflichtig. Auf religiöser Ebene legte der Kalif die Termine der großen muslimischen Feste fest, die im ganzen Reich gefeiert wurden. Bei Rechtsstreitigkeiten entschied Bagdad über den Schiedsspruch des Kalifen, der im Mittelalter die unangefochtene religiöse Instanz darstellte. Vgl. Tatiana Pignon, *Bagdad au Moyen Âge* in *Les clés du Moyen-Orient*, veröffentlicht am 31.05. 2012, überarbeitet am 08.02. 2024: www.lesclesdumoyenorient.com/Bagdad-au-Moyen-Age.html

33 Hasan al-Banna, »Between yesterday and today«, *op. cit.*

34 »Es ist nicht übertrieben zu behaupten, dass die Muslime bis zum Beginn des 20. Jahrhunderts nie ohne ›Kalifen‹ gelebt haben. Auch wenn die Institution Kalifat Höhen und Tiefen, Leitfiguren und unrühmliche Vertreter kannte, gab es immer eine weltliche und geistliche Autorität, die die Muslime in der Nachfolge Mohammeds (gestorben 632) führte. Daher auch das Wort Kalif, das im Arabischen wörtlich ›Nachfolger‹ (des Propheten) bedeutet.« (Guidère, 2014) [eigene Übersetzung].

35 Der edle Qur'an, Übersetzung Scheich 'Abdullah as-Samit Frank Bubenheim und Dr. Nadeem Elyas. Alle Koranauszüge im Folgenden sind nach dieser Quelle zitiert.
36 Hassan al-Banna, »*Between yesterday and today*«, op. cit.
37 Sure 2, *al-Baqara*, Die Kuh, Vers 30.
38 Auszug aus einem Interview mit Mehboob ul Hassan von Khurshid Ahmad: »Interviews with the precursors of knowledge(3): Prof. Khurshid Ahmad – Meeting with history: a conversation with prof. Khurshid Ahmad, an islamic economist and activist«, Kyoto Bulletin of Islamic Area Studies, 2011, vol. 4, n° 1-2, p. 74-123.
39 (zitiert von Al-Anani).
40 »Our mission», Hassan al-Banna zitiert von Mona Saleh, *A Starting Point for Contemporary Islamic Fundamentalism*, 2016. (https://www.e-ir.info/pdf/60909)
41 Faouzia Charfi, »Les lectures scientifiques du Coran: de l'exégèse aux miracles scientifiques», *Raison présente*, 2018, Vol. 205, Nr. 1, S. 95-104.
42 https://www.islamweb.net/fr/articles/34/Les-miracles-scientifiques-dans-le-Coran
43 Hassan al-Banna (1939).
44 I-28. Sayyid Qutb, *Ma'alim fi al-Tariq* (Milestones = Meilensteine auf dem Weg zum Islam), Karthago, ar-Rissala, 2011, S. 75.
45 Maududi 2005, 58, zitiert nach Joshua T. White und Niloufer Siddiqui (2013).
46 Zu Khurshid Ahmad siehe Siddiqui A. (1997).
47 Koran, Sure 3, Vers 110 a.a.O.
48 Zitiert nach Amany F. Salib (2016).
49 »Our mission«, zitiert von Mona Saleh (2016; https://www.e-ir.info/pdf/60909).
50 Hassan al-Banna (1939).
51 Hassan al-Banna, *Kayfa nafhamu al-'islām* (Wie wir den Islam verstehen), 2. Aufl., Kairo, Dar ar-Rawda zitiert von Marlène Nasr (1996).
52 Ebd.
53 Vgl. Amany F. Salib (2016).
54 »Es ist durchaus angebracht, dass wir uns daran erinnern, dass wir die höchste aller Botschaften – die von Allah – weitergeben; dass wir das mächtigste System – die islamische Ideologie – befürworten; und dass wir der Menschheit das gerechteste Gesetz – das heilige Gesetz des Korans – anbieten« (Hassan al-Banna 1939).
55 Khurram Murad: *Daʿwa Among Non-Muslims in the West*, https://www.islamicstudies.info/literature/Dawah_among_Non_Muslims.htm
56 Al-Banna, Majmuat ar-rasail, S. 161, 336, 188, 187.
57 Al-Banna 2002, *Our mission*, 25.
58 Ovamir Anjum, »Dhimmi citizens: non-muslims in the new islamist discourse«. Quelle: *ReOrient*, 2016, Vol. 2, Nr. 1, S. 31-50, *Pluto Journals*. www.jstor.org/stable/10.13169/reorient.2.1.0031
59 Amin Elias, »Le sheikh Yousef al-Qarâdâwi et l'islam du ›juste milieu‹: Jalons critiques«, *Confluences Méditerranée*, 2017, Vol. 103, Nr. 4, S. 133-155. Der Historiker weist darauf hin, dass sich die Politik des Daesch in der mehrheitlich christlichen Stadt al-Qaryatayn in der Region Homs sich in keiner Weise von dem unterscheidet, was Qaradawi befürwortet.
60 Monatszeitschrift *al-Ichwan al-Muslimun* (November 1944). www.e-ir.info/2016/01/18/hassan-al-banna-a-starting-point-for-contemporary-islamic-fundamentalism/.

61 Khalil Al-Anani, *Inside the Muslim Brotherhood. Religion, Identity, and Politics*, New York: Oxford University Press, 2016.
62 Al-Banna, *Majmuat ar-rasail*, »Messages corrigés«, S. 114, 115, 116, zitiert von Khalil Al-Anani, ebd.
63 Diese Eigenschaften werden nicht von allen Muslimbrüdern verlangt, sondern bloss von einer Elite. Wie der ehemalige Bruder Mohamed Louizi berichtet: »Ich fand zum Beispiel heraus, dass das ›Sendschreiben der Lehren‹ – das sich auf 16 Seiten auf Arabisch gedruckt findet – nichts anderes war als das spezifische spirituelle Programm, das zu Hassan al-Bannas Zeiten ausschließlich der militärischen Vorbereitung der Mitglieder von ›al-Tanzim al-Khas‹ vorbehalten war, um sie dazu zu bringen, sich dieser gewalttätigen Fraktion anzuschließen.« http://mlouizi.unblog.fr/2015/05/27/hassan-al-banna-et-la-jeunesse-34/.
64 Hosni Mubarak hat die Muslimbruderschaft offiziell als religiöse Organisation (nicht als politische Partei) anerkannt.
65 Hassan al-Banna, *Anjah af-wasâ'il fi tarbiyyat al-nash'; tarbiyya islâmiyya khâlisa* (Die Methoden der muslimischen Erziehung der Jugend), Bd. 2, S. 220. Zitiert nach Hassan Muhammad Hassân, »Choix culturels et orientations éducatives en Égypte. 1923-1952«, *Egypte/Monde arabe*, Première série, 1994, vol. 18-19, online gestellt am 8. Juli 2008, abgerufen am 4. Juli 2021.
66 Olivier Carré, »Le combat-pour-Dieu et l'État islamique chez Sayyid Qotb, l'inspirateur du radicalisme islamique actuel«, *Revue française de science politique*, 1983, 33e année, n° 4, S. 680-705.
67 Vgl. das 2016 erschienene Werk, auf das ich mich in diesem Kapitel weitgehend stütze: Khalil Al-Anani, *Inside the Muslim Brotherhood. Religion, Identity, and Politics*, op. cit.
68 Hassan Muhammad Hassân, »Choix culturels et orientations éducatives en Égypte. 1923-1952«, *op. cit.*
69 Al-Anani (a.a.O.) beschreibt dieses Verfahren, das auch von Eric Trager berichtet wird, »The unbreakable muslim brotherhood: grim prospects for a liberal Egypt«, *Foreign Affairs*, 2011, Vol. 90, Nr. 5, S. 114-126. www.jstor.org/stable/23041781
70 Vgl. Mustafa Mashhur, *The Individual Call*. Mashhur leitete die Bruderschaft von 1996 bis 2002. Er ist der Autor von *Jihad is the Way*, in dem er ausführlich das Programm der Muslimbruderschaft darlegt, um die weltweite Eroberung des Islams voranzutreiben, ein islamisches Kalifat wiederherzustellen und den Jihad gegen Israel zu führen. https://de.scribd.com/document/50443890/Jihad-is-the-Way-by-Mustafa-Mashhur
71 Al-Anani zitiert Yusuf al-Qaradawis *Schumuliyyat al-Islam* (Die Vollständigkeit des Islam) und Abul Hasan Ali Nadawis *Madha khasr al-alam binhitat al-muslimin* (Was die Welt durch die Degradierung der Muslime verloren hat).
72 Mashhur zitiert von Al-Anani.
73 Strafen und Sanktionen sind in Ägypten gang und gäbe, wo die gefürchtete und bewunderte Muslimbruderschaft sich beliebt zu machen versteht. Allerdings »ist es die emotionale Bindung und die Treue zur fréristischen Familie, welche die Organisation davon befreit, auf Strafen und Demütigungen zurückzugreifen. Dieser Faktor ist umso wichtiger, als die biologische Familie der fréristischen Familie in der Regel zu Hilfe kommt.« Sarah Ben Néfissa, »La production du ›vrai musulman‹ par l'organisation des Frères musulmans égyptiens : fidélité et dissidences«, *Revue internationale des études du développement*, 2017, vol. 229, Nr. 1, S. 185-207.
74 Die Tatsache, dass man den Austritt fordert, bedeutet nicht zwangsläufig, dass man die Bruderschaft tatsächlich verlassen hat.
75 Zitiert von Lorenzo Vidino.

76 https://blogs.mediapart.fr/monica-m/blog/060216/interview-de-mohamed-louizi-sur-luoif-et-les-freres-musulmans

77 Die Politikwissenschaftlerin Sarah Ben Néfissa fasst zusammen: »Die Produktion des wahren Muslimen [...] hat als Hauptziel, eine Wir/Sie-Grenze zu konstruieren und die exklusive Zugehörigkeit und Treue zur *Gamaa* zu begründen. Sie beruht sowohl auf der von der Organisation absichtlich konstruierten Zuneigung als auch auf der regelmäßigen und sorgfältigen Überwachung und Kontrolle der Individuen, ihres Verhaltens, ihrer Handlungen und ihrer mentalen Repräsentationen. Treue ist also sowohl erwünscht als auch erzwungen, und Sanktionen und Strafen sind durchaus vorhanden. Die Gewalt ist jedoch vor allem moralisch, denn die ultimative Strafe, ob gewählt oder erlitten, ist der (Selbst-)Ausschluss aus dem Paradies der Muslimbruderschaft.« Vgl. Ben Néfissa, Sarah, »La production du ›vrai musulman‹ par l'organisation des Frères musulmans égyptiens: fidélité et dissidences« (Die Produktion des ›wahren Muslims‹ durch die Organisation der ägyptischen Muslimbruderschaft: Treue und Dissidenz), *op. cit.*

78 Ebd.

79 http://mlouizi.unblog.fr/2015/05/27/hassan-al-banna-et-la-jeunesse-34/

80 Nathan J. Brown, *When Victory is not an Option. Islamist Movements in Arab Politics*, New York: Cornell University Press, 2012.

81 Janine A. Clark, *Islam, Charity, and Activism. Middle-Class Networks and Social Welfare in Egypt, Jordan, and Yemen*, Bloomington, Indiana University Press, 2004.

82 Vier dschihadistische Selbstmordattentate, zu denen sich Al-Qaida bekannte, verursachten den Tod von 2.977 Menschen in New York und Pennsylvania.

83 Zu islamistischer Finanzierung und den Verbindungen zwischen friedlichen und gewalttätigen Muslimbrüdern siehe R. Labévière, *Les Dollars de la terreur. Les Etats-Unis et les islamistes*, Paris, Grasset et Fasquelle, 1999, S. 156-160, und https://blogs.mediapart.fr/danyves/blog/300817/et-revoila-les-dollars-de-la-terreur.

84 Die Informationen werden in einer journalistischen Serie von dem Schweizer Journalisten Sylvain Besson berichtet, »L'histoire secrète des islamistes en Occident (1/6). Les secrets d'Al-Taqwa, la banque suisse de l'islam radical«, *Le Temps*, 2005 (online, siehe die Artikel 1/6 und 3/6).

siehe auch: https://iqri.org/wp-content/uploads/2022/03/Vers-une-strate%CC%81gie-mondiale-pour-la-politique-islamique-.pdf

85 Antisemitismus ist ein Markenzeichen der Muslimbruderschaft: Sylvain Besson, der Journalist von *Le Temps*, zitiert einen Artikel aus *Muslimoun* vom September 1964: »Der Staat Israel wurde nicht nur durch Zufall geschaffen«, schreibt der anonyme Autor des Artikels. »Wir sind überzeugt, dass er vielmehr eine Verkörperung des Höllengedankens ist, eine Mischung, die aus dem Zusammentreffen des gierigen Zionismus, der aus dem verfälschten Talmud und der verfälschten Tora hervorgegangen ist, [...] mit dem Geist der Kreuzritter, der von Eifersucht inspiriert ist und so viele Gründe für seinen Zorn auf den Islam hat, entstanden ist. Deshalb sind wir davon überzeugt, dass diesem ausgeklügelten ideologischen Plan ein ebenso ausgeklügelter ideologischer Plan entgegengesetzt werden muss, und dass auf seine ideologischen Angriffe, seinen ideologischen Krieg, mit einem ideologischen Krieg geantwortet werden muss. Dieses Glaubenssystem muss mit einem Glaubenssystem bekämpft werden. Der Sieg wird dem Stärkeren zufallen. Unserer Meinung nach kann dieses missgestaltete Findelkind nur mit der Waffe des religiösen Dogmas und des Glaubens zerschlagen werden. Und welches Glaubenssystem ist stärker und besser in der Lage, die Judenfeindschaft und den Kreuzzug zu zerschlagen als der Islam.« Ebd. Artikel 3/6.

86 In »Die Muslimbruderschaft: Strategien und Ansätze in Deutschland« (online unter eeradicalization.com) erklärt Sigrid Herrmann-Marschall, wie Organisationen mit

Verbindungen zur Muslimbruderschaft, die trotzdem sie unter Beobachtung des Staatssicherheitsdienstes des [Deutschen] Bundesamtes für Verfassungsschutz (BfV) steht, seit Jahrzehnten mit ihr Katz und Maus spielen. Der Plan wird im *Verfassungsschutzbericht Bayern 2011* zitiert, dessen Vorwort von Staatsminister Joachim Herrmann und Staatssekretär Gerhard Eck verfasst wurde und der im März 2012 veröffentlicht wurde.
https://www.landkreis-fuerth.de/fileadmin/_migrated/content_uploads/verfassungsschutzbericht_bayern_2011.pdf

87 Diese VIP-Trilogie, die ich soeben analysiert habe, ist ein Echo des umfassenderen Begriffs *Tamkin*, den der ehemalige Muslimbruder Mohamed Louizi entwickelt hat, demzufolge der Tamkin für die Muslimbrüder gleichzeitig eine Vision, einen Wunsch, ein Ziel, eine Herrschaftsidee und einen geduldig und akribisch ausgearbeiteten Plan darstellt: »Der Tamkin stellt das von diesen Islamisten so sehr ersehnte Ziel und das politische Gebäude dar, das ihre Hände seit 1928 beharrlich errichten. In der Praxis bedeutet dies die erhoffte absolute Herrschaft des Kalifats über andere Nationen, die doppelte Herrschaft des islamistischen Narrativs nicht nur über andere Religionen, sondern auch über andere (Minderheits- oder Rand-)Glaubensrichtungen des muslimischen Glaubens selbst, die Anwendung der Scharia (des angeblichen Gesetzes Allahs) und so weiter. Das ist das Endziel aller frėristischen Aktionen, die für die angebliche Sache des Islams eintreten, damit diese Religion – wie sie von den Muslimbrüdern verstanden wird – Zeit und Raum, Gegenwart und Zukunft, das Parlament und die Bank, die Wohltätigkeit und das Krankenhaus, die Schule und das Unternehmen, die Entbindungsstation und den Friedhof beherrscht.« Mohamed Louizi, *Libérer l'islam de l'islamisme*, Fondation pour l'innovation politique (Februar 2018).

88 Rémi Brague, der vorschlägt, ihn ›sozialen Islam‹ zu nennen, sagt: »Mein Grundgedanke ist ein Paradoxon: Von einem politischen Islam zu sprechen ist ein Fehler, denn der Islamismus ist eine Reaktion auf den Verlust politischer Macht – das Ende des Kalifats, das Ende des osmanischen Regimes, das Ende jeglicher religiöser Legitimation eines Staates. Wir sollten besser von einem sozialen Islam sprechen. Das haben die Muslimbrüder getan. Sie reagierten darauf, indem sie sagten, man müsse ein Kalifat aus Krankenhäusern und Schulen neu errichten. Es handelt sich um einen Islam, der die Konsequenzen aus der Entpolitisierung zieht. Ich erinnere daran, dass die Spitze der islamischen Normativität nicht politisch ist, sondern vielmehr eine Art und Weise, wie sich der Einzelne zu verhalten hat. Das ist der Schwerpunkt. Die Politik ist eine Folge davon«, in Rémi Brague und Souleymane Bachir Diagne, *La Controverse*, Paris, Stock (Ausgabe Kindle, S. 145-146).

89 Max Weber, *Économie et société* [Wirtschaft und Gesellschaft], Paris, Plon, 1995.

90 Amjad Dajani, *Islamic Nationalism vs Islamic Ummatism/al-Ummatya: Conceptualizing Political Islam*, Mediterranean and Middle East Studies Programme, Department of Theology and Religious Studies, Kings College London, 2011.

91 Eine Kampagne zur Verteidigung des Kalifats wurde gestartet, die in Indien von den Brüdern Shaukat und Muḥammad ʿAlī und von Abul Kalam Azad angeführt wurde: »Die Türkei als das einzige überlebende muslimische Reich, das über große christliche Bevölkerungen herrschte und offenbar in der Lage war, Europa zu widerstehen, war der Stolz der Muslime gewesen, insbesondere derjenigen, die unter Fremdherrschaften lebten. Als Symbol der weltlichen Macht des Islams und Sitz seines ›universellen‹ Kalifats hatte die Türkei ihnen einen Sammelpunkt geboten. In Indien hatte sie ihnen auch ein Gefühl der Sicherheit inmitten der hinduistischen Mehrheit vermittelt.« Für weitere Einzelheiten siehe die Dissertation von Muhammad Naeem Qureshi, *The Khilafat Movement in India, 1919-1924*, 1973, https://eprints.soas.ac.uk/28516/1/10672675.pdf

92 »Interviews with the precursors of knowledge(3): Prof. Khurshid Ahmad – Meeting with history: a conversation with prof. Khurshid Ahmad, an islamic economist and activist«, *Kyoto Bulletin of Islamic Area Studies*, 2011, vol. 4, Nr. 1-2, S. 74-123.

93 Die amerikanische Islamwissenschaftlerin Yvonne Haddad berichtet über die Konturen dieser amerikanischen Debatten zwischen den Befürwortern der Rückkehr und denen der Anpassung an die Aufnahmegesellschaft: Yvonne Haddad, »The challenge of muslim minorityness«, in W. A. R. Shadid und P. S. Van Koningsveld (Hrsg.), *The Integration of Islam and Hinduism in Western Europe*, Kampen, Kok Pharos, 1991, S. 134-151.

94 Laut ihrer Charta arbeitet die IWL »mit Minderheiten zusammen, um eine islamische öffentliche Meinung zu bilden, ideologische Übergriffe und [...] abwegiges Denken zu bekämpfen«, sie will das islamische Erbe schützen, die Rechte muslimischer Minderheiten verteidigen, »die Rolle der Moschee in den Bereichen Beratung, Bildung, Predigt und Bereitstellung sozialer Dienste wiederbeleben und die islamischen Kultstrukturen in jedem Land organisieren.« Für eine offizielle Geschichte der IWL, die 2021 überarbeitet wurde, siehe Hassna Al-Ghamdi, *Muslim World League: A Historical Look at Establishment, Goals and Projects*, Department of History & Archaeology, Faculty of Social Sciences, Jeddah University, KSA, https://www.ijhssnet.com/journals/Vol_11_No_1_January_2021/7.pdf

95 Ahmad Shama, Rede »Global islamic movements«, Striving for Revival: Student Activism for Global Reformation. 7. Jahreskonferenz der MSA West. Universität von Südkalifornien. 14-17. Januar 2005. Von *The Investigative Project on Terrorism* zitiert: https://www.investigativeproject.org/documents/misc/31.pdf

96 Farhan Zahid, »Analysis of the influence of Sayed Qutb's islamist ideology on the development of djihadism«, Centre français de recherche sur le renseignement. Einzusehen auf der Seite : https://cf2r.org/foreign/analysis-of-the-influence-of-sayed-qutbs-islamist-ideology-on-the-development-of-djihadism-2/ (am 13. Dezember 2020 aufgerufen).

97 Autor von 24 Büchern und 581 Artikeln, darunter Nachrichten und Zeitungsartikel; vgl. Badmas 'Lanre Yusuf, *Sayyid Quṭb: A Study of His Tafsīr*, The Other Press, 2009, S. 85.

98 Sayyid Qutb, *Ma'alim fi al-Tariq* (*Wegmarken, Zeichen auf dem Weg*), Karthago, ar-Rissala, 2011.

99 Vgl. Shepard: »Die Jahiliyya ist völlig dunkel: die Dunkelheit der falschen Meinungen, Mythen, des Aberglaubens und der falschen Vorstellungen; die Dunkelheit der unkontrollierten Leidenschaften und Begierden; die Dunkelheit des Zweifels, der Unruhe, der Orientierungslosigkeit, der Entfremdung und der Unsicherheit; die Dunkelheit der verwirrenden Werte und der zerbrochenen moralischen Normen.« William E. Shepard, »Sayyid Qutb's doctrine of ›jāhiliyya‹«, *International Journal of Middle East Studies*, 2003, Vol. 35, Nr. 4, S. 521-545. https://www.jstor.org/stable/3879862

100 Sayyid Qutb, *Ma'alim fi al-Tariq, op. cit.*, S. 75.

101 Denkt derjenige, der kurzzeitig in den Vereinigten Staaten studiert hat.

102 »Sayyid Maududi hat eine bemerkenswerte Art und Weise, die Dinge prägnant und wirkungsvoll zu formulieren. Der Text selbst ist daher sehr kurz und sein Stil gerafft. Dies scheint jedoch seinen Wert oder seine Wirkung in keiner Weise zu mindern. Es schränkt auch nicht seine Fähigkeit ein, so viele Fragen zu diskutieren, wie er für relevant hält. Alles, was gesagt wird, ist sehr einfach, aber sein Tiefgang ist groß. Die Argumente sind einfach und klar, manchmal sogar banal, aber in ihrer Klarheit, Prägnanz und Kraft ist es schwer, zu widerstehen. Das gilt auch für den Stil: absorbierend, fesselnd und überzeugend. Es scheint, als ließe er trotz all seiner Kürze kaum etwas Wichtiges ungesagt oder schwach ausgedrückt, ohne Überzeugungskraft

und Stärke der Leidenschaft«, Vorwort 1984 von Khurram Murad zur englischen Übersetzung, erschienen 2001 bei der Islamic Foundation of Leicester, von *The Islamic Movement Dynamics of Values, Power and Change*, ursprünglich auf Urdu im Jahr 1973 in Lahore erschienener Text.

103 Leicester, Islamic Foundation, 1984. Eine Übersetzung des in Urdu verfassten und ursprünglich 1973 in Lahore veröffentlichten Buches (*The Nature and Dynamics of the Islamic Movement*): *Teḥrīk Islāmī kī Akhlāqī Bunyādain*.

104 Khurram Murad, Vorwort von 1984 zur 2001 erschienenen, ins Englische übersetzten Ausgabe von *The Islamic Movement Dynamics of Values, Power and Change*, das ursprünglich 1973 in Lahore auf Urdu veröffentlicht wurde. Maududi schreibt in Kapitel I: »Dies bedeutet einen Wechsel in der Führung auf allen Ebenen des Lebens – intellektuell, moralisch, technologisch, sozial, wirtschaftlich und politisch, national und international – und die Neugestaltung des menschlichen Lebens in Übereinstimmung mit den Idealen und Werten, die Gott für die Führung der Menschheit offenbart hat.« https://ia800408.us.archive.org/32/items/DynamicsOfPowerChange/Dynamics-of-Power-Change.pdf

105 »Obschon er keine formale religiöse Erziehung in einer Schule oder einem religiösen Seminar erhalten hatte, wurde der Autodidakt Maududi, der zu Hause unterrichtet wurde, zu einem der einflussreichsten islamistischen Gelehrten des 20. Jahrhunderts. Maududi entnahm die meisten seiner Ideen dem mittelalterlichen Gelehrten Taqi ud Din Ibn Taymayyah (1268-1326)«, der, wie wir gesehen haben, eine Referenz für Hassan al-Banna und die gesamte Salafi-Bewegung ist. Maududi belebte das Konzept der Dschahiliya (das auch bei Qutb zentral sein wird), das in den Schriften von Ibn Taymiyya vorhanden war, wieder. Es soll von Maududi vor Qutb ausgearbeitet worden sein. Quintan Wiktorowicz, »A genealogy of radical islam«, in *Studies in Conflict and Terrorism*, Routledge, 2005, zitiert in »Analysis of the influence of Sayed Qutb's islamist ideology on the development of djihadism«, *op. cit.*

106 Maududi 2005, 52, Maulana Maududi zitiert in Joshua T. White und Niloufer Siddiqui (2013).

107 Maududi 2005, 58, ebd.

108 Asma Afsaruddin (2007).

109 Maulawa Mawdudi, *Jihad in Islam*, Beirut: The Holy Koran Publishing. House, 1980.

110 Cyrille Moreno, siehe: https://theses.hal.science/tel-01556492/document

111 Mawdudi Al-Jihad fi sabil Allah (Damaskus: n.d.), S. 50 zitiert von Eran Lerman, »Mawdudi's concept of islam«, *Middle Eastern Studies*, 1981, vol. 17, Nr. 4, S. 492-509. https://www.jstor.org/stable/4282856 (aufgerufen am 12. Dezember 2020).

112 Diese Definition von Religion wird von dem Anthropologen Talal Asad übernommen, auf den ich später noch zu sprechen komme. Er ist der Sohn von Muhammad Asad mit Geburtsnamen Leopold Weiss, einem zum Islam konvertierten österreichischen orthodoxen Juden, Freund von Muhammad Iqbal, Autor von *Reconstructing the Religious Thought of Islam*, Befürworter des muslimischen Staates und geistiger Vater Pakistans. Siehe Valerie Kokoszka, »Les deux sens du califat et la conversion du monde« (Die zwei Bedeutungen des Kalifats und die Bekehrung der Welt), *Cités*, 2022, Vol. 3, Nr. 91, S. 139-154.

113 Er wird von Al-Qaida zitiert. »Die Souveränität im Islam gehört nur Gott, während sie in der Demokratie dem Volk gehört, weshalb Abu al-Ala al-Maududi von der Demokratie sagte, sie sei ›eine Vergöttlichung des Menschen‹ [...]. Sie ist die Macht der Massen« (*L'Islam et la Civilisation moderne / Der Islam und die moderne Zivilisation*, S. 33), al-Zawahiri, Ayman. Gilles Kepel (Hrsg.), »Auszüge aus Rat an

die Umma, die Fatwa von Scheich Ben Baz, die den Zugang zum Parlament erlaubt, abzulehnen. Veröffentlicht unter der Aufsicht von Ayman al-Zawahiri«, *Al-Qaida in the Text. Écrits d'Oussama bin Laden, Abdallah Azzam, Ayman al-Zawahiri et Abou Moussab al-Zarqawi*, Paris, Presses universitaires de France, 2008, S. 262-283.

114 Andere Führer der Muslimbruderschaft wie Kamal Al-Helbawi, Mukhtar Nooh und Mohammed Habib kritisierten die qutbischen Abweichungen von den ursprünglichen Lehren Hassan al-Bannas. In *Jihad. Expansion et déclin de l'islamisme* (2000) stellt Gilles Kepel die Wurzeln der Ideologie der radikalen Islamisten als stark von den radikalen ägyptischen Bewegungen der 1970er Jahre und von Sayyid Qutb beeinflusst dar. John Esposito vertritt in seinem Buch *Unholy War: Terror in the Name of Islam* (2002) auf apologetische Weise die These, dass Qutb der Pate des militanten Dschihad sei, der die Ideen von al-Banna umgewandelt und radikalisiert hat. Für Mona Saleh hingegen sind die Ideen des radikalen Islam tief in den Schriften und Handlungen Hassan al-Bannas verwurzelt, die in vielerlei Hinsicht die Anwendung von Gewalt rechtfertigen: *Hassan al-Banna: A Starting Point for Contemporary Islamic Fundamentalism*: https://www.e-ir.info/2016/01/18/hassan-al-banna-a-starting-point-for-contemporary-islamic-fundamentalism/

115 Gilles Kepel, *Les Banlieues de l'Islam. Naissance d'une religion en France*, Paris, Seuil, 1987.

116 Vgl. den Beitrag von Robert James Woolsey, einem hochrangigen US-Beamten, der zwischen 1993 und 1995 die CIA leitete: »Saudi government propaganda in the United States: Avowed ally or secret enemy?«, *American Enterprise Institute*, 16. Februar 2005.

117 https://iasworld.org/deceased-fellows

118 Der Bericht über den Zustand der muslimischen Minderheiten in Europa und den USA, wurde unter dem Titel »al-Muslimun fi Urubba wa Amrika«, Beyrut, 1976 (Neuauflage 2005) veröffentlicht; eine Arbeit, die er durch Besuche in verschiedenen Ländern auf anderen Kontinenten fortsetzte und die zu dem englischsprachigen Bericht »Muslim Minorities in the World Today« führte, der 1986 von IMMA, einer von Saudi-Arabien finanzierten Organisation, herausgegeben wurde.

119 https://core.ac.uk/download/pdf/230601644.pdf

120 Ein Philosoph und Dichter, der aus einer zum Islam konvertierten Familie der Kaste der brahmanischen Oberschicht stammt.

121 Rachid Benaïssa: https://hoggar.org/2008/01/01/hamidullah-chercheur-et-apotre-de-lislam/

122 Hamidullah verteidigte 1933 seine Dissertation an der Universität Bonn über das Thema Völkerrecht des Islam, »Die Neutralität im Islamischen Völkerrecht«. https://www.jstor.org/stable/43368427

123 Hierbei handelt es sich um die von Issam al-Attar geleitete syrische Ausrichtung in Aachen, Deutschland.

124 Der sich im französischen Exil der von Khomeini geführten iranischen Widerstandsgruppe anschloss, bevor er 1979 der erste Präsident der Islamischen Republik Iran wurde.

125 »Ahmed Jaballah trat zusammen mit anderen Studenten aus Tunesien und dem Nahen Osten der *Association des étudiants islamiques en France* (AEIF) bei, die 1962 von Muhammad Hamidullah gegründet wurde. 1978-1979 geriet die AEIF in eine Krise. Tunesische Studenten, die der MTI nahestehen, strebten die Führung an und wollten die Organisation mit dem ägyptischen Zweig der internationalen Strömung der Muslimbruderschaft verbinden, während die Mehrheit der AEIF-Mitglieder bei der syrischen Bewegung bleiben wollte. Angesichts der Ablehnung durch die Vereinsführung verließen die ›pro-ägyptischen‹ Mitglieder den Verein und gründeten 1979 das *Groupement islamique de France* (GIF).«

Samir Amghar, »L'Europe, terre d'influence des Frères musulmans«, *Politique étrangère*, 2009, Vol. 2, Nr. 2, S. 377-388. Siehe auch das klassische Werk von Gilles Kepel, *Les Banlieues de l'Islam*, Paris, Seuil, 1987.

126 Florence Bergeaud-Blackler, »L'institutionnalisation de l'islam à Bordeaux: enjeux sociaux, politiques et économiques de l'implantation du culte musulman dans un espace urbain«, Doktorarbeit in Soziologie an der Universität Bordeaux, unter der Leitung von Didier Lapeyronnie, (erhielt die *félicitations du jury*) (1999).

127 Gilles Kepel fasst zusammen, wie die Anhänger der Sekte von Artigat, ähnlich wie die Hippies der 1970er Jahre, die in die Ariège-Gegend geflüchtet waren, »62 Hektar Land kauften, Häuser restaurierten oder erbauten und so eine neo-rurale Gemeinschaft schufen, deren Frauen den Gesichtsschleier oder Niqab tragen und deren Kinder fernab der ungläubigen laizistischen öffentlichen Schule nach den Lehren der Scharia erzogen werden. [...] Diese salafistische ›*phalanstère*‹ [Wortschöpfung aus *phalange* und *monastère*, Phalanx und Kloster] wird zum kleinen Mekka des Südwestens, zu dem Anhänger aus der ganzen Region pilgern, aber auch aus der Île-de-France, insbesondere aus Les Mureaux und Mantes im Seine-Tal, die für ihre Hochhaussiedlungen und die in den 1980er Jahren entstandenen Moscheen berüchtigt sind. Dort werden Sommercamps organisiert, in denen die jungen Vorstadtleute im Grünen den integralen Islam lernen, der von einem charismatischen Scheich in einem orientalischen Arabisch verkündet wird, das Konvertiten wie Nordafrikaner fasziniert, die nur mittelmäßig arabisch sprechen können«, Gilles Kepel und Antoine Jardin, *Terreur dans l'Hexagone. Genèse du djihad français*, Paris, Gallimard, 2017, »Chapitre III. L'affaire Merah en contexte«, S. 133-179.

128 Die Frucht ist wurmstichig, aber man schenkt dem keine große Aufmerksamkeit, abgesehen von Gilles Kepel, der etwas später, ab 1983, eine bemerkenswerte Monografie schrieb, die später zu dem Buch *Les Banlieues de l'Islam* (*op. cit.*) wurde : Islamistische Studenten hatten begonnen, sich in die Institute für Arabisch und Soziologie der Universitäten einzuschleichen.

129 Laut dem Schweizer Journalisten Sylvain Besson hat sich Saïd Ramadan auf Anraten der Saudis »aus einem doppelten finanziellen und politischen Grund in der Schweiz niedergelassen. Seit dem Ende des Zweiten Weltkriegs profitierten die Petrodollars der Golfstaaten von der Diskretion und der Effizienz des Schweizer Bankplatzes ... Kurz nach seiner Ankunft bezog Saïd Ramadan eine Villa in der Avenue Soret, die ihm vom Emir von Katar zur Verfügung gestellt worden war. Andere arabische Monarchien unterstützten seine Aktivitäten: Jordanien, das ihn zu seinem Vertreter bei den Vereinten Nationen machte, und vor allem Saudi-Arabien, das ihn 1963 zum Botschafter der Muslimischen Weltliga ernannte. Diese Organisation, die sich der Verbreitung des strengsten Islams verschrieben hat, wird den Betrieb des Zentrums jahrelang finanzieren«, siehe Sylvain Besson, »Quand la Suisse protégeait l'islam radical au nom de la raison d'État«, *Le Temps*, 26. Oktober 2004 (online).

130 Ian Hamel, *Tariq Ramadan. Histoire d'une imposture* (Geschichte einer Hochstapelei), Paris, Flammarion, 2020, S. 35.

131 Gilles Kepel, *Fitna. Guerre au coeur de l'islam*, Paris, Gallimard, 2004.

132 Auf Arabisch *Al Rabita al-Alam el-Islami*, auf englisch *World Muslim League*.

133 Vgl. *oben* den Abschnitt, der Kettani gewidmet ist, der von der IWL beschäftigt wird.

134 »Reject all the presences of ancient as well as contemporary Jahiliah«. Quelle: Website der IWL, Muslim World League: www.themwl.org/

135 Die IWL bietet Saïd Ramadan ein komfortables Monatsgehalt.

136 Diese Zeitschrift ist für ihre antiwestliche Propaganda bekannt. Israel wird darin erwähnt als »eine Inkarnation des Höllengedankens«, die dem »Protokoll der Weisen von Zion« gehorcht (Besson, 2005). Doch trotz seiner islamistischen Aktivitäten

schützt die Schweiz Saïd Ramadan. »Obwohl sie ihn verteidigen, wissen die Schweizer Diplomaten sehr wohl, dass das Islamische Zentrum weit davon entfernt ist, jede politische Aktivität zu vermeiden, wie es seine Statuten vorsehen, sondern in seiner Zeitung *Al-Mouslimun* eine virulente Propaganda verbreitet, die nicht nur antikommunistisch und antinassirisch, sondern auch antiwestlich und manchmal antisemitisch ist«, schreibt Besson (2005).

137 Eine Hypothese ist, dass dieser Mann, der von seinem Doktorvater als ›fanatisch‹ eingestuft wurde und in seinem Haus von Frauen aufgesucht wurde, zu unheimlich geworden war, und deshalb nicht mehr als Person der Bruderschaft die Disziplin und die Diskretion garantieren konnte, die für sie konstitutiv sind.

138 »Die Führung der *Western Brotherhood* zählt nicht mehr als ein paar hundert Persönlichkeiten, deren Namen in den Vorständen desselben komplexen Netzwerks von Organisationen, Konferenzgruppen und Initiativen auftauchen. Eine beträchtliche Anzahl von ihnen hat diese Beziehungen durch Mischehen zementiert, die Netzwerke verfestigt und buchstäblich zur Ausbildung der nächsten Führungspersönlichkeiten beigetragen.« Vgl. Lorenzo Vidino, *The New Muslim Brotherhood in the West*, New York: Columbia University Press, 2010.
Die Organisation erinnert an *The Fellowship Foundation*, eine christlich-fundamentalistische Gruppe, die seit 1966 von Douglas Coe geleitet wird und sich gegen politische und finanzielle Mächte richtet.

139 Im Anschluss an eine Konferenz in der Londoner Albert Hall im Jahr 1980 zum Thema »Mohammeds Botschaft« arbeitete der ICE an einer Replik auf die Menschenrechtserklärung der Vereinten Nationen.

140 Die Erklärung beginnt wie folgt: »Wir, die a) an Gott, den Gütigen und Barmherzigen, den Schöpfer, Erhalter, Herrscher, einzigen Führer der Menschheit und die Quelle aller Gesetze glauben; b) an das Vikariat (*khilafah*) des Menschen, der geschaffen wurde, um den Willen Gottes auf Erden zu erfüllen; c) an die Weisheit der göttlichen Gebote, die von den Propheten überliefert wurden; d) die glauben, dass die Rationalität an sich ohne das Licht der Offenbarung Gottes weder eine unfehlbare Richtschnur in den Angelegenheiten der Menschheit sein noch der menschlichen Seele geistige Nahrung bieten kann ; e) die an die Einladung an die gesamte Menschheit, die Botschaft des Islams zu teilen glauben; f) und daran, dass im Rahmen unseres uralten Bundes mit Gott unsere Pflichten und Verpflichtungen Vorrang vor unseren Rechten haben; g) die an unsere Verpflichtung, eine islamische Ordnung zu errichten glauben; wir bekräftigen hiermit, dass wir uns für die Förderung der unverletzlichen und unveräußerlichen Rechte des Menschen einsetzen, von denen wir glauben, dass sie vom Islam vorgeschrieben sind.«

141 »Wir sehen uns als integralen Bestandteil der Bruderschaft und der islamischen Bewegung in Ägypten, im Sudan und in Malaysia«, bestätigte Qazi Ahmad Hussain, Führer der Jamaat-e Islami in Pakistan. »Unsere Nation ist eine. Die intellektuelle Grundlage unserer Bewegung ist einzigartig: Sie basiert auf dem Koran und dem Surma sowie auf den Lehren von Imam Hassan al-Banna und Maududi.« Zitiert von Vidino (2020).

142 Olivier Carré und Michel Seurat, *Les Frères musulmans (1928-1982)*, Paris, L'Harmattan, 2002, S. 20.

143 Samir Amghar, »Les mutations de l'islamisme en France. Portrait de l'UOIF, porte-parole de ›l'islamisme de minorité‹« (UOIF, Sprachrohr des ›Minderheiten-Islamismus‹), https://laviedesidees.fr/Les-mutations-de-l-islamisme-en

144 L'Express, »L'argent de l'islam«, 21. November 2002.
https://www.lexpress.fr/societe/religion/l-argent-de-l-islam_497530.html

145 Antoine Sfeir, *Les Réseaux d'Allah. Les filières islamistes en France et en en Europe*, Paris, Plon, 2001, S. 25.

146 Brigitte Maréchal, »Les Frères musulmans européens, ou la construction des processus locaux et globaux«, *Recherches sociologiques et anthropologiques*, 2006, Nr. 37-2, online veröffentlicht am 10. März 2011.

147 Erklärung von Nicolas Sarkozy, Minister für Inneres, innere Sicherheit und lokale Freiheiten, zur Gründung und zu den Zuständigkeiten des französischen Rates für muslimische Religion, zur Religionsfreiheit für Muslime, zu ihren Verpflichtungen in Bezug auf die Laizität und die Einhaltung der Gesetze der Republik, Le Bourget, 19. April 2003 (Volltext online unter www.vie-publique.fr).

148 Aussage von Qaradawi auf einer Konferenz der Gesellschaft der Arabisch-muslimischen Jugend (Maya) 1995 in Toledo, Ohio. Zitiert von *The Investigative Project on Terrorism* (siehe www.investigativeproject.org).

149 Im September 1979 kamen Gläubige aus aller Welt, religiöse, politische und soziale Führer, Intellektuelle und Studenten aus dem ganzen Land, insbesondere aus Lahore, zur Beerdigung von Maulana Maududi ins Gaddafi-Stadion. Yusuf al-Qaradawi leitete das Totengebet. https://dailypakistan.com.pk/02-Oct-2014/149195 Maududi (geboren 1903), ein Zeitgenosse von Banna, hatte im Gegenzug den größten Respekt für Qaradawi (geboren 1926) und betrachtete dessen Buch *Fiqh al-Zaqa* sogar als »das Buch des Jahrhunderts im Bereich der islamischen Rechtsprechung.« Ana Soage, »Yusuf al-Qaradawi: The Muslim Brothers' Favorite Ideological Guide«, Januar 2010, in: Barry Rubin, *The Muslim Brotherhood* (online unter www.researchgate.net).

150 Porträt von Yusuf al-Qaradawi, Elemente aus der Kurzbiografie von Ana Soage, *op. cit.*

151 Ebenda.

152 http://fiqhcouncil.org/about-fcna/

153 Der Scheich erinnert sich lebhaft an das Bündnis zwischen al-Azhar, der Muslimischen Weltliga, dem Iran und dem Vatikan bei den UN-Konferenzen zur Bevölkerung (Kairo, 1994) und zu Frauen (Peking, 1995). Ebd.

154 Yusuf al-Qaradawi, *Priorities of the Islamic Movement in the Coming Phase*, Swansea, UK, Awakening Publications, 2000 (online), Übersetzung aus dem Arabischen, *Awlawiyyât al-haraka al-islâmiyya fîl-marhala al-qâdima (Die Prioritäten der islamischen Bewegung in der kommenden Zeit)*. Ich habe die zitierten Passagen aus dem Englischen ins Französische [in der Originaledition] übersetzt. Im Internet gibt es unzählige Neuveröffentlichungen dieses Textes.

155 »In den meisten Beispielen werde ich die Muslimbruderschaft nennen, weil es die Bewegung ist, in der ich aufgewachsen bin; ich habe all ihre Schwierigkeiten und guten Zeiten miterlebt und war an vielen Ereignissen beteiligt, die sie fast ein halbes Jahrhundert lang als Zeugen miterlebt haben.«

156 Sowohl bei Qaradawi als auch bei Hassan al-Banna werden die islamischen politischen Parteien, Räte, Vereinigungen und Abteilungen für islamische Angelegenheiten den Plan niemals verwirklichen, solange sie unter staatlicher Kontrolle stehen. Qaradawi vergleicht sie mit der im Koran erwähnten »Moschee der Bosheit«: »Ihr oberflächlicher Zweck mag darin bestehen, dem Gottesdienst und der Frömmigkeit zu dienen, aber ihr verborgener Zweck ist es, die Gläubigen zu spalten und die Bemühungen der treuen Arbeiter zu behindern.«

157 Yusuf al Qaradawi, *Priorities of the Islamic Movement in the Coming Phase, op. cit.* (online).

158 https://www.marianne.net/agora/tribunes-libres/le-vote-musulman-chez-melenchon-et-le-risque-de-lentrisme-fondamentaliste

159 Florence Bergeaud-Blackler, *Le Marché halal ou l'Invention d'une tradition* (Der Halal-Markt oder die Erfindung einer Tradition), Paris, Seuil, 2017.

160 »Verheimlichung, im Arabischen *taqiyya* genannt, ist die Handlung, seine religiösen Überzeugungen zu verbergen, wenn die Offenlegung eine Gefahr oder den Tod bedeuten würde. Zwei Koranverse scheinen Muslimen zu erlauben, ihre wahren Überzeugungen im Falle einer Gefahr zu verbergen: 3:28 und 40:28 (vgl. 16:106). Die beiden wichtigsten Begriffe für taktisches oder mentales Verbergen in Bezug auf den Glauben, die in diesen Versen vorkommen, sind *taqiyya*, wörtlich ›Sorgfalt‹ oder ›Furcht‹ (von derselben Wurzel *w-q-y* stammen *tattaqū* und *tuqātan* in Koran 3:28), und *kitmān*, wörtlich der ›Akt des Verbergens‹ oder ›Versteckens‹ (von *k-t-m*, vgl. *yaktumu* in Koran 40:28) [...] das Verbergen blieb seit der klassischen Periode eng mit der Shīʿa verbunden (mit Ausnahme des Zaydīs;
vgl. Shīʿīsm und Qurʾān).« Mohammad Ali Amir-Moezzi (2017).

161 Lebensprojekt dieses Theologen war, die Spaltungen zu überwinden, indem er die muslimische Religionsgemeinschaft um eine integrierte Theologie herum vereinte, die auf dem Verständnis und dem Ansatz der Salafisten basiert. Er betrachtete die ersten drei Generationen als den einzigen Standard, nach dem der richtige Glaube sowohl in Bezug auf die Doktrin als auch auf die Methode beurteilt werden kann, eine Methode, die durch ein hohes Maß an Konsens »wenn nicht gar durch reine Gleichförmigkeit in ihrem Verständnis der theologischen Wahrheit« gekennzeichnet ist. Carl Sarif El-Tobgui, »Chapter 2 Ibn Taymiyya: life, times, and intellectual profile«, in: *Ibn Taymiyya on Reason and Revelation*, Boston: Brill, 2019 (online).

162 Der *Larousse* definiert unter dem Stichwort »entrisme« eine: »Taktik, die von bestimmten Organisationen (Gewerkschaft, politische Partei) angewandt wird und darauf abzielt, einige ihrer Mitglieder in eine andere Organisation einzuschleusen, um deren Praxis und Ziele zu verändern.«

163 Zitiert von Jean-Vincent Holeindre (2017).

164 »Der Abfall vom Islam, den man freiwillig unternommen hat und die anschließende offene Revolte gegen ihn in einer Weise, welche die Solidarität der muslimischen Gemeinschaft bedroht, ist ein Verbrechen, das mit dem Tod bestraft wird«, schreibt Yusuf al-Qaradawi in *Le Licite et l'Illicite en Islam* (Das Erlaubte und das Unerlaubte im Islam), 1960.

165 Olfa Lamloum, »Les femmes dans le discours islamiste«, *Confluences Méditerranée*, 2006, Bd. 59, Nr. 4, S. 89-96.

166 Nur wenige Neofeministinnen wissen, dass sie, indem sie den islamischen Feminismus unterstützen, Qaradawis Thesen verteidigen und so dazu beitragen, ... einen puritanischen Rückschritt bei den Frauenrechten voranzutreiben. Vgl. Renée Fregosi, »Un néo-féminisme victimaire, puritain et sexiste«, *FigaroVox*, 28. November 2017 (online unter www.lefigaro.fr).

167 Sure 33 (Al-Ahzab) Vers 33: »Haltet euch in euren Häusern auf ...«

168 Vers 32: »O Frauen des Propheten, ihr seid nicht wie irgendeine von den (übrigen) Frauen.«

169 Vers 33: »... und stellt euch nicht zur Schau wie in der Zeit der früheren Unwissenheit.«

170 Yusuf al-Qaradawi, *Fî Fiqh al-Aqalliyyât al-Muslima: Hayât al-Muslimîn Wasat al-Mujtama'ât al-Ukhrâ (Die Rechtsprechung der muslimischen Minderheit: Die gemäßigte Haltung des Muslims in einer anderen Gesellschaft)*, Kairo: Dar asch-schuruq, 2001, S. 57. Dann auch Taha Jabir al-Alwani, *Introduction au statut des minorités. Vers un fiqh des minorités musulmanes en Occident*, Paris, IIIT France, 2007.

171 Tareq Oubrou, »La sharî'a de minorité: réflexions pour une intégration légale de l'islam«, in Franck Frégosi (Hrsg.), *Lectures contemporaines du droit islamique. Europe et monde arabe*, Strasbourg, Presses universitaires de Strasbourg, 2004.

Siehe auch, vom selben Autor, »Introduction théorique à la charî'a de la minorité« (Theoretische Einführung in die Scharia der Minderheit), *Islam de France*, 1998, Nr. 2.

172 Ebenda.

173 In Artikel 2 des Vertrags heißt es: »Die Werte, auf die sich die Union gründet, sind die Achtung der Menschenwürde, Freiheit, Demokratie, Gleichheit, Rechtsstaatlichkeit und die Wahrung der Menschenrechte einschließlich der Rechte der Personen, die Minderheiten angehören. Diese Werte sind allen Mitgliedstaaten in einer Gesellschaft gemeinsam, die sich durch Pluralismus, Nichtdiskriminierung, Toleranz, Gerechtigkeit, Solidarität und die Gleichheit von Frauen und Männern auszeichnet.«

174 Die Forscher haben eine Liste von Werten erstellt, die in den Dokumenten der Europäischen Union zu dieser Zeit immer wieder auftauchten: »*Democracy (15), freedom (14), tolerance (11), solidarity (11), the rule of law (10), human rights (9), equality (6), respect for human dignity (4), justice (4), equality between women and men (4), fairness (3), freedom of speech (1), security (1), respect for indivi- duals (1), good governance (1), und culture (1).*« Oriane Calligaro, Ramona Coman, François Foret u.a., »Values in the EU policies and discourse. A first assessment«, *Les Cahiers du Cevipol*, 2016, Nr. 3, S. 5-52 (online).

175 Quelle: https://www.euro-islam.info/2008/02/23/more-news-on-the-european-assembly-of-muslim-imams-and-spiritual-guides/

176 Die Pharmazeutin und ehemalige Spielerin in der ägyptischen Handballnationalmannschaft der Frauen wurde von Alex Wiens erstochen, einem russisch-deutschen Einwanderer, gegen den sie in einem Strafverfahren wegen verbaler Beleidigungen ausgesagt hatte. Das Verbrechen an der Frau wurde als islamfeindlich eingestuft.

177 In einem Interview mit Al Jazeera verurteilte der Vorsitzende der FOIE die wahltaktischen Versuche, Angst vor der Islamisierung Europas zu schüren. Al Jazeera: https://news.gnet.tn/archives/revue-de-presse-internationale/un-observatoire-euro-islamique-contre-lislamophobie/id-menu-957.html

178 https://ec.europa.eu/commission/presscorner/detail/fr/MEMO_09_227

179 http://www.intoislam.com/islam/Links/Organizations/3578.html

180 https://acdemocracy.org/uk-ahmed-al-rawis-ties-with-islamic-organizations/

181 Website der FIOE.

182 https://euobserver.com/news/25444

183 European Assembly of Muslim Imams and Spiritual Guides formed; https://www.meforum.org/islamist-watch/european-assembly-of-muslim-imams-and-spiritual

184 Quelle: https://www.globalmbwatch.com/wp-content/uploads/2015/06/The-Federation-of-Islamic-Organizations-in-Europe.pdf.

185 »How islamic group's ties reveal Europe's challenge, a conduit to mainstream«, Ian Johnson, Reporter, *Wall Street Journal* : www.wsj.com/articles/SB113582317237133576

186 »*The Federation of Islamic Organizations in Europe October 1, 2008*« Synopsis, Steve Merley, Analyste sénior, fondation NEFA.

187 »How islamic group's ties reveal Europe's challenge, a conduit to mainstream«, *op. cit.*

188 Ich kann von dieser verzweifelten Suche berichten, die manchmal zu seltsamen Praktiken führte. Während meiner Teilnahme am DIALREL-Projekt ab 2006, einem Projekt über rituelles Schlachten, das wir zusammen mit Tierärzten der Universität Bristol initiiert hatten, stellte sich die Frage, an welche jüdischen und muslimischen religiösen Autoritäten wir uns wenden sollten, um sie nach ihren Standpunkten zu

den Umständen des industriellen rituellen Schlachtens zu befragen. Der für die administrative Aufsicht über das Projekt zuständige EU-Beamte hatte uns gebeten, ›repräsentative‹ Gesprächspartner zu finden. Da es keine gab, da weder Juden noch Muslime einen offiziellen Klerus haben, wurden wir gebeten, selbst Kriterien für Repräsentativität zu finden. Natürlich hatten wir dazu keine Kompetenzen und uns war sofort klar, dass die Aufgabe, die uns gestellt wurde, einen großen Einfluss auf die Legitimität der Gesprächspartner haben würde, die wir auswählen würden. So wurden die Vertreter der Religionsgemeinschaften auf europäischer Ebene ohne abgestimmte Methodik ausgewählt.

189 Der Ausdruck stammt aus der pro-fréristischen Zeitung *SaphirNews*: www.saphirnews.com/Adieu-Cheikh-Faysal-Mawlawi_a12583.html

190 Alan Riding, »Europe's homebred imams, preaching tolerance«, *The New York Times*, 24. Januar 1992 (online auf nytimes.com).

191 Die UOIF gründete er 1983 zusammen mit Abdallah Ben Mansour, Ahmed Mahmoud und Mohamed Khaldoun Bacha um »das Verständnis des Islams durch ausgebildete religiöse Führer und würdige Kultstätten zu fördern und die Vereinsmitglieder der Gemeinden zu vernetzen.« www.la-croix.com/Religion/Islam/LUOIF-elle-dangereuse-pour-democratie-2017-05-04-1200844613

192 Website des IESH: https://iesh.fr

193 Alexandre Caeiro, »The making of the fatwa«, *Archives de sciences sociales des religions*, 2011, Nr. 155, S. 81-100.

194 Sami Moubayed, »Discovering the Muslim Brothers in Europe«, https://eeradicalization.com/fr/decouvrir-les-freres-musulmans-en-europe/

195 https://www.dnb.com/business-directory/company-profiles.the_european_council_of_imams.a0675cc1dbfdc9aa9753bf37d5283f1b.html

196 https://www.la-croix.com/Religion/Islam/nouvel-institut-europeen-former-imams-niveau-academique-2019-07-01-1201032517

197 Verabschiedet am 25. Januar 2022, bzw. dem 21 Jumuda al-Akhira 1443. https://www.bbsi.org.uk/wp-content/uploads/2022/04/Global-Imams-Scholars-Charter-2.pdf

198 FEMYSO-Mitgliedsverbände:
Albanien: Ardhmeria, The Future, Albania Council of European Muslims – Youth Department;
Belgien: CEM – Youth Department, Belgium, Ligue des Musulmans de Belgique – Youth & Students Belgian Muslims League – Y&S;
Bosnien und Herzegowina: Asocijacija za kulturu obrazovanje i sport – AKOS, Association for Culture, Education and Sport;
Deutschland: Islamische Gemeinschaft Millî Görüş – IGMG – Youth & Students;
Finnland: Nuorten Muslimien Foorumi – NMF, Muslim Youth Forum in Finland, Nuoret Muslimit – NUMU: Young Muslims;
Frankreich: Étudiants musulmans de France – EMF, Muslim Students of France, Jeunes Musulmans de France – JMF, Young Muslims of France,
Institut européen des sciences humaines – IESH, European Institute of Human sciences,
Irland: Muslim Association of Ireland Youth, MAI Youth,
Muslim Youth of Ireland, MYI,
Islamic Cultural Center Ireland, ICCI Youth,
Italien: Giovani Musulmani d'Italia – GMI, Young Muslim of Italy;
Moldawien: Society of Islamic Culture Assalam, ASSALAM;
Niederlande: MashriQ SV, The Netherlands, Moslimstudenten Associatie Nederland – MSA Netherlands, Muslim Student Association Netherlands;

Nordmazedonien: Forumi Rinor Islam – FRI Islamic Youth Forum;
Norwegen: Ung Muslim – NUM Young Muslims of Norway;
Polen: Stowarzyszenie Studentów Muzułmańskich w Polsce – MSAP, Muslim Students Association of Poland;
Rumänien: Muslim Students Union in Romania, MSUR;
Schweden: Sveriges Unga Muslimer – SUM, Young Muslims in Sweden;
Slowakei: Všeobecný zväz moslimských študentov v Slovensko – GUMSS, General Union of Muslim Students in Slovakia;
Tschechische Republik: Muslimský Svaz Studentů a Mládeže, The General Union of Muslim Students – GUMS;
Ukraine: АЛРАИД – ALRAID All-Ukrainian Association of Social Organizations;
Ungarn: Muszlim Ifjúsagi Társaság – MIT, Muslim Society in Hungary;
Vereinigtes Königreich: Federation of Student Islamic Societies, FOSIS – UK & Ireland,
Muslim Association of Britain Youth, MABY UK,
Muslim Scout Fellowship, MSF,
The Islamic Society of Britain, ISB,
Young Muslims in UK, YMUK,
Islamic Foundation Youth, IF-Y,

199 Sara Silvestri, »Interacting with Muslim Communities in the EU«, Centre.of International Studies, University of Cambridge, 2003.

200 Auf deren Website: https://together.europarl.europa.eu/de/

201 Bericht über die Studientagung, die von FEMYSO in Zusammenarbeit mit dem Europazentrum des Europarates abgehalten wurde, European Youth Centre, Straßburg, 8-13 Mai 2011.

202 »FEMYSO antwortet auf falsche Behauptungen über Verbindungen zu den Muslimbrüdern«, Brüssel, 8. März 2019, https://femyso.org/femyso-responds-to-false-allegations-on-links-to-muslim-brotherhood/

203 www.ceciv.be/

204 »Das CECIV befindet sich im Herzen des belgischen Spiralnebels der Muslimbruderschaft mit ihrer finanziellen Unterstützung für die Hamas (Al-Aqsa-Stiftung), ihrem missionarischen Ideal, die Umma ins Unendliche zu vergrößern, ihrem Hass auf die liberale Demokratie und den Westen sowie dem virulenten Antisemitismus ihrer Mentoren wie dem ägyptischen Scheich Yusuf al-Qaradawi. Die Al-Aqsa-Stiftung weitet ihre Niederlassungen in Deutschland und den Niederlanden aus. Alles beginnt in Verviers, zunächst bescheiden auf lokaler Ebene, um dann auf die Provinz Lüttich und von dort aus auf die belgische frankophone Gegend auszustrahlen. Die Brüder Benyekhlef sind aus Verviers, ebenso wie Hajib El-Hajjaji, sowie Michaël Privot, ein Konvertit (ehemaliger?) Muslimbruder, der das CECIV leitet. Es gibt eine Art Einheit des Ortes zu unserer Geschichte.« Willy Wolsztajn, »Progressive Muslims, Tayush and Muslims Rights: Offices of Muslim Brothers Influence« (online unter www.cclj.be).

205 Er bekennt sich 2008 selbst dazu. Einige Jahre später verlässt er sie wieder und berichtet in seinem Buch über seinen Werdegang: Michaël Privot, *Quand j'étais Frère musulman. Parcours vers un islam des lumières* (*Als ich ein Muslimbruder war. Reise zu einem Islam der Aufklärung*), Paris, La Boîte à Pandore, 2017.

206 https://global-watch-analysis.com/michael-privot-quand-jetais-frere-musulman/

207 CCIB wurde 2021 zum *Collectif pour l'inclusion et contre l'islamophobie en Belgique* (CIIB), um sich taktisch vom CCIF zu distanzieren, das in Frankreich aufgelöst und in Belgien unter dem Kürzel CCIE als gemeinnütziger Verein neu gegründet worden war.

208 Bosco d'Otreppe, »Quatre Belges défendent un islam des Lumières« (Vier Belgier verteidigen einen aufgeklärten Islam), *La Libre Belgique*, 4. Mai 2015 (aufgerufen am 23. Februar 2016).

209 EU High Level Group on Combating Racism, Xenophobia and other Forms of Intolerance (E03425), mit Amnesty International European Institutions Office, Open Society European Policy Institute (Osepi). Platform of European Social NGOs (Social Platform), European Region of the International Lesbian, Gay, Bisexual, Trans and Intersex Association (ILGA-Europe). Finanzierung: Europäische Union, Open Society Foundations, Joseph Rowntree Charitable Trust, Sigrid Rausing Trust. https://ec.europa.eu/transparency/regexpert/index.cfm?do=groupDetail.groupDetail&groupID=3425

210 Die Hervorhebung der Verbindungen zwischen FEMYSO, ENAR und der Bruderschaft kann einen vor Gericht bringen: Fadila Maaroufi, die Direktorin der belgischen gemeinnützigen Organisation *Observatoire des fondamentalismes* in Brüssel, die in sozialen Netzwerken den Austritt von Herrn Privot aus der Muslimbruderschaft in Frage gestellt hatte, erhielt im März 2021 ein Aufforderungsschreiben von Herrn Privots Rechtsschutzversicherung, in dem sie aufgefordert wurde, diesen Austritt nicht und sein Wort nicht in Frage zu stellen, »dieser Art von diffamierenden Behauptungen« keinen Raum zu geben und diese »Belästigung« gegen ihn einzustellen. Es ist also davon auszugehen, dass jegliche Kritik an den Aktivitäten von Herrn Privot, die trotz seiner zahlreichen Dementis immer noch mit denen der Bruderschaft verbunden sind, zu strafrechtlichen Verfolgungen werden würde. Diese Art der Einschüchterung täuscht jedoch nicht darüber hinweg, dass Leugnen eine Spezialität der Muslimbruderschaft ist und bleibt. Das hat der ehemalige Muslimbruder Mohamed Louizi (der alle Verbindungen zu den Brüdern abgebrochen hat) deutlich gezeigt, wodurch er sich selbst und seine Familie ernsthaften Bedrohungen ausgesetzt hat.

211 https://www.lefigaro.fr/flash-actu/union-europeenne-charles-michel-preconise-la-creation-d-un-institut-europeen-pour-la-formation-des-imams-20201109

212 Hören Sie dazu sein Interview mit Saïd Derouiche: http://saidderouiche.com/former-des-imams-au-level-europeen-avec-michael-privot-video/

213 https://www.saphirnews.com/Claquer-la-bise-serrer-la-main-Quand-mon-paradis-depend-de-la-facon-dont-je-te-dis-bonjour_a27656.html

214 Citizenship, *A User's Guide for European Muslim Youth*: https://femyso.org/sites/default/files/Citizenship_Booklet_English_Pages_7-12.pdf

215 www.lefigaro.fr/flash-actu/bruxelles-continue-la-promotion-d-une-association-proche-des-freres-musulmans-pourtant-denoncee-par-la-france-20220817

216 Antwort von Frau Jourová im Namen der Kommission auf die parlamentarische Anfrage von Franz Obermayr. Schriftliche Frage Nr. 00675 von Herrn Pierre Charon (Paris – Les Républicains), veröffentlicht im *JO Sénat* vom 7. Juli 2022, S. 3267.

217 Antwort von Frau Jourová im Namen der Kommission auf die parlamentarische Anfrage von Franz Obermayr: Ihr Ziel »war es, ein Portfolio von Vermögenswerten (*awqaf*) von Unternehmen und Investitionen aufzubauen, um Ressourcen zur Finanzierung von sozialen und wirtschaftlichen Projekten für Gemeinschaften in Europa zu generieren«, Finanzielle Erklärung Europe Trust 2005; https://de.scribd.com/document/279924238/Financial-Statement-EuropeTrust-2005

218 Joseph Gusfield zufolge sind öffentliche Probleme soziale Probleme, die von Akteuren konstruiert werden, die sie kontrollieren und Vorteile daraus ziehen wollen. Die Profiteure dieser »öffentlichen Probleme« sind diejenigen, die die öffentliche Definition des Problems bestimmen (Joseph Gusfield, 2009).

219 https://fra.europa.eu/sites/default/files/fra_uploads/fra-2017-eu-minorities-survey-muslims-selected-findings_de.pdf

220 Zitiert von Jérôme Bellion-Jourdan, »Les ONG islamiques sont-elles purement humanitaires ? Réflexions sur une vraie fausse question«, *Vacarme*, 2006, vol. 34, Nr. 1, S. 183-188.

221 https://www.meforum.org/islamic-relief-charity-extremism-terror-7403

222 »Interviews with the precursors of knowledge (3): Prof. Khurshid Ahmad – Meeting with history: a conversation with prof. Khurshid Ahmad, an islamic economist and activist (Interviews mit den Vorläufern des Wissens (3): Prof. Khurshid Ahmad – Begegnung mit der Geschichte: ein Gespräch mit Prof. Khurshid Ahmad, einem islamischen Wirtschaftswissenschaftler und Aktivisten)«, *Kyoto Bulletin of Islamic Area Studies*, 2011, vol. 4, n° 1-2, S. 74-123.

223 *The International Institute of Islamic Thought (IIIT) - USA: a Project of Islamic Revivalism*, Dissertation von M. Muslih, Leiden University, 2006; https://scholarlypublications.universiteitleiden.nl/handle/1887/4914.

224 Das IIIT hat auch Leitfäden und andere Pläne für die Ausbildung von Elite-Aktivisten und Arbeitnehmern veröffentlicht, darunter den *Ausbildungsleitfaden für islamische Arbeitnehmer* von Hisham Altalib, Kyle Shideler und David Daoud (2014).

225 Ausgebildet an der al-Azhar-Universität in Kairo, lehrte er an der McGill University in Montreal und später an der Temple University, wo er das Programm für Islamische Studien gründete und leitete. Al-Faruqi, Gründer des International Institute of Islamic Thought, hat 25 Bücher und über 100 Artikel für verschiedene akademische Zeitschriften und Magazine verfasst.

226 Im Alter von 25 Jahren promovierte Nasr in Harvard und verfasste sein erstes Buch, *Science and Civilization in Islam*. Nasr ist Autor von über 50 Büchern und 500 Artikeln (viele davon abgedruckt in der Zeitschrift *Studies in Comparative Religion*) zu Themen wie traditionalistische Metaphysik, islamische Wissenschaft, Religion und Umwelt, Sufismus und islamische Philosophie (Seyyed Hossein Nasr, 1964).

227 Naquib al-Attas studierte in Eaton Hall, Chester, England und später an der *Royal Military Academy Sandhurst*, Großbritannien (1952-1955). Von 1976 bis 1977 war er Gastprofessor für Islam an der Temple University, Philadelphia, USA. Heute ist er Leiter der Literaturabteilung am Fachbereich Malaiische Studien der Universität von Malaysia und einer der Gründer der Nationaluniversität von Malaysia. Er nahm ebenfalls an der ersten Weltkonferenz über islamische Bildung teil, die 1977 in Mekka stattfand, wo er den Vorsitz des Komitees für die Ziele und Definitionen der islamischen Bildung innehatte. Im Jahr 1978 leitete er das Expertentreffen der UNESCO zur islamischen Geschichte in Aleppo, Syrien, und im Jahr darauf verlieh ihm der pakistanische Präsident General Mohammad Zia ul-Haq die Muhammad-Iqbal-Gedenkmedaille zum hundertsten Geburtstag. Vgl. Syed Muhammad Naquib Al-Attas (1993).

228 International Institute of Islamic Thought (IIIT): *Islamization of Knowledge: General Principles and Work Plan*, veröffentlicht 1981; Hauptautoren sind Ismail Al-Faruqi, der maßgeblich an der ersten Ausgabe beteiligt war, und Abdul Hamid Abu-Sulayman, der das Werk in späteren Ausgaben überarbeitete und erweiterte.

229 https://www.mizane.info/ismail-al-faruqi-lessence-civilisationnelle-de-lislam-1-2/; veröffentlicht 1982

230 Heute ist die IIUM eine öffentliche malaysische Universität mit Sitz in Gombak, Selangor. Die IIUM hat außerdem sechs weitere Campus in ganz Malaysia: zwei Campus mit Schwerpunkt Medizin und ein Zentrum für Grundlagenstudien in Gambang, Pahang, zwei Stadtcampus in Kuala Lumpur und einen Sprach- und Tourismuscampus in Pagoh, Johor. Die Universität wird von acht Regierungen und der Organisation für Islamische Zusammenarbeit (OIZ) gesponsert. Sie beherbergt 26.266 Studierende und 1.904 Lehrkräfte.

231 Das dreizehnte Treffen der islamischen Außenminister der OIZ in Niamey, Niger, billigt den Vorschlag Malaysias zur die Gründung der Internationalen Islamischen Universität in Malaysia. Mehrere Länder der Organisation der Islamischen Konferenz (OIK) haben sich bereit erklärt, die Gründung der Internationalen Islamischen Universität in Malaysia mitzutragen.

232 Seine Doktorarbeit mit dem Titel *Towards an Islamic theory of International relations: New Directions for Islamic Methodology and Thought* wurde vom IIIT veröffentlicht. Als Rektor der IIUM von 1988 bis 1998 trug Abdul Hamid Abu Sulayman dazu bei, seine eigene Version des von der IIIT theoretisierten Ansatzes zur Islamisierung zu verbreiten, wobei er den Schwerpunkt auf die praktischen Aspekte der Islamisierung legte (Siraje Abdallah Ssekamanya u.a., 2012).

233 »Was hat ein Algerier auf der tausende Kilometer entfernten Halbinsel Malaysia zu suchen?«, ist die erste Frage, die man sich stellen könnte. Die Antwort liegt in der Rolle, die Saudi-Arabien bei der Finanzierung der Arabisierung und des Panislamismus auf allen Kontinenten gespielt hat. Kurz nach dem kolonialen Befreiungskrieg setzte Präsident Ben Bella eine Politik zur Arabisierung des Landes um. Darin wird das Schriftarabisch zur einzigen Nationalsprache erklärt und eine Arabisierungspolitik in allen Bildungsbereichen und -stufen eingeführt. Diese Sprachpolitik wird durch die Verbreitung des Salafismus in seinen dschihadistischen und politischen Versionen unterstützt, die später den *Front islamique du salut* (Islamische Heilsfront) (1989) bilden und vom Iran und von Saudi-Arabien finanziert werden.
Cf. Oumma.com par Mustapha Habes, 23 octobre 2019. Le Grand Prix The Jewels Of Muslim World (« Les joyaux du monde musulman ») décerné à un savant algérien : https://oumma.com/le-grand-prix-the-jewels-of-muslim-world-les-joyaux-du-monde-musulman-decerne-cette-annee-a-un-savant-algerien/.

234 Quelle: nach Madani, Rehaf A., « Islamization of science », *International Journal of Islamic Thought*, 2016, vol. 9, n° 1, p. 51-63, https://www.researchgate.net/publication/332041601_Islamization_of_Science. (Figure inspirée de Berghout, 2011.)

235 *Islam. The Way of Revival (Islam. Der Weg der Erneuerung)*, zusammengestellt 1992, ist wahrscheinlich das umfassendste Handbuch des fréristischen Denkens. Es enthält die wichtigsten zeitgenössischen fréristischen Autoren: Ismail Al-Faruqi, Yusuf al-Qaradawi, Hassan al-Banna, Said Ramadan, Sayyid Qutb, Khurshid Ahmad und Sayyid Abul Ala Maududi.

236 Tariq Ramadan, *Être musulman européen. Étude des sources islamiques à la lumière du contexte européen*, Paris, Tawhid, 1999, 460 S.

237 Aus einem Vortrag, der 1944 am *Islamia College* in Peshawar erstmals in Urdu gehalten wurde, und übersetzt von Kurshid Ahmad, bei dem Tariq Ramadan in Leicester studiert hat.

238 *Glaube und Vernunft* lautet der wortwörtliche Titel der Enzyklika von Papst Johannes Paul II. vom 14. September 1998.

239 Yana Grinshpun (2019) analysiert diese Strategie der Verleugnung anhand des Diskurses der *Association des Indigènes de la République*, die sich selbst viktimisieren, während sie gleichzeitig behaupten, nicht die Rolle des Opfers zu spielen: »Der anklagende Schreiber bringt hier eine Gegenbeschuldigung vor, die darin besteht, auf eine Form der Apodioxie zurückzugreifen, indem er den anklagenden Gegner durch die Weigerung, im Namen der ontologischen Evidenz zu argumentieren, disqualifiziert (Opfer zu sein ist nicht vorzutäuschen, Opfer zu sein). Der Sprecher überbietet die Opferrealität, indem er eine Dichotomie zwischen den Opfern, die Unrecht erlitten haben, und all jenen, die ihnen Unrecht zugefügt haben, unter Missachtung jeglicher historischer Realität schafft (weder der Sprecher noch die Adressaten dieser Rede waren zum Zeitpunkt der historischen Ereignisse, die das

Unrecht verursacht haben, geboren). Durch das Anwenden der Prolepse konstruiert der Sprecher eine Widerlegung der imaginären Argumente, die es ihm ermöglichen zu sagen, dass der Anklagende die Opferposition die kollektiven Werte angreift, denn wer nicht gelitten hat, kann nicht die Empfindungen haben, die die Opfer haben. Das Argument der Verteidigung rationalisiert die Emotionen, die zum Opferstatus berechtigen würden.«

240 Wie der Religionssoziologe Sébastien Fath auf Grundlage eines Berichts des Innenministeriums feststellt, ist die Wahrscheinlichkeit, als Jude in Frankreich angegriffen zu werden, im Jahr 2019 mehr als sechsundvierzig Mal höher als bei einem Katholiken oder vierzig Mal höher als bei einem Muslim. Vgl. Sébastien Fath, »*Antisémitisme et discours de haine* (Antisemitismus und Hassreden« (online auf regardsprotestants.com). Tariq Ramadan setzt die Frage des Islams mit der behandelten Judenfrage gleich und bezieht sich dabei auf den Titel von Sartres Essay *Réflexions sur la question juive*, der 1946 erschien.

241 *Soft Law* oder biegsames Recht ist »Recht, das von sich aus keine Verpflichtungen mit sich bringt.« Als *Soft Law* wurde eine Form der Verständigung bezeichnet, die in den 1930er Jahren während der zwischenstaatlichen Verhandlungen nach dem Ersten Weltkrieg entwickelt wurde. Da Verpflichtungen zwischen Nationen schwer einzuhalten waren, weil es kein Recht für alle gab, führten sie eine Praxis der *Gentlemen's Agreements* ein, eine Form von »weichem Recht«, das eine regulierende Rolle in den internationalen Beziehungen spielen konnte. In einem Bericht des französischen Staatsrats wird »flexibles Recht« als die Gesamtheit der Instrumente definiert, die drei kumulative Bedingungen erfüllen:
– Sie sollen das Verhalten ihrer Adressaten ändern oder lenken, indem sie, soweit möglich, deren Zustimmung hervorrufen;
– sie begründen nicht von sich aus Rechte oder Pflichten für ihre Adressaten;
– sie weisen aufgrund ihres Inhalts und der Art ihrer Ausarbeitung einen Grad an Formalisierung und Strukturierung auf, der sie mit Rechtsnormen vergleichbar macht.
– Die Instrumente des *Soft Law* sind de facto Kommunikation, Einflussnahme, Überzeugungsarbeit und alle Formen des Entrismus und der Verflechtungen.

242 Der Scheich ist ein ägyptischer sunnitischer Prediger, Revivalist und Verfasser von knapp 100 Büchern. Er war mehrere Jahre lang Vorsitzender des Internationalen Instituts für Islamisches Denken in Kairo. Er ist bekannt dafür, eine Fatwa erlassen zu haben, mit der er den ägyptischen Intellektuellen Farag Fouda (1946-1992) der Blasphemie beschuldigte, der daraufhin tatsächlich ermordet wurde.

243 Muhammad Al-Ghazali, *Huquq al-insan (Die Menschenrechte)*, 2. Aufl., Kairo: Dar al-kutub al haditah, 1965, S. 6-7. Zitiert nach Zoulikha Hattab *Droits et libertés fondamentaux en droit musulman : le paradoxe de l'universalité*, juristische Dissertation, Université d'Avignon, 2018, https://theses.hal.science/tel-02073604/file/pdf2star-1553009219-THESE-HATTAB-Zoulikha--Version-finale.pdf.

244 Mohammed Amin Al-Midani (2005), »Les actions de l'Organisation de la Conférence Islamique dans le domaine des droits de l'homme«; https://www.juragentium.org/topics/islam/rights/fr/almidani.htm

245 Während der Häretiker den Glauben nur in Teilen ablehnt, verleugnet der Apostat ihn vollständig.

246 Für die marokkanischen Ulema, die sich gegen die Todesstrafe für Apostasie ausgesprochen haben, ist diese politischer und nicht doktrinärer Natur. »Der edle Koran äußert sich in vielen Versen zur doktrinären Apostasie und sieht keine irdische Strafe vor, sondern eine Bestrafung im Jenseits: ›Wer aber unter euch sich von seiner Religion abkehrt und dann als Ungläubiger stirbt -, das sind diejenigen, deren Werke im Diesseits und im Jenseits hinfällig werden. Das sind Insassen des (Höllen)feuers.

Ewig werden sie darin bleiben.‹ (2, 217)«, *Sabîl al-'ulamâ'* (Teil II, Kapitel I, Absätze 4-5, S. 96-101), Übersetzung eines Auszugs aus dem Dokument, das 2022 von marokkanischen Religionsführern über die Glaubensfreiheit im Islam verfasst wurde; https://www.oasiscenter.eu/fr/texte-de-la-declaration-des-oulemas-marocains-sur-lapostasie

247 »The genesis, history, and functioning of the Organization of Islamic Cooperation (OIC): a formal-institutional analysis« [Die Entstehung, Geschichte und Funktionsweise der Organisation für islamische Zusammenarbeit (OIZ): eine formal-institutionelle Analyse], *Journal of Muslim Minority Affairs,* Dezember 2011.

248 Die Erklärung beginnt wie folgt: »Wir, die wir an Gott glauben, der gütig ist und barmherzig, Schöpfer, Erhalter, Herrscher, einziger Führer der Menschheit und Quelle aller Gesetze; b) die an das Vikariat (*khilafah*) des Menschen glauben, der geschaffen wurde, um Gottes Willen auf Erden zu erfüllen; c) die an die Weisheit der göttlichen Gebote glauben, die von den Propheten überliefert wurden; d) die glauben, dass die Rationalität an sich ohne das Licht der Offenbarung Gottes weder eine unfehlbare Führung in den Angelegenheiten der Menschheit sein kann noch der menschlichen Seele geistige Nahrung bieten kann; e) die an die Einladung an die gesamte Menschheit glauben, die Botschaft des Islams zu teilen; f) die daran glauben, dass im Rahmen unseres uralten Bundes mit Gott unsere Pflichten und Verpflichtungen Vorrang vor unseren Rechten haben; g) die an unsere Verpflichtung glauben, eine islamische Ordnung zu errichten, bekräftigen hiermit unsere Verpflichtung, die unverletzlichen und unveräußerlichen Menschenrechte zu fördern, die unserer Ansicht nach vom Islam vorgeschrieben sind.«

249 »The strategy for Islamic cultural action outside the Islamic world«, 2000, https://filedn.eu/l42SBo4Ys5t4NBu6SpvlzV4/MES%20LIVRES/ISESCO/Strategy-for-Islamic-Cultural-Action-ISESCO.pdf

250 »Ich möchte überhaupt nicht, dass Muslime Gegenstand eines [Unterbrechungs-]Versuchs sind, denn sie werden niemals integriert werden«, antwortet König Hassan II. der Journalistin Anne Sinclair in einer Fernsehsendung von 1993: www.youtube.com/watch?v=rugI8cXWL9M.
Später wird er sagen: »[Die Einwanderung] darf nicht zur Integration tendieren ... Wenn der Immigrant weiß, dass er integriert werden kann, und sei es nur aus Interesse oder sozialer Stabilität, wird seine Anzahl steigen«, vgl. »Au cours d'un entretien diffusé sur TF1 ›L'immigration ne doit pas tendre vers l'intégration‹, déclare le roi Hassan II«, *Le Monde,* 23. Juli 1991.

251 *Soft Power* ist kurz gesagt »die Fähigkeit eines Staates, die internationalen Beziehungen durch eine Reihe anderer Mittel als Zwangsmassnahmen (Drohung, Gewaltausübung) zu seinen Gunsten zu beeinflussen und zu lenken« (siehe das Merkblatt ›Was ist Soft-Power?‹ (Qu'est-ce que le Soft-Power; auf der Website vie-publique.fr).

252 Zu den geschichtlichen Hintergründen vgl. Chris Allen (2010).

253 *Commission on British Muslims and Islamophobia,* 1997, S. 1; https://www.runnymedetrust.org/publications/islamophobia-a-challenge-for-us-all [https://static1.squarespace.com/static/5ab2686bcef37284f39cbe8b/t/5cc04ca653450a97498b0263/1556106423748/Runnymede_Trust-Islamophobia-small.pdf]

254 Chris Allen, der eine Dissertation über das Konzept verfasst hat, hat die Arbeit der Kommission studiert und weist auf einen bemerkenswerten Mangel an Klarheit des Begriffs ›Islamophobie‹ in der gesamten Arbeit und bei der Erstellung des Berichts hin (Allen, 2010).

255 »Der Imam hatte eine gemäßigte Haltung eingenommen und sich geweigert, den Mordaufruf von Ayatollah Khomeini gegen den britischen Schriftsteller zu

unterstützen. In diesem Punkt stimmte er nicht mit mehreren Verantwortlichen des islamischen Zentrums überein, darunter der pädagogische Berater, Herr Sagir, marokkanischer Nationalität«, https://www.lemonde.fr/archives/article/1989/04/01/le-double-meurtre-de-la-mosquee-de-bruxelles-des-desaccords-etaient-apparus-au-sein-de-la-communaute-musulmane-sur-les-versets-sataniques_4104835_1819218.html

256 Quelle: Runnymede Trust (1997).

257 Ein Beispiel dafür ist der Erfolg des Bestsellers des Essayisten Douglas Murray, *The Strange Death of Europe. Immigration, Identity, Islam*, London: Bloomsbury Continuum, 2017.

258 www.runnymedetrust.org/projects/commissionOnBritishMuslims

259 Zitiert von Chris Allen (2010).

260 www.oic-oci.org/page/?p_id=217&p_ref=61&lan=fr

261 *Organisation de la coopération islamique* / Organisation für Islamische Zusammenarbeit, 2008, S. 8, zitiert von Chris Allen (2010).

262 Zum Karikaturenstreit siehe Jeanne Favret-Saada (2015).

263 Nabil Ennasri, ein Straßburger Wissenschaftler, der sich auf das Emirat spezialisiert hat, formuliert es so: »Die Investition in die Vorstädte ist Teil einer globalen Strategie. [...] Wenn Katar die Vorstädte und die arabisch-muslimische Gemeinschaft ins Visier nimmt, dann, um sie langfristig als Relaisstation für seine Ideen in Frankreich zu nutzen«, zitiert von Régis Soubrouillard, »Quand le Qatar achetait la France«, *Outre-Terre*, 2012, Vol. 33-34, Nr. 3-4, S. 517-521.

264 Gemeinsame Erklärung des Hohen Vertreters der Europäischen Union für Außen- und Sicherheitspolitik, des Generalsekretärs der OIZ, des Generalsekretärs der Arabischen Liga und des Präsidenten der Kommission der Afrikanischen Union. Pressemitteilung der Europäischen Union A 412/12, Brüssel, 20. September 2012. https://www.consilium.europa.eu/uedocs/cms_data/docs/pressdata/FR/foraff/132532.pdf

265 Der Ministerrat gründete die EUMC im Juni 1997 in Wien als Teil einer koordinierten Aktion zur Entwicklung einer Politik zur Bekämpfung von Rassismus und Fremdenfeindlichkeit. Die Hauptaufgaben der Beobachtungsstelle bestanden darin, das Ausmaß von Rassismus und Fremdenfeindlichkeit zu untersuchen, die Ursachen für diese Verhaltensweisen zu analysieren und Beispiele für bewährte Praktiken zu ihrer Bekämpfung zu verbreiten. Am 12. und 13. Dezember 2003 haben die Vertreter der Mitgliedstaaten, die in Brüssel im Rahmen des Europäischen Rates zusammengekommen waren, beschlossen, das Mandat der Europäischen Stelle zur Beobachtung von Rassismus und Fremdenfeindlichkeit zu erweitern und sie in die *Agence des droits fondamentaux de l'Union européenne (FRA)* / Agentur der Europäischen Union für Grundrechte umzuwandeln. (Quelle: europa.eu.)

266 Zu diesen Berichten gehören: *The Fight against Anti-Semitism and Islamophobia. A Summary of Three Round Table Meetings* (Brüssel/Wien: EUMC, 2003); *European Monitoring Centre on Racism and Xenophobia, the Impact of 7 July 2005 London Bomb Attacks on Muslim Communities on the EU* (Wien: EUMC, 2005); *European Monitoring Centre on Racism and Xenophobia, Muslims in the European Union: Discrimination and Islamophobia* (Wien: EUMC, 2007); *European Monitoring Centre on Racism and Xenophobia, Perceptions of Discrimination and Islamophobia: Voices from Members of Muslim Communities in the European Union* (Europa-Monitoring-Zentrum für Rassismus und Fremdenfeindlichkeit) (Wien: EUMC, 2007).

267 Siehe hierzu das vom CNRS herausgegebene *Livre blanc des études françaises sur le Moyen-Orient et les mondes musulmans* (Weißbuch der französischen Studien zum

Nahen Osten und zu den muslimischen Welten) (2014). http://majlis-remomm.fr/wp-content/uploads/2014/08/Livre_blanc_Orient_septembre2014.pdf

268 Tufyal Choudhury, *Muslims in the UK: Policies for Engaged Citizens*, 2005. Die von George Soros gegründete *Open Society* bezeichnet sich selbst als »der weltweit größte private Geldgeber für unabhängige Gruppen, die sich für Gerechtigkeit, demokratische Regierungsführung und Menschenrechte einsetzen.« Die NGO hat eine Reihe von Berichten über den Schutz muslimischer Minderheiten in Frankreich, Italien und dem Vereinigten Königreich veröffentlicht, in denen sie ihre Schlussfolgerungen und Empfehlungen darlegt.

269 Insbesondere erstellte sie eine Reihe von Berichten mit dem Titel »Muslime in Städten der Europäischen Union«, die sich auf elf Städte beziehen: Slotervaart, Amsterdam; Borgerhout, Antwerpen; Berlin-Kreuzberg; Nørrebro, Kopenhagen; Hamburg-Mitte; Evington, Spinney Hills; Stoneygate, Leicester; 3. Arrondissement von Marseille; 18. Arrondissement von Paris; Feijenoord, Rotterdam; Jarvafaltet, Stockholm; London Borough of Waltham Forest, sowie London.

270 https://www.opensocietyfoundations.org/explainers/islamophobia-europe

271 *Muslims in the UK: Policies for Engaged Citizens*, https://www.opensocietyfoundations.org/publications/muslims-uk-policies-engaged-citizens

272 Hervorhebung durch die Autorin.

273 Dave Sinardet, »Le fédéralisme consociatif belge : vecteur d'instabilité ?«, *Pouvoirs*, 2011, vol. 136, n° 1, S. 21-35.

274 Mit der Gründung des Europarats im Jahr 1949, der Gründung der Europäischen Gemeinschaft für Kohle und Stahl (EGKS) im Jahr 1950 und der Europäischen Wirtschaftsgemeinschaft (EWG) im Jahr 1957.

275 Gegründet durch den Vertrag von London vom 5. Mai 1949, der von zehn Staaten (Belgien, Dänemark, Frankreich, Irland, Italien, Luxemburg, Niederlande, Norwegen, Schweden und Vereinigtes Königreich) unterzeichnet wurde. Der Europarat erscheint als eine Organisation von Staaten, die sich der liberalen Demokratie und dem politischen Pluralismus verpflichtet fühlen. Somit sind seine Hauptziele die Verteidigung der Menschenrechte und der Rechtsstaatlichkeit; die Suche nach Lösungen für gesellschaftliche Probleme; die Entwicklung der demokratischen Stabilität in Europa; die Förderung des Bewusstseins und der Wertschätzung der kulturellen Identität Europas und seiner Vielfalt. (Siehe das Merkblatt »*Qu'est-ce que le Conseil de l'Europe*« / Was ist der Europarat, auf der Website vie-publique.fr)

276 https://assembly.coe.int/nw/xml/XRef/Xref-XML2HTML-FR.asp?fileid=17880&lang=FR

277 Gemäß der Resolution 1743 des Europarats (2010) mit dem Titel »Islam, islamisme et islamophobie en Europe«.

278 *Contribution of the Islamic civilisation to European culture*, Recommendation 1162 (1991).

279 https://pace.coe.int/en/

280 Jeanne Favret-Saada, *Comment produire une crise mondiale avec douze.petits dessins*, Paris, Fayard, 2015.

281 https://rm.coe.int/1680505d5b

282 Zweiter Dienstag im Februar: Aktionstag für ein sichereres Internet; 8. März : Aktionstag gegen sexistische Hassreden; 20. Juni: Aktionstag für Flüchtlinge und Asylsuchende; 22. Juli: Aktionstag in Solidarität mit den Opfern von Hassverbrechen; 21. September: Aktionstag gegen Islamophobie und religiöse Intoleranz (Im Jahr 2022, drei Jahre nach dem islamfeindlichen Terroranschlag auf

zwei Moscheen in Christchurch vom 15. März 2019, erklärte die UN-Generalversammlung auf Initiative Pakistans den 15. März zum Tag zur Bekämpfung von Islamophobie); 9. November: Aktionstag gegen antisemitische Hassreden; 10. Dezember: Aktionstag für die Menschenrechte.

283 https://www.ardi-ep.eu/gendered-islamophobia-in-europe/

284 Menschenrechtsrat, Sechsundvierzigste Tagung, 22. Februar-19. März 2021, Tagesordnungspunkt 3 : Förderung und Schutz aller bürgerlichen, politischen, wirtschaftlichen, sozialen und kulturellen Menschenrechte, einschließlich des Rechts auf Entwicklung. Bekämpfung von Islamophobie und anti-muslimischem Hass zur Beseitigung von Diskriminierung und Intoleranz aus Gründen der Religion oder der Weltanschauung. (Countering Islamophobia/anti-Muslim hatred to eliminate discrimination and intolerance based on religion or belief: Report of the Special Rapporteur on Freedom of Religion or Belief, Ahmed Shaheed)

285 Die Auflösung dieser Vereinigungen erfolgte mit der Begründung, dass sie unter Artikel L. 212-1 des Gesetzes über innere Sicherheit fielen, der die Auflösung von Gruppen ermöglicht, die »Diskriminierung, Hass oder Gewalt gegen eine Person oder eine Gruppe von Personen aufgrund ihrer Herkunft [...] provozieren, oder ihrer wahren oder vermeintlichen Zugehörigkeit oder Nichtzugehörigkeit zu einer bestimmten Ethnie, Nation, angeblichen Rasse oder Religion, oder die Ideen oder Theorien verbreiten, die diese Diskriminierung, diesen Hass oder diese Gewalt rechtfertigen oder fördern« oder welche »Handlungen vornehmen, um terroristische Handlungen zu provozieren.«

286 https://www.coe.int/en/web/no-hate-campaign

287 Shingara Mann Singh, eine französische Staatsbürgerin aus der Region Punjab in Indien (und keine Muslima), behauptet, sie sei Opfer eines Rechtsverstoßes durch Frankreich, das von ihr für die Ausweispapiere ein Photo ihres unbedeckten Kopfes verlangt.
Eine Beschwerdeführerin argumentierte vor dem EGMR, dass das mit dem Gesetz Nr. 2010-1192 vom 11. Oktober 2010 eingeführte Verbot des Tragens von Kleidung, die dazu bestimmt ist, das Gesicht an öffentlichen Orten zu verbergen, ihr die Möglichkeit nimmt, in der Öffentlichkeit einen Vollschleier zu tragen.
Eine andere Klägerin beschwerte sich vor dem EGMR, dass ihr Vertrag als Sozialarbeiterin in einer öffentlichen Einrichtung mit sozialem und gesundheitlichem Charakter der Stadt Paris nicht verlängert wurde, da sie ihren Schleier während der Arbeitszeit nicht ablegen wollte, usw.

288 »Brussels, 5 July 2018: The European Network Against Racism (ENAR) together with 20 other organisations wrote an open letter to First Vice-President Timmermans, Commissioner Jourová, Director-General Tina Astola with important recommendations to ensure that the European Commission Coordinator on anti-Muslim hatred has a clear mandate and sufficient resources.« https://www.enar-eu.org/open-letter-a-meaningful-coordinator-on-anti-muslim-hatred-to-transform-eu-1523/

289 In einem offenen Brief auf der ENAR-Website warf sie ihm vor, er habe sich »mit sehr fragwürdigen Figuren eingelassen, welche die Islamophobie schüren«; er verwechsle den Kampf gegen Islamophobie mit Anti-Blasphemie-Gesetzen, Islamismus und dem Kampf gegen den Terrorismus. https://www.enar-eu.org/Open-letter-A-meaningful-coordinator-on-anti-Muslim-hatred-to-transform-EU-1523/

290 ENAR-Pressemitteilung anlässlich des Europäischen Tages gegen Islamophobie, 21. September 2021.

291 Ebenda.

292 Omero Marongiu-Perria: » Les leaders religieux musulmans gagneraient à faire leur critique historique «, *Saphirnews*, 4 décembre 2015; siehe auch:

https://www.voix-islam-eclaire.fr/2015/12/04/les-leaders-religieux-musulmans-gagneraient-a-faire-leur-critique-historique-omero-marongiu-perria/

293 Institut d'études de l'Islam et des sociétés du monde musulman (IISMM), École des hautes études en sciences sociales (EHESS). Programme de recherche « L'enseignement de l'Islam dans les écoles coraniques les institutions de formation islamique et les écoles privées », juillet 2010. Responsables scientifiques : Jean-Philippe Bras (directeur de l'IISMM) et Sabrina Mervin (codirectrice de l'IISMM). Coordinateur du projet : Samir Amghar (docteur en sociologie). Chercheurs : Lydie Fournier (docteur en science politique), Omero Marongiu (docteur en sociologie) et Bernard Godard.

294 Dieser Artikel, der bislang noch nicht im Druck erschienen ist, wurde mir von den Autoren zugesandt. Ich habe zehn Jahre lang in diesem Laboratorium gearbeitet und konnte so einen Blick hinter die Kulissen werfen.

295 Zur Gülen-Bewegung lesen Sie dieses Dokument der OFPRA: https://www.ofpra.gouv.fr/libraries/pdf.js/web/viewer.html?file=/sites/default/files/ofpra_flora/1701_tur_le_mouvement_gulen_102972.pdf

296 Interview von Omero Marongiu Perria mit Fouad Bahri im September 2014, Blog von Omero Marongiu Perria: http://omeromarongiu.unblog.fr/

297 Unter den vielen kritischen Seiten betr. die *Ikhwan* (Muslimbrüder) vgl. *La science légiférée* (Die Wissenschaft gesetzlich geregelt): https://www.3ilmchar3i.net/

298 Olivier Ferrand, Vorsitzender von Terra Nova: » *La gauche ne gagnera pas les élections en reniant ses valeurs, mais en les affirmant* « [Die Linke wird die Wahlen nicht gewinnen, indem sie ihre Werte verleugnet, sondern indem sie sie bekräftigt], *Le Monde*, 9. Juni 2011.

299 Farid Abdelkrim: »J'essaie d'être un croyant rationnel« [Ich versuche, ein rationaler Gläubiger zu sein], *La Croix*, 11. August 2018 (online).

300 https://www.ouest-france.fr/bretagne/rennes-35000/pourquoi-jai-cesse-detre-islamiste-3823963

301 »Die Zunahme von Ungleichheiten und ihre Verbindung mit Diskriminierung; die Verschärfung der Herrschaft des Nordens über die Völker des Südens und ihre Verbindung mit Konflikten und Kriegen; die Infragestellung des globalen Ökosystems und der Rechte zukünftiger Generationen und ihre Verbindung mit Produktivismus und der Logik der Finanzspekulation; die Zunahme sozialer, ökologischer und kriegerischer Unsicherheiten und ihre Verbindung mit Sicherheitsideologien und den Doktrinen der Präventivkriege« (Massiah, 2006).

302 Er wurde nach dem Sieg von Ennahdha bei den Wahlen im Oktober 2012 zum Generalkonsul von Tunesien ernannt, vgl. Bernard Rougier, *Les territoires conquis de l'islamisme*, Paris, Presses universitaires de France, 2020.

303 https://indigenes-republique.fr/le-p-i-r/appel-des-indigenes-de-la-republique/

304 Mai 59 (Mouvement autonome de l'immigration du Nord), CMF (Collectif des musulmans de France), Oumma.com, Graaf (Groupe de recherches activistes sur l'Afrique), FTAF (Fédération des travailleurs d'Afrique en France), Droit des femmes musulmanes de France, collectif Les Mots sont importants, collectif féministe Les Blédardes, ToutTEsegaux. net, Festival permanent contre les lois racistes (Festival gegen rassistische Gesetze) (Straßburg), DiverCité (Lyon), ATMF (Association des travailleurs maghrébins de France), Rap-Gruppe La Rumeur.

305 »France : l'islam entre laïcité et discours anti-immigration« [Frankreich: Der Islam zwischen Laizismus und Anti-Immigrationsdiskurs], Interview mit Olivier Roy von Mehdi Ben Smida, https://oumma.com/, 10. Mai 2005.

306 Gaëlle Macke, Les initiatives d'États ou de citoyens étrangers »venant à la rescousse des banlieues« se sont multipliées : générosité ou ingérence ? [Die Initiativen von

Staaten oder ausländischen Bürgern, die den Banlieues zu Hilfe kommen haben sich vervielfacht: Großzügigkeit oder Einmischung?] 19. April 2013, https://www.challenges.fr/economie/la-verite-sur-l-aide-etrangere-aux-banlieues_217057

307 Man erfährt, dass diese Aufklärungsarbeit von einer französischen Botschaftsangestellten, der 53-jährigen Randiane Peccoud, durchgeführt wird, die für die Zivilgesellschaft zuständig ist; »eine einfache, aber wirksame Methode, eine Beobachtungsarbeit, die Teilnahme an Dutzenden von Treffen und Mund-zu-Mund-Propaganda, um herauszufinden, wer was macht und wer interessant ist.« »Sie suchen nicht nach Medienführern, sondern nach Menschen, die etwas tun, die aktiv sind, die etwas produzieren«, sagt El-Yamine Soum, 31, Soziologe, der im Netzwerk der Botschaft aktiv ist. Ali Zahi, stellvertretender Bürgermeister von Bondy, der nach den Unruhen im Herbst 2005 in die USA eingeladen wurde, sagte: »Ich habe noch nie ein solches Netzwerk gesehen.« Vgl. Luc Bronner, »Washington à la conquête du ›9-3‹«, Le Monde, 5. Juni 2010 (online), www.lemonde.fr/societe/article/2010/06/05/washington-a-la-conquete- du-9-3_1368266_3224.html

308 »Moorish Science Temple (1913), Ahmadiyyah Movement in Islam (1921), Universal Islamic Society (1926), First Muslim Mosque of Pittsburgh (1928), Islamic Brotherhood (1929), State Street Mosque (1929), Nation of Islam (1930), Addeynu Allahe Universal Arabic Association (1930er Jahre), Fahamme Temple of Islam and Culture (1930er Jahre), African American Mosque (1929), Islamic Mission Society (1939)«, zitiert von Clary (2004).

309 https://www.institutmontaigne.org/ressources/pdfs/orderfile/banlieue_republique_resume_institut_montaigne%20(1).pdf

310 Lesen Sie hierzu Dallemagne und Lamfalussy, 2021, über die Figur eines jungen belgischen Straftäters, Osama Atar, der zum Drahtzieher der Anschläge, sowohl in Paris als auch in Brüssel, wurde.

311 22. Juni 2015, https://quartiersxxi.org/femmes-musulmanes-et-engagees-entretien-avec-saida-kada/ [https://www.facebook.com/quartiers21x]

312 https://www.editions-harmattan.fr/catalogue/livre/existe-t-il-un-feminisme-musulman/50945

313 siehe auch: https://www.centre-hubertine-auclert.fr/egalitheque/ressource-externe-au-cha/un-feminisme-musulman-et-pourquoi-pas

314 Bezeichnet hier Männer, die in den Herkunftsländern geboren und sozialisiert wurden und sich diesen zuwenden.

315 Im Einzelnen hätte diese Umfrage laut *CheckNews* der Journalisten der Zeitung *Libération*, die die Zahlen der Organisatoren wiedergeben, bei den in 57 Städten Frankreichs organisierten Debatten fast 2.500 Personen mobilisiert und 24.029 Personen hätten einen anonymen Fragebogen beantwortet, der etwas mehr als einen Monat online verfügbar war. https://www.liberation.fr/france/2018/09/30/islam-de-france-marwan-muhammad-rend-compte-de-sa-consultation-off_1682238/

316 Bernadette Sauvaget, »Islam de France: Marwan Muhammad rend compte de sa consultation ›off‹« [Islam in Frankreich: Marwan Muhammad berichtet über seine Umfrage ›off‹], *Libération*, 30. September 2018.

317 https://www.saphirnews.com/Consultation-initiee-par-Marwan-Muhammad-des-chiffres-et-des-luttes_a25638.html

318 Das Gesetz vom 24. August 2021 zur Wahrung der Grundsätze der Republik (auch »Gesetz gegen den Separatismus« genannt) ist ein französischer Gesetzestext, der am 23. Juli 2021 vom Parlament verabschiedet wurde. Das Gesetz wurde nach der Ermordung von Samuel Paty, einem Lehrer für Geschichte und Geografie am Collège von Conflans-Sainte-Honorine, am 16. Oktober 2020 angekündigt.

319 https://pace.coe.int/fr/news/8267/france-s-anti-separatism-bill-risks-undermining-the-fundamental-values-it-aims-to-protect-general-rapporteur-says
320 »Pour Erdoğan, le projet de loi contre le séparatisme est un ›coup de guillotine‹ pour la démocratie«, *Le Figaro* mit AFP, 12. Mai 2021 (online).
321 Der Staatsrat bestätigte im September 2021 die Auflösung des Kollektivs gegen Islamophobie in Frankreich (CCIF) [*Collectif contre l'islamophobie en France*] und der humanitären Vereinigung BarakaCity, die Ende 2020 von der Regierung als Reaktion auf die Ermordung von Samuel Paty durch einen islamistischen Extremisten angeordnet worden waren.
322 https://www.facebook.com/100080689922559/posts/119687986826251/
323 Omero Marongiu-Perria trat 1993 offiziell der UOIF bei. Er vertraut sich hier gegenüber *Témoignage chrétien* an, ein Beitrag, der am 15. Januar 2015, wenige Tage nach den Anschlägen gegen *Charlie Hebdo* und im Hyper Cacher erschien. Die ersten Zungen lösen sich.
324 Die aus Marokko stammende fundamentalistische Sufi-Vereinigung *Valeurs et spiritualité musulmane de France* betreibt die Website https://www.doctrine-malikite.fr/.
325 Entwickelt von der Vereinigung *Foi et pratique*. Vgl. »Structuration d'un réseau : la Jamaat Tabligh (Société pour la Propagation de la Foi)«, A. Moustapha Diop, in: *Revue Européenne des Migrations Internationales* Année 1994 10-1 pp. 145-155 https://www.persee.fr/doc/remi_0765-0752_1994_num_10_1_1395
326 Nach der Formel des Psychoanalytikers Fethi Benslama.
327 Für den europäischen Kontinent: 1700 Prediger, die seit 1961 an der Islamischen Universität graduiert haben (einschließlich Russland, dort allein 521 Studenten). Vgl. Hakim El Karoui, *La Fabrique de l'islamisme*, Institut Montaigne (Bericht online abrufbar).
328 https://www.education.gouv.fr/les-signes-et-manifestations-d-appartenance-religieuse-dans-les-etablissements-scolaires-8888
329 *buzz* [summen, schwirren, Gerede, Gerüchte]: vgl. Buzz Marketing
330 Das Kollektiv *Lieux Communs* verbreitet insbesondere die Überlegungen und Thesen von Cornelius Castoriadis (1922-1997), https://collectiflieuxcommuns.fr/. Zu Castoriadis siehe seine umfassende Bibliografie: https://www.agorainternational.org/fr/frenchworksb.html
331 Interview »Akhenaton : rap, religion et politique «, sur le site agoravox.fr (7. Mai 2010), zitiert vom Kollektiv *Lieux Communs*.
332 Unvorsichtigerweise vertraut sich die Gruppe dem Magazin *International Hip Hop* (Juni 2010) an, und Lefa erklärt: »Eine Zeit lang haben wir Homosexuelle sehr stark angegriffen, weil wir zu 100 % homophob sind und das auch so sehen. Aber wir haben uns gesagt, dass es besser ist, nicht mehr so viel darüber zu reden, weil es uns schaden könnte. [...] Es gibt immer noch Schwule, die zu uns kommen! Wir können es uns nicht leisten, offen zu sagen, dass es für uns eine nicht tolerierbare Abweichung ist, homosexuell zu sein«, https://musique.jeuxactu.com/news-sexion-d-assaut-est-il-un-groupe-homophobe-3774.htm
333 Lied »À 30 %« [Zu 30 Prozent].
334 Lied »On t'a humilié« [Wir haben dich gedemütigt].
335 Lunatic, »Mauvais œil«, *Mauvais Œil* (2000), zitiert von *Lieux Communs*.
336 Lunatic, »Groupe sanguin«, *Mauvais Œil* (2000).
337 Mister You, »La vie c'est dur« [Das Leben ist hart] (2010).
338 https://quartierslibres.wordpress.com/2016/04/20/libertaires-contre-lislamophobie/, zitiert von *Lieux Communs*.

339 Bei den städtischen ›Freizonen‹ handelt es sich um Stadtviertel mit mehr als 10.000 Einwohnern, die in sogenannten sensiblen oder benachteiligten geografischen Perimetern liegen. In Frankreich gibt es rund 100 solcher Gebiete.

340 »J'aime ça«, Réel (2012) 1995, zitiert von *Lieux Communs*.

341 Mit Jamel Debbouze, Still Fresh, Taïro, S.Pri Noir, Sadek, Sneazzy, Kool Shen, Disiz la Peste, Akhenaton, Lino, Nessbeal.

342 Hand auf der Schulter und nach unten gestreckter Arm, der von Dieudonné M'bala M'bala populär gemachte ›Gruß‹, ist ein antisemitisches Zugehörigkeitszeichen. Den ›Stinkefinger zeigen‹ entspricht laut Alain Jakubowicz, dem Vorsitzenden der Licra, »dem umgekehrten Nazi-Gruß, der die Sodomisierung der Opfer der Shoah bedeutet.« Dieudonné hatte erklärt, er wolle ein »Symbol der Auflehnung gegen das System« ausdrücken, aber auch »eine kleine ›Quenelle‹ in den Arsch des Zionismus schieben.« https://www.lemonde.fr/politique/article/2013/12/11/quenelle-comment-un-geste-provocateur-est-devenu-un-embleme_3528089_823448.html

343 Melanie Georgiades, zypriotischer Abstammung, konvertierte 2008. Sie ließ sich 2012 von ihrem ersten (muslimischen) Ehemann scheiden, heiratete jedoch bald darauf erneut, Faouzi Tarkhani, einen blinden, griechischstämmigen ehemaligen Rapper, der nun salafistischer Muslim ist.

344 Dieser Absatz speist sich aus einer Arbeit mit Omero Marongiu-Perria, die er 2017, einige Zeit nach der Ankündigung seines Austritts aus der Muslimbruderschaft, im Rahmen eines Projekts durchgeführt hat, das sich unter anderem mit religiösen Unternehmern im Halal-Sektor befasste.

345 Quelle: Gilles Kepel.

346 Sohn eines französisch-marokkanischen Ehepaars, hat einen Blog über das Leben in Marokko erstellt, dann entschied er sich, dorthin auszuwandern.

347 https://saidamzil.com/developpement-personnel-maroc/, https://saidamzil.com/qui-est-said-amzil/, Adressen, die nicht mehr zugänglich sind.

348 www.facebook.com/islamicdeal/ (unzugänglich geworden).

349 https://la-recherche-du-savoir.fr/karma-sutra-mon-avis/

350 www.tmtt.org/groupes-de-travail/#GT_Contributeurs

351 https://muslimpreneur.fr

352 Interview-Bekenntnis von Said Amzil – Muslimpreneur, WMA und Business.online.

353 Vgl. z.B. https://www.al-kanz.org/2012/09/04/islamic-deal/, https://www.ajib.fr/islamic-deal-waqf/, www.islametinfo.fr/2016/02/18/66417/

354 *Akwhate* bedeutet auf Arabisch »Schwestern«.

355 https://autourducommerce.com

356 http://www.hijab-in.com/

357 www.busimuz.com

358 https://www.hijabglam.com/fr/

359 https://www.islam-oumma.fr/category/entrepreneur-musulman/

360 https://www.al-kanz.org/2009/07/30/entrepreneur-musulman/

361 Der im Juni 2014 gegründete *Conseil théologique musulman de France* (Muslimischer Theologischer Rat Frankreichs) hat u.a. das Ziel, Theologen, Imame, Redner, Absolventen der muslimischen Wissenschaften und Intellektuelle, die auf islambezogene Themen spezialisiert sind, zusammenzubringen, um den Muslimen in Frankreich zu helfen, ihre Religion und ihre Staatsbürgerschaft harmonisch und umfassend zu leben und »ein gesundes Verständnis der Breite des Islams und seiner goldenen Mitte zu fördern.«

362 Irregeleitete Gruppen gemäß den wahhabitischen Salafisten von *La science légiférée*: الحدادية – die *haddâdiya*; الخوارج – *die khawaridj* – takfir – sourouri – qotbi; ا المسلمين اخوان – die Muslimbruderschaft – *al-ikhwan al-muslim*; التبليغ جماعة – die *Tablighs*; الشيعة – die Schiiten – die *Rawâfidh*; الصوفية – *die Sufis*.

363 https://www.3ilmchar3i.net/article-a-propos-d-eric-younous-dossier-109807761.html

364 Berichtet von https://www.liberation.fr/checknews/2017/11/14/pouvez-vous-verifier-si-ce-site-internet-est-lie-au-qatar-officiellement-ou-non-il-contient-des-inci_1652741/

365 So berichtet Salhen (2018), der einen Mufti von Islamweb befragte: »Nach dem 11. September […] wurden alle Fatwas über den Dschihad gefiltert, um sicherzustellen, dass es nichts gibt, was verwendet werden könnte, um Katar zu beschuldigen, im Westen zu Gewalt aufzurufen. Bei einem Vorfall wurde Islamweb ironischerweise dabei beobachtet, wie es vorsichtshalber eine Fatwa löschte. Die Fatwa war 2009 veröffentlicht worden und beantwortete die Frage, ob es in bestimmten Fällen erlaubt sei, Kriminelle bei lebendigem Leib zu verbrennen. 2015 verbrannte der Islamische Staat im Irak und in Syrien (ISIS, heute als ISIL bekannt) den jordanischen Piloten Muʻath al-Kasasbah bei lebendigem Leib, weil er Syrer bombardiert hatte. Obwohl das Fatwa-Zentrum erklärte, dass das Verbrennen gemäß den Worten des Propheten selbst als verboten gilt, kam es zu dem Schluss, dass es als Strafe angewendet werden kann.«

366 Vgl. Claude Bourguignon Rougier (Hrsg.), *Un dictionnaire décolonial. Perspectives depuis Abya Yala Afro Latino America*, Québec City, Éditions science et bien commun, 2021. https://scienceetbiencommun.pressbooks.pub/colonialite/chapter/grosfoguel-ramon/

367 Zwei Drittel der befragten jungen Afrikaner glauben, dass das koloniale Erbe ihr tägliches Leben immer noch negativ beeinflusst, Umfrage der *Ichikowitz Family Foundation* (IFF) unter der afrikanischen Jugend im Jahr 2020. https://ichikowitzfoundation.com/pillar/citizenship

368 https://www.prnewswire.com/news-releases/l-universite-hamad-bin-khalifa-inaugure-son-cycle-d-admission-pour-l-annee-academique-2019-2020-859234368.html. Das Thema entstand aus einer Reihe von Workshops und öffentlichen Vorträgen von Salman Sayyid, Professor für dekoloniales Denken und Sozialtheorie an der Universität Leeds.

369 »Der Islam hat es nicht nur versäumt, den Weg zu gehen, den die Varianten des Christentums eingeschlagen haben, nämlich die Beschränkung auf die Privatsphäre und die Entpolitisierung, sondern er hat sich auch mit Macht wieder behauptet, wobei die Mobilisierungen in seinem Namen die Weltordnung in einer Reihe von philosophischen Kämpfen herausfordern. Die anhaltende (wenn nicht sogar zunehmende) Relevanz des Islams legt nahe, dass die Weltgeschichte nicht einfach als eine Version der westlichen Geschichte in größerem Maßstab dargestellt werden kann. Muslimische Autonomiebestrebungen treten in mehreren Formen auf – lokal und global, extremistisch und moderat, konservativ und revisionistisch –, in deren Licht das Recycling konventioneller Narrative über den Islam zunehmend problematisch wird. Diese Narrative sind nicht nur ungeeignet, um muslimische Erfahrungen zu verstehen, sondern viele westliche Regierungen verfolgen, indem sie sich auf sie stützen, eine Politik, die kontraproduktiv und letztlich gefährlich für Muslime und Nicht-Muslime ist.
Die Erinnerung an das Kalifat verpflichtet kritisch zur Interaktion zwischen dem Islam und der Politik im Kontext einer postkolonialen Welt, die sich weiterhin einer tiefgreifenden Dekolonisierung widersetzt.« Die der muslimischen Umma! www.hurstpublishers.com/book/recalling-the-caliphate/

370 https://www.hbku.edu.qa/en/news/decolonial-islamic-studies

371 https://www.cilecenter.org/

372 https://www.dailysabah.com/europe/2017/03/07/europes-muslims-form-own-political-parties-amid-rising-populism-islamophobia

373 Die Beziehungen zwischen dem Iran und Venezuela, dem Iran und Nordkorea, das Teheran angeblich Hilfe für sein Atomprogramm geleistet hat, entwickeln sich in Richtung eines »heiligen Krieges« gegen Südkorea und den großen amerikanischen Satan. Emmanuel Karagiannis und Clark McCauley, »The emerging red-green alliance: where political islam meets the radical left«, *Terrorism and Political Violence*, 2013, vol. 25, issue 2, S. 167-182, DOI :10.1080/09546553.2012.755815 https://www.tandfonline.com/doi/full/10.1080/09546553.2012.755815

374 Gesetz Nr. 2010-1192 vom 11. Oktober 2010.

375 Die ›Partei der Indigenen der Republik‹ (*Parti des indigènes de la République*) sinniert über die Anwesenheit der »weißen Linken« bei dieser Demonstration: »Die konsequente Präsenz der weißen Linken ist übrigens die Haupttrophäe der Organisatoren. Die gesamte politische Linke – von einem Teil der Libertären (UCL) über die NPA bis hin zur reformistischen Linken (LFI) und sogar, was besonders erstaunlich ist, LO – war anwesend. Während einige Organisationen nicht davor zurückschreckten, ihre Aktivisten massiv zu mobilisieren und offen unter ihren eigenen Farben zu marschieren (NPA, LO, UCL usw.), beschränkten sich andere darauf, ihre großen Figuren zu entsenden. Ein nicht unbedeutender Teil der gewerkschaftlichen Linken war ebenfalls anwesend: die CGT zum Beispiel mit ihrem Sprecher Philippe Martinez.« https://indigenes-republique.fr/marche-contre-lislamophobie-du-10-novembre-2019-un-autre-bilan/

376 Marwan Muhammad erklärte später in einem getwitterten Video, das ihm die Gelegenheit gab, die Sequenz erneut zu zeigen: »Es ist für uns eine Botschaft des Friedens, des Stolzes und des Zusammenkommens mit unseren Brüdern und Schwestern in der Staatsbürgerschaft«, und fügte hinzu, dass er von den »Rassisten in pls« nicht verstanden worden sei – sich in ›pls‹ (*position latérale de sécurité /* Schieflage in Bezug auf die Sicherheit) zu befinden bedeutet, in einer schlechten Position und unbewaffnet zu sein. https://www.francetvinfo.fr/societe/islamophobie/marche-contre-l-islamophobie-pourquoi-des-manifestants-ont-ils-scande-allah-akbar_3698247.html

377 »Die Imperialisten haben uns eine ungerechte Ordnung auferlegt und so unser Volk in zwei Gruppen geteilt: die *mustakbirin* (Unterdrücker) und die *mustad'afin* (Unterdrückten)«; ebd.

378 Kepel, G. et Milelli, J. (2008). *Al-Qaida dans le texte Écrits d'Oussama ben Laden, Abdallah Azzam, Ayman al-Zawahiri et Abou Moussab al-Zarqawi*. Traductions de Jean-Pierre Milelli.

379 »Islamic futures towards an islamic theory of the environment«, in: Ziauddin Sardar, *Islamic Futures: The Shape of Ideas to Come*, London und New York, 1985, S. 228. Diese Veröffentlichung ist nicht mehr erhältlich, zitiert nach Mawil Izzi Dien, *Environmental Dimensions of Islam*, Cambridge, Lutterworth Press, 2000, S. 81.

380 Diese Elemente finden sich in Werken wie: Akhtaruddin Ahmad, *Islam and the Environmental Crisis*, 1997, Harfiyah Abdel Haleem (Hrsg.), *Islam and the Environment*, 1998, und Mawil Izzi Dien, *The Environmental Dimensions of Islam*, Cambridge, Lutterworth Press 2000, die sich hauptsächlich an eine Leserschaft von praktizierenden Muslimen richten.

381 David Johnston, »Intra-muslim debates on ecology: is shari'a still relevant?«, *Worldviews*, 2012, Vol. 16, Nr. 3, S. 218-238. https://www.jstor.org/stable/43809777

382 Koran, Sure 2 Vers 30: »Und als dein Herr zu den Engeln sagte: ›Ich bin dabei, auf der Erde einen Statthalter einzusetzen‹, da sagten sie: ›Willst Du auf ihr etwa jemanden einsetzen, der auf ihr Unheil stiftet und Blut vergießt, wo wir Dich doch

lobpreisen und Deiner Heiligkeit lobsingen?‹ Er sagte: ›Ich weiß, was ihr nicht wißt.‹«

383 Die *Islamic Principles for the Conservation of the Natural Environment* von 1983.

384 https://ppi.unas.ac.id/wp-content/uploads/2015/01/report-globalized-eco-islam-a-survey-schwencke-vs-24-february-2012-pdf.pdf

385 Richard Foltz (2003), der sich einige Jahre lang mit dem islamischen Umweltaktivismus befasst hat, betont die Vorherrschaft dieser Agenden: »Der Umweltaktivismus wird zunehmend in ›islamischen‹ Begriffen ausgedrückt.«

386 Der Begriff *Greenwashing*, (auf französisch ›*écoblanchiment*‹ [Ökobleichen]) bezeichnet eine Kommunikationsmethode, die von einer Organisation (…) mit dem Ziel eingesetzt wird, sich ein sozial- und/oder umweltverträgliches Image zu geben (https://geoconfluences.ens-lyon.fr/glossaire/greenwashing).

387 https://femyso.org/femyso-climate-action-statement-environmental-justice-social-justice-and-much-more/

388 https://femyso.org/campaigns/current/ramadanblossom/

389 Interviewt in Usbek & Rica von Pablo Maillé, https://usbeketrica.com/fr/article/histoire-coloniale-a-transforme-le-climat

390 Kleines Werk: Abdessalam Yassine, »Islamiser la Modernité« Al Ofok Impressions, Al Adl Wal Ihsane (Gerechtigkeit und Spiritualität), März 1998.

391 François Burgat, *L'Islamisme au Maghreb*, Paris, Payot, 2008, S. 80.

392 Zahlreiche Beispiele wurden in einem langen Blogbeitrag des ehemaligen Muslimbruders Mohammed Louizi angeführt: »Les jalons de François Burgat sur la route des Frères« (Die Meilensteine von François Burgat auf der Straße der Muslimbrüder), 2017. http://mlouizi.l.m.f.unblog.fr/files/2017/12/les_jalons_de_francois_burgat_sur_la_route_des_freres_v2018.pdf

393 Er räumt ein, dass der Islam in Frankreich nicht sein primäres Fachgebiet ist und dass er nur über die hier zitierten fréristischen Netzwerke davon erfahren hat: »Der ›Islam in Frankreich‹ hat mir eine neue Facette meines Gegenstandes zu erkennen gegeben, eine neue Gelegenheit, meinen komparatistischen Ansatz zu erweitern. Meine Anhaltspunkte ergaben sich vor allem aus den Begegnungen, die ich am Rande von Vorträgen in muslimischen Vereinen in mehreren Dutzend französischen Städten, von Marseille über Lille bis Château-Chinon und dem dortigen Institut für die Ausbildung von Imamen, hatte. Im Juli 2004 luden mich Tariq Ramadan und die Teilnehmer des *Colloque international des musulmans de l'espace francophone* (CIMEF) an den Ufern des Flusses Niger zu einer spannenden Reihe von Begegnungen mit einem sehr breiten Spektrum französischsprachiger Muslime aus rund 20 Ländern Afrikas, Asiens und Kanadas ein« (Burgat, 2016).

394 Wie in diesem »Offenen Brief an Emmanuel Macron: Stoppt die Institutionalisierung der Islamophobie!«, 4. März 2022, https://blogs.mediapart.fr/francois-burgat/blog/040322/lettre-ouverte-emacron-stop-l-institutionnalisation-de-l-islamophobie

395 Ich selbst machte die schmerzliche-penible Erfahrung, von dieser ULB-Professorin und von Journalisten, welche sie »in Sachen Islam« ausgebildet hatte, mit der extremen Rechten gleichgesetzt zu werden. Die ausführliche Schilderung hierzu findet sich in Bergeaud-Blackler, 2021.

396 »Kein islamischer Staat ohne rechtschaffene Muslime, keine rechtschaffenen Muslime ohne islamischen Staat?«

397 Zwischen 1979 und Mai 2021 fanden weltweit mindestens 48.035 islamistische Anschläge statt. Dabei kamen mindestens 210.138 Menschen ums Leben. Vgl. »Les attentats islamistes dans le monde 1979-2021«, Bericht der *Fondation pour*

l'innovation politique (Stiftung für politische Innovation) (online unter https://www.fondapol.org/).

398 https://scholarlypublications.universiteitleiden.nl/access/item%3A2728159/view

399 https://journals.openedition.org/remmm/persee-179015

400 https://www.persee.fr/doc/remmm_0997-1327_1999_num_85_1_2640

401 »Krieg ist Frieden, Freiheit ist Sklaverei, Unwissenheit ist Stärke«, G. Orwell, 1984.

402 »Wenn man DIE Menschen studieren will, muss man das nah betrachten, aber um DEN Menschen zu studieren, muss man seinen Blick in die Ferne richten; man muss zuerst die Unterschiede beobachten, um die Eigenschaften zu entdecken« (Sebastiani, 2019).

403 Lesen Sie hierzu Pluckrose und Lindsay (2020), Pierre Valentins Bericht über den Wokismus: *L'Idéologie woke*, 2021 (online auf https://www.fondapol.org/). Für eine philosophische Reflexion über den Wokismus als Religion lesen Sie das sehr aufschlussreiche Buch des Philosophen Jean-François Braunstein (2022).

404 Clifford Geertz und Ernest Gellner verkörpern zwei Ansätze: den Post-Kulturalismus für den ersten und den strukturfunktionalistischen Objektivismus für den zweiten. Für Geertz, der von dem Soziologen Max Weber beeinflusst wurde, muss Kultur aus semiotischer Sicht als eine symbolische Aktivität interpretiert werden, eine Art und Weise, dem, was uns umgibt, einen Sinn zu geben. Er definiert Kultur als ein System von Symbolen oder bedeutungsvollen Zeichen: »Ich betrachte Kultur als mit einem Spinnennetz vergleichbar, und folglich ist ihre Analyse nicht Teil einer experimentellen Wissenschaft auf der Suche nach Gesetzen, sondern einer interpretativen Wissenschaft auf der Suche nach Bedeutung« (Geertz, 1998).

405 Das Beispiel des Hahnenkampfs als »Inszenierung« der balinesischen Kultur: Dieses kulturelle Element ist nicht mit der sozialen Organisation verbunden, es dient nicht dazu, Ungleichheiten zu verringern oder Konflikte zu lindern. Es ist eine Erklärung dafür, wie die Balinesen die Ordnung der Dinge und des Lebens interpretieren. Für die Balinesen ist es eine Inszenierung, die die Ordnung der Kultur widerspiegelt, und die Aufgabe des Anthropologen muss es sein, diese Ereignisse zu sammeln und zu interpretieren, denn durch sie wird die balinesische Kultur verständlich. Sie kommt insbesondere durch den Hahnenkampf zum Ausdruck« (Geertz, 1973).

406 Gellner lässt die soziologischen Theorien der Säkularisierung gelten: 1/ Religiöse und wissenschaftliche Doktrinen stehen im Konflikt, weil letztere das Prestige genießt, das ihr die technologische Überlegenheit und die moderne Wirtschaft verleihen; 2/ der Nationalismus habe seine Rituale und Werte auf Kosten der Rituale der religiösen Gemeinschaften durchgesetzt.
Für den Anthropologen ist die Säkularisierung ein weltweit verbreitetes Phänomen. Es gibt nur wenige Staaten, die formal an eine Religion gebunden sind, oder die Bindung ist in Staaten, die sich als theokratisch bezeichnen, schwach. Dies trifft jedoch nur auf die christliche, chinesische oder indische Welt zu, erklärt Gellner. Für die muslimische Welt ist das nicht der Fall.
Die Aussage, dass der Islam säkular ist, ist nicht strittig. Sie ist einfach unwahr, ja falsch! Der Islam ist heute genauso stark wie vor einem Jahrhundert. In mancher Hinsicht ist er wahrscheinlich sogar noch viel stärker.

407 Eine Hauptquelle für diese Tradition ist der berühmte dänische Philosoph und Theologe des 19. Jahrhunderts Søren Kierkegaard. Er wird mit der Idee in Verbindung gebracht, dass »Religion ihrem Wesen nach nicht die Überredung zur Wahrheit einer Doktrin, sondern das Bekenntnis zu einer Position, die von Natur aus absurd ist, die, wie er es selbst nennt, eine Beleidigung ist. […] Wir erreichen unsere Identität, indem wir etwas glauben, das unseren Geist zutiefst beleidigt, sagt er. […] Um zu existieren, müssen wir glauben, und zwar etwas glauben, das schrecklich schwer zu glauben ist. Wir können nicht einfach existieren, indem wir etwas

Plausibles glauben. Das ist der existentielle Dreh- und Angelpunkt, der den Glauben eher mit Identität als mit faktischen Beweisen verbindet« (Gellner, 1978).

408 Gellner behauptet jedoch nicht, dass der Islam der Höhergestellten rationaler ist als der Volksislam.

409 Gellner bezieht sich auf die von Ibn Khaldun festgestellte zyklische Reform. (Ausgehend vom Begriff der *asabiyya* konzipiert dieser die muslimische Zivilisation als ein bipolares Phänomen, bei dem ein ländlicher Pol, *badâwa*, und ein städtischer Pol, *hadâra*, einander gegenüberstehen.)

410 Lesen Sie zu diesem Thema den Philosophen Jean-François Braunstein (2022). Die *French Theory* ist nur eine bis ins Absurde gehende Radikalisierung der französischen Theorien von Foucault, Deleuze und Derrida, die es wagten, mit dem Denken zu spielen, weil sie kein Projekt für soziale Reformen hatten.

411 Die Politikwissenschaft ist dann für den Großteil der Arbeiten über den Islam in Frankreich verantwortlich.

412 Beeinflusst von Edward Saïds Kritik (1978) und dem *linguistic turn* (Rorty, 1967) und der Idee, dass »das Faktum« nicht existiert oder unerreichbar ist – was bleibt, ist die Sprache. Asad wirft seinen Zeitgenossen vor, einen westlich-zentrierten Blick einzunehmen, der das Problem der islamischen Vielfalt auf eine Reihe großer, vom Orientalismus (und dem, was er die *French sociology of islam* nannte) inspirierter Gegensätze reduziert, wie : orthodoxer/nicht-orthodoxer Islam, große/kleine Traditionen, puritanischer Schriftglaube der Städte/ritualistische Religion der Landbevölkerung, usw. Er sieht in diesen Analysen lediglich eine Inszenierung, ein Narrativ, in dem der indigene Diskurs völlig abwesend ist. »Für Geertz, wie auch für Gellner, wird die Schematisierung des Islams erreicht als Drama der Religiosität, die Macht ausdrückt, durch das Auslassen der indigenen Diskurse und die Umwandlung jeglichen islamischen Verhaltens in eine lesbare Geste«, vgl. Talal Asad (2009).

413 »Den Blick in die Ferne richten«, schrieb Rousseau, was von Lévi-Strauss aufgegriffen wurde.

414 *The Fundamentalism Project* ist eine große transdisziplinäre und religionsübergreifende Studie über die Neo-Fundamentalismen, die von Martin koordiniert wird. E. Marty und R. Scott Appleby (1987-1995).

415 https://press.uchicago.edu/ucp/books/series/FP.html

416 Asad zufolge trennt zum Beispiel die anthropologische Definition von Religion als System symbolischer Bedeutungen den Glauben von der Praxis, während es diese Trennung seiner Meinung nach im Islam nicht gibt. Die anthropologische Hermeneutik habe die Exegese der christlichen Mission geerbt. Die Begriffe und Konzepte, die den anthropologischen Komparatismus strukturieren, müssen erneut überprüft werden. Talal Asad (1993).

417 »Asads These läuft einfach darauf hinaus, die muslimischen Glaubensvorstellungen und Praktiken zu hypostasieren und sie dem Christentum als zwei radikal aufeinander nicht reduzierbare Blöcke gegenüberzustellen [...] Diese Theorie hat die primäre Funktion, den Säkularismus als irreduziblen Fremdkörper in islamischen Ländern abzulehnen«, fasst Stéphanie Roza, *La Gauche contre les Lumières?*, Paris, Fayard, 2020, zusammen.

418 Zu diesem Thema siehe die kritische Rezension von Bangstad, 2011.

419 Für Mahmood ist die säkularistische ›Angst‹ vor dem Religiösen die Ursache für einer engstirnigen Interpretation der Frauenmobilisierungen im Islam: »Das geringste Eindringen der Religion in die öffentliche Sphäre wird oft als gefährlicher Affront empfunden, der uns einer normativen Moral zu unterwerfen droht, die von Mullahs und Priestern diktiert wird. Diese Angst ist verbunden mit der vordergründigen Überzeugung vom Wert der säkularen und progressiven Vorstellungswelt, die es für

gesichert hält, dass die von ihr angebotenen Lebensformen der beste Ausweg für unwissende Seelen sind, die von den Hoffnungen, die ihnen die Götter und Propheten einräumen, in die Irre geführt werden« (*Politics of Piety. The Islamic Revival and the Feminist Subject*, Princeton, Princeton University Press, 2005, S. 8). Doch, so widerlegt sie, »was die Progressiven als Beispiel für beklagenswerte Passivität und Fügsamkeit wahrnehmen, kann in Wirklichkeit eine Form von Handlungsfähigkeit sein« (ebd., S. 32). Saba Mahmood will also zeigen, dass »Handlungsfähigkeit nicht nur in den Handlungen des Widerstands gegen Normen zu finden ist, sondern auch in den vielfältigen Arten, wie (Frauen) Normen beleben« (ebd., S. 32).

420 Mahmoods Kritik richtet sich nicht nur an progressive Säkularisten, sondern auch an feministische Autoren wie Judith Butler, deren Erbe die Autorin anerkennt, oder, um ein französisch-türkisches Beispiel zu nennen, die Forscherin Nilüfer Göle, die das Kopftuch zu einem Instrument des Widerstands oder sogar der weiblichen Emanzipation machen, indem sie sich auf eine dem Islam fremde Bezugsordnung beziehen, um muslimisches Verhalten zu erklären. Saba Mahmood wirft ihnen vor, dass sie im Paradigma der *subaltern studies* der männlichen Dominanz gefangen bleiben, das auf einem liberalen normativen Konzept der weiblichen Emanzipation beruht, und dass sie einige der klassischen Schemata der westlichen soziologischen Kausalität (sozialer Protest, wirtschaftliche Notwendigkeit, Anomie, utilitaristische Strategie) wiederholen, ohne die religiöse Erfahrung um ihrer selbst willen in Betracht zu ziehen.

421 Ausdruck der Zustimmung, den ich von der algerischen Feministin Wassyla Tamzali entliehen habe. https://e-mujeres.net/le-voile-nest-pas-un-choix-mais-un-consentement/

422 Die Seiten der beiden Kapitel, die sie der berühmten Aktivistin des ägyptischen Zweigs der Muslimbruderschaft Zaynab al Ghazali widmet – einer Figur, deren Heldentaten den Frauen der El-Huda-Moschee in Bordeaux, wo ich zur gleichen Zeit recherchierte, gelehrt wurden – sagen durch die schüchterne Erwähnung der ›Doktrin‹ der ›Frömmigkeitsbewegung‹ oder der ›muslimischen Erneuerung‹ nichts über die materiellen Bedingungen des fréristischen Projekts aus.

423 Im Gegenteil, sie erinnert zu Recht daran, dass »die Fähigkeit derartiger Bewegungen, einen politischen Wandel herbeizuführen, immens ist und [...] in vielen Fällen größer als die der traditionellen politischen Gruppen.« (*Politics of Piety, op. cit.*, S. 61).

424 (Vgl. den Abschnitt: *Die Muslimbruderschaft am Werk* in Kapitel I) Mahmood verwendet den Begriff »fundamentalistisch« nicht. Nicht etwa, weil sie diese Bezeichnung ablehnt, sondern weil sie von feministischen Forscherinnen als »abstoßend« empfunden wird (der Begriff »abstoßend« bezieht sich auf den Artikel von Susan Harding [1991]). Sie schrieb diese Zeilen zwei Jahrzehnte vor der Machtübernahme von Mohamed Morsi, einem Mitglied der [ägyptischen] Muslimbruderschaft, der die Partei für Freiheit und Gerechtigkeit leitete, welche die Scharia als Grundlage für eine Verfassung befürwortete.

425 Mahmood empfiehlt, sich mit anderen Weltanschauungen auseinanderzusetzen, indem man »die Möglichkeit akzeptiert, im Laufe der Begegnung mit dem anderen verändert zu werden« (S. 63). Dies wird durch die Methode der teilnehmenden Beobachtung in der Anthropologie angestrebt.

426 Die Äußerungen der Frauen wurden offensichtlich umgeschrieben, indem Zögern, Unterbrechungen usw. ausradiert wurden.

427 Saba Mahmood betont übrigens mehrfach, dass das Äußere, das, *was man zeigt*, in diesem Milieu von grundlegender Bedeutung ist. Denn für diese *fundamentalistischen* Gruppen verändern sich die Bezugsrahmen durch die Veränderung der gesellschaftlichen Konventionen, wobei die Reform der *Form* der Reform des *Inhalts* hilft. Die von den Frauen immer wieder betonte Figur eines

allwissenden Gottes, der alles, zu jeder Zeit und überall sieht, bereitet die Menschen auf eine ständige Aufmerksamkeit und Kontrolle ihrer selbst und anderer vor, die sie zu einer absoluten Unterwerfung unter Gott führen soll. In der Diaspora, mehr noch als in Ägypten, lässt sich das Misstrauen gegenüber der äußeren Mehrheitsgesellschaft leicht mit der "herrschenden Islamophobie" rechtfertigen, wie wir weiter unten sehen werden. Diese Kontrolle hat jedoch eine Grenze. Sobald die äußeren Zeichen der Islamität angenommen werden, erhöht der neue Rekrut seine eigenen Fähigkeiten, andere zu kontrollieren, und kann daher die auf ihn gerichtete Aufmerksamkeit ablenken. Diese Grenze wird *Fitna* genannt: die Angst vor der Unordnung, die durch Meinungsverschiedenheiten und Streitigkeiten verursacht wird und die zur Schwächung der Frömmigkeit und des gesamten Systems der Minderheitengemeinschaft führen könnte. Denn wenn man zu viel urteilt, wird man misstrauisch und verfällt der Sünde.

428 Die wenigen expliziten Referenzen sind hauptsächlich diejenigen der Muslimbruderschaft: Zaynab al Ghazali, Al-Sayyid Sabiq, al-Qarâdâwi, den sie ehrfürchtig als den wichtigsten Intellektuellen der islamischen Erneuerung in der arabischen Welt bezeichnet (*Politics of Piety, op. cit.*, S. 129).

429 Umfrage über die Nachfrage, durchgeführt mit Fadila Maaroufi, Master in Anthropologie der UCL in Belgien, Praktikantin am IREMAM Aix-Marseille Université, wo ich das vom BCC und France AgriMer finanzierte Programm *Marché halal, abattage, labellisation et enjeux de la consommation* (Mhalec) 2017-2018 koordinierte.

430 Ein Sozialzentrum bietet kulturelle und sportliche Animation sowie andere Aktivitäten und Dienstleistungen mit sozialer Zielsetzung an. Die Bewohner des Viertels können dort Räume mieten und ›privatisieren‹, um sich dort zu versammeln.

431 *Facework* – Goffman definiert es als die *ad hoc*, angemessene (konventionelle) Haltung, die in einer Gruppe eingenommen werden soll.

432 Maryam erlebte ihre ›Re-Konversion‹ zum Islam in einer salafistischen Moschee in der Region (sie war nicht praktizierende Muslima) nach einem Unglück – dem Verlust eines ihrer Kinder.

433 Maryam spricht sowohl von Gott als auch von Allah.

434 So nennt sie Gott, dem sie ein Determinativ oder ein Personalpronomen anfügt, abwechselnd Gott oder Allah.

435 Um den Begriff ›geharnischt‹ (etymologisch: einem Pferd ein Geschirr anlegen) zu verstehen, muss man die schmerzhafte Erfahrung gemacht haben, einen Dschilbab zu tragen, der durch sein Gewicht den Schädel nach hinten zieht, wenn man geht.

436 Während es noch vor einigen Jahren üblich war (oder heute z. B. in Marokko noch ist), dass diese übermäßig frommen Gestalten innerhalb nordafrikanischer Frauengruppen verspottet wurden, war dies hier kaum der Fall, weder in Gegenwart der Frömmlerinnen noch nachdem sie gegangen waren. Die respektvolle Ehrerbietung gegenüber diesen Figuren war spürbar.

437 Es sind die *Mahnungen*, die im Internet zu ›Mahnungsbanken‹ (Aphorismen aus dem Koran oder der Sunna) geführt haben und die sich die Schwestern auf Facebook, Instagram, über Telegram oder WhatsApp zuschicken.

438 Mehrere Monate später führte Salma anlässlich eines vom Verein Linas organisierten Tages, am selben Ort, an dem die Sitzungen stattgefunden hatten, einen orientalischen Tanz – ihre Leidenschaft – auf. Eingeladen waren eine akademische und eine religiöse Persönlichkeit. Salmas junge Schülerinnen, die von Kopf bis Fuß sehr lang gekleidet waren, tanzten zurückhaltend, es wurde nicht gesungen und die Jauchzer im Saal verstummten schnell. Freude war nicht dabei.

439 Nebenbei wird dadurch deutlich, dass die schnelle Gleichsetzung von Halal-Lebensmittelstandards mit Bio (oder Fair Trade) unbegründet ist. Beim Kauf und Konsum von Bioprodukten ist es die Handlung des Kaufs (den Planeten schützen, benachteiligte Menschen finanziell unterstützen) oder des Konsums (die eigene Gesundheit schützen), die Bio ausmacht. Durch den Kauf und den Konsum dieser Produkte handeln die Verbraucher, um den Planeten zu schützen oder eine gerechtere Welt zu erreichen. Im Falle von Halal ist der Engagierte derjenige, der beabsichtigt, Halal zu essen, und nicht derjenige, der durch seinen Kauf ein Halal-Unternehmen wirtschaftlich unterstützt hat.

440 Der auf Arabisch ausgesprochene Ausdruck der Umgangssprache erhält dann seine volle Bedeutung, ebenso wie andere Redewendungen, die die Sprache des Gottesfürchtigen durchweben: *maschallah* (was Gott will), *alhamdulillah* (Lobpreisung Gottes), *starfallah* (Gott möge verzeihen), *subhanallah* (Ehre sei Gott) und sollten mit Bedacht verwendet werden (einen wahren Gottesfürchtigen erkennt man an der Kenntnis und Beherrschung der arabischen Sprache).

441 Die hier vertretene Auffassung von Erlösung unterscheidet sich von derjenigen der Max-Weber-Calvinisten, die nichts über das göttliche Gericht wissen können, ehe es am Jüngsten Tag eintritt, und die, da sie nicht in der Lage sind, die Zeichen ihrer Erwählung im Erfolg der Dinge und Taten auf der Erde zu suchen, in unerschütterlichem Vertrauen auf Gott verharren, was auch immer geschieht. Bin ich ein Auserwählter? Wie kann ich mich dessen vergewissern? Auf diese Fragen antwortet Calvin: »Wir müssen uns damit begnügen, zu wissen, dass Gott entschieden hat, und in dem unerschütterlichen Vertrauen auf Christus verharren, das aus dem wahren Glauben hervorgeht. Grundsätzlich lehnt er die Annahme ab, man könne am Verhalten eines anderen erkennen, ob er auserwählt oder verworfen ist, denn es wäre verwegen genug, sich anzumaßen, in die Geheimnisse Gottes einzudringen.« Max Weber (1964) schreibt, dass es bei den Calvinisten nicht die Taten sind, die die Auserwählung ermöglichen, ebenso wenig wie die Absicht. Der Calvinist hat die Pflicht, sich als Auserwählten zu denken: »Sich als einen Auserwählten zu betrachten, war eine Pflicht; jede Art von Zweifel daran musste als Versuchung des Teufels zurückgewiesen werden, denn ein unzureichendes Selbstvertrauen ergab sich aus einem unzureichenden Glauben, d. h. aus einer unzureichenden Wirksamkeit der Gnade« (Max Weber, *op. cit.*, S. 75).

442 Sie bezieht sich auf den Vers: »Der Dieb und die Diebin: trennt ihnen ihre Hände ab als Lohn für das, was sie begangen haben, und als ein warnendes Beispiel von Allah. Allah ist Allmächtig und Allweise.«, Koran, Sure 5, Vers 38.

443 Ein Muster, das in den Suren und der Sunna ziemlich genau beschrieben wird. Kann ich mit der linken Hand Geld geben? Ist mein Hidschab richtig angezogen? Was hat der Prophet getan oder gesagt? Wie haben sich seine Ehefrauen und Anhänger verhalten? Soll ich Weihnachten feiern? Das sind Fragen, die in den zahlreichen Auslegungen der Prophetentradition im Internet beantwortet werden können, die eine schier unerschöpfliche Quelle an Empfehlungen für die Gesten des täglichen Lebens für denjenigen darstellen, der den Propheten oder seine Frauen als Vorbild für Frömmigkeit nehmen möchte.

444 Leiter der Abteilung für öffentliche Information und Kommunikation bei der OIZ mit Sitz in Jeddah. https://www.arabnews.com/node/1443446

445 Laut einer Umfrage, die im Rahmen des vom CNRS und CIPDR finanzierten ISLAMEDIA-Projekts (2019) durchgeführt wurde.

446 Sa'id bin Ali bin Wahf Al-Qahtani (1952-2018) ist ein saudischer wahhabitischer Imam, der in dem Dorf Al-Arin in der Region Asir geboren wurde.

447 Im Englischen ist der Titel noch deutlicher aussagekräftiger: *Fortress of the Muslim. Invocations from the Qur'an & Sunnah.*

448 »*Die Gärten der Rechtschaffenen* oder der legendäre *Ryad As-Salihin*, dessen Ruf unbestritten ist, bedarf keiner weiteren Vorstellung. Es wurde von dem bedeutenden Scheich Imam An-Nawawi verfasst, der darin überwiegend authentische Hadithe zu verschiedenen Themen zusammengestellt hat, wobei der Schwerpunkt auf moralischen Werten liegt, um Tugendhaftigkeit zu erreichen. Ryad As-Salihin ist ein Referenzwerk für Hadithe und nach dem Heiligen Koran eines der am weitesten verbreiteten und meistgelesenen Werke der Muslime. Mit dem Ziel, das Dogma zu festigen und die Seele zu reinigen, enthält es Antworten zu Glaubensfragen und zur Lebensweise des Gläubigen gemäß den islamischen Vorschriften. Auf diese Weise erleichtert er es, zwischen der prophetischen Tradition und dem praktischen Leben des Muslims.« Das Buch wird von zahlreichen Verlagen herausgegeben, darunter auch Tawhid. https://www.edition-tawhid.com/produit/les-jardins-des-vertueux/

449 https://www.madrassanimee.com/comment-faire-des-dessins-animes-une-aide-dans-leducation-de-mes-enfants/

450 ebd.

451 ebd.

452 Unter diesen Fatwa-Banken gehört Islamweb mit einem Nettobestand von 250.000 islamischen Fatwas im Jahr 2020 zu den beliebtesten. Diese Website bietet Fatwas auf Arabisch und ihre Übersetzungen ins Arabische, Englische, Französische, Spanische und Deutsche.

453 Vgl. den Artikel »*Vendre des jouets incarnant des êtres vivants* [Spielzeug verkaufen, das lebende Wesen verkörpert]« (2007) auf https://www.islamweb.net/de/

454 »Häufig ein Geistlicher mit Status – dessen selbsternannte Mission es ist, die Symbole des Islams gegen Angriffe zu verteidigen, denen er angeblich systematisch von zahlreichen Feinden ausgesetzt ist. Der arabische Begriff bedeutet wörtlich übersetzt ›Unternehmer‹ und wird im allgemeinen Sprachgebrauch zunächst auf den Wirtschaftsunternehmer angewandt. Indem man ihn auf die Ebene der Moral verschiebt, möchte man die Funktion andeuten, die religiöse Menschen bei der Erzeugung von Massenempörung auf transnationaler Ebene einnehmen.
Die Unternehmer des Zorns ziehen es meist vor, sich von den Herausforderungen des politischen Feldes in seiner institutionellen Dimension zu entfernen, um durch die Hervorhebung symbolischer Fragen – Schleier, Niqab, Karikaturen des Propheten, die Rede von Benedikt XVI. in Regensburg usw. – die Macht über die muslimische Identität an sich zu reißen. – Dies gilt sowohl für die Gesellschaften im Maschrek und im Maghreb als auch für die nordafrikanischen, indisch-pakistanischen und türkischen Bevölkerungsgruppen im westlichen Europa.«

455 Siehe Pierre-André Taguieff, *L'Antisémitisme*, Paris, Presses universitaires de France, 2015, Kap. IV, »De l'antijudaïsme à l'antisémitisme« [Vom Antijudaismus zum Antisemitismus], S. 30-40.

456 In einer Polarisierung des Gegensatzes Westen/Osten, die den Indigenisten zu eigen ist und die Edward Saïd, auf den sie sich stützen, dennoch befürchtete: »Wenn man Kategorien wie Orient und Okzident verwendet, sowohl als Ausgangspunkt als auch als Zielpunkt für Analysen, Forschungen, für die Politik, hat dies gewöhnlich zur Folge, dass die Unterscheidung polarisiert wird: Der Orientale wird mehr zum Orientalen, der Okzidentale mehr zum Okzidentalen, und die menschlichen Kontakte zwischen den verschiedenen Kulturen, Traditionen und Gesellschaften werden eingeschränkt.« Vgl. Edward W. Saïd, *L'Orientalisme. L'Orient créé par l'Occident*, Paris, Seuil, 1980, Neuauflage 2004 (S. 61).

457 Damon L. Perry, *Mainstream Islamism in Britain: Educating for the »Islamic Revival«*, September 2019 (Online-Bericht); Susanne Schröter, *Politischer Islam: Stresstest für Deutschland*, Gütersloh: Gütersloher Verlagshaus, 2019;

Magnus Norell, *The Muslim Brotherhood in Sweden*, Bericht für die MSB (Swedish Civil Contingencies Agency), November/Dezember 2016 (online).

458 Entrismus ist laut Wikipedia eine von verschiedenen kommunistischen, vor allem von trotzkistischen Organisationen angewandte Taktik des gezielten Eindringens in Organisationen, vor allem in Parteien der Arbeiterbewegung, seltener in andere soziale Bewegungen.

Glossar

Abaya (*abāya*): traditionelles Kleidungsstück für Frauen aus dem Nahen Osten und dem Maghreb.

adab: Gewandtheit, Klugheit, Höflichkeit, gutes Benehmen und kultiviertes Auftreten, im Islam einer der wichtigsten Aspekte in der Beziehung zwischen dem Menschen und Gott.

aggregativ: gebildet aus separaten Einheiten, die zu einer Masse oder einem Ganzen zusammengefasst sind. Synonyme: Aggregat, aggregiert, Masse, Kollektiv.

ahl al-hadith (auch *ashāb al-hadīth*, *aṣḥāb al-ḥadīṯ*): Traditionarier genannt, Anhänger und Verfechter des auf die Sunna des Propheten Mohammed zurückgeführten islamischen Traditionalismus.

ahya: Modernität.

akhlaq (*aḫlaq*): Bezeichnung für die Praxis von Tugend, Moral und Benehmen in der Islamischen Theologie und der Islamischen Philosophie. *al-aḫlaq wal-karīma:* gutes Benehmen, Qualität des Lebens.

al-aḫ: der Bruder.

al-halal wal-haram fil-Islam (al-ḥalāl wal-ḥarām fil-islām): Verbotenes und Erlaubtes im Islam.

alhamdulillah (*al-ḥamdu li-Llāh*): Lob sei Gott, Lobpreisung Gottes.

Allahu akbar (*allāhu akbar*): Gott ist überaus groß; Formel, die im Islam sehr häufig gebraucht wird.

amana (*amāna*): Ehrlichkeit und Treue, Verantwortlichkeit.

ʿāmil: die aktiven Teilnehmer.

aqida (al-ʿaqīda): eine dogmatische Bekenntnisschrift, Glaubenslehre.

aš-šāriʿa: siehe Scharia.

Aschʿariten, Aschʿarīya (*Ašʿarīya*): Richtung der islamischen Theologie, die auf den basrischen Kalām-Gelehrten Abū l-Hasan al-Aschʿarī (gest. um 935) zurückgeführt wird.

Bay'a (*bayʿa*): Treue-Eid auf einen Anführer.

bazzūla: Brust, maghrebinisch *bizzūla*.

beur, pl. *beurs*, fem. *beurette(s):* umgangssprachlich für Araber [in *Verlan*, eine in der französischen Jugendsprache verbreitete Spielsprache, in der die Silben vertauscht werden].

bismillah, basmala (*bismi 'llāhi*): im Namen Allahs, Anrufungsformel.

Burka (*burquʿ*): Kleidungsstück zur vollständigen Verschleierung des Körpers.

Charidschiten (*al-ḫawāriǧ*): religiös-politische Oppositionsbewegung des frühen Islams, nach der Ermordung des dritten Kalifen ʿUthmān ibn ʿAffān im Jahre 656 entstanden; die [zum Kampf] Ausziehenden.

chawwan al-muslimun (*ḫawwān al-muslimīn*): Muslimeverräter.

chilaf (*ḫilāf*): Meinungsverschiedenheit, Diskrepanz, Divergenz, Unstimmigkeit, Streit.

daiya(t) (*dāiya*, Pl. *dāʿiyat*): Ausruferin, d.h. Propagandistin.

dar al-ahd (*dār al-ʿahd*): Gebiet des Vertrages bzw. Gebiet des Übereinkommens.

dar al-harb (*dār al-ḥarb*): Haus des Krieges bzw. Gebiet des Krieges.

Dar al-islam (*dār al-islām*): Haus des Islam, Gebiet des Islam.

dar al-kufr (*dār al-kufr*): Gebiet des Unglaubens.

Dar al-ulum (*dār al-ʿulūm*): Haus der Wissenschaften.

darura (*ḍarūra*): Notwendigkeit, *al-maʿlūm mina d-dīn biḍ-ḍarūra* Das, was nicht verhandelbar in der [islamischen] Daseinsordnung ist.

Daʿwa (*daʿwa*): Ruf zum Islam bzw. Ruf zu Gott in Form von missionarischer Aktivität.

Dhimmi (*ḏimmī*): Schutzbefohlene.

dīn: der islamische Glaube, im Sinne einer Daseinsordnung.

Dschahiliya (*dschāhilīya*, *ǧāhilīya*): die Zeit des altarabischen Heidentums vor dem Islam.

Dschamaat, *auch* Jamaat (*ǧamāʿat*): Gemeinschaft, Vereinigung; *Ǧamāʿat-e islāmī* Islamische Gemeinschaft.

Dschellaba (*ǧallāba*): traditioneller bodenlanger und die Körperkonturen weitgehend verbergender Überwurf- und Kapuzenmantel mit langen Ärmeln in den Ländern des Maghreb.

Dschilbab (*ǧilbāb*): Im Koran gebrauchtes Wort für ein Kleidungsstück, das Frauen tragen sollen.

Dschizya (*ǧizya*): Kopfsteuer, Tribut, Bezeichnung für die den nichtmuslimischen Schutzbefohlenen (Dhimmi) unter islamischer Herrschaft auferlegte Steuer.

dua, adiyah (*duʿā*, Pl. *adʿiya*): Anrufung bzw. Bitte, Bittgebet.

Eid (*īd*): [islamisches] Fest.

Essentialisierung: im sozial- und kulturwissenschaftlichen Zusammenhang der Prozess der Kategorisierung kultureller bzw. sozialer (z. B. Religion, Ethnie, Identität) oder körperlicher Merkmale (Biologisches Geschlecht, Sexualität, Hautfarbe, Körper) einer Gruppe oder einer Person als für sie wesenhaft.

fi iqh al-aqalliyat al-muslima (*fi fiqh al-aqallīyāt al-muslima*): Zur Rechtsprechung muslimischer Minderheiten.

fi sabili Llah (*fī sabīli Llāh*): auf dem Wege Gottes, für die Sache Gottes; arabische Phrase, die 49 Mal im Koran vorkommt und eine bedeutende Rolle in der religiösen Sprache des Islams spielt; in den meisten Fällen mit dem Konzept des Dschihads verbunden.

fil-munšaʾāt wal-makra: aus freien Stücken oder mit Gewalt.

Fiqh (*fiqh*): Jurisprudenz, Rechtsprechung; eig. Erkenntnis, Verständnis, Einsicht.

fiqh al-aqalliyat (fiqh al-aqallīyāt): Rechtsprechung für Minderheiten, Minderheitenjurisprudenz, islamische Rechtsprechung (Rechtsordnung) für (im Westen) lebende muslimischen Minderheiten.

fiqh al-maalat (fiqh al-maʿālāt): Folgejurisprudenz.

fisabili'ilah (fī sabīli Llāh): auf dem Wege Gottes, für die Sache Gottes.

fitna: Unruhe, Aufruhr, bezeichnet schwere Zeiten, in denen vermehrt mit Glaubensspaltung und Glaubensabfall gerechnet werden kann; *fitna* (pl. *fitan*) taucht im Koran mehrmals auf in der Bedeutung »schwere Prüfung« bzw. »Versuchung durch Gott«; Aufstand gegen den Islam.

fitra (fiṭra): Natur, Veranlagung; Schöpfung.

fuqaha (fuqahāʾ): Rechtsgelehrte.

Hadith (*ḥadīṯ*): Erzählung, Bericht, Mitteilung, Überlieferung.

halal (ḥalāl): erlaubt, zulässig; bezeichnet Dinge und Handlungen, die nach islamischem Recht zulässig sind; in der islamischen Rechtswissenschaft zwischen *ḥarām*, verboten, und *fard*, pflichtmäßige Handlungen. Zwischen *ḥalāl* und *ḥarām* gibt es eine Grauzone: *makruh*, verpönt, unerwünscht; bezeichnet Dinge, die nicht ausdrücklich verboten, jedoch nicht empfohlen sind.

Hanafiten (*al-ḥanafīya*): eine der vier traditionellen Lehrrichtungen (Madhahib) des sunnitischen Islams.

Hanbali, Hanbaliten (*ḥanbalī, al-ḥanbalīya*): eine der vier traditionellen Lehrrichtungen (Madhahib) des sunnitischen Islams.

haram (ḥarām): verboten, siehe auch *halal*.

hassanat (ḥasanāt, sing. ḥasana): Almosen, gute Tat, Wohltat, gottesfürchtiges Werk, Verdienst.

Hidschab (*ḥiǧāb*): arabischer Begriff, der verschiedene Formen der Abtrennung (in Bezug auf Frauen speziell in Gestalt der Verschleierung oder der Bedeckung des Kopfes) umfasst; abgeleitet und aus der arabischen Grundform *ḥaǧaba*, verhüllen, abschließen, abschirmen, dem Blick entziehen.

Hidschra (*hiǧra*): Auswanderung (Auszug) Mohammeds von Mekka nach Medina.

hisn (ḥiṣn): Festung, Zitadelle.

Hukumat-i ilahiyah (*ḥukūmat-i ilāhiya*): Gottesstaat.

hulul (ḥulūl): Innewohnen.

ibadah, pl. *ibadat* (*ʿibāda, ʿibādāt*): gottesdienstliche Verrichtung, gottesdienstlichen Handlungen.

ibda (ʾibdāʾ): beginne, äußere.

Ichwan, Ichwān (*Iḫwān*): die Brüder, Bruderschaft; *al-iḫwān al-muslimūn* Muslimbrüder; Frèristen.

Idschtihad, Idschtihād (*iǧtihād*): Anstrengung, Auslegungsbemühung, mystische Einigung mit Gott.

Iftar (*ifṭār*): Fastenbrechen; das Mahl, das während des Fastenmonats Ramadan von Muslimen nach Sonnenuntergang eingenommen wird.

ihtira (*ihtirā*): Erfindung, Schöpfung, ins Leben rufen.

inschallah (*in šā'a Llāh*): so Gott will.

iqra: lies! (erstes Wort der Sure 96 des Korans).

Islāh (*iṣlāḥ*): Aussöhnung, Instandsetzung, Verbesserung.

Islam (*islām*): Unterwerfung.

istihsan (*istiḥsān*): etwas für gut befinden, d.h. rechtliche Bevorzugung.

istislah (*istiṣlāḥ*): ein durch allgemeinen Nutzen begründeter Rechtsspruch.

Jahiliyya, *siehe* Dschahiliya.

Jamaat, *siehe* Dschamaat.

Kaaba (*al-kaʿba*): der Kubus, der Würfel; quaderförmiges Gebäude im Innenhof der Al-Harām-Moschee in Mekka, bildet als *Haus Gottes* (*bayt Allāh*) das zentrale Heiligtum des Islams.

Kadi (*qāḍī, al-qāḍī*): Entscheider, Richter.

Kafir, Pl. Kuffar (*kāfir*, Pl. *kuffār*; weibliche Form *kāfira*): Ungläubige(r) oder Nicht-Muslim(e).

Kalam (*kalām*): Rede, Gespräch, Debatte; bezeichnet im Islam die Wissenschaft, welche die Fähigkeit verleiht, die eigenen Glaubenslehren mit rationalen Argumenten zu begründen und Zweifel von ihnen abzuwenden.

Kalifat (*ḫilāfa*): Nachfolge; bezeichnet die Herrschaft, das Amt oder das Reich eines Kalifen, also eines Nachfolgers oder Stellvertreters des Gesandten Gottes; islamische Regierungsform.

Khilafatbewegung (*Ḫilāfat*-Bewegung): indische muslimische Bewegung (1919–24).

Kitab (*kitāb*): Buch, im Islam ist damit der Koran gemeint.

kitman (*kitmān*): Geheimhaltung bzw. Verheimlichung.

Kuffar *siehe Kafir.*

kulliyya: eig. Gesamtheit, Vollständigkeit, *auch* Universität, *hier* Fakultät.

Madhhab, Pl. Madhahib (*maḏhab*, Pl. *maḏāhib):* Lehrrichtung in der Rechtsnormenlehre (Fiqh) im Islam; Rechtsschule.

Madrasa, auch Medrese (Ort des Studiums), Lehreinrichtung.

Madschlis as-Schura (*maǧlis aš-šūrā*): Schura-Rat bzw. Schura-Versammlung.

Maktab al-irschad (*maktab al-iršād*): Steuerungsstelle bzw. Koordinierungsbüro.

Maktab idari (*maktab idārī*): Verwaltungsbüro.

Malikiten (*al-mālikiyya*): eine der vier traditionellen Lehrrichtungen (Madhahib) des sunnitischen Islams.

Mantiqa (*manṭiqa*): Distrikt, Verwaltungsgebiet.

maschallah (*mā šā'a llāh):* was Gott will, Anrufungsformel.

maslaha (*maṣlaḥah):* öffentliches Wohlergehen, Gemeinwohl.

Maulana (*maulānā*): unser Herr / Meister, ein religiöser Titel für angesehene islamische Gelehrte.

minbar: Kanzel.

minhadsch (*minhāğ*): Plan, Methode, eig. Brauch.

muamalat (*muʿāmalāt*): wörtl. Transaktionen oder Geschäfte; Teil der islamischen Rechtsprechung oder Fiqh, zur Regelung von Handelsgeschäften bzw. sozialen Beziehungen.

Mudschahed, *pl.* Mudschahedin (*muğāhid, muğāhidūn*): Kämpfer; wie auch der Begriff Dschihad von arabisch *ğahada* ›sich bemühen, streben, sich anstrengen‹ abgeleitet und bedeutet ins Deutsche übersetzt »jemand, der Dschihad betreibt.«

Muhadschirun (*muhāğirūn*, sing. *muhāğir*): die Konvertiten zum Islam und die Berater und Verwandten des islamischen Propheten Mohammed, die von Mekka nach Medina auswanderten; das Ereignis ist im Islam als *Hidschra* bekannt.

Muslime, die (*al-muslimūn*).

mustaftī: Ratsuchende, um eine Fatwa Ersuchende.

Muʿtazila, muʿtazilitisch: die sich Absetzenden; eine hauptsächlich in Basra und Bagdad vertretene theologisch-rationalistische Strömung des Islam, die ihre Blütezeit vom 9. bis zum 11. Jahrhundert erlebte.

naschid (*našīd* sg., *anāšīd* pl.): ein Gesang zum Lob Allahs oder des Propheten.

Nahda (*nahḍa*): Aufstehen, hier im Sinne einer Renaissance.

nifaqiat (*nifāq):* Heuchlerinnen (Heuchelei); *munāfiq,* Plural *munāfiqūn* ist ein islamischer Begriff, der einen religiösen Heuchler bezeichnet, also jemanden, der äußerlich den Islam praktiziert, während er im Inneren seinen Unglauben (*kufr*) verbirgt, möglicherweise auch unwissentlich.

nihlah: die Summe mehrerer Überzeugungen, Rituale und Gefühle.

Niqab (*niqāb* sg., *nuqub* pl.*)*: ein vor allem von muslimischen Frauen getragener Gesichtsschleier; oft in Verbindung mit einer Abaya getragen.

niya (*nīya*): Absicht, Intention, Vorhaben bei islamischen rituellen Handlungen.

Omrah (*ʿumra*): Islamische Pilgerfahrt nach Mekka. Diese kleine Pilgerfahrt kann im Gegensatz zur großen Pilgerfahrt, dem Haddsch, jederzeit im Jahr durchgeführt werden.

Orthopraxie: v. griech. ὀρθός *orthós*, »richtig«, und πρᾶξις *prāxis*, »Tun« (»Handeln«); im ersten Drittel des 20. Jahrhunderts im Rahmen der beginnenden ökumenischen Bewegung gebildetes theologisches Kunstwort für richtiges Handeln und dessen Reflexion.

qiyas (*qiyās*): ein Analogieschluss in der islamischen Rechtswissenschaft.

Salafismus, Salafitentum, Salafi(s), Salafisten (*as-salafiyya*, fem. *salafiyyāt*): ultrakonservative Strömung innerhalb des Islams, die eine geistige Rückbesinnung auf die „Altvorderen" (arabisch *Salaf*, Vorfahre, Vorgänger) anstrebt.

sayyiat (sayyiāt): schlechte Taten; Gegensatz zu *ḥasanāt*.

Schafiiten (aš-šāfiʿīya): eine der vier traditionellen Lehrrichtungen (Madhahib) des sunnitischen Islams.

Schahada (aš-šahāda): Zeugnis, Bezeugung; Glaubensbekenntnis, das die erste der fünf Säulen des Islam bildet.

Schaitan (Šaiṭān): Satan, der Teufel.

Scharia (aš-šāriʿa): die Gesamtheit aller religiösen und rechtlichen Normen, Mechanismen zur Normfindung und Interpretationsvorschriften des Islams.

Schirk: (širk): ›Beigesellung‹; Begriff, der im Islam für Götzendienst, Polytheismus, Abgötterei, Idolatrie und Ähnliches verwendet wird.

Schuba (šuʿba): Abteilung, Filiale, Zweigstelle.

Sira (as-sīra, eig. as-sīra an-nabawīya): eig. Lebensweise, d.i. [Propheten]hagiographie

starfallah (eigtl. astaġfiru llāha): Ich erbitte Vergebung von Allah, Anrufungsformel.

subhanallah (subḥāna llāh): Lobe[t] Allah, Allah sei gelobt, Anrufungsformel.

Sufis (ṣūfīya), Sufismus (taṣawwuf): Sammelbezeichnung für Strömungen im Islam mit asketischen Tendenzen und einer spirituelle Orientierung, Mystik. Einen Anhänger bzw. Praktiker des Sufismus nennt man Sufi.

Sunna: Brauch, gewohnte Handlungsweise, überlieferte Norm.

tajaddud, tajdid (taǧdīd): Erneuerung.

takfir (takfīr): Apostatserklärung, takfīriyy exkommunizieren.

Tamkin (tamkīn): Ermächtigung, empowerment.

taqiya (taqīya): Furcht, Vorsicht, Verheimlichung, Verschleierung.

Taqlid (taqlīd): Imitation, Nachahmung.

taqwa (taqwā): Frömmigkeit, Gottesfurcht.

tarbiya: [anspruchsvolle] Ausbildung, Unterricht, Wissenssteigerung.

Tariqa (ṭarīqa): Weg, Pfad, Methode; spiritueller Weg, den der Sufi beschreitet, um über die Scharia hinaus zur Erkenntnis Allahs zu gelangen. In weiterem Sinne auch eine Gemeinschaft von Muslimen, die einem solchen Weg folgt, also eine Sufi-Bruderschaft.

Tauhid (tauḥīd): Glaube an die Einheit Gottes.

tazkiyah: Läuterung.

Tschador (čādor): Zelt; großes, meist dunkles Tuch in Form eines umsäumten Halbkreises, das vor allem von Frauen im Iran als Umhang um Kopf und Körper gewunden wird und lediglich das Gesicht oder Partien des Gesichtes frei lässt.

Ulema oder Ulama (ʿulamāʾ, Pl. von ālim Gelehrter): Religionsgelehrte des Islams, Rechtsgelehrtenrat.

Umma: [die islamische] Gemeinde.

usra (usra, Pl. usar): Familie, Zelle.

Wahhabiten, Wahhabismus (*Wahhābīya*): Streng konservative Lesart und Strömung des sunnitischen Islam; geht auf die Lehren Muḥammad ibn ʿAbd al-Wahhābs zurück.

waqf: fromme Stiftung, wohltätige Stiftung.

wasat (wasaṭ): Mitte, zentral, ausgewogen, gemäßigt, moderat.

wasatiyya (wasaṭiyya): mittlerer Weg bzw. Zentrismus (Rechtsprechung des Gleichgewichts, durch Ausgewogenheit, Mäßigung oder politische Mitte).

woke (Aussprache: [woʊk]): englisch für aufgewacht, wach; aufmerksam, wachsam, ein im afroamerikanischen Englisch in den 1930er Jahren entstandener Ausdruck, der ein »wachsames« Bewusstsein für mangelnde soziale Gerechtigkeit und Rassismus beschreibt.

Zahiriten (*aẓ-ẓāhirīya*): Anhänger der zahiritischen Rechtsschule, die auf den Gelehrten Dāwūd ibn ʿAlī ibn Chalaf aẓ-Ẓāhirī zurückgeht.

Zakat, (*zakāt, zakāh*): Reinheit, Lauterkeit, Zuwachs; für Muslime verpflichtende Abgabe eines bestimmten Anteils ihres Besitzes an Bedürftige.

Personen

Abduh, Muhammad: Mohamed Abdou, Muḥammad ʿAbduh, geb. 1849 im Nildelta, gest. 11. Juli 1905 in Alexandria, ägyptischer Journalist, Religions- und Rechtsgelehrter, der panislamische Ziele verfolgte. ↗ 38, 39, 46

Afghani, Dschamal ad-Din al-: international Jamal al-Din al-Afghani, DMG Ǧamāl ad-Dīn al-Afġānī), afghanischer Rechtsgelehrter und islamischer Reformer. ↗ 38

Altikriti, Ragad: Leiterin bei der Muslim Association of Britain. ↗ 157

Alwani , Taha Dschabir Al-: geb. 1935 in Falludscha, Irak, gest. 4. März 2016 in den USA, islamischer Rechtsgelehrter, einflussreicher Intellektueller und Ideologe. ↗ 142, 167

Amir al-Muʾminin: normalerweise als Befehlshaber der Gläubigen übersetzt, Führer der Gläubigen wäre vielleicht eine bessere Übersetzung; arabische Bezeichnung für Kalifen. ↗ 40

Amri, Lamia el-: Gründerin und Vorsitzende des Frauenzweigs des Europäischen Forums der muslimischen Frauen. ↗ 158

Anas, Nader Abou: französischsprachiger muslimischer (Internet-)Prediger. ↗ 261, 269

Ansari, Farid Al-: marokkanischer Gelehrter, geb. 1960 in der Provinz Errachidia (Südosten Marokkos), gest. 5. November 2009 in Istanbul. ↗ 261

Asad, Talal: geb. 1933 in Saudi-Arabien, britisch-pakistanischer Kulturanthropologe, emeritierter Professor für Anthropologie und Nahoststudien am Graduate Center der City University of New York, konzentriert auf Religiosität, Nahoststudien, Postkolonialismus und Vorstellungen von Macht, Recht und Disziplin. ↗ 196, 298, 309

Attas, Naquib al-: geb. 1931 in Bogor, Java; zeitgenössischer muslimischer Philosoph und Denker aus Malaysia. ↗ 164

Banna, Hany al-: geb.1950, Mitbegründer von Islamic Relief. ↗ 158

Banna, Hassan al-: (*auch* El Banna, el-Banna, Hasan al-Banna), DMG Ḥasan Aḥmad ʿAbd ar-Raḥmān Muḥammad al-Bannā, geb. 14. Oktober 1906 in Mahmudiyya, gest. 12. Februar 1949 in Kairo, Gründer und erster geistlicher Führer (*muršid ʿāmm*) der Muslimbruderschaft. ↗ 10, 29, 35, 40, 50ff

Bidar, Abdennour: geb. 1971in Clermont-Ferrand, französischer Philosoph und Essayist. ↗ 137

Boussenna, Abdelmonaïm: geb. 1989, französisch - marokkanischer Influencer und Imam. ↗ 260

Bové, José: geb. 1953 in Talence, Département Gironde,) französischer Landwirt, Politiker, Globalisierungskritiker und Umweltaktivist. ↗ 229

Buchari, Al- (Al-Buchari): Muhammad ibn Ismāʿīl ibn Ibrāhīm ibn al-Mughīra al-Buchārī al-Dschuʿfī, DMG Muḥammad b. Ismāʿīl b. Ibrāhīm b. al-Muġīra al-Buḫārī al-Ǧuʿfī, auch bekannt als Imam al-Buchārī; geb. 21. Juli 810 in

Buchara, gest. 870 in Chartang bei Samarkand, bedeutender islamischer Gelehrter, stellte die Hadith-Sammlung Buchārī zusammen, die sunnitische Muslime als authentischste aller Hadith-Sammlungen betrachten. ↗ *353, 358*

Cassen, Bernard: geb. 1937; französischer Universitätsprofessor, Politiker und Journalist, 1996 bis Januar 2008 Generaldirektor von Le Monde diplomatique, Ehrenpräsident der Antiglobalisierungsorganisation Attac-Frankreich. ↗ *229*

Choudhury, Tufyal: Associate Professor an der Durham University, Senior Research Fellow für Sicherheit und Rechtsstaatlichkeit am Bingham Centre for the Rule of Law. ↗ *200*

Coué, Émile: geb. 26. Februar 1857 in Troyes, gest. 2. Juli 1926 in Nancy, französischer Apotheker und Autor sowie Begründer der modernen, bewussten Autosuggestion. ↗ *193*

Dandachi, Abdulilah al-: geb. 1946 in Homs, syrischer Islamist mit französischer Staatsbürgerschaft. ↗ *96*

Eljay, Rachid: geb. 1980, (Internet-)Prediger marokkanischer Herkunft. ↗ *259*

Faisal (Faiṣal): von 1964 bis 1975 König von Saudi-Arabien. ↗ *90,97*

Faruqi, Ismail Al-: Ismaʿīl Rājī al-Fārūqī (1921-1986), palästinensisch-amerikanischer Philosoph, Beiträge zu den Islamwissenschaften und dem interreligiösen Dialog. ↗ *163ff, 175*

Fihriya, Fatima al-: Fāṭima bt. Muḥammad al-Fihrī, geb. um 800, gest. um 880, bedeutsame arabische Frau, die einen bedeutenden Beitrag zur islamischen Bildung leistete. ↗ *156*

Hawwa, Said: geb. 1935 in Hama, Syrien, gest. 1989 in Amman, Jordanien; führendes Mitglied und prominenter Ideologe der syrischen Muslimbrüder. ↗ *67*

Himmat, Ali Ghaleb: Mitbegründer der 1988 in Lugano gegründeten Al-Taqwa-Bank. ↗ *72, 98, 149*

Ibn Chaldun (Ibn Chaldūn) Walī ad-Dīn ʿAbd ar-Rahmān ibn Muhammad Ibn Chaldūn al-Hadramī, DMG Walī ad-Dīn ʿAbd ar-Raḥmān ibn Muḥammad Ibn Ḫaldūn al-Ḥaḍramī, geb. 27. Mai 1332 in Tunis, gest, 17. März 1406 in Kairo,) nordafrikanischer Historiker und Politiker. ↗ *303*

Ibn Taimiya: Taqī ad-Dīn Ahmad ibn Taimīya, DMG Taqī ad-Dīn Aḥmad bin Taimīya, geb. 1263, gest. 1328 in Damaskus,) islamischer Gelehrter, Anhänger der hanbalitischen Rechtsschule. ↗ *45*

Ibrahim, Anwar: Vorstandsvorsitzender des IIIT-Trägervereins. ↗ *167*

Iquioussen, Hassan: Imam, Redner und Mitglied von *Musulmans de France*, einer Organisation, die als den Muslimbrüdern nahestehend gilt. Einer der Gründer der *Jeunes musulmans de France* (JMF). ↗ *15, 67, 227, 269*

Jaballah, Ahmed: Mitbegründer der UOIF und Vizepräsident des CEFR. ↗ *156*

Jaballah, Noura: eine der Vorsitzenden von EFOMW. ↗ *156*

Jazairi, Abu Bakr Jabir Al-: geb. 1921, gest. 15. August 2018, algerischer sunnitischer Islamwissenschaftler. ↗ *107*

Kawakibi, Abd al-Rahman al-: ʿAbd ar-Raḥmān al-Kawākibī, DMG ʿAbd ar-Raḥmān al-Kawākibī; geb. 1855 in Aleppo, gest. 1902 in Kairo, einflussreicher syrischer islamischer Theologe und Publizist. ↗ *39*

Khalfa, Pierre: Gewerkschafter, Mitglied des *Conseil économique social et environnemental*, Co-Präsident der *Foundation Copernic* und Mitglied des Wissenschaftlichen Rates von *Attac*. ↗ *229*

Lewis, Bernard: geb. 31. Mai 1916 in London, gest. 19. Mai 2018 in Voorhees Township, New Jersey, britisch-amerikanischer Historiker mit dem Schwerpunkt Orientalistik und Islamgeschichte, ebenfalls als Politikberater tätig, zuletzt für den ehemaligen amerikanischen Präsidenten George W. Bush. ↗ *309*

Louizi, Mohamed: Blogger und Ingenieur; ehemaliges Mitglied der marokkanischen Bewegung *Attawihid wal'Islah* und der UOIF, ehemaliger Präsident der Muslimischen Studenten Frankreichs (Lille). ↗ *68, 69, 222*

Mahmoud, Zuhair: geb. in Mossul, Irak, irakisch-französischer Nuklearwissenschaftler, Mitgründer und erster Direktor des IESH. ↗ *100, 140*

Maududi, al- (al-Maududi / Abu l-Ala Maududi): Abū l-Aʿlā Maudūdī, geb. 1903 in Aurangabad, Maharashtra, Indien, gest. in Buffalo, New York; indisch-pakistanischer Journalist, Rechtsgelehrter und einer der wichtigsten Denker einer fundamentalistischen Auslegung des Islams im 20. Jahrhundert. ↗ *17, 30, 43, 47, 79ff, 165ff*

Mauss, Marcel: (1872-1950), französischer Soziologe, Ethnologe und Religionswissenschaftler. ↗ *193*

Mawlawi, Faysal: 1941-2011, libanesischer religiöser Führer, Rechtsgelehrter und Politiker. ↗ *140, 141*

Mohamad, Mahathir: geb. 1925, zwischen 1981 und 2003 sowie zwischen dem 10. Mai 2018 und dem 1. März 2020 Premierminister von Malaysia. ↗ *171*

Mounir, Ismaïl: geb. 1974, (Internet-)Prediger marokkanischer Abstammung. ↗ *261*

Murad, Khurram: (1932-1996), ein Führer der Jamaat-e-Islami-Bewegung. ↗ *59, 84, 437*

Nada, Youssef: geb. 1931 in Alexandria, gest. 2024; ägyptisch-italienischer Ingenieur und Gründer der ehemaligen Firma *Nada Management Organization*, lebte seit 1970 in der italienischen Enklave Campione d'Italia. ↗ *72, 98, 149*

Nasr, Sayyed Hossein: geb. 1933 in Teheran; iranischer Professor für Islamwissenschaft an der George Washington University, islamischer Philosoph. ↗ *164, 278*

Nasreddin Schah: Nāser ad-Din Schāh, geb. 16. Juli 1831 in Täbris, gest. 1. Mai 1896 in Teheran, von 1848 bis 1896 Schah von Persien. ↗ *38*

Nawawi, Imam An- (Imam An-Nawawi): Muhyī ad-Dīn Abū Zakarīyā Yaḥyā ibn Scharaf an-Nawawī, DMG Muḥyī ad-Dīn Abū Zakarīyā Yaḥyā ibn Šaraf an-Nawawī; geb. 1233 in Nawa, gest. 1277 oder 1278 ebenda, sunnitischer

Personen

Rechts- und Traditionsgelehrter der schafiitischen Richtung, der in Damaskus studierte und lehrte. ↗ 353

Pascoët, Julie: Senior Advocacy Officer beim European Network Against Racism. ↗ 151, 157

Privot, Michaël: geb. 1974 in Verviers in der Provinz Lüttich, französischsprachige belgische Medienpersönlichkeit, Direktor des Muslimischen Rates von Belgien. ↗ 68, 144, 148ff, 222

Qaradawi, Yusuf al- (al-Qaradawi / Qaradawi): Yūsuf ʿAbdallāh al-Qaraḍāwī, geb. 1926 in Saft Turab, Königreich Ägypten, gest. 2022 in Doha, Katar; islamischer Rechtsgelehrter, Multifunktionär, Fernsehprediger und Autor. ↗ 12, 17, 72, 107ff, 361f, 368

Qutb, Sayyid: Sayyid Quṭb, geb. 1906 in Muscha, Gouvernement Asyut, gest. 1966 in Kairo, ägyptischer Journalist und einflussreicher Theoretiker der Muslimbruderschaft. ↗ 47, 52, 81ff, 277

Rabi al-Madchali: Rabīʿ al-Madchalī, DMG Rabīʿ b. Hādī ʿUmair al-Madḫalī; auch al-Madkhali, geb. 1931,) gilt als einer der größten Gelehrten der salafistischen Bewegung. ↗ 248

Rawi, Ahmed al-: Mitglied der ägyptischen Muslimbruderschaft, von 1992 bis 2000 Direktor von *Islamic Relief Worldwide*, bis 2006 Präsident des *Europe Trusts*, bis 2007 auch Präsident der FIOE. ↗ 139, 142, 156

Rida, Raschid: Muhammad Raschīd ibn ʿAlī Ridā, DMG Muḥammad Rašīd b. ʿAlī Riḍā; geb. 23. September 1865 im Dorf Qalamūn bei Tripoli im Libanon, gest. 22. August 1935 in Kairo,) libanesischer Publizist, einer der einflussreichsten Denker und Autoren des Reformislam und des arabischen Nationalismus zu Beginn des 20. Jahrhunderts. ↗ 38, 83

Saïd, Edward: eigentlich Edward Wadie Saïd (DMG Idwārd Wadīʿ Saʿīd), geb. 1935 in Jerusalem, Völkerbundsmandatsgebiet Palästina, gest. 2003 in New York City, US-amerikanischer Literaturtheoretiker und -kritiker palästinensischer Herkunft. ↗ 191, 309

Schah Waliullah: Schāh Walī Allāh Ahmad ibn ʿAbd ar-Rahīm ad-Dihlawī, Urdu DMG Šāh Walīyullāh, arabisch DMG Šāh Walī Allāh Aḥmad ibn ʿAbd ar-Raḥīm ad-Dihlawī, geb 21. Februar 1703, gest. 20. August 1762, bedeutender islamischer Denker aus dem Indien des 18. Jahrhunderts. ↗ 45

Scheich Ayoub: heißt eigentlich Yves Leseur, Gründer des Institut für Arabisch und muslimische Theologie (Paris, 1986), konvertierter Franzose. *261*

Sulayman, Abdul Hamid Abu (Abu Sulayman): Rektor der International Islamic University of Malaysia (IIUM). ↗ 167, 171

Wahhab, Muhammad bin Abdul: Muḥammad ibn ʿAbd al-Wahhāb, geb. 1702/3 im Nadschd, gestorben 20. Juli 1792, islamischer Gelehrter hanbalitischer Lehrrichtung, der eine religiöse Lehre begründete, die streng an Koran und Sunna orientiert und auf die Verwirklichung des Tauhīd ausgerichtet ist. Auf seinen Namen geht der Begriff Wahhabismus zurück. ↗ 37, 96, 246

Yakin, Fathi: Autor der Muslimbruderschaft, *Was bedeutet es, ein Muslim zu sein?* (ماذا يعني انتمائي للإسلام؟) ↗ 67

Organisationen

ABPM *Association Belge des Professionnels Musulmans*: Belgischer Verein muslimischer Fachkräfte.

ACCI *Associations et cercles culturels islamiques*: Islamische Vereine und Kulturkreise.

AEIF *Association des étudiants islamiques en France*: Islamische Studentenvereinigung Frankreichs.

AEMR Allgemeine Erklärung der Menschenrechte.

AMSS *Association of Muslim Social Scientists*: Verband der muslimischen Sozialwissenschaftler.

CAREP *Centre arabe de recherches et d'études politiques de Paris*: Arabisches Zentrum für Forschung und politische Studien in Paris.

CBMI *Commission on British Muslims and Islamophobia*: Kommission für britische Muslime und Islamophobie.

CCIB *Collectif contre l'islamophobie en Belgique* (später CIIB *Collectif pour l'inclusion et contre l'islamophobie en Belgique)*: Kollektiv [für Inklusion und] gegen Islamophobie Belgiens.

CCIF *Collectif contre l'islamophobie en France:* Kollektiv gegen Islamophobie Frankreichs (später CCIE *Collectif contre l'islamophobie en Europe)*.

CECIV *Complexe éducatif et culturel islamique de Verviers:* Islamischer Bildungs- und Kulturkomplex in Verviers.

CEFR *Conseil européen pour la fatwa et la recherche*: Europäischer Rat für Fatwa und Forschung; en. *European Council for Fatwa and Research* (ECFR).

CFCM *Conseil français du culte musulman*: Französischer Rat der muslimischen Glaubensgemeinschaft; islamischer Dachverband in Frankreich, am 28. Mai 2003 gegründet. Neben der Zentrale bestehen 25 Regionalräte entsprechend den 26 Regionen des Landes (frz.: *Conseil Regional du Culte Musulman*, CRCM).

CFPE *Collectif féministe pour l'égalité*: Feministisches Kollektiv für Gleichheit/Gleichberechtigung.

CIG *Centre islamique de Genève:* Islamisches Zentrum in Genf.

CILE *Research Center for Islamic Legislation and Ethics*: Forschungszentrum für islamisches Recht und Ethik.

Cismoc *Centre interdisciplinaire d'études de l'islam dans le monde contemporain*: Interdisziplinäres Zentrum für Islamstudien in der zeitgenössischen Welt.

CMF *Collectif des musulmans de France*: Kollektiv der Muslime Frankreichs; Anfang der 1990er Jahre gebildete Organisation, ein Netzwerk von Muslimen, Vereinen und Moscheen.

CNRS *Centre national de la recherche scientifique*: Nationales Zentrum für wissenschaftliche Forschung; staatliche französische Forschungsorganisation, mit dem Status einer Körperschaft des öffentlichen Rechts, ist dem Forschungsministerium unterstellt.

Daesch: *siehe* IS.

DMG Deutsche Morgenländische Gesellschaft: Die Abkürzung DMG kündigt in diesem Buch eine darauf folgende Transkription der arabischen in die lateinische Schrift an (DMG-Umschrift).

Dschamaa Islamija (Gamaa Islamija): *al-Dschamāʿa al-islāmiyya*, DMG *al-ǧamāʿa al-islāmiyya* (Die Islamische Vereinigung), militante ägyptische Islamistenbewegung.

EFOMW *European Forum of Muslim Women*: Europäisches Forum muslimischer Frauen.

EMF *Étudiants musulmans de France*: Muslimische Studenten Frankreichs.

ENAR *European Network Against Racism*: Europäisches Netzwerk gegen Rassismus.

EUMC *European Monitoring Centre on Racism and Xenophobia*, fr. *Observatoire européen des phénomènes racistes et xénophobes*: Europäische Stelle zur Beobachtung von Rassismus und Fremdenfeindlichkeit.

Europarat: am 5. Mai 1949 durch den Vertrag von London gegründete europäische internationale Organisation. Dem Europarat gehören 46 Staaten mit über 700 Millionen Bürgern an.

EWG Europäische Wirtschaftsgemeinschaft.

FCNA *Fiqh Council of North America*: Fiqh-Rat Nordamerikas.

Femmes françaises et musulmanes engagées: Engagierte französische und muslimische Frauen.

FEMYSO *Forum of European Muslim Youth and Student Organisations*: Forum der europäischen muslimischen Jugend- und Studentenorganisationen.

FIF *Fondation de l'islam de France*: 2016 gegründete Stiftung, die durch Bildungs-, Kultur- und Sozialmaßnahmen die Durchsetzung eines «humanistischen Islams, eines Islams in Frankreich, der die Werte und Prinzipien der Republik anerkennt» fördern will.

FIOE Föderation islamischer Organisationen in Europa, *eigentlich Federation of Islamic Organisations in Europe*, fr. FOIE *Fédération des organisations islamiques en Europe*: Dachorganisation islamischer Organisationen aus europäischen Staaten.

FOSIS *Federation of Student Islamic Societies*: Föderation der Islamischen Studentengesellschaften.

GSRL *Groupe de sociologie des religions et de la laïcité:* Gruppe für Soziologie der Religionen und der Laizität.

Hamas: DMG *Ḥarakat al-muqāwamat al-islāmiyya* «Islamische Widerstandsbewegung», Dezember 1987 anlässlich der Ersten Intifada im Gazastreifen als regionaler Ableger der Muslimbruderschaft durch Scheich Ahmed Yassin und weitere Muslimbrüder gegründet.

Hoher Kommissar für Menschenrechte (OHCHR): *Office of the High Commissioner for Human Rights* / Büro des Hohen Kommissars für Menschenrechte.

ICE *Islamic Council of Europe*: Islamischer Rat Europas.

ICESCO *Islamic World Educational, Scientific and Cultural Organization*: Organisation der islamischen Welt für Bildung, Wissenschaft und Kultur.

IESH *Institut européen des sciences humaines*: Europäisches Institut für Geisteswissenschaften.

IFEES *Islamic Foundation for Ecology and Environmental Sciences*: Islamische Stiftung für Ökologie und Umweltwissenschaften.

IGD Islamische Gemeinschaft in Deutschland: 1958 gegründet, eine der ältesten muslimischen Organisationen in Deutschland. 2018 Namensänderung zu Deutsche Muslimische Gemeinschaft.

IIIT *International Institute of Islamic Thought:* Internationales Institut für islamisches Denken.

IIUM *International Islamic University of Malaysia*: Internationale Islamische Universität von Malaysia.

IR *Islamic Relief*: Netzwerk, das in mehr als 40 Ländern der Welt aktiv ist. *Islamic Relief* gibt an, durch weltweite Partner- und Projektbüros mit Nothilfe- und Entwicklungsprojekten bedürftige Menschen in Afrika, Asien, Nahost und Osteuropa zu erreichen. Unterstützt wird ihre Hilfe, laut *Islamic Relief*, durch Tausende von einheimischen Helfern und koordiniert durch *Islamic Relief Worldwide* (IRW) in Birmingham.

IREMAM *Institut de recherches et d'études sur le monde arabe et musulman*: Institut für Forschung und Studien der arabischen und muslimischen Welt.

IRW *Islamic Relief Worldwide*: siehe oben.

IS Islamischer Staat (Abk. auch ISIS) DMG *ad-daula al-islāmīya*; auch Daesch bzw. *Daesh* (DMG Dāʿiš): terroristisch agierende dschihadistische Miliz, kontrollierte in ihrer Hochzeit als De-facto-Staat große Teile Iraks und Syriens, kontrolliert kleine Teile von Staaten in Asien und Afrika.

IWL Islamische Weltliga / LIM *Ligue islamique mondiale*.

Jamaat-e-Islami (*Dschama'at-e Islami*): Urdu *ǧamāʿat-e islāmī*, deutsch ‹Islamische Gemeinschaft›, britisch abgekürzt JI; islamistische Organisation, 1941 von Sayyid Abul Ala Maududi in Britisch-Indien gegründet, heute mit Zweigen in Pakistan, Indien und Bangladesch politisch aktiv, betreibt dort und in anderen Ländern auch Missionierung (Daʿwa) und islamische Erziehungsarbeit betreibt.

Junta Islamica: Vereinigung spanischer Konvertiten.

KIRKHS *Kulliyyah of Islamic Revealed Knowledge and Human Sciences*: Fakultät für Islamisches Offenbarungswissen und Humanwissenschaften.

L.E.S. Musulmans: Internet-Plattform, https://lesmusulmans.fr/.

MF *Musulmans de France: siehe* UOIF.

Organisationen

MIB *Mouvement de l'immigration et des banlieues*: Bewegung für Immigration und die Vorstädte; 1995 gegründete französische Organisation, die «institutionellen» Rassismus und Polizeigewalt anprangert.

Millî Görüş (vereinzelt Milli Görüsch geschrieben), Islamische Gemeinschaft Millî Görüş IGMG: dt. «Nationale Sicht», eine länderübergreifend aktive islamistische Bewegung.

NGO *Non-governmental organization*, Nichtregierungsorganisation: nichtstaatliche Organisation, zivilgesellschaftlich zustande gekommener Interessenverband.

NHSM *No Hate Speech Movement:* Bewegung gegen Hassrede.

OIZ Organisation für Islamische Zusammenarbeit, (DMG *Munaẓẓamat at-Taʿāwun al-islāmī*; englisch *Organization of Islamic Cooperation*, OIC; französisch *L'Organisation de Coopération Islamique*, OCI): zwischenstaatliche internationale Organisation von 56 Staaten, in denen der Islam Staatsreligion, Religion der Bevölkerungsmehrheit oder Religion einer nennenswerten Minderheit ist. Die Organisation nimmt für sich in Anspruch, den Islam zu repräsentieren.

P.I.R. *Parti des indigènes de la République*: Verein und später eine politische Bewegung, die 2005 in Frankreich entstand und zu einer politischen Partei wurde, die sich als antirassistisch und «dekolonial» definiert.

Runnymede Trust: britische Denkfabrik für ethnische Gleichberechtigung und Bürgerrechte, gegründet 1968 von Jim Rose und Anthony Lester als unabhängige Quelle für die Schaffung von Informationen für ein multiethnisches Großbritannien durch Forschung, Netzwerkbildung, führende Debatten und politisches Engagement.

SPMF *Synergie des professionnels musulmans de France*: Synergie der muslimischen Fachkräfte in Frankreich.

Tablighi Jamaat: persisch *Dschamāʿat-i Tablīgh* (auch *Taḥrīk-i Īmān*, ‹Glaubensbewegung›), sunnitisch-islamische Frömmigkeits- und Missionsbewegung, 1926 durch den Religionsgelehrten Maulānā Muhammad Ilyās (1885–1944) in Britisch-Indien gegründet, operiert heute weltweit.

UISEF *Union islamique des étudiants de France:* Islamische Union der Studenten Frankreichs

UJM *Union des jeunes musulmans*: dt: «Union der jungen Muslime», Organisation, die 1987 in Lyon von jungen französischen oder in Frankreich lebenden Muslimen gegründet wurde; war initialer Teil des *Collectif des musulmans de France*.

UOIF *Union des organisations islamiques en/de France*: Union der islamischen Organisationen in/von Frankreich; hervorgegangen aus der *Association des étudiants islamiques en France* (AEIF); ab 2017 *Musulmans de France* (MF); ausgeweitet unter dem Titel *Fédération des organisations islamiques en Europe* (FOIE, dt. FIOE Föderation Islamischer Organisationen in Europa), um die europäischen Organisationen zu vereinen, angegliedert an ein theologisches Organ, den *Conseil européen pour la fatwa et la recherche* (CEFR, dt. Europäische Rat für Fatwa und Forschung).

USML *Union des sœurs musulmanes de Lyon:* Vereinigung der muslimischen Schwestern von Lyon.

WAMY *World Assembly of Muslim Youth*: dt. ‹Weltversammlung der muslimischen Jugend›, DMG *an-nadwa al-ʿālamiyya li-š-šabāb al-islāmī*, NGO mit Sitz in Riad, die durch Spendengelder angeblich die Hamas und al-Qaida unterstützt und unter anderem auch von der Familie Bin Laden finanziert wird; 1972 von Abdullah bin Laden gegründet.

Bibliographie

ASHCAR, Gilbert, «L'orientalisme à rebours: de certaines tendances de l'orientalisme français après 1979», *Mouvements*, 2008/2, Nr. 54, S. 127-144.

ADRAOUI, Mohamed-Ali, «La hijra au service d'un projet de rupture intégral dans le salafisme français», *Ethnologie française*, 2017/4, Vol. 47, S. 649-658. DOI : 10.3917/ ethn.174.0649. URL : www.cairn.info/revue-ethnologie-francaise-2017-4-page-649.htm

AFSARUDDIN, Asma, «Mawdūdī's "theo-democracy": How islamic is it really?», *Oriente Moderno*, 2007, Nuova serie, Anno 87, Nr. 2, Islam and Democracies, 2007, S. 301-325. Veröffentlicht von: l'Istituto per l'Oriente C. A. Nallino (online).

AKHTSRUDDIN, Ahmed (1997), *Islam and the Environment*, hrsg. von Harfiyah Abdel Haleem, 1998.

AL-ANANI, Khalil, *Inside the Muslim Brotherhood. Religion, Identity, and Politics*, New York, Oxford University Press, 2016.

AL-ATTAS, Syed Muhammad Naquib, *Islam and Secularism*, 2, Kuala Lumpur, International Institute of Islamic Thought and Civilization, 1993.

AL-BANNA, Hassan, «Our mission», in SALEH, Mona, *A Starting Point for Contemporary Islamic Fundamentalism*, 2016 (online).

AL-BANNA, Hassan, «Between yesterday and today» (1939), *Five Tracts of Hasan Al-Banna (1906-1949): A Selection from the Majmuat Rasail al-Imam al-shahid Hasan el-Banna*, übersetzt von Charles WENDELL, University of California, 1978, Nachdruck in *Islamic Bulletin* (islamicbulletin.org).

AL-MIDANI, Mohammed Amin, *Les Droits de l'Homme et l'islam. Textes des organisations arabes et islamiques*, Préface Jean-François COLLANGE, Strasbourg, Association des publications de la faculté de théologie protestante, Université Marc-Bloch, 2003.

AL-MIDANI, Mohammed Amin, «La Déclaration universelle des Droits de l'Homme et le droit musulman», in FRÉGOSI, Franck, (éd.), *Lectures contemporaines du droit islamique : Europe et monde arabe*, Strasbourg, Presses universitaires de Strasbourg, 2004 (online).

ALI AMIR-MOEZZI, Mohammad, «Dissimulation [Supplement 2017]», in McAULIFE, Jane Dammen (ed.), *Encyclopaedia of the Qur'ān*, Washington DC, Georgetown University (online, aufgerufen am 8. Dezember 2020).

ALLEN, Chris, *Reconfiguring Islamophobia (A Radical Rethinking of a Contested Concept)*, S. 24 (PDF online).

ALLEN, Chris, *Islamophobia*, Farnham, Surrey, Ashgate, 2010.

AMGHAR, Samir, «Le salafisme en Europe. La mouvance polymorphe d'une radicalisation», *Politique étrangère*, 2006/1 (Printemps), S. 65-78. DOI :

10.3917/pe.061.0065. URL: www.cairn.info/revue-politique-etrangere-2006-1-page-65.htm

AMGHAR, Samir, «Les mutations de l'islamisme en France. Portrait de l'UOIF, porte-parole de l'"islamisme de minorité"», laviedesidees.fr (online).

AMGHAR, Samir, «L'Europe, terre d'influence des Frères musulmans», *Politique étrangère*, 2009, Vol. 2, S. 377-388.

ANAWATI, Georges, «Dialogue with Gustave E. von Grunebaum», *International Journal of Middle East Studies*, 1976, Vol. 7, Nr. 1, S. 123-128.

ANENANTE, Paola und CANTINI, Daniele, «Introduction. Life-worlds and religious commitment: ethnographic perspectives on subjectivity and Islam», *La Ricerca Folklorica*, 2014, Nr. 69, S. 3-19. www.jstor.org/stable/43897023

ANJUM, Ovamir, «Dhimmi Citizens: Non-Muslims in the New Islamist Discourse», *ReOrient*, 2016, Vol. 2, Nr. 1, S. 31-50.

ASAD, Talal, *Genealogies of Religion, Discipline and Reasons of Power in Christianity and Islam*, Baltimore, JHUP, 1993.

ASAD, Talal, «The Idea of an Anthropology of Islam», *Qui Parle*, 2009, Vol. 17, Nr 2, S. 1-30. www.jstor.org/stable/20685738

ASAD, Talal, BROWN, Wendy, BUTLER, Judith et MAHMOOD, Saba, *La critique est-elle laïque? Blasphème, offense et liberté d'expression*, Lyon, Presses universitaires de Lyon, 2015.

BADMAS LANRE, Yusuf, *Sayyid Quṭb: A Study of His Tafsīr*, New York, The Other Press, 2009, S. 85.

BANGSTAD, Sindre, «Saba Mahmood and Anthropological Feminism after Virtue», *Theory, Culture & Society*, Mai 2011, Vol. 28, Nr. 3, S. 28-54.

BANGSTAD, Sindre, «Review of the book by Chris Allen, Islamophobia», *Contemporary Islam*, 2014, Vol. 8, Nr. 1, S. 69-74.

BEGHOURA, Zouaoui, «L'islamisation de la connaissance. Entre savoir et pouvoir», *Le Télémaque*, 2008/2, Nr. 34, S. 121-140.

BELLION-JOURDAN, Jerôme, *Les ONG islamiques sont-elles purement humanitaires?* www.cairn.info/revue-vacarme-2006-1-page-183.htm

BEN NÉFISSA, Sarah, «La production du "vrai musulman" par l'organisation des Frères musulmans égyptiens: fidélité et dissidences», *Revue internationale des études du développement*, 2017, Vol. 229, Nr. 1, S. 185-207.

BENSIMON, Jean-Pierre, «L'Occident et la politique d'alliance des civilisations», *Controverses*, novembre 2008, Nr. 9.

BENSLAMA, Fethi, *Un furieux désir de sacrifice: le surmusulman*, Paris, Seuil, 2016.

BERGEAUD-BLACKLER, Florence und HUBERT, Pascal (dir.), *Cachez cet islamisme*, Paris, La Boîte à Pandore, 2021.

BERGHOUT, Abdelaziz, «Islamisation in Modern Sciences: The Way forward», *Revelation and Science*, 2011, Vol. 1, Nr. 3.

BESSON, Sylvain, *La Conquête de l'Occident. Le projet secret des islamistes*, Paris, Seuil, 2005.

BIRNBAUM, Jean, *Un silence religieux. La gauche face au djihadisme*, Paris, Seuil, 2016.

BLANC, Théo, «Islam politique (2): l'échec de l'islam politique?», *Les Clés du Moyen-Orient*, 7. Dezember 2017, www.lesclesdumoyenorient.com.

BLANCHARD, Christopher M., «The Islamic Tradition of Wahhabism and Salafiyya », *Congressional Research Service, The Library of Congress (RS21695)*, 25. Januar 2006.

BOUTON, Christophe, «La fureur de la liberté. Hegel et la question du fanatisme», *Les Études philosophiques*, 2006, Vol. 77, Nr. 2, S. 205-222.

BRAGUE, Rémi, «Un régime autre que la théocratie est-il possible?», *Revue d'éthique et de théologie morale*, 2007/1, Nr. 243, S. 103-123, online. DOI: 10.3917/retm.243.0103

BRAGUE, Rémi et DIAGNE, Souleymane Bachir, *La Controverse*, Paris, Stock, 2019 (Kindle, S. 145-146).

BRAGUE, Rémi, *Sur la religion*, Paris, Flammarion, 2018.

BRAUNSTEIN, Jean-François, *La Religion woke*, Paris, Grasset, 2022, S. 288.

BRAVO-LOPEZ, Fernando, «Towards a Definition of Islamophobia: Approximations of the Early Twentieth Century », *Ethnic and Racial Studies*, 2010, Vol. 34, Nr. 4, S. 556-573.

BROWN, Nathan J., *When Victory is not an Option. Islamist Movements in Arab Politics*, New York, Cornell University Press, 2012.

BRUCKNER, Pascal, *Le Sanglot de l'homme blanc*, Paris, Seuil, 1983.

BURGAT, François, *L'Islamisme au Maghreb: la voix du Sud (Tunisie, Algérie, Libye, Maroc)*, Paris, Karthala, 1988.

CAEIRO, Alexandre, «The making of the fatwa», *Archives de sciences sociales des religions*, 2011, 155, S. 81-100.

CALLIGARO, Oriane, COMAN, Ramona, FORET, François, et al., «Values in the EU Policies and Discourse. A first Assessment », *Les Cahiers du Cevipol*, 2016, Nr. 3, S. 5-52 (online).

CARRÉ, Olivier, «Le combat-pour-Dieu et l'État islamique chez Sayyid Qotb, l'inspirateur du radicalisme islamique actuel», *Revue française de science politique*, 1983, 33. Jahrgang, Nr. 4, S. 680-705.

CARRÉ, Olivier und SEURAT, Michel, *Les Frères musulmans (1928-1982)*, Paris, L'Harmattan, 2002.

CENTER OF STUDY AND INVESTIGATION for Decolonial Dialogues, «Critical muslim studies: decolonial struggles and liberation theologies Granada, Spain – June 18 – June 29, 2018», 2017, online unter indigenes-republique.fr.

CHARIF, Maher, «27 : réformisme musulman et islam politique : continuité ou rupture?», in LUIZARD, Pierre-Jean (éd.), *Le Choc colonial et l'islam*, Paris, La Découverte, 2006, S. 517-532.

CHELINI-PONT, Blandine, «L'Organisation pour la Coopération islamique, voix mondiale des musulmans ?», *Diplomatie: affaires stratégiques et relations internationales*, Les Grands dossiers, AREION Group, 2013 (hal-02516381).

CHELLY, Amélie M., *Dictionnaire des islamismes*, Paris, Éditions du Cerf, 2021.

CHESNOT, Christian & MALBRUNOT, Georges, *Qatar Papers. Comment l'émirat finance l'islam de France et d'Europe*, Paris, Michel Lafon, 2019.

CHOUDHURY, Tufyal, «The Role of Muslim Identity Politics in Radicalisation (A Study in Progress)», London, Department for Communities and Local Government, 2007 (online).

CLARK, Janine A., *Islam, Charity, and Activism, Middle-Class Networks and Social Welfare in Egypt, Jordan, and Yemen*, Indiana University Press, 2004.

CLARY, Françoise, «L'islam afro-américain aux États-Unis: entre universalisme musulman et nationalisme noir», *Matériaux pour l'histoire de notre temps*, 2004, Nr 75 (Themenheft: «Religion, société et politique aux États-Unis», S. 39-49).

COLLECTIF, «Géopolitique des religions», Diplomatie, Les Grands Dossiers, 2013, Nr. 16.

CROUCH, Dave, «The Bolsheviks and Islam», *International Socialism*, 2006 (online), zitiert von KARAGIANNIS, Emmanuel et MCCAULEY, Clark, «The emerging red-green alliance: where political Islam meets the radical left», *Terrorism and Political Violence*, 2013, Vol. 25, Issue 2, S. 167-182. DOI: 10.1080/09546553.2012.755815.

DAJANI, Amjad, *Islamic Nationalism vs Islamic Ummatism/al-Ummatya: Conceptualizing Political Islam*, London, King's College, Departement of Theology, 2011.

DALLEMAGNE, Georges und LAMFALUSSY, Christophe, *Le Clandestin de Daech. L'histoire d'Oussama Atar, cerveau des attentats de Paris et de Bruxelles*, Kennes Éditions, 2021.

DARGENT, Claude, «La population musulmane de France: de l'ombre à la lumière?», *Revue française de sociologie*, 2010/2, Vol. 512, S. 219-246.

DASSETTO, Felice, FERRARI, Silvio und MARÉCHAL, Brigitte, «L'islam dans l'union européenne : quel enjeu pour l'avenir?» (Cismoc/Ciscow – Université catholique de Louvain, Louvain-la-Neuve), Bruxelles, Parlement européen, 2007.

DEL VALLE, Alexandre und RAZAVI, Emmanuel, *Le Projet. La stratégie de conquête et d'infiltration des Frères musulmans en France et dans le monde*, Paris, L'Artilleur, 2019.

DENIS, Eric, «Du village au Caire, au village comme au Caire», *Égypte/Monde arabe*, 2001, Deuxième série, nos 4-5.

DIAMANTOPOULOU, Anna, «The Fight Against Anti-Semitism and Islamophobia. Bringing Communities Together», Brüssel/Wien, Europäische Kommission, EUMC, 2003 (online).

DIOP, A. Moustapha, «Structuration d'un réseau: la Jamaat Tabligh (Société pour la Propagation de la Foi)», *Revue européenne des migrations internationales*, 1994, Vol. 10, Nr.1 (Themenheft «Mobilisations des migrants en Europe – Du national au transversal», S. 145-155).

DOT-POUILLARD, Nicolas, «Rapports entre mouvements islamistes, nationalistes et de gauche au Moyen-Orient arabe», *Alternatives Sud*, Éditions Syllepse, 2009.

D'OTREPPE, Bosco, «Quatre Belges défendent un islam des Lumières», *La Libre Belgique*, 4. Mai 2015, online, aufgerufen am 23. Februar 2016.

DUPONT, Anne-Laure, «Islah: le réformisme musulman moderne», in HOUARI, Touati (éd.), *Encyclopédie de l'humanisme méditerranéen*, 2018 (online).

DZILO, Hasan, «The Concept of "Islamization of knowledge" and its Philosophical Implications», *Islam and Christian-Muslim Relations*, 2012, Vol. 23, Issue 3, S. 247-256.

EL KAROUI, Hakim, *La Fabrique de l'islamisme*, Institut Montaigne (Bericht online verfügbar).

EL-TOBGUI, Carl Sharif, «Chapter 2, Ibn Taymiyya: life, times, and intellectual profile», *Ibn Taymiyya on Reason and Revelation*, Boston, Etats-Unis, Brill, 2019. DOI: https://doi.org/10.1163/9789004412866_005

ELIAS, Amin, «Le sheikh Yousef al-Qaradâwî et l'islam du "juste milieu": jalons critiques», *Confluences Méditerranée*, 2017, Vol. 103, Nr. 4, S. 133-155.

FATH, Sébastien, *Antisémitisme et discours de haine*, https://regardsprotestants.com/video/actualites/societe/antisemitisme-et-discours-de-haine/

FAVRET-SAADA, Jeanne, *Désorceler*, Paris, Éditions de l'Olivier, 2009.

FAVRET-SAADA, Jeanne, *Les Sensibilités religieuses blessées. Christianismes, blasphèmes et cinéma, 1965-1988*, Paris, Fayard, coll. «Histoire de la Pensée», 2017.

FAVRET-SAADA, Jeanne, «Au nouveau chic radical: "Laïcité, dégage!"», 1er février 2016. Mezetulle: blog animé par Catherine Kintzler, www.mezetulle.fr/au-nouveau-chic- radical-laicite-degage/

FAVRET-SAADA, Jeanne, *Comment produire une crise mondiale avec douze petits dessins*, Paris, Fayard, 2015.

FILORAMO, Giovanni, «Métamorphoses d'Hermès. Le sacré ésotérique de l'écologie profonde», in HERVIEU-LÉGER, Danièle (dir.), *Religion et Écologie*, Paris, Éditions du Cerf, 1993, S. 140, zitiert von STÉPHANE, François, «Antichristianisme et écologie radicale», *Revue d'éthique et de théologie morale*, 2012, Vol. 272, Nr. 4, S. 79-98.

FOLTZ, Richard C., «Introduction», *Islam and Ecology*, 2003, S. 274, 155.

FOUCOULT, Michel, «Surveiller et punir» [1975], *Œuvres*, Paris, Gallimard, coll. «Bibliothèque de la Pléiade», 2015, t. II, S. 288-289.

FOUREST, Caroline, *Frère Tariq*, Paris, B. Grasset, 2004.

FOURNIER, Lydie, «Le "féminisme musulman" en Europe de l'Ouest: le cas du réseau féminin de Présence musulmane», *Amnis*, 2008, Nr. 8, aufgerufen am 31. März 2021, journals.openedition.org

FREGOSI, Franck, «Jeunes musulmans turcs en France: le milieu associatif et son rapport à la citoyenneté et aux identités», in LEVEAU, Rémy, MOHSEN FINAN, Khadija et WIHTOL DE WENDEN, Catherine (éd.), *L'Islam en France et en Allemagne. Identités et citoyennetés*, Paris, La Documentation française, coll. «Les études de la Documentation française», 2001, S. 99-112.

FREGOSI, Franck, «Formes de mobilisation collective des musulmans en France et en Europe», *Revue internationale de politique comparée*, 2009, Vol. 16, Nr. 1, S. 41-61.

FREGOSI, Renée, «Un néoféminisme victimaire, puritain et sexiste», 28. November 2017, online unter lefigaro.fr

GAUCHET, Marcel, *Droite et Gauche, histoire et destin*, Paris, Gallimard, 2021.

GEERTZ, Clifford, *Bali, interprétation d'une culture*, Paris, Gallimard, 1973.

GEERTZ, Clifford, *The Interpretations of Cultures*, New York, Basic Books, 1973.

GEERTZ, Clifford, «La description dense», *Enquête* [Online], 1998, 6; online seit 15. Juli 2013, aufgerufen am 16. November 2024, http://journals.openedition.org/enquete/1443 ; DOI:https://doi.org/10.4000/enquete.1443.

GEISSER, Vincent, *Ethnicité républicaine. Les élites d'origine maghrébine dans le système politique français*, Paris, Presses de Sciences Po, 1997.

GEISSER, Vincent, «L'UOIF, la tension clientéliste d'une grande fédération islamique», *Confluences Méditerranée*, 2006, Vol. 57, Nr. 2, S. 83-101.

GELLNER, Ernest, *Postmodernism, Reason and Religion*, London, New York, Routledge/ Taylor et Francis/ Kindle; (Erstveröffentlichung 1992).

GORCE, b., «Dialogue interreligieux. Des intellectuels musulmans censurés. Entretien avec Gilles Couvreur, du Secrétariat pour les relations avec l'islam (SRI)», *La Croix*, 14. Dezember 1995.

GRINSHPUN, Yana, «Introduction. De la victime à la victimisation: la construction d'un dispositif discursif», Argumentation et analyse du discours (online seit 18. Oktober 2019, aufgerufen am 5. August 2021), journals.openedition.org ; DOI: https://doi.org/10.4000/aad.3400

GROUPEMENT D'INTÉRÊT SCIENTIFIQUE du CNRS, *Livre blanc des études françaises sur le Moyen-Orient et les mondes musulmans*, 2014 (online).

GUIDÈRE, Mathieu, «Le retour du califat», *Le Débat*, 2014, Vol. 182, Nr 5, S. 79-96.

GUSFIELD, Joseph, *La Culture des problèmes publics. L'alcool au volant: la production d'un ordre symbolique*, Paris, Economica, 2009.

HADDAD, Yvonne, «The Challenge of Muslim Minorityness », in SHADID, W. A. R. und VAN KONINGSVELD, Pieter Sjoerd (ed.), *The Integration of*

Islam and Hinduism in Western Europe, Kampen, Kok Pharos, 1991, S. 134-151.

HAENNI, Patrick, «Ils n'en ont pas fini avec l'Orient: de quelques islamisations non islamistes», *Revue du monde musulman et de la Méditerranée*, 1999, Nr. 85-86.

HALLIDAY, Fred, *Two Hours that Shook the World: September 11, 2001 – Causes and Consequences*, London, Saqi Books, 2002.

HAMEL, Ian, *Tariq Ramadan: Histoire d'une imposture*, Paris, Éditions Arthaud, 2020.

HAMIDI, Malika, «Féministes musulmanes dans le contexte postcolonial de l'Europe francophone. Stratégies solidaristes et pratiques transnationales», *Histoire, monde et cultures religieuses*, 2015, Vol. 36, Nr. 4, S. 63-78.

HARDING, Susan, «Representing fundamentalism: the problem of the repugnant cultural other», *Social Research*, 1991, Vol. 58, Nr. 2, S. 373.

HERRMANN-MARSCHALL, Sigrid, «Les Frères musulmans: stratégies et approches en Allemagne», https://eeradicalization.com/fr/les-freres-musulmans-strategies-et- approches-en-allemagne/

HLAVÁČOVÁ, Simona, «US Based Islamist Network: Presence in Cyberspace and Online Projects », *Masaryk University Journal of Law and Technology*, 2007, Vol. 1, Nr. 2.

HOLEINDRE, Jean-Vincent, «11 – Machiavel, le prince stratège», *La Ruse et la Force. Une autre histoire de la stratégie*, Paris, Perrin, 2017 (S. 221-243).

HOUSTON, Sam, «Sufism and Islamist Activism in Morocco: An Examination of the Tradition of "Commanding Right and Forbidding Wrong" in the Tthought of ʿAbd al-Salam Yassine», *Middle Eastern Studies*, 2017, Vol. 53, Issue 2, S. 153-165.

IRIBARNE, Philippe d', *Islamophobie, intoxication idéologique*, Paris, Albin Michel, 2019.

JABIR AL-ALWANI, Tahar, *Introduction au statut des minorités. Vers un fiqh des minorités musulmanes en Occident*, Paris, IIIT France, 2007.

JAMILUR-RAHMAN, «Religion and politics are two different things», www.milligazette.com/Archives/2004/01-15Mar04-Print-Edition/0103200456.htm

JANSEN, Yolande, «Postsecularism, Piety and Fanaticism: Reflections on Jürgen Habermas' and Saba Mahmood's Critiques of Secularism», *Philosophy and Social Criticism*, 2011, Vol. 37, Issue 9, S. 977-998.

JAVAD Anvari Mohammad und MELVIN-KOUSHKI, Matthew, «Al-Ashʿarī», in MADELUNG, Wilfred und DAFTARY, Farhad (ed.), *Encyclopaedia Islamica* (online).

JOHNSTON, David, «Intra-Muslim Debates on Ecology: Is Shari'a still relevant?», *Worldviews*, 2012, Vol. 16, Nr. 3, S. 218-238. 18. Juni 2021: www.jstor.org/stable/43809777

JONES, J. M. B., «Al-Bannāʾ», *Encyclopaedia of Islam*, 2nd edition, hrsg. von BEARMAN, P., BIANQUIS, Th., BOSWORTH, C. E., VAN DONZEL, E.

und HEINRICHS W. P. (erstmalig online: 2012, aufgerufen am 6. Dezember 2020).

KALBERG, Stephen, «L'influence passée et présente des "visions du monde". L'analyse wébérienne d'un concept sociologique négligé», *Revue du MAUSS*, 2007, Vol. 30, Nr. 2, S. 321-352.

KANT, Emmanuel, *Qu'est-ce que les Lumières?*, 1784.

KARIM, Moch Faisal, «Integrating european muslims through discourse? Understanding the development and limitations of euro-islam in Europe», *Journal of International Migration and Integration*, 2017, Vol. 18, Nr. 4, S. 993-1011, https://doi.org/10.1007/ s12134-017-0514-4

KEPEL, Gilles, *Le Prophète et la Pandémie. Du Moyen-Orient au jihadisme d'atmosphère*, Paris, Gallimard, 2021.

KEPEL, Gilles, *Fitna. Guerre au cœur de l'islam*, Paris, Gallimard, 2004.

KEPEL, Gilles und JARDIN, Antoine, *Terreur dans l'Hexagone. Genèse du djihad français*, Paris, Gallimard, 2017 (ch. 3, «L'affaire Merah en contexte», S. 133-179).

KEPEL, Gilles, «Les stratégies islamistes de légitimation de la violence», *Raisons politiques*, 2003, Vol. no 9, Nr. 1, S. 81-95, www.cairn.info/revue-raisons-politiques-2003-1-page-81.htm

KEPEL, Gilles, *Les Banlieues de l'islam*, Paris, Éditions du Seuil, 1987.

KEPEL, Gilles, *Al-Qaida dans le texte. Écrits d'Oussama ben Laden, Abdallah Azzam, Ayman al-Zawahiri et Abou Moussab al-Zarqawi*, Paris, Presses universitaires de France, 2008, S. 262-283.

KHALFA, Pierre, «Islam et altermondialisme: le défi de l'universel», *Politis*, 11. September 2003, Nr. 766.

KHALID, Fazlun M., *Signs on the Earth: Islam, Modernity and the Climate Crisis*, Markfield, Kube Publishing Limited, 2019.

KHALIL, al-Anani, *Inside the Muslim Brotherhood: Religion, Identity, and Politics*, Oxford, Oxford University Press, 2016.

KHURSHID, Ahmad (interviewt von Hassan Mehboob), «Meeting with History: A Conversation with Prof. Khurshid Ahmad. An islamic economist and activist», *Kyoto Bulletin of Islamic Area Studies*, 2011, Vol. 4, Nr. 1-2, S. 74-123.

KRISTEVA, Julia, «Foi et raison : pour quelle inculturation?», *Transversalités*, 2009, Vol. 110, Nr. 2, S. 75-90.

KÜNTZEL, Matthias, *Djihad et haine des Juifs. Le lien troublant entre islamisme et nazisme à la racine du terrorisme international*, Paris, Éditions de l'Œuvre, 2009.

LABÉVIÈRE, Richard, *Les Dollars de la terreur. Les États-Unis et les islamistes*, Paris, Grasset & Fasquelle, 1999 (siehe auch https://blogs.mediapart.fr/danyves/blog/300817/ et-revoila-les-dollars-de-la-terreur).

LAMINE, Anne-Sophie, «Média minoritaire, diversité intra-religieuse et espace public. Analyse du site Saphirnews.com», *Sociologie*, 2015, Vol. 6, Nr. 2.

LAMLOUM, Olfa, «Les femmes dans le discours islamiste», *Confluences Méditerranée*, 2006, Vol. 59, Nr. 4, S. 89-96.

LAPIERRE, Nicole, «Clifford Geertz», *Le Monde*, 3 novembre 2006.

LAPIERRE, Nicole, «L'argent de l'islam», *L'Express*, Les dossiers de L'Express, 21 novembre 2002.

LARSSON, Tommy, *The Islamist Ideology of Hassan el-Banna and Sayyid Qutb. A Comparative Analysis*, Magisterarbeit, Oslo University, 2017.

LATOUR, Vincent, «La communauté musulmane : une émergence tardive mais une installation durable dans le paysage politique et institutionnel britannique», *Hérodote*, 2010/2, Nr. 137.

LEFEBVRE, Barbara, «Durban II», *Controverses*, Nr. 9, November 2008.

LERMAN, Eran, «Mawdudi's Concept of Islam», *Middle Eastern Studies*, 1981, Vol. 17, Nr. 4.

LIOGIER, Raphaël, «La Muslim Pride selon Raphaël Liogier, plus qu'un état d'esprit, un véritable antidote contre l'islamophobie ambiante», 2011 (online unter oumma.com).

LOUIZI, Mohamed, *Libérer l'islam de l'islamisme*, Fondapol, 2018 (online).

LOUIZI, Mohamed, *Pourquoi j'ai quitté les Frères musulmans*, Paris, Michalon, 2016.

LUIZARD, Pierre-Jean (éd.), *Le Choc colonial et l'islam*, Paris, La Découverte, 2006.

MAHMOOD, Saba, *Politics of Piety. The Islamic Revival and the Feminist Subject*, Princeton, Princeton University Press, 2005.

MARCOVICH, Malka, *Nations désUnies. Comment l'ONU enterre les droits de l'homme*, Paris, Éditions Jacob Duvernet, 2008.

MARÉCHAL, Brigitte, *Les Frères musulmans en Europe. Racines et discours*, Paris, Presses universitaires de France, coll. «Proche Orient», 2009.

MARÉCHAL, Brigitte, «Les Frères musulmans européens, ou la construction des processus locaux et globaux», *Recherches sociologiques et anthropologiques*, 2006, Vol. 37, Nr. 2, online gestellt am 10. März 2011.

MARTIN, E. Marty & APPLEBY, R. Scott, *The Fundamentalism Project*, 1987-1995.

MARTIN, Jean-Paul, «Des catholiques hier aux musulmans, aujourd'hui. La laïcité et les identités religieuses», Les Cahiers dynamiques, 2012/1, Nr. 54, S. 90-99.

MARTINEZ-GROS, Gabriel, *Fascination du djihad*, Paris, Presses universitaires de France, 2016.

MASSIAH, Gustave, «Le mouvement altermondialiste et le mouvement historique de la décolonisation», *Revue du MAUSS*, 2006/2, Nr. 28, S. 383-390.

MAUDUDI, Maulana, *Jihad in Islam*, Beirut, The Holy Koran Publishing House, 1980.

MAUDUDI, Syed Abul 'Ala, *Ethical viewpoint of Islam*, Lahore, Islamic Publication Ltd, 1967.

MAWIL, Izzi Dien, *The Environmental Dimensions of Islam*, Cambridge, Lutterworth Press, 2000.

McADAM, Doug, McCARTHY, John D. und ZALD, Mayer N. (ed.), *Comparative Perspectives on Social Movements: Political Opportunities, Mobilizing Structures and Cultural Framings*, New York, Cambridge University Press, 1996, S. 6.

MEKKAOUI, Abderrahmane, «La propagande islamique sur les réseaux sociaux: l'exemple d'islamweb.net», *Tribune libre*, December 2020, Nr. 97 (online).

MELUCCI, Alberto, «Mouvements sociaux, mouvements post-politiques», *Lien social et Politiques*, 2016, Nr. 75, S. 173-190.

MONNIER, Fabrice, *Atatürk, naissance de la Turquie moderne*, Paris, CNRS Éditions, 2015.

MORENO, Cyrille, *Analyse littérale des termes dîn et islâm dans le Coran: dépassement spirituel du religieux et nouvelles perspectives exégétiques*; https://tel.archives-ouvertes.fr/tel-01556492/document

MORIN, Edgar und RAMADAN, Tariq, *Au péril des idées*, Paris, Presses Chatelet, 2014.

MOTEN, Abdul Rashid, «Islamization of Knowledge in Theory and Practice: The Contribution of Sayyid Abul A'lā Mawdūdī», *Islamic Studies*, 2004, Vol. 43, Nr. 2.

MOUSSALLI, Ahmad, «Wahhabism, Salafism, and Islamism: Who is the Enemy?», *Conflicts Forum*, Januar 2009.

MUHAMMAD, Hassan, «Choix culturels et orientations éducatives en Égypte, 1923-1952», Égypte/Monde arabe, Première série, 1994, 18-19, online gestellt am 8. Juli 2008, aufgerufen am 4. Juli 2021.

MURAD, Khurram, Vorwort von 1984 zur englischen Ausgabe der Islamic Foundation of Leicester, erschienen als *The Islamic Movement. Dynamics of Values, Power and Change*, im Original in Urdu 1973 in Lahore erschienen.

MURRAY, Douglas, *The Strange Death of Europe: Immigration, Identity, Islam*, New York, Bloomsbury Continuum, 2017.

MUSLIH, Muslih, *The International Institute of Islamic Thought (IIIT) – USA: a Project of Islamic Revivalism*, 10. Oktober 2006 (online).

NASR, Marlène, «Vocabulaire national et islam dans le discours de Hassan el-Banna et de Gamal Abdel Nasser», in RÉMY-GIRAUD, Sylvianne und RÉTAT, Pierre, *Les Mots de la nation*, Lyon, Presses universitaires de Lyon, 1996.

NASR, Seyyed Hossein, *An Introduction to Islamic Cosmological Doctrines*, New York, State University of New York Press, 1964.

NASR, Seyyed Hossein, *Man and Nature: The Spiritual Crisis of Modern Man*, Unwin Paperbacks, 1968.

OBIN, Jean-Pierre, «Les signes et manifestations d'appartenance religieuse dans les établissements scolaires» (online sur www.education.gouv.fr).

OUBROU, Tareq, «Introduction théorique à la charia de la minorité», *Islam de France*, 1998, Nr. 2.

OUBROU, Tareq, «La charia de minorité: réflexions pour une intégration légale de l'islam», in FRÉGOSI, Franck (dir.), *Lectures contemporaines du droit islamique. Europe et monde arabe*, Strasbourg, Presses universitaires de Strasbourg, 2004.

OURYA, Mohamed, *Le Complot dans l'imaginaire arabo-musulman*, Montreal, UQAM, 2008 (Magisterabreit in Politikwissenschaften, online).

PEACE, Timothy, «L'impact de la "participation musulmane" sur le mouvement altermondialiste en Grande-Bretagne et en France», *Cultures & Conflits*, 2008, Nr. 70, S. 109-128.

PISANI, Emmanuel, «Le statut du ḏimmī chez al-Ġazālī», *MIDÉO*, 2018, Nr. 33, S. 63-93.

PLUCKROSE, Helen & LINDSAY, James, *Cynical theories, Cynical Theories. How Activist Scholarship Made Everything about Race, Gender, and Identity – and Why This Harms Everybody*, Durham, North Carolina, Pitchstone Publishing, 2020.

PRAZAN, Michaël, «Histoire et stratégie des Frères musulmans», *Revue des deux mondes*, 9 janvier 2020 (online).

PRIVOT, Michaël, *Quand j'étais Frère musulman. Parcours vers un islam des lumières*, Paris, La Boîte à Pandore, 2017.

PUSCH, Barbara, «The Ecology Debate among Muslim Intellectuals in Turkey», *Les Annales de l'autre islam*, 1999, Nr. 6, S. 195-209.

PUSCH, Barbara, «The Greening of Islamic Politics: A Godsend for the Environment?», in FIKRET, Adaman und MURAT, Arsel (ed.), *Environmentalism in Turkey: Between Democracy and Development*, Aldershot, Ashgate, 2005.

QARÂDÂWI, Yûsuf al-, *Le Licite et l'Interdit en islam*, Paris, Al Qalam, 1960.

QARÂDÂWI, Yûsuf al-, *Fî Fiqh al-Aqalliyyât al-Muslima: Hayât al-Muslimîn Wasat al- Mujtama'ât al-Ukhrâ* («La jurisprudence de la minorité musulmane: l'attitude modérée du musulman dans une autre société»), Kairo, Dar asch-schuruq, 2001, S. 57.

QARÂDÂWI, Yûsuf al-, «Priorities of the Islamic Movement in the Coming Phase », Swansea, Awakening Publications, 2000 (online).

QURESHI, Muhammad Naeem, *The Khilafat Movement in India, 1919-1924*, Dissertation, SOAS University of London, 1973 (online).

QUTB, Sayyid, *Ma'alim fi al-Tariq* (Meilensteine auf dem Weg zum Islam), Carthage, ar-Rissala, 2011.

RAMADAN, Tariq (ed.), *Les Musulmans face à la mondialisation libérale : quelles résistances pour une justice globale?*, Lyon, Tawhid, 2003, S. 17.

RAMADAN, Tariq, «Entretien avec Tariq Ramadan. Nous ne sommes pas ce que vous croyez – II», *Outre-Terre*, 2003, Vol. 2, Nr. 3, S. 113-126.

RAMADAN, Tariq, *Islam, le face-à-face des civilisations. Quel projet pour quelle modernité?*, Paris, Tawhid, 2004.

RAVEN, Wim, «Hijra», in FLEET, Kate, KRÄMER, Gudrun, MATRINGE, Denis, NAWAS, John et ROWSON, Everett (dir.), *Encyclopaedia of Islam Three*, Leiden, Brill, 2018.

RÉMY-GIRAUD, Sylvianne und RÉTAT, Pierre (ed.), *Les Mots de la nation*, Lyon, Presses universitaires de Lyon, 1996 (online).

REY, Henri, «Sans les classes populaires, des chrysanthèmes pour la gauche en 2012», *Mouvements*, 2012, Vol. 69, Nr. 1, S. 13-18.

RIDING, Alan, «Europe's Homebred Imams, Preaching Tolerance», The New York Times, 24. Januar 1992, http://query.nytimes.com/gst/fullpage.html?res= 9E0CE0DB113AF937A15752C0A964958260&sc p=1&sq= %20Europe's%20Homebred% 20Imams&st=cse

RIZA, Mohammad, *Islam, the Way of Revival*, www.kubepublishing.com/products/islam- the-way-of-revival

ROBINE, Jérémy, «Les "indigènes de la République": nation et question postcoloniale. Territoires des enfants de l'immigration et rivalité de pouvoir», *Hérodote*, 2006, Vol. 1, Nr. 120, S. 118-148.

RODINSON, Maxime (dir.), «II. Les études arabes et islamiques en Europe», *La Fascination de l'islam, suivi de Le Seigneur bourguignon et l'esclave sarrasin*, Paris, La Découverte, 2003, S. 101-139.

ROUGIER, Bernard (dir.), «Chapitre I. Axes de crise et idéaux-types», L'Oumma en fragments. *Contrôler le sunnisme au Liban*, Paris, Presses universitaires de France, 2011, S. 15-39.

ROY, Olivier, *La Laïcité face à l'islam*, Paris, Fayard, 2005.

ROY, Olivier, «Avant-Propos. Pourquoi le "post-islamisme"?», *Revue du monde musulman et de la Méditerranée*, 1999, Nr. 85-86.

ROZA, Stéphanie, *La Gauche contre les Lumières?*, Paris, Fayard, 2020.

RUNNYMEDE TRUST, «Islamophobia : A Challenge to Us All», 1997 (online unter runnymedetrust.org).

SADIK Jalal al-'Azm, erschienen in KHAMSIN, «Orientalism and Orientalism in Reverse», *Journal of Revolutionary Socialists of the Middle East*, 1981, Nr. 8, S. 5-26.

SAID, Edward W., «Orientalism reconsidered», *Cultural Critique*, 1985, Vol. 1, S. 89-107.

SALHEIN, Youssof Mohamed, *State-Society Relations in Digital Fatwas: A Study of Islamweb in Qatar*, Qatar, Hamad Bin Khalifa University, ProQuest Dissertations Publishing, 2018.

SALIB, Amany F., «La conception de l'identité [*al-hûwiyya*] dans le fondamentalisme islamique sunnite contemporain: une composante dogmatique substantielle?», *Théologiques*, 2016, Vol. 24, Nr. 2, S. 41-74.

SAMI, A. Aldeeb Abu-Sahlieh, *Les Musulmans face aux droits de l'homme, Centre de droit arabe et musulman*, Bochum, Winkler, 1994.

SANTUCCI, Robert, «Le réformisme musulman et son évolution historique», *Tiers-Monde*, 1982, Band 23, Nr. 92: *L'Islam et son actualité pour le Tiers Monde*, S. 819-821.

Bibliographie

SCHMID-KITSIKIS, Elsa, «Fanatisme: la croyance pervertie», in DENIS, Paul und SCHAEFFER, Jacqueline (dir.), *Sectes*, Paris, Presses universitaires de France, 1999, S. 111-123.

SCHWENKE, A. M., *Globalized Eco-Islam. A Survey of Global Islamic Environmentalism*, Leiden Institute for Religious Studies (LIRS), Leiden University, 2012 (online).

SEBASTIANI, Silvia, «Jean-Jacques Rousseau (1712-1778). Père de l'anthropologie», *Les Grands Dossiers des sciences humaines*, 2019, Vol. 56, Nr. 9.

SEKAMANYA, Siraje Abdallah, SUHAILAH, Hussien und ISMAIL, Nik Ahmad Hisham, «The experience of islamization of knowledge at the International Islamic University Malaysia: successes and challenges», *New Intellectual Horizons in Education*, IIUM Press, Gombak (online).

SFEIR, Antoine, *Les Réseaux d'Allah, les filières islamistes en France et en Europe*, Paris, Plon, 2001.

SFEIR, Antoine et Les Cahiers de l'Orient (dir.), *Dictionnaire mondial de l'islamisme*, Plon, 2002.

SHAMA, Ahmad, «Global Islamic Movements», Rede anlässlich von *Striving for Revival: Student Activism for Global Reformation. 7th Annual MSA West Conference*. University of Southern California. 14.-17. Januar 2005. Zitiert von *The Investigative Project on Terrorism*, www.investigativeproject.org/documents/ misc/31.pdf

SHEPARD, William E., «Sayyid Qutb's doctrine of *jāhiliyya*», *International Journal of Middle East Studies*, 2003, Vol. 35, Nr. 4, S. 521-54.

SHIDELER, Kyle und DAOUD, David, *International Institute of Islamic Thought (IIIT): The Muslim Brotherhood's Think Tank*, Bericht für das Center for Security Policy, Occasional Paper Series, 28. Juli 2014 (online).

SIDDIQUI, Ataullah, *Christian-Muslim Dialogue in the Twentieth Century*, London, Palgrave Macmillan, 1997.

SINARDET, Dave. «Le fédéralisme consociatif belge: vecteur d'instabilité?», *Pouvoirs*, 2011, Vol. 136, Nr. 1, S. 21-35.

SOAGE, Ana, Yusuf al-Qaradawi: *The Muslim Brothers' Favorite Ideological Guide*, 2010 (online PDF: https://www.researchgate.net/publication/ 304595422_Yusuf_al-Qaradawi_The_Muslim_Brothers'_Favorite_ Ideological_Guide).

STAVO-DEBAUGES, Joan und TROM, Danny, «Le pragmatisme et son public à l'épreuve du terrain. Penser avec Dewey contre Dewey», in KASRSENTI, Bruno and QUÉRÉ, Louis (ed.), *La Croyance et l'Enquête. Aux sources du pragmatisme*, Paris, Éditions de l'EHESS, coll. «Raisons pratiques », 2004, Vol. 15.

TERMAN, Rochelle, «Islamophobia, feminism and the politics of critique», *Theory, Culture and Society*, 2016, Vol. 33, Issue 2.

TIBI, Bassam, «Europeanisation, not islamisation», *Sign and Sight*, 23. März 2007, https://www.signandsight.com/features/1258.html?utm_source=chatgpt.com.

TRAGER, Eric, «The unbreakable muslim brotherhood: Grim prospects for a liberal Egypt», *Foreign Affairs*, 2011, Vol. 90.

VALENTIN, Pierre, *L'Idéologie woke*, 2021 (online unter fondapol.org).

VASILAKI, Rosa, «The politics of postsecular feminism», *Theory, Culture and Society*, 2016, Vol. 33, issue 2.

VERMEREN, Pierre, *La France en terre d'islam. Empire colonial et religions, XIXe-XXe siècles*, Paris, Belin, 2016.

VIDAL, Dominique & BOURTEL, Karim, *Le Mal-être arabe*, Marseille, Agone, coll. «Contre-feux», 2005.

VIDINO, Lorenzo, *The New Muslim Brotherhood in the West*, New York, Columbia University Press, 2010.

VIDINO, Lorenzo, «Kamal Helbawy: Pioneer of the Muslim Brotherhood in the West. An excerpt from the forthcoming book *The Closed Circle: Joining and Leaving the Muslim Brotherhood in the West*», Program on Extremism at George Washington University, 2020 (online).

VIDINO, Lorenzo et ALTUNA, Sergio, *The Pan-European Structures of the Muslim Brotherhood*, Study Report, Austrian Fund for the Documentation of Religiously Motivated Political Extremism (Documentation Centre Political Islam), 2021.

VIEVILLE, Thierry, *Quelques idées sur le concept d'adaptation en vision par ordinateur*, INRIA, 2005 (online).

WEBER, Max, *Le Savant et le Politique (1919)*, Paris, Plon, 1959.

WEBER, Max, *L'Éthique protestante et l'Esprit du capitalisme*, Paris, Plon, 1964.

WHITE, Joshua T. und SIDDIQUI, Niloufer, «Mawlana Mawdudi », in ESPOSITO, John L. und SHAHIN, Emad El-Din (eds.), *The Oxford Handbook of Islam and Politics*, Oxford University Press.

WIKTOROWICZ, Quintan, «A Genealogy of Radical Islam», *Studies in Conflict and Terrorism*, London, Routledge, 2005 (zitiert in «Analysis of the influence of Sayed Qutb's islamist ideology on the development of djihadism», Centre français de recherche sur le renseignement [ohne Datume, online]).

WIKTOROWICZ, Quintan, «Anatomy of the Salafi Movement», *Studies in Conflict and Terrorism*, 2006, Nr. 29.

ZAHID, Farhan, «Analysis of the Influence of Sayed Qutb's Islamist Ideology on the development of Djihadism», Centre français de recherche sur le renseignement. https://cf2r.org/ foreign/analysis-of-the-influence-of-sayed-qutbs-islamist-ideology-on-the-development- of-djihadism-2/ (13. Dezember 2020).

ZIMDARS, Mark, «L'organisation de la conférence islamique», *Verfassung und Recht in Übersee/Law and Politics in Africa, Asia and Latin America*, 1991, Vol. 24, Nr. 4, S. 406-448.

ZOULIKHA, Hattab, *Droits et libertés fondamentaux en droit musulman: le paradoxe de l'universalité*, thèse de doctorat en droit, Avignon, Université d'Avignon, 2018.

INÂRAH Monografien
Schriften zur Islamgeschichte und zum Koran
Herausgegeben von Markus Groß und Robert M. Kerr

George Jacoby
Koranauslegung und islamisches Recht
Hardcover / 736 Seiten / ISBN 978-3-89930-466-4

Die Studie mit ihren über fünfzig Themenbereichen bietet einen erhellenden Einblick in die vielfältigen innerislamischen Diskurse, präsentiert facettenreich die kontroversen Positionen der klassischen Koranexegesen und des islamischen Rechts.

Barino Barsoum
Nichtmuslime im islamischen Recht
Eine Studie zur Doktrin al-walā' wa-l-barā' im Sunnitentum
Hardcover / 726 Seiten / ISBN 978-3-89930-460-2

Die Ergebnisse bieten wichtige Erkenntnisse für den interreligiösen Dialog mit dem Islam in Bezug auf das praktische Zusammenleben in einer pluralen Gesellschaft. Sie ermöglichen ein besseres Verständnis der Dogmen und Normen, die die Beziehungen zwischen Muslimen und Nichtmuslimen religiös regulieren sollen und erklären ihre historischen und theologisch-religionsrechtlichen Herleitungen und Begründungen.

Ibn Warraq
Leaving the Allah Delusion Behind
Atheism and Freethought in Islam
Hardcover / 752 Seiten / ISBN 978-3-89930-256-1

»Warraq's work has been responsible for a paradigm shift, revivifying the light of reason as it bears upon the dominant notions about the meaning of the Qur'an in our times.« *Judith Mendelsohn Rood*

INÂRAH Sammelbände
Schriften zur frühen Islamgeschichte und zum Koran

Band 11 Die Entstehung einer Weltreligion VII
Abschied von der Heilsgeschichte
Hardcover / 528 Seiten / ISBN 978-3-89930-464-0

Band 10 Die Entstehung einer Weltreligion VI
Vom umayyadischen Christentum zum abbasidischen Islam
Hardcover / 862 Seiten / ISBN 978-3-89930-389-6

Band 9 Die Entstehung einer Weltreligion V
Der Koran als Werkzeug der Herrschaft
Hardcover / 565 Seiten / ISBN 978-3-89930-215-8

Band 8 Die Entstehung einer Weltreligion IV
Mohammed – Geschichte oder Mythos?
Hardcover / 850 Seiten / ISBN 978-3-89930-100-7

Band 7 Die Entstehung einer Weltreligion III
Die heilige Stadt Mekka - eine literarische Fiktion
Hardcover / 931 Seiten / ISBN 978-3-89930-418-3

Band 6 Die Entstehung einer Weltreligion II
Von der koranischen Bewegung zum Frühislam
Hardcover / 820 Seiten / ISBN 978-3-89930-345-2

Band 5 Die Entstehung einer Weltreligion I
Von der koranischen Bewegung zum Frühislam
Hardcover / 490 Seiten / ISBN 978-3-89930-318-6

Band 4 Vom Koran zum Islam
Hardcover / 720 Seiten / ISBN 978-3-89930-269-1

Band 3 Schlaglichter
Die beiden ersten islamischen Jahrhunderte
Hardcover / 617 Seiten / ISBN 978-3-89930-224-0

Band 2 Der frühe Islam
Eine historisch-kritische Rekonstruktion anhand zeitgenössischer Quellen
Hardcover / 666 Seiten / ISBN 978-3-89930-090-1

Band 1 Die dunklen Anfänge
Neue Forschungen zur Entstehung und frühen Geschichte des Islam
Hardcover / 400 Seiten / ISBN 978-3-89930-128-1